●収録内容一覧

■2025年度中学受験用

桜蔭中学校

10年間(＋3年間HP掲載)スーパー過去問

入試問題と解説・解答の収録内容

2024年度（令和６年度）	算数・社会・理科・国語　実物解答用紙DL
2023年度（令和５年度）	算数・社会・理科・国語　実物解答用紙DL
2022年度（令和４年度）	算数・社会・理科・国語　実物解答用紙DL
2021年度（令和３年度）	算数・社会・理科・国語
2020年度（令和２年度）	算数・社会・理科・国語
2019年度（平成31年度）	算数・社会・理科・国語
2018年度（平成30年度）	算数・社会・理科・国語
平成29年度	算数・社会・理科・国語
平成28年度	算数・社会・理科・国語
平成27年度	算数・社会・理科・国語
平成26～24年度（HP掲載） 「カコ過去問」 （ユーザー名）koe （パスワード）w8ga5a1o	問題・解答用紙・解説解答DL **◇著作権の都合により国語と一部の問題を削除しております。** ◇一部解答のみ（解説なし）となります。 ◇９月下旬までに全校アップロード予定です。 ◇掲載期限以降は予告なく削除される場合があります。

～本書ご利用上の注意～　以下の点について，あらかじめご了承ください。

★別冊解答用紙は巻末にございます。実物解答用紙は，弊社サイトの各校商品情報ページより，一部または全部をダウンロードできます。
★編集の都合上，学校実施のすべての試験を掲載していない場合がございます。
★当問題集のバックナンバーは，弊社には在庫がございません（ネット書店などに一部在庫あり）。

合格を勝ち取るための
『スーパー過去問』の使い方

本書に掲載されている過去問をご覧になって，「難しそう」と感じたかもしれません。でも，多くの受験生が同じように感じているはずです。なぜなら，中学入試で出題される問題は，小学校で習う内容よりも高度なものが多く，たくさんの知識や解き方のコツを身につけることも必要だからです。ですから，初めて本書に取り組むさいには，点数を気にしすぎないようにしましょう。本番でしっかり点数を取れることが大事なのです。

過去問で重要なのは「まちがえること」です。自分の弱点を知るために，過去問に取り組むのです。当然，まちがえた問題をそのままにしておいては意味がありません。

本書には，長年にわたって中学入試にたずさわっているスタッフによるていねいな解説がついています。まちがえた問題はしっかりと解説を読み，できるようになるまで何度も解き直しをしてください。理解できていないと感じた分野については，参考書や資料集などを活用し，改めて整理しておきましょう。

このページも参考にしてみましょう！

◆どの年度から解こうかな　「入試問題と解説・解答の収録内容一覧」

本書のはじめには収録内容が掲載されていますので，収録年度や収録されている入試回などを確認できます。

※著作権上の都合によって掲載できない問題が収録されている場合は，最新年度の問題の前に，ピンク色の紙を差しこんでご案内しています。

◆学校の情報を知ろう!!「学校紹介ページ」

このページのあとに，各学校の基本情報などを掲載しています。問題を解くのに疲れたら息ぬきに読んで，志望校合格への気持ちを新たにし，再び過去問に挑戦してみるのもよいでしょう。なお，最新の情報につきましては，学校のホームページなどでご確認ください。

◆入試に向けてどんな対策をしよう？「出題傾向＆対策」

「学校紹介ページ」に続いて，「出題傾向＆対策」ページがあります。過去にどのような分野の問題が出題され，どのように対策すればよいかをアドバイスしていますので，参考にしてください。

◇別冊「入試問題解答用紙編」

本書の巻末には，ぬき取って使える別冊の解答用紙が収録してあります。解答用紙が非公表の場合などを除き，（注）が記載されたページの指定倍率にしたがって拡大コピーをとれば，実際の入試問題とほぼ同じ解答欄の大きさで，何度でも過去問に取り組むことができます。このように，入試本番に近い条件で練習できるのも，本書の強みです。また，データが公表されている学校は別冊の１ページ目に過去の「入試結果表」を掲載しています。合格に必要な得点の目安として活用してください。

本書がみなさんの志望校合格の助けとなることを，心より願っています。

株式会社　声の教育社　編集部

桜蔭中学校

所在地 〒113-0033 東京都文京区本郷1-5-25
電　話 03-3811-0147
ホームページ https://www.oin.ed.jp
交通案内 JR総武線・都営三田線「水道橋駅」より徒歩5～7分
都営大江戸線・東京メトロ丸ノ内線「本郷三丁目駅」より徒歩8～9分

くわしい情報は
ホームページへ

トピックス
★例年,学校説明会(要予約)と文化祭で,学校が公開される(昨年度,文化祭は予約制)。
★例年,小5・6生を対象とした個別相談会を8月に実施。

創立年
大正13年

女子校

高校募集
なし

応募状況

年度	募集数	応募数	受験数	合格数	倍率
2024	235名	591名	565名	287名	2.0倍
2023	235名	629名	607名	290名	2.1倍
2022	235名	557名	534名	282名	1.9倍
2021	235名	581名	561名	283名	2.0倍
2020	235名	555名	532名	283名	1.9倍

入試情報（参考：昨年度）

・出願方法：
①情報入力・支払期間(インターネット)
2023年12月21日～2024年1月16日
②出願期間
2024年1月10日～16日(書類郵送は19日必着)
・試験日時：
2024年2月1日午前9時より
※午前8時40分までに登校すること。受付開始は午前8時。
・試験：
①筆記試験(国語・算数・社会・理科)
②面接(グループ面接)
・合格発表：
2024年2月2日午後2時　合格発表サイト

本校の特色

・**教育方針**：建学の精神である「礼と学び」の心を養い，品性と学識を備えた人間形成を教育の理念として，その実践につとめます。
・**授業**：中・高6か年一貫教育のもと，時代に適応した学習と道徳の指導を行っており，中1は週に1度，中2・3においては5週に1度，ホームルームの時間を礼法としています。
・**自由研究**：中3の4月から始め，9月上旬にまとめて提出します。校内での全研究の展示と生徒・保護者対象の発表会があり，研究の抄録集も作られています。
・**卒業制作・全員合唱**：中3は卒業に向けて，自由研究のほかに，美術・書道の卒業制作，全員合唱などの課題にも取り組みます。
・**施設**：校外施設として浅間山荘とひばりが丘運動場があり，体育大会や合宿に利用されます。

2023年度の主な大学合格実績

＜国公立大学・大学校＞
東京大，京都大，東京工業大，一橋大，東北大，北海道大，筑波大，東京外国語大，千葉大，横浜国立大，東京医科歯科大，東京農工大，お茶の水女子大，防衛医科大，東京都立大
＜私立大学＞
慶應義塾大，早稲田大，上智大，国際基督教大，東京理科大，明治大，青山学院大，立教大，中央大，法政大，津田塾大，東京女子大，日本女子大，東京慈恵会医科大，順天堂大，昭和大，日本医科大，東京医科大，自治医科大，星薬科大

編集部注一本書の内容は2024年2月現在のものであり，変更されている場合があります。正確な情報は，学校のホームページ等で必ずご確認ください。

算数 出題傾向＆対策

◆基本データ（2024年度）

試験時間／満点	50分／100点
問　題　構　成	・大問数…４題 　計算・応用小問１題（３問） 　／応用問題３題 ・小問数…10問
解　答　形　式	計算と応用小問は解答のみを記入するが，応用問題は式や考え方を記入する形式が中心となっている。
実際の問題用紙	Ｂ４サイズ
実際の解答用紙	Ｂ４サイズ

◆過去10年間の出題率トップ５

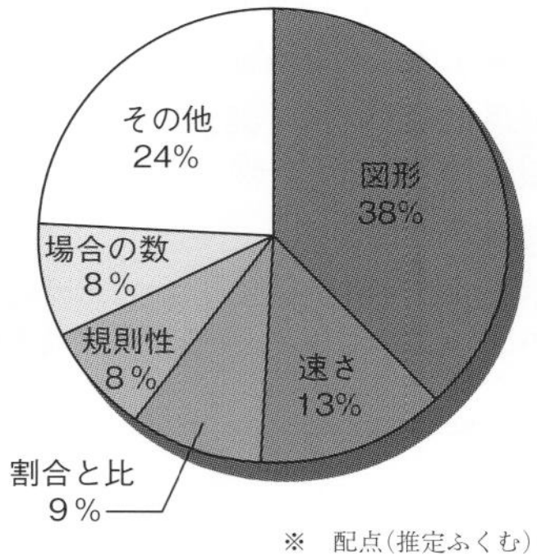

※　配点(推定ふくむ)をもとに算出

◆近年の出題内容

【　2024年度　】			【　2023年度　】		
大問	Ⅰ	四則計算，逆算，場合の数，構成，面積	大問	Ⅰ	逆算，正比例と反比例，速さ，集まり，割合と比
	Ⅱ	割合と比		Ⅱ	植木算，調べ
	Ⅲ	平面図形－図形の移動，面積		Ⅲ	場合の数，条件の整理
	Ⅳ	グラフ－水の深さと体積		Ⅳ	立体図形－体積

◆出題傾向と内容

●**計算・応用小問**…計算問題は１～２問で，分数・小数・整数を中心とした平易なものに限られています。それに続いて出される応用小問としては，各分野の文章問題が２問前後，例年趣向を変えて出題されています。

●**応用問題**…図形分野は広範囲からひんぱんに出題されていますが，どちらかといえば面積や体積を求めさせるものが多いようです。ただ，数の性質や比と組み合わせた求積（面積，面積比，体積，容積）などの合成問題が数多く見られ，また，図形の移動による形の変化や面積変化，動点なども好んで取り上げられています。そのほかの分野では，規則性，速さ，数の性質からの出題が目につきます。割合の問題もよく取り上げられており，つるかめ算をからめたものもしばしば顔を見せています。これらは長めの“文章題”として出されることが多く，設問文から条件などを正しく読み取ったうえで考察していかなければなりません。

◆対策～合格点を取るには？～

いうまでもなく，**計算練習は算数の基礎力養成の最低条件**です。大きな数や複雑な式の処理が正確にできる力，単位を正しく換算できる力は，ほとんどの応用問題で必要不可欠です。

分野別では，**規則性，速さ，数の性質**などに注目しましょう。はじめに受験参考書などにある重要事項を整理し，さらに類題を数多くこなして，**基本パターンを身につけること**。また基本からいったん離れて，**別な角度から問題に取り組むことで思考力のアップ**をめざしてください。

図形分野は，**角度や面積・体積をはじめ展開図，縮尺，相似比と面積比，体積比**などの考え方や解き方をはば広く身につけ，**割合や比を使ってすばやく解ける**ようになること。また，図形をいろいろな方向から見たり分割してみたりして，**図形の性質の特殊性**もおさえておきましょう。

なお，全体を通していえることですが，**ふだんからノートに自分の考え方，線分図，式などをしっかりと書く習慣**をつけておきましょう。本校の算数には解答らんに「式」を書くらんがあり，これも採点の対象になっていると考えられるので，その対策にもなります。

算数 出題分野分析表

分野 ＼ 年度		2024	2023	2022	2021	2020	2019	2018	2017	2016	2015
計算	四則計算・逆算	◎	○	○	○	○	○	○	◎	◎	◎
	計算のくふう										
	単位の計算									○	
和と差	和差算・分配算										
	消去算										
	つるかめ算					○	○				○
	平均とのべ										
	過不足算・差集め算										
	集まり		○								
	年齢算										
割合と比	割合と比	○	○							○	
	正比例と反比例		○								
	還元算・相当算					○					
	比の性質								○		
	倍数算										
	売買損益										
	濃度						○				
	仕事算										
	ニュートン算										
速さ	速さ		○								
	旅人算				○				○	○	
	通過算										
	流水算			○							
	時計算			○			○				
	速さと比			○	○	○				○	○
図形	角度・面積・長さ	◎		○		○	◎	◎		○	
	辺の比と面積の比・相似					○					
	体積・表面積		○	○		●			◎	◎	○
	水の深さと体積	○			○			●	○	○	
	展開図										
	構成・分割	○		○					○		
	図形・点の移動	○		○			○		○	○	
表とグラフ		○			○				○		
数の性質	約数と倍数										
	N進数										
	約束記号・文字式				○						
	整数・小数・分数の性質				○	○		◎			○
規則性	植木算		○			○	○				
	周期算				○		○	○	○		
	数列				○					○	
	方陣算										
	図形と規則										○
場合の数		○	○		○			◎	◎		○
調べ・推理・条件の整理			◎	○		◎	○	●			
その他											

※ ○印はその分野の問題が１題，◎印は２題，●印は３題以上出題されたことをしめします。

社会　出題傾向＆対策

◆基本データ（2024年度）

試験時間／満点	30分／60点
問題構成	・大問数…３題 ・小問数…45問
解答形式	記号選択と用語の記入がほとんどだが，記述問題も出されている。用語の記入は漢字指定のものも見られる。記述問題は20字と60字の字数制限がある。
実際の問題用紙	Ｂ４サイズ
実際の解答用紙	Ｂ５サイズ

◆過去10年間の分野別出題率

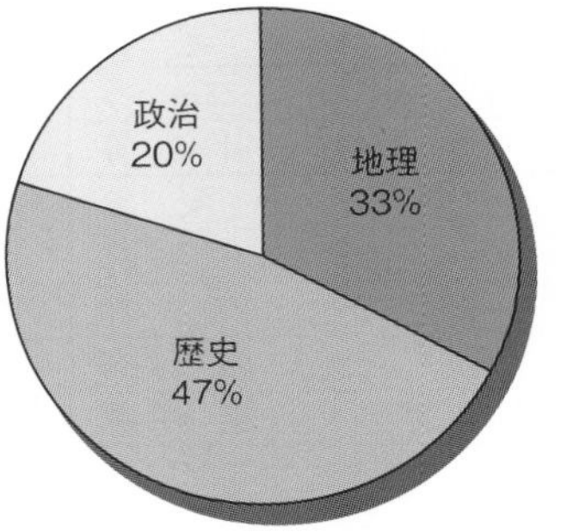

※　配点(推定ふくむ)をもとに算出

◆近年の出題内容

【　2024年度　】			【　2023年度　】		
大問	Ⅰ	〔地理〕水道や河川を題材とした問題	大問	Ⅰ	〔総合〕離島を題材とした問題
	Ⅱ	〔政治〕世界のニュースを題材とした問題		Ⅱ	〔総合〕小麦を題材とした問題
	Ⅲ	〔歴史〕税の歴史を題材とした問題		Ⅲ	〔政治〕憲法と政治のしくみ，国際連合

◆出題傾向と内容

●地理…各地方の気候と工業・農業の特色，最近の時事問題とからんだ各産業の問題点など，さまざまな単元から取り上げられています。また，世界地理についての出題も見られるので，注意が必要です。

●歴史…一般的な歴史事項の知識を，大きな流れの中で理解しているかどうかを問うものが多く見られ，これが特ちょうの一つとなっています。なお，近代以前と以後とでは，近代以後の方が多く出される傾向にあります。

●政治…憲法，三権のしくみ，国の財政，地方自治，国際連合などが取り上げられています。時事問題(近年行われた国政選挙，ニュースになったできごと)なども総合問題として出されることがあります。政治分野の出題数は少ないですが，内容はかなりはば広いことがらが問われています。また，設問は記号選択が中心ですが，知識だけではなく，あることがらについてどれだけ深く理解しているかを試すような選択肢が用意されているので，注意が必要です。

◆対策～合格点を取るには？～

本校の試験問題の特ちょうとしては，設問事項が広範囲にわたっていることのほか，単純な知識のみを答えさせるだけでなく，それらの**知識を活用して考える力，つまり思考力**を見ようという問題が多いことがあげられます。

知識を活用する力をつけるためには，ほかの分野との関連を探って整理してみることが有効です。歴史分野ならば，**時代ごとに覚えた事項をいろいろな分野(政治，外交，戦争，文化，産業など)に分類**して，たての流れの中で整理して位置づけてみましょう。また，地理分野ならば，工業がさかんな都市を取り上げて，工業都市となった理由を**地形や歴史との関係の中で考えてみる**といったことが一つの方法としてあげられます。また，**地図を使った問題が頻出**ですから，白地図を使った学習はもちろんのこと，地図を見る習慣をつけることが大切です。地理分野だけでなく，歴史分野を学習するさいにも，場所がすぐに思い浮かべられるように，地図で確かめておきましょう。

時事問題対策としては，ふだんから新聞やニュースに注意して，大きく報道されたことについては先生や家族などと話し合い，考えを深めるといった習慣をつけるとよいでしょう。

社会 出題分野分析表

分野			2024	2023	2022	2021	2020	2019	2018	2017	2016	2015
日本の地理		地図の見方			○				○			
		国土・自然・気候	○	○			○	○			★	
		資源			○					○	○	
		農林水産業	○	○	○	○	○		○	○		○
		工業			○	○				○		○
		交通・通信・貿易			○			○	○			
		人口・生活・文化	○									
		各地方の特色	○	○		○		○	○		○	
		地理総合	★		★	★	★		★	★		
世界の地理			○	○		○	○	○			○	○
日本の歴史	時代	原始～古代	○	○	○	○	○	○	○	○	○	○
		中世～近世	○	○	○	○	○	○	○	○	○	○
		近代～現代	○	○	○	○	○	○	○	○	○	○
	テーマ	政治・法律史						○		○	★	
		産業・経済史	★	○				○		○		
		文化・宗教史			○		○				○	
		外交・戦争史				★	○	○	○			
		歴史総合			★		★		★	★		
世界の歴史												
政治		憲法	○	○	○			○	○	○	○	○
		国会・内閣・裁判所	○		○	○	○	○	○			○
		地方自治										
		経済	○	○			○					
		生活と福祉				○				○	○	
		国際関係・国際政治	○	○			○	○	○		○	○
		政治総合	★	★	★	★	★	★	★	★	★	★
環境問題			○					○				
時事問題			○									
世界遺産							○					
複数分野総合				★				★				★

※ 原始～古代…平安時代以前，中世～近世…鎌倉時代～江戸時代，近代～現代…明治時代以降

※ ★印は大問の中心となる分野をしめします。

理科　出題傾向＆対策

◆基本データ（2024年度）

試験時間／満点	30分／60点
問題構成	・大問数…４題 ・小問数…20問
解答形式	記号選択では，複数選ぶものもある。ほかに，用語の記入，計算して数値を答えるもの，１～２行程度の記述問題なども出題されている。作図問題は見られない。
実際の問題用紙	Ｂ４サイズ
実際の解答用紙	Ｂ５サイズ

◆過去10年間の分野別出題率

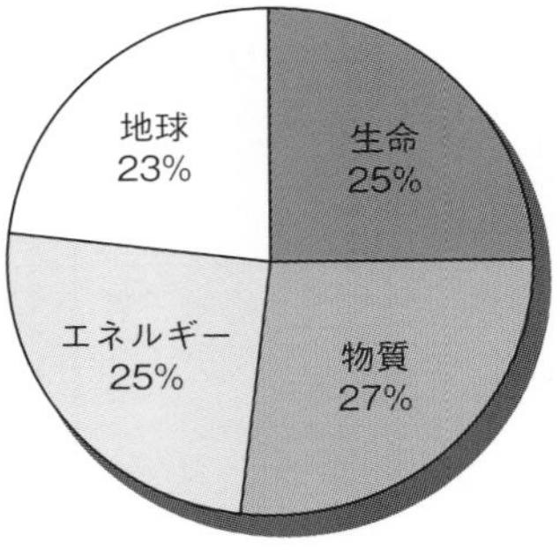

※　配点(推定ふくむ)をもとに算出

◆近年の出題内容

【　2024年度　】		【　2023年度　】	
大問	Ⅰ〔物質〕塩の作り方	大問	Ⅰ〔物質〕気体の発生，中和
	Ⅱ〔生命〕サニーレタスの成長と光の色		Ⅱ〔生命〕セミ
	Ⅲ〔地球〕本校周辺の地層		Ⅲ〔地球〕太陽や月，星，金星
	Ⅳ〔エネルギー〕音の伝わり方		Ⅳ〔エネルギー〕台ばかりの仕組み，ゴムひもののび縮み

◆出題傾向と内容

全体的に，「考える力」を見るという姿勢が強くあらわれた試験であるといえます。

●生命…生物の成長や個体数の変化などから，実験・観察をテーマにした問題が多く出題されます。実験・観察のようすをまとめた文章や図表を読んだうえで設問に答える形式です。

●物質…ものの溶け方，中和反応，気体の発生などの問題で，計算を要するものが多く見られます。また，気体の性質や水溶液の特ちょうなどの知識も問われます。

●エネルギー…力のつり合い，ふりこの運動，電気回路，光の進み方などが取り上げられています。条件を少しずつ変えていき，そのときに起こる運動の変化について考えさせる問題が多く出題されます。

●地球…天体に関する問題が多く，太陽・月・星に加えてすい星などについても問われます。そのほか，気象や地層などについての知識も試されます。

◆対策～合格点を取るには？～

「生命」は，**実験や観察の結果から必要な条件などを考察する力**が求められます。知識を身につけた上で，日頃からなぜそのような結果になるのか，理由を意識して考えましょう。また，けんび鏡などの実験器具の使い方や教科書にのっている実験の手順を確認しておくことも大切です。

「物質」は，**ものの溶け方，中和反応，気体の発生などの計算問題**について，基本的な考え方をマスターし，さまざまな問題に挑んでください。表やグラフは，典型的なパターンから少し見方を変えている場合があるので，それに気づく力と典型的な形に近づける対応力が必要です。

「エネルギー」では，**力のつり合い，ふりこの運動，電気回路，光の進み方**などについて，**計算や作図の方法**を使いこなせるように，自分で手を動かして問題演習をくり返しましょう。

「地球」は，**天体の動き**を中心として，**天気と気温・湿度の変化，地層のでき方**などに力をそそぎましょう。新聞やニュースで取り上げられる天体や気象の現象についても，興味を持って自分で調べ，知識や考え方のはばを広げてください。

理科 出題分野分析表

分野 ＼ 年度		2024	2023	2022	2021	2020	2019	2018	2017	2016	2015
生命	植物	★			★	★		★		★	
	動物		★	★			○		★		★
	人体						★				
	生物と環境					○					
	季節と生物										
	生命総合										
物質	物質のすがた					★		★			
	気体の性質		★					○			
	水溶液の性質									★	★
	ものの溶け方	★			★		★		★	○	
	金属の性質					★		○			
	ものの燃え方			★							
	物質総合										
エネルギー	てこ・滑車・輪軸					★					★
	ばねののび方		★								
	ふりこ・物体の運動								★		
	浮力と密度・圧力									★	
	光の進み方							★			
	ものの温まり方			★							
	音の伝わり方	★									
	電気回路						★		○		★
	磁石・電磁石				★						
	エネルギー総合								★		
地球	地球・月・太陽系		★		★	○	○		★		
	星と星座						★				
	風・雲と天候									★	★
	気温・地温・湿度			★							○
	流水のはたらき・地層と岩石	★						★			
	火山・地震										
	地球総合										
実験器具					○		○	○		★	
観察											
環境問題						★					
時事問題											
複数分野総合											

※　★印は大問の中心となる分野をしめします。

国語　出題傾向＆対策

◆基本データ（2024年度）

試験時間／満点	50分／100点
問題構成	・大問数…２題 　文章読解題２題 ・小問数…９問
解答形式	適語の補充や漢字の書き取りのほか，記述問題が出題されている。記述問題は，すべて字数制限のないものとなっている。
実際の問題用紙	Ｂ４サイズ
実際の解答用紙	Ｂ４サイズ

◆過去10年間の分野別出題率

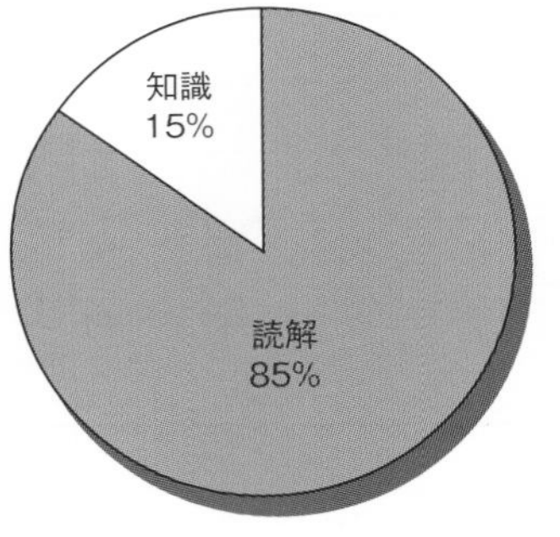

※　配点（推定ふくむ）をもとに算出

◆近年の出題内容

【　2024年度　】			【　2023年度　】		
大問	一	〔随筆〕最果タヒ『恋できみが死なない理由』（約4000字）	大問	一	〔随筆〕高橋源一郎『高橋源一郎の飛ぶ教室―はじまりのことば』（約3100字）
	二	〔小説〕増山実『百年の藍』（約4600字）		二	〔小説〕岩瀬成子『ひみつの犬』（約6200字

◆出題傾向と内容

●**文章読解題**…出題文は，論理的な性格のものより，小説・物語，随筆を好んで取り上げる傾向が見られます。長い文章が出題されることも多く，ハイペースな読解が要求されています。設問は内容の読み取りが中心で，登場人物の心情や文学的な表現の正確な理解と本格的な記述に主眼をおいています。記述問題は，解答用紙の枠内に自由に書く（字数制限なし）ものと，上限・下限の字数制限（たとえば180～200字）のついたものとがあります。制限のない問いでもゆうに100字は書けるスペースがあるので，決してあなどれません。

●**知識問題**…漢字の書き取りこそ必出ですが，漢字の読みや知識，ことわざ・慣用句など語句の知識，ことばのきまりに関するものはあまり取り上げられず，出されても１～２問程度の出題となっています。

◆対策～合格点を取るには？～

本校の国語で要求されるのは，**本格的な読解力**，そして**文章表現力**です。

一つめの対策としては，一度読んで内容を理解し，パッと解答を出すこと，つまり**速読即解力をつけること**です。速読即解力をつけるための唯一の方法は，**本を読むこと**。ここでいう読むこととは**“よく読んで考える”ということ**です。具体的には，段落ごとの内容，登場人物の心情とその変化などを常に理解しながら読むのです。最初はゆっくりでもよいので，内容を正確に読み取ることからはじめ，その後で少しずつスピードを上げていくようにしましょう。

また，二つめの対策として，本を読んだ後，**感想文を書いてみること**をおすすめします。どんなあらすじだったか，どんな人物が登場してどういう性格をしていたか，本を書いた人は何を言いたかったのか，どういうことを感じたり考えたりしたかなどを振り返ってまとめます。はじめはか条書きでも構いませんが，書くのに慣れてきたら**原稿用紙にまとめてみましょう**。できあがったら先生や家族に見てもらい，漢字や語句のまちがい，全体の構成について直してもらって，もう一度書き直してみると効率的に力がつきます。このほか，入試に直結することとして，**記述式専門の問題集**や，**記述問題をメインに出題している他校の過去問題**などにあたるのもよいでしょう。

国語

出題分野分析表

分野		年度	2024	2023	2022	2021	2020	2019	2018	2017	2016	2015
読	文章の種類	説明文・論説文				★		★	★		★	
		小説・物語・伝記	★	★	★	★	★	★	★	★	★	★
		随筆・紀行・日記	★	★	★		★			★		★
		会話・戯曲										
		詩										
		短歌・俳句										
解	内容の分類	主題・要旨	○	○								
		内容理解	○	○	○	○	○	○	○	○	○	○
		文脈・段落構成										
		指示語・接続語		○								
		その他	○	○	○		○	○	○	○		
知	漢字	漢字の読み				○	○					
		漢字の書き取り	○	○	○	○	○	○	○	○	○	○
		部首・画数・筆順										
	語句	語句の意味										
		かなづかい										
		熟語			○		○	○	○		○	
		慣用句・ことわざ	○		○	○	○					○
	文法	文の組み立て										
		品詞・用法										
		敬語										
識	形式・技法											
	文学作品の知識											
	その他											
	知識総合											
表現	作文											
	短文記述											
	その他											
放送問題												

※　★印は大問の中心となる分野をしめします。

カコを追いかけ
ミライをつかめ
「今の説明、もう一回」を何度でも
web過去問
ストリーミング配信による入試問題の解説動画
もっと古いカコモンないの?
カコ過去問
「さらにカコの」過去問をHPに掲載(DL)
声の教育社
詳しくはこちらから

2024年度 桜蔭中学校

【算　数】（50分）〈満点：100点〉

（注意）円周率を用いるときは，3.14としなさい。

I 次の［　　］にあてはまる数または言葉を答えなさい。

(1) ① $16-\left\{7\frac{1}{3}\times2.2-\left(5.7-4\frac{1}{6}\right)\div3\frac{2}{7}\right\}=$［　ア　］

② $5.75-\frac{3}{2}\div\left(\frac{15}{26}-\boxed{\text{イ}}\times1.35\right)=2\frac{1}{28}$

(2) 黒い丸●と白い丸○を右の(例)のように，縦7マスすべてに並べます。

(例)

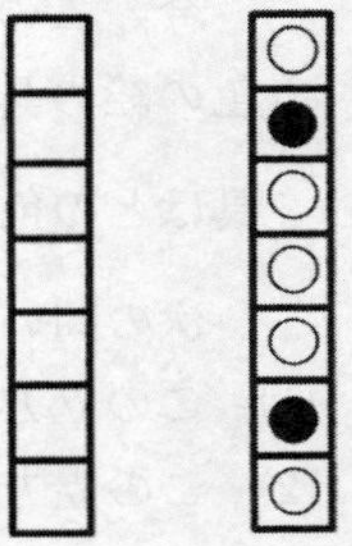

① 並べ方のきまりは次の(あ)(い)(う)(え)です。

(あ) 上から2マス目と上から4マス目には同じ色の丸は並べない。

(い) 上から2マス目と上から6マス目には同じ色の丸を並べる。

(う) 下から3マスすべてに同じ色の丸を並べることはできない。

(え) 上から4マス目が白い丸のとき，上から3マス目と上から5マス目の両方ともに黒い丸を並べることはできない。（3マス目，5マス目のどちらか一方に黒い丸を並べることはできる）

このとき，黒い丸と白い丸の並べ方は全部で［　ウ　］通りあります。

② 縦7マスを右のように4列並べます。①の(あ)(い)(う)(え)のきまりに次の(お)のきまりを加えて，黒い丸と白い丸をこの28マスに並べるとき，並べ方は全部で［　エ　］通りあります。

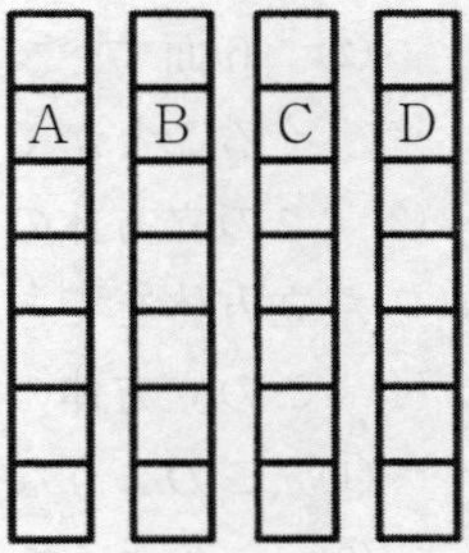

(お) 各列の上から2マス目のA，B，C，DにはAとDに同じ色の丸，BとCに同じ色の丸を並べる。また，AとBには同じ色の丸を並べない。

(3) 図1のような1辺の長さが10cmの正方形の折り紙を，1本の対角線で折ると図2のようになります。図2の直角二等辺三角形を，45°の角をもつ頂点が重なるように折ると図3のようになります。図3の直角二等辺三角形を，直角が3等分になるように折ると，順に図4，図5のようになります。図5の折り紙を直線ABにそって切ると図6のようになります。ただし，図の――(細い直線)は折り目を表します。

表紙，問題用紙，解答用紙を折ったり，切ったりしてはいけません。

図1

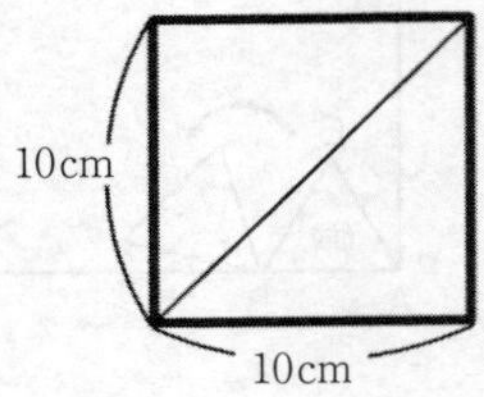

図2

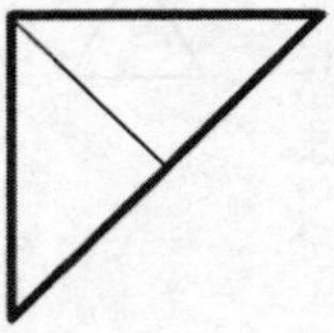

図3

図4

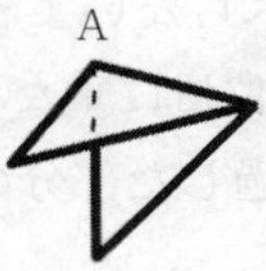

図5

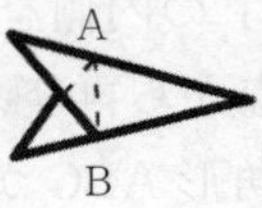

図6

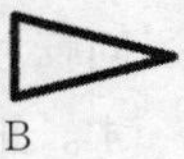

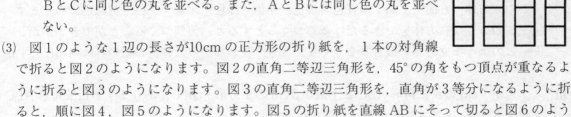

① 図6の折り紙を広げたときの図形の名前は[オ]です。

② 図6のABの長さをはかると2.7cmでした。図6の折り紙を広げたときの図形の面積は[カ]cm^{2}です。

③ 右の図7のように，図6の三角形ABCの内部から1辺の長さが0.6cmの正方形を切りぬきます。さらに，中心が辺BC上にある直径1cmの半円を切り取ります。図7の折り紙を広げたとき，残った部分の面積は[キ]cm^{2}です。

図7

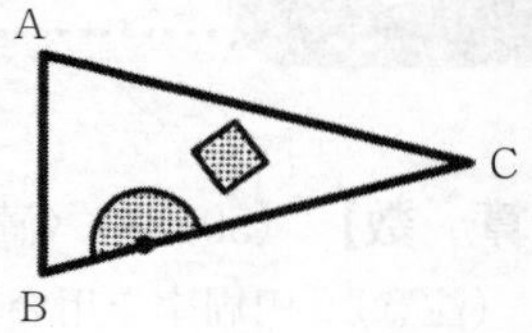

Ⅱ 同じ大きさのたくさんの立方体と，青色，黄色，赤色の絵の具があります。この絵の具は混ぜると別の色もつくれます。青色と黄色を同じ量ずつ混ぜると緑色ができます。たとえば，青色10mLと黄色10mLを混ぜると緑色が20mLできます。また，赤色と黄色を同じ量ずつ混ぜるとオレンジ色，青色と黄色を1：2の割合で混ぜると黄緑色ができます。

今，この絵の具で立方体の6面をぬることにしました。青色の絵の具は120mL，黄色，赤色の絵の具はそれぞれ200mLずつあります。絵の具はすべて使うとは限りません。この絵の具はどの色も10mLで立方体の$1\frac{1}{5}$面をぬることができます。

次の問いに答えなさい。アからウは[ ]にあてはまる数を答えなさい。

(1) この立方体の1面をぬるのに必要な絵の具は[ア]mLです。

(2) この立方体の6面すべてを1色でぬります。

① 6面すべてが赤色でぬられた立方体をできるだけ多くつくるとすると，[イ]個つくることができます。

② 6面すべてが黄緑色でぬられた立方体をできるだけ多くつくるとすると，[ウ]個つくることができます。

(3) この立方体の6面を3面ずつ同じ色でぬります。オレンジ色と緑色の2色で3面ずつぬられた立方体をできるだけ多くつくるとすると，何個つくることができますか。

(4) この立方体の6面を1面ずつ青色，黄色，赤色，緑色，オレンジ色，黄緑色でぬります。

① このような立方体をできるだけ多くつくるとすると，何個つくることができますか。

② このような立方体を最も多くつくったとき，使わなかった青色の絵の具は何mLですか。

Ⅲ 1辺が1cmの正三角形ABCと1辺が3cmの正方形PQRTがあります。正三角形ABCの面積をScm^{2}とします。次の問いに答えなさい。

(1) 正三角形ABCを図1のように正方形PQRTの(あ)の位置に置きます。点Aは点Pと重なっていて，点Bは辺PQ上にあります。このあと正三角形ABCを，正方形PQRTの内側をすべらないように矢印の向きに回転させながら再び(あ)の位置に重なるまで移動させます。正三角形ABCが通過した部分の面積をSを使った式で表しなさい。

図1

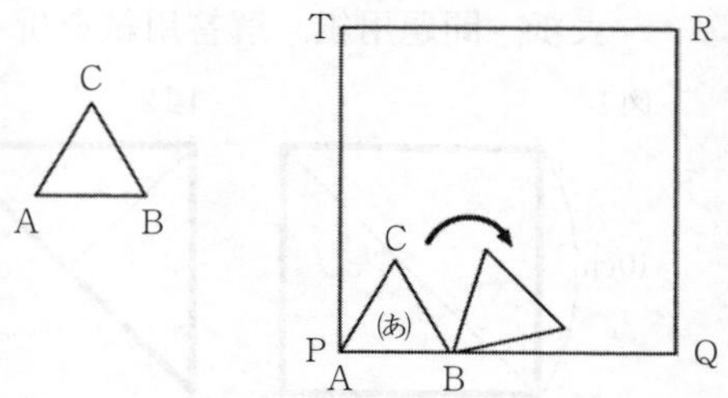

(2)　正三角形ABCを図2のように正方形PQRTの(い)の位置に置きます。点Aは点Pと重なっていて，点Cは辺TP上にあります。このあと正三角形ABCを，正方形PQRTの内側をすべらないように矢印の向きに回転させながら(う)の位置に重なるまで移動させます。ここで，直線PQを対称の軸として折り返し，(え)の位置に重なるようにします。次に，正三角形ABCを，正方形PQRTの外側をすべらないように矢印の向きに回転させながら(お)の位置に重なるまで移動させます。今度は，直線RQを対称の軸として折り返し，(か)の位置に重なるようにします。再び正三角形ABCを，正方形PQRTの内側をすべらないように回転させながら(き)の位置に重なるまで移動させます。同じように，(く)の位置へ折り返し，正方形PQRTの外側をすべらないように回転させながら(け)の位置に重なるまで移動させます。

　このとき，点Cがえがいた曲線で囲まれた図形の面積を求めなさい。

図2

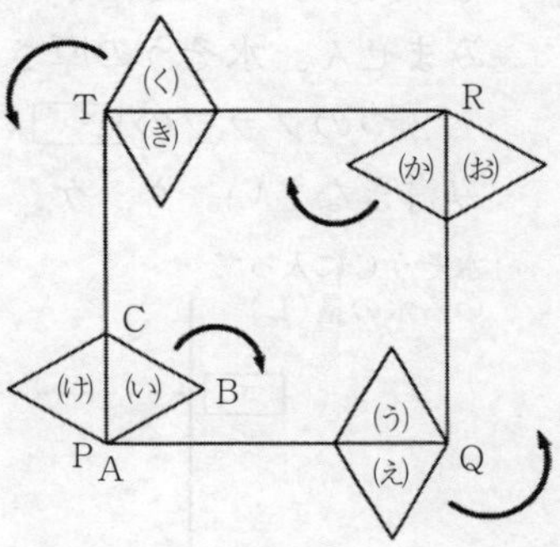

Ⅳ　下の図のような水そうA，B，Cと金属のおもりD，Eがあります。A，B，C，D，Eはすべて直方体です。

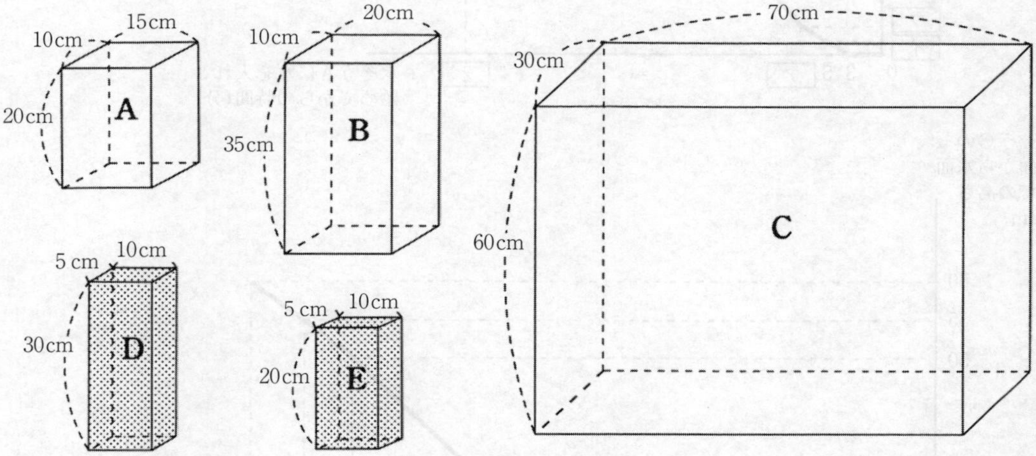

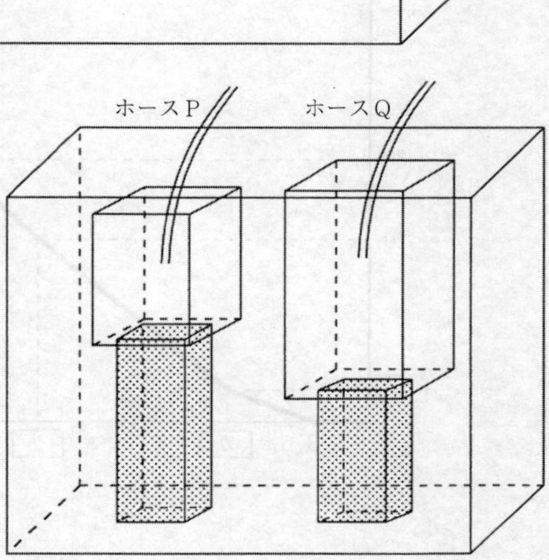

　水そうAの底面におもりD，水そうBの底面におもりEをそれぞれ固定して，右の図のように，これらを水そうCに入れて底に固定します。まず，水そうAにホースPで毎分1Lの割合で水を入れます。水そうAに水を入れ始めてから5分後に，水そうBにホースQで毎分2Lの割合で水を入れます。水そうA，Bからあふれた水はすべて水そうCにたまります。水を入れても固定したおもりや水そうは傾《かたむ》いたり，浮《う》き上がったりしません。次の2つのグラフは，水そうAに水を入れ始めてから水そうCが水で満たされるまでの，水そうCに入っている水の量と，水そうCの底面から水面までの高さを表した

ものです。ただし，水そうCに入っている水の量は，水そうA，Bに入っている水の量はふくみません。水そうの厚さ，ホースの厚さは考えません。

2つのグラフの□にあてはまる数を求めなさい。ただし，ア～キ，サ，シは答えの数のみ書きなさい。ク，ケ，コは式も書きなさい。

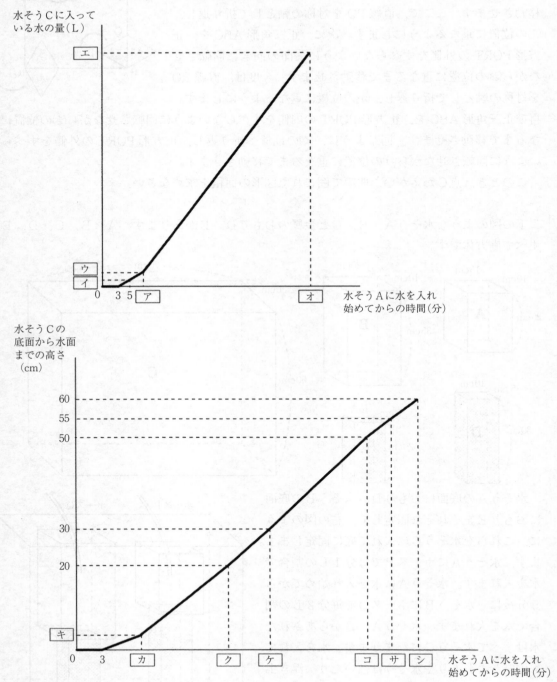

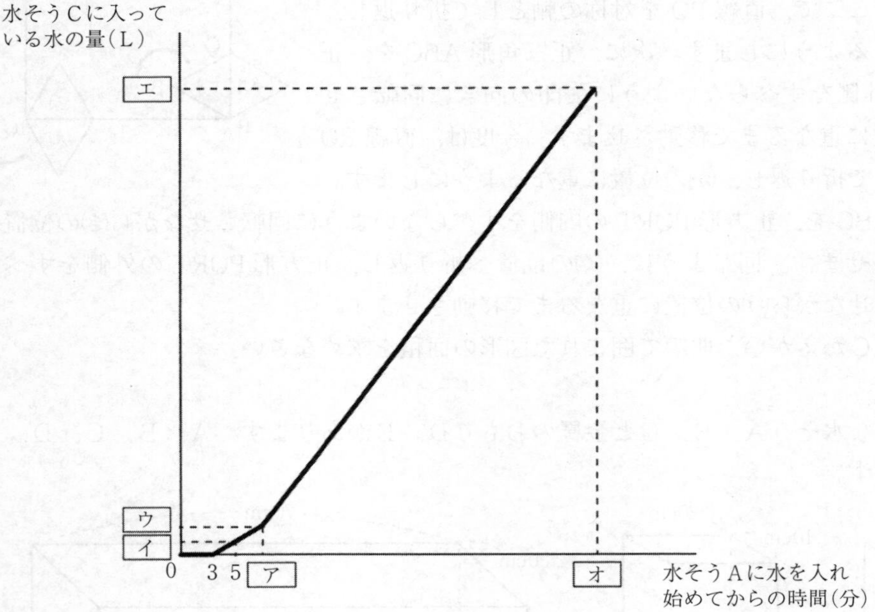

【社　会】（30分）〈満点：60点〉

I　次の文を読み，文中の空欄《くうらん》[1]～[7]に適する語句をすべて漢字2文字で答えなさい。下線部については後の設問(①～⑤)に答えなさい。

桜蔭中学校から歩いて5分ほどの場所に，東京都水道歴史館があります。ここでは江戸時代から現在に至るまでの水道の歴史を知ることができます。

徳川家康は1590年に江戸に入ると，さっそく上水の整備にとりかかりました。海に近い江戸では[1]を掘《ほ》っても水に塩分が混じり，飲み水には不向きでした。そこで川や池から水路をひき，石製や木製の水道管で市中に水を送るしくみが整えられました。江戸の庶民《しょみん》は地下の水道管とつながった[1]から水をくんで生活に使いました。江戸の人口が増え，水の需要《じゅよう》が増えると，幕府は多摩川《たまがわ》の水を江戸に引き入れるため[2]上水を開削《かいさく》し，江戸城や江戸南西部に水を送りました。武蔵野台地を流れる[2]上水は台地のあちこちに分水され，農家の生活用水や農業用水にも利用されました。こうして①水に恵まれない武蔵野台地の開発が進められました。

江戸時代につくられた上水のしくみは，明治時代には近代化されましたが，[2]上水は導水路として引き続き使われました。第二次世界大戦後の高度経済成長期に東京の水の需要は大きく増えます。東京では新潟県と群馬県の県境の山から流れ出す[3]川水系の水を利用するようになり，[2]上水は上流部を除いて使われなくなりました。現在，文京区本郷には，[3]川から荒川に引きこまれた水が朝霞《あさか》[4]場を経て給水されています。

水源としての重要性が高まった[3]川上流には，水を安定的に利用するために八ッ場《やんば》ダムなどがつくられています。ダムには主に4つの役割があります。生活に必要な水や農地や工場で使う水を確保すること，渇水《かっすい》時も流水を補給して川の機能を維持《いじ》すること，水量を調節して[5]の被害《ひがい》を防いだり軽減したりすること，そして水量と落差を利用して[6]を生産することです。

生活や産業活動などには②川の水だけでなく地下水も利用されます。日本では，農業・工業・③生活用水の約1割を地下水がになっています。地下水は冬でも温度があまり低くならないので，北陸地方では[7]用にも利用されています。

現代の世界はさまざまな水問題に直面しています。海洋，河川《かせん》，地下水の汚染《おせん》の問題もあります。巨大《きょだい》なダムの建設が水をめぐる対立を生んでいる地域もあります。④世界の災害の多くは水に関係しているそうです。世界では水不足の影響《えいきょう》が深刻化する一方で，[5]の被害も拡大しています。2023年，世界気象機関が，この年の7月の世界平均気温が観測史上最高の月平均気温となるだろうと発表すると，国連のグテーレス事務総長は「地球温暖化の時代は終わり，⑤地球〈 P 〉の時代が到来《とうらい》した」と述べました。気候変動は水に関わる災害を増大させている一因と考えられています。

設問

① 下線部①について，17世紀末ごろ乾《かわ》いた赤土におおわれた武蔵野台地北東部の開発が進められました。下の図1は，開発された武蔵野台地の一部の現在の様子を，地図記号を使って示した模式図です。道路に面して家がたち，その背後に細長い畑が広がっています。細長い畑はいくつにも区切られており，その境界には樹木作物が植えられていることが，地図記号からわかります。後の表1は，この樹木の栽培《さいばい》面積が広い上位8府県を示しています。

i　畑を区切るように植えられているこの樹木作物の名称《めいしょう》を答えなさい。

ii　この樹木の作物としての価値以外の役割を20字以内で答えなさい。

図1

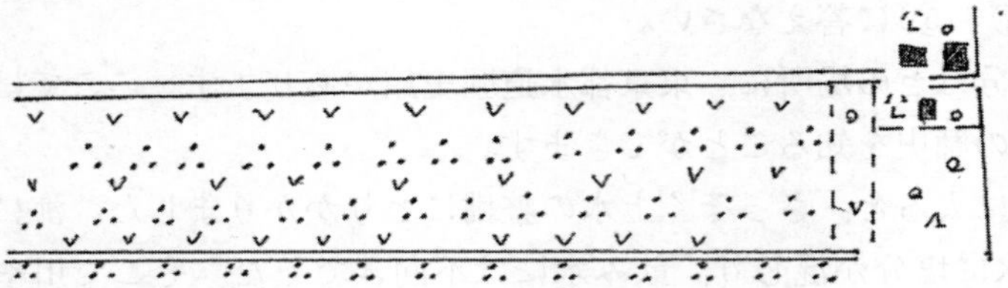

表1　栽培面積の広い府県（2023年）

順位	府県	順位	府県
1	静岡	5	福岡
2	鹿児島	6	宮崎
3	三重	7	熊本
4	京都	8	埼玉

出典　「政府統計の総合窓口（e-Stat）」

②　下線部②について，次の説明文は日本の川について述べています。説明文Ａ～Ｄにあてはまる河川を後の地図中のア～コから１つずつ選び，記号で答えなさい。

Ａ　上流にある鉱業所からの排水《はいすい》中のカドミウムにより川の水や水田が汚染され，主に下流の住民に発生した深刻な健康被害は，1968年に国内最初の公害病に認定《にんてい》された。下流には新幹線停車駅をもつ県庁所在都市がある。

Ｂ　日本の中でもきわめて降水量の多い山岳部《さんがくぶ》から流れ出す川である。上流域はスギの産地として知られ，下流の河岸段丘《だんきゅう》では果樹栽培がさかんである。河口にある都市は，江戸時代には御三家《ごさんけ》のひとつが整備した城下町として栄えた。

Ｃ　曲がりくねって流れることで有名な川で，川に沿って明治時代にはいくつもの屯田兵《とんでんへい》村が開かれた。かつては泥炭地《でいたんち》が広がっていた下流の平野は，土地改良により今では日本を代表する水田地帯になっている。

Ｄ　四県を流れる川で，かつては下流の低地の人々は集落や農地を堤防で囲み，母屋《おもや》がある土地よりも一段高い所に水屋をつくったり，協同で土もりをして避難《ひなん》場所をつくったりしたが，現在は水屋は少なくなった。

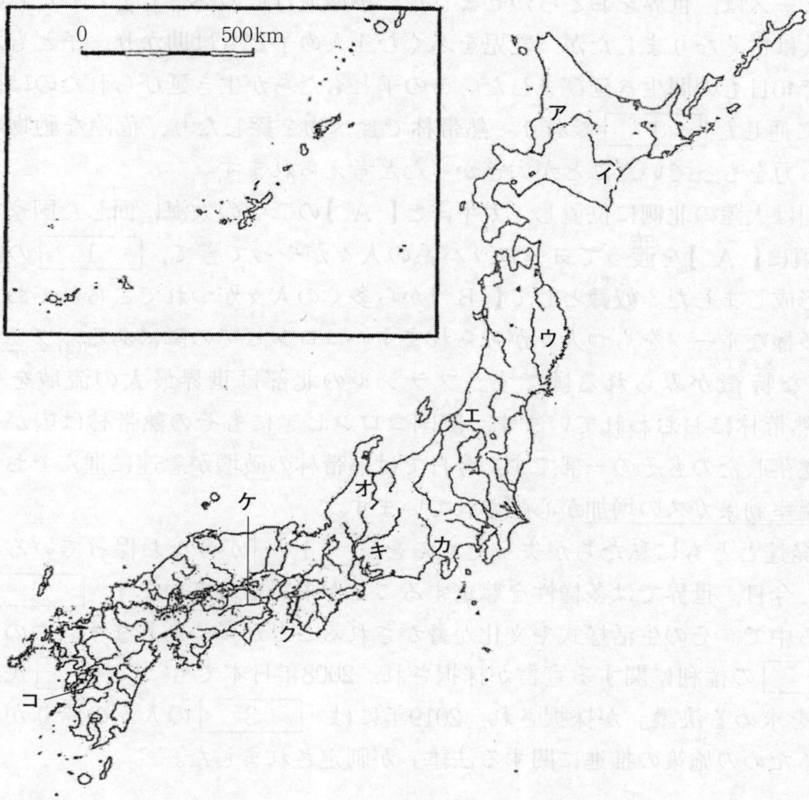

③　下線部③について，次の表２は東京都水道局が発表している家庭での水の使われ方を示しています。表２中のＹは近年，比率が高まっています。表２中のＹにあてはまるものを下のア～ウから１つ選んで，記号で答えなさい。

表２　家庭での水の使われ方

	X	Y	Z	洗濯《せんたく》	その他
2022年度	20%	43%	15%	16%	6%

出典　東京都水道局一般家庭水使用目的別実態調査

ア　風呂《ふろ》　イ　炊事《すいじ》　ウ　トイレ

④　下線部④について，次の文中の空欄に適する国名を答えなさい。

2023年２月６日，トルコ南部でマグニチュード7.8の地震《じしん》が発生し，トルコとその南隣《みなみどなり》の国（　1　）で多数の犠牲者《ぎせいしゃ》が出た。2011年から内戦が続く（　1　）では，壊れた建物の修復が十分に進んでいない中で多くの被害が出た。４月にはアジアを史上最悪の熱波がおそった。とくに現在世界第１位の人口大国である（　2　）では記録的な猛暑《もうしょ》となった。７月には（　3　）で大規模な森林火災が発生し，煙《けむり》は（　3　）だけでなくアメリカ合衆国にも影響をおよぼした。

⑤　下線部⑤について，〈Ｐ〉に適する語句を答えなさい。

Ⅱ　次の文を読み，文中の空欄 1 ～ 3 に適する語句を答えなさい。 1 は漢字で答えなさい。空欄【Ａ】・【Ｂ】にあてはまるものを後の選択肢《せんたくし》ア～クから１つずつ選び，記号で答えなさい。また下線部については後の設問(①～③)に答えなさい。

2023年６月，①コロンビアで行方《ゆくえ》不明になっていた１歳《さい》から13歳の４人の子どもが熱帯林で発見されたというニュースは，世界をおどろかせました。小型飛行機の墜落《ついらく》で子どもたちの母親をふくめた大人３人は亡《な》くなりましたが，乳児をふくむ４人の子どもは助かり，子どもたちだけで，熱帯林の中で40日もの間生き延びました。この子どもたちが生き延びられたのは彼《かれ》らが熱帯林での暮らしに通じた[1]であり，熱帯林で食べ物を探したり，危険な動物などから身を守ったりする力をもっていたことが大きかったと考えられます。

コロンビアという国は大陸の北側に位置し，太平洋と【 A 】の二つの大海に面した国家です。この大陸には16世紀頃《ごろ》に【 A 】を渡《わた》ってヨーロッパ系の人々がやってきて，[1]の国家を滅《ほろ》ぼし，植民地を形成しました。奴隷《どれい》として【 B 】から多くの人々がつれてこられており，今日，この大陸には多様なルーツをもつ人々がみられます。コロンビアの隣にある②ブラジルという国も似たような特徴《とくちょう》がみられる国です。ブラジルの北部は世界最大の流域をもつ[2]川が流れ，熱帯林におおわれています。隣国《りんごく》コロンビアにもその熱帯林は広がっており，小型飛行機が墜落したのもその一部です。今日では熱帯林の破壊《はかい》が急速に進んでおり，③二酸化炭素などの温室効果ガスの増加が心配されています。

この事件は技術の発達とともに私たちが失ったものを，[1]が今なお保っていることを教えてくれました。今日，世界では多様性を尊重することが求められています。[1]は経済成長が優先される中で，その生活様式や文化が脅《おびや》かされることが多くあります。このため，2007年に国連で[1]の権利に関する宣言が採択《さいたく》され，2008年日本でも「[3]民族を[1]とすることを求める決議」が採択され，2019年には「[3]の人々の誇《ほこ》りが尊重される社会を実現するための施策《せさく》の推進に関する法律」が制定されました。

【選択肢】

ア　紅海　　イ　地中海　　ウ　インド洋　　エ　大西洋

オ　アフリカ　　カ　アジア　　キ　アメリカ　　ク　オーストラリア

設問

①　下線部①のコロンビアの場所を次の地図中のア～クから１つ選び，記号で答えなさい。

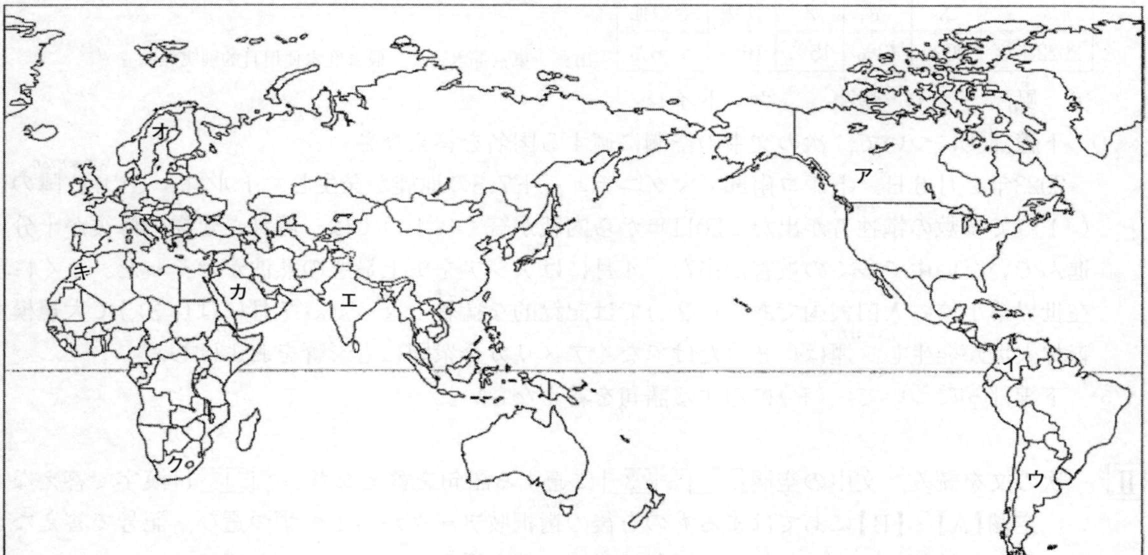

② 下線部②のブラジルについて述べた次の文ａ～ｃの正誤の組み合わせが正しいものを下のア～クから１つ選び，記号で答えなさい。

ａ　ブラジルには多くの日本人が20世紀に移り住み，現在も多くの日系人が暮らしている。

ｂ　スペインがかつてブラジルを植民地として支配していたため，スペイン語が主な言語となっている。

ｃ　2022年現在，日本で暮らす外国人は，ブラジル人が中国人に次いで２番目に多い。

ア　ａ　正　ｂ　正　ｃ　正　　イ　ａ　正　ｂ　正　ｃ　誤
ウ　ａ　正　ｂ　誤　ｃ　正　　エ　ａ　正　ｂ　誤　ｃ　誤
オ　ａ　誤　ｂ　正　ｃ　正　　カ　ａ　誤　ｂ　正　ｃ　誤
キ　ａ　誤　ｂ　誤　ｃ　正　　ク　ａ　誤　ｂ　誤　ｃ　誤

③ 下線部③について述べた次の文ａ～ｃの正誤の組み合わせが正しいものを下のア～クから１つ選び，記号で答えなさい。

ａ　国連安全保障理事会において，2015年「持続可能な開発目標」が採択された。

ｂ　「持続可能な開発目標」では貧困《ひんこん》をなくし，気候変動への対策をとるなどの行動が求められている。

ｃ　国連環境《かんきょう》計画などのNGOを中心に，地球環境問題への積極的な取り組みが進められている。

ア　ａ　正　ｂ　正　ｃ　正　　イ　ａ　正　ｂ　正　ｃ　誤
ウ　ａ　正　ｂ　誤　ｃ　正　　エ　ａ　正　ｂ　誤　ｃ　誤
オ　ａ　誤　ｂ　正　ｃ　正　　カ　ａ　誤　ｂ　正　ｃ　誤
キ　ａ　誤　ｂ　誤　ｃ　正　　ク　ａ　誤　ｂ　誤　ｃ　誤

Ⅲ　次の文を読み，文中の空欄［ 1 ］～［ 10 ］に適する語句をすべて漢字で答えなさい。［ 1 ］は１つの用語で答えなさい。空欄【Ａ】～【Ｄ】にあてはまるものを後の選択肢ア～ソから１つずつ選び，記号で答えなさい。また下線部については後の設問（①～⑪）に答えなさい。

私たちはなぜ税を納めるのでしょうか。今日日本では，税とは国または［ 1 ］が，その経費として人々から強制的に徴収するお金のことを指します。税を納める①義務があることが，日本国憲法においても示されています。これは国家が税を主な収入として動いているからです。税がなければ国家は機能しません。

今日の国家の原型はヨーロッパで生まれました。国王が強大な権力をにぎって戦争をくりかえし国民に重い税を課したため，これを不満に思った人々が国王と争い王政を廃止《はいし》したり，国王の権力を制限したりするようになりました。こうして生命や財産を国家から不当にうばわれることなく人間らしく生きる権利が生まれました。

このため多くの国では政治の最終的な決定権である［ 2 ］は，国民にあると考えられるようになりました。それにともなって税は支配者にとられるものから，国家の構成員である国民が自分たちのために必要な費用を分担するものとなりました。それでも税は強制的に個人の財産をうばうことになるわけですから，［ 2 ］をもつ国民の代表からなる【 Ａ 】でその使い道が決められることが必要です。

日本で，こうした近代的な税制のはじめと考えられているのが，1873年にできた［ 3 ］

という税です。しかしこの時にはまだ日本には【 A 】がなかったため，政府が一方的に定めた税は本当の意味での近代的な税といえるのか疑問がのこります。1874年に土佐藩出身の［ 4 ］らが政府に【 A 】の開設を求める意見書を提出しましたが，そこでも税を負担するものはその使いみちについて意思を表明する権利があると述べています。

［ 3 ］は当初は政府の収入の９割以上を占《し》めていました。その後1887年には個人の収入に対して課税される［ 5 ］が導入されました。［ 5 ］による収入ははじめはごくわずかでしたが，徐々《じょじょ》に増加していきました。②1904年から政府の［ 3 ］や［ 5 ］などの税収入は急激に増加し，その後もその状態が続きました。

税にはいろいろなものがあります。いくつかをみていきましょう。関税は国家の収入となりますが，幕末に日本がアメリカなどの国と結んだ条約により，日本は関税を自分たちだけで決めることができなくなってしまいました。関税は国家の収入となるだけでなく，【 B 】をおさえて国内の産業を守るなどの役割も果たすものであり，日本の産業発展にはとても重要な意味をもちました。そこで条約の改正に取り組み，［ 6 ］が外相《がいしょう》だった時に，日本は新しい条約を結び，完全に自由に関税を決めることができるようになりました。戦後にはアメリカの占《せん》領《りょう》下で，［ 5 ］のような直接税を中心とした税制度がとられましたが，1989年に③消費税が導入され，間接税の割合が増えていきました。令和５年度の予算では［ 5 ］を上回り，消費税が最大の税収入となる見込《こ》みです。こうした国の税を集める仕事をしている国税庁は，国の予算に関する仕事をしている【 C 】の外局です。

次に近代以前の税制をふりかえってみましょう。そもそも④国家が存在しなかった時代には税は存在しません。日本列島で国家の形成が始まると，中国との交流が始まり中国の歴史書に日本列島のことが記されるようになります。３世紀頃に⑤邪馬台国について記した中国の歴史書【 D 】には，すでに税が存在したことが記されています。その後豪族《ごうぞく》が連合して［ 7 ］と呼ばれる政府を作り，大王が強大な力をもつようになりました。５世紀の九州に大王の力がおよんでいたことが，熊本県の［ 8 ］古墳《こふん》出土の鉄刀からわかります。

東アジアの国々の争いが激しくなると［ 7 ］もその影響を受けるようになります。⑥聖徳太子らが改革を試み，新しい国家体制をめざしましたが，新しい国家体制が実現したのは⑦８世紀に入る頃でした。新しい国家体制の下では，従来の有力豪族は国家の役人となり，高い位をあたえられた［ 9 ］として，高い収入などの特権をえました。新しい税制が定められ，米や布などを納めるほかに，成人男性には地方で年に60日以内，土木工事などを行う［ 10 ］といった負担も課せられました。これらの税負担は非常に重く，やがて逃《に》げ出す農民が多くなり，耕作が放棄《ほうき》される土地が増えると，政府は土地制度の一部を変更《へんこう》するようになりました。最終的に11世紀頃には大土地私有が認められるようになり，税制もそれに応じたかたちに変化しました。

［ 9 ］が所有した私有地は荘園《しょうえん》と呼ばれ，それを現地で管理するものが地方武士となっていきました。やがて武士が政治において大きな力をもつようになり，⑧源頼朝が幕府を開きました。将軍は御家人に領地の支配を保障して，主従関係を結びました。将軍も武士もそれぞれが領地をもち，そこから入ってくる年貢《ねんぐ》を財源としていました。その後⑨農業生産力が高まると，農民たちは経済力をつけて，税を納めることに抵抗《ていこう》するようになりました。

戦国時代には大名たちは戦いのために税の徴収を強化しようとしますが，農民の抵抗も激しくなりました。こうした状況《じょうきょう》が大きく変わったのは⑩織田信長から豊臣秀吉の時代です。豊臣秀吉は全国の大名を従わせ，検地を行って耕地の面積や収穫高《しゅうかくだか》を把握《はあく》し，刀狩で農民たちの武器を没収《ぼっしゅう》し支配者に抵抗できないようにしました。⑪江戸時代にもその仕組みが引きつがれていきました。

江戸時代の年貢を近代的税に置きかえたものが，はじめに出てきた［3］です。この頃の政府は税を国民のために使うという意識はうすく，むしろ富国強兵のための財源と考えていたと言っていいでしょう。しかし今日の税は私たちのために使われるものであり，私たちはその使いみちを知り，選挙などを通じて自分たちの意思を表明していくことが大切です。

【選択肢】

ア　内閣	イ　『後漢書』東夷伝	ウ　輸入	エ　経済産業省	オ　裁判所
カ　総務省	キ　『魏志』倭人伝	ク　生産	ケ　国民投票	コ　内閣府
サ　議会	シ　『漢書』地理志	ス　財務省	セ　『宋書』倭国伝	ソ　輸出

設問

① 下線部①について述べた次の文ａ～ｃの正誤の組み合わせが正しいものを下のア～クから1つ選び，記号で答えなさい。

ａ　日本国憲法では，子どもに教育を受けさせることは義務であると定められている。

ｂ　日本国憲法では，選挙で投票することは義務であると定められている。

ｃ　日本国憲法では，働くことは義務であるとともに権利であると定められている。

ア　ａ　正　ｂ　正　ｃ　正　　イ　ａ　正　ｂ　正　ｃ　誤
ウ　ａ　正　ｂ　誤　ｃ　正　　エ　ａ　正　ｂ　誤　ｃ　誤
オ　ａ　誤　ｂ　正　ｃ　正　　カ　ａ　誤　ｂ　正　ｃ　誤
キ　ａ　誤　ｂ　誤　ｃ　正　　ク　ａ　誤　ｂ　誤　ｃ　誤

② 下線部②について，1904年に急激に政府の税収が増加したのは増税が行われたためです。なぜ増税が行われたのか，その原因とその後もその状態が続いた理由を，60字以内で説明しなさい。

③ 下線部③について述べた次の文ａ～ｃの正誤の組み合わせが正しいものを下のア～クから1つ選び，記号で答えなさい。

ａ　消費税は少子高齢化《こうれいか》が進み，増え続ける社会保障費をまかなうために導入された。

ｂ　消費税は年齢や働いているかどうかに関わりなく，多くの人々が負担する税となっている。

ｃ　消費税は収入が高い人ほど負担感が強い税となっており，消費を減らす危険がある。

ア　ａ　正　ｂ　正　ｃ　正　　イ　ａ　正　ｂ　正　ｃ　誤
ウ　ａ　正　ｂ　誤　ｃ　正　　エ　ａ　正　ｂ　誤　ｃ　誤
オ　ａ　誤　ｂ　正　ｃ　正　　カ　ａ　誤　ｂ　正　ｃ　誤
キ　ａ　誤　ｂ　誤　ｃ　正　　ク　ａ　誤　ｂ　誤　ｃ　誤

④　下線部④について述べた次の文ａ～ｃの正誤の組み合わせが正しいものを下のア～クから1つ選び，記号で答えなさい。

a　5000年前の日本列島では，狩りや漁や植物採集が行われていた。

b　5000年前の日本列島では，土偶《どぐう》などが作られまじないが行われていた。

c　5000年前の日本列島では，全域で稲作《いなさく》が行われていた。

ア　a　正　b　正　c　正　　イ　a　正　b　正　c　誤
ウ　a　正　b　誤　c　正　　エ　a　正　b　誤　c　誤
オ　a　誤　b　正　c　正　　カ　a　誤　b　正　c　誤
キ　a　誤　b　誤　c　正　　ク　a　誤　b　誤　c　誤

⑤　下線部⑤が近畿地方にあったという説を裏付けると考えられている遺跡《いせき》を次のア～エから1つ選び，記号で答えなさい。

ア　吉野ヶ里遺跡　　イ　唐古・鍵遺跡　　ウ　登呂遺跡　　エ　纏向遺跡

⑥　下線部⑥について述べた次の文ａ～ｃの正誤の組み合わせが正しいものを下のア～クから1つ選び，記号で答えなさい。

a　豪族に私有地と私有民をあたえて，彼らの力を強化しようとした。

b　豪族に天皇の命令には絶対に従うようにうながした。

c　豪族に位を与えて，役人として国家のために働かせようとした。

ア　a　正　b　正　c　正　　イ　a　正　b　正　c　誤
ウ　a　正　b　誤　c　正　　エ　a　正　b　誤　c　誤
オ　a　誤　b　正　c　正　　カ　a　誤　b　正　c　誤
キ　a　誤　b　誤　c　正　　ク　a　誤　b　誤　c　誤

⑦　下線部⑦の出来事について述べた次の文ａ～ｃの正誤の組み合わせが正しいものを下のア～クから1つ選び，記号で答えなさい。

a　中国の法律をモデルとして作られた律令により，新しい税制が定められた。

b　中臣鎌足が中国から帰国した留学生とともに政治改革に取り組んだ。

c　ききんや反乱が起こると聖武天皇は大仏を作るため，鑑真に高い位をあたえて協力させた。

ア　a　正　b　正　c　正　　イ　a　正　b　正　c　誤
ウ　a　正　b　誤　c　正　　エ　a　正　b　誤　c　誤
オ　a　誤　b　正　c　正　　カ　a　誤　b　正　c　誤
キ　a　誤　b　誤　c　正　　ク　a　誤　b　誤　c　誤

⑧　下線部⑧の源頼朝が幕府を開くまでの出来事について述べた次の文ａ～ｃの正誤の組み合わせが正しいものを下のア～クから1つ選び，記号で答えなさい。

a　保元の乱に敗れて，源頼朝は伊豆へ流された。

b　石橋山の戦いで，源頼朝が平氏に敗れた。

c　壇ノ浦の戦いで，源義仲が平氏を滅ぼした。

ア　a　正　b　正　c　正　　イ　a　正　b　正　c　誤
ウ　a　正　b　誤　c　正　　エ　a　正　b　誤　c　誤
オ　a　誤　b　正　c　正　　カ　a　誤　b　正　c　誤
キ　a　誤　b　誤　c　正　　ク　a　誤　b　誤　c　誤

⑨　下線部⑨について述べた次の文a～cの正誤の組み合わせが正しいものを下のア～クから1つ選び，記号で答えなさい。

a　稲《いね》の二期作が各地で行われるようになり，農業生産力が高まった。

b　農業生産力が高まると，農民たちが自分たちの村を守るために団結を強めた。

c　各地で特産物の栽培や手工業が発達して，交通や輸送もさかんになった。

ア　a　正　b　正　c　正　　イ　a　正　b　正　c　誤
ウ　a　正　b　誤　c　正　　エ　a　正　b　誤　c　誤
オ　a　誤　b　正　c　正　　カ　a　誤　b　正　c　誤
キ　a　誤　b　誤　c　正　　ク　a　誤　b　誤　c　誤

⑩　下線部⑩について述べた次の文a～cの正誤の組み合わせが正しいものを下のア～クから1つ選び，記号で答えなさい。

a　織田信長は駿河の北条氏を桶狭間の戦いで破って，勢力を強めた。

b　織田信長と徳川家康は騎馬隊《きばたい》を効果的に使って，長篠の戦いで武田氏を破った。

c　豊臣秀吉は全国を統一すると２度にわたって清と戦った。

ア　a　正　b　正　c　正　　イ　a　正　b　正　c　誤
ウ　a　正　b　誤　c　正　　エ　a　正　b　誤　c　誤
オ　a　誤　b　正　c　正　　カ　a　誤　b　正　c　誤
キ　a　誤　b　誤　c　正　　ク　a　誤　b　誤　c　誤

⑪　下線部⑪について述べた次の文a～cの正誤の組み合わせが正しいものを下のア～クから1つ選び，記号で答えなさい。

a　武士，百姓《ひゃくしょう》，町人といった身分は固定されており，職業や住む場所を自由に変えることができなかった。

b　人口の８割をこえる百姓は名主を中心に自分たちで村を運営し，年貢などを負担した。

c　町人も百姓と同じように重い税をかけられたが，中には大名にお金を貸すような大商人も登場した。

ア　a　正　b　正　c　正　　イ　a　正　b　正　c　誤
ウ　a　正　b　誤　c　正　　エ　a　正　b　誤　c　誤
オ　a　誤　b　正　c　正　　カ　a　誤　b　正　c　誤
キ　a　誤　b　誤　c　正　　ク　a　誤　b　誤　c　誤

【理　科】（30分）〈満点：60点〉

I　つぎの文章を読み，下の問いに答えなさい。

水溶《よう》液を冷やしたり，水分を蒸発させたりすると，とけているもの(固体)はつぶとなって出てきます。これを結晶《けっしょう》といい，ものによって結晶の形や色は決まっています。

たとえば，湯に砂糖をできるだけ多くとかしてから，ゆっくり冷やしていくと(1)<u>結晶</u>が出てきます。これと同じやり方で食塩の結晶は出てくるでしょうか。残念ながら，ほとんど出てきません。なぜなら，食塩は(　　2　　)からです。食塩の結晶を取り出すには，食塩水から水を蒸発させなければいけません。食塩は100℃の水100ｇに39.3ｇまでとけます。100℃の食塩水から水を蒸発させる場合，食塩の結晶ができ始めるとき，まだ食塩水の(　3　)％が水分ですから，これをすべて蒸発させるのは大変です。食塩水から食塩を取り出すには大きなエネルギーが必要なのです。

海水には約３％の塩(食塩)がとけていますが，海水をそのまま煮《に》つめて塩を取り出すのでは能率が良くないので，こい塩水をつくる工夫が欠かせません。

日本で古くから行われてきた塩づくりに，揚浜《あげはま》式製塩《せいえん》という方法があります。まず，細かい砂がしきつめられた塩田の上に海水をていねいにまきます。海水が地下にしみこまないように，塩田の下は(　4　)の層になっています。太陽のエネルギーにより水分が蒸発し，かわいた砂の表面には塩の結晶がつきます。塩のついた砂を集めて，塩田に設置してある箱の中に入れます。(5)<u>箱の上から海水を流しこむと，砂の表面についた塩が海水にとけこみ，こい塩水が下から出てきます</u>。図１は箱の断面を表しています。この塩水を，大きな(6)<u>かま</u>に入れて煮つめていきます。はじめは強火で煮つめ，水分がある程度蒸発したところでいったん火を消して(7)<u>冷まします</u>。その後，弱火でさらに煮つめ，かまの底にたまった塩を取り出します。このように，海水からの塩づくりでは，さまざまな工夫がなされているのです。

図１

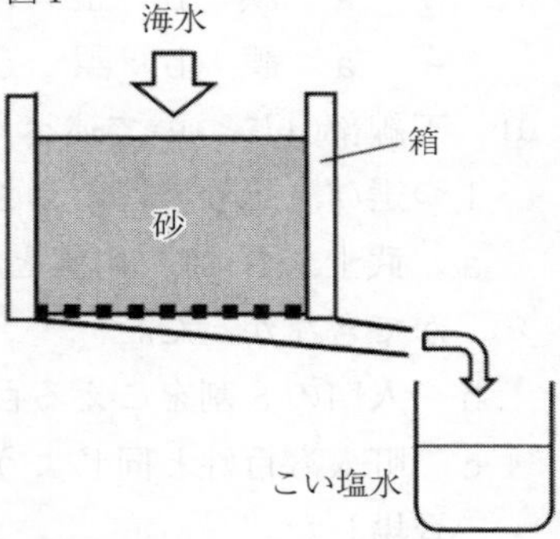

問１　下線部(1)はどのような形ですか。もっともふさわしいものをつぎの**ア**～**オ**から１つ選び，記号で答えなさい。

ア．
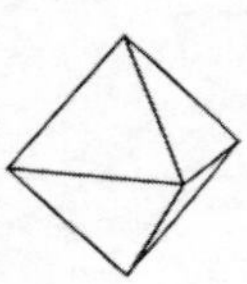
イ．
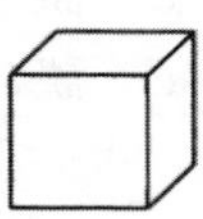
ウ．

エ．
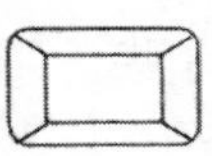
オ．
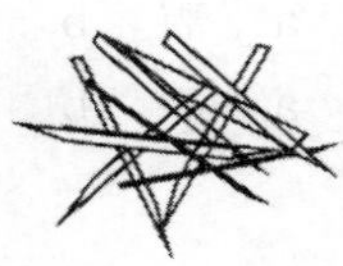

問２　文中の(２)にあてはまる語句を25字以内で書きなさい。

問３　文中の(３)にあてはまる数字を，小数第２位を四捨五入して，小数第１位まで求めなさい。

問４　文中の(４)にあてはまる語をつぎの**ア**～**オ**から１つ選び，記号で答えなさい。

ア．れき　　**イ**．砂　　**ウ**．粘土《ねんど》　　**エ**．軽石　　**オ**．木

問５　下線部(5)について述べたつぎの文の(ａ)～(ｅ)にあてはまる数字を答えなさい。ただし，答えが割り切れない場合は，小数第２位を四捨五入して，小数第１位まで求めなさい。

海水を３％の食塩水とし，箱の下から出てくる「こい塩水」を12.7％の食塩水とします。100kgの「こい塩水」をつくる場合を考えてみましょう。箱の上から入れた海水はすべて下か

ら出てくるものとし，途《と》中で水は蒸発しないものとします。

100kgの「こい塩水」にふくまれる水は(a)kgなので，箱の上から流しこむ海水は(b)kgです。箱の上から流しこむ海水にとけている塩は(c)kgですから，砂の表面から海水にとけこむ塩の量は(d)kgと計算できます。それだけの塩がついた砂をつくるためには，少なくとも(e)kgの海水を塩田にまく必要があります。

問６　下線部(6)のかまは，平らなおけのような形をしていて，内側は右図のような直径1.6m，高さ30cmの円柱形だとすると，かまいっぱいに入る塩水はおよそ何Lですか。もっとも近いものをつぎの**ア〜カ**から１つ選び，記号で答えなさい。

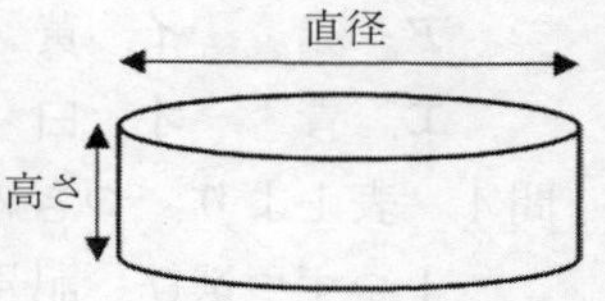

ア．200　**イ**．600　**ウ**．2000　**エ**．6000　**オ**．20000　**カ**．60000

問７　下線部(7)のとき，しばらくすると液面にいくつかの塩の結晶が見られることがあります。その理由として正しいものを，つぎの**ア〜エ**から１つ選び，記号で答えなさい。

ア．底よりも液面に近いほうがうすい塩水なので，液面に結晶がうかぶ。

イ．液面は蒸発が盛んなので，液面の近くで結晶ができる。

ウ．底の近くから温度が下がるので，液面の近くで結晶ができる。

エ．1 cm^3 あたりの重さは，塩水よりも結晶のほうが小さいので，液面に結晶がうかぶ。

Ⅱ

最近，スーパーマーケットの店頭には，畑で育てた露地栽培《ろじさいばい》の野菜だけでなく，「植物工場」で生産した野菜が並ぶようになりました。植物工場では土を使わず，水と液体肥料により育てる水耕栽培をしています。(1)機械を用いて，適切な条件を維持《いじ》できることが特ちょうです。

あるサニーレタスは，完全人工光型の植物工場でつくられています。完全人工光型では太陽光は一切用いず，すべてを(2)発光ダイオードなどの光でまかなっています。

植物工場において，サニーレタスが最も育ちやすい光条件を探るため，さまざまな色の発光ダイオードを用いて，サニーレタスを育てる実験を行いました。なお，この実験は，光の色以外の条件(光の強さや気温など)を一定にして行いました。つぎの表１は，サニーレタスを３週間育てたときの，各部分の重さなど(８個体の平均値)をまとめたものです。下の問いに答えなさい。

表１

	赤色光	青色光	緑色光	※１赤色光＋青色光
葉の重さ(g)	8.56	7.28	1.99	13.96
茎《くき》の重さ(g)	2.60	1.40	0.56	3.98
根の重さ(g)	1.36	1.43	0.29	2.04
全体の重さ(g)	12.52	10.11	2.84	19.98
葉の数(枚)	8.25	4.88	5.38	6.50
主茎の長さ(cm)	21.60	8.53	14.35	16.09
※２気孔《きこう》コンダクタンス	0.056	0.062	0.038	0.090

※１　赤色と青色の発光ダイオードを半数ずつ使い，合計の光の強さは他の色の光と同じである。

※２　気孔における気体の通りやすさを表す値。値が大きいほど，気体が通りやすい。

園芸学研究(2018)，植物工場学会誌(1999)より作成問1　下線部(1)について，野菜を植物工場で育てる利点を1つあげ，20字以内で書きなさい。

問2　下線部(2)をアルファベットの略称《りゃくしょう》で書きなさい。

問3　下線部(2)について，2014年にノーベル物理学賞を受賞した赤﨑氏，天野氏，中村氏が発明・実用化した発光ダイオードは何色ですか。つぎの**ア**～**オ**から1つ選び，記号で答えなさい。

ア．赤　　**イ**．黄　　**ウ**．緑

エ．青　　**オ**．白

問4　表1より，つぎの①～③にあてはまるのは何色の光と考えられますか。下の**ア**～**ウ**から1つずつ選び，記号で答えなさい。

①　サニーレタスを成長させる効果が最も小さい

②　1枚あたりの葉を最も重く，大きくする

③　茎をのばし，草たけを最も高くする

ア．赤色光

イ．青色光

ウ．緑色光

問5　表1より，「赤色光＋青色光」を当てたサニーレタスの全体の重さが最も重く，気孔コンダクタンスが最も大きいことがわかります。気孔コンダクタンスが大きいと成長できる理由をあげた文中の（ａ），（ｂ）にあてはまる語を答えなさい。

・（　ａ　）が盛んになることで，根からの水や栄養の吸収が盛んになるから。

・空気中の（　ｂ　）を取り入れやすくなることで，多くのでんぷんをつくることができるようになるから。

Ⅲ　以下の文章を読み，問いに答えなさい。

5月のある金曜日は，朝から雨が降っていましたが，昼前には雨がやみました。翌日の土曜日，O小学校では運動場がかわき，運動会を行うことができました。しかし，近くのN小学校では運動場に水が残り，運動会は延期になってしまいました。図1はO小学校，図2はN小学校の運動場の地面の写真および運動場と校舎の配置図です。

図1　O小学校

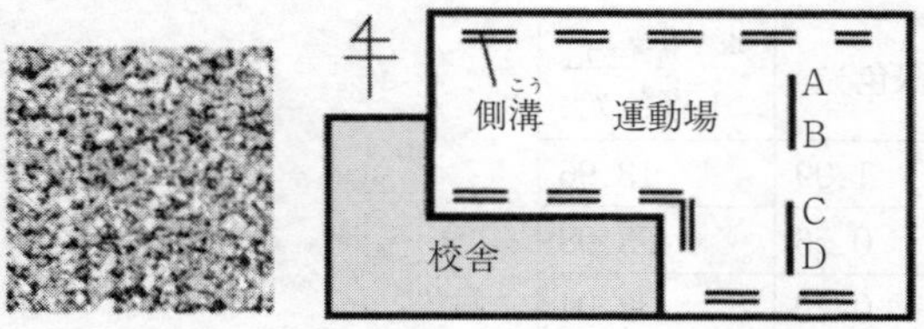

図2　N小学校

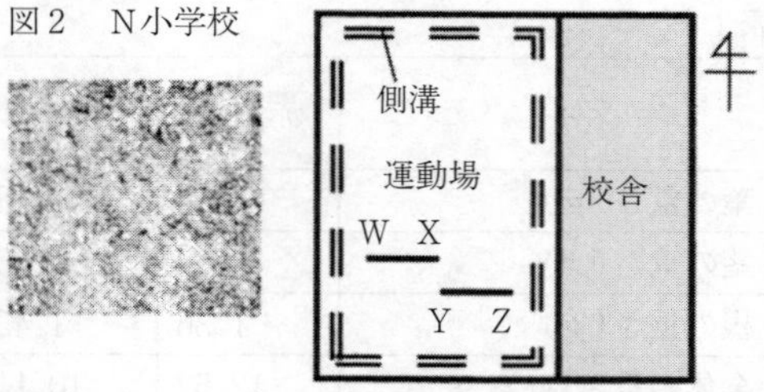

・O小学校は運動場の南西側に校舎があり，N小学校は運動場の東側に校舎がある。どちらの校舎も4階建てである。

・図1のAB，CDの向きと図2のWX，YZの向きに水平器（図3）を置くと，空気の玉がB，C，W，Zの側に動いた。

図3　水平器

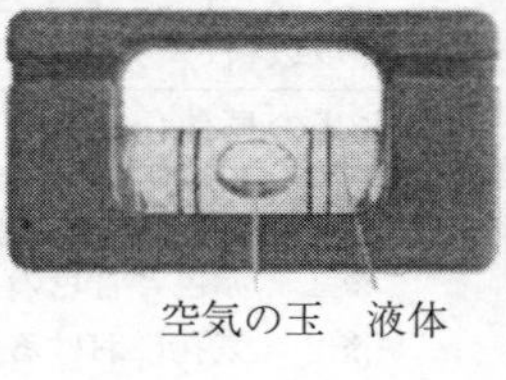

問１　Ｏ小学校の運動場がＮ小学校の運動場より早くかわいた理由をつぎの**ア**～**キ**から１つ選び，記号で答えなさい。

ア．地面に水がしみこみやすく，側溝に水が流れやすく，午後の日当たりが良いため。
イ．地面に水がしみこみにくいが，側溝に水が流れやすく，午後の日当たりが良いため。
ウ．側溝に水が流れにくいが，地面に水がしみこみやすく，午後の日当たりが良いため。
エ．午後の日当たりが悪いが，地面に水がしみこみやすく，側溝に水が流れやすいため。
オ．地面に水がしみこみにくく，側溝に水が流れにくいが，午後の日当たりが良いため。
カ．午後の日当たりが悪く，地面に水がしみこみにくいが，側溝に水が流れやすいため。
キ．午後の日当たりが悪く，側溝に水が流れにくいが，地面に水がしみこみやすいため。

桜蔭中学校は，JR水道橋駅東口を出たあと，神田川にかかる水道橋をわたって白山通りを北上したあと，右折して忠弥《ちゅうや》坂《ざか》を登った本郷台地の上に位置しています。図４の太線が，JR水道橋駅から桜蔭中学校までの道のりです。図５は，図４の点線の位置の断面の地層のようすを単純化して表したものです。

図４

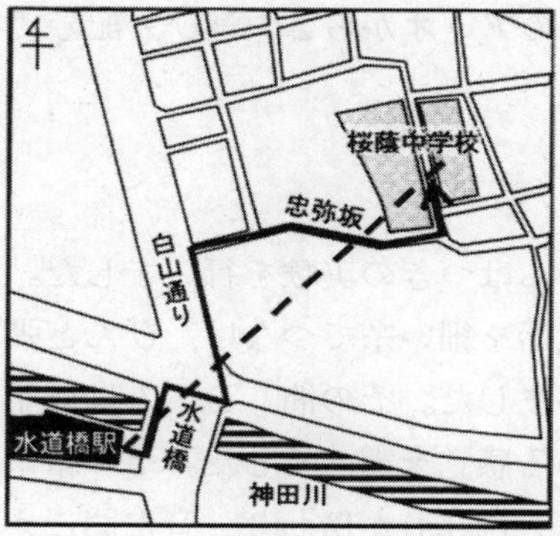

図５

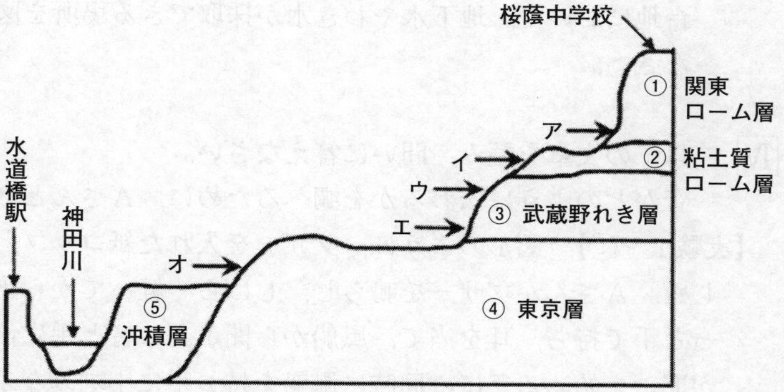

問２　桜蔭中学校や水道橋駅周辺の地層について説明した，つぎの文章について答えなさい。

図５の①，②のロームというのは，砂や粘土などが含まれた混合土のことで，日本では主に噴火《ふんか》によって飛ばされた（ａ）や<u>れき</u>，小さな穴がたくさんあいた石（軽石）がたまったあと，つぶがくずれて砂や粘土に変化したものです。③～⑤の層は流水のはたらきによって運搬《ぱん》されたつぶが（ｂ）してできた層です。②の層は，①の層に比べて（ｃ　大きい　小さい）つぶの割合が多くなっています。③の層は<u>れき</u>，④の層は粘土を主とした層です。④の層は15～13万年前にできたかたい層です。⑤の層は１万8000年前以降にできた層で，新しく，他の層に比べて（ｄ　かたい　やわらかい）のが特ちょうです。

ⅰ　文中の（ａ），（ｂ）にあてはまる語を書きなさい。また，（ｃ），（ｄ）にあてはまる語を選んで書きなさい。

ⅱ　文中の下線部の「れき」は，つぶの大きさがどれくらいのものか，つぎの**ア**～**エ**から１つ選び，記号で答えなさい。

ア．0.06mm 以上　　**イ**．0.5mm 以上
ウ．２mm 以上　　**エ**．８mm 以上

ⅲ　③の層のれきは，①，②の層のもととなるれきとどのようなちがいがあるか，簡単に説明しなさい。

iv　③の層と④の層は，できた当時どちらの水深が深いと考えられるか，③か④の番号で答えなさい。

v　④の層と⑤の層は，できた時代が連続していません。その理由として正しいものをつぎの**ア**～**エ**から１つ選び，記号で答えなさい。

ア．①～④の層ができたあと，火山の噴火によって水道橋駅付近の層がふき飛ばされ，そのあとに生じた火山の噴火による溶岩《ようがん》がかたまって⑤の層ができた。

イ．①～④の層ができたあと，川によって水道橋駅付近の層がしん食され，そのあとにこの場所が海になり，⑤の層ができた。

ウ．①～④の層ができたあと，地震《しん》によって断層ができて，①～③の層がくずれ，残った④の層の上にくずれたものが混ざって重なって⑤の層ができた。

エ．①～④の層ができたあと，大きな力が加わって曲がり，図５の右側の土地だけが盛り上がったため，新しい⑤の層が低いところにみられる。

問３　水道橋の名は，江戸《えど》時代に作られた神田上水の水路橋に由来します。桜蔭中学校のある本郷台地の周辺では，神田上水が引かれるまでは，地下水やわき水を利用していました。本郷台地において，地下水やわき水が採取できる場所を図５の**ア**～**オ**から２つ選び，記号で答えなさい。

Ⅳ

以下の文章を読み，問いに答えなさい。

音がどのように伝わるかを調べるために，ＡさんとＢさんはつぎの実験を行いました。

【実験１－①】　図１のように，ブザーを入れた紙コップと風船を細い糸でつなげ，ぴんと張りました。Ａさんがブザーを鳴らし，しばらく経ってから止めました。その間，Ｂさんは風船をそっと手で持ち，耳を当て，風船から聞こえる音と手に伝わる感覚を調べました。その結果，音が聞こえ始めるとほぼ同時に風船を持つ手に小刻みなふるえ（振《しん》動）が伝わり，音が聞こえ終わるとほぼ同時にふるえが止まりました。このことから，音を出すものは振動しており，その振動が伝わることで音が伝わることがわかります。

【実験１－②】　図１の風船の中に小さなビーズをいくつか入れて，ブザーの音の高さは変えずに大きさだけを変えて，ビーズの動き方を観察しました。

【実験１－③】　図２のように，風船の代わりにマイクロフォンを入れた紙コップをつけました。【実験１－①】と同様に，ブザーを鳴らし，マイクロフォンが拾った音をオシロスコープという装置で観察しました。オシロスコープとは，マイクロフォンによって電気信号に変えられた音の振動のようすを，グラフとしてみることができる装置です。

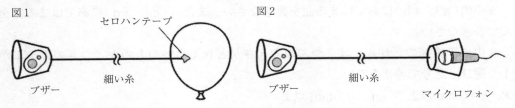

図１

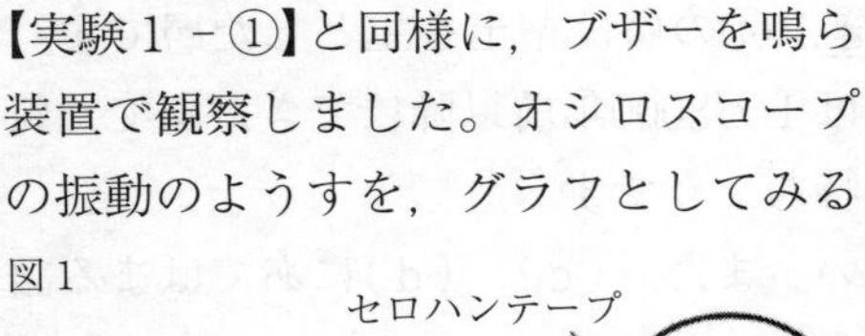

図２

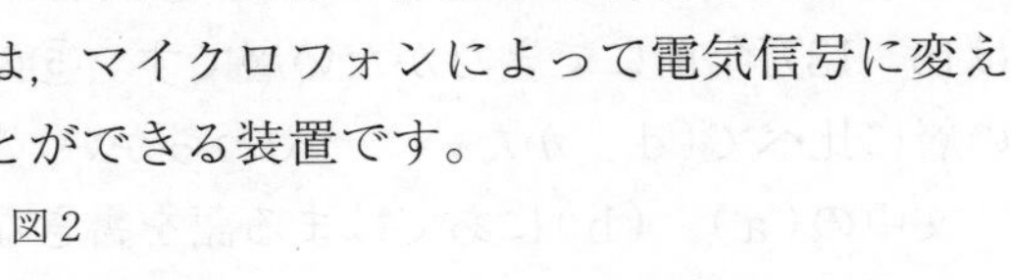

問１　【実験１－②】の結果，音を大きくしたときのビーズの動き方として正しいものをつぎの**ア**～**ウ**から１つ選び，記号で答えなさい。

ア．より速く小刻みに動く　　**イ**．より大きくはねるように動く　　**ウ**．変わらない問２　【実験１－③】について，つぎの問いに答えなさい。

図３

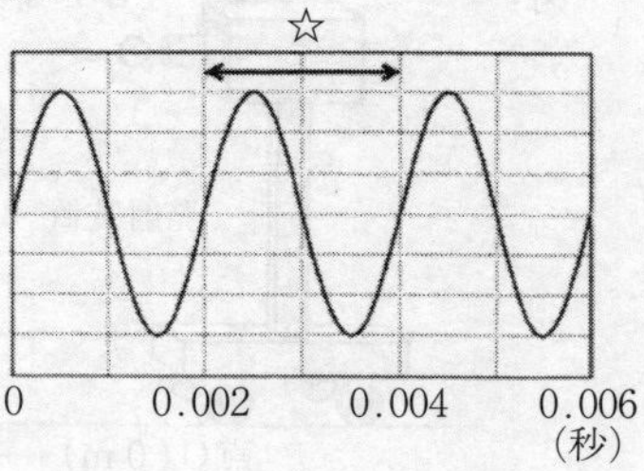

ⅰ　【実験１－③】の結果，図３のようなグラフの形をみることができました。図３の横軸《じく》は時間，たて軸は音の振動の大きさを表していて，図に示す範囲《はんい》(☆)が振動１回分を表しています。図３の音は，１秒間に何回振動していますか。

ⅱ　音の高さと振動の回数の関係は，高い音ほど１秒間に振動する回数が多く，低い音ほど１秒間に振動する回数が少ないことがわかっています。そこで，ブザーの音の高さや大きさを変えて同様に実験を行いました。図３の音より高い音のときに観察できるグラフの形を**ア**～**エ**からすべて選び，記号で答えなさい。横軸とたて軸は図３と同じです。

ア

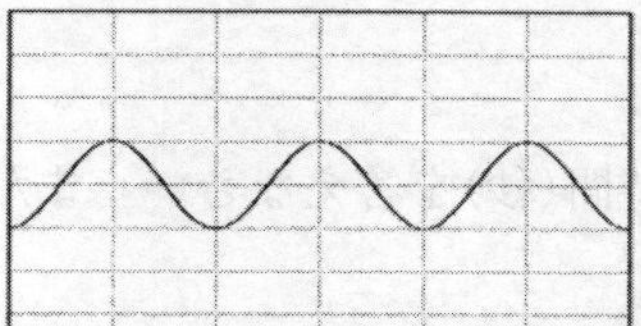

イ

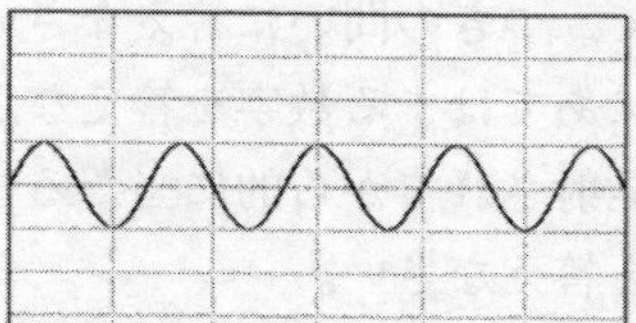

ウ

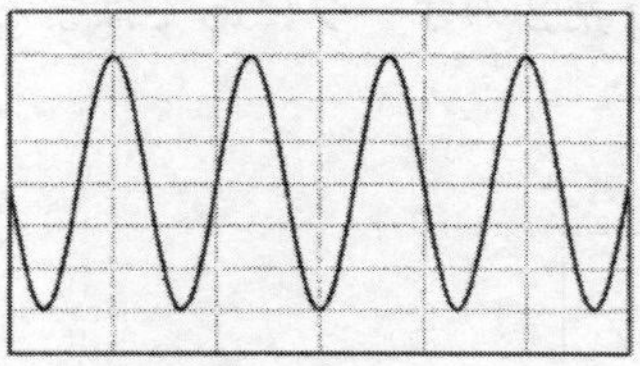

エ

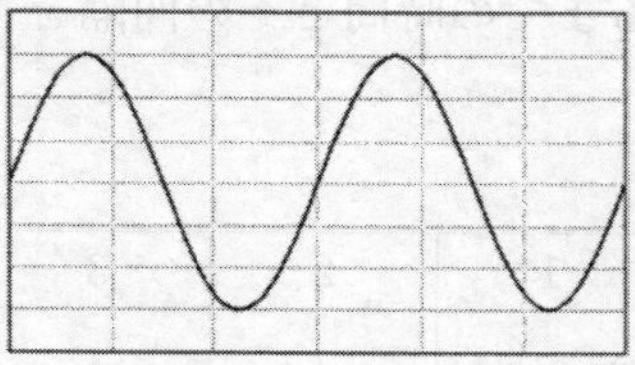

音を出すものを音源といいます。人は，音源からはなれたところで音を聞くとき，音源の振動によってまわりの空気が振動し，それが耳に届くことで音を聞いています。しかし，音源が動きながら音を出したり，人が動きながら音を聞いたりすると，聞こえる音の高さが変わります。これは，例えば目の前を救急車が通り過ぎたときに聞こえるサイレンの音の高さが変わることなどで知られています。このことを確かめるために，ＡさんとＢさんはつぎの実験を行いました。

【実験２】　図４のように，水平なゆかの上に，小さな球を一定の間隔《かんかく》で発射することができる発射装置と的《まと》を一直線上に置きます。発射装置と的はそれぞれゆかの上を右か左に動くことができます。このとき，球が受ける空気の抵抗《ていこう》や重力などの影響《えいきょう》は考えず，球は的に向かって減速も落下もせず，まっすぐ飛ぶものとします。

発射装置を点Ｏ(０ｍ)に固定し，点Ｏから18ｍはなれた位置に的を置きました。発射装置からは１秒間に１個ずつ球が発射され，発射された球は一定の速さで１秒間に８ｍずつ進みます。いま，はじめの球が発射されたと同時に，的を一定の速さで１秒間に２ｍずつ発射装置に近づけます。表１は，はじめの球が発射されてからの時間と，球と的の位置を0.2秒ごとに表したものです。ここで位置は，発射装置からのきょりで表します。

図4

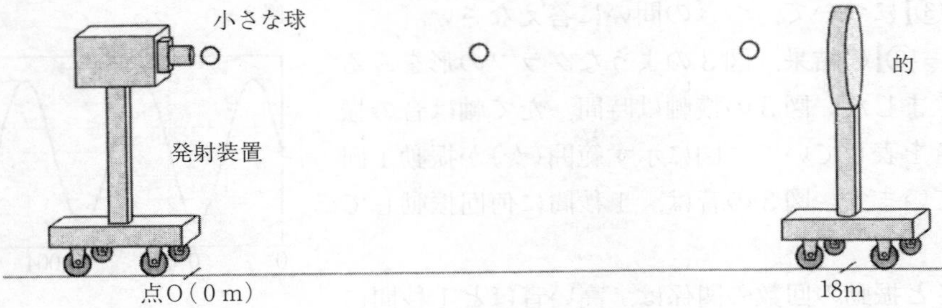

表1

時間(秒)	0	0.2	0.4	0.6	0.8	1	…
球の位置(m)	0	**ア**		**イ**		8	…
的の位置(m)	18		**ウ**		**エ**	16	…

問3 【実験2】について，つぎの問いに答えなさい。

i 表1の**ア**～**エ**にあてはまる数字を答えなさい。

ii はじめの球が発射されてから的に当たるまでの時間(秒)を答えなさい。また，そのときの的の位置(m)を答えなさい。

iii 発射装置からは全部で4個の球を発射しました。はじめの球が発射されてからそれぞれの球が的に当たるまでの時間とその間隔をまとめた表2の**オ**～**ク**にあてはまる数字を答えなさい。

表2

球の順番	1	2	3	4
的に当たるまでの時間(秒)	iiの答え	**オ**	**カ**	4.2
間隔(秒)		**キ**		**ク**

問4 発射装置と的の間のきょりを18mにもどしたあと，発射装置や的を右や左に動かしながら，球が的に当たる間隔を調べました。発射装置や的を動かす場合は，それぞれ1秒間に2mずつ動かし，発射装置が発射する球の条件は【実験2】と同じです。つぎの文中の(a)～(c)にあてはまる語句を下の**ア**～**ウ**から1つずつ選び，記号で答えなさい。

・発射装置を固定して的を発射装置から遠ざけると，球が的に当たる間隔は(　a　)。

・的を固定して発射装置を近づけると，球が的に当たる間隔は(　b　)。

・発射装置と的をどちらも近づく向きに動かすと，球が的に当たる間隔は(　c　)。

ア．1秒より長くなる　**イ**．1秒より短くなる　**ウ**．1秒である

問5 【実験2】を音にあてはめてみると，発射装置は音源，球1個は音の振動1回分，的は音を聞く人と考えることができます。つぎの文**ア**～**オ**から正しいものをすべて選び，記号で答えなさい。ただし，救急車と電車は一定の速さで直線上を移動しているものとします。

ア．立ち止まっているときに，まっすぐ近づいてくる救急車のサイレンの音は，だんだん低くなっていくように聞こえる。

イ．立ち止まっているときに，まっすぐ遠ざかっていく救急車のサイレンの音は，だんだん低くなっていくように聞こえる。

ウ．立ち止まっているときに，目の前を救急車が通り過ぎると，救急車のサイレンの音の高

さがそれまで聞こえていた音の高さより急に低くなった。

エ．電車に乗っているときに，踏《ふみ》切に近づいていくと，踏切の音が本来の高さと比べて一定の高さだけ低くなって聞こえる。

オ．電車に乗っているときに，踏切から遠ざかっていくと，踏切の音が本来の高さと比べて一定の高さだけ低くなって聞こえる。

なる。人生は、そして人と人とは、なんと不思議な縁《えん》で繋《つな》がっている
のだろうか。

（増山　実『百年の藍《あい》』）

※設問の都合で本文の表記を変えたところがあります。

注1：りょうの夫で、鶴来の社長
注2：鶴来の会社で作ったジーンズのブランド名
注3：光太郎とりょうの次男
注4：光太郎の叔父《おじ》で、りょうの育ての親

問一　□A～Cのカタカナを漢字に直しなさい。

問二　【ア】【イ】に入る体の一部を表す漢字一文字を答えなさい。

問三　――線部①の理由を、この時りょうが神戸に来たきっかけをふまえて、説明しなさい。

問四　――線部②とありますが、この時のりょうの気持ちを説明しなさい。

問五　――線部③とありますが、「居場所」という言葉が「静の心に突き刺さった」のはなぜですか。

「けど、りょうばあちゃん、その時、六十じゃろ？　よう、雇《やと》うてくれたね」

「もともとその書店は、Bネンパイの書店員さんが多かったんじゃ。客層に、ネンパイのお客さんが多いから、お客さんからしたら、自分と同じ歳《とし》くらいの店員がおった方が安心してくれるっていう考えでね。六十を越《こ》えた店員が、すでに三人も働いとった。それとね、社長がギャラリーやる、言うた時、社員は、みんなそこに配属されるのを嫌《いや》がったんやて」

「なんでじゃろ」

「そりゃあ、みんな、本を売りとうて、書店に勤めてるんじゃけえ。やっぱり、文芸書とか、人文書とかそういうのを売りたいんよ。社長も困っとったんや。無理に配属して、いやいや働かれてもなあ、って。そんな時に、ひょっこりあたいが現れたってわけじゃ」

「じゃけど、りょうばあちゃん、美術のCソヨウはあったの？」

「ない、ない。若い頃、好きじゃった、いうても、竹久夢二《たけひさゆめじ》とか、中《なか》原淳一《はらじゅんいち》とか、そういう時代じゃからねえ。最近の画家のことなんか、からっきしじゃけえ、必死で勉強したよ。美術の専門雑誌とか読んだり、方々の展覧会に【ア】を運んだりね。そんなあたいを見て、社長、その人は、杣田《そまだ》さんていうんじゃけど、三十五歳で、私より二十五歳も下の、杣田さんが言うた。りょうさん、勉強もええですけど、もっと、大事なことがあると思うんです、って」

勉強より大事なことって何だろう。静はりょうの言葉を待った。

「相手が命を懸《か》けて向かいおうとるもんに、どれだけ気づけるか。有名より無名。正統より異端。中心より辺境。そこに眠ってるもんに、どれだけ共感する力を持ってるかです。僕《ぼく》らの、生き方そのものが問われるんですって、杣田さんは言うたんよ。杣田さんのその言葉を聞いて、②あたいは、美術の雑誌を閉じた。そうして、時間はかかったけど、ギャラリーは海会堂書店の大事な柱の一つになった。当時無名やった作家を何人も見いだして、店の売り上げにもつなげた。そうして、あれは、いつやったかな、そう、ちょうど、ベルリンの壁が崩壊《ほうかい》した年」

「ああ。一九八九年。高校三年の年じゃったから、よう覚えとる」

「そうか。その年か。あんたにはそんなこと言うてなかったけどな、その年の暮れにね。杣田さんが、社長を解任されてね」

「解任？　ギャラリーで会社を立て直したのに？」

「そう。もともと、海会堂書店は、同族企業でね。創業者の子供が、三人、おった。息子が二人と、娘が一人。普通なら長男か次男が継《つ》ぐんじゃけど、いろいろあって、娘の婿《むこ》さんが継ぐことになった。それが杣田さんや。もともと勤めてた、大手の重工業の会社を辞めてな。まあ、そういうこともあって、社長になってからも、社内での杣田さんの立場は、いろいろと難しいとこがあったんじゃ。で、結局、息子さんがやっぱり継ぐことになって、杣田さんは、まあ言うたら、お払《はら》い箱になってしもうた。それで、十三年ほど続いた、二階の海会堂ギャラリーも、春に閉めることになって。そうなったら、私も、海会堂におる意味はない。どうしようか、と思うてたら、杣田さんが、言うたんじゃ。りょうさん、僕は、ここ辞めても、ギャラリーをどこかで続けよと思てるんや。これまで関わってきた画家はほとんど無名の頃に知りおうて、今はもう身内みたいなもんや。伴侶《はんりょ》みたいなもんや。僕は、彼らの『居場所』を失いとうないんや。作品の『居場所』を失いとうないんや。りょうさん、もしよかったら、僕を手伝うてくれへんかって」

③「居場所」。その言葉が、静の心に突き刺《さ》さった。

遠い昔、幼い頃に浅草から出てきた祖母が、社長をお払い箱になった男と、神戸の片隅《かたすみ》でギャラリーを開く。それが二人の「居場所」と乗れるよ。りょう、おまえは、大きくなったら、どこへでも行け。この街を飛び出して、あの船に乗って、自由に、どこへでも行けばいいんだよ。突然、ふっと、そんなことを思い出したんじゃ」

　静は祖母の話に聞き入った。

「①それでな、あたいは、二階におった、店員に聞いた。この店の社長はどこですかって。そうしたら、店員が教えてくれた。あそこで、ノコギリ持ってんのが、社長ですよって。見たら、店の奥《おく》の方で、作業服着て材木をノコギリで切っとる人がおった。あの人が社長か。なんで社長がノコギリ持っとるんですかって聞いたら、社長に聞いてみてくれって。それで、あたいは、近づいて社長に言うたんじゃ。手伝いましょうかって」

「いきなり？」

「そうじゃ。おまえも覚えとき。初めて会うた人と仲良うなろうと思うたら、その人のやってることを手伝うことじゃ。社長は、一瞬《いっしゅん》、はあ、ちゅうような顔をしとったけどな、それやったら、ちょっと、この材木の端《はし》っこ、持っといてくれるかなあ、って。それからあたいは、しばらくその、日曜大工みたいな作業を手伝うたんじゃ。作業が一段落したとき、社長があたいに言うた。えらい助かりました。ありがとうって。それで、この工事は、何してるんですか？　って、社長に聞いた。その時の会話は、今でも、忘れられんなあ。社長は、あたいに、こう言うたんじゃ。ああ、これですか。ここは社長室やってんけど、そんなもんいらんなあ、いうことで、取り壊すことにしたんですわって」

「社長が、社長室を？　取り壊してたの？」

「そうなんじゃ。不思議じゃろ。壊して何にするんですかって聞いたら、『ギャラリーを作ることにしたんですわって』って。『ギャラリー？』思わず聞き返したら、社長はな、人懐《なつ》こい笑顔で言うたんじゃ。

『自分の目で見て、ええなと思った、まだ無名の画家の絵の企《き》画展と、販《はん》売をやろうと思ってます。会社のみんなからは、無謀《ぼう》やとか、A ドウラク やとか言われてます。それで、まあ、私が一人で、こうやって』って」

「絵の企画展？　販売？　本屋さんで？」

「あたいもそのとき、同じことを社長に聞いた。そしたら社長は、こう説明してくれた。今はたしかに、本の売り上げは好調やけど、これからの書店は、いろんなことをやっていかんと生き残れん時代がきっと来る。そこで今、大型の美術本が、結構売れてるから、絵を売ることで、絵の好きなお客さんに【ア】を運んでもらえるような、そんな書店にしたいって。今は、船の本が【イ】になってるけど、もう一つの書店の【イ】を作りたいって」

「面白いことを考える人じゃね」

「そうなんじゃ。あたいも、面白そうじゃ、と思うた。それで、あたいは、社長に言うた。『ここで、働かせてください』って。そうしたら、社長が、急に真面目な顔になって、あたいの目をじっと見て、言うたんじゃ」

　静は身を乗り出して、りょうの言葉に耳を傾《かたむ》けた。

「『もちろん、ここでギャラリーをやるのは、ビジネスのためです。そやけど同時に、それは、大げさに言うたら、その作家の、生き死にに関わることでもあるんです。それから、精魂《こん》込めた作品の、生死に関わることでもあるんです。まあ言うたら、私らは、医者みたいなもんです。それだけの責任がある。あなたに、それを負うだけの覚悟《ご》がありますか』あたいは、答えたよ。『それを聞いて、余計やりたくなりました』って」

　そうして、りょうは、その海の近くの書店で働くことになったのだという。

「そうやって鶴来は、ジーンズで新しいスタートを切ったのに、りょうばあちゃんは、なんで鶴来の家を出て、神戸に来たんじゃ？」

「その話も、まだ静には、しとらんかったのう」

りょうは視線を遠くに向けた。

「注1光太郎じいちゃんは、注2エミリー・スミスのジーンズを見た、その一ヶ月後に亡《の》うなった。五十三歳《さい》で、あたいは五十五歳じゃった。それからあたいは五年、六十まで鶴来におった。で、六十になったとき、あの家を出ようと思うたの。鶴来はもう注3久志が社長になっとったし、会社は久志に任したらええ。あんたも、もう大学生になっとったしな。それもあるけど、一番の理由は、もう鶴来には、注4恭《きょう》蔵《ぞう》さんもおらん。光太郎さんもおらん。あたいにとって、鶴来におる意味は無《の》うなったんじゃ。それで、あの家を出て、新しいことをやろうと思うた。そう決めたんじゃ」

「その、新しい人生が、なんで神戸やったんじゃ」

「そうは決めたんじゃけどな。次に何をやろうか、何も決めとらんかった。そんなことを考える暇《ひま》もなかったしな。ただ、これまでとは違う人生を始める。それだけじゃった。挨拶《あいさつ》回りに、これまでお世話になった取引先を全部回った。それで、神戸の取引先が、元町にあったの。神戸の港のすぐ近くの街じゃ。挨拶が終わって、元町の商店街を一人で歩いとった。そうしたら、一軒《けん》の書店の看板が目に入った。茶色の外壁《がいへき》にオレンジの文字で、『海会堂書店』って書いとった」

「カイエドウ？」

「海に会うで、海会堂や。あたいは、ええ名前じゃなあ、と思うて、港町のその書店に入ってみたんじゃ。商店街の中の本屋にしては、結構広い店やった。百坪《つぼ》近くはあったかなあ。二階だてでな、平台や棚《たな》を見たら、品揃《しなぞろ》えが、他の書店とは違う。女学生の頃《ころ》、倉敷《くらしき》の古書店で働いとったことがあったからな。もともと本が好き、本屋が好きじゃから、そういうのは、ちょっと見たらわかる。ええ書店には、ええ書店の匂《にお》いがするんじゃ。古書店なんかは、店主の色がそれぞれ棚に現れて特徴《とくちょう》があるもんじゃけど、そこは新刊の、しかもそこそこ大きい書店じゃのに、棚に表情があった。何より、店の名前からして、表情があるじゃろう」

海会堂。確かにいい名前だ、と、静は思った。

「通りがかった若い店員に、ええ名前の店ですねぇ、て言うたら、ええ、よう言われます。海に会うで、海会。私も好きです。それと、カイエっていうのは、フランス語でノートとか、練習帳っていう意味もあるらしいですよ、って教えてくれた。あたいは、ますます興味を持ってね。それで、二階に上がってみて、びっくりした。船の本が、壁《かべ》一面に、ずらっと置いてあったんじゃ」

「船の本？」

「そう。商船から軍艦《ぐんかん》からヨットからボートから、あらゆる船に関する本。歴史やら法律やら造船やら船舶免許《せんぱくめんきょ》の参考書やら、ロープの結び方の本とかまでね。何本もの棚に、ずらっと」

「港町の書店じゃから、船関係のお客さんが多いんじゃろうかのう」

「そういうことじゃろうなあ。それにしてもえらい充実《じゅうじつ》ぶりじゃった。それで、あたいはその時、思い出したことがあった。子供の頃、浅草におった頃のことじゃ」

そこでりょうは、母親との思い出を語った。

「母親と、いっぺんだけ、凌雲閣《りょううんかく》ちゅう、高い展望塔《とう》に登ったことがあったんじゃ。十二階の展望台からな、ぎょうさんの海に浮ぶ船が見えた。そのとき、あたいは、母親に聞いたんじゃ。あのお船たちは、どこから来たの？　どこ行くの？　って。母親は、あたいに言うた。遠い遠いところからだよ。遠い遠いところへ行くのよ。あたいも、船に乗れるかなあ、そう言うあたいに、母親は、ああ、大きくなったらより場が優先されてしまうのは、「コミュニケーション」としては当たり前のことなのかもしれない。②けれど、書いた言葉は、ネットの海にある言葉は、どうだったのだろう。当時の、個人サイトが点在しているようなインターネットでは、まだ言葉はどれもがひとりごとで、コミュニケーションを前提とはしていなかった。「わかってもらう」なんてこと、考えなくてよかったんだ。だって、相手の顔は見えないし、互《たが》いがどういう環境でそれを書いているのか、読んでいるのかも知ることができない。言葉の手触りだけが生々しく、やってくる。そこにしか、「人」の気配がなかったんじゃないだろうか。

よく知らない相手なのに、同じ言葉を話している。けれど、あきらかに、自分とは違う言葉選びを相手はしていて、相手の背景にあるものは何一つ見えないのに、その「異物感」に相手の生きてきた痕跡《こんせき》を感じる。言葉のすべてがわからなくても、言いたいことがなんなのかわからなくても、その「異物感」にときどき、ぐっときたり、むしろ嫌悪《けんお》感を抱いたりする。言葉が「人」を伝える瞬間だと思った。「わからなさ」に「人」が宿る瞬間だと思った。そういう言葉を、私はずっと書きたいと、思っていたんだ。

ネットに書いていた言葉には、次第に読者が現れて、そうしてそれを「詩みたいだ」と言う人が現れたことで、私は「詩」を発表するようになった。これが、私が詩人になったきっかけだったと思う。

詩は、私にとって、「わからなさ」に宿るものです。わかってもらいたい、という感情を抱いた途端《とたん》、その言葉は詩ではなくなる、と思っています。読んで、その詩を「好きだ」といってくれる人も、それぞれが違う解釈《しゃく》をしていたりする。彼らがどう読むかなんて私にはコントロールできないし、それでも、届くものがある、ということが私にとっては大切だった。読み手と書き手が、完全にわかりあう必要などないのだろう。わからないけれど、でも、だからこそ強く残る手触りがあり、それこそが「詩」なのかもしれなかった。それぞれが、自分自身の中にあるものを、そこから思い出すのではないか。共感や、わかってもらう、ということを追いかけて、忘れ始めていた自分の「本当」が、奥にまだ眠《ねむ》っていることを思い起こすのではないか。もしかしたら。そんなことを、最近は、考えています。

実際のところはわからない。わからなくて、いいと思う。③ただ、私が書いた「わからなさ」が作品として、誰かに届いていくとき、私は、書いていてよかった、と思う。こんなことがあるんだ、といつも驚《おどろ》かされている。こんな瞬間があるなら、いつまでも、いくらでも、書いていけると、そのたびに、思う。

（最果タヒ『恋《こい》できみが死なない理由』）

問一 □A～Dのカタカナを漢字に直しなさい。

問二 ――線部①とはどういうことですか。くわしく説明しなさい。

問三 ――線部②とありますが、筆者はなぜ「書いた言葉」で表現しようと思ったのですか。

問四 ――線部③で述べられている、筆者が詩を書く喜びを説明しなさい。

二

次の文章を読んで、後の問いに答えなさい。

◇次の文章は、「鶴来《つるぎ》」という会社でジーンズ製作に一生をささげてきた「りょう」が、年をとってから、孫の「静」に自分の人生を振《ふ》り返って話をしている場面です。

「ねえ、りょうばあちゃん。もう一つ、教えてくれる？」

「なんじゃ。なんでも聞いてええよ」

な。だってこれこそが平穏《へいおん》だから。場のために、私たちは言葉を選ぶ。わかりやすいように、伝わりやすいように言葉を選ぶけれど、相手に自分を理解してほしいからそうしているのではないのかもしれない。誰ももう、理解しようとしてなくて、だからこそ、「なにそれ？」ってなるようなことは言ってはいけない。「わかる」っていうのは、流してしまってＯＫってこと。そうやってさらさら通りのいい会話をして、時間をやり過ごしたい。別に、悪いことではなくて、そういう退《たい》屈《くつ》だってあっていいとは思うのだ。

　けれど、私は耐《た》えられなかった。自分の気持ちをそぎ落として、わかりやすい言葉に無理やり、あてはめて、そうしてだんだん、私は何かを捨ててきてしまっているのでは、と思い始めた。「わかる」と言われたらほっとする。みんなも自分もくつろいでいる空間は、私だって、壊したくない。けれど、語る言葉が「Cタテマエ」であろうとも、声にするたび、そっちのほうが「本当」であったように感じてしまう。自分が本当はどう思っていたのか。誰とも話さず、言葉にもせずにいたら、だんだん忘れてしまうんだ。

　最適化されていく。みんなにわかるように話すことで、みんなの知っている言葉を使うことで、その言葉に合わせるように自分という人間も、最適化されていく。みんなに「わかりやすい」人間になる。場を壊さない人間になる。でも、それだけだ。場の要素でしかない私。ここに自分がいたっていなくたって、同じだと思った。誰にだって共感される人間なんて、すべてが「わかって」もらえる人間なんて、そこにいる意味がないとも思った。全く別の家で、全く別の人生を生きてきて、わかるはずなんてないのに。「わからなさ」にこそ自分があると、思うのに。それなのにそれらすべてを捨ててしまっている気がした。「わかる」と言ってもらいたいがために。でも私は、やっぱり人は、「わからないけれど、でも、なんか好きだよ」「なんか嫌《きら》いだよ」、そういう感情でつながっていくものだと思った。だから、きっと、話し言葉以外の「言葉」を探し始めたのだろう。

　中学生だった頃《ころ》、私はインターネットで日記を書き始めていた。友達にはまだネットに詳《くわ》しい子がそんなにはいなかったけれど、でも、ネットにはすでにたくさんのＷＥＢ日記が存在していて、そこでは現実の人付き合いなんて、全く関係ないみたいだった。また、個人の書いた言葉、というものは、耳で聞く言葉と大きく違って見えたのだ。言葉より優先される「場」がないから、言葉が、話し言葉よりもずっと、ごろっと目の前に現れている。ノリで流すことができない。スルーができない。わからない言葉は、わからない言葉のまま存在感を発揮し、私はそれが羨《うらや》ましかった。「わからなくてもいい」と思って言葉を書けることが魅力《みりょく》的だった。

　とりとめもない思考回路。それを、ただ言葉にしてぶつけていった。友達に話しても「は？　意味不明」と言われるようなもの。だけれど、言葉と体が結びついて、言葉を書くことが、体をぎゅっと丸めたり、思いっきり走ったりすることと同じように感じられた。次の瞬《しゅん》間《かん》に自分が何を書こうとしているのか、わからない。理性とか、そんなものを置き去りにして、私の感情が言葉を選び、そのうち、感情すら置き去りにして、言葉が暴走していく。感情というより、反射Dシンケイで言葉を書いている感じだった。わかりやすい言葉ではなかったけれど、その言葉の手触《てざわ》りにこそ、自分というものが存在している気がしていた。

　次第にそれを読みたがる人が現れて、「書く言葉」だからこそ、受け入れられる「わからなさ」があるのかな、なんてことを思った。話す間はどうしても、相手の顔が目の前にあり、周りには空間があり、空気があり、それまでの雰《ふん》囲気を崩《くず》さないように、言葉を選ぶ。言葉

2024年度 桜蔭中学校

【国語】（五〇分）〈満点：一〇〇点〉

一　次の文章を読んで、後の問いに答えなさい。

自分の気持ちを言葉にする、という行為は、自分への「暴力」でもあると思っています。言葉はそこまで、柔軟《じゅうなん》なものではない。いろんな人が、いろんな人生を生きて、見つけてきた感情がどれも同じはずはないのに、「好き」「嫌い」「ムカつく」「うれしい」、①言葉にすればまるですべてが同じ形をしているみたい。本当は、その人の言葉でしか、その人の感情は表せない。本当は、新しい感情を語るためには、新しい言葉を探していかなくちゃいけない。けれど、そうしたら伝わらなくなるから。「わからない」「意味不明」「わかるように喋《しゃべ》って？」だから私は、「言葉にしてこそ、相手に伝わってこそ、自分の感情に意味があるんだ」と思いはじめていた。学生時代。誰《だれ》かと気持ちをシェアしたい、一緒《いっしょ》に喜んだり、悲しんだりしたいって、時もあるし、だから必死で共感を求めた。けれど、それって本当に、思いのすべてを理解してもらわなくちゃ、できないことなんだろうか？

何一つ伝わってないな、と思うことは多かった。話し方が下手なのか、コミュニケーション能力の問題か、教室で友達と話していても、私の言いたいことはほとんど伝わっていない、と思うことが多かった。友達の言いたいことも、多分私は理解できていない。でも、その場のノリとか、勢いとか、そういうものによって会話は流されて、一言一言をAセイサすることなんてない。いや、そんなの誰ももう求めていないのだ。「あ、それいいよね」「わかる」「まじそう」そう繰《く》り返していくことで、時間も一緒に流れていく。一緒に話していれば、一緒にいれば、それだけで湧《わ》く親しみというのがあって、たとえ友達の言いたいことがわかっていなくても、友達はそれでも私と一緒にいたいと思ってくれるし、私もそれでいいと思っていた。

その場が盛り上がればいい、という会話の仕方は、中学から高校にかけて激しく、流行のもの、テレビ、音楽について話していれば大体のことはやりすごせていた。それぞれが違《ちが》うことを言っていても、テーマがそこにあれば、まあなんとかなってしまう。部活動とか、先生とか授業のこともそう。何かを褒《ほ》めたいとか、何かを貶《けな》したいとか、大きな方向性が定まっていれば、それに従いつつ、みんな意外と好き勝手に話して、そうしてそのほとんどがスルーされていくんだ。「わかる」とか。そういう言葉が受け流していく。小説やドラマみたいに、セリフすべてに存在意義があるわけではない、と当時の私はよく考えていた。早口で言えば誰もが聞きもらすし（それでいて聞き返すようなこと誰もしないし）、ぱっと聞いておもしろくなかったら「ていうかさ」って違う話になったりする。言葉は使い捨てられていく。多分、ドラマとか漫画《まんが》では、省略されてしまうやりとりだろう。きっと、物語など何もない私たち。そんな私たちの会話では、言葉がおざなりにされていく。「何を言うか」より「誰と話すか」の方が大事で、「どう話すか」「どんなテンションで話すか」が大事で、だから相手の言葉を正確に拾おうとはしなくなる。親しい相手になればなるほど、そうだった。言葉は、そばにいることを知らせる、Bテイジ連絡みたいなものだ。

それでも一つだけルールがある。

「わけのわからないことを言って、場を凍《こお》らせるな」

一緒にいるだけで、なんか話しているだけでOKの場。それを壊《こわ》す

2024年度 桜蔭中学校 ▶解説と解答

算　数　(50分)　<満点：100点>

解　答

[Ⅰ] ア $\frac{1}{3}$　イ $\frac{5}{39}$　ウ 22　エ 28800　オ 正十二角形　カ 81(または，80.29)　キ 71.97(または，71.26)　[Ⅱ] (1) $8\frac{1}{3}$　(2) イ 4　ウ 6　(3) 8個　(4) ① 7個　② $13\frac{1}{18}$mL　[Ⅲ] (1) $6\frac{7}{75}+S\times 4\text{ cm}^2$　(2) 12.14cm²　[Ⅳ] ア 8.5　イ 2　ウ 5.5　エ 113.5　オ 44.5　カ 8.5　キ 2.75　ク 20　ケ $26\frac{1}{6}$　コ $37\frac{5}{6}$　サ 41　シ 44.5

解　説

[Ⅰ] 四則計算，逆算，場合の数，構成，面積

(1) ① $16-\left\{7\frac{1}{3}\times 2.2-\left(5.7-4\frac{1}{6}\right)\div 3\frac{2}{7}\right\}=16-\left\{\frac{22}{3}\times\frac{11}{5}-\left(\frac{57}{10}-\frac{25}{6}\right)\div\frac{23}{7}\right\}=16-\left\{\frac{242}{15}-\left(\frac{171}{30}-\frac{125}{30}\right)\div\frac{23}{7}\right\}=16-\left(\frac{242}{15}-\frac{46}{30}\times\frac{7}{23}\right)=16-\left(\frac{242}{15}-\frac{7}{15}\right)=16-\frac{235}{15}=16-\frac{47}{3}=\frac{48}{3}-\frac{47}{3}=\frac{1}{3}$　② $5.75-\frac{3}{2}\div\left(\frac{15}{26}-\square\times 1.35\right)=2\frac{1}{28}$より，$\frac{3}{2}\div\left(\frac{15}{26}-\square\times 1.35\right)=5.75-2\frac{1}{28}=5\frac{3}{4}-2\frac{1}{28}=5\frac{21}{28}-2\frac{1}{28}=3\frac{20}{28}=3\frac{5}{7}$，$\frac{15}{26}-\square\times 1.35=\frac{3}{2}\div 3\frac{5}{7}=\frac{3}{2}\div\frac{26}{7}=\frac{3}{2}\times\frac{7}{26}=\frac{21}{52}$，$\square\times 1.35=\frac{15}{26}-\frac{21}{52}=\frac{30}{52}-\frac{21}{52}=\frac{9}{52}$　よって，$\square=\frac{9}{52}\div 1.35=\frac{9}{52}\div\frac{27}{20}=\frac{9}{52}\times\frac{20}{27}=\frac{5}{39}$

(2) ① (あ)，(い)のきまりから，下の図❶のP，Qの場合がある。はじめにPの場合，1マス目と3マス目はどちらも2通りある。また，(う)のきまりから，5～7マス目の入れ方は図❶の3通りとなる。よって，Pの場合の並べ方は，2×2×3＝12(通り)とわかる。次にQの場合，1マス目は2通りあり，(う)のきまりから，5～7マス目の入れ方は図❶の3通りとなる。ここに(え)のきまりを加えると，5マス目が白の場合の3マス目は2通り，5マス目が黒の場合の3マス目は1通りとなるから，3，5，7マス目の入れ方は，2×2＋1×1＝5(通り)とわかる。したがって，Qの場合の並べ方は，2×5＝10(通り)なので，全部で，12＋10＝22(通り)と求められる。　② {A，B，C，D}の並べ方は，{○，●，●，○}と{●，○，○，●}の場合がある。ここで，2マス目が○

図❶

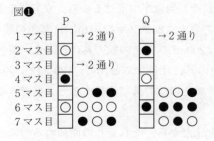

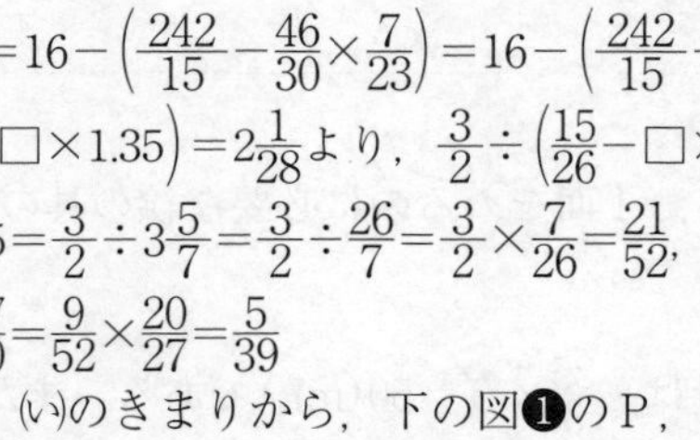

図❷

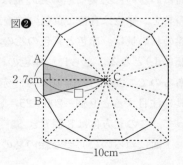

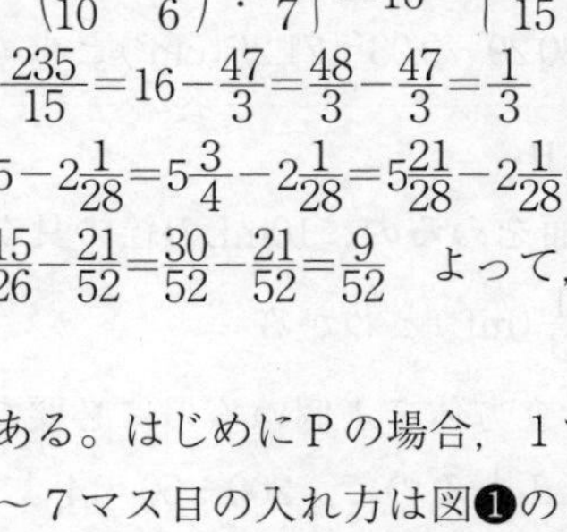

の場合はＰだから12通りあり，２マス目が●の場合はＱなので10通りある。よって，どちらの場合も，12×12×10×10＝14400(通り)ずつあるから，全部で，14400×２＝28800(通り)となる。

⑶　①　上の図❷の三角形ABCは二等辺三角形であり，角ACBの大きさは，90÷３＝30(度)である。よって，問題文中の図６の三角形ABCを広げると，図❷のような正十二角形になる。　②　図❷の□の長さはもとの正方形の１辺の長さの半分である。よって，□の長さは，10÷２＝５(cm)だから，三角形ABCの面積は，2.7×５÷２＝6.75(cm^2)とわかる。したがって，正十二角形の面積は，6.75×12＝81(cm^2)と求められる。　③　三角形ABCから切り取った部分の面積は，正方形が，0.6×0.6＝0.36(cm^2)，半円が，$\frac{1}{2}\times\frac{1}{2}\times3.14\times\frac{1}{2}=\frac{1}{8}\times3.14$(cm^2)である。よって，切り取った部分の面積の合計は，$\left(0.36+\frac{1}{8}\times3.14\right)\times12=9.03$(cm^2)なので，残った部分の面積は，81－9.03＝71.97(cm^2)と求められる。

〔ほかの解き方〕　②は，正方形の面積から右の図❸のかげをつけた三角形８個分の面積をひいて求めることもできる。図❸で，ア＝(10－2.7)÷２＝3.65(cm)である。また，斜線《しゃせん》の三角形は正三角形を半分にした形の三角形だから，イ＝2.7÷２＝1.35(cm)となり，かげをつけた三角形８個分の面積は，3.65×1.35÷２×８＝19.71(cm^2)と求められる。よって，②の答えは，10×10－19.71＝80.29(cm^2)，③の答えは，80.29－9.03＝71.26(cm^2)と求めることもできる。

図❸

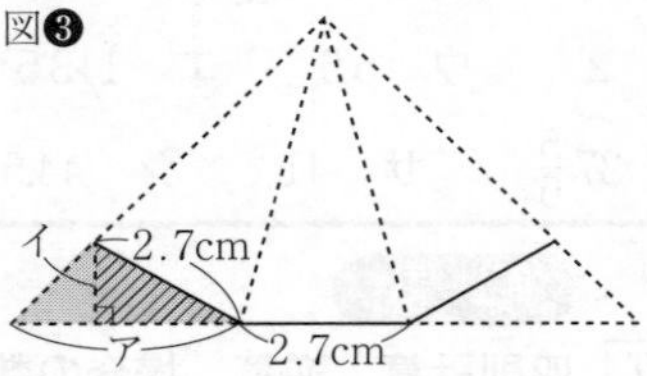

Ⅱ　割合と比

⑴　$1\frac{1}{5}$面をぬるのに10mLの絵の具が必要だから，１面をぬるのに必要な絵の具の量は，$10\div1\frac{1}{5}=\frac{25}{3}=8\frac{1}{3}$(mL)とわかる。

⑵　①　立方体を１個ぬるのに必要な絵の具の量は，$\frac{25}{3}\times6=50$(mL)である。また，赤色の絵の具は200mLあるので，200÷50＝４より，この立方体は４個できることがわかる。　②　黄緑色は青色と黄色の絵の具を１：２の割合で混ぜるから，立方体を１個ぬるのに必要な絵の具の量は，青色の絵の具が，$50\times\frac{1}{1+2}=\frac{50}{3}$(mL)，黄色の絵の具が，$50\times\frac{2}{1+2}=\frac{100}{3}$(mL)である。また，青色の絵の具は120mL，黄色の絵の具は200mLあるので，$120\div\frac{50}{3}=7\frac{1}{5}$より，青色の絵の具に注目すると７個できることがわかり，$200\div\frac{100}{3}=6$より，黄色の絵の具に注目すると６個できることがわかる。よって，この立方体は６個できる。

⑶　３面にぬるのに必要な絵の具の量は，$\frac{25}{3}\times3=25$(mL)である。また，オレンジ色は赤色と黄色の絵の具を，緑色は青色と黄色の絵の具をそれぞれ同量ずつ混ぜるから，立方体を１個ぬるのに必要な絵の具の量は，赤色と青色の絵の具がどちらも，25÷２＝12.5(mL)，黄色の絵の具が，12.5×２＝25(mL)となる。さらに，赤色の絵の具は200mL，青色の絵の具は120mL，黄色の絵の具は200mLあるので，200÷12.5＝16より，赤色の絵の具に注目すると16個，120÷12.5＝9.6より，青色の絵の具に注目すると９個，200÷25＝８より，黄色の絵の具に注目すると８個できることがわかる。よって，この立方体は８個できる。

⑷　①　１面にぬるのに必要な絵の具の量は$\frac{25}{3}$mLだから，それぞれの面にぬるのに必要な絵の具

の量を求めると，右の表のようになる。よって，立方体を１個ぬるのに必要な絵の具の量は，青色の絵の具が，$\frac{25}{3}+\frac{25}{6}+\frac{25}{9}=\frac{275}{18}$(mL)，黄色の絵の具が，$\frac{25}{3}+\frac{25}{6}$$+\frac{25}{6}+\frac{50}{9}=\frac{200}{9}$(mL)，赤色の絵の具が，$\frac{25}{3}+\frac{25}{6}=\frac{25}{2}$(mL)とわかる。したがって，$120\div\frac{275}{18}=7\frac{47}{55}$より，青色の絵の具に注目すると７個，$200\div\frac{200}{9}=9$より，黄色の絵の具に注目すると９個，$200\div\frac{25}{2}=16$より，赤色の絵の具に注目すると16個できることがわかるので，この立方体は７個できる。　②　青色の絵の具は120mLあり，この立方体を１個つくるのに青色の絵の具を$\frac{275}{18}$mL使う。よって，この立方体を７個つくったとき，使った青色の絵の具の量は，$\frac{275}{18}\times 7=\frac{1925}{18}$(mL)だから，使わなかった青色の絵の具の量は，$120-\frac{1925}{18}=13\frac{1}{18}$(mL)と求められる。

	青色	黄色	赤色	緑色	オレンジ色	黄緑色
青色の絵の具(mL)	$\frac{25}{3}$			$\frac{25}{6}$		$\frac{25}{9}$
黄色の絵の具(mL)		$\frac{25}{3}$		$\frac{25}{6}$	$\frac{25}{6}$	$\frac{50}{9}$
赤色の絵の具(mL)			$\frac{25}{3}$		$\frac{25}{6}$	

Ⅲ　平面図形―図形の移動，面積

⑴　正三角形が通過したのは下の図①の斜線とかげをつけた部分である。図①の太線で囲んだ部分は，２つのおうぎ形と１つの正方形に分けることができる。また，このおうぎ形の中心角は，180−60−90＝30(度)だから，太線で囲んだ部分の面積は，$1\times1\times3.14\times\frac{30}{360}\times2+1\times1=\frac{1}{6}\times3.14+1=\frac{457}{300}$(cm²)となる。これが４か所と斜線をつけた部分(面積はScm²)が４か所あるので，正三角形が通過した部分の面積は，$\frac{457}{300}\times4+S\times4=6\frac{7}{75}+S\times4$ (cm²)と表すことができる。

図①

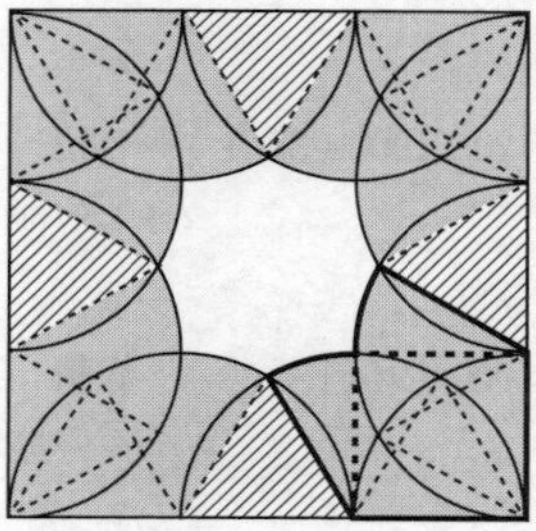

図②

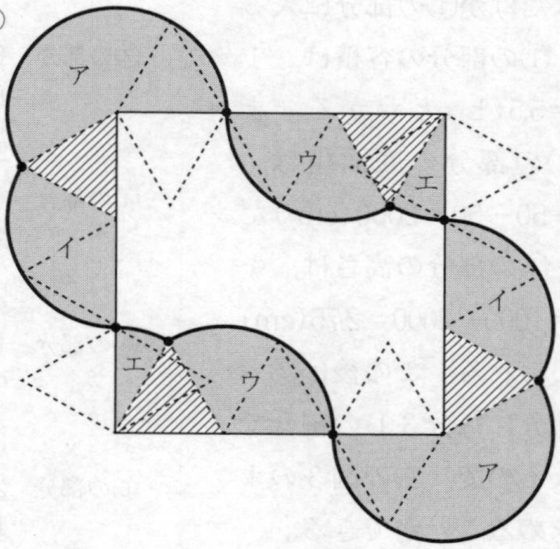

⑵　点Cがえがいた線は上の図②の太線のようになり，太線で囲まれた図形の面積は，(正方形の面積)＋(ア＋イ＋S)×２−(ウ＋エ＋S)×２＝(正方形の面積)＋(ア＋イ−ウ−エ)×２で求めることができる。また，アの中心角は，360−90−60＝210(度)，イ，ウの中心角は，180−60＝120(度)，エの中心角は，90−60＝30(度)だから，(ア＋イ−ウ−エ)の中心角は，210＋120−120−30＝180(度)となる。よって，点Cがえがいた線で囲まれた図形の面積は，$3\times3+1\times1\times3.14\times\frac{180}{360}\times2=12.14$(cm²)と求められる。

Ⅳ　グラフ―水の深さと体積

正面から見た図で考える。各部分の底面積と高さは右の図１のようになり，Ａ，Ｂからあふれた水は，①～⑥の順番でＣに入る。Ａの容積は，150×20÷1000＝３(Ｌ)だから，Ａが満水になるのは，Ａに入れ始めてから，３÷１＝３(分後)である。また，Ｂの容積は，200×35÷1000＝７(Ｌ)なので，Ｂが満水になるのは，Ｂに入れ始めてから，７÷２＝3.5(分後)であり，これはＡに入れ始めてから，５＋3.5＝8.5(分後)となる。つまり，問題文中の２つのグラフのアとカにあてはまる数はどちらも8.5であり，Ｃに入っている水の量は右の図２のように変化する。よって，Ｃに入っている水の量を表すグラフについて，イ＝１×(５－３)＝２(Ｌ)，ウ＝１×(8.5－３)＝5.5(Ｌ)と求められる。さらに，Ｃの容積は，2100×60÷1000＝126(Ｌ)で，Ｄのおもりは，50×30÷1000＝1.5(Ｌ)，Ｅのおもりは，50×20÷1000＝１(Ｌ)にあたるから，Ｃに入る水の量の合計は，エ＝126－1.5－１－３－７＝113.5(Ｌ)となる。次に，Ｃの底面から水面までの高さを表すグラフについて考える。Ａに入れ始めて３分後から8.5分後までの，8.5－３＝5.5(分間)は，Ａに入れた水だけが①の部分に入るので，①の部分の容積は，１×5.5＝5.5(Ｌ)とわかる。また，①の部分の底面積は，2100－50－50＝2000(cm^2)だから，①の部分の高さは，キ＝5.5×1000÷2000＝2.75(cm)と求められる。この後は②～⑥の部分に毎分３Ｌの割合で水が入るので，右の図３のように求めることができる。

図１

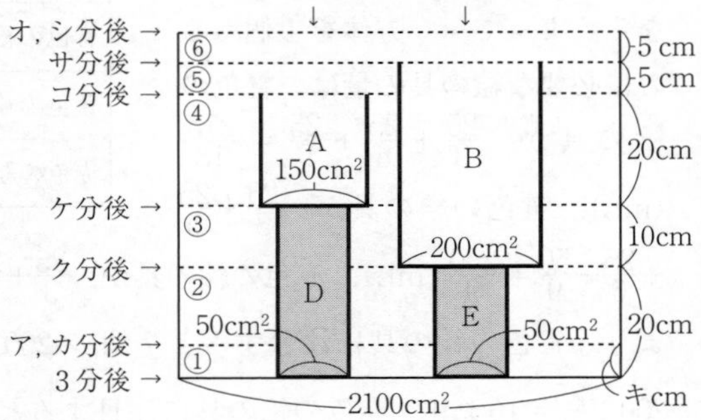

図２

０分後～３分後…増えない
３分後～8.5分後…毎分１Ｌの割合で増える
8.5分後～　　　…毎分３Ｌの割合で増える

図３

・②の部分　2000×(20－2.75)÷1000＝34.5(Ｌ)　…容積
　34.5÷３＝11.5(分)　…②の部分に入る時間
　8.5＋11.5＝20(分)　…ク
・③の部分　(2100－50－200)×10÷1000＝18.5(Ｌ)…容積
　18.5÷３＝$6\frac{1}{6}$(分)　…③の部分に入る時間
　20＋$6\frac{1}{6}$＝$26\frac{1}{6}$(分)　…ケ
・④の部分　(2100－150－200)×20÷1000＝35(Ｌ)…容積
　35÷３＝$11\frac{2}{3}$(分)　…④の部分に入る時間
　$26\frac{1}{6}$＋$11\frac{2}{3}$＝$37\frac{5}{6}$(分)　…コ
・⑤の部分　(2100－200)×５÷1000＝9.5(Ｌ)　…容積
　9.5÷３＝$3\frac{1}{6}$(分)　…⑤の部分に入る時間
　$37\frac{5}{6}$＋$3\frac{1}{6}$＝41(分)　…サ
・⑥の部分　2100×５÷1000＝10.5(Ｌ)　…容積
　10.5÷３＝3.5(分)　…⑥の部分に入る時間
　41＋3.5＝44.5(分)　…シ(＝オ)

社　会　(30分)　＜満点：60点＞

解　答

Ⅰ　**1**　井戸　**2**　玉川　**3**　利根　**4**　浄水　**5**　洪水　**6**　電力　**7**　融雪
①　**i**　茶　**ii**　(例)　風で畑の表土が飛ばされるのを防ぐこと。　②　**A**　オ　**B**　ク

C　ア　D　キ　③　ア　④　1　シリア　2　インド　3　カナダ　⑤　沸騰化
Ⅱ　1　先住民族　2　アマゾン　3　アイヌ　A　エ　B　オ　①　イ　②　エ
③　カ　Ⅲ　1　地方公共団体　2　主権　3　地租　4　板垣退助　5　所得税
6　小村寿太郎　7　大和政権(大和朝廷)　8　江田船山　9　貴族　10　雑徭　A
サ　B　ウ　C　ス　D　キ　①　ウ　②　(例)　日露戦争が起こり，戦費のため増税が行われた。戦後も賠償金を得られなかったので，戦費を払うために高い税金を取り続けたから。　③　イ　④　イ　⑤　エ　⑥　オ　⑦　エ　⑧　カ　⑨　オ　⑩　ク
⑪　イ

解　説

Ⅰ　水道や河川を題材にした問題

1　井戸は，地下水をくみ上げるための設備であるが，江戸時代の下町の井戸は，神田上水や玉川上水の水を利用するために埋《う》められていた水道管から水を引いていた。　2　玉川上水は，多摩《たま》川の水を江戸に引き入れる目的で1653年に上水路が開削《かいさく》され，翌54年には江戸市中に給水を開始した。　3　利根川は，三国山脈の大水上山(新潟県と群馬県の県境)を水源とし，関東平野を主に北西から南東へ流れ，茨城県と千葉県の県境を通って銚子《ちょうし》市で太平洋に注ぐ。多くの水系や支流を持ち，流域面積は日本最大となっている。　4　水をきれいにして家庭や企業《きぎょう》などに送る施《し》設《せつ》を浄水《じょうすい》場という。ダムや川から水を取り入れ，水にふくまれる細かい土や砂を取りのぞき，ろ過してきれいになった水は，配水管を通って運ばれる。　5　大雨が降ったり雪どけ水が流れこんだりして河川の水量が大きく増加し，河川から水があふれ出し氾濫《はんらん》することを洪水《こうずい》という。

6　ダムに貯《た》められた水を高いところから低いところに落とし，その落差を利用した位置エネルギーによって水車を回し，発電機を回転させることで電力が生産されている(水力発電)。　7　雪国である北陸地方では，ポンプで地下水をくみ上げ，小さい穴から散水する「消雪パイプ」という融雪《ゆうせつ》装置が見られる。

①　i　茶の全国の栽培《さいばい》面積は36000haで，第1位の静岡県は13300ha，第2位の鹿児島県は8140ha，第3位の三重県は2590haとなっている(2023年)。　ii　武蔵野台地北東部(現在の埼玉県川越市，所沢市，ふじみ野市，三芳《みよし》町)はかつて火山灰土におおわれ，農業に適さない土地だった。そこで，江戸時代には，木を植えて林をつくり，その落ち葉を堆肥《たいひ》として利用することで土壌《どじょう》を改良して農業を行う開発が行われた。冬でも葉が落ちない常緑樹の茶が植えられたのは，畑にまいた堆肥が風で飛ばされるのを防ぐためだったと考えられる。

②　A　カドミウムが原因で発生した公害病はイタイイタイ病であるので，神通川(オ)である。なお，下流の県庁所在都市は富山市である。　B　きわめて降水量の多い山岳《さんがく》部は奈良県に位置する大台ケ原のことであり，ここから紀の川(ク)が流れ出している。なお，河口にある和歌山市は紀州藩《はん》の城下町であった。　C　曲がりくねって(蛇行《だこう》して)流れることで有名で，北海道を流れることから，石狩《いしかり》川(ア)である。なお，下流に広がる石狩平野は，客土と呼ばれる土地改良によって水田地帯へと生まれ変わった。　D　堤防《ていぼう》で囲まれた集落や農地は，濃尾《のうび》平野にある輪中のことであり，四県を流れることから，長野県，岐阜県，愛知県，三重県を経て伊勢湾に注ぐ木曽川(キ)である。　なお，地図中の残りの河川は，イが十勝川，ウが北上川，エが阿賀野川，カが富士川，

ケが吉野川，コが球磨《くま》川である。

③　家庭での水の使われ方は，第１位(Y)が風呂《ふろ》，第２位(X)がトイレ，第３位が洗濯《せんたく》，第４位(Z)が炊事《すいじ》である。

④　**1**　シリアは，トルコの南に位置する国で，2023年２月に発生したトルコ・シリア地震《じしん》により，両国の死者数は５万人を超《こ》えた。2011年３月にアサド政権に対する大規模な抗議《こうぎ》デモが行われたことをきっかけに，アサド政権が民主化を要求する人々を武力で弾圧《だんあつ》し，シリアでは今なお内戦が続いている。　**2**　インドは，2023年に中国を抜《ぬ》いて人口が世界一となった。2023年４月後半，インドをはじめ，バングラデシュ，タイ，ラオスなどを熱波がおそい，記録的な高温が観測された。

3　カナダでは，2023年に大規模な森林火災が発生し，森林火災の煙は国境を越《こ》えてアメリカ合衆国にも届き，大気汚染が起こった。

⑤　2023年７月，国連のグテーレス事務総長は「地球温暖化の時代は終わり，地球沸騰《ふっとう》化の時代が到来《とうらい》した」と述べ，世界中に対して危機感を持つよう強調した。暑さによる健康被害，沿岸地域の洪水被害などは，地球温暖化の悪影響《えいきょう》であることが確認されている。

Ⅱ　コロンビアでのニュースを題材とした問題

1　先住民族は，権利が守られず，社会に同化するよう求められてきたことから，2007年に国連総会で先住民族の権利に関する宣言が採択《さいたく》され，言語や教育に対する権利をふくめ，先住民族の権利が規定された。　**2**　アマゾン川は，ペルー南部にある山を源流とし，ブラジルの北部をほぼ東に流れて大西洋に注ぐ。流域には世界最大の熱帯雨林が広がり，さまざまな動植物のすみかであるとともに，温室効果ガスの二酸化炭素(CO_2)を大量に吸収する役割を果たしている。　**3**　アイヌは主に北海道に居住する先住民族で，固有の言葉や文化がうばわれ，差別を受けてきた。2019年にアイヌの人々の誇《ほこ》りを尊重するためのアイヌ新法が成立し，アイヌ民族は先住民族として法的に位置づけられた。

A　コロンビアは，南アメリカ大陸の北端《ほくたん》に位置し，西側で太平洋，北側で大西洋(カリブ海)に面している。16世紀以降，ヨーロッパからの移民が流入し，現在は人口の約６割を白人と先住民族との混血であるメスチソが占《し》めている。　**B**　南アメリカ大陸では，当初先住民族であるインディオによる奴隷《どれい》労働が行われたが，西洋人が持ちこんだ病気などで急速に人口が減少したため，アフリカ大陸の人々が奴隷として連れてこられ，働かされた。

①　アはカナダ，イはコロンビア，ウはアルゼンチン，エはインド，オはスウェーデン，カはサウジアラビア，キはモロッコ，クは南アフリカ共和国である。

②　1908年に日本からブラジルへ初めて移民船が送られた後，多数の日本人が移住し，現在では約200万人の日系人が住んでいると推測されている(ａ…正)。ブラジルはかつてポルトガルの植民地であったため，ポルトガル語が主な言語となっている(ｂ…誤)。日本で暮らす外国人は中国人が最も多く，次いでベトナム人が多い(ｃ…誤)。

③　2015年に国連本部で開催《かいさい》された国連持続可能な開発サミットにおいて，持続可能な開発目標(SDGs)が採択された(ａ…誤)。「貧困をなくそう」「すべての人に健康と福祉《ふくし》を」「気候変動に具体的な対策を」など，17項目《こうもく》がかかげられている(ｂ…正)。国連環境《かんきょう》計画(UNEP)は，1972年に設立された国連の主要機関である(ｃ…誤)。

Ⅲ　税を題材とした歴史の問題

1　国に納める税を国税，都道府県や市(区)町村といった地方公共団体に納める税を地方税という。

2　国の政治を最終的に決める権利を主権といい，日本国憲法では，「ここに主権が国民に存することを宣言し」と表明した前文と，「主権の存する日本国民」と述べた第1条で，国民主権が定められている。　**3**　1873年に明治政府によって実施された地租改正により，土地の所有者が豊作・不作にかかわらず，地租として地価の3％を現金で納めることになった。　**4**　1874年，板垣退助らは，政権が長州藩や薩摩《さつま》藩出身の役人に独占《どくせん》されていることの問題点を述べ，議会の開設を求める意見書である民撰《みんせん》議院設立の建白書を政府に提出した。　**5**　個人の収入に対して課税される税を所得税といい，令和5年度の予算では，消費税，所得税，法人税の順に税収入が多くなっている。　**6**　1911年に外務大臣の小村寿太郎がアメリカとの条約改正の交渉《こうしょう》に成功し，関税自主権を回復した。　**7**，**8**　大和政権(大和朝廷)は，大王《おおきみ》と呼ばれる首長を中心に4世紀ごろに成立した豪族《ごうぞく》の連合政権である。熊本県の江田船山古墳から出土した鉄刀と，埼玉県の稲荷山《いなりやま》古墳から出土した鉄剣《てっけん》には，ともに大和政権の大王であったワカタケルと読める文字が刻まれていたことから，5世紀後半には，大和政権の支配が九州から関東までおよんでいたと考えられている。

9　律令政治の下，天皇から高い位を与《あた》えられた有力な豪族は貴族となり，743年に墾田《こんでん》永年私財法が制定されると貴族や大寺院は農民を使って開墾《かいこん》を進め，荘園と呼ばれる私有地を広げた。

10　奈良時代には，6年ごとに作成された戸籍《こせき》にもとづいて6歳以上の男女に口分田が支給され，租・庸《よう》・調などの税や国司の指揮の下に土木工事を行う雑徭《ぞうよう》などの労役が課された。

A　4の解説を参照のこと。　**B**　関税は，貿易品にかけられる税金で，国内産業を保護するために，輸入品にかけられることが多い。　**C**　財務省は，中央省庁再編のさいに大蔵《おおくら》省から名前を変えた省で，予算案の作成など国の財政に関する仕事を担当しており，外局として国税庁がある。

D　『魏志《ぎし》』倭人伝は，3世紀に陳寿《ちんじゅ》によって著された三国時代(中国の魏・呉《ご》・蜀《しょく》)の歴史書で，30あまりの小国を従えた邪馬台国やその女王の卑弥呼について記されている。

①　日本国憲法で定められた国民の三大義務は，子どもに教育を受けさせる義務(a…正)，勤労の義務，納税の義務である(b…誤)。また，国民の働く権利である勤労権も規定されている(c…正)。

②　1904年に日露《にちろ》戦争が起こると，戦費をまかなうために増税が行われ，外国からの借金である外債も発行した。しかし，翌年に結ばれたポーツマス条約でロシアから賠償《ばいしょう》金を得ることができなかったため，戦費を支払うために戦後も増税が続き，国民の負担は重いままであった。

③　消費税は，直接税である所得税中心の税制を改め間接税を増やすという目的と，社会保障費をまかなう目的で1989年に導入された(a…正)。消費税は物を買ったりサービスを受けたりしたときにかかる税であるため，子どもや高齢《こうれい》者もふくめて多くの人々が負担する(b…正)。消費税率は一律であるため，収入が低い人ほど負担が重くなることが問題とされている(c…誤)。

④　5000年前の縄文時代には，シカやイノシシの狩り，漁や植物採集が行われた(a…正)。また，豊かな生産などを祈《いの》るために土偶がつくられ，自然に霊魂《れいこん》が宿っていると考えられたことから，まじないが行われていた(b…正)。このころ大陸から九州地方に稲作が伝わったとされているが，北海道で稲作が開始されたのは江戸時代である(c…誤)。

⑤　纒向遺跡《まきむくいせき》は，奈良県桜井市にあり，最古の前方後円墳とされる箸墓《はしはか》古墳が位置している。この古墳は，出土品などから260年前後につくられた，邪馬台国の女王であった卑弥呼の墓ではないかと考えられており，邪馬台国が近畿地方にあったという説を裏付けるものとなっている。

⑥　聖徳太子は天皇中心の政治を進めようとした(ａ…誤)。604年，十七条の憲法を制定し，天皇の命令には従うことを示した(ｂ…正)。603年，冠位十二階を定め，才能や功績のある豪族を役人として働かせようとした(ｃ…正)。

⑦　701年に唐《とう》(中国)の律令にならった大宝律令が完成し，政治のしくみや新しい税制が定められた(ａ…正)。中大兄皇子や中臣鎌足らが政治改革(大化の改新)に取り組んだのは７世紀である(ｂ…誤)。聖武天皇は民衆に人気のあった行基に大仏造立《ぞうりゅう》への協力を依頼《いらい》し，その後大僧正《だいそうじょう》に任命した。鑑真が来日したのは東大寺大仏の開眼《かいげん》供養《くよう》が行われた752年の翌年にあたる753年である(ｃ…誤)。

⑧　源頼朝は1159年の平治の乱に敗れて，伊豆へ流された(ａ…誤)。1180年の石橋山の戦いで敗北した源頼朝は，神奈川県から千葉県に逃《のが》れた(ｂ…正)。源義経らは1184年に源義仲をたおすと，翌85年には壇ノ浦の戦いで，平氏を滅《ほろ》ぼした(ｃ…誤)。

⑨　米と麦の二毛作が行われるようになった(ａ…誤)。室町時代には村の結びつきが強まり，惣村《そうそん》と呼ばれる共同体がつくられた(ｂ…正)。絹織物，陶器《とうき》，紙，酒，油などの特産物が各地でつくられ，交通がさかんになり，物資を運ぶ馬借や運送業者である問が活躍《かつやく》した(ｃ…正)。

⑩　1560年，織田信長は駿河《するが》の今川義元を桶狭間《おけはざま》の戦いで破った(ａ…誤)。1575年，織田信長と徳川家康は鉄砲を効果的に使って，長篠の戦いで武田氏の騎馬隊《きばたい》を破った(ｂ…誤)。豊臣秀吉は1590年に全国を統一すると，1592年と1597年の二度にわたって朝鮮に出兵した(ｃ…誤)。

⑪　江戸時代には，身分が武士，百姓《ひゃくしょう》，町人に大きく分けられ，職業や住む場所は固定された(ａ…正)。人口の約85%を百姓が占め，名主と呼ばれる有力な百姓が中心となって，村の自治を行った(ｂ…正)。町人には営業税が課せられたが，百姓ほど重い負担ではなかった(ｃ…誤)。

理　科　(30分)＜満点：60点＞

解　答

Ⅰ　**問１**　エ　**問２**　(例)　温度が変わっても，とける量がほとんど変わらない　**問３**　71.8　**問４**　ウ　**問５**　ａ　87.3　ｂ　90　ｃ　2.7　ｄ　10　ｅ　333.3　**問６**　イ　**問７**　イ　Ⅱ　**問１**　(例)　天候にかかわらず，いつでも収穫できる。　**問２**　LED　**問３**　エ　**問４**　①　ウ　②　イ　③　ア　**問５**　ａ　蒸散　ｂ　二酸化炭素　Ⅲ　**問１**　エ　**問２**　ⅰ　ａ　火山灰　ｂ　たい積　ｃ　小さい　ｄ　やわらかい　ⅱ　ウ　ⅲ　(例)　丸みを帯びている。　ⅳ　④　ⅴ　イ　**問３**　ア，エ　Ⅳ　**問１**　イ　**問２**　ⅰ　500回　ⅱ　イ，ウ　**問３**　ⅰ　ア　1.6　イ　4.8　ウ　17.2　エ　16.4　ⅱ　1.8秒，14.4m　ⅲ　オ　2.6　カ　3.4　キ　0.8　ク　0.8　**問４**　ａ　ア　ｂ　イ　ｃ　イ　**問５**　ウ，オ

解　説

Ⅰ　製塩をテーマにしたもののとけかたについての問題

問１　アはミョウバン，イは食塩，エは砂糖，オは硝酸《しょうさん》カリウムの結晶《けっしょう》の形を表している。また，ウはジャガイモのでんぷんの形を表している。

問２　一定量の水にとける食塩の重さは，水の温度が変化してもほとんど変わらない。そのため，食塩水は温度を下げても結晶がほとんど出てこない。

問３　食塩の結晶ができ始めるとき，食塩水は飽和《ほうわ》している（食塩がこれ以上とけこめない状態）。このときの食塩水にふくまれる水の割合は，100÷(100＋39.3)×100＝71.78…より，71.8％である。

問４　粘土《ねんど》の層は，つぶが細かく，粘土のつぶどうしのすき間がほとんどないので，とても水がしみこみにくい。

問５　**a**　「こい塩水」にふくまれる水の割合は，100－12.7＝87.3(％)なので，100kgの「こい塩水」には水が，100×0.873＝87.3(kg)ふくまれている。　**b**　箱の上から流しこむ海水は，ふくまれる水の割合が，100－３＝97(％)で，ふくまれている水の重さは87.3kgである。したがって，流しこむ海水の重さは，87.3÷0.97＝90(kg)となる。　**c**　箱の上から流しこむ海水90kgのこさは３％だから，とけている塩は，90×0.03＝2.7(kg)である。　**d**　「こい塩水」100kgにとけている塩，100×0.127＝12.7(kg)は，箱の上から流しこむ海水90kgにとけている塩2.7kgと，砂の表面から海水にとけこむ塩の合計である。よって，砂の表面から海水にとけこむ塩は，12.7－2.7＝10(kg)となる。　**e**　10kgの塩がとけている３％の海水の重さを求めればよく，10÷0.03＝333.33…より，333.3kgである。

問６　円柱状のかまは，底面の半径が，1.6×100÷２＝80(cm)，高さが30cmなので，円周率を３とすると，体積は，80×80×３×30＝576000(cm^3)である。１Ｌ＝1000cm^3より，576000cm^3＝576Ｌとなるから，およそ600Ｌとわかる。

問７　煮《に》つめた塩水は飽和に近くなっている。火を消して冷ましているときにも液面では水が蒸発しているので，蒸発した水にとけていた塩が結晶となってでてくることがある。

Ⅱ　サニーレタスの成長と光の色についての問題

問１　植物工場による水耕栽培《さいばい》は，温度や光，肥料などの条件を適切に維持《いじ》しながら育てるため，天候に左右されないで成長させることができ，季節に関係なく収穫《しゅうかく》できる。生産量を見通せるため，生産計画が立てやすく，安定的な生産が可能である。また，露地《ろじ》栽培では起こりやすい病気や害虫による被害《ひがい》，連作障害をおさえることができる。さらに農薬散布が必要でなくなり，より安全な野菜をつくることができる。

問２　発光ダイオードは，略称《りゃくしょう》であるLEDと呼ばれることが多い。

問３　赤﨑勇《あかさきいさむ》氏，天野浩《あまのひろし》氏，中村修二《なかむらしゅうじ》氏の３名は，青色発光ダイオードを開発した功績が認められ，2014年にノーベル物理学賞を受賞した。青色発光ダイオードが実用化されたことにより，発光ダイオードですべての色を表現できるようになった。

問４　①　全体の重さを比べると，緑色光のものがほかに比べて明らかに軽い。　②　１枚あたりの葉の重さを調べると，赤色光のものは，8.56÷8.25＝1.03…(ｇ)，青色光のものは，7.28÷4.88＝1.49…(ｇ)，緑色光のものは，1.99÷5.38＝0.36…(ｇ)である。よって，青色光が選べる。　③　主茎《けい》の長さを比べると，赤色光のものが最も長くなっている。

問５　**a**　気孔《きこう》のはたらきの一つは蒸散である。蒸散を行うことで，根からの水や栄養(肥料)の吸収を盛んにすることができる。　**b**　植物がでんぷんをつくるはたらきは光合成である。光合成では，気孔から取り入れた二酸化炭素と根から吸収した水を材料に，光のエネルギーを利用して，でんぷん(と酸素)をつくっている。気孔コンダクタンスが大きいと，それだけ二酸化炭素を取り入れやすくなる。

Ⅲ 本校周辺の大地のようすについての問題

問1 まず地面の写真を比べると，O小学校の地面のつぶはN小学校の地面のつぶよりも大きい。このことからO小学校の地面はN小学校の地面より水がしみこみやすいと考えられる。次に，雨がやんだ後の午後の日当たりについて考える。O小学校は運動場の南西側に校舎があり，午後の太陽は南から西へと移動するので，午後のO小学校の運動場の日当たりはよいとはいえない。最後に地面の傾斜《けいしゃ》について，水平器を傾斜地に置いたとき，空気の玉は高さの高い方に移動する。よって，O小学校の運動場は，中央（BやCの側）が高く，北側（Aの側）や南側（Dの側）に向かって下がっていることがわかるので，降った雨は北側や南側にある側溝《そっこう》に流れやすいと考えられる。以上のことから，エが選べる。なお，N小学校の場合は，午後の日当たりはよいものの，東西の端《はし》が高くて中央付近が低くなっていて，しかも水がしみこみにくい地面であるため，運動場がかわかなかったと考えられる。

問2 **i** **a** 特に①の関東ローム層は，関東平野周辺の火山（富士山など）が噴火《ふんか》したさいに噴出された火山灰などが，関東平野に飛来して降り積もることでできた層である。 **b** 流水のはたらきによってできたれきの層や粘土の層は，流水（川）に運搬《うんぱん》されてきたつぶがたい積してできたものである。 **c** ①の関東ローム層は粘土に砂が適度に混合していて，水はけが適度によい。よって，②の粘土質ローム層の方が小さいつぶの割合が多い（粘土の割合が多い）と考えられる。 **d** たい積してから日が浅い新しい層は，十分おし固められていないため，やわらかいことが多い。 **ii** れき・砂・粘土はつぶの大きさで分類され，直径が2mm以上のものをれき，約0.06～2mmのものを砂，約0.06mm以下のものを粘土という。 **iii** ③の武蔵野《むさしの》れき層は流水のはたらきによってできたたい積層なので，ふくまれるれきは流水が運搬する間に角がけずられ丸みを帯びている。 **iv** 流水に運搬されてきた土砂が海に出ると，つぶの大きいものほど河口の近くにたい積する。よって，れきは水深の浅い河口の近くに，粘土は河口からはなれた水深の深い沖《おき》にそれぞれたい積する。 **v** ⑤の沖積《ちゅうせき》層がつくられたいきさつについて「流水のはたらきによって運搬されたつぶがたい積してできた」とある。この説明に合うのはイだけである。

問3 水を通しにくい粘土の層の上に水がたまるので，地下水やわき水は②の粘土質ローム層と，④の粘土を主とした東京層の上から採取できると考えられる。

Ⅳ 音の伝わり方についての問題

問1 音を大きくすると，風船が大きく振動《しんどう》するようになるので，ビーズがより大きくはねるように動く。なお，音を高くすると，1秒間に振動する回数が多くなり，風船が速く振動するので，ビーズがより速く小刻《きざ》みに動く。

問2 **i** 図3より，この音が1回振動するのにかかる時間は0.002秒とわかるので，1秒間に振動する回数は，1÷0.002＝500（回）である。 **ii** 図3よりも高い音にすると，1秒間に振動する回数が多くなるので，音が1回振動するのにかかる時間は0.002秒（横軸《じく》2目盛り分）よりも短くなる。よって，イとウが適切である。

問3 **i** **ア** 球は1秒間に8mずつ進むので，0.2秒間で進むきょりは，8×0.2＝1.6（m）である。 **イ** 球が0.6秒間で進むきょりなので，8×0.6＝4.8（m）になる。 **ウ** 的は1秒間に2mずつ点O（発射装置）に近づくので，0.4秒後の的の位置（点Oから的までのきょり）は，18－2×0.4＝17.2

(m)となる。　**エ**　0.8秒後の的の位置は，18－２×0.8＝16.4(m)である。　**ii**　球と的の間のきょりは１秒間で，８＋２＝10(m)ずつ縮まるから，はじめの球が発射されてから的に当たるまでの時間は，18÷10＝1.8(秒)である。また，そのときの的の位置は，18－２×1.8＝14.4(m)となる。　**iii**　**オ**　２個目の球が発射されたのは，はじめの球が発射されてから１秒後で，このときの的の位置は，18－２＝16(m)である。したがって，２個目の球が的に当たるまでの時間は，１＋16÷10＝2.6(秒)となる。　**カ**　３個目の球が発射されたのは，はじめの球が発射されてから２秒後で，このときの的の位置は，18－２×２＝14(m)になる。よって，３個目の球が的に当たるまでの時間は，２＋14÷10＝3.4(秒)である。　**キ**　はじめの球が的に当たるまでの時間と，２個目の球が的に当たるまでの時間の差を求めると，2.6－1.8＝0.8(秒)となる。　**ク**　３個目の球と４個目の球の，的に当たるまでの時間の差は，4.2－3.4＝0.8(秒)である。

問４　問３より，発射装置から的までのきょりがしだいに短くなっていくと，球が的に当たる時間の間隔《かんかく》は１秒より短くなることがわかる。逆に，発射装置から的までのきょりがしだいに長くなっていくと，球が的に当たる時間の間隔は１秒より長くなると考えられる。ａは発射装置から的までのきょりがしだいに長くなっていき，ｂとｃは発射装置から的までのきょりがしだいに短くなっていく。

問５　音源から音を聞く人までのきょりが短くなっていくと，聞く人が受け取る音の振動の回数が音源の本来の振動の回数よりも多くなり，高い音となって聞こえる。逆に，音源から音を聞く人までのきょりが長くなっていくときは，低い音となって聞こえる。ただし，表２で間隔が0.8秒で一定だったことからもわかるように，一定の速さで動いた場合，音の高さがだんだんと高くなったり低くなったりせず，一定の高さで聞こえる。すると，アとエの場合は，一定の高さだけ高くなって聞こえる。イとオの場合は，一定の高さだけ低くなって聞こえる。ウの場合は，一定の高さだけ高くなって聞こえていたのが，救急車が通過したとたん一定の高さだけ低くなって聞こえるようになる。

国　語　(50分)＜満点：100点＞

解　答

一　**問１**　下記を参照のこと。　**問２**　(例)　感情とは，それぞれの人がそれぞれの人生を生きる中でいだく，別個のものであるはずなのに，みんなに共通の言葉で表されてしまうと，その違いは見えなくなってしまい，一人一人の異なる感情が同じものとしてひとくくりにされてしまうということ。　**問３**　(例)　ネットでは互いに顔を合わせることなく，だれもが自由に発信できる。また，ネットでは，目の前の相手に届けることを目的にせず，だれにも気をつかわずに言葉を書くことができる。したがって筆者は，書いた言葉であれば自分自身をそのままに表すことができると考えたから。　**問４**　(例)「わからなさ」とは，他者とは完全に理解しあうことのできないような，筆者自身の感覚や感情であり，筆者はそれを詩として発表している。筆者の詩を読んだだれかが，このわからない言葉の異物感をきっかけにその言葉の意味や背景に思いをめぐらせ，読み手自身の，そぎ落とされてしまっていた思いに気付いたり，思いがけない発想を得たり，筆者の想像をこえた解しゃくをしたりする。そうやって，自分の書いた詩が他者の中に混ざり育っていき，自分と他者がつながっていくことを，筆者はうれしく思っている。

二 **問1** 下記を参照のこと。 **問2** ア 足 イ 顔 **問3** （例）りょうは次に何をやろうか決めていないまま，これまでとは違う人生を始めようと思って取引先へのあいさつのため神戸の街を歩いていた。そこで見つけた書店でかべ一面の船の本に出会い，幼いころ船を見ながら母親に，お前は大きくなったら自由にどこへでも行けばいいんだよと言われたことを思い出した。ここが自分の居場所なのではないかと背中をおされたように感じ，このような書店をつくった社長に会いたいと思ったから。 **問4** （例） 専門雑誌にすでに名を連ねる作家の後を追い知識にたよって絵を探すのではなく，作家が命をかけて表現しようとしていることに向き合い，自分の目で作品を見つけ出すことを大切にしたいという社長の思いを聞いてはっとし，心をうたれた。 **問5** （例） 作家や作品を守り育てよう，居場所をつくろうとすることが，これまで人生をささげてきた鶴来を離れたりょうや，海会堂の社長の座を追われた杣田さんにとっても，自分らしい役割を果たせ，生きる意味を感じられる場となったのだと思い，心を揺さぶられたから。

●漢字の書き取り

一 **問1** A 精査 B 定時 C 建前 D 神経 二 **問1** A 道楽 B 年配 C 素養

解説

一 **出典：最果《さいはて》タヒ『恋《こい》できみが死なない理由』**。会話では場を優先して言葉がおざなりにされるが，自分自身をそのままに表せる詩を通じて他者とつながれることを筆者はうれしく思っている。

問1 A「精査」は，くわしく調べること。 B「定時」は，ある決まった時刻のこと。 C「建前」は，本音とは違《ちが》う，表向きの意見のこと。 D「反射神経」は，ものごとに応じてただちに反応する能力のこと。

問2 直後に「本当は，その人の言葉でしか，その人の感情は表せない」とある。人はそれぞれ異なった人生を生きてきているので，いだく感情もさまざまなはずである。それなのに，それらを共通の言葉で表してしまうと違いが見えなくなり，一人一人違うはずの別個の感情が同じものであるかのように表されてしまう。

問3 会話の場面では，みんなと一緒《いっしょ》にいるその場を平穏《へいおん》に保つことが重要とされる。そこでは，「みんなの知っている言葉を使うことで，その言葉に合わせるように自分という人間も，最適化されていく」のである。そして，一人一人が別の人生を生きてきているのだから本来なら「『わからなさ』にこそ自分がある」はずである。それなのに「それらすべてを捨てて」しまい，「自分が本当はどう思っていたのか」もわからなくなることに，筆者はたえられなさを感じていた。だが，ネットでは「相手の顔は見えない」し，だれもが自由に発信でき，目の前の相手に伝わりやすいように「言葉を選ぶ」必要も，「言葉より場が優先」されることもないため，だれにも気をつかわずに言葉を書くことができる。言いかえれば，そこでは「言葉の手触《てざわ》りだけが生々しく，やってくる」のである。そのため筆者は，とりとめのない思考をそのままに表し，自分自身を表現することが，書いた言葉であれば可能だと考えたのである。

問４　それぞれの人がそれぞれ違った人生を生きてきている以上，「同じ言葉」を使っても自分と他者とは違う意味合いを言葉にこめている。「わからなさ」とは，その言葉の「異物感」であり，筆者は人の「生きてきた痕跡《こんせき》」がそこに宿っていると考えている。そして，他者とは完全には理解し合えないからこそ「強く残る」自身のその感覚や感情を，「詩」として発表しているのである。筆者は，自分の詩の読み手が，詩の言葉の意味や背景に思いをめぐらせたり，「それぞれが違う解《かい》釈《しゃく》を」したりして，「自分自身の中にあるものを，そこから思い出すのではないか」，あるいは「忘れ始めていた自分の『本当』が，奥にまだ眠《ねむ》っていることを思い起こすのではないか」などと考えている。筆者は，こうしたことを読み手に「届くものがある」と表現して，大切に感じ，書いてよかったと思っているのだから，自分の本当の思いさえ忘れてしまう会話と違い，自分の書いた詩が読み手にさまざまな形で受け止められ，その中で育っていき，他者と自分がつながっていくことをうれしく感じているのだと考えられる。

二　**出典：増山実《ますやまみのる》『百年の藍《あい》』**。ジーンズ製作に一生をささげてきたりょうが，六十になってから神戸のギャラリーで働くことに生きる意味を見いだしたことをふり返り，孫に語っている。

問１　**A**「道楽」は，本業以外の趣味《しゅみ》にふけること。　**B**「年配」は，中年よりも年上の人のこと。　**C**「素養」は，身につけた知識や教養のこと。

問２　**ア**「足を運ぶ」は，“わざわざ出向く”という意味。　**イ**「顔」は，ここでは，その組織や地域を代表するもののこと。

問３　りょうは，鶴来《つるぎ》という会社にこれまでの人生をささげてきたが，夫も育ての親もいなくなった今，違う人生を始めようと，次に何をやるかを決めないまま，世話になった取引先への「挨拶《あいさつ》回り」のために神戸に来ていた。そこで店の名前や「棚《たな》に表情があった」海会堂書店に興味をひかれ，「壁《かべ》一面」をうめつくす船の本を見て，りょうは，幼いころ船を見ながら母親に大きくなったら「自由に，どこへでも行けばいい」と言われたことを思い出した。この「母親との思い出」をきっかけに，りょうは社長のいどころを聞き，社長と仲良くなろうと手伝いを申し出て，さらにはここで働きたいと伝えている。母親の言葉を思い出したことや，こだわりを感じさせるこの書店が魅《み》力的《りょくてき》だったことが理由となって，りょうはその書店をつくった社長に会いたいと思ったのだろう。

問４　書店のギャラリーで働くことになったりょうは，「美術の専門雑誌とか読んだり，方々の展覧会に足を運んだり」して必死に美術の勉強をした。だが，専門雑誌にすでに名を連ねる作家を追いかけ，知識にたよって絵を探すのではなく，無名な画家の作品でも「相手が命を懸《か》けて向かいおうとるもん」に気づき，そうした作品を自分の目で見つけ出すことを大事にしたいと社長は言った。それは，自分の「生き方そのものが問われる」ことであるが，りょうは，そうした社長の考えに心を打たれ，その考えに従ったのである。

問５　杣田《そまだ》さんが社長時代に始めたギャラリーは「海会堂書店の大事な柱の一つになった」が，創業者一族の血縁《けつえん》者ではなかった杣田さんは社長の座を退き，ギャラリーも閉めることになった。だが，見いだした画家や彼らの作品を守り育て，その「居場所」をつくるために，杣田さんはギャラリーを別の場所で続けたいと考え，りょうに手伝いをたのむ。人生をささげてきた鶴来を離《はな》れたりょうと社長の座を追われた杣田さんにとっても，作家や作品の「居場所」を守ることが，自分らしい役割をはたして生きる意味を見いだす「居場所」となった。静は，「居場所」という言葉にこのような意味を見て取ったのだろう。

Dr.福井の

入試に勝つ！脳とからだのウルトラ科学

勉強が楽しいと，記憶力も成績もアップする！

みんなは勉強が好き？　それとも嫌い？——たぶん「好きだ」と答える人はあまりいないだろうね。「好きじゃないけど，やらなければいけないから，いちおう勉強してます」という人が多いんじゃないかな。

だけど，これじゃダメなんだ。ウソでもいいから「勉強は楽しい」と思いながらやった方がいい。なぜなら，そう考えることによって記憶力がアップするのだから。

脳の中にはいろいろな種類のホルモンが出されているが，どのホルモンが出されるかによって脳の働きや気持ちが変わってしまうんだ。たとえば，楽しいことをやっているときは，ベーターエンドルフィンという物質が出され，記憶力がアップする。逆に，イヤだと思っているときには，ノルアドレナリンという物質が出され，記憶力がダウンしてしまう。

要するに，イヤイヤ勉強するよりも，楽しんで勉強したほうが，より多くの知識を身につけることができて，結果，成績も上がるというわけだ。そうすれば，さらに勉強が楽しくなっていって，もっと成績も上がっていくようになる。

でも，そうは言うものの，「勉強が楽しい」と思うのは難しいかもしれない。楽しいと思える部分は人それぞれだから，一筋縄に言うことはできないけど，たとえば，楽しいと思える教科・単元をつくることから始めてみてはどうだろう。初めは覚えることも多くて苦しいときもあると思うが，テストで成果が少しでも現れたら，楽しいと思えるきっかけになる。また，「勉強は楽しい」と思いこむのも一策。勉強が楽しくて仕方ない自分をイメージするだけでもちがうはずだ。

Dr.福井（福《ふく》井《い》一成《かずしげ》）…医学博士。開成中・高から東大・文Ⅱに入学後，再受験して翌年東大・理Ⅲに合格。同大医学部卒。さまざまな勉強法や脳科学に関する著書多数。

Memo

Memo

2023年度 桜蔭中学校

【算　数】（50分）〈満点：100点〉

（注意）円周率を用いるときは，3.14としなさい。

Ⅰ　次の□にあてはまる数を答えなさい。

(1)　$0.003\times4+$ [ア] $\times4+2\dfrac{37}{54}=2\dfrac{106}{135}$

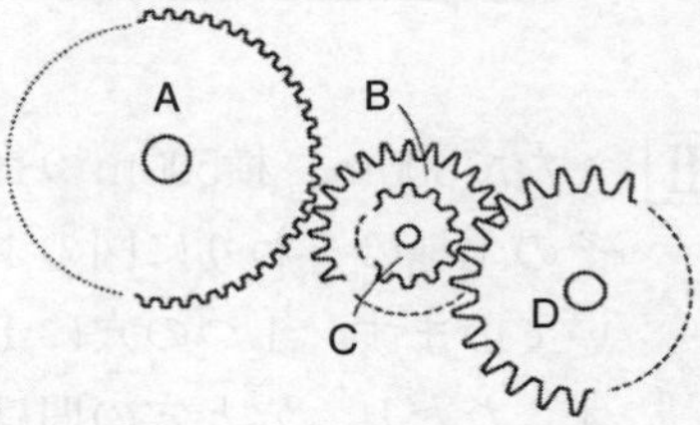

(2)　4つの歯車A，B，C，Dがあります。図のように歯車AとB，CとDはそれぞれかみ合っています。また，BとCは同じ軸《じく》に取り付けられていて，すべることなく一緒に回ります。

A，B，Cの歯数はそれぞれ68，48，27で，Aが11回転するときDは$7\dfrac{19}{24}$回転します。このとき，Dの歯数は [イ] です。

さらに，Aが5回転するのに3秒かかるとすると，Dは12回転するのに [ウ] 秒かかります。

(3)　1学年216人のある中学1年生全員に，3つの質問A，B，Cが「あてはまる」か「あてはまらない」かのアンケートをとりました。このアンケート結果を2つのグループがそれぞれ別のグラフにまとめて，文化祭で発表することにしました。

まずグループⅠは次のような帯グラフでまとめました。

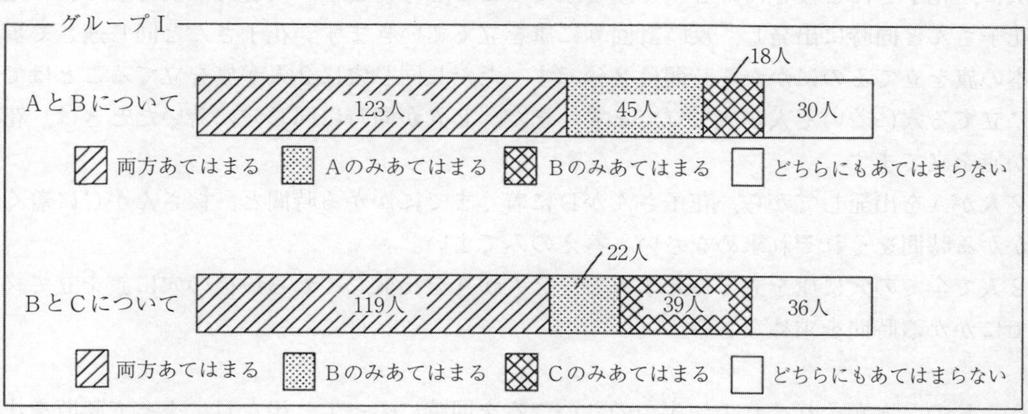

①　3つの質問それぞれについて「あてはまる」と答えた人は，Aは [エ] 人，Bは [オ] 人，Cは [カ] 人います。

②　グループⅠの表から，3つの質問全てに「あてはまる」と答えた人は少なくとも [キ] 人いると分かります。

③　グループⅡは，割合を小数第2位で四捨五入して次のような円グラフでまとめました。

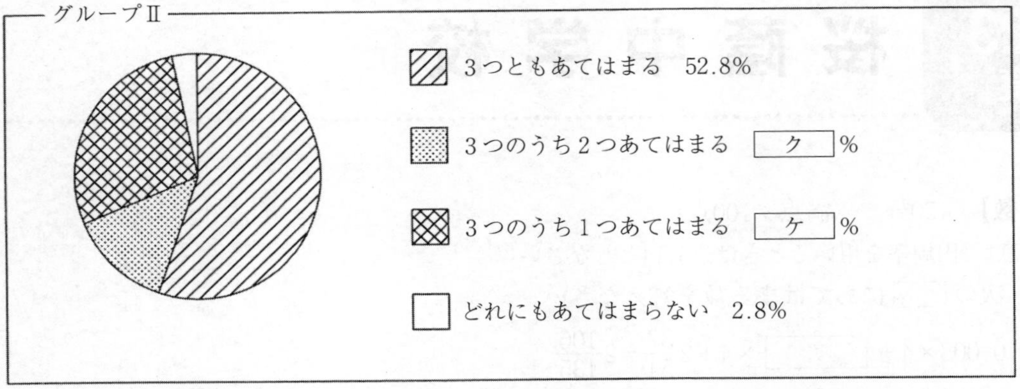

Ⅱ　たて300m，横500mの長方形の形をした土地があります。その土地のまわりに図のように，旗を立てるための穴が空いています。1つの穴に1本ずつ旗を立てる計画を考えます。ただし，穴と穴の間は10mで，長方形の4つの角A，B，C，Dに穴は空いていません。角とすぐとなりの穴との間も10mずつ空いています。また，旗の本数は十分あり，穴の大きさ，旗の太さは考えないものとします。

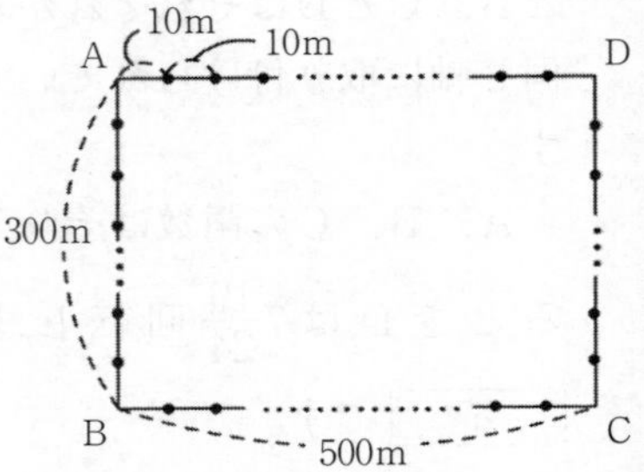

(1)　全ての穴に旗を立てるとすると，立てる旗は全部で何本か求めなさい。

(2)　花子さんが長方形のAの地点から，時計回りに旗を立てることを考えます。歩く速さは分速70mで，1本の旗を立てるのにかかる時間は$2\frac{1}{3}$分です。1人で全ての穴に旗を立てるとすると，Aを出発してから最後の穴に旗を立て終えるまでにかかる時間を求めなさい。

　次に，花子さんと桜さんの2人で旗を立てることを考えます。桜さんは長方形のAの地点から花子さんと同時に出発し，反時計回りに旗を立てていきます。花子さんと同じ速さで歩き，1本の旗を立てるのにかかる時間は2分です。ただし同じ穴に2人が旗を立てることはできず，先に立てる穴に着いた人が旗を立てます。また，2人が同時に同じ穴に着いたときは，花子さんが旗を立てます。

(3)　2人がAを出発してから，花子さんがDに着くまでにかかる時間と，桜さんがCに着くまでにかかる時間をそれぞれ求めなさい。答えのみでよい。

(4)　2人で全ての穴に旗を立てるとすると，2人がAを出発してから最後の穴に旗を立て終えるまでにかかる時間を求めなさい。

Ⅲ　A，Bの2人がそれぞれ1つずつのさいころを同時にふって，出た目によって勝敗を決め得点をつけるゲームをします。ここで，「素数」とは1とその数自身のほかに約数がない整数のことです。1は素数ではありません。

ルール

勝敗について

・さいころの目は「1」,「素数」,「1でも素数でもない数」の順に強いとし，強い目を出した方が勝ちとします。ただし「6」は「1」には勝つとします。

・2つとも同じ目の数が出たときはあいことします。

・あいこでなく，2つとも「素数」か，2つとも「1でも素数でもない数」が出たときは大きい数の方を勝ちとします。

得点について

・はじめは2人とも0点とします。

・1回ふって勝敗が決まったときは，勝った方が1点，負けた方が0点とします。あいこのときは点はありません。

・あいこだった次に勝敗が決まったときは，あいこだった同じ目の数を勝った方の点とします。あいこが続いたときも，その次に勝敗が決まったらあいこになった同じ目の数を足して勝った方の点とします。どちらのときも，負けた方は0点とします。

2人が出した目を表にすると，次の例のようになります。

例1　2回ふったとき

	1回目	2回目
A	2	3
B	4	5

Aの勝ち　Bの勝ち

表よりA，Bは1点ずつで同点

例2　6回ふったとき

	1回目	2回目	3回目	4回目	5回目	6回目
A	1	4	4	1	6	2
B	1	1	4	1	1	2

あいこ　Bの勝ち　あいこ　あいこ　Aの勝ち　あいこ

表よりAは5点，Bは1点

(1)　2回ふってAが3点を得るとき，AとBの目の出方の組は全部で何通りあるか求めなさい。また，そのうちの1組を上の例にならって解答らんの表に書きなさい。答えのみでよい。

(2)　①　3回ふってAとBが同点になったとき，Aの得点として考えられる数を解答らんに全て書きなさい。ただし解答らんを全て使うとは限りません。

②　①のときのAとBの目の出方の組は全部で何通りあるか求めなさい。

Ⅳ　1辺が10cmの立方体があります。図1のように，2つの面に①，②と名前をつけます。さらに，面①には半径1cmの円Aがあり，上から見ると図2のようになっています。

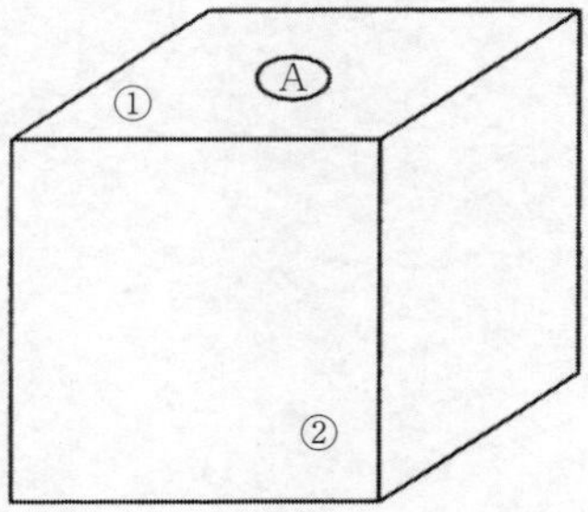

図1

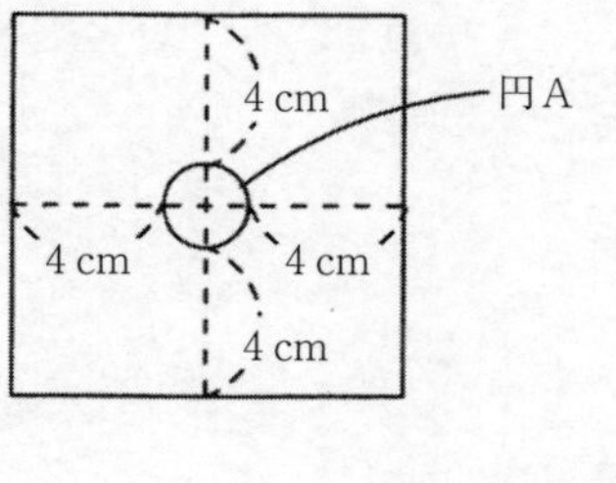

図2

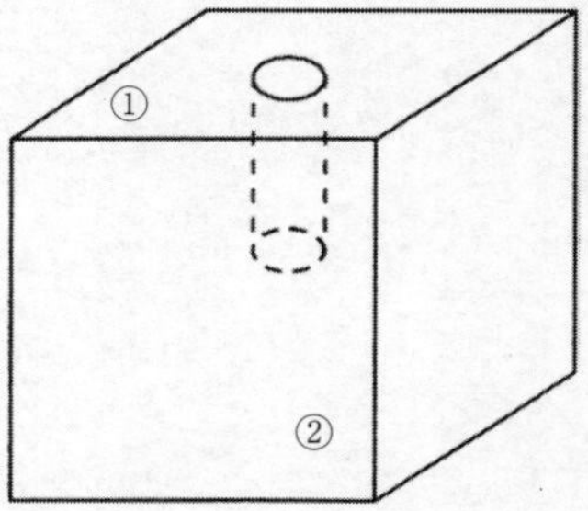

図3

円Aは面①に対して垂直に，秒速1cmで向かい合う面まで動きます。このとき，円Aが通過した部分を立方体からくり抜いてできる立体について考えます。ただし，円Aの厚さは考えないものとします。

例えば円Aが動き始めてから5秒後の立体は，図3のように，立方体から底面の半径が1cm，高さが5cmの円柱をくり抜いてできる立体です。

(1) 円Aが動き始めてから7秒後の立体の体積を求めなさい。

さらに面②にはたて4cm，横2cmの長方形Bがあり，正面から見ると図4のようになっています。長方形Bは円Aと同時に出発し，面②に対して垂直に，向かい合う面まで動きます。円Aが通過した部分に加えて，長方形Bが通過した部分も立方体からくり抜いてできる立体について考えます。ただし，長方形Bの厚さも考えないものとし，円Aと長方形Bはおたがいにぶつかっても止まることなく動き続けるものとします。

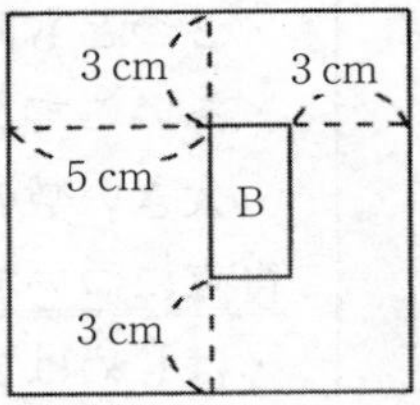

図4

(2) 長方形Bの動く速さは秒速2cmとします。円Aと長方形Bが動き始めてから3秒後と5秒後の立体の体積をそれぞれ求めなさい。

(3) 長方形Bの動く速さは秒速0.625cmとします。円Aと長方形Bが動き始めてから8秒後の立体の体積を求めなさい。

(4) 円Aと長方形Bが動き始めてから9秒後の立体の体積が920.42cm^3であるとき，長方形Bの動く速さを求めなさい。

【社　会】（30分）〈満点：60点〉

I　次の文を読み，後の問いに答えなさい。

日本は太平洋北西部に位置する島国で，隣《とな》り合う国との〈 X 〉は海上にあります。島とは，水域によってまわりを完全に囲まれた陸地をさし，国土交通省「日本の島嶼《とうしょ》の構成」（2022年4月1日現在）によれば，日本は6852の島からなり，そのうち421島に人が住んでいます。主な島として，面積の広い順に，①本州，北海道，九州，四国，[1]島，国後島，沖縄島などがあります。②都道府県庁所在都市のある5つの島を本土や本島と呼び，その他の島を離島《りとう》と呼びます。

1953年7月に，「離島振興《しんこう》法」が制定され，離島として指定された地域では，電気・水道・港湾《こうわん》・漁港・道路の整備，医療《いりょう》・教育などの環境《かんきょう》の改善が，国からの補助によって進められることになりました。ただし③奄美《あまみ》群島や[2]諸島，沖縄については，離島振興法の対象ではなく，それぞれ「奄美群島振興開発特別措置法《そちほう》」，「[2]諸島振興開発特別措置法」及《およ》び「沖縄振興特別措置法」という法律に基《もと》づき振興が図《はか》られています。

2017年4月には，我《わ》が国の④〈 Y 〉，排他的《はいたてき》経済水域などを適切に管理する必要性が増大していることから，「有人〈 X 〉離島法」が施行《しこう》されました。〈 X 〉に近い人の住む島は，漁業，海洋資源の調査，〈 Y 〉の警備などに関わる活動の拠点《きょてん》として重要な役割を果たしています。北海道の礼文《れぶん》島や石川県[3]半島沖の舳倉《へぐら》島，⑤日本海で面積が最も大きい島，大韓民《だいかんみん》国《こく》から50kmほど離《はな》れた位置にあって江戸時代には朝鮮《ちょうせん》との交流の窓口だった[4]，潜《せん》伏《ぷく》キリシタンの集落が世界遺産に登録されている[5]列島などがその例です。これらの島々では，航路・航空路運賃の引き下げなど，生活を便利にし，島の経済を活発にするための取り組みが法律に基づき進められています。

島の成り立ちはさまざまです。⑥喜界《きかい》島や与論《よろん》島はサンゴ礁《しょう》が隆起《りゅうき》してできた島で，諏訪之《すわの》瀬《せ》島や[2]諸島の西之《にしの》島は火山活動によってできた島です。2021年8月13～15日には，[2]諸島の硫黄《いおう》島南方で海底火山の「福徳岡ノ場《おかのば》火山」が大規模な噴火《ふんか》を起こし，新しい島ができましたが，その後消滅《しょうめつ》しました。この噴火では多量の〈 Z 〉が火山周辺の海面を埋《う》め尽《つ》くしました。海流によって西に移動した〈 Z 〉は奄美群島，沖縄島などに漂着《ひょうちゃく》し，観光業や⑦漁業への影響《えいきょう》が心配されました。

問1　文中の空欄《くうらん》〈X〉～〈Z〉に適する語句を，それぞれ漢字2文字で答えなさい。

問2　文中の空欄[1]～[5]に適する地名を漢字で答えなさい。

問3　下線部①について，本州の男鹿《おが》半島に北緯《ほくい》40度を示す碑《ひ》があります。本州の男鹿半島とほぼ同じ緯度にある都市として最も適当なものを次のア～エから1つ選び，記号で答えなさい。

ア　ロンドン（イギリス）　　　イ　ニューヨーク（アメリカ合衆国）

ウ　リヤド（サウジアラビア）　エ　キャンベラ（オーストラリア）

問4　下線部②について，次のA～Cの説明文に当てはまる都道府県庁所在都市を次のページの地図のア～コから1つずつ選び，それぞれ記号で答えなさい。

A　日本で最も工業出荷額《しゅっかがく》の多い都道府県の都道府県庁所在都市で，日本最大の輸出額をほこる貿易港がある（2020年）。

B　江戸時代には阿武隈《あぶくま》川の水運と養蚕でさかえた城下町で，今日県内では3番目に人口が多い都市である。

C　三大都市圏《けん》以外の都道府県庁所在都市としては，人口が最も多い都市で，ビールなどの食品工業がさかんである。

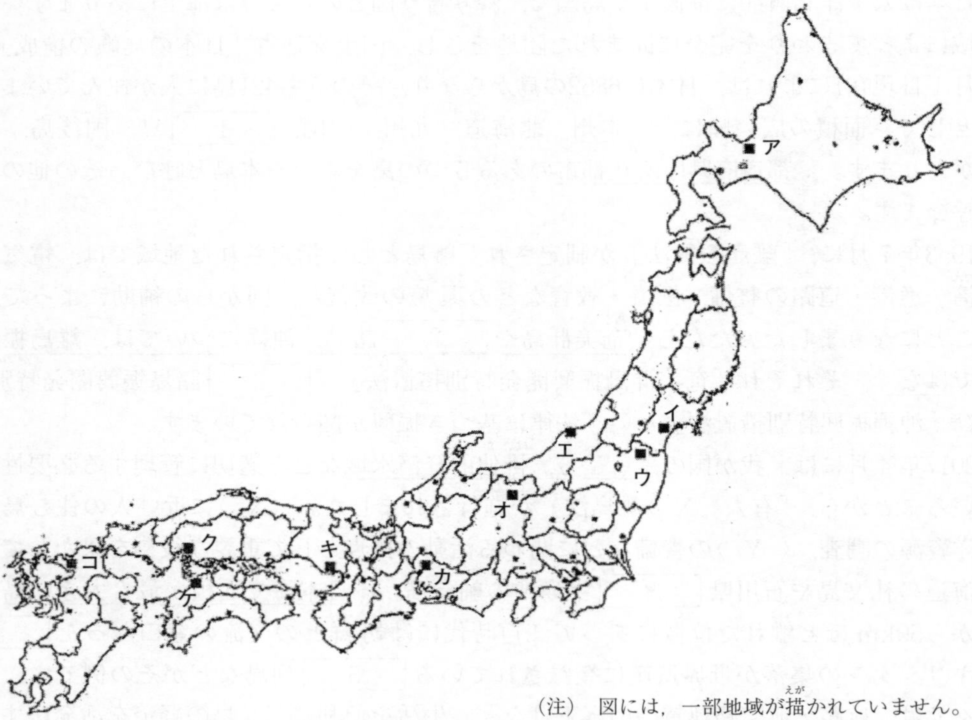

（注）　図には，一部地域が描《えが》かれていません。

問５　下線部③について，この３地域が離島振興法の対象とはならずに，それぞれ特別な法律がつくられた理由を説明しなさい。

問６　下線部④について，次のA～Cの文の正誤の組み合わせとして正しいものを下のア～カから１つ選び，記号で答えなさい。

A　自国の沿岸から200海里までは，天然資源開発などの権利が認められている。

B　領土と海岸から12海里までの海域の上空を領空という。

C　許可なく，ほかの国の排他的経済水域に入ってはいけないことになっている。

ア　A：正　B：正　C：誤　　イ　A：正　B：誤　C：正

ウ　A：正　B：誤　C：誤　　エ　A：誤　B：正　C：正

オ　A：誤　B：正　C：誤　　カ　A：誤　B：誤　C：正

問７　次の図は日本に属する島です。下線部⑤に該当《がいとう》する島をア～エから１つ選び，記号で答えなさい。縮尺も方位も一定ではありません。

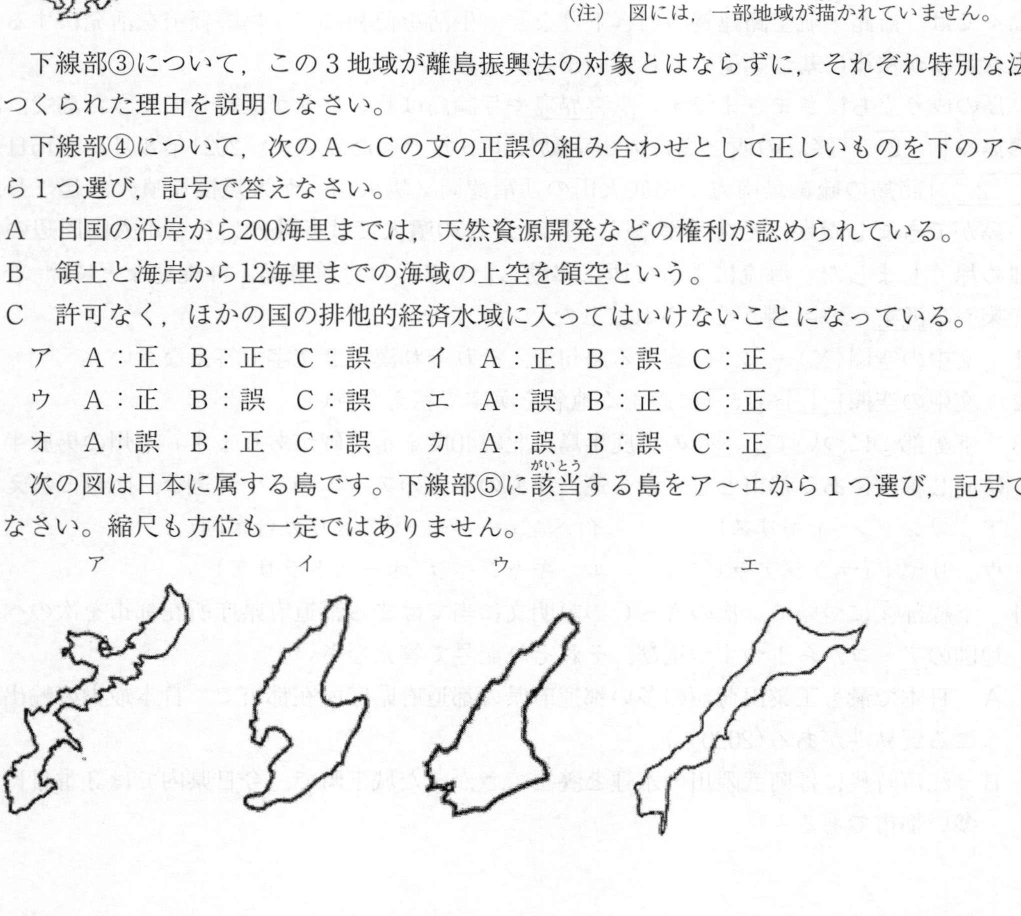

問８　下線部⑥について，喜界島では次の図のように地中に壁《かべ》を設けて地下にダムをつくっています。喜界島で地下ダムを利用する理由と地下ダムのしくみを，図を参考にして説明しなさい。（問８と問９の解答場所に注意すること）

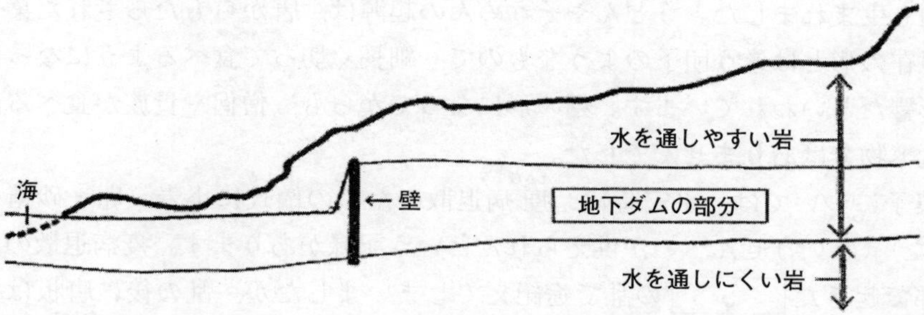

問９　下線部⑦について，次の表は，神奈川県，佐賀県，長崎県，北海道の漁業に関する統計をまとめたものです。神奈川県，佐賀県，長崎県に当てはまるものを表中のア～エから１つずつ選び，それぞれ記号で答えなさい。（問８と問９の解答場所に注意すること）

	海面漁業就業者数（人）	海面漁業漁獲量（t）	海面養殖業《ようしょくぎょう》収獲量（t）	産出額の多い魚介類《ぎょかいるい》
ア	24,378	894,911	94,115	貝類
イ	3,669	6,531	76,685	海そう類・えび類
ウ	11,762	228,051	23,021	アジ類・マグロ類
エ	1,848	30,599	816	マグロ類

『データブック オブ・ザ・ワールド 2022』および
漁業・養殖業都道府県別生産量・産出額（2020）水産庁資料より作成

Ⅱ　次の文を読み，文中の空欄 1 ～ 6 に適する語句を漢字で答えなさい。また，下線部について後の問いに答えなさい。

2022年２月末からのロシアによる①ウクライナ侵攻《しんこう》の影響は，世界中に広がりました。それにともなって，小麦価格が上昇《じょうしょう》しました。そもそも侵攻前から高温や乾燥《かんそう》がもたらした不作などで，世界的に小麦価格は上がっていました。ロシアとウクライナだけで世界の小麦輸出量の４分の１を占《し》めていたため，世界に大きな影響を与《あた》えました。②日本は小麦の多くを輸入に頼《たよ》っているため，小麦価格の上昇は大きな問題です。日本ではいつから小麦を栽培《さいばい》し，いつから小麦を食べていたのでしょうか。「小麦の歴史」について考えてみましょう。

小麦は人類が古くから栽培していた植物の１つで，今から１万年以上前にはすでにつくられていました。日本には，③弥生時代に中国や朝鮮半島から伝来したといわれています。④今から1800年ほど前の水田跡《あと》で有名な静岡県の遺跡《いせき》からは，炭化した小麦の種子も出土しています。⑤５世紀ころまでには米とともに麦類やあわ，ひえなども主食として栽培されるようになりました。日本最古の歌集とされる『 1 』にも麦を詠《よ》んだ歌があります。奈良時代には朝《ちょう》廷《てい》が麦の栽培をすすめており，⑥平城宮跡からも「小麦五斗《と》」と記された木簡が見つかっています。鎌倉時代中期から 2 が始まり，稲《いね》の裏作として小麦が栽培されるようになりました。小麦の栽培は，江戸時代になると本格的に全国へ普及《ふきゅう》し，特に米の栽培に向いていない地域で小麦が生産されました。

江戸時代には， 3 を起点とする五《ご》街道《かいどう》など全国各地を結ぶ道が整備され，航路も発達しました。交通の発達にともなって，茨城の小麦が千葉の銚子《ちょうし》にしょうゆの原料として運ばれたり，海路によって九州の小麦が大阪に運ばれたりしました。また，［　4　］参りなど信《しん》仰《こう》と楽しみをかねた旅が流行するなかで，［　4　］神宮《じんぐう》には各地から来た農民が稲穂《いなほ》や小麦の種子を納めたといわれています。

小麦を使った麺《めん》も生まれました。うどんやそうめんの起源は，唐《とう》からもたらされた菓子《かし》だとされています。現在の形とは違《ちが》う団子のようなもので，細長く切って食べるようになったのは⑦宋《そう》の食文化の影響だといわれています。麺の形になってからも，僧侶《そうりょ》や貴族が食べる高級品であり，庶民《しょみん》の食べ物ではありませんでした。

小麦を使った菓子については，平安時代，疫病《えきびょう》退散のための儀式《ぎしき》に小麦・卵・砂糖を使った「唐板(からいた)」というせんべいが供えられたという記録があります。疫病退散の儀式は15世紀後半に京都で起きた［　5　］の乱で途絶《とだ》えてしまいましたが，乱の後に唐板は復活し，現代まで受け継《つ》がれてきました。また，16世紀にはヨーロッパ人宣教師が日本を訪《おとず》れ，⑧キリスト教とともにカステラやビスケットなどを伝えました。その多くはポルトガル人やスペイン人との［　6　］貿易によってもたらされたため，これらのお菓子を「［　6　］菓子」と呼びます。⑨織田信長はヨーロッパからの物産品を非常に喜んだといわれています。

16世紀半ばにポルトガル人がもたらしたパンは，⑩江戸時代には一般《いっぱん》に普及することはありませんでした。⑪1842年に伊豆《いず》の代官江川太郎左衛門《えがわたろうざえもん》が日本で初めてパンを焼いたとされていますが，日本で「パン食」が広がり始めたのは⑫明治時代に入ってからのことです。⑬日本が開国すると，アメリカ産の小麦粉がたくさん流入するようになりました。しかし欧米《おうべい》の食文化がすぐに日本で広まったわけではなく，日本人は米食文化を守り続けました。朝食にパンを食べるということが一般的になったのは⑭第二次世界大戦後のことで，アメリカのライフスタイルが日本でも広がり，食パンが流行するようになりました。パンやパスタには外国産の小麦の方が向いていることもあり，⑮国産小麦の生産は落ち込《こ》みました。しかし，1970年代の世界的な穀物の不作をきっかけに，国内で自給できるように生産拡大や品種改良を目指す政策がとられました。

小麦に関わらず，私たちの食卓《しょくたく》は，自国から遠く離れた地域でつくられたものであふれています。さまざまな要因でモノやヒトの流れが滞《とどこお》ると，多くの人々の生活に影響がでます。世界中に適切に食料が供給されるよう，平和を願うばかりです。

① この国の位置として正しいものを右の地図のア～オから1つ選び，記号で答えなさい。

② 現在，日本が最も多く小麦を輸入している国を次のア～エから1つ選び，記号で答えなさい。

ア アメリカ　　イ カナダ

ウ 中国　　エ オーストラリア

③ 吉野《よしの》ヶ《が》里《り》遺跡(佐賀県)からの出土品のうち，弥生時代の出土品として正しくないものを次のア～エから1つ選び，記号で答えなさい。

ア 祭りのときに使われたと考えられる銅鐸《どうたく》

イ 矢じりがささった人骨

ウ 筒型《つつがた》や人型などさまざまな形の埴輪《はにわ》

エ　中国製の貨幣《かへい》や，南方の貝でつくった腕輪《うでわ》

④　この遺跡の名称《めいしょう》として正しいものを次のア～エから１つ選び，記号で答えなさい。

ア　板付《いたづけ》遺跡　　イ　登呂《とろ》遺跡　　ウ　三内丸山遺跡　　エ　菜畑遺跡

⑤　５世紀の日本の様子を説明した文として正しいものを次のア～エから１つ選び，記号で答えなさい。

ア　中国の後漢王朝の皇帝《こうてい》から金印を授《さず》けられた。

イ『古事記』や『日本書紀』が完成した。

ウ　大和朝廷の影響力が，九州から関東まで及んだ。

エ　有力者の墓である古墳《こふん》がつくられ始めた。

⑥　平城京の位置として正しいものを右の地図のア～カから１つ選び，記号で答えなさい。なお，地図上の点線は現在の府県の境界線をあらわしています。

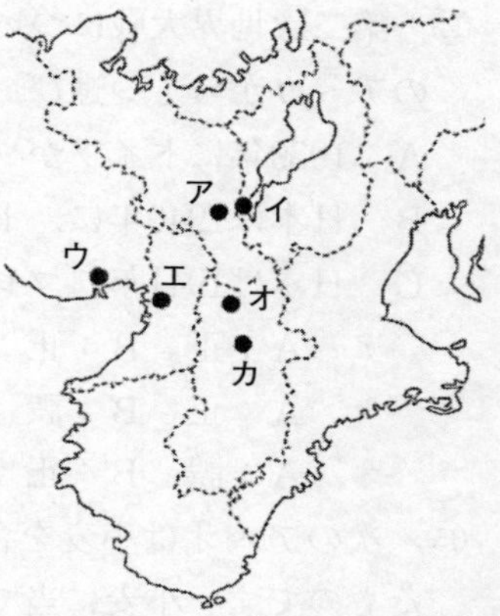

⑦　宋王朝が存在したころの日本の出来事として正しいものを次のア～エから１つ選び，記号で答えなさい。

ア　豊臣秀吉が，二度にわたって朝鮮に兵を送った。

イ　源頼朝が，石橋山の戦いで敗れた。

ウ　徳川家光が，祖父の家康をまつる日光東照宮《とうしょうぐう》を建て直した。

エ　足利義満が，京都の北山に金閣を建てた。

⑧　以下のＡ～Ｄは，日本にキリスト教が伝わった後の出来事です。時代の古い順に並べ，解答欄に従って答えなさい。

Ａ：島原や天草で，キリスト教の信者を中心とした大規模な一揆《いっき》が起こった。

Ｂ：天正遣欧《けんおう》使節として，４人の少年たちがローマに送られた。

Ｃ：オランダ人を出島に移し，鎖国《さこく》が完成した。

Ｄ：徳川家康が，キリスト教の布教を全国で禁止した。

⑨　織田信長は1560年に尾張《おわり》国で今川義元軍を破りました。この戦いの名称を漢字で答えなさい。

⑩　江戸時代以前の武士は主人のために戦うことを義務づけられていました。江戸時代に入り，戦いがほとんど起こらなくなると，将軍と大名との主従関係を確認《かくにん》するために，将軍は大名たちに戦うことの代わりにどのようなことを命じましたか。以下の語句をすべて使って60字以内で説明しなさい。

〔江戸　　領地　　河川《かせん》〕

⑪　19世紀前半の出来事として正しいものを次のア～エから１つ選び，記号で答えなさい。

ア　もと幕府の役人だった大塩平八郎《へいはちろう》が，幕府に対して大阪で兵をあげた。

イ　一国一城令が出され，大名が住む城以外は壊《こわ》されることになった。

ウ　貧しい人々のために医療をほどこす小石川養生所がつくられた。

エ　徴兵令《ちょうへいれい》が出され，20歳《さい》以上の男子が３年以上軍隊に入ることになった。

⑫　明治政府は民間の会社を育成することにも力を入れました。日本初の銀行や多くの会社の設立にたずさわり，日本経済の発展に力を尽くした実業家の名前を漢字で答えなさい。

⑬　開国前後のことがらについて述べた，次のＡ～Ｃの文の正誤の組み合わせとして正しいもの

を下のア～カから１つ選び，記号で答えなさい。

A　ペリーの艦隊《かんたい》は，アメリカ合衆国の西海岸から太平洋をわたって，日本の浦賀《うらが》に来航した。

B　アメリカからの開国要求について，幕府は朝廷に報告するとともに，広く大名からも意見を求めた。

C　外国から多くの食品が輸入されるようになると，米が余って価格が下がり，農民の生活が苦しくなった。

ア　A：正　B：正　C：誤　　イ　A：正　B：誤　C：正
ウ　A：正　B：誤　C：誤　　エ　A：誤　B：正　C：正
オ　A：誤　B：正　C：誤　　カ　A：誤　B：誤　C：正

⑭　第二次世界大戦について述べた，次のA～Cの文の正誤の組み合わせとして正しいものを下のア～カから１つ選び，記号で答えなさい。

A　1939年にドイツがソビエト連邦《れんぽう》を攻撃《こうげき》して，第二次世界大戦が始まった。

B　日本は1940年に，ドイツ・イタリアと同盟を結んだ。

C　日本は1941年にマレー半島を攻撃して，イギリスとの戦いを始めた。

ア　A：正　B：正　C：誤　　イ　A：正　B：誤　C：正
ウ　A：正　B：誤　C：誤　　エ　A：誤　B：正　C：正
オ　A：誤　B：正　C：誤　　カ　A：誤　B：誤　C：正

⑮　次のア～オは小麦を含《ふく》む５つの農作物に関して，その収穫量《しゅうかくりょう》の多い順に都道府県名を並べたものです。小麦に当てはまるものを表中のア～オから１つ選び，記号で答えなさい。

	1位	2位	3位	4位	5位
ア	新潟	北海道	秋田	山形	宮城
イ	北海道	福岡	佐賀	愛知	三重
ウ	熊本	北海道	愛知	茨城	栃木
エ	北海道	千葉	徳島	青森	長崎
オ	茨城	熊本	北海道	山形	青森

『日本国勢図会 2022/23』

Ⅲ　次の１～５の文を読み，文中の空欄［1］～［5］に適する語句・数字を答えなさい。［1］は解答欄に従って答えなさい。［2］～［5］は，略称は用いず，漢字で答えなさい。また，下線部についてそれぞれの問いに答えなさい。

1　日本国憲法が施行された［　1　］は憲法記念日です。日本国憲法は大日本帝国憲法を①改正するという手続きを経て，制定されました。

問１　文中の下線部①に関連して，国民投票法が2007年に制定されました。憲法改正についての記述として誤っているものを次のア～エから１つ選び，記号で答えなさい。

ア　衆議院及び参議院で総議員の３分の２以上の賛成によって，改正が発議される。

イ　憲法改正には，国民投票で有効投票数の過半数が賛成する必要がある。

ウ　国民投票法は，投票年齢《ねんれい》を18歳以上としている。

エ　憲法改正が成立すると，内閣総理大臣の名で，天皇はこれを公布する。

2　日本国憲法の三大原則は，国民主権・基本的人権の尊重・②平和主義です。基本的人権については，憲法制定時には想定されていなかった状況《じょうきょう》に対して「新しい人権」が主張されることがあります。プライバシーの権利の主張を背景に，2003年に［　2　］法が制定されました。

問２　文中の下線部②に関連する記述として誤っているものを次のア～エから１つ選び，記号で答えなさい。

ア　日本国憲法第９条は，国際紛争《ふんそう》を解決する手段としての交戦権を否定しているが，自衛権を否定しているわけではない，というのが政府の見解である。

イ　1950年に朝鮮戦争が起こり，GHQ(連合国軍最高司令官総司令部)の指令によって，自衛隊の前身である警察予備隊がつくられた。

ウ　自衛のための必要最小限度の戦力は保持できる，というのが政府の見解である。

エ　自衛隊の任務には，防衛のほか，災害派遣や国際協力などが含まれる。

３　「主権」ということばにはいくつかの意味があり，「③国民主権」や「主権国家」のように使われます。選挙で投票することも主権の行使の１つです。近年，投票率の低下が指摘《してき》されており，投票率を向上させるためにさまざまな手段がとられています。投票日以前に，自分の選挙区内の指定された投票所で，投票日と同じ方法で投票できる制度を［　3　］投票といいます。

問３　文中の下線部③の主権の意味として正しいものを次のア～エから１つ選び，記号で答えなさい。

ア　国の政治のあり方を最終的に決める権力のこと。

イ　独立していて，他の国や勢力に支配されていないこと。

ウ　国民が国の代表であるということ。

エ　統治権(立法権・行政権・司法権)が及ぶということ。

４　国の一般会計予算(2020年度)の歳入の税収の中で一番大きな割合を占めている税目は［　4　］税でした。④歳出の主要経費別分類の中で，一番大きな割合を占めているのは社会保障関係費です。

問４　文中の下線部④に関連して，国の一般会計予算(2020年度)の歳出の主要経費別分類で，２番目に多いものを次のア～エから１つ選び，記号で答えなさい。

ア　公共事業関係費　　　　イ　国債費《こくさいひ》

ウ　教育及び科学振興費　　エ　地方交付税交付金等

５　ロシアによるウクライナ侵攻などによって，⑤国際連合のあり方が問われているといえます。国連の主要機関のうち，国際平和と安全の維持《いじ》，国際紛争の解決などで重要な役割を果たしているのが［　5　］です。［　5　］は国連加盟国に対して強い権限をもっています。

問５　右のグラフは文中の下線部⑤の分担金の国別割合をあらわしています。ａはアメリカです。ｂに当てはまる国名を次のア～エから１つ選び，記号で答えなさい。

ア　イギリス　　イ　ドイツ

ウ　日本　　　　エ　中国

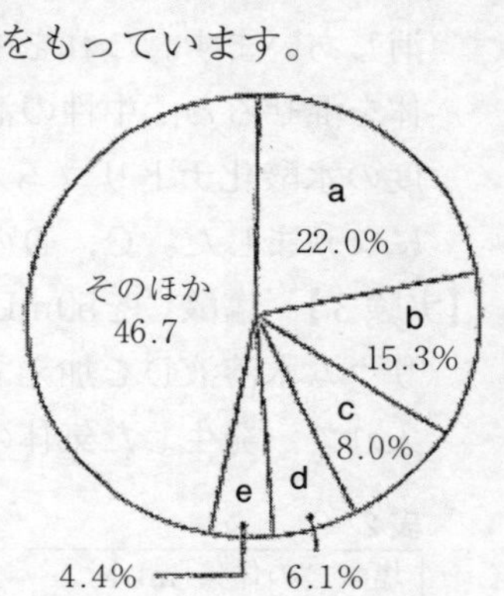

〔2020-2022年〕

【理　科】(30分)〈満点：60点〉

Ⅰ　塩酸の中にアルミニウムを入れると，水素という気体が発生します。塩酸は塩化水素《えんかすいそ》が水にとけてできた水溶液《すいようえき》です。水素は，この塩酸の中にとけている塩化水素とアルミニウムが反応して発生します。次の【実験１】,【実験２】について，あとの問いに答えなさい。

【実験１】　同じ重さのアルミニウム片《へん》を５個用意した。このアルミニウム片を１つずつ異なる試験管に入れ，それぞれの試験管にうすい塩酸(塩酸Ａとする)を4mL，8mL，12mL，16mL，20mL加えて発生した水素の体積をはかると，結果は**表１**のようになった。

表１

塩酸Ａの体積[mL]	4	8	12	16	20
水素の体積[mL]	90	180	225	225	225

【実験２】　アルミニウム0.3gに２％の濃《こ》さの塩酸(塩酸Ｂとする)を加えていくと，塩酸Ｂが60mLのときちょうどアルミニウムがなくなり，375mLの水素が発生した。そして，反応後の液体を蒸発皿に入れて加熱すると，1.5gの白い固体が残った。

問１　塩酸の性質について，正しいものを次の**ア**～**オ**からすべて選び，記号で答えなさい。

ア．うすい黄色の液体である。

イ．つんとしたにおいがする。

ウ．蒸発皿に入れて加熱すると，白い固体が残る。

エ．青色リトマス紙につけると赤くなり，赤色リトマス紙につけても色の変化が起こらない。

オ．息をふきこむと白くにごる。

問２　【実験１】で使ったアルミニウム片１個が，ちょうどなくなるために必要な塩酸Ａは何mLですか。整数で答えなさい。

問３　【実験１】で使ったアルミニウム片１個の重さは何gですか。小数第２位まで答えなさい。

問４　【実験１】と同じ重さのアルミニウム片１個を使い，ある体積の塩酸Ａを加えるとアルミニウムがなくなりました。反応後の液体を蒸発皿に入れて加熱し，残った白い固体の重さをはかりました。白い固体は何gですか。小数第１位まで答えなさい。

問５　塩酸Ａの濃さは何％ですか。ただし，塩酸Ａ，Ｂどちらも体積が1mLのときの重さが１gであるとし，小数第１位まで答えなさい。

酸性の液体とアルカリ性の液体を混ぜると，酸性の性質，アルカリ性の性質をたがいに打ち消しあいます。これを中和《ちゅうわ》といいます。また，ちょうどよい量で酸性の液体とアルカリ性の液体を混ぜると，中性の液体をつくることができます。ある濃度の塩酸(塩酸Ｃとする)とある濃度の水酸化ナトリウム水溶液Ｄを50mLずつ混ぜ，この水溶液にBTB溶液を入れると，緑色になりました。Ｃ，Ｄの水溶液を使い行った【実験３】について，あとの問いに答えなさい。

【実験３】　塩酸Ｃを50mL入れた三角フラスコを11個用意し，それぞれに異なる量の水酸化ナトリウム水溶液Ｄを加えてよく混ぜた。その後，同じ重さのアルミニウム片をそれぞれ１つずつ入れて，発生した気体の体積をはかると，結果は**表２**のようになった。

表２

塩酸Ｃの体積[mL]	50	50	50	50	50	50	50	50	50	50	50
水酸化ナトリウム水溶液Ｄの体積[mL]	0	10	20	30	40	50	60	70	80	90	100
発生した気体の体積[mL]	420	420	(実験結果の数字が入る)								

問６　加えた水酸化ナトリウム水溶液Ｄの体積と，発生した気体の体積の関係をグラフにすると，グラフの形はどのようになりますか。次の**ア**～**ケ**から１つ選び，記号で答えなさい。

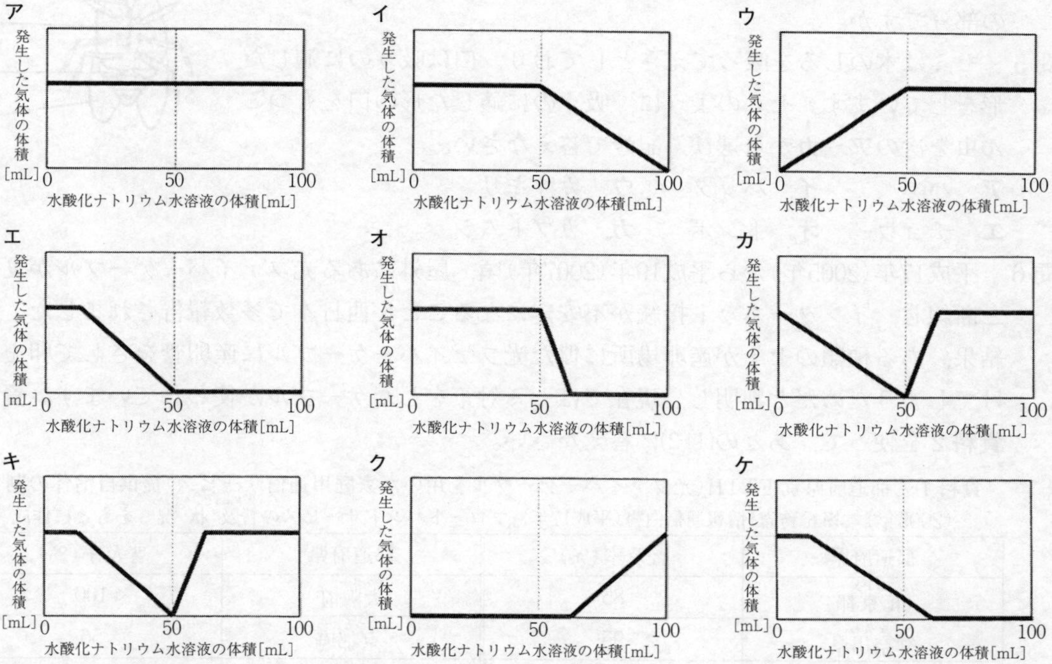

問７　【実験３】のアルミニウム片をある重さの鉄に変え，同じように実験を行いました。加えた水酸化ナトリウム水溶液Ｄの体積と，発生した気体の体積の関係をグラフにすると，グラフの形はどのようになりますか。問６の**ア**～**ケ**から１つ選び，記号で答えなさい。ただし，加えた水酸化ナトリウム水溶液Ｄと，発生した気体の体積の関係は，加えた水酸化ナトリウム水溶液Ｄが０mL，10mLのときまではアルミニウムのときと同じであったとします。

Ⅱ

夏を代表するこん虫であるセミには多くの種類があります。東京周辺ではアブラゼミ，ミンミンゼミ，ツクツクボウシ，ヒグラシ，ニイニイゼミなどが確認されています。以下の問いに答えなさい。

問１　ヒグラシの鳴き声を文字で表したときに最も近いものを次の**ア**～**カ**から１つ選び，記号で答えなさい。

ア．ツクツクボーシ　　**イ**．ジージリジリ　　**ウ**．ミーンミーン
エ．チィー　　**オ**．カナカナカナ　　**カ**．シャワシャワシャワ

問２　セミのぬけがらの中には白い糸のようなものが見えます。これは体の中で空気(酸素)を運ぶ管で，気管といいます。ヒトの体にはりめぐらされていて，酸素を運ぶ役割をしている管は何ですか。

問３　次の**ア**～**ク**をセミが卵から成虫になる順番に並べかえなさい。ただし，使わない記号もあります。

ア．さなぎになる　　**イ**．土から出てくる
ウ．土にもぐる　　**エ**．木の幹や葉で羽化する
オ．土の中で羽化する　　**カ**．土の中でふ化する

キ．木の根の中でふ化する　　**ク**．木の幹や枝の中でふ化する

問4　セミのオスが鳴くときに主にふるわせるのは右図の**ア**～**エ**のどの部分ですか。

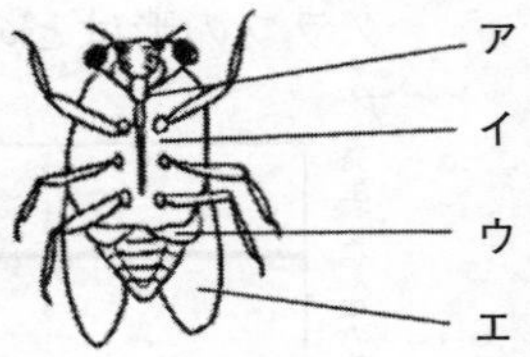

問5　セミは木のしるを吸ってえさとしており，口は吸うのに適した形をしています。セミのように，吸うのに適した形の口をもつこん虫を次の**ア**～**カ**から選び，記号で答えなさい。

ア．ハエ　　**イ**．バッタ　　**ウ**．カマキリ

エ．チョウ　　**オ**．トンボ　　**カ**．カブトムシ

問6　平成17年(2005年)から平成19年(2007年)頃《ごろ》，屋外にある光ファイバーケーブルが夏になると断線し，インターネット接続が不安定になることが西日本で多数報告されました。調査の結果，ある種類のセミが産卵場所に似た光ファイバーケーブルに産卵管をさして卵を産みつけてしまうためだと判明し，現在ではセミ対策をしたケーブルが使われています。**資料1**，**資料2**を使って，あとの(1)(2)に答えなさい。

資料1　都道府県別FTTH(光ファイバーケーブルを用いた家庭用通信サービス)提供自治体の割合(2005年)　※総務省『情報通信白書(平成17年)』ブロードバンドサービスの普及《ふきゅう》状況《じょうきょう》をもとに作成

都道府県	普及率(%)	都道府県	普及率(%)
東京《とうきょう》都	85	大阪《おおさか》府	100
神奈川《かながわ》県	95	京都《きょうと》府	56
千葉《ちば》県	46	滋賀《しが》県	84

資料2　セミの種類と分布(2005年)　※ぬけがらや鳴き声の市民調査をもとに作成

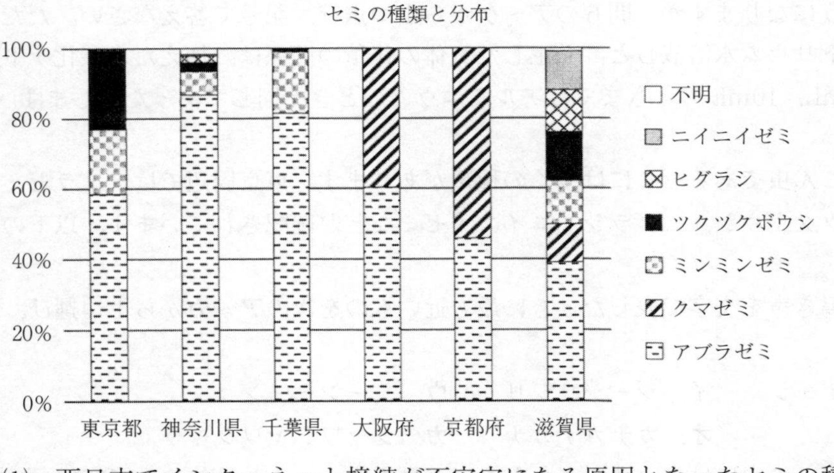

(1)　西日本でインターネット接続が不安定になる原因となったセミの種類を推定するには，どの都道府県どうしのデータを比べるのが最もよいですか。次の**ア**～**エ**から選び，記号で答えなさい。

ア．千葉県と大阪府　　**イ**．東京都と京都府

ウ．神奈川県と大阪府　　**エ**．千葉県と滋賀県

(2)　(1)を比べた結果，どの種類のセミが原因だと考えられますか。

Ⅲ 以下の文章を読み，あとの問いに答えなさい。

1月1日の朝を元旦《がんたん》と呼びます。この「旦」という漢字は1太陽がのぼるようすに由来すると言われています。年賀状には「迎春《げいしゅん》」「初春」などの文字がよく書かれます。現代では冬ですが，2旧暦《れき》の「お正月」はもうすぐ春を迎《むか》える時期だったので言葉はそのまま残ったのです。お正月に食べるおせち料理には3数の子，黒豆，田作り，かまぼこ，海老《えび》，栗《くり》きんとんなどが入っていて，それぞれに願いがこめられています。また，1月7日には4七草がゆを食べて健康を願います。昔の人が実際に若菜《わかな》を野でつんでいたことは，平安時代に書かれた『枕草子《まくらのそうし》』に「七日の日の若菜を，六日人の持て来《き》…」とあることからもわかります。

また，枕草子を読むと当時の人が星を観察していたことを知ることもできます。「5星はすばる。彦星《ひこぼし》。夕づつ。よばひ星すこしをかし。」という文章があり，これは今のことばに直すと「星は，昴《すばる》がいい。彦星。宵《よい》の明星《みょうじょう》。流れ星は少しおもしろい。」となります。すばるとは，プレアデス星団とも呼ばれる星の集まりです。現代よりも夜の明かりが少ない時代には肉眼でもよく見えたのでしょう。

現代人も宇宙にあこがれる気持ちは変わりません。2021年には宇宙飛行士以外の日本人が初めて6国際宇宙ステーションに滞《たい》在したことが話題になりました。2022年にはアルテミス計画も始まり，月に再び人類が降り立つことを目指しています。

※参考文献　松尾聰，永井和子(1997)『新編日本古典文学全集18・枕草子』小学館

問1　下線部1について，日の出時刻は太陽がどの位置にきたときの時刻ですか。次の**ア**～**ウ**から1つ選び，記号で答えなさい。

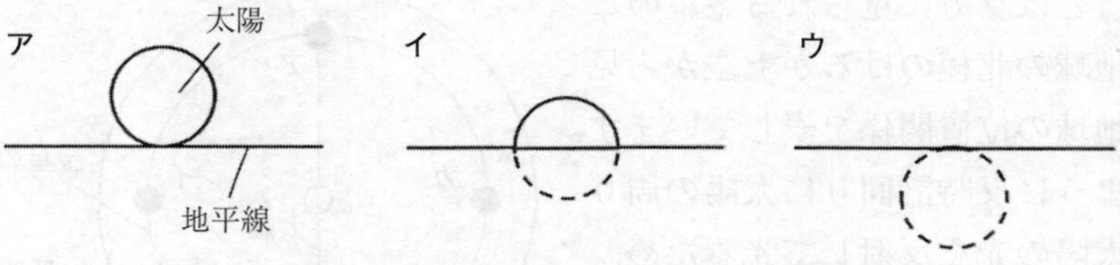

問2　下線部2について，旧暦とは一般に明治6年より前に使用されていた太陰《いん》太陽暦のことを指します。太陰太陽暦では月の満ち欠けに基づき，新月の日を1日として，次の新月にあたる日を翌月の1日とします。**図1**はある日に東京で見えた月を表し，実線(――)で囲まれた部分が光っているものとします。

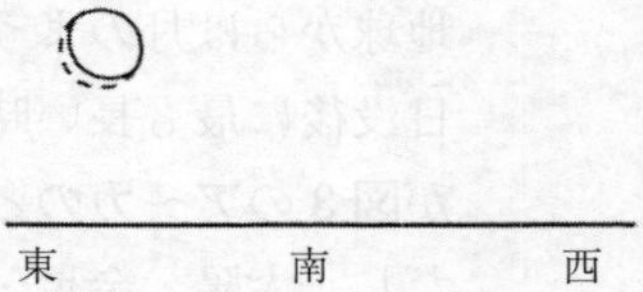

図1

(1)　**図1**の月が見えるのは旧暦の何日頃ですか。次の**ア**～**カ**から1つ選び，記号で答えなさい。

ア．3日　　**イ**．7日　　**ウ**．12日

エ．18日　　**オ**．23日　　**カ**．27日

(2)　**図1**の月が真南に位置するのは何時頃ですか。次の**ア**～**ク**から選び，記号で答えなさい。

ア．午前0時　　**イ**．午前3時　　**ウ**．午前6時　　**エ**．午前9時

オ．午後0時　　**カ**．午後3時　　**キ**．午後6時　　**ク**．午後9時

問3　下線部3について，次の**ア**～**カ**のうち，主な材料が植物に由来するものをすべて選び，記号で答えなさい。

ア．数の子　　**イ**．黒豆　　**ウ**．田作り

エ．かまぼこ　**オ**．海老　　**カ**．栗きんとん

問４　下線部４について，次の問いに答えなさい。

(1)　春の七草は「せり，なずな，ごぎょう，はこべら，ほとけのざ，すずな，すずしろ」です。これらのうち，ダイコンはどれですか。

(2)　春の七草のうち，なずな，すずな，すずしろはアブラナ科の植物です。主にアブラナ科の植物の葉に卵を産むこん虫を次の**ア**～**オ**から１つ選び，記号で答えなさい。

ア．アブラゼミ　　**イ**．モンシロチョウ　　**ウ**．オニヤンマ

エ．ナナホシテントウ　　**オ**．アゲハチョウ

問５　下線部５について，次の問いに答えなさい。

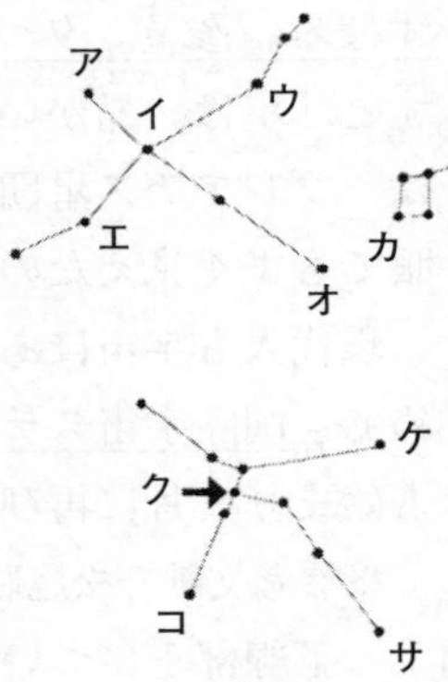

図２

(1)　地球からすばるまでの距離《きょり》はおよそ4200兆kmです。[km]を使って表すと，けた数が多くなってしまうため，[光年《こうねん》]という単位を使うのが一般的《いっぱんてき》です。１光年とは光が１年間に進む距離で，９兆5000億kmです。地球からすばるまでの距離はおよそ何光年ですか。小数第１位を四捨五入して整数で答えなさい。

(2)　「彦星」と呼ばれる星は，わし座の１等星の別名です。この星の名前を答えなさい。

(3)　(2)の星は夏の大三角をつくる星の１つです。夏の大三角をつくる星を**図２**の**ア**～**サ**から３つ選び，記号で答えなさい。

(4)　夕づつ(宵の明星)とは夕方に見られる金星のことです。**図３**は，地球の北極のはるか上空から見た，太陽・金星・地球の位置関係を表しています。金星は地球と同じように反時計回りに太陽の周りを回る惑星《わくせい》です。太陽の光を反射して光るため，地球からは月のように満ち欠けをして見えます。日没《にちぼつ》後に最も長い時間見ることができるのは金星が**図３**の**ア**～**カ**のどの位置にあるときですか。ただし，太陽・金星・地球の大きさの比は実際とは異なります。

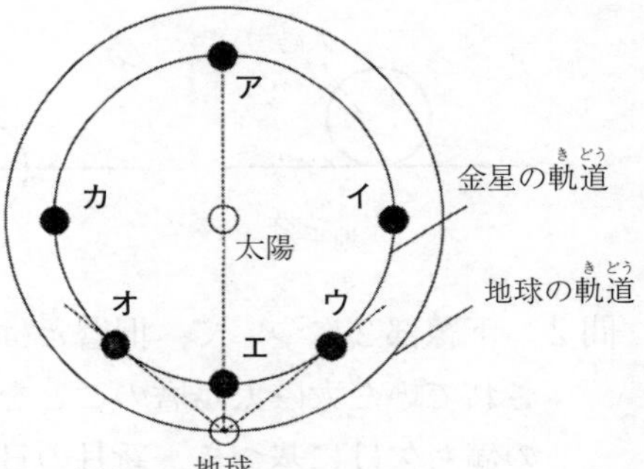

図３

(5)　(4)で答えた位置に金星があるとき，東京からはどのような形に見えますか。大きさは考えないものとして，次の**ア**～**キ**から１つ選び，記号で答えなさい。ただし，実線(——)で囲まれた部分が光っているものとし，金星の満ち欠けの観察にはふつう望遠鏡を使いますが，肉眼で見えたものとします。

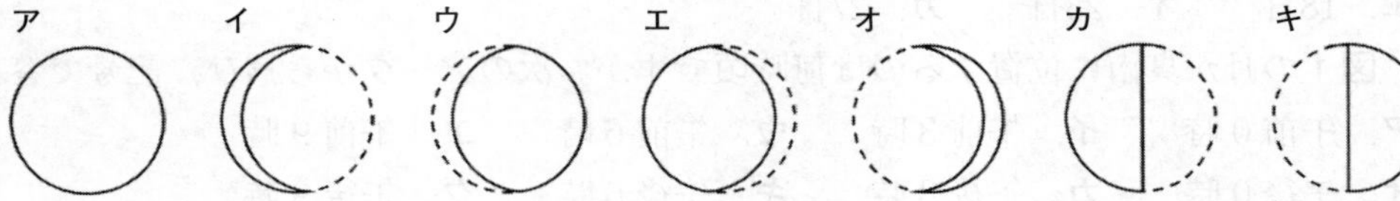

問６　下線部６について，国際宇宙ステーションはアルファベット３文字で何と呼ばれますか。

問７　太陽の活動状態は私たちの生活に大きな影響《えいきょう》をおよぼします。2025年には「太陽◯◯

◯」による大規模な通信障害が予想されています。文中の◯◯◯にあてはまるカタカナ3文字を答えなさい。

Ⅳ 以下の文章を読み，あとの問いに答えなさい。

ばねは，加えられた力に応じて伸《の》び，伸びると縮んで元にもどろうとする性質をもっています。台ばかりには内部にばねが組みこまれており，ばねの伸びた長さから物の重さを調べることができます。

ある台ばかりを分解したところ，内部は**図1**のようになっていました。8cmのうでで2本と16cmのうでで2本が，一番奥《おく》(図の右側)を支点として平行に取り付けられています。ばねは，その上端《じょうたん》が調節ねじの差しこまれたナットに，その下端が下のうでの中央にわたされた棒に，それぞれ固定されています。調節ねじは台ばかりの外箱の上面にはめこまれており，回すとナットが上下するようになっています。

皿に物をのせると下のうでの中央がおし下げられ，**図2**のように4本のうでが平行をたもったまま下に動きます。するとばねの下端が下に引かれてばねは伸び，また，下のうでの手前側(図の左側)に取り付けられた板状の歯車①が円形の歯車②を回転させ，歯車②に固定された針がふれるようになっています。

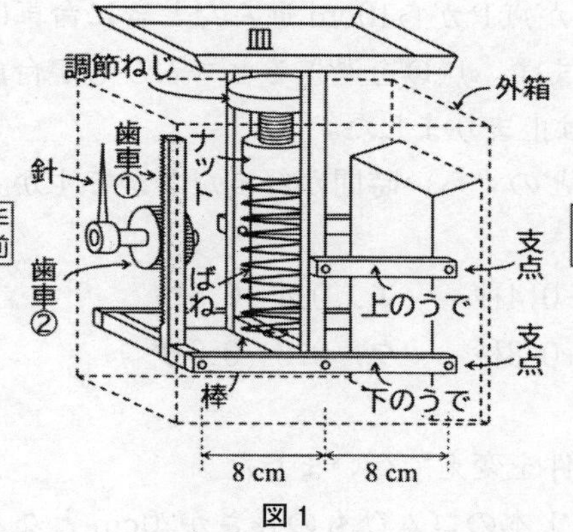

図1

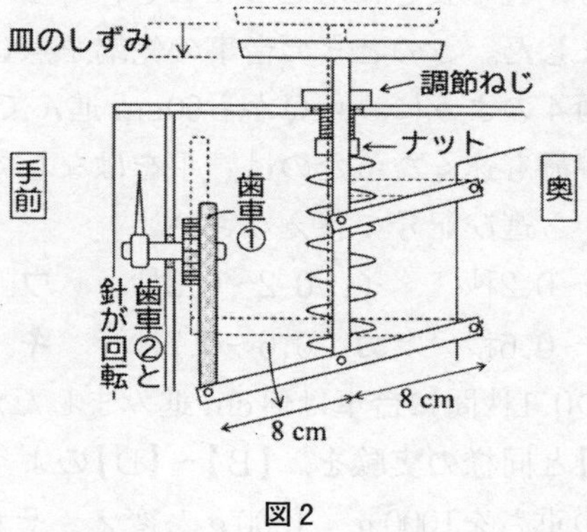

図2

問1　次の1～3は台ばかりの使い方の手順を示したものです。[a]，[b]にあてはまる文を，図中の語句を1つずつ用いてそれぞれ10字程度で答えなさい。

1　台ばかりを平らな台の上に置く。

2　[a]ことによって，[b]ようにする。

3　はかる物を皿の上に静かにのせる。

問2　皿に2kgの物をのせたところ，皿が1cmしずみ，針が180°回転しました。歯車②の直径は何cmですか。円周率を3.14として計算し，小数第2位を四捨五入して小数第1位まで答えなさい。

次に，ばねと同じように，加えられた力に応じて伸び，伸びると縮んで元にもどろうとする性質をもつゴムひもについて調べるために，以下の実験【A】を行いました。ゴムひもは，両端に小さな輪を作っておき，力を加えずにまっすぐに置いたときの長さが10cmのものを用いました。両端の小さな輪の長さは無視できるものとします。

【A】 **図3**のように，１本のゴムひもの片方のはしを平らな床《ゆか》に固定し，もう一方のはしを重さ500ｇの台車のフックに引っかけ，ゴムひもの長さが20cmとなるところ，つまりゴムひもが元の長さから10cm伸びたところまで台車を引っ張って手をはなしました。すると台車はゴムひもが縮む向きに動き出しました。手をはなしたときの台車の先端を点Ｐとします。この実験のようすを横から動画にとり，0.1秒ごとの台車の位置，つまり点Ｐから進んだ距離《きょり》を調べました。**表１**は，手をはなしてからの時間と台車の位置の関係を示したものです。

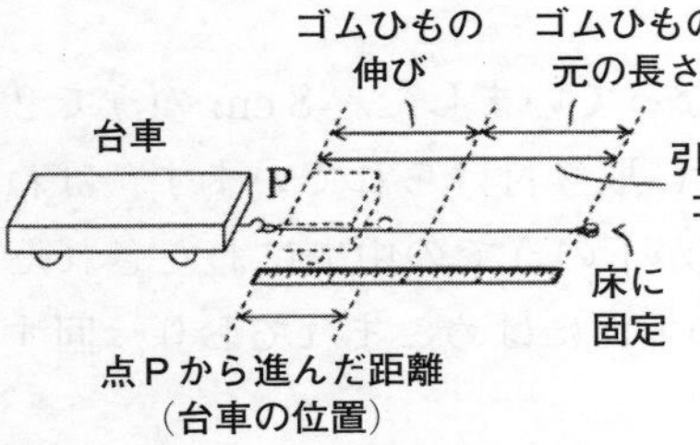

図３

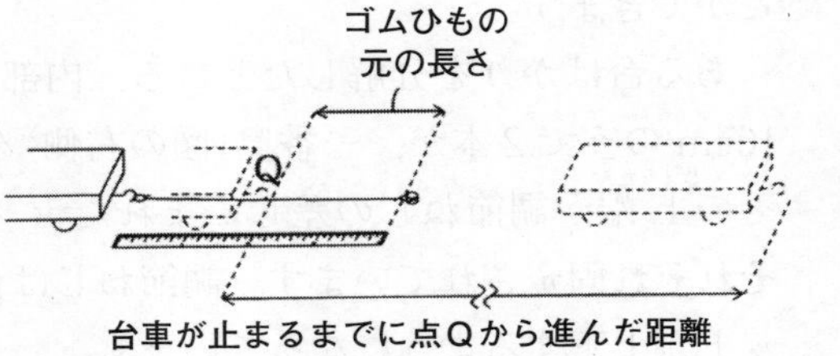

図４

表１

時間[秒]	0	0.1	0.2	0.3	0.4	0.5	0.6	0.7	0.8	0.9
台車の位置[cm]	0	0.3	1.2	2.5	4.3	6.5	8.8	11.3	13.6	15.9

ゴムひもが元の長さにもどったとき，つまり台車が点Ｐから10cm進んだときに台車は最も速くなりました。このときの台車の先端《せんたん》を点Ｑとします。点Ｑを過ぎるとゴムひもが台車からはずれ，**図４**のように，点Ｑから60cm進んで台車は止まりました。

問３　台車が最も速くなったのは，手をはなしてからどのくらい時間が経ったときですか。次の**ア**～**ク**から選び記号で答えなさい。

ア．0.1～0.2秒　**イ**．0.2～0.3秒　**ウ**．0.3～0.4秒　**エ**．0.4～0.5秒
オ．0.5～0.6秒　**カ**．0.6～0.7秒　**キ**．0.7～0.8秒　**ク**．0.8～0.9秒

問４　問３の0.1秒間に台車は何cm進みましたか。

実験【A】と同様の実験を，【B】～【D】のように条件を変えて行いました。

【B】　台車の重さを1000ｇ，1500ｇと変え，それぞれ１本のゴムひもの長さが20cmとなるところまで引っ張って手をはなした。

【C】　１本のゴムひもを重さ500ｇの台車に引っかけ，ゴムひもの長さが30cm，40cmとなるところまで引っ張って手をはなした。

【D】　ゴムひもを２本，３本重ね，それを重さ500ｇの台車に引っかけ，ゴムひもの長さが20cmとなるところまで引っ張って手をはなした。

それぞれの条件と，「台車が最も速くなった0.1秒の間に進んだ距離」，「台車が止まるまでに点Ｑから進んだ距離」を示したものが**表２**です。

表2

実験	【A】	【B】		【C】		【D】	
台車の重さ[g]	500	1000	1500	500	500	500	500
ゴムひもの本数[本]	1	1	1	1	1	2	3
引っ張ったときのゴムひもの長さ[cm]	20	20	20	30	40	20	20
台車が最も速くなったときの0.1秒間に進んだ距離[cm]	問4の答え	1.7	1.4	4.8	7.3	3.4	4.2
台車が止まるまでに点Qから進んだ距離[cm]	60	30	20	240	540	120	180

問5　ここまでの実験結果からわかることとして正しいものを，次の**ア**～**キ**からすべて選び，記号で答えなさい。

ア．ゴムひもの本数，引っ張ったときのゴムひもの長さが同じであれば，台車の重さを2倍にすると，台車が最も速くなったときの0.1秒間に進んだ距離は0.5倍になる。

イ．ゴムひもの本数，引っ張ったときのゴムひもの長さが同じであれば，台車の重さを2倍にすると，台車が止まるまでに点Qから進んだ距離は0.5倍になる。

ウ．台車の重さ，ゴムひもの本数が同じであれば，引っ張ったときのゴムひもの長さを2倍にすると，台車が最も速くなったときの0.1秒間に進んだ距離も2倍になる。

エ．台車の重さ，ゴムひもの本数が同じであれば，引っ張ったときのゴムひもの伸びを2倍にすると，台車が止まるまでに点Qから進んだ距離も2倍になる。

オ．台車の重さ，ゴムひもの本数が同じであれば，引っ張ったときのゴムひもの伸びを2倍にすると，台車が止まるまでに点Qから進んだ距離は4倍になる。

カ．台車の重さ，引っ張ったときのゴムひもの長さが同じであれば，ゴムひもの本数を2倍にすると，台車が最も速くなったときの0.1秒間に進んだ距離も2倍になる。

キ．台車の重さ，引っ張ったときのゴムひもの長さが同じであれば，ゴムひもの本数を2倍にすると，台車が止まるまでに点Qから進んだ距離も2倍になる。

問6　ゴムひもを2本重ね，それを重さ250gの台車に引っかけ，ゴムひもの長さが25cmとなるところまで引っ張って手をはなすと，台車が止まるまでに点Qから進んだ距離は何cmだと考えられますか。整数で答えなさい。

お姉ちゃんはふんふんとうなずき、「そうなんだよなあ」と言った。

「なにが」

「あの人きっと孤《こ》独なんだと思う」

「孤独？」

「わたし、わかるんだよね。どんどん孤独になって、普通に物事を判断できなくなることってあると思うよ。いつのまにか、誰かに自分が攻撃《こうげき》されてるって思い込んじゃったんじゃないの。だからやっちゃったんじゃないのかな」

「そうかなあ。わかんないよ」

「いい人の中から悪い【ア】が伸びることもあるんじゃないの。だから、正しい行いの中に【イ】が混じってることもあるんじゃないの。いい悪いは簡単には言えないよ」

「そんなのいやだなあ」

「羽美が佐々村さんや今井さんのことを嗅《か》ぎまわっていたことって、たぶん無駄《だ》じゃないよ。大道《だいどう》さんが犬をもらってあげるって言ってくれたのも、羽美が親身になって細田くんの悩《なや》みに付き合ってあげたからだよ。それに今井さんから『もうしない』って言葉を引きだしたんだから、今井さんに会いに行った意味もあるよ。ね。じゃあそろそろ帰ろうか」

お姉ちゃんは買い物袋とトイレットペーパーを持って立ちあがった。

わたしも立った。

（岩瀬成子『ひみつの犬』）

＊1　椿カイロプラクティック＝佐々村整体治療院の近くに新しくできた。悪口を書かれた手紙を配られている。

＊2　このマンション＝椿マンションのこと。犬や猫などのペットが飼育できる。

問一　□A～Eのカタカナを漢字に直しなさい。送りがながある場合は、それも含めて答えなさい。

問二　【　】ア、イにあてはまる漢字一～二字の言葉を次のひらがなから選び、漢字に直して答えなさい。

むし　いろ　め

ゆうき　りょうしん　けいさん

ぜつぼう

問三　――線部①の「あんなこと」とはどういうことですか。具体的に答えなさい。

問四　――線部②のように言うのはなぜですか。くわしく説明しなさい。

問五　═線部について、なぜ「お姉ちゃん」は羽美をこのようにさそったのですか。くわしく説明しなさい。

える。お姉ちゃんはいつもわたしの上に君臨してなかった？と思ったけれど、言わなかった。

「かすみちゃん。おぼえてる？」

「おぼえてるよ。お母さんが病気で困ってたんだよね」

「わたし、かすみちゃんの役に立ちたいと思って、いろいろお手伝いしてたんだけど」

「知ってるよ」（中略）

「かすみちゃんのお母さんが病院に行くとき、一緒《いっしょ》についていったことがあるんだけどね。お母さんが診《しん》察室に入っているあいだ、わたしたちは待合室で待っていたの。そのとき、わたし、かすみちゃんに『お父さんとお母さんは、どうして離婚《りこん》なんかしちゃったの』ってきいちゃったんだよね。かすみちゃんは『知らない』って、そのときはこたえたんだけどかすみちゃんは、わたしがそんな質問をしたことで怒《おこ》ったのかもしれなかった。っていうか、傷ついたのかもしれない。そのときはそんなことは思わなかったんだけど。だってなんでもない質問だとわたしは思ってたから。そのあと何度かかすみちゃんちに行ったけど、なんだかそれまでとは感じが違っちゃってて、それからちょっとたって、『もう、うちに来ないでくれる？』って言われたんだよね」

「えー、わかんない、わたし」

「だろうね」

お姉ちゃんは自分の膝の上にある手に目を落とした。

「わたし、そのあと、やっぱりあんなことをきいちゃったからだなって思ってたんだけど、でも、そうじゃなかったかもしれない」

池に張り出した場所にいた高校生らしい二人が立ちあがって池の外へと出ていった。

「わたし、お姉ちゃんて、すごく親切だなあって思ってたよ。いろいろ親切にしてあげてたじゃん」

「そういうのが不愉快《ゆかい》になる人もいるよ」

「だけど村重《むらしげ》さん、ほんとにそんな質問で怒ったの」

「それはね、わかんない。もしかしたら、わたしが親切ぶってることがいやだったのかもしれない。親切にするって、親切にしてあげてるほうはいい気もちになれるけど、ずっと親切にされるのって苦しいかもしれないから。かすみちゃん、ほんとはわたしのことが、ずっと前からうっとうしかったのかもしれないんだよね」

「じゃあどうすればいいの」

「わかんないけど。いいことをしようとしても人を傷つけてしまうこともあるんだから、②いい人間になろうと自分で思って何かするってことはまちがいだったって、おとついここで思いました。はい、おしまい」

「おしまいにしないでよ」

「羽美が、誰が悪いことをしている人かって、いろんな人を疑ってたから、わたしも自分のことを考えてみる気になったのかもしれない。いい人がまるごといい人ってわけじゃないし、悪い人だと言われてる人がまるごと悪いわけでもないよ。そんなに簡単に分けられないんじゃないのって言いたかっただけ」

「じゃあ、いい人っていないの」

「いるよ。いいことをしようと思わないでいいことをしちゃう人はいるよ。だからって、その人がまるごといい人ってわけでもないよ、やっぱり」

「なにそれ。今井さんは普《ふ》通のやさしそうなおばあさんに見えるのに、夜こっそり生ゴミをマンションの前に捨てに行ったり、悪口を書いた手紙を近所に配ったりしたよ。猫が自分ちの庭にうんちやおしっこをするからって、仕返ししたの。それってやっぱり悪いことだよね」

などを見た。

「なるほど」とお姉ちゃんは言った。

　踏切を渡って信誠フドウサンの角を曲がった。しだいに買い物袋が重く感じられてきた。でも我慢《まん》した。

「どこ」

「すぐ近く」

お姉ちゃんの持っている袋のほうに大根や牛乳など、重いものがたくさん入っているはずなのに、お姉ちゃんは重そうな素振《そぶ》りも見せず、どっちかというと軽やかに歩いていく。

　小学校の前を通りすぎると、「こっちだよ」と古川電器の角を曲がった。

　わたしたちは黙って歩いた。

　お姉ちゃんが連れていったのは宝ケ池だった。古川電器の角を曲がったあと、また踏切を越え、そこからゆるくカーブした道の先にあった。

「あ、ここ、久しぶり」とわたしは言った。

　前はときどき遊びに来ていた。春に、お花見に家族みんなで来たこともある。あれはわたしがまだ保育園に行っていた頃だ。

　ひょうたんの形をしている宝ケ池の周囲は散歩道になっていて、桜のほかにもいろんな木が植えられている。藤棚《ふじだな》もある。ベンチもところどころに置かれている。

　道路から一段高くなったところに土手があり、土手にあがって見ると、池はかなり低い場所にある。

「あそこで休憩しよう」

　土手からお姉ちゃんは池の畔《ほとり》の藤棚の下のベンチを指差した。池に沿った散歩道を犬を散歩させている人や、ほかにも三、四人の人がいたが、ベンチには誰も座っていなかった。池のまんなかに噴《ふん》水があり、水が丸く円を描《えが》いて吹きあがっている。

　わたしたちは土手の上を公園の入り口へとまわり、石段をおりていった。

　池の向こう側にハーモニカを吹いている男の人がいた。

　池の縁《ふち》をまわって藤棚まで行くと、お姉ちゃんもわたしも荷物をおろし、ベンチに腰をおろした。リュックはしょったままだった。（中略）

「おとつい、ここに久しぶりに来たんだよね」とお姉ちゃんは言った。

　お姉ちゃんは買い物袋をさぐり、「キスチョコ食べよう」と、さっき今井さんがくれた袋を取りだした。

　袋を破り、わたしのてのひらにキスチョコを数個落とした。（中略）

「あのね、いい人間になるのってEムズカシイよ」とお姉ちゃんは言った。「そういうことを、ここで考えた」

　お姉ちゃんは噴水を見ている。

「いい人間？」

　急に言われてもわからない。たぶん、そのことについて、わたしはあまり考えたことがない。

「わたしね、小さいときからどうしたらいい人間になれるんだろうって考えてたんだ。大きくなったらいい人間になりたいと思ってたから」

「うん」

　わたしも噴水を見つめる。水はいくらでも、あふれて光になる。

「誰かにいやなことをされても、我慢しなきゃいけないと思ってたこともある。我慢するのがいいことだと思ってたから。だけど我慢しているのと、いい人間になるというのは違うことなんだよね」

　わたしはお姉ちゃんが家でそんなにいつも我慢していたっけ、と考ょっと待ってて」と言って門の中へ入っていった。

「ほら、お庭を見て。バラがきれいだよ、羽美《うみ》」とお姉ちゃんは言った。

「知ってる」とわたしはこたえた。

今井さんはすぐに現れた。手には英語の文字が書かれた菓子袋を持っている。中に、一つひとつが銀紙に包まれている小粒《つぶ》のチョコレートらしいものがたくさん入っているのが見える。今井さんはその袋をお姉ちゃんがさげている買い物袋に押し込んだ。

「ほんとうに助かったわ。ありがとうございました」

今井さんはお姉ちゃんに頭をさげ、それからわたしにも頭をさげた。そして顔をあげてわたしを見た。

「こんなやさしいお姉さんがいらっしゃったのね。また遊びにいらっしゃい」と今井さんは言った。

おとつい会ったばかりだというのに、そのことには触《ふ》れなかった。あれだけおしゃべりしたことを忘れたような顔をしていた。

「ありがとうございます」とお姉ちゃんは返事した。（中略）

わたしは何も言わなかった。

椿カイロプラクティックの前を通りすぎるときに、わたしは「ここ」と、持っていたトイレットペーパーをお姉ちゃんに渡してからカイロプラクティックを指差した。

「何が」

お姉ちゃんは立ち止まってカイロプラクティックの小さな建物を見た。（中略）

「＊2このマンションの入り口んところに生ゴミが捨てられてたの。さっきの今井さんがね、捨てたの。わたし、おとつい今井さんちにあがったんだよ。今井さん、捨てたのは抗議《こうぎ》のつもりだったって言ってた。悪いことかもしれないけど、自分が猫《ねこ》から受けている被害《ひ》に比べればなんてことないって」

お姉ちゃんは今井さんの家のほうをふり返った。今井さんの家は突《つ》き当たりを右に曲がったところにあるから、ここからは見えない。

「羽美が言っていたのはさっきの人だったんだ」

お姉ちゃんは驚《おどろ》いたようだった。

「猫と犬が大嫌《きら》いなんだって」

「ふうん」

お姉ちゃんは小さく息を吐き、「羽美はずっと犯人捜《さが》しをしてたんだ」と言った。

「行こう」とわたしは言った。「今井さん、もうしない、って言ってた」

「そうか。そんなふうには見えなかったけどね、あの人。わかんないね、人って」

歩きながらお姉ちゃんは言った。

「自分のやったことは正当化しませんって今井さんは言ったの。自分が何をしたかわかってますって。恥ずかしいことだって」

「ふうん」

お姉ちゃんは小さくうなずいた。

「おうちをとってもきれいにしているの。お庭も。隣《となり》の家からピアノがきこえてきたり、家の前に無断で車を停《と》められたりするのを迷惑《わく》がってた。子どもが隣の空き地で遊ぶのもいやみたいだった」

「羽美。いいところへ連れていってあげようか」とお姉ちゃんは言った。

「どこ」

「すぐ近く」

佐々村整体治療院の前を通りすぎるとき、お姉ちゃんは顔だけそちらに向けて玄《げん》関ドアの周囲にくっついているDヒョウサツや貼《は》り紙表情を変えなかった。まだわたしに気づいていないようだ。大人から見れば、子どもの顔はみんなおんなじに見えるのかもしれない。わたしも何も言わなかった。
「平気です」とお姉ちゃんは言った。
「悪いわねえ」と言いながら、今井さんは歩きだした。「ついつい買いすぎちゃって」
今井さんとお姉ちゃんが並んで歩く後ろをわたしは歩いた。
今井さんは歩きながら、ときどきお姉ちゃんに歳《とし》をきいたり、学校のことをきいたりした。
「車の運転をずいぶん前にやめたもんだから、ほんとうに不自由で。さっきタクシーに乗ろうかとA シアンしてたところだったの。だけどおかげで助かっちゃったわ」
わたしは前を歩く今井さんの帽子の下から見えている白髪《しらが》を見る。
（中略）
信号で止まるたびに今井さんはわたしをふり返り、「大丈夫？」と声をかけた。初めて会う子を見る目でわたしを見た。
わたしは黙《だま》ってうなずいた。今井さんはわたしに気づいているはずだった。あの黒い服の子だ、とわかっているはずだ。なのに今井さんは気づかないふりをしている。わたしは二人のB ホチョウに合わせてついていった。
水色の格子柄《こうしがら》のワンピースを着て、スカーフを首に巻《ま》いている今井さんはやさしそうなおばあさんに見える。①あんなことをするような人には見えない。
信誠《しんせい》C フドウサンの角まで来たとき、今井さんは「もうここでいいわ。ここからだともうすぐだし、ゆっくり歩いて帰れば大丈夫だから」と言った。
わたしは、よかったと思った。

「でももうすぐなら、ついでに家まで持っていってあげます。へっちゃらです」とお姉ちゃんは言って、「こっちですか」と、先に角を曲がっていった。
「若い人はいいわねぇ。力もあるし、脚《あし》も丈夫だし。髪の毛もつやつやしてるわ。年を取るといろんなものを失っちゃうから、それが心細いのよ」
お姉ちゃんはうなずきながら話をきいている。
「思うようにならないことばっかりよ」
お姉ちゃんは大きくうなずく。
踏切《ふみきり》を渡り、それから佐々村《ささむら》整体治療《りょう》院の前を通りすぎた。お姉ちゃんがわたしをちらっとふり返った。わたしが何度も佐々村さんの話をしていたから、ぴんときたのだと思う。わたしは知らん顔をしていた。
＊1椿《つばき》カイロプラクティックの前も通りすぎた。
「こんな静かなところですけどね。この道の先の家が空き巣に入られたのよ」と今井さんはお姉ちゃんに言った。
「怖いですね。その犯人、捕《つか》まったんですか」
「どうもまだみたい。そんなこと、これまで一度だってなかったのに物騒《ぶっそう》でしょ。ときどきパトカーがまわってくれているけど、それもいつまでもってわけにもいかないから」
「鍵《かぎ》、しっかり掛《か》けてくださいね」とお姉ちゃんはやさしい声で言っている。
お姉ちゃんて、こんなに親切な人だったっけ、とわからなくなる。家の外で、お姉ちゃんはいったいどんな顔をしているんだろう。
今井さんの家に着いた。
「どうもありがとう」
今井さんはお姉ちゃんの手から買い物袋を受け取り、それから「ちいま、ぼくは、ウクライナの作家の作品をずっと読んでいます。ウクライナ語からロシア語に訳されたものをさらに翻《ほん》訳ソフトにかけて、ということもあります。そして、ウクライナと縁《えん》の深い、たくさんのロシアの作家の作品も。すると、少しずつ、その国に住む人たちの顔やことばづかいがわかってくるような気がするのです。それがなんの役に立つのかという考えもあるでしょう。もちろん、なにかをすぐにしなければならないこともあります。ぼくは「③見る前に跳《と》べ」ということばも大好きです。けれども、「④犀のようにただひとり歩む」ことを忘れたくないとも、強く思うのです。

（高橋源一郎『高橋源一郎の飛ぶ教室―はじまりのことば』）

問一 □A～Cのカタカナを漢字に直しなさい。送りがながある場合は、それも含めて答えなさい。

問二 ――線部①とありますが、何にとまどい、何に怯えているのですか。簡潔に答えなさい。

問三 ――線部②とありますが、峯田さんはなぜ、世界がつながってひとつになることを望まないのですか。説明しなさい。

問四 ――線部③④とは、それぞれどのようなことの比ゆですか。簡潔に答えなさい。

問五 作家である筆者は、カミュ・峯田和伸という表現者のどのような点に希望を感じているのですか。

二 次の文章を読んで、後の問いに答えなさい。

レジをすませてエコバッグ二つに食料を詰め、わたしは片手にリュックの入った紙袋《ぶくろ》、もう片方の手にエコバッグを持った。お姉ちゃんはトイレットペーパーとエコバッグを持って出口に向かった。

ショッピングセンターから出たところに、おばあさんが一人立っていた。足もとに、ふくらんだ買い物袋を二つ置いている。その人がおばあさんだとわかったのは、つばの広い帽《ぼう》子の下から見えている髪《かみ》が白かったからだ。

おばあさんは腰《こし》をかがめると、いかにも重そうにそれぞれの袋を持ちあげた。

「大丈夫《だいじょうぶ》ですか」

おばあさんに声をかけたのはお姉ちゃんだった。

「いえね、ちょっと膝《ひざ》が悪いもんだから。休憩《けい》していたの」とおばあさんは言った。膝が痛いことを恥《は》じるような口ぶりだった。

「荷物、一つお持ちしましょうか」と言ったのもお姉ちゃんだった。

わたしはびくっとした。その人が今井さんだとわかったからだ。わたしの胸の中には、おとつい今井さんに言われたことがずっしりと残っていた。今井さんの話をきいていたときには今井さんの言うことには正しさのようなものがある気がしたのに、今井さんから離《はな》れたあとでは今井さんの何が正しいのか、正しさの意味がわからなくなってしまっていた。

今井さんは、わたしにはまだ気づいていないようだった。

「あら、あなたたちこそ荷物をたくさん持ってらっしゃるのに」

今井さんはわたしたちが持っている荷物に目をやった。

「大丈夫です」

そう言うと、今井さんが何か言う前に、お姉ちゃんはわたしに「そっちのリュックを背中にしょって。このトイレットペーパーをあんたが持って」と言った。「リュックが入ってた紙袋はリュックに入れちゃえばいいでしょ」

それから「持ちます、持ちます」と言って、お姉ちゃんは今井さんの手から奪《うば》うようにして買い物袋を二つ受け取った。

「いいの？ ほんとうに？」

今井さんはお姉ちゃんを見て、わたしを見た。それでも今井さんはえました。

「誰かとつながろうとか、一切ないんだよね。もう、この年で新しく誰かとつながりたいとか、友達できたらいいなとか思わないよ。今いる友達とずっと会ってたいの。つながりたくないんだよね、誰とも」

たとえば、「キズナ」ということばが持っているイヤらしさに、峯田さんは敏《びん》感なのだと思います。そして、誰かがなにかをしでかすと、みんなが「謝罪しろ」というAフウチョウ。自分の友だちでも知り合いでもなんでもないのに。みんなストレスがたまっていて、誰かが謝るところを見たいのだろうか。あるいは、有名人が亡くなると、みんなが一斉《せい》に「ご冥《めい》福を」と声をあげること。どうして、みんな「関係ないね」といわないのだろうか。そのことについて、峯田さんは、こういうのでした。「世の中で何かが起こった。さっぱり関係ないはずなのに、『私はこう思う』とか、世界とすごくくっついちゃってさ。本来、自分と世界なんて違《ちが》うじゃん。別に関係ないんだもん。世界と一個になろうとしてるんだよね。世界と一個になんかなれないよ、そんなの」。そんな峯田さんの気持ちをひとことでいいあらわすことば。それを、インタビュアーが思い出させます。去年の武道館での銀杏BOYZの公演のタイトルでした。

「②世界がひとつになりませんように」

いいことばだ、と思いました。峯田さんはいいます。

「ネットってさ、最初のころはすごい楽しみで『あっ、世界が近くなる』『もっとわからない世界が知れるようになる』ってワクワクしたんだけど。今はそんなにワクワクしない。広がると思ったのに、どんどん狭《せま》くなっちゃって」と。

バラバラだからおもしろい。バラバラだから、広い。ひとつの意見、ひとつの考えになった瞬間に、その世界は狭く、息苦しいものになってゆきます。

だから、「世界がひとつになりませんように」。（中略）

●2022年2月25日（中略）

入ってくるニュースは、どれも戦争に関係したことばかり。いろんな人たちがあらゆるところで、いろんな意見をいっています。なんだか、ぼくたちも、なにかをしなきゃならない、なにかをいわなきゃならない。そんなふうに追い立てられているような気がします。みなさんは、いかがでしょう。ところで、ぼくの好きな、お釈迦《しゃか》様のことばに、こういうものがあります。

「犀《さい》のようにただひとり歩め」

このことばにはどんな意味があるのだろう、とよく考えます。犀は群れない動物で、ひとりで生きるのだそうです。性質は鈍重で、視力も弱い。けれども、嗅《きゅう》覚と聴《ちょう》覚に優れ、自分の鼻先の一本の角をまるで目印のようにして、周りの世界を確かめながら、ゆっくり、ただひとりで前へ進んでゆくのです。

東日本大震《しん》災で原発が壊《こわ》れたころ、ぼくは、ある新聞で論壇《だん》時評を書いていました。そして、原発についての情報とBハクネツした議論が、ものすごいCイキオイで溢《あふ》れだしていました。そのことについて書こうとしたとき、ぼくは、自分に、なにかをいうだけの知識が欠けていることに気づきました。だから、ゆっくりやろう、とぼくは自分にいい聞かせたのです。最初にやったのは苦手な物理の高校時代の教科書を読むことでした。それから、原子力の基礎《そ》知識、原子炉《ろ》工学の教科書を初級からステップを踏《ふ》んで読み、原子力学会の学会誌を読んで意味がわかるようになったのはその年の終わりでした。けれども、そのころには、もう原発や原子力問題について書く必要がなくなっていたのです。それでもよかった、とぼくは思いました。納得がいくところまで犀のようにゆっくりただひとりで歩いていくことができたのだから。

2023年度 桜蔭中学校

【国語】（五〇分）〈満点：一〇〇点〉

一 次の文章を読んで、後の問いに答えなさい。

●2020年6月5日（中略）

こんばんは。作家の高橋源一郎です。少しずつですが、日常が戻《もど》りつつあります。みなさんはどうでしょうか。

前回の放送の直後、おそらくはSNSでの誹謗《ひぼう》中傷のせいで、ひとりの若い女性が命を絶ちました。その、痛ましいニュースを耳にしながら、ぼくは、この番組でも紹介した、「新型コロナウイルス」の流行以降、世界中でもっとも読まれている本、カミュの『ペスト』のある登場人物のことばを思い出しました。彼は主人公である医師のリウーにこう告白します。

「誰《だれ》でもめいめい自分のうちにペストをもっているんだ。なぜかといえば誰一人、まったくこの世に誰一人、その病気を免《まぬか》れているものはないからだ。そうして、引っきりなしに、自分で警《かい》戒していなければ、ちょっとうっかりした瞬《しゅん》間に、ほかのものの顔に息を吹《ふ》きかけて、病毒をくっつけちまうようなことになる。自然なものというのは、病菌《きん》なのだ。そのほかのもの——健康とか無傷とか、なんなら清浄《じょう》といってもいいが、そういうものは意志の結果で、しかもその意志は決してゆるめてはならないのだ。りっぱな人間、つまりほとんど誰にも病菌を感染させない人間とは、できるだけ気をゆるめない人間のことだ。しかし、そのためには、それこそよっぽどの意志と緊《きん》張をもって、決して気をゆるめないようにしていなければならんのだ」

口から出る「息」に含《ふく》まれ、他人に感染して傷つけるもの。いうまでもなく、それは「ことば」に他なりません。「ペスト」を、いや、あらゆる、人を傷つけるウイルスを、ぼくたちはみんな持っているのです。ぼくは半世紀以上も前から、カミュの愛読者で、およそ手に入るものはみんな読んできましたが、いまのことばに、カミュが生涯《がい》をかけたメッセージが詰《つ》まっていると思っています。人を傷つけることばを吐《は》くことがいけないことは、誰でもわかる。けれども、なぜか、カミュは「誰一人、まったくこの世に誰一人、この病気を免れているものはない」というのです。

誰でも、自分は正しいと思って、ことばを発します。それでも、そのことばは、どこかで誰かを深く傷つける。どんなことばでも。それがいやなら、沈黙《ちんもく》するしかありません。それを知りながら、カミュは、ことばを発すること、書くことをやめませんでした。①だから、カミュのことばは、自信たっぷりではなく、とまどいながら、自分自身を疑いながら、怯《おび》えながら、書かれています。それだけが「ペスト」のように感染し、人を傷つけることばにならない可能性を持つことを知っていたのです。（中略）

●2020年12月11日（中略）

先日、ぼくも大好きな、パンクロックバンド、銀杏《ぎんなん》BOYZのヴォーカルでシンガーソングライター、優れた俳優としても知られる峯《みね》田和伸《かずのぶ》さんのインタビューが話題になりました。ぼくもそれを読んで、感心し、そして、そのインタビューの最後にでてきたことばに強くうたれたのでした。

峯田さんは、ツイッターやSNSで、人々が、みんなひとつの方向に流れ出そうとしていることが怖《こわ》いといいました。それは、文句をいっているうちに、どんどん悪い感情に押《お》し流されていくからだと。インスタグラムをやっている峯田さんに、ひとりしかフォローしていないのはなぜですか、と、インタビュアーが訊《たず》ねると、峯田さんはこう答

2023年度
桜蔭中学校　▶解説と解答

算　数　（50分）＜満点：100点＞

解　答

Ⅰ　ア　0.022　イ　54　ウ　$10\frac{14}{85}$　エ　168　オ　141　カ　158　キ　101　ク　13.4　ケ　31.0　Ⅱ　(1)　156本　(2)　6時間$26\frac{5}{7}$分　(3)　**花子さん**…2時間$1\frac{10}{21}$分，**桜さん**…2時間$47\frac{3}{7}$分　(4)　3時間$\frac{2}{7}$分　Ⅲ　(1)　15通り／**図**…(例)　右の図　(2)　①　0点，1点　②　3816通り　Ⅳ　(1)　978.02cm³　(2)　**3秒後**…942.58cm³，**5秒後**…907.44cm³　(3)　938.02cm³　(4)　秒速0.8cm

	1回目	2回目
A	3	1
B	3	2

解　説

Ⅰ　逆算，正比例と反比例，速さ，集まり，割合と比

(1)　0.003×4＝0.012より，0.012＋□×4＋$2\frac{37}{54}$＝$2\frac{106}{135}$，0.012＋□×4＝$2\frac{106}{135}$－$2\frac{37}{54}$＝$2\frac{212}{270}$－$2\frac{185}{270}$＝$\frac{27}{270}$＝0.1，□×4＝0.1－0.012＝0.088　よって，□＝0.088÷4＝0.022

(2)　かみ合っている歯車では，(歯数)×(回転数)の値が等しくなる。まず，Aが11回転するときのBの回転数を□とすると，68×11＝48×□より，□＝68×11÷48＝$\frac{187}{12}$(回転)とわかる。すると，Cの回転数も$\frac{187}{12}$回転になるから，Dの歯数を△とすると，27×$\frac{187}{12}$＝△×$7\frac{19}{24}$より，△＝27×$\frac{187}{12}$÷$7\frac{19}{24}$＝54(…イ)と求められる。次に，Aは3秒で5回転するので，Aが回転する速さは毎秒$\frac{5}{3}$回転である。また，Aが11回転する間にDは$7\frac{19}{24}$回転するから，Dの速さはAの速さの，$7\frac{19}{24}$÷11＝$\frac{17}{24}$(倍)である。したがって，Dの速さは毎秒，$\frac{5}{3}$×$\frac{17}{24}$＝$\frac{85}{72}$(回転)だから，Dが12回転するのにかかる時間は，12÷$\frac{85}{72}$＝$\frac{864}{85}$＝$10\frac{14}{85}$(秒)(…ウ)とわかる。

図1

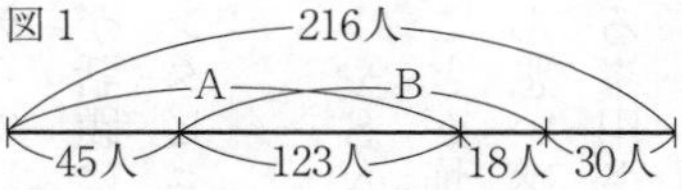

図2

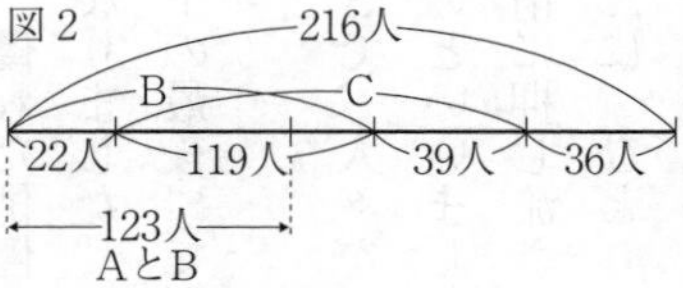

(3)　①　AとBの関係，BとCの関係をそれぞれ図に表すと，右の図1，図2のようになる。よって，Aは，45＋123＝168(人)(…エ)，Bは，123＋18＝141(人)(…オ)，Cは，119＋39＝158(人)(…カ)となる。　②　Bにあてはまる人に注目する。図1でAとBにあてはまる人は123人いるが，この123人が図2のような部分にいたとしても，123－22＝101(人)はCにもあてはまる。つまり，少なくとも101人(…キ)はすべてにあてはまることになる。　③　3つともあてはまる人の割合は52.75％以上52.85％未満なので，216×0.5275＝113.94(人)以上，216×0.5285＝114.156(人)未満より，114人と決まる。同様に，どれにもあてはまらない人の割合は2.75％以上2.85％未満だから，216×0.0275＝5.94(人)以上，216×0.0285＝6.156(人)未満より，6人と決まる。また，AとBにあてはまる人が123人，BとCにあてはまる

人が119人なので，AとBだけにあてはまる人は，123－114＝9(人)，BとCだけにあてはまる人は，119－114＝5(人)とわかり，右の図3のようになる。図1でAとBのどちらにもあてはまらない人は30人いるが，これは図3のcと6人の和にあたる。よって，c＝30－6＝24(人)，d＝158－(114＋5＋24)＝15(人)，a＝168－(114＋9＋15)＝30(人)，b＝141－(114＋9＋5)＝13(人)と求められるから，2つあてはまる人の割合は，(9＋5＋15)÷216＝0.1342…より13.4%(…ク)，1つあてはまる人の割合は，(30＋13＋24)÷216＝0.3101…より31.0%(…ケ)とわかる。

図3

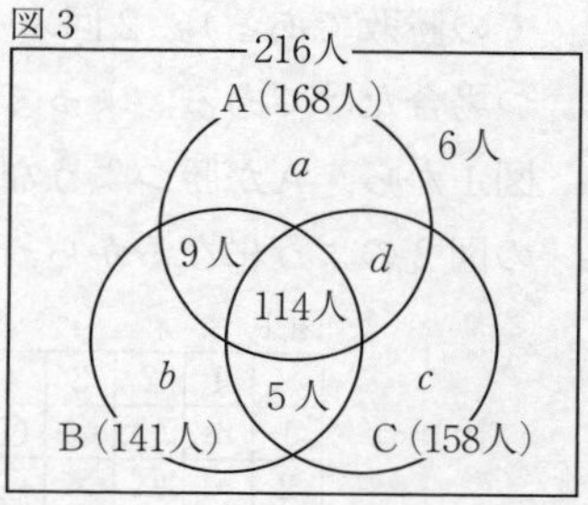

Ⅱ 植木算，調べ

(1) 長方形ABCDのまわりの長さは，(300＋500)×2＝1600(m)だから，角を含《ふく》めると，1600÷10＝160(本)になる。実際には4つの角には旗を立てないので，立てる旗の数は，160－4＝156(本)になる。

(2) 歩く長さの合計は，1600－10＝1590(m)だから，歩く時間の合計は，1590÷70＝$22\frac{5}{7}$(分)とわかる。また，旗を立てる時間の合計は，$2\frac{1}{3}$×156＝364(分)なので，全て立て終えるまでの時間は，$22\frac{5}{7}$＋364＝$386\frac{5}{7}$(分)と求められる。386÷60＝6余り26より，これは6時間$26\frac{5}{7}$分となる。

(3) 花子さんがDに着くまでに，歩く長さは500m，立てる本数は，500÷10－1＝49(本)だから，花子さんがDに着くまでの時間は，500÷70＋$2\frac{1}{3}$×49＝$\frac{2551}{21}$＝$121\frac{10}{21}$(分)となる。121÷60＝2余り1より，これは2時間$1\frac{10}{21}$分となる。また，桜さんがCに着くまでに，歩く長さは，300＋500＝800(m)，立てる本数は，800÷10－2＝78(本)なので，桜さんがCに着くまでの時間は，800÷70＋2×78＝$\frac{1172}{7}$＝$167\frac{3}{7}$(分)と求められる。167÷60＝2余り47より，これは2時間$47\frac{3}{7}$分となる。

(4) 角を除いて考えると，花子さんが旗を立てる間かくは，10÷70＋$2\frac{1}{3}$＝$\frac{1}{7}$＋$2\frac{1}{3}$＝$2\frac{10}{21}$(分)である。また，花子さんがDに着いてから桜さんがCに着くまでの時間は，2時間$47\frac{3}{7}$分－2時間$1\frac{10}{21}$分＝$45\frac{20}{21}$分だから，$45\frac{20}{21}$÷$2\frac{10}{21}$＝$18\frac{29}{52}$より，桜さんがCに着くまでに，花子さんはDからかぞえて18本目の旗まで立て終えていることがわかる。このことから，最後に立てる穴は，Dからかぞえて18個目の穴と29個目(Cからかぞえて1個目)の穴の間にあることがわかる。そこで，(18＋29)÷2＝23.5より，Dからかぞえて24個目の穴について調べる。花子さんがAを出発してからこの穴に立て終えるまでの時間は，2時間$1\frac{10}{21}$分＋$2\frac{10}{21}$分×24＝3時間$\frac{19}{21}$分となる。一方，桜さんが旗を立てる間かくは，10÷70＋2＝$2\frac{1}{7}$(分)であり，Dからかぞえて24個目の穴は，Cからかぞえると，29－24＋1＝6(個目)の穴だから，桜さんがAを出発してからこの穴に立て終えるまでの時間は，2時間$47\frac{3}{7}$分＋$2\frac{1}{7}$分×6＝3時間$\frac{2}{7}$分となる。さらに，Aを出発してからこの穴に着くまでの時間は，花子さんが，3時間$\frac{19}{21}$分－$2\frac{1}{3}$分＝2時間$58\frac{4}{7}$分，桜さんが，3時間$\frac{2}{7}$分－2分＝2時間$58\frac{2}{7}$分である。よって，Dからかぞえて24個目の穴には桜さんの方が先に着くので，最後の穴に立てるのは桜さんであり，立て終えるまでの時間は3時間$\frac{2}{7}$分となる。

Ⅲ 場合の数，条件の整理

(1) 勝敗の関係を表にまとめると，下の図1のようになる(○，×は左側に書かれている目にとっての勝敗である)。２回ふってＡが３点を得るのは，１回目に３であいこになり，２回目にＡが勝つ場合だけである。よって，１回目の出方は１通りに決まる。また，２回目にＡが１を出す場合，図１から，Ａが勝つようなＢの目は{2，3，4，5}とわかる。同様に考えると２回目の出方は下の図２のようになるから，全部で，４＋２＋３＋４＋２＝15(通り)と求められる。

図１

	1	2	3	4	5	6
1	△	○	○	○	○	×
2	×	△	×	○	×	○
3	×	○	△	○	×	○
4	×	×	×	△	×	×
5	×	○	○	○	△	○
6	○	×	×	○	×	△

図２

A	1	2	3	4	5	6
B	2	4	2		2	1
	3	6	4		3	4
	4		6		4	
	5				6	

図３

㋐　△－△－△
㋑　△－Ａ－Ｂ
㋒　△－Ｂ－Ａ
㋓　Ａ－Ｂ－△
㋔　Ｂ－Ａ－△
㋕　Ａ－△－Ｂ
㋖　Ｂ－△－Ａ

(2)　①　上の図３の７つの場合に分けて求める(△はあいこを，Ａ，Ｂは勝った方を表す)。㋐の場合のＡの得点は０点である。また，㋑と㋒の場合，３回目に勝った人の得点が１点なので，２回目に勝った人の得点も１点となり，Ａの得点は１点とわかる(このことから，㋑と㋒の１回目のあいこの目は１と決まる)。次に，㋓と㋔の場合，１回目と２回目のＡとＢの得点がそれぞれ１点だから，Ａの得点は１点である。さらに，㋕と㋖の場合，１回目に勝った人の得点が１点なので，３回目に勝った人の得点も１点となり，Ａの得点は１点とわかる(このことから，㋕と㋖の２回目のあいこの目は１と決まる)。よって，考えられるＡの得点は０点と１点である。　②　㋐の場合，各回のあいこの目が６通りずつあるから，６×６×６＝216(通り)となる。また，㋑と㋒の場合，１回目のあいこの目は１と決まる。さらに，２回目，３回目で勝敗がつく出方は図１の○をつけた15通りなので，１×15×15＝225(通り)と求められる。次に，㋓と㋔の場合，３回目のあいこの目は６通りあるから，15×15×６＝1350(通り)となる。さらに，㋕と㋖の場合，２回目のあいこの目は１と決まるので，15×１×15＝225(通り)である。よって，全部で，216＋225×４＋1350×２＝3816(通り)と求められる。

Ⅳ　立体図形—体積

(1)　もとの立方体の体積は，10×10×10＝1000(cm^3)である。また，円は７秒間で，１×７＝７(cm)動くから，くり抜《ぬ》かれる円柱の体積は，１×１×3.14×７＝21.98(cm^3)となる。よって，７秒後の立体の体積は，1000－21.98＝978.02(cm^3)と求められる。

(2)　３秒間で円は，１×３＝３(cm)動き，長方形は，２×３＝６(cm)動くので，３秒後には下の図１のように，円柱の底面と直方体の上の面がちょうど重なる。よって，くり抜かれる円柱の体積

図１

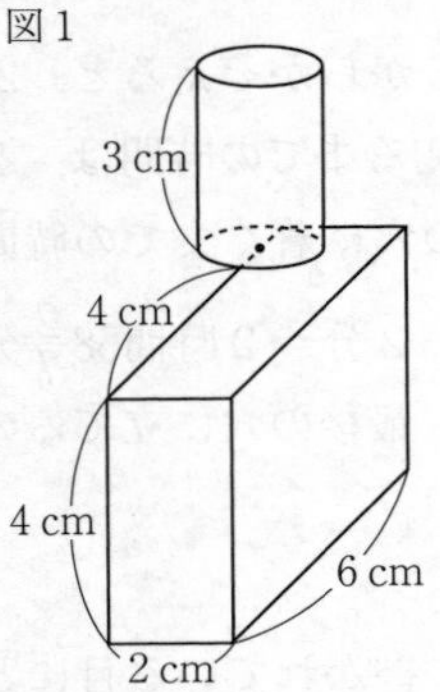

図２

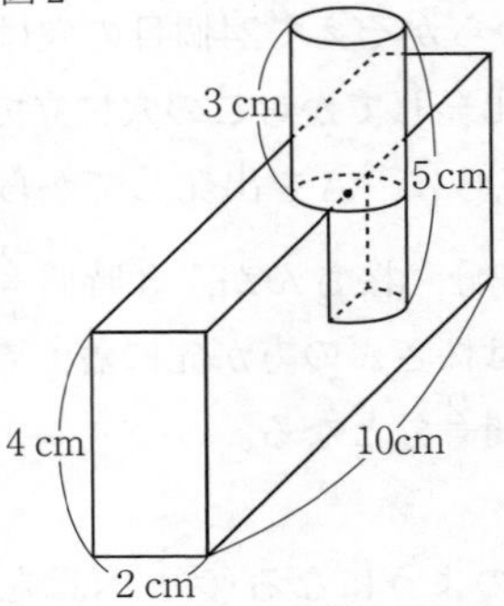

図３

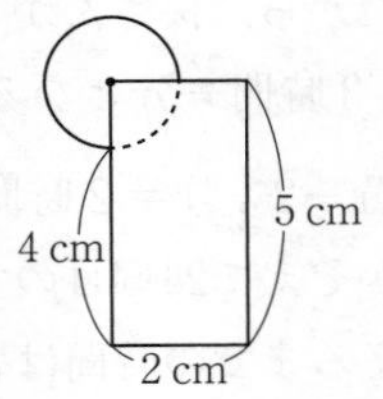

図４

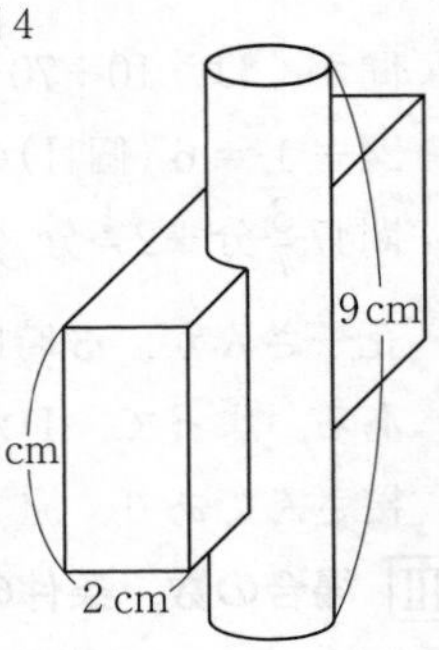

は，1×1×3.14×3＝9.42(cm^3)，くり抜かれる直方体の体積は，4×2×6＝48(cm^3)だから，3秒後の立体の体積は，1000－(9.42＋48)＝942.58(cm^3)となる。次に，5秒間で円は，1×5＝5(cm)動き，長方形は，2×5＝10(cm)動くので，5秒後のようすを反対側から見ると，上の図2のようになる。図2で，くり抜かれる円柱の体積は，1×1×3.14×5＝5×3.14(cm^3)，くり抜かれる直方体の体積は，4×2×10＝80(cm^3)である。また，円柱と直方体が重なる部分は，高さが，5－3＝2(cm)の半円柱だから，円柱と直方体が重なる部分の体積は，1×1×3.14÷2×2＝1×3.14(cm^3)と求められる。したがって，くり抜かれる部分の体積は，5×3.14＋80－1×3.14＝4×3.14＋80＝92.56(cm^3)なので，5秒後の立体の体積は，1000－92.56＝907.44(cm^3)とわかる。

(3)　8秒間で長方形は，0.625×8＝5(cm)動くから，真上から見たときのようすは上の図3のようになる。よって，円柱と直方体が重なる部分は四分円柱とわかる。また，円は，1×8＝8(cm)動くので，円柱の底面は直方体の底の部分を完全に通過し，重なる部分の高さは4cmになる。したがって，くり抜かれる円柱の体積は，1×1×3.14×8＝8×3.14(cm^3)，くり抜かれる直方体の体積は，4×2×5＝40(cm^3)，円柱と直方体が重なる部分の体積は，1×1×3.14÷4×4＝1×3.14(cm^3)だから，くり抜かれる部分の体積は，8×3.14＋40－1×3.14＝7×3.14＋40＝61.98(cm^3)と求められる。以上より，8秒後の立体の体積は，1000－61.98＝938.02(cm^3)となる。

(4)　9秒間で円は，1×9＝9(cm)動くので，円柱の底面は直方体の底の部分を完全に通過し，重なる部分の高さは4cmになる。また，長方形が動いた長さが6cmより長ければ，くり抜かれる部分は上の図4のようになる。図4で，くり抜かれる円柱の体積は，1×1×3.14×9＝9×3.14(cm^3)であり，円柱と直方体が重なる部分の体積は，1×1×3.14÷2×4＝2×3.14(cm^3)だから，円柱だけの部分の体積は，9×3.14－2×3.14＝7×3.14＝21.98(cm^3)とわかる。また，くり抜かれる部分の体積は，1000－920.42＝79.58(cm^3)なので，直方体の体積は，79.58－21.98＝57.6(cm^3)と求められる。よって，長方形が動いた長さは，57.6÷(4×2)＝7.2(cm)となり，これは6cmよりも長いから条件に合う。したがって，長方形が動く速さは秒速，7.2÷9＝0.8(cm)である。

社　会　(30分)　＜満点：60点＞

解　答

Ⅰ　**問1**　**X**　国境　**Y**　領海　**Z**　軽石　**問2**　**1**　択捉(島)　**2**　小笠原(諸島)　**3**　能登(半島)　**4**　対馬　**5**　五島(列島)　**問3**　イ　**問4**　**A**　カ　**B**　ウ　**C**　ア　**問5**　(例)　離島振興法制定時は，3つの地域は日本政府の行政範囲になく，アメリカ合衆国の管理下に置かれており，日本復帰後にそれぞれを対象とする特別な法律をつくったから。　**問6**　ア　**問7**　イ　**問8**　(例)　喜界島には大きな川がないので，地下に壁をつくり，水が海に流れ出るのを止めて，地下の水をため，その水をくみ上げて使うために地下ダムをつくった。　**問9**　**神奈川**…エ　**佐賀**…イ　**長崎**…ウ　Ⅱ　**1**　万葉集　**2**　二毛作　**3**　日本橋　**4**　伊勢　**5**　応仁　**6**　南蛮　①　イ　②　ア　③　ウ　④　イ　⑤　ウ　⑥　オ　⑦　イ　⑧　B→D→A→C　⑨　桶狭間(の戦い)　⑩　(例)　領地と江戸に1年おきに滞在させる参勤交代を義務とし，江戸城の修理や全国の河川の堤防づくりなどの土木工事も行わせた。 ⑪ ア ⑫ 渋沢栄一 ⑬ オ ⑭ エ ⑮ イ Ⅲ 1 5(月)3(日) 2 個人情報保護(法) 3 期日前(投票) 4 消費(税) 5 安全保障理事会 問1 エ 問2 ウ 問3 ア 問4 イ 問5 エ

解説

Ⅰ 日本の国土や産業などについての問題

問1 **X** 隣《とな》り合う国との境を国境といい，海洋や河川，山脈などの地形によるものや，条約で決められるものがある。 **Y** 領海は日本の場合，沿岸から12海里(約22km)の範囲《はんい》内で定められる海域で，国家の主権の及《およ》ぶ海域とされる。2017年，領海や排他的経済水域の保全を図るため，海上の国境に近い有人離島を対象として，有人国境離島法が施行された。 **Z** 2021年８月，太平洋上で，福徳岡ノ場とよばれる海底火山が噴火した。この噴火のさいに大量の軽石が放出されると，軽石は海流に流されて，10月以降，沖縄島や奄美《あまみ》群島などに漂着《ひょうちゃく》した。

問2 **1** 択捉《えとろふ》島は北海道の東海上にある日本最北端の島で，国後《くなしり》島・色丹《しこたん》島・歯舞《はぼまい》群島とともに北方領土にふくまれる。日本列島を形成する島々のうち，本州，北海道，九州，四国の四大島についで大きい。 **2** 小笠原《おがさわら》諸島は東京都に属する太平洋上の約30の島々で，父島や母島という二つの有人島のほか，西之《にしの》島，硫黄《いおう》島など多くの無人島からなる。 **3** 石川県北部には，能登《のと》半島が日本海に向かってのびている。能登半島北部には，輪島塗《ぬり》の生産で知られる輪島市があり，舳倉《へぐら》島はその北方約50kmの日本海上にある。 **4** 長崎県に属する対馬《つしま》は古くから朝鮮半島との交流の窓口となり，中世以降は，この地を支配した宗《そう》氏がその仲立ちをしてきた。 **5** 長崎県西部の東シナ海上に連なる五島列島には，江戸時代にキリスト教の信仰が禁止されたあとも，その信仰を守り続けた人々の集落が点在している。このうち，野崎島や久賀《ひさか》島などの集落が「長崎と天草地方の潜伏《せんぷく》キリシタン関連遺産」として，2018年にユネスコ(国連教育科学文化機関)の世界文化遺産に登録された。

問3 北緯40度の緯線は，男鹿《おが》半島の八郎潟干拓地(秋田県)のほか，北京《ペキン》(中国)やアンカラ(トルコ)，マドリード(スペイン)，ニューヨーク(アメリカ合衆国)などの近くを通る。なお，ロンドン(イギリス)は北緯約51度，リヤド(サウジアラビア)は北緯約25度，キャンベラ(オーストラリア)は南緯約35度に位置している。

問4 **A** カは，愛知県の県庁所在地の名古屋市である。愛知県では，豊田市を中心とした自動車工業がさかんで，工業出荷額が全国で最も多い。また，その製品の輸出港としての役割を果たしている名古屋港は，輸出額が全国の貿易港のなかで最も多い。統計資料は『日本国勢図会』2022／23年版による(以下同じ)。 **B** ウは福島市で，人口は県内で郡山市，いわき市についで３番目に多い。阿武隈《あぶくま》川は福島県東部を北へと流れ，宮城県南部で太平洋に注ぐ。 **C** アは北海道の道庁所在地である札幌市で，人口約196万人は横浜市(神奈川県)，大阪市，名古屋市についで全国で３番目に多い。なお，三大都市圏《けん》とは，東京23区などをふくむ東京圏，名古屋市を中心とする名古屋圏，大阪市を中心とする大阪圏のことをさす。

問5 本文から，離島振興法が1953年７月に制定されたとわかる。1945年８月にアジア・太平洋戦争が終わると，奄美群島と小笠原諸島，沖縄はアメリカ軍の占領下に置かれ，この法律の審議・制定時にはまだ返還されていなかったため，法律の対象とならなかった。奄美群島は1953年12月に，

小笠原諸島は1968年に，沖縄は1972年にアメリカ合衆国から返還され，それぞれを対象とする法律が制定された。

問6　**A**　排他的経済水域の説明として正しい。　**B**　領土・領海・領空について，正しく説明している。　**C**　ある国の排他的経済水域内であっても，外国船の航行や上空の航空機飛行などは自由にできる。

問7　イは，日本海最大の島である佐渡《さど》島で，新潟県に属する。かつて金山があり，現在はトキの保護センターがあることでよく知られる。なお，アは沖縄島，ウは淡路《あわじ》島(兵庫県)，エは国後島。

問8　図から，喜界島の表面が水を通しやすい岩でおおわれていることがわかる。その下には水を通しにくい岩の層があるので，地上に降った雨水の多くは地下水となってこの層の上を流れ，海に注ぐ。この場合，地上付近では水がすぐ地下にしみこんでしまうので，水を得にくいが，地下水をくみあげることで水が得られる。そこで，地下水を有効に利用するため，地下に壁をつくってダムをつくり，これをためておけるようにしているのだと考えられる。

問9　4道県のうち，北海道は海面漁業漁獲《ぎょかく》量が全国第1位，長崎県が第3位となっているので，アに北海道，ウに長崎県があてはまる。イとエのうち，有明海におけるのり類の養殖がさかんな佐賀県が，海面養殖業収獲量の多いイで，残ったエが神奈川県となる。

Ⅱ　各時代の歴史的なことがらについての問題

1　『万葉集』は現存する日本最古の歌集で，奈良時代末，大伴家持《おおとものやかもち》らによって編さんが進められた。　**2**　1年の間に，同じ土地で2種類の作物を育てる農法を，二毛作という。鎌倉時代には西日本で米と麦の二毛作が始まり，室町時代には全国に普及《ふきゅう》した。　**3**　江戸時代には，人々や物資の往来がさかんになったことから，江戸の日本橋を起点として，東海道・中山道・甲州街道・日光街道・奥州街道の五街道が整備された。　**4**　江戸時代には，伊勢神宮(三重県)に参拝する「伊勢参り」が流行した。特に，集団での伊勢参りは「御蔭《おかげ》参り」とよばれ，約60年ごとに流行してたくさんの人が伊勢神宮を訪れた。　**5**　15世紀後半の1467年，室町幕府の第8代将軍足利義政の後継《あとつ》ぎ争いに，有力守護大名の勢力争いなどが結びつき，応仁の乱が起こった。1477年までの11年におよぶ戦乱で，主戦場となった京都の街は荒《あ》れはてた。　**6**　16世紀半ばから，スペイン人やポルトガル人が日本を訪れるようになった。彼らはアジアの拠点《きょてん》から船で来航したため，「南から来る外国人」ということで南蛮《なんばん》人とよばれ，彼らとの間の貿易は南蛮貿易とよばれた。

①　ウクライナはヨーロッパ東部に位置し，南で黒海に面している。東でロシアと接しており，2022年2月に始まったロシアによる軍事侵攻《しんこう》では，東部の地域が占領されるなどした。なお，アはベラルーシ，ウはポーランド，エはルーマニア，オはトルコ。

②　日本は小麦の多くを外国からの輸入に頼っており，アメリカ合衆国・カナダ・オーストラリアの3か国からの輸入量がほとんどを占《し》めている。

③　埴輪《はにわ》は，古墳の頂上や周囲に置かれた素焼きの土製品で，筒形や人型などさまざまな形のものがある。古墳時代にさかんにつくられたもので，その前の時代である弥生時代の出土品にはふくまれない。

④　登呂《とろ》遺跡は，静岡県静岡市にある弥生時代の遺跡で，水田や水路の跡，多数の木製農具のほか，高床倉庫や竪穴《たてあな》住居の跡などが出土し，当時の稲作のようすを伝えている。なお，板付遺跡は福岡県にある縄文時代末期から弥生時代初めごろの遺跡，三内丸山遺跡は青森県にある縄文時代の遺跡，

菜畑遺跡は佐賀県にある縄文時代末期から弥生時代初めごろの遺跡。

⑤　ア　中国の歴史書『後漢書』東夷《とうい》伝によると，１世紀なかばの57年，倭《わ》(日本)の小国の一つであった奴国《なこく》の王が後漢に使いを送り，皇帝から金印を授《さず》けられた。　イ『古事記』の完成は712年，『日本書紀』の完成は720年で，いずれも８世紀初めのことである。　ウ　稲荷山《いなりやま》古墳(埼玉県)出土の鉄剣や，江田船山《えたふなやま》古墳(熊本県)出土の鉄刀に，大和朝廷の大王《おおきみ》と考えられる「ワカタケル」(雄略天皇と推定される)の名が刻まれていたことから，５世紀ごろには大和朝廷の影響力が九州から関東まで及んでいたと考えられている。よって，正しい。　エ　古墳は，３世紀後半ごろから各地でつくられるようになった。

⑥　平城京は，現在の奈良県北部につくられた。なお，アの京都には平安京が，イの大津(滋賀県)には近江《おうみ》大津宮が，ウの神戸(兵庫県)には福原京が，エの大阪には難波《なにわ》宮があった。また，カの飛鳥(奈良県)には飛鳥時代にいくつもの宮が置かれ，政治の中心となった。

⑦　この宋は，960年から1279年まで中国にあった王朝を指している。アは1592～93年(文禄の役)と1597～98年(慶長の役)，イは1180年，ウは1634～36年，エは1397年のできごとである。

⑧　Ａは1637年，Ｂは1582年，Ｃは1641年，Ｄは1613年のできごとなので，時代の古い順にＢ→Ｄ→Ａ→Ｃとなる。

⑨　1560年，駿河《するが》・遠江《とおとうみ》(いずれも静岡県)，三河(愛知県東部)を領有した戦国大名の今川義元は，織田信長が治める尾張《おわり》国(愛知県西部)に軍を進めた。これに対し，織田信長は奇襲攻撃《きしゅうこうげき》で，桶狭《おけはざ》間《ま》に陣《じん》を構えていた今川軍を攻《せ》め，これをたおした。この戦いを，桶狭間の戦いという。

⑩　1614～15年の二度にわたる大坂(大阪)の陣(役)が終わると，戦いはほとんど起こらなくなった。江戸幕府は，大名を親藩・譜代大名・外様大名に分けて配置を工夫し，武家諸法度《しょはっと》という法令を出して違反したものを厳しく処分するなどして，大名統制をはかった。これに加え，将軍と大名の主従関係を確認し，忠誠を示させるため，江戸城などの修築や河川の堤防づくりなどの土木工事を大名に命じ，人員や資材を提供させた。これを，御手伝普請《おてつだいぶしん》という。さらに，1635年，第３代将軍徳川家光は参勤交代を制度化し，大名に１年おきに領地と江戸を往復することや，妻子を江戸に住まわせることを義務づけた。御手伝普請と参勤交代は，大名にとって大きな経済的負担となった。

⑪　アは，19世紀前半にあたる1837年のできごとである。なお，イは1615年，ウは1722年，エは1873年のできごと。

⑫　渋沢《しぶさわ》栄一は現在の埼玉県深谷市に生まれ，江戸幕府や明治政府で働いた。その後，1873年に日本初の銀行である第一国立銀行を設立したのをはじめ，大阪紡績《ぼうせき》会社など数多くの企業の設立や経営にたずさわり，実業界で活躍《かつやく》した。その功績から「日本資本主義の父」ともよばれ，2024年発行予定の新１万円紙幣《しへい》には，渋沢栄一の肖像《しょうぞう》がデザインされることになっている。

⑬　Ａ　ペリーの艦隊《かんたい》はアメリカ合衆国の東海岸から大西洋をわたり，アフリカやインド，中国を経由して浦賀(神奈川県)に来航した。　Ｂ　ペリー来航に対する江戸幕府の対応を正しく説明している。　Ｃ　1858年に欧米５か国と修好通商条約が結ばれ，貿易が開始されると，金が流出したり，輸出による品不足が起こったりして経済が混乱した。当時のおもな輸入品は毛織物や綿織物などで，多くの食品が輸入されて米余りが起こったというようなことはない。

⑭　Ａ「ソビエト連邦」ではなく「ポーランド」が正しい。　Ｂ　1940年に結ばれた日独伊三国(軍事)同盟について，正しく説明している。　Ｃ　アジア・太平洋戦争開戦時の状況《じょうきょう》として，

正しい。なお，これとほぼ同時に日本はハワイの真珠湾を奇襲攻撃し，アメリカ合衆国とも戦争状態に入った。

⑮　小麦の収穫量は北海道が全国第１位で，米と麦の二毛作がさかんなことで知られる福岡県がこれにつぐ。なお，アには米，ウにはトマト，エにはにんじん，オにはメロンがあてはまる。

Ⅲ　日本国憲法や国際社会などについての問題

1　日本国憲法は1946年11月３日に公布され，翌47年５月３日に施行された。現在，施行日の５月３日は憲法記念日，公布日の11月３日は文化の日という国民の祝日になっている。　**2**　プライバシーの権利は，個人に関する情報をみだりに公開されない権利のことで，「新しい人権」の一つとして主張されるようになった。そのため，国民のプライバシーの権利を守ることなどを目的として，2003年に個人情報保護法が制定された。　**3**　選挙の投票日当日に仕事や用事などがあって投票に行けない場合，公示日または公示日の翌日から投票日の前日までの間に，投票日と同じように投票できる制度を，期日前投票という。　**4**　国の一般会計予算(2020年度の当初予算)の歳入の税収では，全体の31.9%を占めた消費税が最も割合が高く，ついで所得税，法人税の順であった。

5　安全保障理事会は，総会と並ぶ国際連合(国連)の主要機関で，アメリカ合衆国・ロシア・イギリス・フランス・中国の５常任理事国と，任期２年の非常任理事国10か国で構成されている。

問１　国民投票で有効投票数の過半数の賛成が得られ，憲法改正が承認された場合，天皇は国民の名でこれを公布する。

問２　日本国憲法は第９条で，「陸海空軍その他の戦力」を保持しないと定めている。一方で，日本政府は第９条が自衛権を否定するものではないという解釈《かいしゃく》のもと，自衛隊を「戦力」ではなく，「自衛のための必要最小限度の実力」と位置づけている。

問３　「主権」という言葉にはいくつかの意味があるが，「国民主権」といった場合には，国の政治のあり方を最終的に決める権力のことをさす。

問４　近年の国の歳出では，少子高齢化にともなって増大する社会保障費が，最も大きな割合を占める。これをふくむ歳出を税収だけではまかなえないため，政府は国の借金にあたる国債を発行して不足分を補っているが，その元本や利子の返済にあてる国債費が，２番目に大きな割合を占めるようになっている。

問５　国際連合の分担金は，各国の経済規模などに応じて２年ごとに見直され，日本はａのアメリカ合衆国，ｂの中国についで第３位という年が続いている。なお，ｄはドイツ，ｅはイギリス。

理　科　(30分)　＜満点：60点＞

解　答

Ⅰ　**問１**　イ，エ　**問２**　10mL　**問３**　0.18ｇ　**問４**　0.9ｇ　**問５**　7.2%　**問６**　キ　**問７**　エ　Ⅱ　**問１**　オ　**問２**　血管　**問３**　ク，ウ，イ，エ　**問４**　ウ　**問５**　エ　**問６**　(1)　ウ　(2)　クマゼミ　Ⅲ　**問１**　ウ　**問２**　(1)　ウ　(2)　ク　**問３**　イ，カ　**問４**　(1)　すずしろ　(2)　イ　**問５**　(1)　442光年　(2)　アルタイル　(3)　ア，キ，ク　(4)　オ　(5)　キ　**問６**　ISS　**問７**　フレア　Ⅳ　**問１**　(例)

a　調節ねじを回す　b　針が０を指す　**問２**　1.3cm　**問３**　カ　**問４**　2.5cm
問５　イ，オ，キ　**問６**　540cm

解　説

Ⅰ　気体の発生，中和についての問題

問１　塩酸は無色の水溶液《すいようえき》で鼻をさすような刺《し》激臭《げきしゅう》がある酸性の水溶液である。塩酸にとけている塩化水素は気体なので，塩酸を蒸発皿に入れて加熱しても何も残らない。また，塩酸は酸性の水溶液なので，青色リトマス紙につけると赤色に変化する。なお，塩酸に息をふきこんでも色は変わらない。

問２　表１より，アルミニウム片１個が完全に塩酸Ａと反応すると，225mLの水素が発生する。アルミニウム片に塩酸Ａ４mLを加えると水素90mLが発生するので，実験１で使ったアルミニウム片がちょうど反応するときの塩酸Ａの体積は，$4\times\frac{225}{90}=10$(mL)である。

問３　実験２より，アルミニウム0.3ｇが完全に塩酸と反応すると，375mLの水素が発生するので，水素225mLが発生するときに反応したアルミニウムの重さは，$0.3\times\frac{225}{375}=0.18$(ｇ)である。つまり，実験１で使ったアルミニウム片１個の重さは0.18ｇとわかる。

問４　実験２より，アルミニウム0.3ｇが完全に塩酸と反応すると，1.5ｇの白い固体が生じるので，アルミニウム片１個(0.18ｇ)が完全に塩酸と反応したときに生じる白い固体の重さは，$1.5\times\frac{0.18}{0.3}=0.9$(ｇ)となる。

問５　実験２で使った２％の濃《こ》さの塩酸Ｂ60mLの重さは，$1\times60=60$(ｇ)だから，この塩酸にとけている塩化水素の重さは，$60\times0.02=1.2$(ｇ)である。つまり，塩化水素1.2ｇとアルミニウム0.3ｇが過不足なく反応することになる。よって，実験１のアルミニウム片１個(0.18ｇ)と過不足なく反応する塩化水素の重さは，$1.2\times\frac{0.18}{0.3}=0.72$(ｇ)となる。問２より，アルミニウム片１個(0.18ｇ)と過不足なく反応する塩酸Ａの体積は10mLで，塩酸Ａ10mLの重さは，$1\times10=10$(ｇ)なので，塩酸Ａの濃さは，$0.72\div10\times100=7.2$(％)と求められる。

問６　表２で，塩酸Ｃ50mLに加える水酸化ナトリウム水溶液Ｄが０mLのときも，10mLのときも発生する気体の体積は420mLであったことから，どちらの場合もアルミニウム片がすべて塩酸と反応していることがわかる。また，塩酸Ｃと水酸化ナトリウム水溶液Ｄを50mLずつ混ぜた水溶液にBTB溶液を入れると緑色になったことから，そのときの水溶液は中性の食塩水になったことがわかる。食塩水とアルミニウムは反応しないから，塩酸Ｃ50mLに水酸化ナトリウム水溶液Ｄ50mL加えた水溶液にアルミニウムを入れてもアルミニウムはとけず，気体も発生しない。加える水酸化ナトリウム水溶液Ｄの体積が50mLより多くなると，中和後に残る水酸化ナトリウム水溶液の体積が増加し，この水酸化ナトリウム水溶液とアルミニウムが反応して気体が発生する。よって，キのようなグラフになる。

問７　アルミニウムは塩酸，水酸化ナトリウム水溶液の両方と反応するのに対し，鉄は塩酸とは反応するが，水酸化ナトリウム水溶液とは反応しない。よって，塩酸Ｃ50mLに加える水酸化ナトリウム水溶液Ｄの体積が50mL以下のときは，アルミニウムのときと同じ形のグラフになるが，加える水酸化ナトリウム水溶液Ｄの体積が50mLより多くなっても，中和後に残る水酸化ナトリウム水溶液が鉄と反応しないため，気体は発生しない。よって，エのようなグラフになる。

Ⅱ　セミについての問題

問1　アはツクツクボウシ，イはアブラゼミ，ウはミンミンゼミ，エはニイニイゼミ，オはヒグラシ，カはクマゼミの鳴き声である。

問2　ヒトは，肺から体内に取り入れた酸素を血液中の赤血球によって運ぶので，酸素を運ぶ役割をしている管は血管だといえる。

問3　セミは木の幹のすき間などに産卵するので，セミの卵はそこでふ化する。ふ化した幼虫は土にもぐり，土の中で何年間も生活する。そして，土から出てきて木の幹などで羽化し，成虫になる。なお，セミはさなぎの時期がない不完全変態をする昆虫《こんちゅう》である。

問4　セミのオスには，腹部の中にある膜《まく》をふるわせて音を出し，その音を腹部の空どうで共鳴させることで大きな音になる。なお，セミのメスは鳴かない。

問5　セミは木のしるを吸うのに適した形の口，チョウは花のみつを吸うのに適した形の口をしている。なお，ハエやカブトムシはなめるのに適した形の口，バッタやカマキリ，トンボはかむのに適した形の口をしている。

問6　(1)　東日本と西日本で，普及《ふきゅう》率が最も近い神奈川県(95%，東日本)と大阪府(100%，西日本)を比べればよい。　(2)　資料2の大阪府(西日本)で見られるセミは，アブラゼミが60%，クマゼミが40%となっているが，クマゼミは神奈川県(東日本)ではほとんど見られない。インターネット接続が不安定になることが西日本で多数報告されていることから，その原因は西日本に多く生息しているクマゼミだと考えられる。

Ⅲ　太陽や月，星，金星についての問題

問1　太陽の端《はし》が東の地平線から出た瞬間《しゅんかん》を日の出という。また，太陽が完全に西の地平線にかくれた瞬間を日の入りという。

問2　(1)　図1の月は，上弦《じょうげん》の月(新月から約7日目)から満月(新月から約15日目)になる間の月なので，新月から約12日目に見える月だと考えられる。　(2)　満月のとき，月は地球をはさんで太陽とちょうど反対にあり，真夜中頃《ごろ》に南中する。月の南中時刻は1日およそ50分ずつ遅《おそ》くなるので，満月のおよそ3日前の図1の月は午後9時ごろに南中するとわかる。

問3　黒豆はダイズの一種を煮《に》たもの，栗《くり》きんとんは甘《あま》く煮た栗にサツマイモなどで作ったあんをあえたものである。なお，数の子はニシンの卵，田作りはカタクチイワシの干物をいったもの，かまぼこは白身魚のすり身である。

問4　(1)　春の七草のうち，すずしろはダイコン，すずなはカブのことである。　(2)　モンシロチョウの幼虫の食草はアブラナ科の植物の葉なので，モンシロチョウの成虫はアブラナ科の植物の葉の裏に卵を産む。

問5　(1)　1光年が9兆5000億km(＝9.5兆km)なので，4200兆kmは，4200兆÷9.5兆＝442.1…より，約442光年になる。　(2)　七夕において，彦《ひこ》星はわし座のアルタイル，おりひめ星はこと座のベガである。　(3)　夏の大三角は，わし座のアルタイル(ク)，こと座のベガ(キ)，はくちょう座のデネブ(ア)を結んだ三角形のことをいう。　(4)　日没《にちぼつ》後，西の空に見える金星はオ，カのいずれかである。日没後に最も長い時間見えるのは，金星が太陽から最も離れて見える太陽—地球—金星の角度が最も大きくなるときである。よって，金星がオの位置にあるとき，日没後に最も長く見える。　(5)　オの位置にある金星を地球から見ると，金星の右半分に太陽の光が当たっているよう

に見えるので，キのように金星の右半分が光って見える。

問６　国際宇宙ステーション（ISS）とは地球の上空約400kmにある宇宙実験施設のことで，重力をほとんど受けない環境《かんきょう》で実験を行ったり，地球や他の天体の観測などをしていたりする。

問７　太陽の表面でおきる大爆発《ばくはつ》を太陽フレアといい，大きな黒点のまわりでときどき起きる現象で，大規模な停電《ていでん》や通信障害を引き起こす可能性があるとされている。

Ⅳ　台ばかりの仕組み，ゴムひもの伸《の》び縮みについての問題

問１　台ばかりを使うときには，台ばかりを水平な台の上に置き，調節ねじを回して，針が０の目盛りを示すようにする。そして，重さをはかるものを台の上に静かにのせて，そのときに針が指した目盛りを読む。

問２　図１の下のうでについて，うでの中央までと，支点から歯車①がついた位置（左端）までの，距離《きょり》の比は，８：（８＋８）＝１：２だから，皿がしずんだ長さ，つまり，下のうでの中央が動いた長さと下のうでの左端が動いた長さの比も１：２となる。よって，皿が１cmしずんだとき，下のうでの左端は，$1\times\frac{2}{1}=2$（cm）下に動く。すると，歯車①も下に２cm動く。そのとき，歯車②が180度回転したので，歯車②の直径を□cmとすると，$□\times3.14\times\frac{180}{360}=2$　□＝1.27…（cm）より，歯車②の直径は1.3cmと求められる。

問３　台車が点Ｐから10cm進んだときに台車は最も速くなったと述べられている。表１より，0.6秒後の台車の位置は点Ｐから8.8cm，0.7秒後の台車の位置は点Ｐから11.3cmなので，台車が点Ｐから10cmの位置にあるのは，手をはなしてから0.6～0.7秒後である。

問４　0.6秒後の台車の位置は点Ｐから8.8cm，0.7秒後の台車の位置は点Ｐから11.3cmなので，この0.1秒間に台車が進んだ距離は，11.3－8.8＝2.5（cm）である。

問５　ア，イ　実験Ａと実験Ｂより，ゴムひもの本数と引っ張ったときの長さが同じとき，台車の重さが，1000÷500＝２（倍），1500÷500＝３（倍）になると，点Ｑから進んだ距離は，$30\div60=\frac{1}{2}$（倍），$20\div60=\frac{1}{3}$（倍）になっている。よって，台車の重さと，点Ｑから移動した距離は反比例していることがわかる。しかし，最も速くなったときの0.1秒間に進んだ距離は，重さが２倍になっても，1.7÷2.5＝0.68（倍）にしかならない。　ウ，エ，オ　実験Ａと実験Ｃより，台車の重さとゴムひもの本数が同じとき，ゴムの伸びが，（30－10）÷（20－10）＝２（倍）になると，点Ｑから進んだ距離は，240÷60＝４（倍）になっている。また，ゴムの伸びが，（40－10）÷（20－10）＝３（倍）になると，点Ｑから進んだ距離は，540÷60＝９（倍）になっている。つまり，ゴムの伸びが，２倍，３倍，…となると，点Ｑから進んだ距離は，４（＝２×２）倍，９（＝３×３）倍，…になる。しかし，引っ張ったときのゴムひもの長さが，40÷20＝２（倍）のとき，最も速くなったときの0.1秒間に進んだ距離は，7.3÷2.5＝2.92（倍）である。　カ，キ　実験Ａと実験Ｄより，台車の重さと引っ張ったときのゴムひもの長さが同じとき，ゴムひもの本数が，２÷１＝２（倍），３÷１＝３（倍）になると，点Ｑから進んだ距離も，120÷60＝２（倍），180÷60＝３（倍）になっている。つまり，ゴムひもの本数と点Ｑから進んだ距離は比例している。しかし，ゴムひもの本数が２倍になっても，最も速くなったときの0.1秒間に進んだ距離は，3.4÷2.5＝1.36（倍）にしかならない。

問６　実験Ａの台車を基準とすると，台車の重さは，$250\div500=\frac{1}{2}$（倍），ゴムひもの本数は，２÷１＝２（倍），引っ張ったときのゴムひもの伸びは，（25－10）÷（20－10）＝1.5（倍）になっている。

よって，問５の結果をもとに考えると，この台車が止まるまでに点Ｑから進んだ距離は，$60\times\frac{2}{1}\times 2\times 1.5\times 1.5=540$(cm)である。

国　語　（50分）＜満点：100点＞

解　答

一　**問１**　下記を参照のこと。　**問２**　（例）　自分が発することばは正しいと思って発しても，どんなことばであってもどこかで誰かを深く傷つけるということにとまどい，怯えている。
問３　（例）　世界が一つの意見，一つの考え方になると，自分たちだけが正しいという気持ちになり，違った意見を持つものを排除したり攻撃したりするような，苦しい世界になるから。
問４　③　（例）　考える前に行動せよ，ということ。　④　（例）　群れずにゆっくりよく確かめながら歩くこと。　**問５**　（例）　カミュも峯田さんも，ことばには人を傷つけたり，一つの方向へ人々をまとめてしまったりする危険があることを知りながら，誰かの背中を押すかもしれないと信じて，書き，歌い，ことばで表現することをやめなかった。それは，深く考えた自分自身のことばだけが，世界がわかったような気にならずにすむ唯一の可能性であり，またそのような不完全なことばでしか，ことばの不完全さを表現できないことをわかっているからである。その姿勢に，作家である筆者は勇気をもらい，支えられていると感じているということ。

二　**問１**　下記を参照のこと。　**問２**　ア　芽　イ　計算　**問３**　（例）　猫に迷惑をかけられたのでその仕返しに，生ゴミをそのマンションの前に捨てたり，悪口を書いた手紙を配ったりしたこと。　**問４**　（例）　お姉ちゃんは，お母さんが病気のかすみちゃんの手伝いをしていたことがあったが，かすみちゃんの両親の離婚の理由をたずねたことで，もう来ないでほしいと言われてしまった。この質問でかすみちゃんが怒ったのだと思っていたがそうではなく，親切にされること自体が苦しかったのではないかと気づいた。よかれと思ってやって，自分が気持ち良くなったとしても，相手が傷つき不愉快な思いをすることがあるのだと学んだから。　**問５**　（例）　自分がかすみちゃんにかつてしたことはどういうことだったのかをお姉ちゃんはここでゆっくり考えることができたのであり，今現在，今井さんのことでいい人，悪い人，正しいこととは何なのかわからなくなっている妹に，簡単に決めつけないでゆっくり考えてごらんと伝えたかったから。

●漢字の書き取り

一　**問１**　A　風潮　B　白熱　C　勢い　二　**問１**　A　思案　B　歩調　C　不動産　D　表札　E　難しい

解　説

一　**出典は高橋源一郎《たかはしげんいちろう》の『高橋源一郎の飛ぶ教室―はじまりのことば』による。**ことばには誰《だれ》かを深く傷つけたり，一つの方向へ人々をまとめたりする危険があると知りながら，表現することをやめなかったカミュや峯田和伸《みねたかずのぶ》さんについてふれたり，お釈迦《しゃか》様のことばを紹介《しょうかい》したりしている。
問１　A　世間の傾向《けいこう》。　B　熱気にあふれた状態になること。　C　音読みは「セイ」で，「勢力」などの熟語がある。

問２　傍線《ぼうせん》部①は「だから」で始まるので，前の部分に傍線部①の理由が述べられていると考えられる。一つ前の段落と同じ段落から，カミュがとまどい，怯《おび》えていたのは「誰でも，自分は正しいと思って，ことばを発」するが，どんなことばでも「どこかで誰かを深く傷つける」ということに対してである。カミュは「誰一人，まったくこの世に誰一人，この病気を」，すなわち「人を傷つけることばを吐《は》く」という病気を「免《まぬか》れているものはない」と言っている。

問３　峯田さんは「ツイッターやSNSで，人々が，みんなひとつの方向に流れ出そうとしていることが怖《こわ》い」と表明し，「本来，自分と世界なんて違《ちが》うじゃん。別に関係ないんだもん～世界と一個になんかなれないよ，そんなの」と言って，世界と一つになろうとする考えを否定している。また，ネットに関して，世界が「広がると思ったのに，どんどん狭《せま》くなっちゃって」とも言っている。そして筆者は，こうした峯田さんの考えから，「ひとつの意見，ひとつの考えになった瞬間《しゅんかん》に，その世界は狭く，息苦しいものになって」いくとも述べている。よって，「世界が一つの意見，一つの考え方になると，さまざまな意見や考え方を持つことが許されず，同じ見方をしなければ居場所がないような世界は苦しいから」などのようにまとめる。

問４　③　直前にある「なにかをすぐにしなければならないこともあります」という文を受けて，よく考えたりようすを見たりしていてはタイミングを逃《のが》す危険があるから，まずは行動せよという意味のことばとして「見る前に跳《と》べ」を紹介している。　④　二つ前の段落に，このことばの説明として「犀《さい》は群れない動物で，ひとりで生きるのだそうです。性質は鈍重《どんじゅう》で，視力も弱い。けれども～周りの世界を確かめながら，ゆっくり，ただひとりで前へ進んでゆくのです」とある。つまり，傍線部④は，群れず，ひとりで生きる犀のように，周囲に左右されず自分のペースで着実にものごとを進めていくことをたとえている。「見る前に跳べ」とは，反対の考え方である。

問５　カミュは『ペスト』の登場人物を通して，ことばは人を傷つけると述べ，峯田さんはツイッターやSNSを通じて，ことばは一つの方向へ人々をまとめてしまう危険性を持つと警告した。それでもカミュが「沈黙《ちんもく》する」ことなく書き，ことばで表現することをやめなかったのは，傍線部①の直後の一文にあるように，とまどい，自分自身を疑い，怯えつつ深く考えた自身のことばは「人を傷つけることばにならない可能性を持つことを知っていた」からであり，またそうしたことばによって表現されたものに期待していたからだ，と考えられる。一方，峯田さんも，ことばの危《あや》うさを知りながら，「人々が，みんなひとつの方向に流れ出そうとしていることが怖い」と表明している。峯田さんの武道館公演のタイトルは，「世界がひとつになりませんように」だった。峯田さんは，ネットを媒介《ばいかい》として，ことばによって世界が「どんどん狭く」なっていくことを警戒《けいかい》しているのだろう。カミュや峯田さんのことばの可能性を信じて自分の考えを表明し続ける姿勢に，やはりことばで表現する筆者は強い感銘《かんめい》を受け，共感しているものと考えられる。

二　**出典は岩瀬成子《いわせじょうこ》の『ひみつの犬』による。**やさしそうに見えるのに，猫《ねこ》に迷惑《めいわく》をかけられた仕返しに悪いことをした今井《いまい》さんのことで混乱する羽美《うみ》に，お姉ちゃんは自分の考えを伝える。

問１　**Ａ**　あれこれ考えをめぐらすこと。　**Ｂ**　歩くときの調子。足なみ。　**Ｃ**　土地・建物・樹木など，簡単には動かすことができない財産。　**Ｄ**　門や玄関《げんかん》にかかげておく名札。　**Ｅ**　「難」の音読みは「ナン」で，「難易」などの熟語がある。

問２　**ア**　普通《ふつう》のやさしそうな人に見える今井さんが悪いことをしたことについて，孤独《こどく》など何らかのひきがねによってつい悪事を働くことはありうる，とお姉ちゃんは言っている。直後の「伸《の》びる」という表現からも，「芽」があてはまる。「芽」は，生じて成長するもののたとえ。　**イ**　「いい悪いは簡単には言えない」理由として，純粋《じゅんすい》な善意の表れではなく，自分をいい人と印象づけたいなどの考えがあって正しい行いをする場合もある，とお姉ちゃんは言いたいのだと考えられる。よって，「計算」がふさわしい。

問３　今井さんは「やさしそうな」おばあさんに見えると直前の文にあるので，「あんなこと」とは，やさしい人がするとは思えない行動にあたる。傍線部②の少し後で，今井さんは，猫に迷惑をかけられた仕返しに，生ゴミをそのマンションの前に捨てたり，悪口を書いた手紙を近所に配ったりした，と羽美が言っている。

問４　お姉ちゃんは，お母さんが病気で困っていたかすみちゃんの手伝いをしていたことがあったが，かすみちゃんの両親の離婚《りこん》の理由をきいたことで，もう来ないでほしいと言われてしまった。お姉ちゃんは，この質問でかすみちゃんが怒《おこ》ったのだと思っていたが，実はかすみちゃんは親切にされることが苦しく，「うっとうしかった」のかもしれない，と後で気づいた。その経験から，相手によかれと思ってやったことで「親切にしてあげてるほうはいい気もちになれる」としても，相手は傷つき「不愉快《ふゆかい》になる」ことがあると，お姉ちゃんは学んだのである。

問５　お姉ちゃんはこの後，羽美を宝ケ池の畔《ほとり》のベンチに連れていく。そこは，お姉ちゃんが，自分がかすみちゃんにしたことはどういうことだったのかをふり返り，いいことをしようとしても相手を傷つける場合もあるのでいい人間になるのは難しい，と考えた場所だった。お姉ちゃんはさらに，やさしそうに見えるのに悪いことをした今井さんのことで「いい人」「悪い人」とは何なのかわからなくなっている羽美に対し，「正しい行い」の中にもずるい考えもあるのだから，人間は「いい人」と「悪い人」とに簡単には分けられず，「いい悪いは簡単には言えない」と告げている。お姉ちゃんは，自分がこの場所でかすみちゃんとのことをゆっくり考えたように，羽美にも「いい悪い」を簡単に決めつけず，ゆっくり考えてみるといいと伝えたかったものと考えられる。

Dr.福井の
入試に勝つ！脳とからだのウルトラ科学

睡眠時間や休み時間も勉強!?

みんなは寝不足になっていないかな？　もしそうなら大変だ。睡眠時間が少ないと，体にも悪いし，脳にも悪い。なぜなら，眠っている間に，脳は海馬《かいば》という部分に記憶をくっつけているんだから。つまり，自分が眠っている間も頭は勉強しているわけだ。それに，成長ホルモン（体内に出される背をのばす薬みたいなもの）も眠っている間に出されている。昔から言われている「寝る子は育つ」は，医学的にも正しいことなんだ。

寝不足だと，勉強の成果も上がらないし，体も大きくなりにくく，いいことがない。だから，睡眠時間はちゃんと確保するように心がけよう。ただし，だからといって寝すぎるのもダメ。アメリカの学者タウブによると，10時間以上も眠ると，逆に能力や集中力がダウンしたという研究報告があるんだ。

睡眠時間と同じくらい大切なのが，休み時間だ。適度に休憩するのが勉強をはかどらせるコツといえる。何時間もぶっ続けで勉強するよりも，50分勉強して10分休むことをくり返すようにしたほうがよい。休み時間は，散歩や体操などをして体を動かそう。かたまった体をほぐして，つかれた脳を休ませるためだ。マンガを読んだりテレビを見たりするのは，頭を休めたことにならないから要注意！

頭の疲れに関連して，勉強の順序にもふれておこう。算数の応用問題や理科の計算問題，国語の読解問題などを勉強するときには，脳のおもに前頭葉という部分を使う。それに対して，国語の知識問題（漢字や語句など）や社会などの勉強では，おもに海馬《かいば》という部分を使う。したがって，それらを交互に勉強すると，１日中勉強しても疲れにくい。

Dr.福井（福井《ふくい》一成《かずしげ》）…医学博士。開成中・高から東大・文Ⅱに入学後，再受験して翌年東大・理Ⅲに合格。同大医学部卒。さまざまな勉強法や脳科学に関する著書多数。

Memo

Memo

2022年度　桜　蔭　中　学　校

〔電　話〕 (03) 3811－０１４７
〔所在地〕 〒113-0033　東京都文京区本郷１－５－25
〔交　通〕 JR線－「水道橋駅」より徒歩５分　都営三田線－「水道橋駅」より徒歩２分
東京メトロ丸ノ内線－「本郷三丁目駅」より徒歩８分

【算　数】 (50分) 〈満点：100点〉

(注意) 円周率を用いるときは，3.14としなさい。

円すいの体積は(底面積)×(高さ)×$\frac{1}{3}$で求めることができます。

Ⅰ　次の$\boxed{}$にあてはまる数を答えなさい。

(1) $13\frac{1}{3}-\left\{\left(4\frac{13}{14}\times\boxed{\text{ア}}-2.375\right)\div1\frac{2}{11}-3\frac{5}{7}\right\}=5\frac{11}{24}$

(2) 高さ６cmの２つの正三角形ABCとPQRを，図のように斜《しゃ》線部分がすべて同じ大きさの正三角形になるように重ねて，１つの図形を作ります。この図形を，直線 l 上をすべることなく矢印の方向に１回転させます。最初，点Aは l 上にあり，l とCBは平行です。

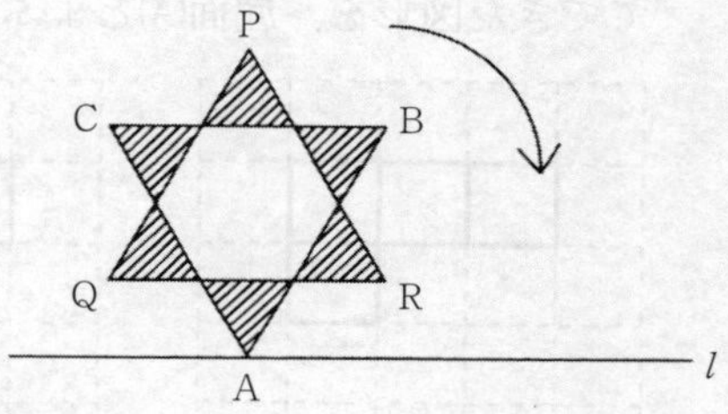

① ２点A，Rが同時に l 上にある状態になるまで図形を回転させたとき，点Pが動いた道のりは$\boxed{\text{イ}}$cmです。

② 点Aが最初にあった位置をXとします。図形を回転させて，再び点Aが l 上にくる位置をYとします。このとき，２点X，Yの距離《きょり》は$\boxed{\text{ウ}}$cmです。

(3) 次のようなルールで整数を１つずつ選んでいきます。

１つ目は１以上の整数を選びます。

２つ目は１つ目より大きい整数を選びます。

３つ目以降は，直前に選んだ２つの数の和である数を選びます。

たとえば，１つ目の数が１，２つ目の数が２であるとき，３つ目の数は３，４つ目の数は５，５つ目の数は８，……となります。

① １つ目の数が２，４つ目の数が24であったとき，２つ目の数は$\boxed{\text{エ}}$です。

② ８つ目の数が160であったとき，１つ目の数は$\boxed{\text{オ}}$，２つ目の数は$\boxed{\text{カ}}$です。

Ⅱ　12時間で短針が１周するふつうの時計があります。０時から24時までの１日の針の動きに注目します。

(1) ０時を過ぎてから最初に短針と長針が重なるのは何時何分ですか。

(2) ０時を過ぎてから24時になる前に，短針と長針は何回重なりますか。

Ⅲ　一定の速さで流れている川の上流に地点Aがあり，その５km下流に地点Cがあります。２地点A，Cの間に地点Bがあり，AB間の距離はBC間の距離よりも短いです。

２せきの定期船P，Qは，PはA→B→C→B→A→……，QはC→B→A→B→C→……の順でAC間を往復します。

　ＰはＡから，ＱはＣから同時に出発し，出発した後の地点Ａ，Ｂ，Ｃではそれぞれ５分とまります。２せきの船の静水時の速さは同じであり，川の流れの速さの４倍です。船がＡを出発してから，はじめてＣに着くまでに25分かかります。ただし，川の幅は考えないこととします。

(1)　静水時の船の速さは分速何ｍですか。

(2)　Ｐ，Ｑは，２地点Ｂ，Ｃの間ではじめて出会いました。その地点をＤとするとき，AD 間の距離は何ｍですか。

(3)　Ｐ，Ｑが２回目に出会ったのは地点Ｂでした。このとき，ＰはちょうどＢを出発するところで，ＱはちょうどＢに着いたところでした。AB 間の距離は何ｍですか。

Ⅳ　(1)　いくつかの同じ大きさの正方形を，辺が重なるように並べます。図１は４つの正方形を並べた例です。図２のようにずれたり，図３のように離《はな》れたりすることはありません。こうしてできた図形を，底面(A)とよぶことにします。

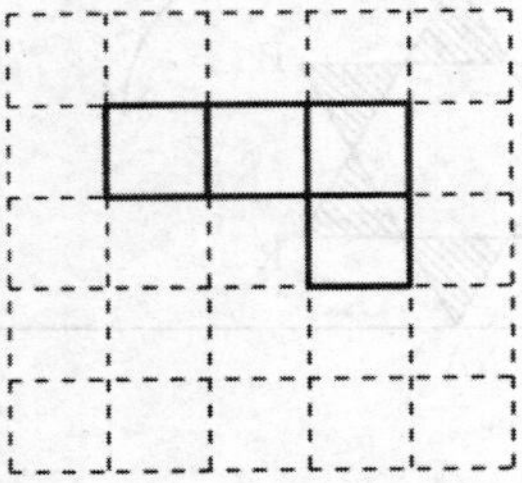
図１

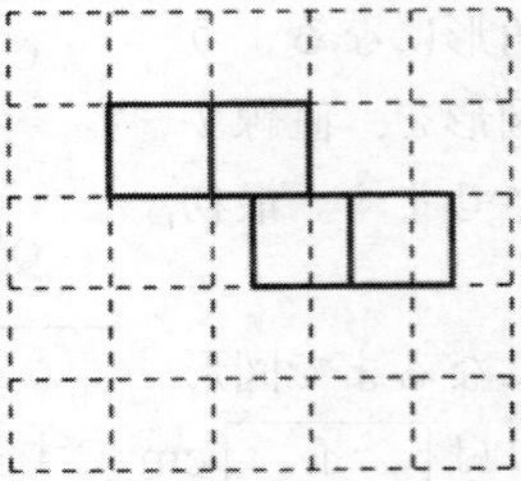
図２

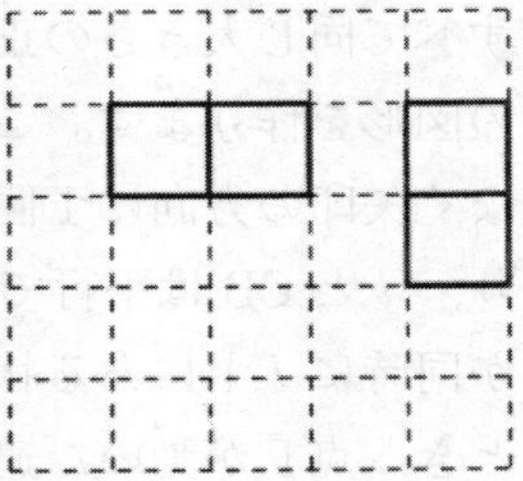
図３

　底面(A)をつくる正方形と同じ辺の長さの立方体をいくつか用意し，次の規則に従って，底面(A)の上に積み上げていきます。

　規則「底面(A)をつくる正方形それぞれについて，他の正方形と重なっている辺の数だけ立方体を積み上げる」

　たとえば，底面(A)が図４の場合は，図５のような立体ができます。

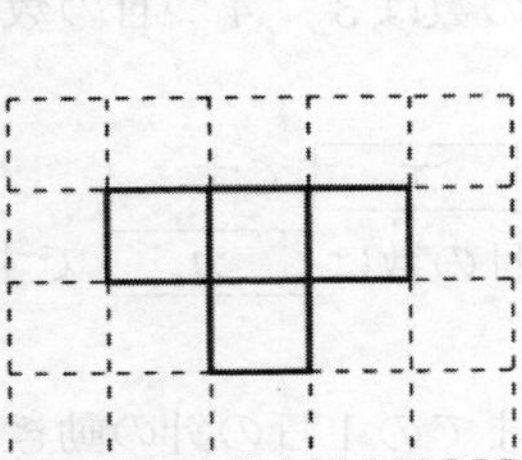
図４

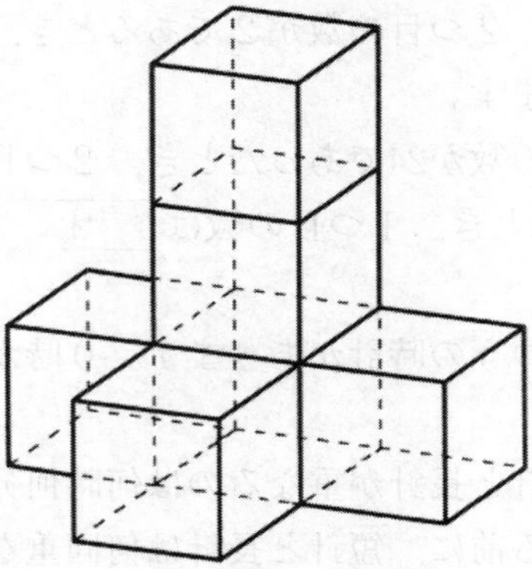
図５

　５つの正方形を並べて底面(A)をつくるとき，

①　使う立方体の数が一番多くなるような底面(A)を，問題文の図にならってかきなさい。複数ある場合は，そのうちの１つをかくこと。また，そのときに使う立方体は何個ですか。

②　一番高く立方体が積み上がるような底面(A)を，問題文の図にならってかきなさい。複数ある場合はそのうちの１つをかくこと。

(2)　半径3cmのいくつかの円を，他の円と接するように並べます。2つの円のときは，図6のようになります。(1)と同じように，離れることなく並べ，できた図形を底面(B)とよぶことにします。

底面の半径が3cmで高さが3cmの円柱と円すいをいくつか用意し，次の規則に従って，底面(B)の上に積み上げていきます。

規則「底面(B)をつくる円それぞれについて，接している円の数だけ円柱か円すいを積み上げる。ただし，円すいの上に円柱や円すいを積むことはできない」

たとえば，底面(B)が図6の場合は，図7のような3種類の立体ができます。

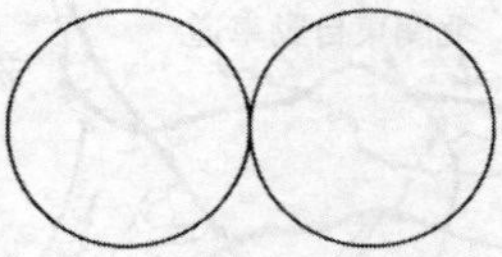

図6

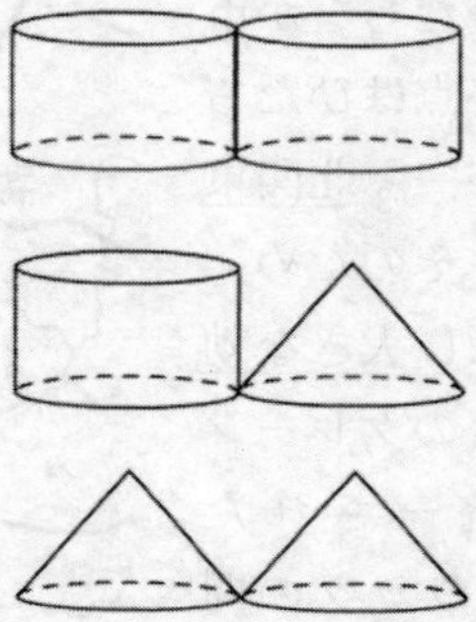

図7

4つの円を並べて底面(B)をつくるとき，積み上げてできた立体の体積が350cm^3以上750cm^3以下となるものについて考えます。

①　体積が一番大きくなる立体について，円柱と円すいを何個ずつ使いますか。また，その立体の体積を求めなさい。

②　使う円すいの数が一番多くなる立体について，体積が一番大きくなる立体と，一番小さくなる立体の体積をそれぞれ求めなさい。

【社　会】（30分）〈満点：60点〉

＊漢字で書くべきものは漢字で記しなさい。

Ⅰ　次の文章を読んで，後の問いに答えなさい。

世界的に広がる感染症《かんせんしょう》は，人の流れを妨《さまた》げましたが，貨物の流れは宅配便などの利用増加によってますます重要になってきました。旅客や貨物を運ぶ手段には，①自動車，鉄道，船《せん》舶《ぱく》，航空機などがあり，それぞれに適した利用法があります。

右の図は首都圏《しゅとけん》の主な自動車専用道路の略図です。このうち北関東自動車道は比較的《ひかくてき》新しい道路で，2011年に②群馬県の高崎市と茨城県のひたちなか市を結ぶ形で開通しました。この道路の終点はひたちなか市にある茨城港へとつながっていて，③北関東工業地域と港を結ぶ働きをしています。そのため，この道路が完成したことで④貨物の流れに大きな効用が生まれています。茨城港では何基ものクレーンによって，国際規格の大きさに統一された[1]が，専用船と陸上輸送用のトラックの間を行き来しています。また，⑤主要な輸出品を運ぶための専用埠頭《ふとう》もあります。

首都圏の主な自動車専用道路略図

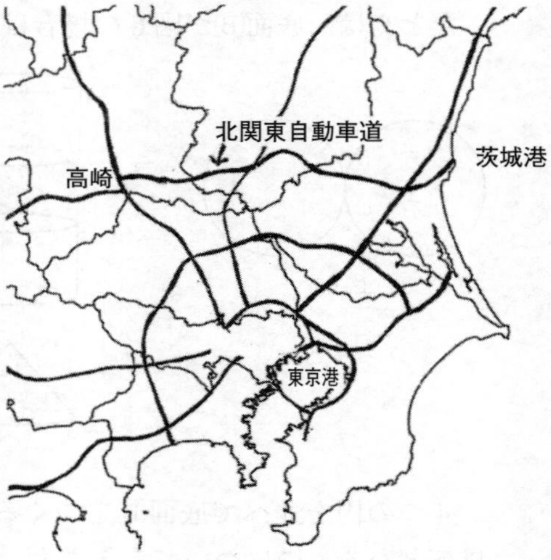

茨城港は貿易港であると同時に周辺には⑥工場や発電所があります。ここにある火力発電所は[2]を燃料とする火力発電所です。[2]は価格が比較的安く，供給が安定していることから，日本では長く火力発電の燃料のひとつとされてきました。しかし近年，地球温暖化防止のため，二酸化炭素の排出量《はいしゅつりょう》を実質ゼロにする[3]社会をめざす世界的傾向の中で，その発電方法が問題となっています。

地球温暖化の傾向は数値にもはっきりあらわれています。気象庁は昨年５月に新しい「平年値」を公表しました。平年値は10年ごとに更新《こうしん》されていて，過去[4]年間分の観測値による平均値が使用されます。それによると，旧平年値に比べ，東京（北の丸公園）の新しい年平均気温は0.4度上がり，およそ[5]度となりました。最高気温が35度以上になる[6]日も増えています。地球温暖化の影響《えいきょう》は日本近海の海水温にもおよんでいます。秋になって海水温が下がると[7]海流に乗って，成魚が日本近海へ南下する[8]の水揚《みずあ》げの時期が遅《おく》れたり，量が減少したりという変化にも関連しているといわれます。2020年の[8]の水揚げ量は10年前の約15％ほどでした。また本来日本では越冬《えっとう》できなかった動植物が，外国からの貨物とともに運ばれ，繁殖《はんしょく》する例も報告されています。その中には，感染症を引き起こす害虫もいます。

感染症を媒介《ばいかい》することもある蚊《か》を防ぐ目的で，日本で古代から使われてきたものに「蚊帳《かや》」があります。蚊帳は文字通り蚊の侵入《しんにゅう》を防ぐために室内につるす麻《あさ》や綿を素材とするネットです。高温多湿な日本の夏は蚊の発生が多く，蚊帳や除虫菊《じょちゅうぎく》からつくる蚊取線香《かとりせんこう》は欠かせないものでした。昭和後期以降，日本では一般《いっぱん》家庭の窓に，アルミサッシ枠《わく》の[9]が普及《ふきゅう》して，蚊帳の使用は減っていきました。しかしマラリアやデング熱など蚊が媒介する感染症がある熱帯地方では蚊帳の需要《じゅよう》がまだ多く，日本でつくられた蚊帳も海外援助《えんじょ》のひとつとして発展途上《とじょう》国に贈《おく》られています。また蚊帳のほか，日本発祥《はっしょう》のうずまき型蚊取線香を，日本の協力で現地で生産している国もあります。このような形の海外援助は，[10]の通じていない地域でも導入できるうえ，現地で取れる作物などから[11]を調達できるので，その国の人々の生活を向上させ産業発展にも役立ちます。また，新型コロナウイルス感染症の拡大によって，日本の家庭で一般的な[12]が海外で注目されています。[12]は明治時代に来日した外国人との習慣の違《ちが》いの問題を解決するために日本人が考案したオーバーシューズがもとになったそうです。地球温暖化や感染症は地球人の共通の課題です。風土や宗教の違いは大きくても，物や人，情報の交流が頻繁《ひんぱん》になった今，ともに知恵《ちえ》を出しあい，協力しあって解決しなくてはなりません。

問１　文中の空欄《くうらん》[1]～[12]に当てはまる語句または数字を答えなさい。ただし，[5]については，もっとも適切な数字を次から１つ選び，そのまま記しなさい。

[5]に適する数字：14　　16　　18　　20

問２　次の文にあげた特徴《とくちょう》を持つ交通の手段を，文中の下線部①にある４つの輸送手段から１つ選び，そのまま記しなさい。

【重いものも，正確な時間で輸送でき，温室効果ガスの排出も比較的少ない。日本では貨物よりも旅客輸送に多く利用される。】

問３　文中の下線部②について，次の表は，群馬県と人口数が近い福島・岡山・岐阜の各県を比較したものです。群馬県の数値などを示すものを表中の あ～え から１つ選び，記号で答えなさい。

	あ	い	う	え	全国
注1 田の割合（%）	38.2	78.4	70.6	76.5	54.4
注2 在留外国人数（百人）	617	316	156	602	29331
在留外国人数のうち国籍《こくせき》別人数が１位の国名	ブラジル	ベトナム	中国	フィリピン	中国
注3 一世帯当たり乗用車保有台数（台）	1.68	1.40	1.57	1.63	1.08

二宮書店「データブック オブ・ザ・ワールド 2021」・「出入国在留管理庁　統計」より作成

注１　田の割合：耕地の総面積にしめる田の割合（2019）

注２　在留外国人数：観光客などの３か月以内の短期滞在《たいざい》者を除く外国人の数（2019年12月末）

注３　一世帯当たり乗用車保有台数（2020）

問４　文中の下線部③について，北関東工業地域内の工業都市の特徴をのべた文として適切でないものを次の あ～え から１つ選び，記号で答えなさい。

あ　太平洋戦争中に疎開《そかい》してきた軍需工場がもとになって機械工業が発展した。

い　絹織物の産地として知られ，現在も繊維《せんい》工業が立地している。

う　二毛作の裏作として生産するコムギを原料とした製粉業が立地している。

え　1950年代後半から工業用地を造成し，石油化学コンビナートなどが形成された。

問５　文中の下線部④について，北関東自動車道の完成が，北関東工業地域にもたらした効用について，完成前の状況《じょうきょう》と比較して説明しなさい。

問６　文中の下線部⑤について，右の写真は，この埠頭に最も関連の深い専用船です。この船舶で運ばれる工業製品名を答えなさい。

日本海事広報協会「日本の海運 2021-2022」より

問7　国土地理院の地形図に使われる地図記号は，時代の流れによって変わります。文中の下線部⑥の記号は一部の地形図では使われなくなりました。一方で新しく考案された記号もあります。右の〈い〉の地図記号はもともとあった〈あ〉の記号をもとにしてつくられ，現在はこの2種類の記号が使い分けられていて，〈い〉は〈あ〉よりも少し大きめに描かれています。〈あ〉の例としてあげた写真〈あ〉は東京の渋谷駅前のもので，地形図にも掲載《けいさい》されています。また，写真〈い〉は桜蔭中学校の近くにある〈い〉の例で，2021年の6月に国土地理院のウェブ地図に掲載されました。

〈あ〉

〈い〉

写真〈あ〉

写真〈い〉

〈あ〉および〈い〉の地図記号名を明らかにしながら，〈あ〉と区別する形で〈い〉の地図記号がつくられた理由を説明しなさい。

Ⅱ　次の文章を読んで，後の問いに答えなさい。

2020年の日本人の平均寿命《じゅみょう》は男女とも過去最高となりました。医療《いりょう》技術の進歩や健康意識の高まりなどがその要因ですが，日本の医療はどのような歴史を歩んできたのでしょうか。

①縄文・弥生時代の住居跡《あと》から薬に使われたものと思われる植物が発見されていますが，主に儀式《ぎしき》やまじないが医療行為《こうい》として行われていたようです。縄文時代に，人間をかたどってつくられた［ 1 ］は，豊かなめぐみだけでなく，ケガをした部分の回復を願い［ 1 ］の同じ場所を壊《こわ》したとも考えられています。②古墳時代になると朝鮮半島を経て医療技術が日本に伝わり，遣隋使・③遣唐使の時代には中国から直接医療技術がもたらされるようになりました。中国から来日し，奈良に［ 2 ］寺を建てた鑑真は薬に関する豊富な知識で医療の進歩に貢《こう》献《けん》しました。また，8世紀には④聖武天皇のきさきによって病人を保護する施設もつくられました。その一方で，⑤平安時代の人々は病気の原因を⑥恨《うら》みを持つ霊《れい》のたたりと考え，霊を退治するための祈《いの》りや儀式も行われていました。紫式部が書いた長編小説『［ 3 ］』にはそのようすが描《えが》かれています。

鎌倉時代，僧の栄西は中国の⑦宋に留学した際に，薬としての［ 4 ］の効用などを学んできました。その後，［ 4 ］を飲む習慣は広がり，戦国時代には千利休によって［ 4 ］を楽しむ新しい作法が定まりました。また，戦国時代には南蛮人の渡来《とらい》によって⑧西洋の医療も日本に伝わりました。江戸時代に入ると，8代将軍［ 5 ］の時代に⑨鎖国下でも日本への来航が認められていた［ 6 ］から西洋の医療が伝わります。中津藩の医者であった［ 7 ］と小浜藩の医者であった杉田玄白は，［ 6 ］語で書かれた解剖《かいぼう》に関する書物を翻《ほん》訳《やく》し『解体新書』を出版しました。その後，⑩1858年に伝染病が大流行すると幕府もその対策として西洋の医療を重視しました。

明治時代，政府は⑪近代化のための改革を進め，その過程で⑫藩立病院が県立病院へと移行するなど，医療の分野にも変化が生じました。日清・⑬日露戦争に突入《とつにゅう》すると，医療は富国強兵を支える基盤《きばん》として重視されるようになります。また，この時期は⑭西洋の文化が積極的に取り入れられ，⑮医療も発展しました。大正時代，第一次世界大戦が起こりヨーロッパからの輸入が停滞すると医療品の国産化が進みましたが，太平洋戦争では医療品や医師が不足する苦しい状況に陥《おちい》りました。

戦後はGHQの指導の下，医療の分野でも改革が行われました。その後，⑯独立を回復すると，⑰経済発展により家庭用電気製品が普及し生活水準が向上すると同時に，レントゲンや心電図などの医療機器も普及し医療水準も向上しました。近年は，最新の科学技術が医療の発展に貢献する一方，それに伴《ともな》う新たな問題も生じており，これからの医療のあり方が問われています。

問１　文中の空欄 [1] ～ [7] に適する語句を答えなさい。その際に [6] 以外は漢字で，[4] は漢字一字で答えなさい。

問２　文中の下線部①に関する次のＸ～Ｚの文の正誤の組合せとして正しいものを，下の あ～か から１つ選び，記号で答えなさい。

Ｘ　縄文時代の人々は土器を用いて，野生の動物や木の実などを煮《に》たり，貯えたりした。

Ｙ　縄文時代の人々は石や木，金属などを加工して生活に必要なさまざまな道具をつくっていた。

Ｚ　弥生時代の人々は石包丁や田げた，千歯こきなどの農具を使い，協力して作業をするようになった。

あ　Ｘ：正　Ｙ：正　Ｚ：誤　　い　Ｘ：正　Ｙ：誤　Ｚ：正
う　Ｘ：正　Ｙ：誤　Ｚ：誤　　え　Ｘ：誤　Ｙ：正　Ｚ：正
お　Ｘ：誤　Ｙ：正　Ｚ：誤　　か　Ｘ：誤　Ｙ：誤　Ｚ：正

問３　文中の下線部②に関する次のＸ～Ｚの文の正誤の組合せとして正しいものを，下の あ～か から１つ選び，記号で答えなさい。

Ｘ　前方後円墳は近畿地方を中心に全国に広がっており，大和朝廷が北海道から九州までの豪族や王を従えていたことが分かる。

Ｙ　大和朝廷の中心人物は大王《おおきみ》と呼ばれ，稲荷山古墳から出土した鉄剣《てっけん》にはヤマトタケルの名が刻まれている。

Ｚ　渡来人が養蚕や織物，焼き物などの高度な技術を日本に伝えた。

あ　Ｘ：正　Ｙ：正　Ｚ：誤　　い　Ｘ：正　Ｙ：誤　Ｚ：正
う　Ｘ：正　Ｙ：誤　Ｚ：誤　　え　Ｘ：誤　Ｙ：正　Ｚ：正
お　Ｘ：誤　Ｙ：正　Ｚ：誤　　か　Ｘ：誤　Ｙ：誤　Ｚ：正

問４　文中の下線部③に関して，遣唐使とともに留学生として唐に渡り皇帝に仕えたが，帰国できず唐で一生を終えた人物名を答えなさい。

問５　文中の下線部④の命令でつくられた大仏の材料の中で最も多く使われたものを，次の あ～え から１つ選び，記号で答えなさい。

あ　金　　い　銅　　う　水銀　　え　すず

問６　文中の下線部⑤に関して，藤原道長は一条天皇から後一条天皇の時代に摂政として，頼通は後一条天皇から後冷泉天皇の時代に摂政や関白として大きな力を持ちました。しかし，藤原氏は後三条天皇が即位《そくい》すると力を失いました。このことから，摂政や関白などとして力を持つためには天皇とどのような関係になることが重要であったかを，次の系図を参考に説明しなさい。

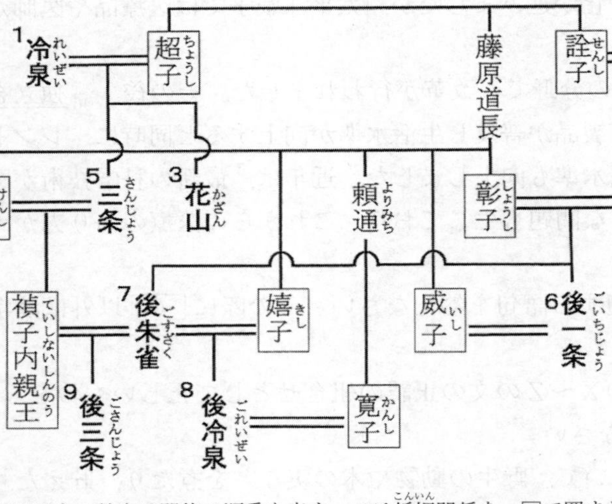

（太字は天皇，数字は即位の順番を表す。＝は婚姻《こんいん》関係を，□で囲まれた人物は女性を表す。）

問７　文中の下線部⑥に関して，当時の人々にたたりをもたらすとして恐《おそ》れられた人物には，遣唐使の廃止《はいし》を提案した人物もいます。この人物名を答えなさい。

問８　文中の下線部⑦に関して，平清盛が宋との貿易拠点《きょてん》として整えた港があった現在の県名を，次の あ～え から１つ選び，記号で答えなさい。

あ　広島県　　い　兵庫県　　う　山口県　　え　福岡県

問９　文中の下線部⑧に関して，戦国大名の織田信長，豊臣秀吉の西洋の医療に対する態度は，両者のキリスト教に対する態度とほぼ同じでした。このことを参考に，信長と秀吉の西洋の医療に対する態度についての文として適切と考えられるものを，次の あ～え から１つ選び，記号で答えなさい。

あ　信長も秀吉も西洋の医療の受け入れに積極的であった。
い　信長は西洋の医療の受け入れに積極的で，秀吉は消極的であった。
う　信長は西洋の医療の受け入れに消極的で，秀吉は積極的であった。
え　信長も秀吉も西洋の医療の受け入れに消極的であった。

問10　文中の下線部⑨に関して，鎖国下における交流について次のＸ～Ｚの文の正誤の組合せとして正しいものを，下の あ～か から１つ選び，記号で答えなさい。

Ｘ　朝鮮との間では対馬藩を窓口に貿易が行われ，日本から朝鮮に通信使が派遣《はけん》された。
Ｙ　蝦夷地《えぞち》では松前藩が，本州の産物とアイヌの人々が生産した生糸《きいと》や木綿《もめん》などを取り引きした。
Ｚ　琉球王国は，幕府の将軍や琉球国王が代わるたびごとに江戸に使節を送った。

あ　Ｘ：正　Ｙ：正　Ｚ：誤　　い　Ｘ：正　Ｙ：誤　Ｚ：正
う　Ｘ：正　Ｙ：誤　Ｚ：誤　　え　Ｘ：誤　Ｙ：正　Ｚ：正

お　X：誤　Y：正　Z：誤　　か　X：誤　Y：誤　Z：正

問11　文中の下線部⑩に関して，1858年に結ばれた以下の史料の条約において，空欄【A】【B】に当てはまる語句の組合せとして正しいものを，下の あ～え から1つ選び，記号で答えなさい。

> 第1条　今後日本とアメリカは友好関係を維持《いじ》する。
> 第3条　下田・函館に加え，以下の港を開港…(中略)…する。
> 　　　　神奈川(横浜)　【 A 】　新潟　兵庫(神戸)
> 第6条　日本人に対し法を犯《おか》したアメリカ人は，領事裁判所にて【 B 】の国内法に従って裁かれる。

あ　A：長崎　B：アメリカ　　い　A：長崎　B：日本
う　A：博多　B：アメリカ　　え　A：博多　B：日本

問12　文中の下線部⑪に関して，政府が医療の近代化の手本とした国は，大日本帝国憲法の作成の際にも参考とした国です。君主の権限が強い憲法を持ったこの国を，次の あ～え から1つ選び，記号で答えなさい。

あ　イギリス　　い　アメリカ　　う　フランス　　え　ドイツ

問13　文中の下線部⑫に関して，この移行の背景には明治政府が中央集権化のため1871年に行った政策がある。この政策の名称《めいしょう》を答えなさい。

問14　文中の下線部⑬に関して，日露戦争後(1905年)の日本の領土を，次の あ～え から1つ選び，記号で答えなさい。なお，後の地図中の濃《こ》い部分が日本の領土を表します(図の範囲《はんい》に一部省略があります。また，図中の点線は現在の国境線を表します)。

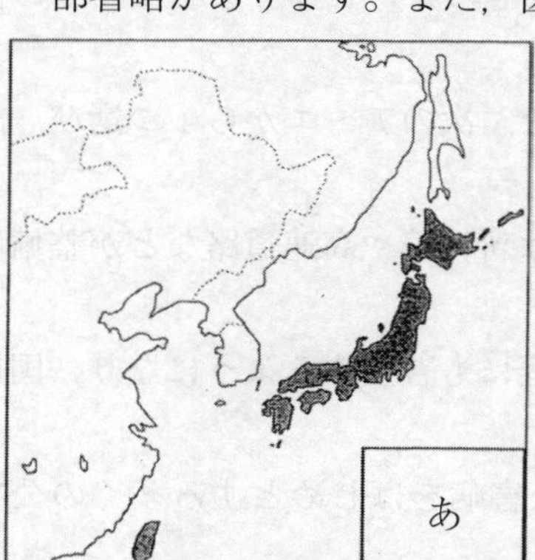

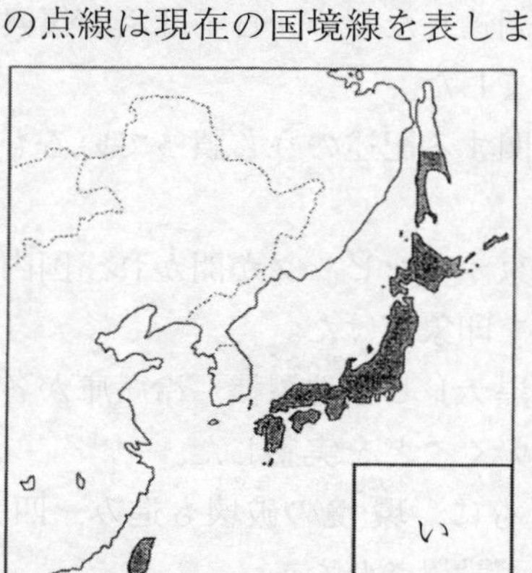

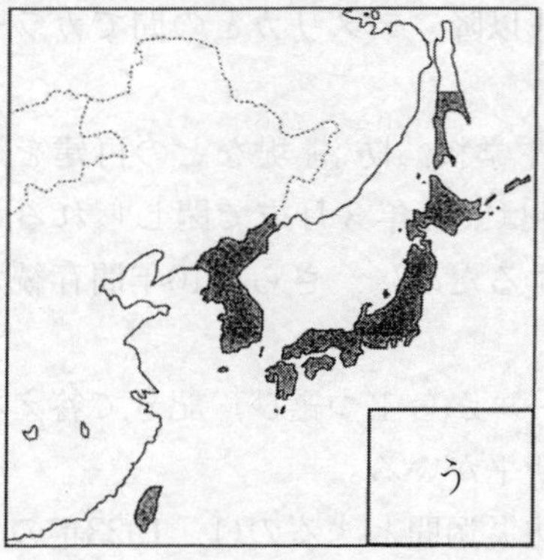

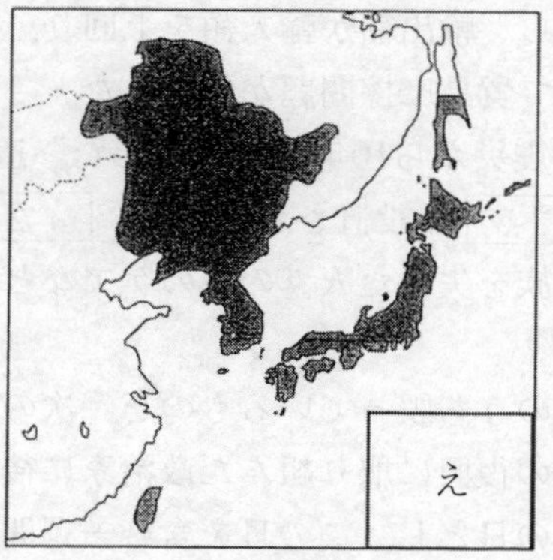

問15　文中の下線部⑭に関して，1883年に外交上のねらいから，日本が西洋化したことを示すため，外国人との社交場として東京に建てられた西洋風の建物の名称を答えなさい。

問16　文中の下線部⑮に関して，感染症の赤痢《せきり》の原因となる菌《きん》を発見し，医療の発展に貢献した人物名を，次の あ～え から1つ選び，記号で答えなさい。

あ　北里柴三郎　　い　野口英世　　う　鈴木梅太郎　　え　志賀潔

問17　文中の下線部⑯に関して，この時に結ばれた以下の条文を含む条約名を答えなさい。

> 第1条　アメリカの軍隊を日本国内とその付近におく。この軍隊は，日本が外国から武力で攻撃《こうげき》されたり，内乱が起きたりしたときなどに使用される。

問18　文中の下線部⑰に関して，ある年の『経済白書』(政府が発表する日本経済に関する報告)には「もはや戦後ではない。回復を通じての成長は終わった」と記されています。これは，戦後の復興によって生産が戦前の水準を超《こ》え，新たな経済発展の段階に入ったことを表しています。この『経済白書』が発表された時期を，次の あ～え から1つ選び，記号で答えなさい。

あ　1940年代　　い　1950年代　　う　1960年代　　え　1970年代

Ⅲ

次の①～⑤の各文の空欄［1］～［5］に適する語句をそれぞれ答えなさい。そのとき，［4］と［5］はカタカナで記しなさい。さらに問Ａ～Ｅに答えなさい。

①　1950年に［1］が起こり，アメリカは戦争に加わりました。アメリカ軍は戦争に必要な物資の多くを日本から調達したため，日本経済が復興するきっかけとなりました。その後，日本経済は大いに発展しました。

問Ａ　高度経済成長期に関する記述のうち誤っているものを，次のア～エから1つ選び，記号で答えなさい。

ア　1960年代には東京オリンピックが開かれ，国内では新幹線や高速道路などが整備され，世界に日本の復興を印象づけた。

イ　1960年頃《ごろ》に，白黒テレビや洗濯機《せんたくき》，冷蔵庫が各家庭にも普及するようになり，国民は生活が豊かになっていくことを実感した。

ウ　産業の発展とともに，環境《かんきょう》の破壊《はかい》も進み，四大公害病をはじめとする多くの公害問題が発生し，環境省が設置された。

エ　1960年代半ばから，輸出額が輸入額を上回り，それ以降，アメリカとの間でカラーテレビや鉄鋼をめぐって貿易摩擦《まさつ》問題が起こった。

②　2021年で，東日本大震災《だいしんさい》から10年が過ぎました。道路や学校，防潮堤《ぼうちょうてい》などの再建を進めるための省庁として［2］が設置されました。［2］は2021年3月末で閉じられることになっていましたが，家族を失った人々の心のケアなどをするために，さらに10年間存続されることになりました。

問Ｂ　震災に関する記述のうち誤っているものを，次のア～エから1つ選び，記号で答えなさい。

ア　関東大震災からの復興に取り組んだ政治家に後藤新平がいる。

イ　9月1日を防災の日とし，この日を含《ふく》む一週間を防災週間とするのは，1923年の9月1

日に関東大震災が起こったことに由来している。

ウ　2011年には，東日本大震災からの復興を進めるために，国会は補正予算を成立させ，仮設住宅などがつくられた。

エ　東日本大震災からの復興に役立てるため，消費税率10%には復興税(復興特別税)分が含まれている。

③　三権のうち，国会で決められた法律や予算にもとづいて，それを実施《じっし》するのが [3] 権である。

問C [3] 権に関する記述のうち誤っているものを，次のア～エから1つ選び，記号で答えなさい。

ア　内閣総理大臣は，国会が指名し，天皇が任命する。

イ　国務大臣は，内閣総理大臣が任命する。

ウ　内閣総理大臣と国務大臣で行う閣議で，内閣の方針を多数決で決定して，政治を進めていく。

エ　内閣が統制する機関には，各省のほかに，消費者庁や金融庁《きんゆうちょう》，宮内庁《くないちょう》などがある。

④　2019年の参議院議員選挙で，重度の障害を持つ人が当選したことが大きく取り上げられました。また，東京オリンピック・パラリンピックの開催《かいさい》もあり，障害者への理解が進んだと思われます。障害者だけでなく，高齢者《こうれいしゃ》や国籍の違う人など，すべての人が使いやすいように意図してつくられた製品や情報・環境のことを [4] と呼びます。

問D　障害者や少数者に関する記述のうち誤っているものを，次のア～エから1つ選び，記号で答えなさい。

ア　2006年に国際連合は障害者権利条約を採択《さいたく》し，障害のある人たちの権利を世界に広げていくことが約束された。

イ　2013年に，日本では障害者差別解消法が制定され，障害のある人が行動の妨げになるものを取り除くように求めた場合，役所や会社，店などは負担が重くなり過ぎない範囲で対応することが求められた。

ウ　2008年にアイヌ民族を日本の先住民族とすることを求める決議が，国会で採択された。

エ　2020年に，沖縄の文化の復興・発展のための拠点として民族共生象徴《しょうちょう》空間(ウポポイ)が沖縄県那覇市に開かれた。

⑤　第二次世界大戦が終了《しゅうりょう》し，日本はアメリカを中心とする連合国軍に占領《せんりょう》されました。連合国軍は日本の民主化を進めました。教育制度も改革され義務教育は小学校中学校の9年間となりました。 [5] は第二次世界大戦によって荒廃《こうはい》した国々の子どもたちに緊急《きんきゅう》の食料を与《あた》えたり健康管理を行う目的で1946年に設立された国際連合の機関です。日本も [5] から支援を受けた粉ミルクなどが，学校給食に使われました。

問E　次の出来事を時代の古い順に並べたとき2番目になるものを，次のア～エから1つ選び，記号で答えなさい。

ア　日本国憲法が公布される。

イ　日本が独立を回復する。

ウ　女性の参政権が認められる。

エ　サンフランシスコ平和条約を結ぶ。

【理　科】（30分）〈満点：60点〉

I　桜さんの小学校では，ゾウリムシ，ザリガニ，メダカ，カエル，イモリ，ハムスター，メキシコサンショウウオ(ウーパールーパーとも呼ばれる)を飼っています。これらの生き物を，色々な基準でなかま分けしたものが，下の**図1**です。

まず，**a**のゾウリムシとそれ以外の**b**～**f**の生き物は，からだをつくる細胞《さいぼう》が1個か，複数個かで分けることができます。細胞が複数個ある生き物は，卵《らん》(ヒトでは卵子《らんし》と呼ぶ)と(　**A**　)が結びついてできた(　**B**　)が細胞を増やしながら成体へと成長していきます。

つぎに，**b**のザリガニとそれ以外の**c**～**f**の生き物は，からだの中に骨があるかないかで分けることができます。骨のある**c**～**f**の生き物には，骨と骨のつなぎ目である(　**C**　)と，骨につながり，ちぢんだりゆるんだりする(　**D**　)があり，それらのはたらきでからだを支えたり，動かしたりしています。<u>**c**～**f**の生き物は，いろいろな方法でさらになかま分けできます。</u>

図1

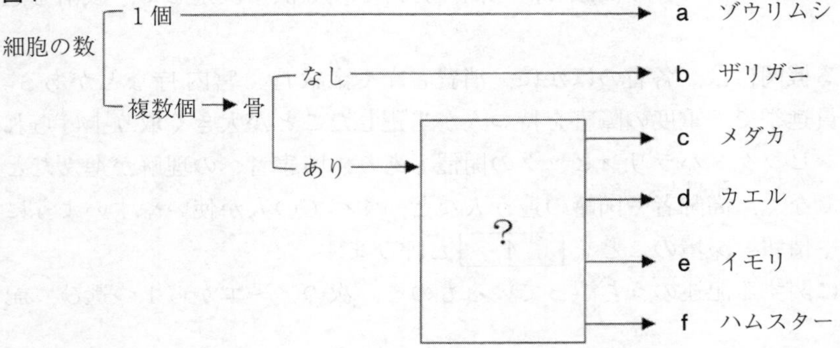

問1　文章中の(**A**)～(**D**)にあてはまる語を答えなさい。

問2　文章中の下線部について，**c**～**f**の生き物を基準**X**～基準**Z**によってグループ①とグループ②の2つに分けました。基準**X**～基準**Z**の説明として正しいものを，**ア**～**オ**から1つずつ選び，記号で答えなさい。

	グループ①	グループ②
基準**X**	**c**メダカ	**d**カエル　**e**イモリ　**f**ハムスター
基準**Y**	**c**メダカ　**d**カエル　**e**イモリ	**f**ハムスター
基準**Z**	**c**メダカ　**f**ハムスター	**d**カエル　**e**イモリ

説明

ア．子の世話をしないのがグループ①，子の世話をするのがグループ②

イ．かたい殻《から》のない卵《たまご》を産むのがグループ①，かたい殻のある卵を産むのがグループ②

ウ．肺呼吸をする時期がないものがグループ①，肺呼吸をする時期があるものがグループ②

エ．冬眠《とうみん》しないのがグループ①，冬眠するのがグループ②

オ．からだの表面がうろこでおおわれているのがグループ①，毛でおおわれているのがグループ②

図2は，産卵しているメダカのスケッチです。**図3**はウーパールーパーの成体の写真です。ウーパールーパーはからだの中に骨を持つ生き物です。ウーパールーパーに近いなかまの多くは変態しますが，ウーパールーパーは幼生(子供の時の姿)の特ちょうを残したまま成体になり

ます。

図2

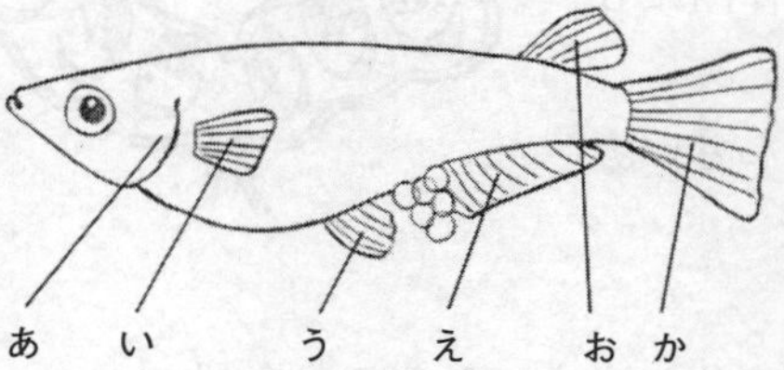

図3

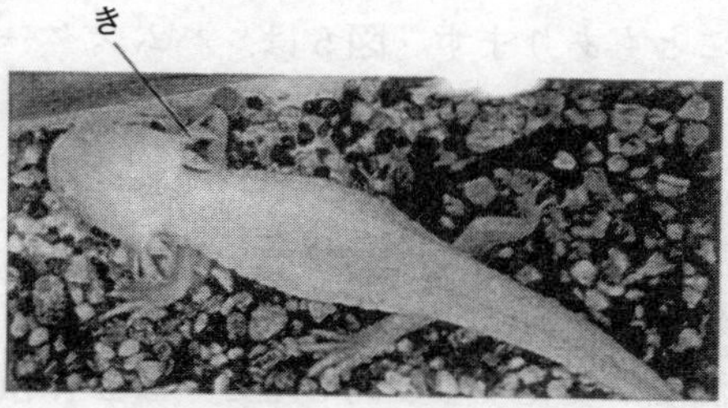

問3　ウーパールーパーの**き**の部分はメダカの**あ**の内部にある構造が外側に出ているものです。この部分を何というか，答えなさい。

問4　ウーパールーパーの**き**の部分はひだ状になっています。この利点は何ですか。つぎの**ア**～**エ**から1つ選び，記号で答えなさい。

ア．エサをつかまえて，取りこみやすい

イ．表面積が大きくなり，酸素を取り入れやすい

ウ．水草に姿が似ていて，敵に見つかりにくい

エ．見た目が派手になり，メスをひきつけやすい

問5　水中生活をする魚の「ひれ」のうちのいずれかが，陸上生活をする生物の「前足(手)」と「後足(足)」に相当します。メダカの「ひれ」のうち，ウーパールーパーの「後足(足)」にあたるものはどれですか。**図2**の**い**～**か**から1つ選び，記号で答えなさい。

図4は，カエル，イモリ，ウーパールーパーが幼生から成長して成体になるようすを表したものです。

図4

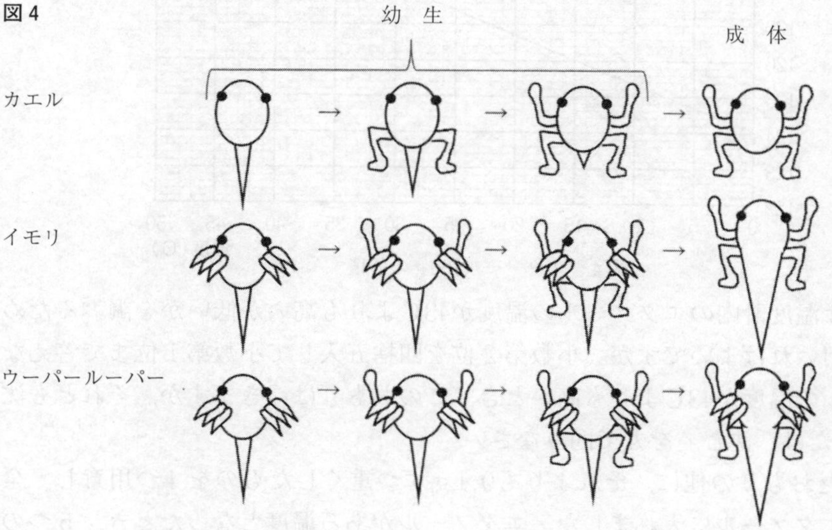

問6　ウーパールーパーはカエル，イモリのどちらに近いなかまだと考えられますか。「カエル」または「イモリ」を丸で囲みなさい。また，【部位】の2か所に注目して，その理由を2つ説明しなさい。

【部位】　目　　頭　　胸　　腹　ひれ　　足　　尾《お》

ハムスターの赤ちゃんは，母親の体内で約15日間育った後，体重はおよそ5 gで生まれてきます。一度に10ぴき近い赤ちゃんが生まれることもあります。**図5**は，ハムスターの体内に6ぴきの赤ちゃんがいる図です。

図5

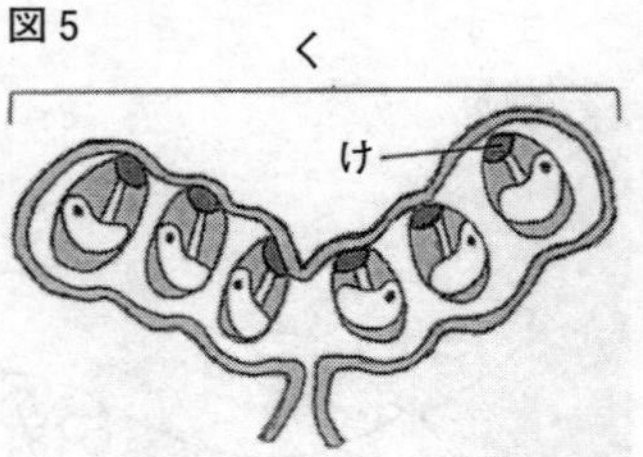

問7　**図5**の**く**，**け**の部分を何というか，それぞれ答えなさい。

Ⅱ　文章【A】【B】を読み，各問いに答えなさい。

【A】　液体は，温度が変化すると同じ重さのまま体積が変化します。このことを利用して簡単な温度計を作ることができます。**図1**の装置はガリレオ温度計と呼ばれ，ある液体中にいくつかのおもりを入れたものです。液体の体積が温度によって変化することから，中に入れたおもりの浮《う》き沈《しず》みを観察することで温度を調べることができます。

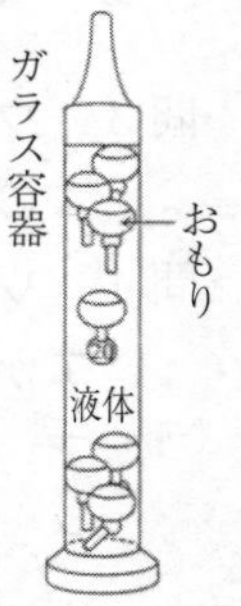

図1　市販のガリレオ温度計

ここで**図2**のように，アルコールの一種であるエタノールを容器に注ぎ，そこにいろいろな重さのおもりを入れ，ガリレオ温度計を作ることを考えます。おもりは，温度によって体積の変化しない10cm^{3}の容器に適量の砂を入れて密閉した**図3**のようなものをいくつか用意します。また，**図4**は，エタノール100 gの体積と温度の関係を表したグラフです。

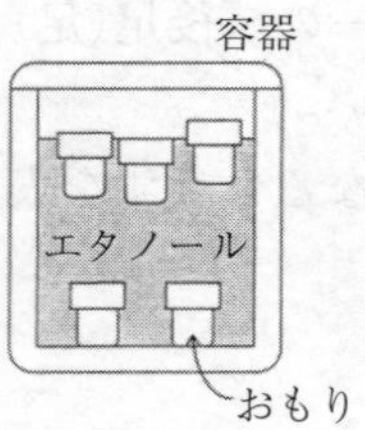

図2

図3　おもり

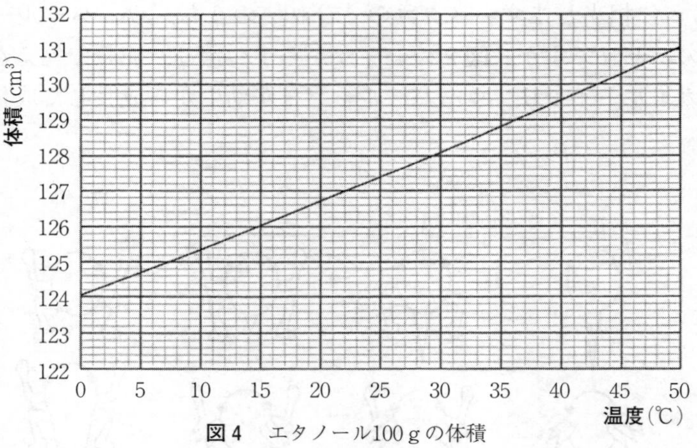

図4　エタノール100 gの体積

問1　**図2**のガリレオ温度計内のエタノールの温度が43℃よりも高いか低いかを調べるためには，何 gのおもりを用いればよいですか。小数第2位を四捨五入して小数第1位まで答えなさい。また，エタノールの温度が43℃よりも高いとき，このおもりは浮きますか，それとも沈みますか。「浮く」または「沈む」を丸で囲みなさい。

問2　問1で用意したおもりの他に，それよりも0.1 gずつ重くしたものを4つ用意し，全部で5つのおもりをエタノールに入れました。エタノールがある温度となったとき，5つのおもりのうちの3つが浮き，2つが沈みました。このときのエタノールの温度は何℃だと考えられますか。つぎの**ア**～**オ**から最も近いものを1つ選び，記号で答えなさい。

ア．1℃　　**イ**．13℃　　**ウ**．26℃　　**エ**．36℃　　**オ**．48℃

問3　以下の文章の空らん①～④にあてはまる語を下の**ア**～**エ**から選び，記号で答えなさい。

エタノールを冷やしていくと，－(マイナス)114℃で固体となる。この温度で固体となる前の液体のエタノール100 g の体積は117cm^{3}であり，同じ温度で固体となったエタノール100 g の体積は107cm^{3}である。同じ体積の－114℃の固体と液体のエタノールを比べると，固体のほうが液体よりも［ ① ］く，固体を液体に入れると［ ② ］ことが知られている。また，水は冷やしていくと０℃で氷となるが，同じ体積の０℃の液体の水と比べると，固体のほうが液体よりも［ ③ ］く，固体を液体に入れると［ ④ ］ことが知られている。

ア．重　　イ．軽　　ウ．浮く　　エ．沈む

【B】　０℃のときの長さがちょうど２ｍで同じ重さの鉄の棒を２本用意しました。１本を０℃に保ち，もう１本を均一にゆっくりと温めたところ，45℃になったときに２本の長さの差が１mm となりました(**図５**)。温度が１℃上がるごとにのびる長さは同じであるものとします。

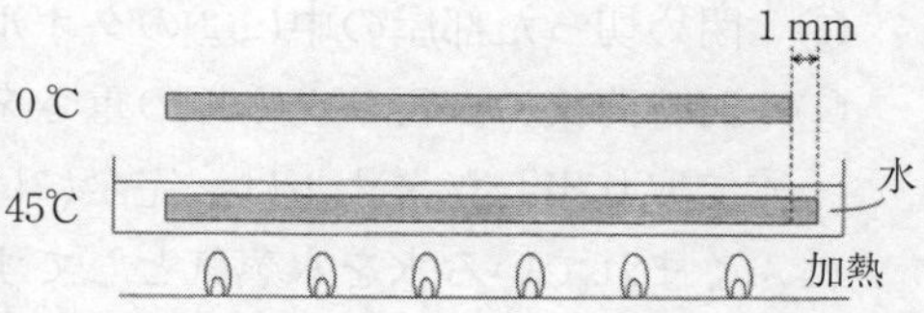

図５

問４　０℃のときの長さが25mである鉄の棒を並べて鉄道のレールを作る場合について考えます。温度が変化しても棒がぶつかってゆがむことのないよう，鉄の棒はすきまを開けて並べられます。直射日光が当たって温度が50℃となっても，となり合うレール同士がぶつからないようにするためには，０℃のときに少なくとも何 mm のすきまを開けておけばよいですか。小数第１位を四捨五入して整数で答えなさい。

Ⅲ　桜さんは，洗たく物がかわくようすに興味を持ち，以下の実験を行いました。

【実験１】　室内と庭にぬれたタオルを15枚ずつ干し，そのかわき方を確認しました。そのときの庭と室内を上から見たようすと条件を**図１**に，タオルの干し方を**図２**に示します。タオルは，**図２**中の||||の場所に干しています。

図１

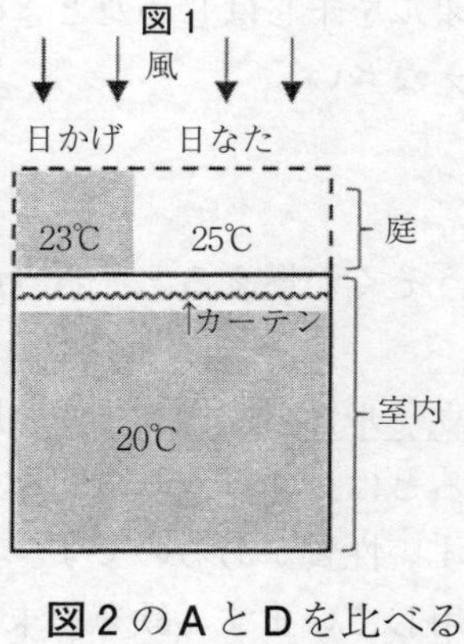

図２

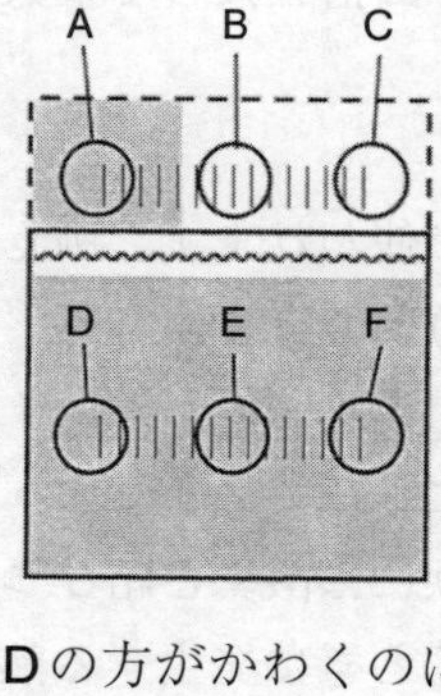

・タオルは等間かくで干してある。

・タオルの素材・形は同じである。

図２の**A**と**D**を比べると，**D**の方がかわくのに時間がかかりました。桜さんは，その理由を以下のように考えました。

(1)　室内の**D**は，庭の**A**とちがって(　あ　)がないこと。

(2)　室内の**D**は，庭の**A**とくらべて(　い　)が低いこと。

問１　上記の理由の文中の(あ)，(い)にあてはまる語を答えなさい。

問２　**図２**の**A**～**F**の中で，タオルが最もかわきやすい場所と最もかわきにくい場所の組み合わせとして正しいものを，つぎの**ア**～**カ**から選びなさい。

	ア	イ	ウ	エ	オ	カ
最もかわきやすい場所	A	A	B	B	C	C
最もかわきにくい場所	E	F	E	F	E	F

【実験２】 ①～④のように，タオルの重さの変化を調べました。

① かわいたタオルの重さをはかったら，43ｇだった。

② ①のタオルを水にぬらして軽くしぼり，その重さをはかったら，151ｇだった。

③ 閉め切った部屋の中に②のタオルを干した。

④ 24時間後に，再びタオルの重さをはかったら，60ｇだった。

④で取り出したタオルは，完全にはかわいていませんでした。これは部屋の空間に，タオルにふくまれている水を水蒸気としてすべてふくむことができなかったからです。空気中にふくむことができる最大の水蒸気量を飽和《ほうわ》水蒸気量といい，20℃では１m^3あたり17.3ｇです。

この実験中，室内は閉め切っていて，部屋の外との空気の出入りはなく，気温は常に20℃，部屋の容積は15m^3，24時間後の部屋の中は水蒸気を飽和水蒸気量までふくんでいるものとして答えなさい。

問３ ①～④から，つぎの重さを求めなさい。

(i) ぬらして軽くしぼったタオルにふくまれている水の重さ

(ii) 24時間のあいだにタオルから部屋の空気中に移動した水蒸気の重さ

問４ この20℃の部屋全体にふくむことができる水蒸気は最大何ｇか。小数第１位を四捨五入して整数で答えなさい。

問５ タオルを干しはじめたとき，部屋全体にふくまれていた水蒸気は何ｇか。小数第１位を四捨五入して整数で答えなさい。

問６ 一定の容積の空間において，ふくむことができる最大の水蒸気量に対する，実際にふくまれている水蒸気量の割合(％)のことを，しつ度といいます。タオルを干しはじめたときの部屋の中のしつ度は何％か。小数第１位を四捨五入して整数で答えなさい。

Ⅳ 文章を読み，各問いに答えなさい。

ものが燃えるときには，空気中の酸素が使われます。例えばろうそくが燃えると，ろうの成分が酸素と結びついて**気体Ａ**と水(水蒸気)ができます。

鉄は燃えるのでしょうか。厚い鉄板は燃えませんが，スチールウールならば燃えます。厚い鉄板でも，空気中に置いておくとしだいにさびていきます。さびるとは，ゆっくり時間をかけて酸素と結びつく現象です。このように鉄には酸素と結びつきやすい性質があるのです。

使いすてカイロは，鉄が酸素と結びつくときに発生する熱を利用しています。鉄を粉末状にして内袋《うちぶくろ》に入れ，さらに外袋に入れて保管します。使うときに外袋から取り出すと，温度が上がり始めます。ちょうど良い温度が長い時間続くように工夫されています。

問１ 酸素について説明した文として正しいものを**ア**～**ク**からすべて選び，記号で答えなさい。

ア．空気中でスチールウールを燃やすと発生する。

イ．水にとかすと酸性を示し，石灰水に通すと白くにごる。

ウ．人が空気を吸いこむときよりも，はき出したときに体積での割合が減る気体である。

エ．品質を保つためにおかしの袋に入っていることがある。

オ．水にドライアイスを入れると出てくるあわと同じ気体である。

カ．日光が当たると植物が出す気体で，空気中での体積の割合が２番目に多い。

キ．塩酸にスチールウールを入れると発生する。

ク．100℃で液体から気体に変化する。

問２　**気体A**について説明した文として正しいものを問１の**ア〜ク**からすべて選び，記号で答えなさい。

問３　下線部について，スチールウールが燃えるのはなぜですか。「厚い鉄板よりもスチールウールのほうが，」に続けて10〜20字で答えなさい。

問４　使いすてカイロについて説明した文として正しいものを**ア〜キ**から３つ選び，記号で答えなさい。

ア．内袋には小さな穴がたくさんあいていて，外袋から取り出すとすぐに鉄が空気にふれて温度が上がり始める。

イ．内袋には小さな穴がたくさんあいていて，中の空気が膨張《ぼうちょう》して袋が破れるのを防いでいる。

ウ．内袋も外袋も空気を通さない素材でできているため，長期間保管することができる。

エ．製造過程で発熱し始めても，内袋に入れると止まる。

オ．製造過程で発熱し始めても，外袋に入れると止まる。

カ．鉄のつぶが大きいほうが速く温度が上がる。

キ．鉄のつぶが小さいほうが速く温度が上がる。

つぎの手順で，使いすてカイロの温度を調べる実験をしました。

図1

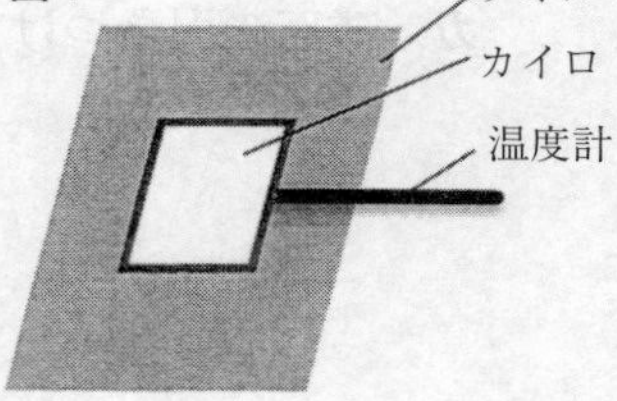

手順１　カイロを外袋から取り出し，タオルの上に置く。

手順２　**図１**のようにタオルとカイロの間に温度計をはさみ，１時間おきにカイロの温度を測定する。

同じカイロを２つ用意し，カイロ①は振《ふ》らずにそのまま置いておき，カイロ②はときどき振りました。外袋から取り出したあとの時間に対する温度の変化をグラフで表すと**図２**のようになりました。

図2

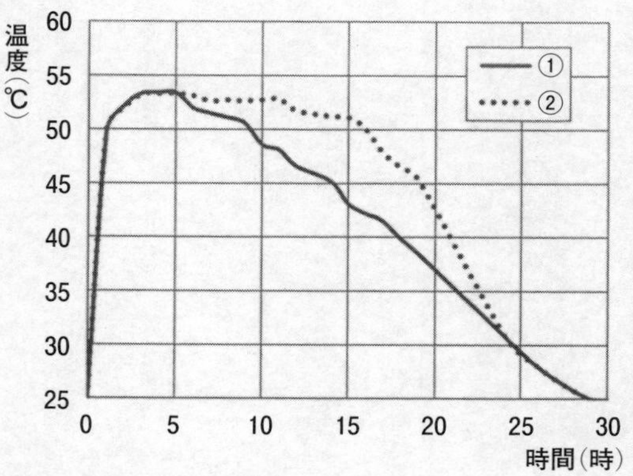

実験後のカイロをさわってみると，①は板のように固まっていましたが，②はさらさらしていました。実験後のカイロ①の重さは，実験前より５ｇ増えていました。カイロ①に磁石を近づけると，引きつけ方は実験後のほうが実験前より弱くなりました。

問５　実験結果のグラフ(**図２**)について説明した文として正しいものを**ア〜カ**からすべて選び，記号で答えなさい。

ア．カイロを振ると鉄が空気にふれやすくなるため，最高温度に達するまでの時間は振ったもののほうが振らないものより短い。

イ．カイロを振るたびにまわりの空気で冷やされるため，最高温度に達するまでの時間は振ったもののほうが振らないものより長い。

ウ．カイロを振っても振らなくても，温度の上がり方に大きな差はない。

エ．カイロを振ると鉄が空気にふれやすくなるため，最高温度は振ったもののほうが振らないものより高い。

オ．カイロを振るたびにまわりの空気で冷やされるため，振ったものには振らないものより低い温度が続く時間帯がある。

カ．カイロを振るたびに空気にふれていなかった鉄が空気にふれるため，振ったものには振らないものより高い温度が続く時間帯がある。

問６　増えたカイロの重さは，すべて鉄と結びついた酸素の重さだとすると，カイロ①の実験に必要な空気は少なくとも何Ｌですか。小数第２位を四捨五入して小数第１位まで答えなさい。ただし，空気の体積の21％が酸素であり，酸素１Ｌの重さは1.31ｇとします。

問７　実験後のカイロ②について説明した文として正しいものを**ア**～**カ**から２つ選び，記号で答えなさい。

ア．重さは，実験後のカイロ①より軽い。

イ．重さは，実験後のカイロ①と同じである。

ウ．重さは，実験後のカイロ①より重い。

エ．磁石の引きつけ方は，実験前より強い。

オ．磁石の引きつけ方は，実験前より弱く，実験後のカイロ①より強い。

カ．磁石の引きつけ方は，実験後のカイロ①より弱い。

えなさい。

問四 (1) ——線部①の句はどのようなことをいっていますか。説明しなさい。

(2) ——線部①の句と比べて、ハセオが——線部②のようにいうのはなぜですか。ハセオの気持ちをくわしく説明しなさい。

問五 ——線部③とありますが、「出るのを待っていた」という表現をふまえて、ここでのソラの気持ちを説明しなさい。

問六 ——線部④とありますが、この時のソラはどのような気持ちだったでしょうか。説明しなさい。

強くなってきた。

コイツ、どれだけ、俳句好きなんだよ。

ソラに謝っているのか、自分の c カリョウ 不足を嘆《なげ》いているのか。だいたい、友だちが死んだときに詠まれた句《く》を例にあげるなんて、不吉《ふきつ》じゃないか。友だちの前で——

そこまで思って、ソラははっとした。

そうか、僕《ぼく》にとっては、ハセオはもう友だちなんだ。

「もう、いいよ」

その言葉が、素《す》直に出てきた。③いま浮《う》かんだというよりも、すでにソラの中にあって、出るのを待っていた、という感じの言葉だった。

ハセオが、悪意で、ああいう句を作るやつじゃないことは、わかっていた。こんなに俳句が好きなハセオが、俳句を、揶揄《からか》うためや、馬鹿にするために使うはずはない、ということ。

「そっか、ありがとう!」

その言葉が聞きたかった! とばかりにハセオの顔が輝《かがや》いたのは、夕闇《やみ》の中でも、はっきりわかった。

ソラの手を、ぐっとつかんで、あらあらしく上下に振《ふ》る。

「おれ、ずっと俳句をやってきたけど、ソラだけなんだ、『俳句なんて』って言わなかったやつ。オヤジもさ、友だちもさ、みんな、『俳句なんて、古臭《くさ》い』とか『将来のために何の役にも立たない』とかって……」

ソラははっとして、ハセオの顔を、正面から見た。

こういうふうに見えて、ハセオも、いろいろな言葉に傷ついてきたのかもしれない。(中略)

ぶんぶんぶん。

激しく手を振られて、ようやく解放されたソラの手には、何か違《い》和感があった。

手を開くと、そこにはヒマワリの種がひとつ。

「なに、これ」

「いや、やるよ」

「こんなんもらっても…さっき、うち見たでしょ? 植える庭、ないよ」

「じゃあ、こっから投げるか?」

ちょうど、鎖《くさり》をひきずるような音を立てて、陸橋の下を、電車が通過したところだった。

「線路のわきに、いつかヒマワリが咲くかもな。それはそれで、俳句に詠んでみたい」

ソラは、その言葉にうなずくと、ぱっと欄干の向こうへ、こぶしを振った。

ハセオは、フェンスに阻《はば》まれる恰好《かっこう》になりながらも、投げられたもののゆくさきを追おうと、身を乗り出した。

しかし——線路へまっさかさまに落ちていくヒマワリの種は、いくら目を凝《こ》らしても、見えなかった。

ハセオはすぐさま、ソラのほうに視線を移した。待ちかまえていたように、ソラはてのひらをさしだしてみせる。そこにはさっきと変わらず、大地のパワーのおおもとが、ひとつ。

「捨ててもいいって!」と、ちょっと照れくさそうなハセオ。

「いいや」ソラはかぶりをふって、ぐっと手の内の種を握りしめた。

④「取っておく」

(髙柳克弘『そらのことばが降ってくる　保健室の俳句会』)

問一 □ a～c のカタカナ部分の漢字を使った二字熟語を自分で考えて答えなさい。上下どちらに使ってもよい。

問二 【ア】【イ】にあてはまる言葉を考えて答えなさい。

問三 ——線部[A]は慣用句です。(　)にあてはまる言葉を考えて答

いつもふらっと行く陸橋の方角。後ろをついてくるハセオは、いつになく物静かで、おなかをすかした犬のように素直《すなお》だった。（中略）

道が急に盛り上がったところに、陸橋がかかっている。ほとんど人の通らないこの橋で、通り過ぎる電車を眺《なが》めていると、心がおちつくのだ。学校で臣野シゲルたちのいじめの対象になっていたときも、放課後ここへ来て、欄《らん》干にもたれて、時間を過ごしたものだった。（中略）

ソラが、いつものとおりに欄干にもたれると、ハセオも、となりで同じポーズをとる。

しばらく、しんみりとした沈黙《ちんもく》が流れるのかなと思っていたが、

「ソラ、あのな、悪かったよ」

ためらいもなく、頭を下げてくるあたりが、ハセオらしいと思いつつ、ソラは反応を示さなかった。

「あのな、あの句なんだけどな……いや、まず、これ見て」

ハセオは、さっと手を出す。どこからか取り出した様子はなかったから、ずっと手に握《にぎ》っていたようだ。

てのひらを、ひらく。薄《うす》暗がりの中でも、あきらかなそれは、ヒマワリの種だった。

ソラの顔がくもったのを察したのか、ハセオは早口になって、

「これ、北村センセの花壇のやつを、一個もらってきたんだけど……おれにとってはな、ヒマワリって、こう、噴《ふん》水みたいというか、花火みたいというか……」

ハセオは、両手をけんめいに上下させた。たぶん、噴水のかたちを示したかったのだろう。でも、だれかを応援《えん》しているような、場違《ちが》いなジェスチャーになってしまっていた。

「……こんな感じでな、地面の中のパワーが、あの茎《くき》を通って、噴《ふ》き出しているように見えんの。それで、ヒマワリの種は、そのおおもとっていうか」

指先に挟《はさ》んだ種を、じっと眺《なが》めつつ、

「それで、あのときな、ソラの顔にホクロあるなー、ヒマワリの種みたいだなー、ソラの顔からヒマワリ、ぶわーっと生えたらおもしろいなーとか…ぜんぜん、そんな、バカにするつもりは、なかったんだよ。あのあとも、どうしてソラが怒《おこ》ってんのかわからなくて、北村センセに言われて、ようやく気づいたんだ。でも、どうしたらいいのかわからなくて」

こぶしを握《にぎ》りしめて、種を再びてのひらにおさめてから、ハセオは、さっきと同じ、欄干でソラと並ぶポーズに戻《もど》る。

ぽつぽつと話すハセオの声は、ときどきやってくる電車の轟《ごう》音にかき消されながら、続いていく。

「でもな、おれ、下手くそなんだよな。まだまだ、俳句、下手くそでさ。あの句もさ、挨拶のつもりだったんだ。あのとき言っただろ？挨拶だって……そんで、おれも、ソラに何か挨拶の俳句が作れんかなと思って、それで出てきたのが、あの句でさ……でも、下手くそだよな、ぜんぜん伝わってないんだもんな、まだまだだよな……」

ハセオは、話しているうちに、ソラに謝っているというよりも、自分の俳句の下手さにしょげているようになった。

「挨拶句ってさ、うまくいくと、すげー句になるんだよな、たとえばさ、昔の人の句で、

①**たとふれば独楽《こま》のはじける如《ごと》くなり**

っていうのがあって、これ、死んじゃった友だちっていうか、ライバルに贈《おく》った、まあ、一種の挨拶句なんだけどさ、コマがばちばちーって戦うような二人だって言っててさ、こういうたとえができるのって、カッコいいと思うんだよな。②おれの句、ぜんぜんだめだよな」

聞いているうちに、ソラは、怒《いか》りや不快感よりも、呆《あき》れる気持ちが

しさ、会心の句ができたうれしさが、その顔にはあふれていた。だが、対照的に、ソラの顔は、ひきしまり、かたくなっていた。北村先生は、あわてていた。何か言わなくては、という焦《あせ》りが、顔に出ていた。

ソラはそのまま立ち上がって、保健室を出ていこうとした。うっかり、入り口わきのラックに入れておいた鞄《かばん》を、取り忘れるところだった。ドアの前でキュッとするどく上履きを鳴らして方向転換《かん》し、鞄のほうに手を伸《の》ばす。

「どうした？」と、駆け寄ってきたハセオが、その腕をつかんだが、ソラはそれをふりきり、ドアを開けて、廊《ろう》下へ踏《ふ》み出した。

◇◇◇

三日前の句会でハセオが作った句が、ソラには、どうしても許せないでいた。

ヒマワリの花壇で、ソラの顔をじっと見ていたハセオ。

気にしないようなそぶりはしていたけれど、やはり、このホクロのことを、おもしろおかしく俳句にするほどには、関心を持っていたのだ。

ほかの花よりも、ずっと大ぶりで、存在感のあるヒマワリ——種も、りっぱだ。その種にたとえられた、この、大きなホクロ。

ベッドの上で寝《ね》返りを打つ。（中略）体重でベッドがきしむ音が、いやに大きく聞こえる。昼ごはんの時間が近づいていたけれど、動いていないせいか、ちっともおなかがすかない。

そのまま眠った夢の中に、さまざまな記憶《おく》の断片《ぺん》が、ただよっていた。

椅子に縛《しば》りつけられ、まぶたを金具で固定されて、むりやりいくつもの映画を見せられているようだった。短く断ち切られた記憶が、何度も目の前を過《よ》ぎっては、消えていく。

目覚める直前に見ていたのは、臣野シゲルたちが、ソラが買ってきたパンを、パスし合っている記憶だった。（中略）

「あの、お友だち、来てるわよ」

母が言い終わらないうちに、

「ソラ、おれ、おれ」

と、聞きなれた声がした。

ハセオだ。驚《おどろ》きよりも、奇妙《きみょう》な感覚が、先におそってきた。自分の家の中で、ハセオの声を聞くなんて。

少しだけ開いたドアの向こうには、困惑《わく》ぎみの、母の顔があった。その顔の上に、長身のハセオの顔が、のぞいている。

ソラは、反射的に、マスクをしていない口元を手で隠《かく》そうとしたが、やめた。いまさら、と思ったのだ。

「ごめん、ストーカーみたいなことして……北村センセにたのみこんで、住所、教えてもらったんだ」

ストーカーみたい、じゃない。

家にまで来るなんて、完全にストーカーだよ、と思いつつ、ここまで入ってきてしまった以上、無視することもできない。ハセオのことだ。玄《げん》関で迎《むか》えた母に、いつもの調子で、相手が吹《ふ》き飛んでしまいそうな風速で言葉を送り続けて、強《ごう》引に家の奥《おく》まで入り込んできたのだろう。

「待って待って」

こんなにちらかっている部屋の中を、見せるわけにはいかない。着ているものも、パジャマのままだ。

「ちょっと、外行こ」

ソラは、ハセオをうながして、階段を下りていった。（中略）

すでに日が暮《く》れかけていた。（中略）おのずから足が向いたのは、

「うーん」ハセオは、コツなどいままで考えたこともない、というふうだった。

「おれはね、まずは当たり前のことはいわないようにしてる。ヒマワリだったら、【ア】とか、【イ】とかは、当たり前だろ。それいっても、つまんないじゃん」

「たしかに」ソラは、手許《もと》のノートに、さっそくメモをする。

〈当たり前のことはいわない〉

「それから？」

「うーん、あとは、挨拶《あいさつ》するように詠むといいって、いわれるな」

「挨拶？」

「そう。俳句はさ、ひとりでつぶやくようなもんじゃないってこと。誰《だれ》かに向けて書くっていうのかな。その相手は、人だったり、ヒマワリだったり、場所だったり、いろいろなんだろうけど」

「挨拶ねえ」

わかったようでわからない。それでも、一応、〈挨拶の心を持つ〉と書いておく。

ハセオのほうでは、ソラの顔をじっと見て、

「おっ、いいな、いま、一句できたわ」

「はー⁉」

自分だけわかっているかのようにからから笑うハセオが急に憎《にく》らしくなり、ソラは自分の席に戻った。北村先生は、いつもの笑《え》みが消え、真剣なｂ[表ジョウ]で、ノートに向き合っている。書いては消し、消しては書き、を繰《く》り返しているようだ。

結構本気だな……ソラは、北村先生の、知らない一面をかいま見た気がした。

そうこうしているうちに、二十分は、あっという間に経過した。

「はいはい、ゴ―――ル―――試合終了《りょう》―――」（中略）

「じゃあ、作った中から一句、これぞというのを短冊《たんざく》に書いて」

ハセオがまた、ポケットから短冊を出してきて、北村先生と、ソラに渡《わた》す。ハセオがどこからともなく短冊を出してくるマジック(？)にも、だんだん慣れてしまった。

「書いた？　じゃあ、それを、読みあげてみよう。はいソラくん」

「えっ、これ口に出すの？　自分で？」

短冊を持ったまま、ソラはかたまってしまった。

「それはちょっと……」

「そそそ」

自分の句を――しかも、ほとんどはじめて作って、おそらく出来もいまいちのはずの句を、自分の口で読み上げるのは、抵抗感があった。

「経験者のハセオくんからがいいんじゃない？　いきなりソラくんじゃ、緊《きん》張するわよ」

北村先生が、[A]（　　　）を出してくれる。

「そっかー。ソラのが、早く見たかったんだけどな。じゃあ、まずはおれから――」

そう言って、ハセオが朗々と読み上げる。あの日、「白雨」の句を読み上げたのと同じ、澄《す》んだ声で。

向日葵《ひまわり》の種みたいだなそのホクロ

――しかし、その朗読は、あのときとは、まったく正反対の効果をもたらしてしまった。

その句が声となって宙空に放たれたとたん、保健室の空気が、さっと変わった。明るかった日ざしまでもが、一瞬《いっしゅん》で翳《かげ》ったように錯覚《さっかく》した。

ハセオの句は、あきらかに、ソラの顔のホクロを詠んだものだった。

「……どうかな？　感想は？　んん？」

ハセオは、二人の顔を見比べる。はじめて学校で句会ができたうれ

問一　□ a～cのカタカナを漢字に直しなさい。なお、送り仮名が必要な場合は送り仮名も含めて書きなさい。

問二　A にあてはまる、身体の一部を表す言葉を考えて漢字で答えなさい。

問三　B にあてはまる、「あらゆる人々」という意味を表す四字熟語を考えて答えなさい。

問四　――線部①からは、何についてのどのような（筆者の）気持ちが読み取れますか。説明しなさい。

問五　――線部②とありますが、筆者は「食べる」ことをなぜ「愉快で、壮大」だと述べているのですか。説明しなさい。

問六　――線部③の経験をすることで、筆者は子どもたちがどのように成長していくと考えていますか。現在の社会のあり方をふまえて説明しなさい。

二　次の文章を読んで、後の問いに答えなさい。

◇中学生のソラは、同級生の臣野《おみの》たちのいじめの対象になったことをきっかけに教室に行けなくなり、保健室に登校しています。ある日、保健室でハセオという生徒に出会います。ハセオはいつも俳句をつくっていて、保健の北村先生に俳句を教えています。

「じゃあ、今日のお題は、ヒマワリで決まりね」

窓辺まで、いそいそと歩いて行った北村先生は、さーっとカーテンを開けた。

保健室の前に、北村先生が作っている花壇《だん》。その花を、切り取ってきて、窓辺の花瓶《びん》にさすのが習慣だった。でも、いまは、その必要はない。背の高いヒマワリが、窓の向こうに a リン立 して、大きな金色の花を、ソラたちに誇《ほこ》っていたからだ。

「すげっ！」と、椅子《いす》の上にあぐらをかいていたハセオは、そのまま立ち上がる。

「北村センセ、ナイス！　じゃあ、お題はヒマワリで、制限時間はいまから二十分。一句。はじめー」

「まるでスポーツみたいだね」とソラが笑うと、ハセオものってくる。

「いいこと言うな、ソラ！　そうそう、俳句は、言葉のスポーツ。句会は、試合なんだよ」

「がんばるわよお」

などと、いまにも腕《うで》まくりしそうな北村先生の張り切りに影響《えいきょう》されたのだろうか。

「おれ、ちょっと観察してくる」

と、ハセオは窓をがらがらと開けると、上履《うわば》きのまま、外の花壇へ飛び出してしまった。

とはいえ、張り切ればよいというものではないことが、作り始めて、ソラにはわかってきた。言いたいことを言おうとすると、あまりに十七音は少なすぎた。ほとんど、作文の一行と見分けのつかない言葉になってしまう。言葉を削《けず》る必要があるのだろうが、言いたいことが伝わらなくなってしまいそうで、どこをどう削ればよいのか、見当がつかない。

「あのさ」とソラは、窓に近づく。花壇では、ハセオが、ヒマワリの花とにらめっこしていた。長身のハセオが、ヒマワリには見下ろされているかっこうになるので、なんだかおかしかった。

「なんか、コツみたいのないかな」

「ないよ。自由に詠《よ》めばいいんだ」

「そうは言ってもさ」

草《くさ》の塩もある。富山の米もある。それぞれが別の進化の来歴をたどってきた動物や植物や鉱物たちが、いまこの食卓の上で共演をしている。そのすべては、少なくとも三五億年前から一度も滅びたことがない「生命」の異なる表現である。同じ地球環境を、鯛は鯛として、キャベツはキャベツとして、イチゴはイチゴとして、イモはイモとして受け止め、解釈《かいしゃく》し、この地上で生きるとはどういうことかを、それぞれのやり方で表現してきた。僕たちは何億年も前に別の進化の道を歩みはじめ、ここで、この食卓で、久しぶりに再会をした。

「これはお母さんによる宇宙と生命の歴史の表現なんだよ」と僕が子どもたちに語る。息子たちは目を丸くして笑いながら「うまーい！」と叫ぶ。何気ない食事の場面から、あらゆるスケールに認識がはみ出し、この世の生態学的な豊かさに、感動としみじみとした喜びを覚える。この感動はしかし、彼らが大人になる頃には、いまと同じように魚を食べることなどできなくなっているかもしれないという悲しみと[A]合わせなのである。

春になり、法然院《ほうねんいん》の土地にうずたかく積もった腐葉土《ふようど》を、近隣《きんりん》で畑をしている人たちがときどきもらいに来てくれるようになった。小倉ヒラクさんを招いたワークショップで作った落ち葉堆肥《たいひ》とは別に、すでにここには長年にわたって、庭掃除《にわそうじ》で出た落ち葉を重ね続けてきた結果、大量の腐葉土が蓄積《ちくせき》されている。これをみんなでふるいにかけ、小石や枝を取り除き、真っ黒でふかふかの腐葉土を、好きなだけ持ち帰ってもらうのだ。

親と一緒にやってくる子どもたちも、僕たちと一緒に土をふるいにかける。飽《あ》きたら石や枝を探して遊ぶ。育てたり、作ったりする経験もいいが、③子どもたちにはまず、「もらう」こと、「拾う」ことを、たくさん経験してほしいと思う。

自然の圧倒的に潤沢《じゅんたく》な富を、僕たちの社会はお金を払わなければ買えない商品に変えてしまう。「あのみかん採ってもいい？」と散歩中に息子に聞かれて僕は、「ダメだよ、あれは他の誰かのものだから」と答えなければいけない。自然からの純粋《じゅんすい》な贈《おく》り物《もの》を、僕たちはお金を払わなければ買えないことにしてしまった。散歩道に美味しそうなビワがなっているのに、僕は子どもたちに「採ってもいいよ」と言えない。それは誰か別の人の土地に植わったビワの木だからだ。

かつて人間は、自然からもらい、拾いながら生きていた。育てたり、作ったりする以前に、自然から圧倒的《あっとうてき》な富を与えられていた。自然から与えられるというこの経験が、人間の生活の前提にあった。物を贈り合う連鎖《れんさ》は、「こんなにもらってしまった」という、驚《おどろ》きと感謝の経験からこそ動き出すのではないだろうか。

腐葉土をもらいにきた家族の子どもたちは、石や枝を拾って、それをもらっていく。「どんどんもらってね！」と僕が言うと、子どもたちも真剣《けん》になって探し始める。思う存分拾ったりもらったりできる場所を、僕たちはもっと作っていかないといけない。

知識や学問だって本当は、圧倒的に潤沢な富として、もっと自由に拾ったりもらったりできるものであってもいいはずである。[B]が集い、思わぬ来客が行き交う未来の学《まな》び舎《や》は、拾うこともらうことの自由に溢《あふ》れた場所にしたいと思う。

（森田真生『僕たちはどう生きるか　言葉と思考のエコロジカルな転回』）

注1　化学的にそれ以上は分解することができない物質
注2　物質の化学的性質を失わない最小単位
注3　表現や発想が非日常的であるさま
注4　デジタル画像の細かさを表す度合い
注5　生物と環境のつながりを研究する学問

二〇二二年度 桜蔭中学校

【国　語】（五〇分）〈満点：一〇〇点〉

一　次の文章を読んで、後の問いに答えなさい。

野菜には栄養がある。食べることは栄養とエネルギーの摂取《せっしゅ》である。だが、本当にそうなのだろうか。

周防大島《すおうおおしま》から届いたとれたてのスナップえんどうに食らいつくとき、僕たちの頭には栄養やエネルギーのことなど少しもない。ただどうしようもなくそそられてかぶりつく。そして「うまーい！」と叫ぶ。

食べるという行為を緻密《ちみつ》に捉《とら》えようとすると、どんな風景が浮かび上がるのだろうか。これに関して、生物学者の福岡伸一《ふくおかしんいち》が面白い研究を紹介している。それは、ドイツに生まれ、アメリカに亡命したユダヤ人科学者ルドルフ・シェーンハイマーによる実験である。

シェーンハイマーが立てた問いはシンプルだった。それは、動物が何かを食べるとき、食べものはどこに行くのだろうかという問いだ。これを確かめるために彼は、同位体標識法《どういたいひょうしきほう》という手法を用い、注1元素《げんそ》に目印を付け、その元素を含むアミノ酸を作って、ネズミに三日間食べさせてみた。

シェーンハイマー自身は、食べものはネズミの体内で燃やされ、しかるべき時間が経過したあと、燃えかすが呼吸や糞尿《ふんにょう》となって排泄《はいせつ》されるだろうと予想していた。だが実験の結果は予測を裏切るものであった。目印を付けたアミノ酸は、ネズミの全身に飛び移り、その半分以上が、脳や筋肉、消化器官や骨、血管、血液など、あらゆるaソシキや臓器を構成するタンパク質の一部となっていたのだ。

食べることは単にカロリーをとることでも、栄養を摂取することでもなかった。緻密に調べてみると、食べることは、文字通り自分の体の一部が、食べられたものに置き換わっていく過程であることがわかったのだ。

動物が何かを食べることと、車にガソリンを入れることの違いがここにある。車にどれほどガソリンを入れても、車を構成する部品が、ガソリンの成分に置き換わっていくことはない。ところが僕たちがえんどう豆を食べ、魚を食べ、リンゴを食べるときには、えんどう豆や魚やリンゴを構成していた注2分子が、それまで自分の体を構成していた分子と置き換わっていく。さっきまでえんどう豆だったものが僕になり、さっきまで魚の一部だったものが自分の一部になる。まるでカメレオンのように、僕はキャベツになり魚になりトマトになりスナップえんどうになる。

①緻密に調べてみると、想像以上に注3シュールなことが、食べるときにはくり広げられている。

少なくともただカロリーや栄養を摂取しているだけというのは、食の理解としてあまりにも注4解像度《かいぞうど》が低い。②僕たちは食べるとき、もっと愉快《ゆかい》で、壮大《そうだい》なことをしているのかもしれない。

僕は自宅で食事をするとき、食卓に並ぶ食材を生み出してきたあらゆるものの注5生態学的《せいたいがくてき》な連関を、なるべく詳細《しょうさい》に想像してみようとする。鯛《たい》が泳いでいた瀬戸内海の海。その海の流れを生み出してきた大気。スナップえんどうを育てた土の微生物《びせいぶつ》。土をはぐくみ続けた宮田さん。あそこの土には周防大島の海から打ち上げられた海藻《かいそう》や竹チップも投入されているのだった。種子から見事にこんなに丸々と育った豆たち。一億五〇〇〇万キロ離れた太陽の光をbアビて、こんなにも豊かに育ってきた。

大豆を煮込《にこ》み、潰《つぶ》し、発酵《はっこう》させて、じっくりとcスガタを変えてきた味噌《みそ》。そういえば僕が作った味噌はどうなっているだろうか。天《あま》

2022年度
桜蔭中学校　▶解説と解答

算 数　(50分)＜満点：100点＞

解 答

Ⅰ　ア　$3\frac{6}{23}$　イ　$4\frac{14}{75}$　ウ　24　エ　11　オ　7　カ　8　Ⅱ　⑴　1時$5\frac{5}{11}$分　⑵　21回　Ⅲ　⑴　分速200m　⑵　2656.25m　⑶　2343.75m　Ⅳ　⑴　①　**底面**　(例)　右の図1　**使う立方体の個数**　10個　②　右の図2　⑵　①　**使う円柱の個数**　8個　**使う円すいの個数**　2個　**体積**　734.76cm^3　②　**一番大きい体積**　621.72cm^3　**一番小さい体積**　452.16cm^3

図1

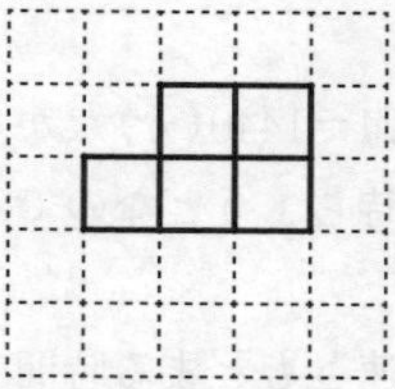

図2

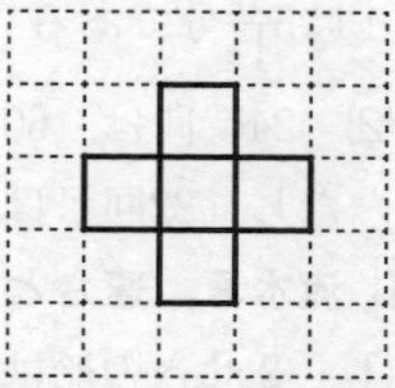

解 説

Ⅰ　逆算，図形の移動，長さ，条件の整理

⑴　$13\frac{1}{3}-\left\{\left(4\frac{13}{14}\times\square-2.375\right)\div1\frac{2}{11}-3\frac{5}{7}\right\}=5\frac{11}{24}$より，$\left(4\frac{13}{14}\times\square-2.375\right)\div1\frac{2}{11}-3\frac{5}{7}=13\frac{1}{3}-5\frac{11}{24}=13\frac{8}{24}-5\frac{11}{24}=12\frac{32}{24}-5\frac{11}{24}=7\frac{21}{24}=7\frac{7}{8}$，$\left(4\frac{13}{14}\times\square-2.375\right)\div1\frac{2}{11}=7\frac{7}{8}+3\frac{5}{7}=7\frac{49}{56}+3\frac{40}{56}=10\frac{89}{56}=\frac{649}{56}$，$4\frac{13}{14}\times\square-2.375=\frac{649}{56}\times1\frac{2}{11}=\frac{649}{56}\times\frac{13}{11}=\frac{767}{56}$，$4\frac{13}{14}\times\square=\frac{767}{56}+2.375=\frac{767}{56}+2\frac{3}{8}=\frac{767}{56}+\frac{19}{8}=\frac{767}{56}+\frac{133}{56}=\frac{900}{56}=\frac{225}{14}$　よって，$\square=\frac{225}{14}\div4\frac{13}{14}=\frac{225}{14}\div\frac{69}{14}=\frac{225}{14}\times\frac{14}{69}=\frac{75}{23}=3\frac{6}{23}$

⑵　①　右の図1のように，内側の六角形は斜線《しゃせん》部分と同じ大きさの正三角形に分けることができる。直線lとCBは平行だから，角BAMの大きさは，角ABCの大きさと等しく60度である。また，三角形NARは，角RNAの大きさが，180－60＝120(度)の二等辺三角形なので，角NARの大きさは，(180－120)÷2＝30(度)，角RAMの大きさは，60－30＝30(度)となる。よって，この図形を点Rが直線lと重なるまで回転させるとき，点Pは点Aを中心として30度回転することになる。さらに，斜線部分の正三角形の高さは，6÷3＝2(cm)だから，APの長さは，2×4＝8(cm)となり，点Pが動いた道のりは，$8\times2\times3.14\times\frac{30}{360}=\frac{4}{3}\times3.14=\frac{314}{75}=4\frac{14}{75}$(cm)と求められる。　②　図1でかげをつけた三角形は正三角形を半分にした形の三角形なので，RAの長さは，2×2＝4(cm)である。よって，点Rが直線lと重なる位置をZとすると，XとZの距離《きょり》は4cmとわかる。また，直線lと重なる点は，A(X)→R(Z)→B→P→C→Q→A(Y)と変化し，それぞれの点の距離はすべて4cmだから，XとYの距離は，4×6＝24(cm)となる。

図1

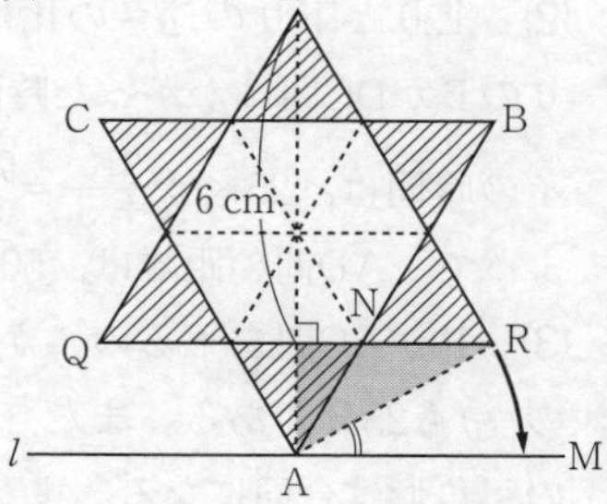

⑶　①　2つ目の数を□とすると，3つ目の数は，2＋□，4つ目の数は，□＋(2＋□)＝2＋□×2と表すことができる。これが24なので，2＋□×2＝24より，□＝(24－2)÷2＝11とわかる。

② 1つ目の数を□，2つ目の数を△とすると，□の個数と△の個数のそれぞれが，直前の2つの個数の和になるから，N番目の数を□と△の個数で表すと，下の図2のようになる。よって，8番目の数は，□×8＋△×13＝160と表すことができるから，(□，△)＝(7，8)とわかる。したがって，1つ目の数は7(…オ)，2つ目の数は8(…カ)である。

図2

N	1	2	3	4	5	6	7	8
□の個数	1	0	1	1	2	3	5	8
△の個数	0	1	1	2	3	5	8	13

Ⅱ 時計算

⑴ 長針は1分間に，360÷60＝6(度)回転し，短針は1分間に，360÷12÷60＝0.5(度)回転するから，長針は短針よりも1分間に，6－0.5＝5.5(度)多く回転する。よって，短針と長針は，360÷5.5＝$\frac{720}{11}$＝$65\frac{5}{11}$(分)ごとに重なるので，0時を過ぎてから最初に重なる時刻は，0時＋$65\frac{5}{11}$分＝1時$5\frac{5}{11}$分である。

⑵ 24時間は，60×24＝1440(分)だから，24時までに，1440÷$\frac{720}{11}$＝22(回)重なることがわかる。ただし，22回目は24時ちょうどなので，24時になる前には，22－1＝21(回)重なる。

Ⅲ 流水算，速さと比

⑴ 2せきの船は，速さもとまる時間も同じだから，AC間の往復にかかる時間は同じである。よって，2せきの船の進行のようすをグラフに表すと，右のようになる。Pは，25－5＝20(分)で5km(＝5000m)下るので，下りの速さは分速，5000÷20＝250(m)とわかる。また，静水時，上り，下りの速さの比は，4：(4－1)：(4＋1)＝4：3：5だから，静水時の速さは分速，250×$\frac{4}{5}$＝200(m)と求められる。

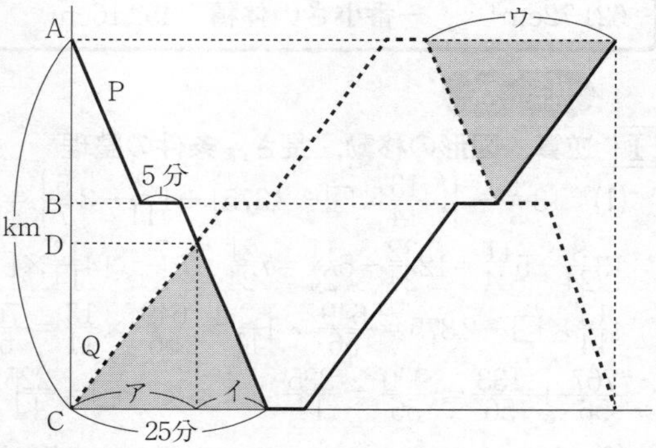

⑵ 上りと下りの速さの比は3：5なので，上りのQがCD間にかかった時間(グラフのア)と，下りのPがDC間にかかった時間(グラフのイ)の比は，$\frac{1}{3}$：$\frac{1}{5}$＝5：3である。この和が25分だから，イの時間は，25×$\frac{3}{5+3}$＝$\frac{75}{8}$(分)となり，DC間の距離は，250×$\frac{75}{8}$＝2343.75(m)と求められる。よって，AD間の距離は，5000－2343.75＝2656.25(m)である。

⑶ PがAC間を下るのにかかった時間が25分なので，QがAC間を下るのにかかった時間(グラフのウ)も25分である。また，PとQの上りと下りの速さはそれぞれ等しいから，かげをつけた2つの三角形は合同になる。よって，AB間の距離はDC間の距離と等しく2343.75mとわかる。

Ⅳ 立体図形―構成，体積

⑴ ① 5つの正方形の並べ方には，下の図Ⅰのような場合があり，正方形の中に書かれている数字は，その位置に積み上げる立方体の数を表している(正方形どうしの重なり方が同じになるものは一部省略してある)。よって，立方体の数が一番多くなるのはオのような場合であり，使う立方体の数は10個となる。 ② 一番高く積み上がるのはキの場合である。

図Ⅰ

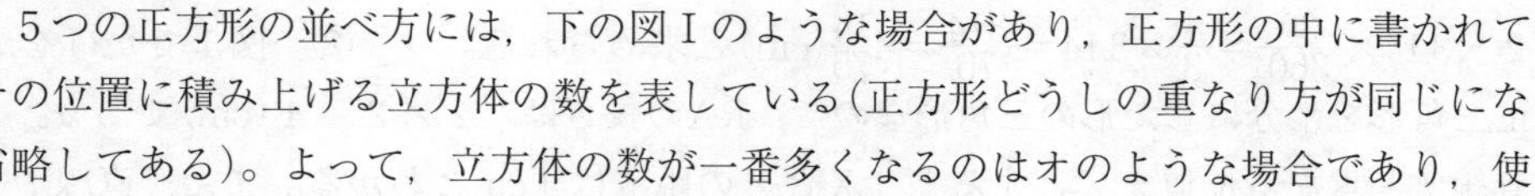

ア(8個) イ(8個) ウ(8個) エ(8個)

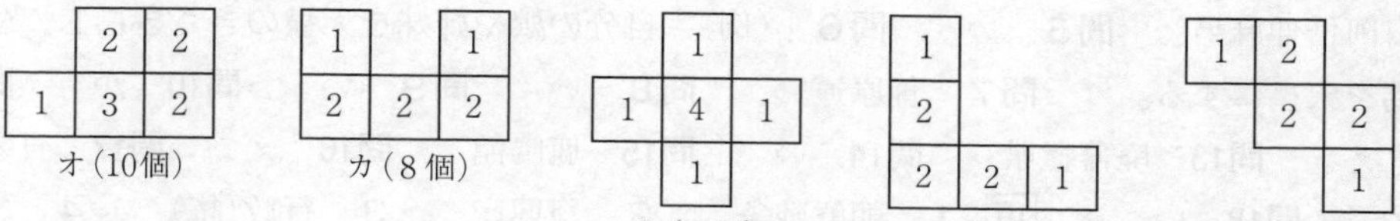

オ(10個)　カ(8個)　キ(8個)　ク(8個)　ケ(8個)

⑵ ①　はじめに，円柱の体積は，$3\times3\times3.14\times3=27\times3.14(\mathrm{cm}^3)$，円すいの体積は，$3\times3\times3.14\times3\times\frac{1}{3}=9\times3.14(\mathrm{cm}^3)$だから，円柱の数を□個，円すいの数を△個とすると，積み上げてできた立体の体積は，27×3.14×□＋9×3.14×△＝(27×□＋9×△)×$3.14(\mathrm{cm}^3)$と表すことができる。また，350÷3.14＝111.4…，750÷3.14＝238.8…より，積み上げてできた立体の体積が$350\mathrm{cm}^3$以上$750\mathrm{cm}^3$以下になるのは，下線部の値が112以上238以下になるときとわかる。次に，4つの円の並べ方には，下の図Ⅱのような場合がある。エの場合で，すべて円柱にすると下線部の値は，27×10＝270となり，範囲《はんい》を超《こ》えてしまう。また，一番上の段の円柱を円すいに変えるごとに，下線部の値は，27－9＝18ずつ減るので，270－18×2＝234より，一番上の段の円柱2個を円すいに変えると，範囲の条件に合うことがわかる。これは，ア，イ，ウ，オですべて円柱にしたときよりも大きいから，体積が一番大きくなるのは，円柱を，10－2＝8(個)，円すいを2個使う場合であり，そのときの体積は，$234\times3.14=734.76(\mathrm{cm}^3)$と求められる。　②　使う円すいの数が一番多くなるのは，一番上の段が4個とも円すいの場合である。それぞれの場合について，円すいの数が4個の場合の下線部の値を求めると，アとウの場合は，27×(6－4)＋9×4＝90，イとオの場合は，27×(8－4)＋9×4＝144，エの場合は，27×(10－4)＋9×4＝198となる。よって，一番大きい体積はエの場合であり，$198\times3.14=621.72(\mathrm{cm}^3)$とわかる。また，アとウは範囲の条件に合わないので，一番小さい体積はイとオの場合であり，$144\times3.14=452.16(\mathrm{cm}^3)$と求められる。

図Ⅱ

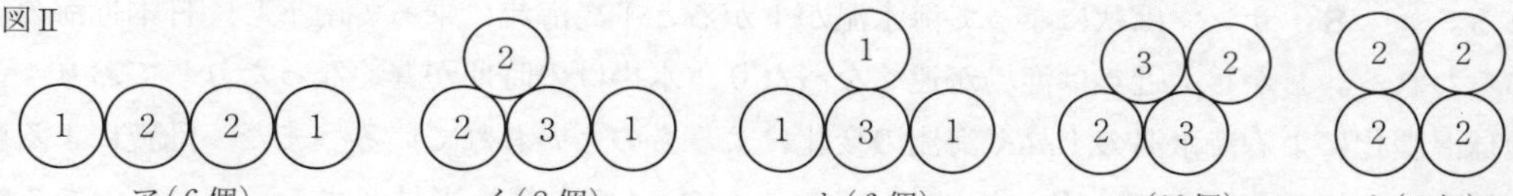

ア(6個)　イ(8個)　ウ(6個)　エ(10個)　オ(8個)

社　会　(30分)　＜満点：60点＞

解　答

Ⅰ　**問1**　**1**　コンテナ　**2**　石炭　**3**　脱炭素　**4**　30　**5**　16　**6**　猛暑(日)　**7**　千島　**8**　サンマ　**9**　網戸　**10**　電気　**11**　材料(原料)　**12**　スリッパ　**問2**　鉄道　**問3**　あ　**問4**　え　**問5**　(例)　従来は東京港をおもに利用していたため，都心を経由せねばならず，渋滞に巻きこまれることも多かったが，太平洋に面した茨城港と結ばれたことで，アメリカ合衆国などとの行き来にかかる時間が短縮された。　**問6**　自動車　**問7**　(例)　〈あ〉は記念碑の地図記号で，石碑や立像など有名なもの，目印になるものが記載された。〈い〉は自然災害伝承碑で，過去の自然災害の記録を再確認し，再びの災害に備えるため，記念碑の地図記号とは区別した。　Ⅱ　**問1**　**1**　土偶　**2**　唐招提(寺)　**3**　源氏物語　**4**　茶　**5**　徳川吉宗　**6**　オランダ　**7**　前野良沢　**問2**　う　**問3**　か

問4　阿倍仲麻呂　**問5**　い　**問6**　(例)　自分の娘や姉妹を天皇のきさきにし，生まれた孫や甥を天皇にする。　**問7**　菅原道真　**問8**　い　**問9**　い　**問10**　か　**問11**　あ　**問12**　え　**問13**　廃藩置県　**問14**　い　**問15**　鹿鳴館　**問16**　え　**問17**　日米安全保障条約　**問18**　い　Ⅲ　**1**　朝鮮戦争　**2**　復興庁　**3**　行政(権)　**4**　ユニバーサルデザイン　**5**　ユニセフ　**問A**　ウ　**問B**　エ　**問C**　ウ　**問D**　エ　**問E**　ア

解　説

Ⅰ　日本の工業や交通，地図記号などについての問題

問1　**1**　貨物輸送に用いられる箱型の容器をコンテナといい，荷物の移し替《か》えが容易で荷崩《にくず》れの心配も少ないなどの利点があることから，国際的な規格で大きさが統一されている。　**2**　火力発電のエネルギー源にはおもに，石炭，石油，天然ガスの3つがあるが，日本で長く用いられてきたこと，供給が安定していることなどから，石炭だと判断できる。石炭は石油・天然ガスに比べて埋蔵《まいぞう》量も多く，手に入れやすいが，燃やしたときの二酸化炭素排出量が多いという短所もある。　**3**　二酸化炭素の排出量から，植林や森林管理などによる吸収量を差し引いて，合計を実質的にゼロにしようという取り組みをカーボンニュートラルといい，これが実現された社会を脱《だつ》炭素社会という。　**4**　過去30年分の気象データの平均値を平年値といい，10年ごとに更新される。2021年に平年値が更新され，1991～2020年のデータが平年値とされた。　**5**　東京の新しい年平均気温は15.8度で，約16度となっている。　**6**　1日の最高気温が25度以上の日を夏日，30度以上の日を真夏日，35度以上の日を猛暑《もうしょ》日という。　**7**　千島海流は千島列島方面から北海道や東北地方の太平洋側を南下する寒流で，プランクトンが豊富で多くの魚介《ぎょかい》類が育つことから，親潮ともよばれる。　**8**　サンマは秋になって海水温が下がると千島海流に乗って南下し，日本近海の漁場にあらわれる。しかし，近年は漁場が遠くなったり，水揚《みずあ》げの時期が遅くなったりしており，これは地球温暖化による海水温の上昇や海流の変化によるものといわれている。また，乱獲《らんかく》による資源量の減少も，漁獲量減少の一因とされている。　**9**　「麻や綿を素材とするネット」である蚊帳《かや》に代わるもので，窓につけるアルミサッシ枠《わく》のものなのだから，網戸《あみど》だとわかる。　**10**　うずまき型蚊取線香《せんこう》は，火をつけて燃やすことで防虫効果を発揮するので，電気の通じていない地域でも用いることができる。　**11**　蚊取線香は，除虫菊《じょちゅうぎく》という植物を主原料としてつくられる。現地の作物を材料や原料とし，高度な技術がなくてもつくれるものであれば，発展途上国でも生産が可能となり，新たな事業や雇用《こよう》を生んで現地の人たちの生活が向上することにもつながる。　**12**　「外国人との習慣の違い」にかかわることで，「シューズ」が靴《くつ》を意味することから，スリッパがあてはまると判断できる。感染防止のために，これまでは室内でも靴をはいていた国や地域で，屋外ではいていた靴を室内に入れないために，室内では靴を脱いでスリッパをはく習慣が注目されるようになった。

問2　鉄道には，示された文にあるような利点があることから，近年，貨物輸送の手段として見直されるようになっている。なお，自動車は戸口から戸口への輸送が可能だが，鉄道に比べると走行時の二酸化炭素排出量が多い，船舶《せんぱく》は大型貨物の輸送に適しているが，ほかの交通機関に比べてスピードが遅い，航空機はスピードは速いが，輸送費がかかるといった特徴《とくちょう》がある。

問3　群馬県は北関東工業地域にふくまれ，機械工業が発達している。特に，自動車工業がさかんな県南東部の太田市や大泉町は，これに従事する日系ブラジル人が多いことで知られる。また，内陸に位置し，県の北部や西部が山がちであることや，関東ロームという赤土の火山灰土が広がっていることから，稲作に不向きな場所が多く，田の割合が低い。なお，「い」は岡山県，「う」は福島県，「え」は岐阜県。

問4　北関東工業地域は一般に，群馬県・栃木県・茨城県(太平洋沿岸部を除く)を合わせた内陸部の地域に形成された工業地域を指す。日本の石油化学工業は，原料や燃料の輸入に便利な臨海部で発達しており，内陸部には石油化学コンビナートはない。

問5　示された略図から読み取れるように，たとえば群馬県から製品を輸出する場合，北関東自動車道が茨城港までつながる前は，高速道路で結ばれている東京港へ運ぶことが多かったと考えられるが，交通量の多い都心部を通るため，渋滞《じゅうたい》に巻きこまれる可能性がある。しかし，北関東自動車道で茨城港まで行ければ，都心を通らずに輸出港に製品を運べるため時間が短縮でき，輸送費の節約にもつながる。

問6　写真は，自動車を運ぶための専用船を写したものである。北関東工業地域は自動車を中心とする機械工業がさかんで，2019年の茨城県の輸出額の約４割を自動車が占《し》めている。

問7　()は記念碑《ひ》の地図記号で，石でできた記念碑を前から見た形と，その影の形が図案化されている。記念碑の地図記号では，立像をふくめた有名なものや，目印となるものが表される。一方，()は自然災害伝承碑の地図記号で，記念碑の地図記号に碑文を表す縦線を加えてつくられ，記念碑の地図記号よりもやや大きく表示される。

Ⅱ　各時代の歴史的なことがらについての問題

問1　**1**　土偶《どぐう》は，縄文時代の人々が安産や多産，獲物《えもの》が豊かであることなどを祈《いの》るまじないのさいに用いたと考えられている土人形で，多くのものは女性をかたどってつくられている。　**2**　唐招提寺《とうしょうだいじ》は，奈良時代に唐(中国)から来日した鑑真《がんじん》が平城京内に建てた寺院で，1998年には「古都奈良の文化財」の一つとしてユネスコ(国連教育科学文化機関)の世界文化遺産に登録された。

3　『源氏物語』は平安時代の宮廷女官であった紫式部が著した長編小説で，主人公・光源氏の恋愛物語を中心として，当時の貴族社会のようすが生き生きと描かれている。　**4**　栄西は宋(中国)で禅宗《ぜんしゅう》を学んで帰国し，日本における臨済宗の開祖となった。また，このとき茶の種を持ち帰って栽培を広めるとともに，『喫茶養生《きっさようじょう》記』という本を著し，茶の薬としての効用を説いた。

5　徳川吉宗は1716年，御三家の一つであった紀伊藩(和歌山県)の藩主から江戸幕府の第８代将軍に就任すると，財政再建をおもな目的として享保の改革とよばれる幕政改革に取り組んだ。　**6**　江戸時代の鎖国中，ヨーロッパの国では，キリスト教の布教を行わないオランダとのみ，長崎を唯《ゆい》一《いつ》の貿易港として幕府との貿易が行われた。　**7**　前野良沢《りょうたく》は中津藩(大分県)の藩医で，青木昆陽《こんよう》にオランダ語を学んだのち，長崎で語学力をみがいた。このとき購入《こうにゅう》したオランダ語の医学解剖《かいぼう》書『ターヘル・アナトミア』を，小浜藩(福井県)の藩医だった杉田玄白《げんぱく》らとともに翻訳《ほんやく》し，1774年に『解体新書』として出版した。

問2　鉄器や青銅器といった金属器は弥生時代に伝えられ，使われるようになった。また，千歯こきは，江戸時代に発明された脱穀用の農具である。

問3　前方後円墳のうち，最も北にあるのは岩手県奥州市の角塚古墳で，北海道には前方後円墳はない。朝廷の支配は，坂上《さかのうえの》田村麻呂《たむらまろ》が蝦夷《えみし》を平定した平安時代初めになって，東北地方北部に広がった。また，埼玉県の稲荷山《いなりやま》古墳から出土した鉄剣には，大和朝廷の大王《おおきみ》で雄略《ゆうりゃく》天皇のことと推定される「ワカタケル」の文字が刻まれていた。ヤマトタケルは伝説上の英雄で，『古事記』と『日本書紀』にその物語が記されている。

問４　阿倍仲麻呂《あべのなかまろ》は奈良時代に遣唐使船で留学生として唐に渡り，玄宗《げんそう》皇帝に仕えるなど役人として活躍《かつやく》した。帰国を望んだが，乗った船が難破して唐に戻り，そこで一生を終えた。

問５　聖武天皇は，あいつぐ社会不安を仏教の力でしずめようと考え，743年に大仏造立《ぞうりゅう》の詔《みことのり》を出した。ここで聖武天皇は「盧舎那仏《るしゃなぶつ》の金銅《こんどう》像」一体をつくるため，国中の銅を集めてこれを鋳造《ちゅうぞう》するよう命じている。大仏づくりは平城京の東大寺で行われ，約490トンの銅，約８トンのすずとともに，表面をメッキするための金や水銀が用いられた。

問６　藤原道長の父・兼家《かねいえ》は娘の詮子《せんし》を円融《えんゆう》天皇のきさきにし，生まれた子をわずか７歳で一条天皇として即位《そくい》させた。そして，みずからはその外祖父(母方の祖父)として摂政《せっしょう》・関白の地位につき，権力をふるった。道長や頼通《よりみち》も同様に，生まれた子を天皇として即位させることでその外祖父となり，藤原氏の摂関政治の全盛期を築いた。系図からわかるように，藤原氏を外祖父としない後三条天皇が即位したため，藤原氏は力を失っていった。

問７　菅原道真は894年，唐のおとろえや航海の危険などを理由として遣唐使の廃止を提案し，受け入れられた。宇多天皇，醍醐《だいご》天皇の信任も厚く，右大臣にまでなったが，左大臣の藤原時平のたくらみによって901年に大宰府《だざいふ》(福岡県)へと左遷《させん》され，２年後にその地で亡くなった。このあと，平安京では貴族の死や天変地異などがあいつぎ，人々はこれを道真のたたりだとおそれたため，その魂《たましい》をしずめるために北野天満宮を建てた。

問８　平安時代後期，平清盛は現在の兵庫県南東部にあった大輪田泊《おおわだのとまり》という港を修築し，宋との貿易の拠点《きょてん》とした。鎌倉時代には兵庫津とよばれるようになり，明治時代に神戸港となった。

問９　織田信長は，敵対していた仏教勢力に対抗させるねらいもあり，キリスト教を保護した。そのあとを継《つ》いだ豊臣秀吉は，当初は信長の政策を引き継いだものの，1587年にバテレン(宣教師)追放令を出してキリスト教を禁止した。

問10　江戸時代には，おもに日本の将軍の代替わりごとに合計12回，朝鮮から通信使が派遣された。また，蝦夷《えぞ》地(北海道)の先住民族であるアイヌの人々との交易ではおもに，本州の産物である米や木綿などと，アイヌの人々がとった海産物が取り引きされた。

問11　史料は，1858年に江戸幕府がアメリカとの間で結んだ日米修好通商条約の一部である。この条約では，すでに開港地とされていた下田と函館に加え，神奈川(横浜)・長崎・新潟・神戸が開港地とされた(神奈川の開港にともない，下田は閉鎖)。また，この条約で日本はアメリカに領事裁判権を認めたため，日本で罪を犯したアメリカ人は，アメリカ領事がアメリカの法律に従って裁くこととされた。なお，この条約は，関税自主権が日本にないという点でも，日本にとって不利な不平等条約であった。

問12　1882年，伊藤博文は憲法調査のためヨーロッパへ渡り，帰国後，君主の権限が強いドイツ(プロイセン)の憲法を手本として憲法草案を作成した。完成したものは，1889年２月11日に大日本帝国憲法として発布された。

問13　1871年，明治政府は廃藩置県を行い，それまでの藩を廃止して全国を３府302県(同年に72

県)に再編した。そして，中央から府知事と県令を派遣し，地方行政にあたらせた。これによって明治政府の命令が全国に行き届くことになり，中央集権体制が強化された。

問14 日本は，日露戦争の講和条約であるポーツマス条約で，樺太《からふと》の南半分をロシアからゆずり受けた。朝鮮半島が日本の領土となるのは1910年に行われた韓国併合のあと，中国東北部(満州)が日本の領土となるのは1932年の満州国建国のあとのことである。

問15 1883年，外務卿《きょう》の井上馨《かおる》は，日本の近代化・西洋化をアピールし，不平等条約の改正交《こう》渉《しょう》を有利に進めるため，東京の日比谷に鹿鳴館《ろくめいかん》という洋館を建てた。鹿鳴館は外国人との社交場として用いられ，舞踏《ぶとう》会などが開かれたが，極端な欧化政策は人々の反発を招いた。

問16 志賀潔《きよし》は，北里柴三郎《しばさぶろう》が初代所長を務めていた伝染病研究所に入ると，そのすぐあとに赤《せき》痢菌《りきん》を発見し，細菌学者として名をあげた。その後はドイツ留学をへて北里研究所の設立にたずさわるなど，医学界，教育界で活躍した。

問17 1951年，日本は第二次世界大戦の講和条約として，連合国48か国との間でサンフランシスコ平和条約を結び，独立を回復した(条約の発効は翌52年)。このとき同時に，日本はアメリカとの間で日米安全保障条約を結び，アメリカ軍が引き続き日本に駐留《ちゅうりゅう》することなどが取り決められた。

問18 1950年代なかば，日本は神武《じんむ》景気とよばれる好景気を迎え，経済が戦前の水準を上回るほどにまで回復して高度経済成長期にさしかかっていた。こうした中，1956年度の『経済白書』には，戦後の回復期を脱したという意味で「もはや戦後ではない」という言葉が記された。

Ⅲ 第二次世界大戦後のできごとや政治のしくみについての問題

1 1950年，朝鮮民主主義人民共和国(北朝鮮)が，国境とされていた北緯38度線を越えて大韓民国(韓国)に侵攻《しんこう》し，朝鮮戦争が始まった。このとき，日本に駐留していたアメリカ軍が韓国を支援するために出撃《しゅつげき》し，日本に多くの軍需《ぐんじゅ》物資を発注した。これによって日本は特需とよばれる好景気を迎えた。　**2** 2011年，東日本大震災からの復興を支える機関として，10年という期限つきで復興庁が設置された。復興庁は2021年度末で閉じられる予定だったが，震災からの復興がまだ十分に進んでいないという判断から，さらに10年存続されることになった。　**3** 日本では，法律をつくる権限である立法権は国会が，法律にもとづいて政治を行う権限である行政権は内閣が，裁判を行う権限である司法権は裁判所が受け持っている。このしくみを三権分立といい，それぞれがお互いを監視《かんし》し，抑え合うことで，権力の集中を防いでいる。　**4** 障害のあるなしや年齢，性別，国籍などにかかわらず，すべての人にとって使いやすいようデザインされた製品や情報，環境のことをユニバーサルデザインという。　**5** ユニセフ(国連児童基金)は，第二次世界大戦で荒廃《こうはい》した地域の子どもたちの緊急援助をするため，1946年に設立された。日本も1949年から1964年まで支援を受け，粉ミルクや医薬品，毛布などが提供された。現在は，おもに発展途上国や災害地の子どもの援助を行っている。

問A 1960年代には四大公害病をはじめとする公害が大きな社会問題となり，その対策として1967年に公害対策基本法が制定された。1971年には環境庁が設置され，2001年には環境省へと格上げされた。

問B 2011年に発生した東日本大震災の復興に必要な財源を確保するため，所得税や住民税，法人税に上乗せされる形で復興税(復興特別税)が課されることになった。なお，消費税は，すべて社会保障の財源にあてられることになっている。

問Ｃ　閣議は，内閣総理大臣が議長となり，すべての国務大臣が出席して行われる会議で，政治の方針などがここで決められる。閣議は非公開で，その意思決定は全会一致によって行われる。

問Ｄ　2020年，北海道の先住民族であるアイヌの文化の復興と発展のための拠点として，北海道白老町に民族共生象徴空間（ウポポイ）が開設された。

問Ｅ　アは1946年，イは1952年，ウは1945年，エは1951年のできごとなので，時代の古い順にウ→ア→エ→イとなる。

理　科　(30分)＜満点：60点＞

解　答

Ⅰ　**問１**　**A**　精子　**B**　受精卵　**C**　関節　**D**　筋肉　**問２**　**X**　ウ　**Y**　ア　**Z**　エ　**問３**　えら　**問４**　イ　**問５**　う　**問６**　**生物**…イモリ　**理由**…（例）先に前足，後に後足が生える。／尾が成体になっても残っている。　**問７**　**く**　子宮　**け**　たいばん　Ⅱ　**問１**　7.7g／沈む　**問２**　イ　**問３**　①　ア　②　エ　③　イ　④　ウ　**問４**　14mm　Ⅲ　**問１**　**あ**　風　**い**　気温　**問２**　オ　**問３**　(i)　108g　(ii)　91g　**問４**　260g　**問５**　169g　**問６**　65%　Ⅳ　**問１**　ウ，カ　**問２**　イ，オ　**問３**　（例）（厚い鉄板よりもスチールウールのほうが，）表面積が大きく酸素と結びつきやすいから。　**問４**　ア，オ，キ　**問５**　ウ，カ　**問６**　18.2L　**問７**　ウ，カ

解　説

Ⅰ　生き物の分類や生態についての問題

問１　細胞《さいぼう》が複数個あり，おすとめすに分かれている生き物は，一般《いっぱん》に，めすがつくった卵とおすがつくった精子が受精してできた受精卵が成長してふえる。また，ｃ～ｆの生き物のようにからだの中に骨のある（内骨格をもつ）生き物は，骨どうしが関節とよばれる大きく動かせるつなぎ目でつながっていたり，なん骨とよばれるものでつながっていたりする。関節のまわりでは，骨につながった筋肉がのびちぢみすることで，からだを動かすことができる。

問２　**X**　メダカは一生えらで呼吸し，ハムスターは一生肺で呼吸する。カエルとイモリは，幼生のときはえら，成体になると肺で呼吸し，皮ふ呼吸も行う。　**Y**　ハムスターは子の世話をするが，メダカ，カエル，イモリは子の世話をしない。　**Z**　ハムスターは，ペットとして飼われている場合，ふつう冬眠しない。また，水中に生息するメダカも冬眠しない。一方，カエル，イモリは，寒い冬になると体温が下がり，活動できなくなるため，土の中や落ち葉の下などで冬眠する。

問３　メダカの「あ」の内部にあるのはえらである。ふつう，両生類は，幼生のときにはえらと皮ふで呼吸し，成体になると肺と皮ふで呼吸するようになるが，問題文にあるように，ウーパールーパーは，幼生の特ちょうであるえらを残したまま成体になる。

問４　えらがひだ状になっていることで，水とふれる表面積が大きくなるので，水にとけている酸素を取り入れやすくなる。

問５　メダカのひれのうち，図２の「い」の胸びれと，「う」のはらびれはそれぞれ２枚あり，胸びれは陸上生活をする動物の前足（手），はらびれは陸上生活をする動物の後足（足）にあたると考え

られる。

問6　図4より，カエルの幼生は後足→前足の順に足が生えてくるが，イモリとウーパールーパーの幼生は前足→後足の順に足が生えてくる。また，カエルの幼生は成長するとともに尾《お》がだんだんと短くなっていくが，イモリとウーパールーパーの幼生は，成体になっても尾が残っている。よって，ウーパールーパーはカエルよりもイモリに近いといえる。

問7　ハムスターの赤ちゃんが育つ「く」の部屋は子宮である。子宮で育つハムスターの赤ちゃんは，「け」のたいばんで母親の体内とつながっており，母親から酸素や養分を受け取り，母親へ不要物や二酸化炭素をわたしている。

Ⅱ　ガリレオ温度計，鉄のぼう張についての問題

問1　液体中にある物体は，物体がおしのけた液体の重さの分だけ，上向きの力(浮《ふ》力《りょく》)を受ける。容器の体積は10cm^{3}なので，エタノール中にあるおもりがおしのけた液体の体積も10cm^{3}である。図4より，43℃のエタノール100gの体積は130cm^{3}なので，エタノール10cm^{3}の重さは，$100\times\frac{10}{130}=7.69\cdots$(g)より，7.7gである。つまり，43℃のエタノール中にあるおもりには，7.7gの浮力がはたらく。よって，容器に入れるおもりの重さを7.7gにしたとき，おもりは液体中で静止する。このとき，エタノールの温度が43℃より高くなると，エタノール100gあたりの体積が大きくなるので，エタノール10cm^{3}あたりの重さは小さくなる。そのため，おもりがおしのけたエタノールの重さが7.7gよりも小さくなり，おもりにはたらく浮力の大きさが7.7gよりも小さくなるので，おもりは沈《しず》む。

問2　問1で用意したおもり7.7gよりも0.1gずつ重くした4つのおもりの重さは，7.8g，7.9g，8.0g，8.1gである。5つのおもりのうち，3つ(7.7g，7.8g，7.9g)が浮《う》き，2つ(8.0g，8.1g)が沈んだことから，エタノール10cm^{3}の重さは7.9gよりも大きく，8.0gよりも小さいことがわかる。エタノール10cm^{3}の重さが7.9gのとき，エタノール100gの体積は，$10\times\frac{100}{7.9}=126.58\cdots$(cm^3)より，約126.6cm^{3}であり，エタノール10cm^{3}の重さが8.0gのとき，エタノール100gの体積は，$10\times\frac{100}{8.0}=125$(cm^3)である。図4より，エタノール100gの体積が126.6cm^{3}のときの温度は約19℃，エタノール100gの体積が125cm^{3}のときの温度は約7℃だから，3つのおもりが浮いて，2つのおもりが沈むときのエタノールの温度は7℃より高く，19℃よりも低い。よって，エタノールの温度はイの13℃が最も適している。

問3　−114℃のエタノールの液体100gが固体になったときには，体積が小さくなる。つまり，−114℃のときに，同じ体積で比べると，固体のエタノールのほうが液体のエタノールよりも重いとわかる。そのため，固体のエタノールは液体のエタノールに沈む。一方，水は液体から固体(氷)に変化すると重さは変わらないが，体積が約1.1倍になる。そのため，0℃のとき，同じ体積で比べると，氷のほうが水より軽く，氷は水に浮く。

問4　2mの鉄の棒は，45℃高くなると1mmのびるので，0℃のときの長さが25mの鉄の棒が50℃になったときにのびる長さは，$1\times\frac{25}{2}\times\frac{50}{45}=13.8\cdots$(mm)より，14mmである。よって，レールには14mmのすきまを開けておけばよい。

Ⅲ　タオルのかわき方と飽《ほう》和《わ》水蒸気量についての問題

問1　図1より，風がふいていて，気温が高い屋外のAのほうが室内のDよりタオルがかわきやす

いと考えられる。

問2　タオルのかわきやすさは，問1で述べた気温と風の条件の他に，タオルの密集具合にもよると考えられる。タオルが密集しているところでは，タオルの周辺の空気中の水蒸気が多くなっているので，タオルがかわきにくくなる。よって，最もかわきやすいのは，気温が高く，風がふいていて，端《はし》にある(右にタオルがない)Cに干してあるタオルで，最もかわきにくいのは，気温が低く，風がふいておらず，真ん中にあるEに干してあるタオルになる。

問3　(i)　かわいたタオルの重さが43g，水にぬらして軽くしぼったタオルの重さが151gなので，水にぬらして軽くしぼったタオルにふくまれている水の重さは，151−43＝108(g)である。(ii)　干しはじめたときに151gだったタオルの重さが，24時間後には60gになったため，タオルから部屋の空気中に移動した(蒸発した)水蒸気の重さは，151−60＝91(g)とわかる。

問4　20℃の空気1m^3にふくむことができる水蒸気の量は17.3gなので，20℃の部屋の空気15m^3にふくむことができる水蒸気の量は，17.3×15＝259.5より，260gである。

問5　問3，問4より，タオルから91gの水蒸気が部屋の空気中に移動した結果，部屋の空気にふくまれる水蒸気の量が260gになったので，タオルを干しはじめたときに，部屋全体にふくまれていた水蒸気の量は，260−91＝169(g)と求められる。

問6　20℃の部屋の空気15m^3にふくむことができる水蒸気の量は260g，実際に部屋全体にふくまれていた水蒸気の量は169gなので，タオルを干しはじめたときの部屋の中のしつ度は，169÷260×100＝65(%)である。

Ⅳ　ものの燃焼についての問題

問1　酸素は空気中で2番目に多く，空気中に約21%ふくまれているが，人がはき出す息の中には約17%しかふくまれていない。また，植物が光合成するときには，二酸化炭素を吸収して酸素を出す。

問2　気体Aは，ろうそくを燃やしたときに，ろうにふくまれる炭素が酸素と結びついてできる二酸化炭素である。二酸化炭素を水にとかすと炭酸水という酸性の水溶液《すいようえき》になり，二酸化炭素を石灰水に通すと白くにごる。また，二酸化炭素の固体はドライアイスとよばれ，ドライアイスを水に入れると，氷や水のつぶをふくんだ二酸化炭素のあわが出てくる。

問3　同じ重さの鉄の場合，厚い鉄板よりもスチールウールのほうが表面積が大きく，空気中の酸素とふれやすくなるので，スチールウールならば燃える。

問4　使いすてカイロの内袋《ぶくろ》には小さな穴がたくさんあいており，空気を通さない外袋から取り出すと，空気中の酸素とカイロの中に入っている鉄が結びついて発熱する。そのさい，鉄のつぶが小さいほうが，同じ体積で比べたときに表面積が大きく，空気とふれる面積が大きくなるため，早く温度が上がる。なお，製造過程で発熱しても，外袋に入れると，それ以上酸素にふれることがなくなるため，やがて発熱は止まる。

問5　図2で外袋から取り出してから0～3時間あたりを見ると，カイロを振《ふ》っても振らなくても，温度の上がり方に大きな差はない。また，5～15時間あたりを見ると，ときどき振ったカイロ②は，振らなかったカイロ①より高い温度が続く時間帯があることがわかる。これは，カイロを振ることによって，これまで酸素とふれていなかった鉄が酸素とふれ，発熱するからである。

問6　カイロ①の重さが実験前より5g増えていたことから，カイロ①の鉄と結びついた酸素の重さは５ｇである。酸素１Ｌの重さは1.31ｇなので，５ｇの酸素の体積は，$1 \times \frac{5}{1.31} = 3.816\cdots$より，約3.82Ｌである。酸素は，空気の体積の21％をしめているので，酸素3.82Ｌをふくむ空気の体積は，3.82÷0.21＝18.19…より，18.2Ｌと求められる。

問７　問５でも述べたように，振ることで，カイロ②の中に入っている鉄のほうが，カイロ①の中に入っている鉄よりも多くの酸素と結びつく。そのため，実験後の重さはカイロ②のほうがカイロ①より重い。また，磁石は鉄を引きつけるが，鉄と酸素が結びついた物質(酸化鉄)は引きつけない。実験後のカイロにふくまれる(酸素と結びついていない)鉄は，実験後のカイロ②のほうが，実験後のカイロ①よりも少ないので，実験後のカイロ②の磁石の引きつけ方は，実験後のカイロ①の引きつけ方よりも弱くなる。

国　語　(50分)＜満点：100点＞

解　答

一　**問１**　下記を参照のこと。　**問２**　背中　**問３**　老若男女　**問４**　(例)　食べることは，食べたものから栄養とエネルギーだけを摂取することだと思っていたが，くわしく調べてみると，食べる前は自分とは異なるものであった植物や動物が，自分の体の一部と置き換わっていくことだとわかった。それは，自分がキャベツやトマトや魚になることであり，その現実離れした不思議なことに驚き，面白く思う気持ち。　**問５**　(例)　食卓に並ぶ食材は，海や大気，太陽の光などが，見事に関係し合い豊かに育んできたものであり，それらは，少なくとも三十五億年前から滅びることなくそれぞれ進化し今の姿形となった。そのようなさまざまな来歴をもったものが目の前の食卓に集まり，それらが自分の一部になることは胸躍る体験だから。　**問６**　(例)　現在の社会は，自然から得られる富をお金で買わなければならない商品に変えてしまったが，本来人間は自然から無償で圧倒的な富をもらい，拾いながら生きてきた。子どもたちが自然から自由にもらう経験をすることで，与えられることに対する驚きや感謝の念を実感し，それによって，今度は他者に対して見返りを求めず何かを与えられる人間に成長していくと考えている。

二　**問１**　**a**　(例)　林業　**b**　(例)　感情　**c**　(例)　量産　**問２**　**ア**　(例)　大きい　**イ**　(例)　黄色い　**問３**　助け舟　**問４**　(1)　(例)　自分とあなたは，対等にぶつかったりはじけたりし合うコマのようによいライバル同士であった。その大事なあなたが亡くなって悲しいということ。　(2)　(例)　①は，今は亡き友を惜しむ，最高の挨拶の句である。一方，ハセオはソラの顔のホクロを，生命力あふれるヒマワリの種にたとえて，あなたは大きなパワーを持っている，とほめたつもりで挨拶の句を作ったが，ソラは，ホクロがからかわれたと思い傷ついてしまった。自分の真意を俳句できちんと伝えられなかったのは，自分の句が未熟なせいだとハセオは考えて，②のように言ったのである。　**問５**　(例)　ソラにとってホクロは，いじめられた記憶につながるものであった。句会でハセオがそのホクロをよんだのは，自分をからかってのことだと思ったソラは傷つき，ハセオを許せなかった。しかし，率直に謝罪するハセオの話すことといえば，自分に，ソラへの挨拶の気持ちを句で表す力が不足していることへの嘆きばかりで，ハセオが人をおとしめる句を作るはずがないことや，ハセオが手本とする昔の人の句からもお互いがすでに友だちになっていたことに気がついた。その時，「もう，いいよ」という言葉が口をついて出た。その言葉で，自分はもうずっと前にハセオを許していたのだ，とわかり，わだかまりのない自分の心をハセオに伝えて，すっきりと安心した気持ちになっている。　**問6**　(例)　ハセオがソラに贈った挨拶の句をきっかけに，自分にとってハセオは大事な友だちであるとあらためてソラにはわかった。そこによまれたヒマワリの種は，ハセオと自分をつないでくれたものである。また，ソラ自身に前を向く力をくれたものであり，ソラにとってしっかりにぎりしめたい大切なものになったので，「取っておく」といったのである。

●漢字の書き取り

一　**問1**　a　組織　b　浴び　c　姿

解　説

一　**出典は森田真生《もりたまさお》の『僕《ぼく》たちはどう生きるか　言葉と思考のエコロジカルな転回』による。**食卓《しょくたく》の食材から生態学的な豊かさを感じるという筆者は，自然の豊かさを自由にもらう驚《おどろ》きと感謝の経験によって，子どもたちが，見返りを求めず何かを与《あた》える人間に成長すると述べている。

問1　a　生物の体を構成する単位。　b　音読みは「ヨク」で，「浴場」などの熟語がある。　c　音読みは「シ」で，「姿勢」などの熟語がある。

問2　筆者は，食卓に並ぶ食材がどこからどのように生み出されたかを想像し，生態学的豊かさに感動すると述べている。その一方で，未来にはこの豊かさが失われているのではないかという　悲しみも感じるのだから，物事が裏表の関係にあることをいう「背中合わせ」がよい。

問3　「老若男女《ろうにゃくなんにょ》」は，年取った人と若い人，男と女をふくむすべての人々。

問4　直前の段落で，「緻密《ちみつ》」な調査の結果，食べることは単なるエネルギーと栄養の摂取《せっしゅ》ではなく，「自分の体の一部が，食べられたものに置き換《か》わっていく過程」であることがわかったと述べられている。つまり，「キャベツ」や「魚」，「トマト」，「スナップえんどう」などに自分自身がなるという非日常的な現象が起きていることに筆者は驚き，面白《おもしろ》くも感じたものと推測できる。

問5　続く段落で筆者は，自らが食事をするとき，食卓に並ぶ食材がどう生み出されたか，その生態学的な連関を想像している。たとえば，「スナップえんどう」は，「周防《すおう》大島の海から打ち上げられた海藻《かいそう》や竹チップ」に加え，「微生物《びせいぶつ》」や人の手も借りて育てられた「土」と，遠く離《はな》れた太陽の力などで豊かに育っている。つまり，どの食べものも，周囲の環境《かんきょう》と密接に関わりあいながら，「少なくとも三五億年前から一度も」滅《ほろ》びずに「生命」の営みを続けてきたといえる。「それぞれのやり方」で進化してきた食べものが，一堂に会し，それを頂ける場に居合わせることができた幸運とスケールの大きさに，筆者は興奮を覚えたのである。

問6　かつての人間が知っていたような，自然から圧倒《あっとう》的な富を与えられる「驚きと感謝の経験」こそ重要だと考える筆者は，自然の潤沢《じゅんたく》な富を「お金」で買わなければならない時代に生きる今の子どもたちに対し，「思う存分拾ったりもらったりできる場所」をつくっていくことで，「物を贈《おく》り合う連鎖《れんさ》」が生まれるだろうと主張している。つまり，「お金」の介在《かいざい》しない，自由にもらったり拾ったりする経験を多く積ませることで，筆者は子どもたちが将来，他者に見返りを求めず，何かを与えられる人間に成長するだろうと期待しているのである。

二　**出典は髙柳克弘《たかやなぎかつひろ》の『そらのことばが降《ふ》ってくる　保健室の俳句会』による。**ハセオが自分のホクロを俳句によんだことに対し，ソラはからかわれたと感じるが，謝罪され誤解が解ける。

問１　ａ　「林立」は，林の中の木のように，細長いものが立ちならぶこと。「林」を使った熟語にはほかに，「林業」「山林」「植林」などがある。　ｂ「表情」は，顔つき。「情」を使った熟語にはほかに，「感情」「情熱」「情報」などがある。　ｃ「力量」は，うでまえ。仕事をする能力。「量」を使った熟語にはほかに，「量産」「計量」「測量」などがある。

問２　ア，イ　ハセオは，「ヒマワリ」から連想される「当たり前」の特徴《とくちょう》は言わないと話している。よって，「大きい」や「黄色い」などが入る。

問３　初めてつくった俳句を読み上げるように言われ，ソラがとまどっているのを感じとった北村先生は，ハセオから始めるようにと「助け舟《ぶね》」を出してくれたのである。「助け舟を出す」は，“困っているときに力を貸す”という意味。

問４　⑴　死んでしまった友人に向けてよまれた，昔の人の挨拶《あいさつ》句だとハセオは解説している。つまりこの句は，友人と自分の関係を対等にぶつかったりはじけたりし合う独楽《こま》にたとえ，よいライバル関係にあった大切な相手を亡《な》くした深い悲しみをよんだものであると想像できる。　⑵　⑴でみたように，「たとふれば独楽のはじける如《ごと》くなり」という句は，亡き友人をよいライバルだったとたたえ，その死を心から惜《お》しむ見事な挨拶句である。一方，ソラの顔にある大きなホクロをヒマワリの種にたとえて挨拶句としたハセオは，句を通じて，力強さがみなぎるヒマワリの種と同様，ソラもまた大きいパワーを備えていると伝えたかったが，当のソラはからかわれたと思い，傷ついてしまっている。先人の挨拶句に比べ，ソラをほめようという自分の真意が伝えられなかった点で，ハセオは「おれの句，ぜんぜんだめだよな」と言ったのである。

問５　自分のホクロをからかわれたと思ったソラが臣野《おみの》たちの夢を見たことから，ホクロはいじめの記憶《きおく》と結びついたものであることがうかがえる。いたずらにいじめの傷をえぐるようなハセオの行為《こうい》をソラは許せずにいたが，素直《すなお》に謝罪してきた彼は自らの作句の力量不足を嘆《なげ》いており，ソラは，ハセオにからかう意図などなかったことが理解できたうえ，彼がすぐれた挨拶の例にあげた「たとふれば～」の句からも，お互《たが》いもう友だちとなっていたことに，あらためて気づかされた。そんな中，ソラの口から出た「もう，いいよ」という言葉は，今許すつもりになったのではなく，もうずっと前に自分は彼を許していたのだとわかって心から自然と出たものであり，ソラはわだかまりのない気持ちをハセオに伝えたことで，清々しく安らかな気持ちになったのである。

問６　ハセオが贈ってくれた挨拶句の真意が，ヒマワリのようにみなぎる力を備えているであろう自分を尊重し，たたえる点にあったと理解したことで，あらためて彼が自分にとってかけがえのない友だちであることに，ソラは思い至っている。手渡《てわた》されたヒマワリの種は，この句によみこまれた内容からもわかるとおり，ハセオと自分をつないでくれたものでもあり，前を向く力をもたらしてくれてるものでもあったので，ソラは捨てずに「取っておく」と言ったのだろうと想像できる。

Dr.福井の 入試に勝つ！脳とからだのウルトラ科学

記憶に残る“ウロ覚え勉強法”とは？

人間の脳には，ミスしたところが記憶に残りやすい性質がある。順調にいっているときの記憶はあまり残らないが，まちがえて「しまった！」と思うと，その部分がよく記憶されるんだ(これは，脳のヘントウタイという部分の働きによる)。その証拠に，おそらくキミたちも「あの問題を解けたから点数がよかった」ことよりも，「あの問題をまちがえたから点数が悪かった」ことのほうをよく覚えているんじゃないかな？

この脳のしくみを利用したのが“ウロ覚え勉強法”だ。もっと細かく紹介すると，テキストの内容を一生懸命覚え，知識を万全にしてから問題に取り組むのではなく，テキストにざっと目を通した程度(つまりウロ覚えの状態)で問題に取りかかる。もちろんかなりまちがえると思うが，それを気にすることはない。まちがえた部分はよく記憶に残るのだから……。言いかえると，まちがえながら知識量を増やしていくのが“ウロ覚え勉強法”なのである。

ここで，ポイントが2つある。1つは，ヘントウタイを働かせて記憶力を上げるために，まちがえたときは「あ～っ！」とわざとらしく驚くこと。オーバーすぎるかな……と思うぐらいでちょうどよい。

もう1つのポイントは，まちがえたところをそのままにせず，ここできちんと見直すこと(残念ながら，驚くだけでは覚えられない)。問題の解説を読んで理解するのはもちろんだが，必ずテキストから見直すようにする。そうすれば，記憶力が上がったところで足りない知識をしっかり身につけられるし，さらにその部分がどのように出題されるかもわかってくる。頭の中の知識を実戦で役立てられるようにするわけだ。

Dr.福井(福井《ふくい》一成《かずしげ》)…医学博士。開成中・高から東大・文Ⅱに入学後，再受験して翌年東大・理Ⅲに合格。同大医学部卒。さまざまな勉強法や脳科学に関する著書多数。

Memo

Memo

2021年度　桜　蔭　中　学　校

〔電　話〕　(03) 3811－０１４７
〔所在地〕　〒113-0033　東京都文京区本郷１－５－25
〔交　通〕　JR線－「水道橋駅」より徒歩５分　都営三田線－「水道橋駅」より徒歩２分
東京メトロ丸ノ内線－「本郷三丁目駅」より徒歩８分

【算　数】（50分）〈満点：100点〉

Ⅰ　次の［　　］にあてはまる数を答えなさい。［イ］は色を答えなさい。

(1)　$\left(7\frac{64}{91}\times\boxed{\text{ア}}-0.7-\frac{5}{13}\right)\times 11+76\frac{11}{13}=85\frac{5}{7}$

(2)　2021年のカレンダーの日付を１月１日から順に，青，黄，黒，緑，赤，青，黄，黒…と５色の○で囲んでいきます。

①　10月１日を囲んだ○の色は［　イ　］色です。

②　４月の日付のうち黒色の○で囲まれた日付の数字を全部足すと［　ウ　］になります。

(3)　整数 X の約数のうち１以外の約数の個数を【X】，１以外の約数をすべて足したものを＜X＞と表すことにします。

たとえば，2021の約数は，１，43，47，2021なので【2021】＝３，＜2021＞＝2111です。

①　＜A＞÷【A】が整数にならない２けたの整数 A のうち，最大のものは［　エ　］です。

②　【B】＝２，＜B＞＝1406のとき，B＝［　オ　］です。

③　２を10回かけた数を C とするとき【C】＝［　カ　］です。

④　60以下の整数のうち【D】＝３となる整数 D は全部で［　キ　］個あります。

Ⅱ　同じ大きさの白と黒の正方形の板がたくさんあります。図１のように白い板を９枚すきまなく並べて大きな正方形を作り，図２のように中央の板に◎をかきます。次に◎以外の８枚のうち何枚かを黒い板と取りかえます。

このとき，大きな正方形の模様が何通り作れるかを考えます。ただし，回転させて同じになるものは同じ模様とみなします。

図１

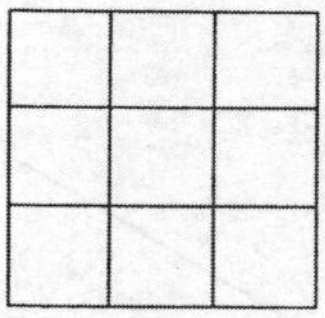

図２

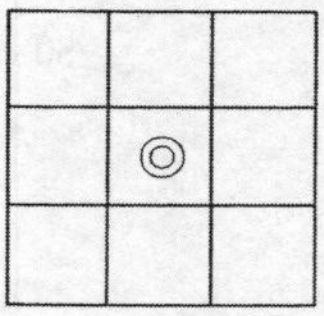

たとえば，２枚取りかえたときは図３のように四すみの２枚を取りかえる２通り，図４のように四すみ以外の２枚を取りかえる２通り，図５のように四すみから１枚，四すみ以外から１枚取りかえる４通りの計８通りになります。

図３

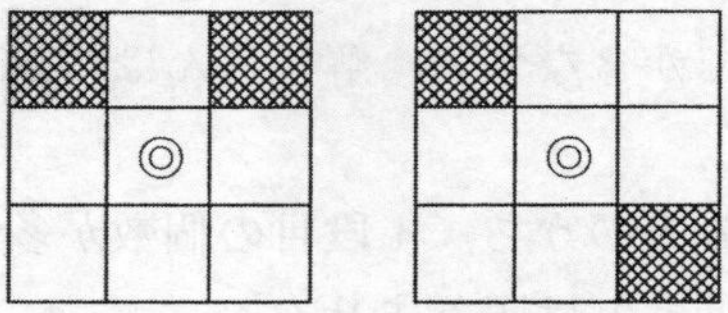

図４

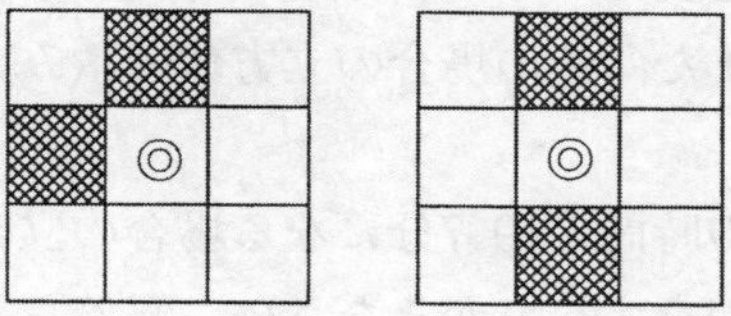

図５

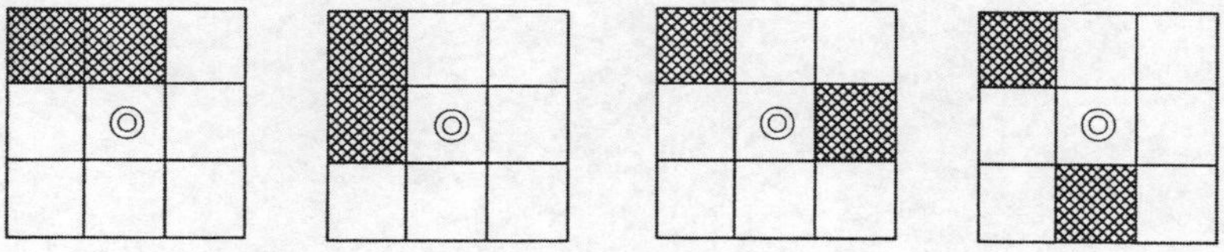

下の □ にあてはまる数を答えなさい。

(1) 大きな正方形の模様は，9枚のうち◎以外の8枚の白い板を1枚も取りかえないときは1通り，1枚取りかえたときは [ア] 通り，3枚取りかえたときは [イ] 通り，4枚取りかえたときは [ウ] 通りになります。

(2) 同じように5枚，6枚，…と取りかえるときも考えます。図2の場合もふくめると大きな正方形の模様は全部で [エ] 通りになります。

Ⅲ　底面が1辺35cmの正方形で，高さが150cmの直方体の容器の中に1辺10cmの立方体12個を下から何個かずつ積みます。立方体を積むときは，図のように上と下の立方体の面と面，同じ段でとなり合う立方体の面と面をそれぞれぴったり重ね，すきまなく，横にはみ出さないようにします。積んだあと，この容器に一定の速さで水を入れていきます。

立方体は水を入れても動きません。積んだ立方体の一番上の面まで水が入ると水は止まります。下の表は右の図の場合の立方体の積み方を表していて，このとき水を入れはじめてからの時間と水面の高さの関係は下のグラフのようになりました。

図

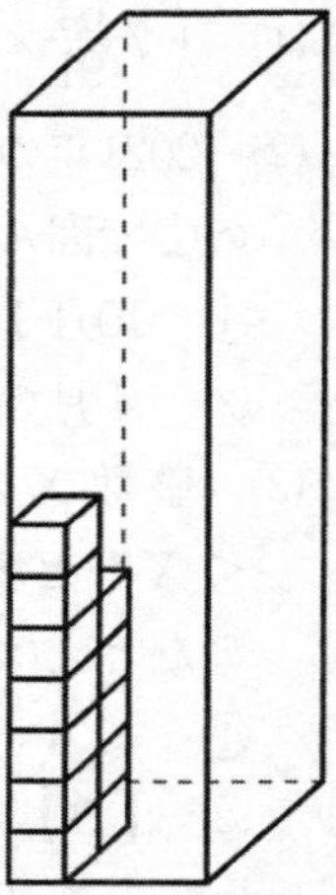

表

1段目	2段目	3段目	4段目	5段目	6段目	7段目	8段目
2	2	2	2	2	1	1	0

グラフ

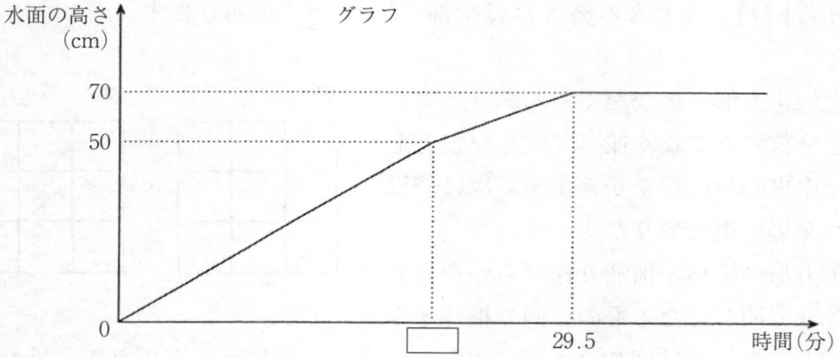

(1) 毎分何cm^3の水を入れていますか。

(2) グラフの □ にあてはまる数を求めなさい。

(3) 立方体の積み方を変えてもっとも短い時間で水が止まるようにします。そのときにかかる時間は何分ですか。また，その場合の立方体の積み方をすべてかきなさい。解答らんは全部使うとは限りません。

(4) 水が止まるまでの時間が19.7分になる場合の立方体の積み方のうち，1段目の個数が多いほうから4番目のものをすべてかきなさい。解答らんは全部使うとは限りません。

Ⅳ　円周率は，3.14を使って計算することが多いです。しかし，本当は3.14159265…とどこまでも続いて終わりのない数です。この問題では，円周率を3.1として計算してください。

図のように点Oを中心とした半径の異なる２つの円の周上に道があります。Ａさんは内側の道を地点ａから反時計回りに，Ｂさんは外側の道を地点ｂから時計回りに，どちらも分速50mの速さで同時に進みはじめます。ＡさんとＢさんのいる位置を結ぶ直線が点Oを通るときに，ベルが鳴ります。ただし，出発のときはベルは鳴りません。

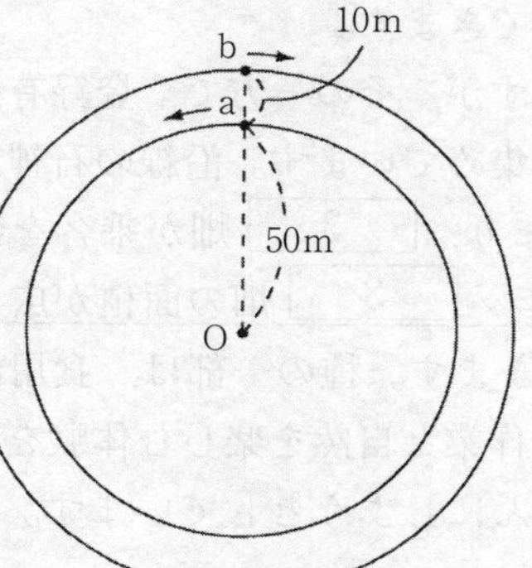

(1)　ＡさんとＢさんが道を１周するのにかかる時間はそれぞれ何分ですか。

(2)　１回目と２回目にベルが鳴るのは，それぞれ出発してから何分後ですか。

(3)　出発してから何分かたったあと，２人とも歩く速さを分速70mに同時に変えたところ，５回目にベルが鳴るのは速さを変えなかったときと比べて１分早くなりました。速さを変えたのは，出発してから何分後ですか。

【社　会】（30分）〈満点：60点〉

[I]　次のA・Bの文を読み，後の問いに答えなさい。

A　2020年1月，国際地質科学連合が今から約77万4千年前～12万9千年前の地質時代を［　1　］と呼ぶことに決定しました。地層の年代の境界になる地磁気の逆転現象がよく記録されているとして，①市原市田淵《たぶち》にある地層が国際標準模式地に選ばれたからです。この地層を見に出かけましょう。［　2　］半島を走る小湊《こみなと》鉄道を利用して，最寄《もよ》り駅「月崎《つきざき》」まで行き，そこから30分ほど歩くと養老川沿いの崖《がけ》地でこの地層を観察できます。

小湊鉄道は単線の鉄道路線で，年々利用客が減少していますが，その一方で，登録有形文化財に指定されている古い駅舎や車両，里山の景観が観光客を集めています。沿線の石神地区では，毎年3月末から4月に車窓からの景色が一面黄色に染まり，［　3　］畑が乗客を楽しませています。［　3　］は10年ほど前から植えられ始め，②年々［　3　］畑の面積が広がっています。［　3　］は毎年5月に種取りをし，9月に種をまきます。種の一部は，食用油の生産に利用します。市原市では，都市に住む人々にこのような作業と自然を楽しむ体験をしてもらう［　4　］を振興《しんこう》し，里山を守るとともに観光業をさかんにしようとしています。③この地層も地域の観光資源の一つとなることが期待されています。

問1　文中の空欄《くうらん》［1］～［4］に適切な語句を答えなさい。［1］・［4］はカタカナで答えなさい。

問2　下線部①について，次の表は市原市，横浜市，豊田市，京都市の工業について示しています。市原市に当てはまるものを表中の あ～え から1つ選び，記号で答えなさい。

	＊第二次産業人口比率	業種別製造品出荷額《しゅっかがく》(2016)		
		食料品製造業	化学工業	輸送用機械器具製造業
あ	47.3%	529億円	71億円	133926億円
い	20.7%	5384億円	1051億円	4980億円
う	21.6%	1387億円	777億円	1149億円
え	30.3%	379億円	14405億円	538億円

＊就業人口に占《し》める第二次産業で働く人の割合(2015)

データブック オブ・ザ・ワールド 2020など

問3　下線部②について，［3］畑が広がってきた理由を述べた次のX～Zの文の正誤の組み合わせとして正しいものを，下の あ～く から1つ選び，記号で答えなさい。

X　地域の高齢化《こうれいか》がさらに進んで耕作放棄《ほうき》地の面積が増大しており，耕作放棄地が荒地になるのを防ぐためにこの活動に参加する人が増えたから。

Y　環《かん》太平洋経済連携《れんけい》協定(TPP)によって国によるコメの生産調整が強化され，コメを作付けしない土地を有効活用しようとする農家が増えたから。

Z　農業・農村の多面的機能の一つである良い景観の形成を促すものとして，市がこの活動を支援しているから。

あ　X　正　Y　正　Z　正　　い　X　正　Y　正　Z　誤
う　X　正　Y　誤　Z　正　　え　X　正　Y　誤　Z　誤
お　X　誤　Y　正　Z　正　　か　X　誤　Y　正　Z　誤
き　X　誤　Y　誤　Z　正　　く　X　誤　Y　誤　Z　誤

問4　下線部③について，地球科学的な価値を持つ大地の遺産を保全し，持続可能な開発を進める「ジオパーク」が注目されています。日本各地のジオパークに関する説明文ａ～ｅに該当《がいとう》する地域を，次の地図中の あ～く から１つずつ選び，記号で答えなさい。

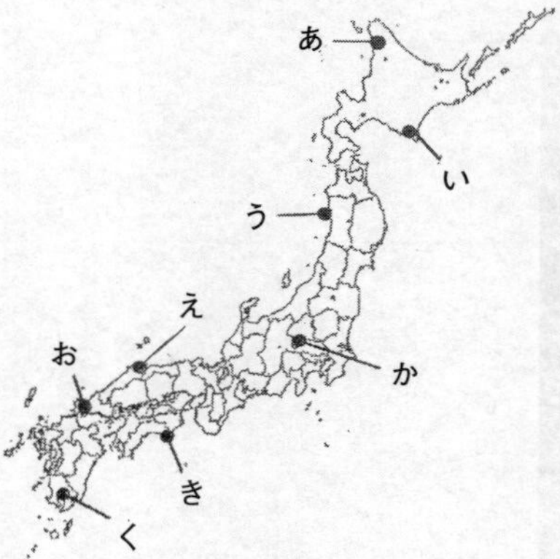

ａ 「半島と干拓《かんたく》が育《はぐく》む人と大地の物語」をテーマとする地域で，日本列島のでき方がわかる地層があり，ナマハゲなどの伝統行事で知られる。

ｂ カルスト台地特有の地形が広がり，東大寺の大仏をつくるときに使われた銅の産出地跡《あと》や化石採集で知られる大嶺《おおみね》炭田跡などがある。

ｃ アイヌの人々の伝説が多く残る奇岩《きがん》が続く地域で，マグマが冷え固まった崖の下では夏にはコンブ干し作業が行われる。

ｄ 海底火山噴出物《ふんしゅつぶつ》が地下深くで圧力を受けて変成した緑色岩が特徴《とくちょう》の地域で，かつて蚕の卵を貯蔵した風穴は世界遺産に登録されており，特産のコンニャクでも知られている。

ｅ 今も海底で火山ガスが吹《ふ》き出す海にはレアメタルが存在する。降り積もった火山灰を使った陶芸品《とうげいひん》や，シラスを使った化粧品《けしょうひん》がある。

Ｂ　2019年の日本の植物油の搾油量《さくゆりょう》が最大の原料作物は［ 5 ］です。［ 5 ］は古くから日本で栽培《さいばい》され，食材・調味料の原料として使われてきましたが，現在はその多くをアメリカ合衆国，ブラジル，カナダなどから輸入しています。［ 5 ］以外の植物油の原料作物も海外に依存《いそん》しており，国産はほぼコメ油の原料の米ぬかだけです。ぬかは，縄《なわ》や俵をつくるのにも使われる［ 6 ］とともに④イネの副産物です。多くの植物油が油脂《ゆし》作物の種子そのものから油をとるのに対し，副産物を利用するコメ油は資源の有効利用という点で優《すぐ》れています。コメ油は他の植物油に比べ生産量が少なく，家庭ではあまり使われていませんが，地域でつくられたものを積極的に使用する学校給食ではよく使われています。地元の食材を活用する⑤地産地消は，消費者にとって新鮮《しんせん》でより安価なものを手に入れられる利点があります。食品がいつどこで誰《だれ》によってつくられたのかを明らかにする［ 7 ］も容易になり，地域の食文化の継《けい》承《しょう》にも役立ちます。

日本では，⑥原料や飼料を海外に依存している油脂類や畜産物《ちくさんぶつ》の消費量が増える一方で，自給率の高いコメの消費量が減少してきたことから，食料自給率が長期的に低下傾向《けいこう》にあります。地産地消は⑦地元の農業・漁業の振興，国産の農水産物の消費につながり，その結果，食料自給率の向上も期待できます。

問5　文中の空欄［ 5 ］～［ 7 ］に適切な語句を答えなさい。［ 7 ］はカタカナで答えなさい。

問6　下線部④について，イネを育て，コメができるまでにはさまざまな作業が必要です。次の写真のように，田植えの前に田に水を張って土を砕《くだ》いて表面をならす作業を何と呼ぶか，答えなさい。

農林水産省HPより

問7　下線部⑤について，地産地消は地球規模の環境問題の対策として役立つとされます。その理由を説明しなさい。

問8　下線部⑥について，次のａ～ｃの文は日本が農水産物を輸入している国について述べています。ａ～ｃに当てはまる国名を答えなさい。

ａ　カニやサケ・マスの主な輸入先である。寒い地域で栽培されるビーツを使って，肉やタマネギなどを煮込《にこ》むボルシチはこの国を代表する料理である。

ｂ　ワイン輸入量ではチリについで第２位，金額では第１位の輸入先である。2024年にはこの国の首都でオリンピック・パラリンピックが開催《かいさい》される予定である。

ｃ　パーム油やエビの輸入先である。赤道付近にあり，火山と地震《じしん》の多い島国で，オランダの植民地であった時期もある。

問9　下線部⑦について，次の表は北海道，千葉県，茨城県，鹿児島県の農業に関して示しています。表中のａ～ｄに当てはまる県・道名を下の あ～え から１つずつ選び，記号で答えなさい。

	*第一次産業人口比率(2017)	耕地に占める田の割合(2018)	耕地面積１ha当たりの農業産出額(2017)	収穫量全国１位の農作物(2019)
a	6.1%	19.4%	111.5万円	カボチャ　アズキ
b	8.1%	32.1%	420.2万円	サツマイモ　ソラマメ
c	5.4%	57.9%	296.5万円	メロン　ピーマン
d	2.8%	58.8%	373.9万円	カブ　サヤインゲン

*就業人口に占める第一次産業で働く人の割合(2017)

データブック オブ・ザ・ワールド 2020など

あ　北海道　　い　千葉県　　う　茨城県　　え　鹿児島県

Ⅱ　次の文を読み，空欄【A】～【D】に適する語を後の選択肢《せんたくし》から１つずつ選び記号で答え，空欄 [1] ～ [8] には適する語句を答えなさい。その際に [1] [4] [6] [7] [8] は漢字で答えなさい。また，下線部について後の問いに答えなさい。

人類は移動を続けてきました。現在の人類はアフリカ大陸で誕生したと考えられていますが，そこから人類が移動したからこそ，世界中に人類が広がったのです。人が移動することによって起こることを考えていきましょう。人が移動する理由の一つには「飢《う》え」があります。日本列島に人類が渡《わた》ってきたのも，地球がとても寒かった氷河時代に，主な食料だったマンモスなどの大型動物を追って移動してきたためと考えられています。

氷河時代が終わり地球が温暖化し，日本列島には①縄文《じょうもん》文化が生まれました。人々は定住を始めますが，その一方で人々はかなりの距離《きょり》を移動し②遠い地域と交易を行っていたことがわかっています。

弥生《やよい》時代が始まるのも，朝鮮《ちょうせん》半島から人々が日本列島に移動してきたからです。朝鮮半島からきた渡来人《とらいじん》たちは，③日本列島に新しい文化を伝え，その結果弥生文化が誕生しました。世界的に農耕が始まり穀物が生産され，金属器の使用が普及《ふきゅう》すると，交易がさかんになります。農耕が発達するのは豊かな土地ですが，金属の産出される土地はたいていの場合やせた土地で穀物の生産には向いていないからです。日本列島の場合，鉄器は朝鮮半島南部から入ってきました。こうした交易ルートを確保するため，この時期の日本列島の小国の支配者は中国に使者を送りました。１世紀に中国の【 A 】という王朝の皇帝《こうてい》に九州北部の支配者が使者を派遣《はけん》したことが，中国の歴史書に記されています。

５世紀になるとワカタケル大王が中国の皇帝に使いを送り，朝鮮半島南部での力を認めて欲《ほ》しいと願い出ています。このころ日本列島では大和政権の支配が広がっており，[1] 県の遺跡《いせき》からはワカタケル大王の名前が刻まれた鉄刀が，埼玉県の遺跡からは鉄剣《てっけん》が見つかっています。７世紀のはじめには中国の隋《ずい》という王朝に使者が派遣されましたが，対等な関係を主張したため中国の皇帝の怒《いか》りを買いました。この時国内では④改革が進められており，日本は中国から国家のしくみを学ぼうと留学生を派遣しました。

８世紀には日本は中国をモデルとした国家体制をつくりあげました。それにともない⑤国内の移動もさかんになりました。こうした移動の活発化は問題も引き起こしました。⑥735年に《 a 》から入ってきた天然痘《てんねんとう》という感染症《かんせんしょう》が《 b 》のあたりで流行し，その後徐々《じょじょ》に《 c 》へと広まり，737年には《 d 》で多くの死者を出すことになります。自然災害や反乱などにも苦しんだ聖武天皇が，全国に国分寺をつくり，仏教の力で国を守ろうと考えるきっかけとなりました。さらに聖武天皇は東大寺に大仏をつくることを命じます。聖武天皇が亡《な》くなると，ゆかりの品が東大寺の正倉院に納められました。そうした品々にはシルクロードの大移動を通じて伝えられたペルシア（現在の国名は [2] ）やヨーロッパの文化の影響《えいきょう》が見られるものがあります。これにはこの当時の世界の交易の活発化と関《かか》わりがあります。７世紀にアラビア半島で，商人だった人物が始めた [3] 教が急激に広がり大帝国を築くと，陸上交通と海上交通の要となる地を支配し，移動や交易がさかんになりました。シルクロードや海の道といったアジアとヨーロッパを結ぶ交易の中間点をつないだのが [3] 教の地域でした。こうした交易の終着点に正倉院があるわけです。

12世紀のおわりに日本では源　頼朝《みなもとのよりとも》が朝廷《ちょうてい》から許可を得て，⑦鎌倉《かまくら》幕府をつくりました。

13世紀にモンゴルがチンギス・ハンによって統一され，さらにユーラシア大陸の大半を支配する大帝国が形成されると，移動はとても活発になりました。中国で王朝を築いたモンゴルは，朝鮮半島の【 B 】を支配しました。日本にも従うように求める使者を派遣しましたが，執権《しっけん》の[4]が要求を拒《こば》んだため，２回にわたって日本に攻《せ》め込《こ》んできました。暴風雨などにも助けられ日本はどうにかこれを退けることができましたが，この戦いの費用の負担から御家人《ごけにん》は経済的に苦しくなり，幕府の滅亡《めつぼう》につながっていきます。

15世紀になると日本は中国と正式に国交を結び，使者を派遣し貿易も行いました。この時代は今日の日本文化のもととなるものがたくさん生まれました。祇園祭《ぎおんまつり》が京都の富裕《ふゆう》な町人の力によって復興されたのは有名ですが，祇園祭の山鉾《やまぼこ》を飾《かざ》るヨーロッパやペルシアの織物など国際色豊かな品々には，世界的な交易の発達の影響をみることができます。アジアとヨーロッパの交易はインド洋からペルシア湾か紅海を経て，陸路で【 C 】の沿岸まで移動し，そこから再び海路でヨーロッパ各地の港へと向かうのが一般的《いっぱんてき》でしたが，こうした交易のあり方を劇的に変えたのが[5]という国でした。彼《かれ》らは大西洋を南下してアフリカ大陸の南端《なんたん》をまわってインド洋へと直接入る航路を開拓《かいたく》したのです。[5]は東南アジアの香辛料《こうしんりょう》をヨーロッパへ運び，大きな富を得ました。その延長で彼らは中国との貿易も活発に行うようになりました。そのころに[5]人が種子島に漂着《ひょうちゃく》し，日本に鉄砲《てっぽう》を伝えます。[5]は中国のマカオに拠点を築き，中国産の生糸《きいと》を日本に運ぶなど，さかんに日本にやってくるようになりました。また日本からも東南アジアなどに出かけていき貿易を行うようになり，日本人が現地に移り住んだ日本町も形成されました。

しかし江戸《えど》幕府は17世紀の前半に鎖国《さこく》政策をとるようになり，海外にいた日本人は帰国できなくなり，日本と海外の移動は大幅《おおはば》に制限されました。貿易を認める港も長崎に限定され，中国と⑧オランダに限り長崎への来航が許されました。これ以外には[6]藩《はん》を通じて朝鮮との貿易も行われました。一方で江戸時代に日本国内の経済活動が活発になり，国内の移動もとてもさかんになりました。商品生産が拡大したため，海上交通は特に重要な輸送手段となりました。しかし鎖国政策のため，外洋航海に適したような船をつくることは厳しく制限されていました。

ペリーが来航し開国に向かうと，そうした制限は解除されました。アメリカが日本に開国を迫《せま》った理由の一つには，【 D 】を横断して中国へ行く貿易ルートを開きたいと考えていたことがあります。この当時アメリカは蒸気船をいち早く実用化していましたが，蒸気船を動かすには燃料の石炭が必要です。アメリカから【 D 】を横断して中国に行くには，途中《とちゅう》で石炭を補給する必要がありました。このためペリーが２隻《せき》の蒸気軍艦《ぐんかん》を含《ふく》む４隻の軍艦を率いて最初に来航した際は，【 D 】を横断するルートはとっていません。

欧米《おうべい》列強は18世紀後半以降，産業革命により機械で大量生産した商品の市場を求めてアジアやアフリカに積極的に進出し，世界規模の移動が進みました。こうした欧米列強の進出に対抗《たいこう》するために，⑨幕府を倒《たお》し欧米のような近代国家を形成することを日本は選びました。近代国家となるには，憲法を制定し法律にもとづいて国家が運営されることが必要です。日本は⑩大日本帝国憲法や様々な法律を制定しました。

第一次世界大戦を経て1920年代に欧米列強と日本は協調体制をとっていきますが，1929年にアメリカの株式市場で大暴落が起きたことから世界恐慌《きょうこう》と呼ばれる大不況《だいふきょう》が世界中に広がると，各国は自国の経済を優先し，高い関税をかけて自国や植民地などの市場を守ろうとしていきます。こうした争いの中で日本は⑪満州を独占《どくせん》しようとし，さらには日中戦争，太平洋戦争へと突《つ》き進んでいきました。戦争のための移動が活発になってしまった時代です。

戦後，アメリカは当初は日本の力をできるだけ弱めようとしましたが，アメリカとソ連の間で［ 7 ］が起こると，中国が共産主義の国家となったことに対抗させるために，アメリカは日本の経済復興を促《うなが》すことになります。［ 7 ］が実際の戦いへと発展した朝鮮戦争をきっかけに，日本の経済は回復していきます。第二次世界大戦の反省からも自由な貿易の推進が図《はか》られ，日本は世界経済の復興とともに，高度経済成長を迎《むか》えることになります。しかし［ 7 ］は世界経済に影を落とします。［ 7 ］は世界の移動も貿易も妨《さまた》げました。そして発展途上国《とじょうこく》はその影響を大きく受けることになります。そうした中で1973年に起こった地域紛争《ふんそう》がきっかけで，サウジアラビアなどの国々が自分たちの意見に反対しているとみなした国に対して［ 8 ］の輸出を制限し，［ 8 ］価格が急激に上がるという事態が起こります。このため日本経済は大打撃《だいだげき》を受け，高度経済成長が終わることになりました。

1989年に米ソ両国の首脳によって［ 7 ］の終結が宣言されました。移動と貿易の自由が進み，世界に平和が訪《おとず》れたかのように思われましたが，その後も世界各地では地域紛争が続いています。さらに近年はむしろ自国第一主義がさかんになり，移動と貿易に制限をかけようとする動きもみられます。これから，私たちはどうこの問題に向かい合っていくのか，真剣《しんけん》に考えなくてはなりません。

【選択肢】

あ　新羅《しらぎ》　い　太平洋　う　明　え　大西洋　お　清《しん》　か　黒海

き　漢　く　北海　け　インド洋　こ　唐《とう》　さ　高麗《こうらい》　し　元

す　地中海　せ　宋《そう》　そ　百済《くだら》　た　高句麗《こうくり》　ち　東シナ海

① 縄文文化について述べた，次のX～Zの文の正誤の組み合わせとして正しいものを，下のあ～く から1つ選び，記号で答えなさい。

X　木の実が重要な食料となっており，石包丁は木の実をすりつぶすのに使われた。

Y　貝塚《かいづか》を調べることによって，どのようなものを食べていたのかを知ることができる。

Z　土器を使い煮ることによって，食生活は以前よりも安全で豊かになった。

あ　X　正　Y　正　Z　正　　い　X　正　Y　正　Z　誤

う　X　正　Y　誤　Z　正　　え　X　正　Y　誤　Z　誤

お　X　誤　Y　正　Z　正　　か　X　誤　Y　正　Z　誤

き　X　誤　Y　誤　Z　正　　く　X　誤　Y　誤　Z　誤

② 遠い地域と交易が行われていたことと最も関わりが深い文を，次の あ～え から1つ選び，記号で答えなさい。

あ　クリを栽培していた地域があり，クリの木が竪穴《たてあな》住居などにも使われた。

い　シカやイノシシといった動物を狩《か》り，食料とするだけでなく，その骨や角を釣針《つりばり》などの道具に利用した。

う　各地域では，それぞれ特色のある装飾《そうしょく》をした土器がつくられるようになった。

え　限られた地域でのみとれる黒曜石が，各地で矢じりとして使われていた。

③ 渡来人たちが伝えた新しい文化について述べた，次のX～Zの文の正誤の組み合わせとして

正しいものを，下の あ～く から1つ選び，記号で答えなさい。

X 米づくりが伝えられ，たくわえられる食料の生産が始まったことで，人々の間の戦いは縄文時代よりも減っていった。

Y 青銅器が伝えられ，銅鐸《どうたく》や銅剣などが豊作を祈《いの》る祭りの道具として使われた。

Z 鉄器が伝えられ，石器より優れた鉄製の武器がつくられ，軍事力が高まった。

あ X 正 Y 正 Z 正　い X 正 Y 正 Z 誤
う X 正 Y 誤 Z 正　え X 正 Y 誤 Z 誤
お X 誤 Y 正 Z 正　か X 誤 Y 正 Z 誤
き X 誤 Y 誤 Z 正　く X 誤 Y 誤 Z 誤

④ この時進められていた改革についての記述として誤っているものを，次の あ～え から1つ選び，記号で答えなさい。

あ 聖徳太子が蘇我《そが》氏とともに天皇中心の政治体制をつくろうとしていた。
い 豪族《ごうぞく》の支配していた土地と人民を，すべて天皇の支配下に置いた。
う 冠位十二階《かんいじゅうにかい》の制度を定めて，能力に応じて役人に取り立てるしくみをつくった。
え 天皇の命令に従うことなどを命じた憲法十七条という役人の心得が制定された。

⑤ このころの移動について述べた，次のX～Zの文の正誤の組み合わせとして正しいものを，下の あ～く から1つ選び，記号で答えなさい。

X 農民たちの中には兵士となって九州まで行き，九州の守りについた者もいた。

Y 都から地方の役所へ，さまざまな命令を伝えられる制度がつくられた。

Z 各地の特産物が都へ税として運ばれ，北海道からはコンブが運ばれた。

あ X 正 Y 正 Z 正　い X 正 Y 正 Z 誤
う X 正 Y 誤 Z 正　え X 正 Y 誤 Z 誤
お X 誤 Y 正 Z 正　か X 誤 Y 正 Z 誤
き X 誤 Y 誤 Z 正　く X 誤 Y 誤 Z 誤

⑥ 《a》～《d》に当てはまるものを次の あ～え から1つずつ選び，《a》～《d》の順番に記号で答えなさい。

あ 東　い 博多　う 朝鮮半島　え 平城京

⑦ 鎌倉幕府について述べた，次のX～Zの文の正誤の組み合わせとして正しいものを，下の あ～く から1つ選び，記号で答えなさい。

X 周辺地域との移動がとても便利な地形である鎌倉を，幕府の中心地とした。

Y 御家人たちは戦いがないときでも，将軍への奉公《ほうこう》の一つとして鎌倉や京都を守るため，領地から鎌倉や京都へ行く必要があった。

Z 将軍は御恩《ごおん》の一つとして，戦いで成果をあげた御家人に，新しい領地を与《あた》えた。

あ X 正 Y 正 Z 正　い X 正 Y 正 Z 誤
う X 正 Y 誤 Z 正　え X 正 Y 誤 Z 誤
お X 誤 Y 正 Z 正　か X 誤 Y 正 Z 誤
き X 誤 Y 誤 Z 正　く X 誤 Y 誤 Z 誤

⑧ ヨーロッパから来た国の中で，幕府がオランダとの貿易を認めたのはなぜか，鎖国を行った理由と，オランダと他のヨーロッパ諸国との違《ちが》いにも触《ふ》れて60字以内で答えなさい。

⑨ 幕府が倒れるまでの出来事について述べた，次のX～Zの文の正誤の組み合わせとして正しいものを，下の あ～く から1つ選び，記号で答えなさい。

X 貿易が開始されると物価が上昇《じょうしょう》するなど経済が混乱し，民衆の不満が高まった。

Y 長州藩の木戸孝允《たかよし》は土佐《とさ》藩の勝海舟《かつかいしゅう》の助けを得て薩摩《さつま》藩と結び，倒幕《とうばく》をめざした。

Z 将軍徳川慶喜《よしのぶ》が政権を天皇に返上すると，薩摩藩の大久保利通らは新政府をつくり旧幕府軍との戦いに勝利して政権をにぎった。

あ X 正 Y 正 Z 正　い X 正 Y 正 Z 誤
う X 正 Y 誤 Z 正　え X 正 Y 誤 Z 誤
お X 誤 Y 正 Z 正　か X 誤 Y 正 Z 誤
き X 誤 Y 誤 Z 正　く X 誤 Y 誤 Z 誤

⑩ 大日本帝国憲法についての記述として誤っているものを，次の あ～え から1つ選び，記号で答えなさい。

あ この憲法では軍隊を統率《とうそつ》する権限は天皇にあるとされた。

い この憲法では条約を結ぶ権限は政府にあるとされた。

う この憲法では法律と予算を審議《しんぎ》する権限は議会にあるとされた。

え この憲法では国民は法律の範囲内《はんいない》でのみ言論の自由などが認められた。

⑪ 満州についての記述として誤っているものを，次の あ～え から1つ選び，記号で答えなさい。

あ 軍部は満州の資源が戦争には欠かせないと考えた。

い 1931年に中国軍が南満州鉄道を爆破《ばくは》したことをきっかけに満州事変が始まった。

う 満州国がつくられたが，事実上日本の支配下に置かれていた。

え 国内の不況で農民が苦しんでいたので，満州への移民がさかんに行われた。

Ⅲ 次の①～⑤の各文の空欄 [1] ～ [5] に適する語句をそれぞれ答えなさい。そのとき漢字で書けるところは漢字で答えなさい。さらに問A～問Eに答えなさい。

① 日本は少子高齢社会となっており，今後もさらに少子高齢化は進むと考えられている。子育てや高齢者の世話をしながら働き続けることができるように，1995年に [1] 法がつくられた。

問A 日本の人口構成や介護《かいご》保険についての記述として誤っているものを，次の あ～え から1つ選び，記号で答えなさい。

あ 日本の人口は，2000年代後半から減少に転じている。

い 現在，65歳《さい》以上の人口の比率は25％を超《こ》えている。

う 介護保険では，20歳以上の人が保険料を払《はら》っている。

え 介護保険でサービスを受けるためには，サービスを受ける必要があると認定《にんてい》を受けなければならない。

② 国会は，法律をつくることや予算を認めることなどを行っている。また，国の政治のあり方が正しいかどうかを調べるのも国会の重要な仕事で，衆参両院は証人を呼んだり省庁に報告や記録の提出を求めることができる [2] 権をもっている。

問B　国会についての記述として誤っているものを，次の あ～え から１つ選び，記号で答えなさい。

あ　法律案は，参議院よりも先に衆議院で審議されることになっている。

い　法律案は，本会議での審議の前に，委員会で審議されることになっている。

う　衆議院の方が，参議院より選挙に立候補できる年齢《ねんれい》が低い。

え　参議院の方が，衆議院より任期が長い。

③　日本では，2009年から裁判員制度が導入されている。裁判の種類を２つに分ける場合，裁判員裁判の対象になっていないのが［　3　］裁判である。

問C　裁判員制度についての記述として誤っているものを，次の あ～え から１つ選び，記号で答えなさい。

あ　裁判員は，20歳以上の人の中からくじで選ばれる。

い　裁判員裁判は，地方裁判所でのみ行われる。

う　裁判員は裁判官とともに，有罪か無罪かを判断し，有罪の場合には，量刑《りょうけい》(刑罰《けいばつ》の重さ)も判断する。

え　判決で死刑《しけい》が科される可能性がある，重い犯罪は裁判員裁判の対象外である。

④　われわれは，日本国民であるとともに，都道府県および市区町村の２つの［　4　］に属している。［　4　］にはその住民の選挙で選ばれた首長がいる。

問D　地方自治についての記述として誤っているものを，次の あ～え から１つ選び，記号で答えなさい。

あ　市区町村の予算の歳入《さいにゅう》には，市区町村民からの税金だけでなく，国や都道府県からの交付金や補助金が含《ふく》まれる。

い　住民は，国に対して要望や苦情を申し出る請願《せいがん》を行うことができるが，直接請求《せいきゅう》権があるため，都道府県や市区町村への請願権は認められていない。

う　都道府県や市区町村の中には，これから行おうとしている取り組みについて，住民から広く意見を集めて参考にする，パブリックコメントをとり入れているところがある。

え　子どもや高齢者の相談にのったり，その内容を市区町村などに伝える，民生児童委員(民生委員)が置かれている。

⑤　国や地域をこえて，地球規模で取り組まなければならない問題が起きている。環境問題では，近年，地球温暖化の問題が深刻化している。2015年に，［　5　］が採択《さいたく》され，世界の平均気温の上昇を産業革命前と比較《ひかく》して，2℃より低く抑《おさ》えることが目標とされた。

問E　国際的に取り組むべき問題や，そのための機関についての記述として誤っているものを，次の あ～え から１つ選び，記号で答えなさい。

あ　1972年に国連人間環境会議が開かれ，気候変動枠組《わくぐ》み条約が採択された。

い　地球温暖化の要因の一つとして，オゾンホールの問題をあげることができる。

う　難民の保護や救済・支援《しえん》を行うことを目的として，国連難民高等弁務官事務所が創設されている。

え　食料が不足している国や天災などを受けた国に食料を援助《えんじょ》する，国連世界食糧《しょくりょう》計画(WFP)が，2020年のノーベル平和賞を受賞した。

【理　科】（30分）〈満点：60点〉

Ⅰ　３本のストローにエナメル線をそれぞれ50回，100回，200回均等に巻いたコイルを作りました。ストローとエナメル線はそれぞれ同じ長さのものを用い，それぞれ余ったエナメル線は切らずに束ねておきました。

これらのコイルを用いて行った以下の実験について問いに答えなさい。

問１　右図のように50回巻きのコイル，電球，電池，およびスイッチをつなぎ，コイルの横に方位磁針を置きました。スイッチを入れたとき，方位磁針の指す向きとして正しいものをつぎの**ア**～**オ**から選び，記号で答えなさい。

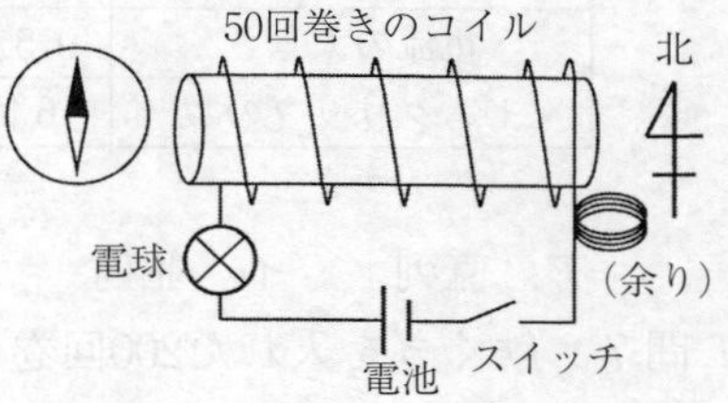

問２　右図のように電池のつなぐ向きを変え，問１と同じ実験を行いました。方位磁針の指す向きとして正しいものを問１の**ア**～**オ**から選び，記号で答えなさい。

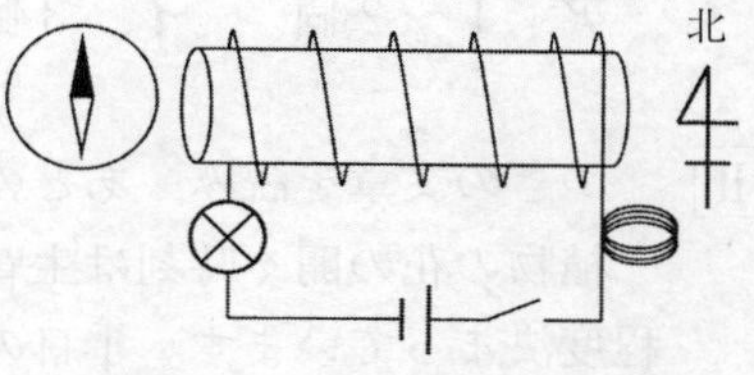

問３　100回巻きのコイルに変え，問１と同じ実験を行いました。方位磁針の振《ふ》れる角度は問１と比べてどのようになりますか。つぎの**ア**～**ウ**から選び，記号で答えなさい。

ア．大きくなる　　**イ**．変わらない　　**ウ**．小さくなる

問４　右図のように50回巻きのコイルに鉄くぎを入れ，問１と同じ実験を行いました。方位磁針の指す向きとして正しいものをつぎの**ア**～**エ**から選び，記号で答えなさい。

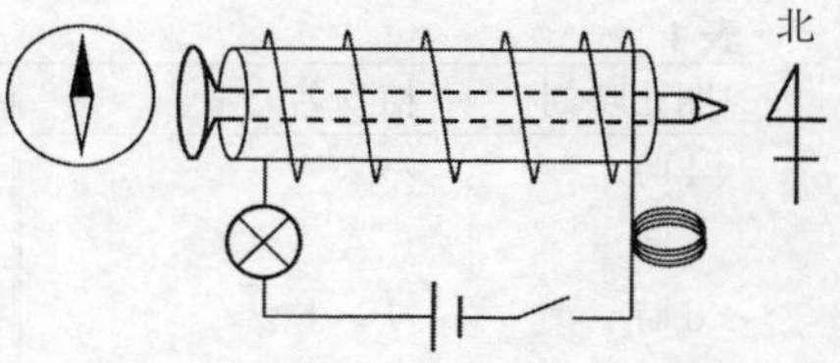

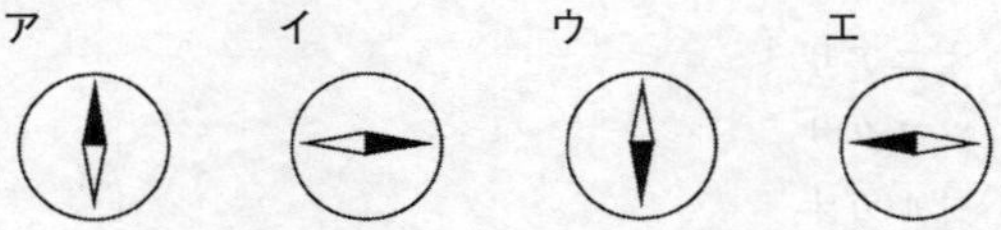

問５　問４のようにコイルの中に鉄くぎを入れて電流を流すと，鉄くぎが磁石になります。この磁石を何といいますか。

問６　下図のように鉄くぎを入れた100回巻きのコイルと電球，電流計，電池をつなぎ，ゼムクリップを引きつける実験を行いました。電球や電池のつなぎ方を変え，鉄くぎが引きつけたゼムクリップの数と電流の大きさを記録し，**表１**にまとめました。表中の①～⑧には何が入りますか。**ア**～**カ**から選び，記号で答えなさい。同じ記号を何回使ってもかまいません。図中のⒶは電流計を表しています。

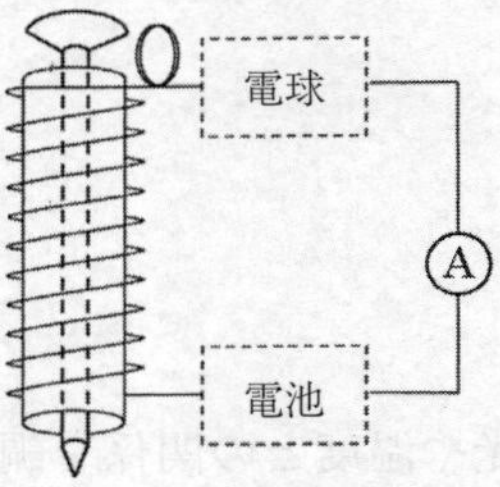

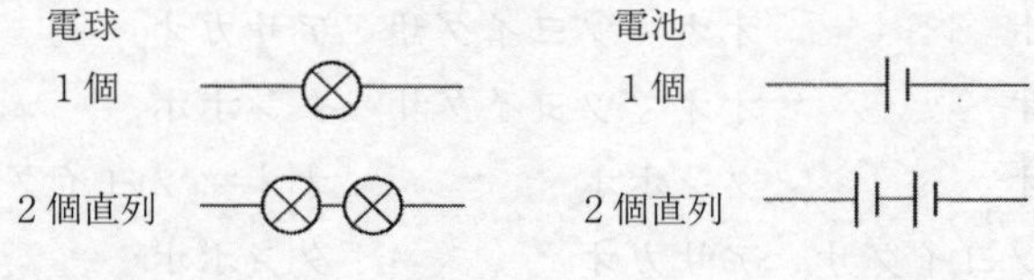

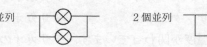

表1

電球	数	1個	1個	1個	2個	2個	2個	2個
	つなぎ方				直列	並列	③	⑥
電池	数	1個	2個	2個	1個	1個	2個	2個
	つなぎ方		①	②			④	⑦
電流の大きさ		0.5A	1A	0.5A	0.25A	1A	⑤	⑧
ゼムクリップの数		6個	12個	6個	3個	12個	6個	12個

ア．直列　**イ**．並列　**ウ**．0.25A　**エ**．0.5A　**オ**．1A　**カ**．2A

問7　鉄くぎを入れた200回巻きのコイルと2個の電球，2個の電池を使い，いろいろなつなぎ方をして，鉄くぎが引きつけるゼムクリップの数を記録しました。その数が最も少なくなるつなぎ方をしたときのゼムクリップの数をつぎの**ア**～**ウ**から選び，記号で答えなさい。

ア．1～2個　**イ**．3個　**ウ**．6個

Ⅱ　つぎの文章を読み，あとの問いに答えなさい。

植物の花の開く時刻は生育環境や天候によって多少変わりますが，植物の種類によってある程度決まっています。1日のうちで，開花時刻の早いものから順に円状に並べて植えることで「花時計」を作ることができます。**表1**は東京で見られる植物を用いて作られたものの1つです。

表1

開花時刻	植物名	開花時刻	植物名
4時	ハス	12時	スミレ
5時	（ A ）	13時	カワラナデシコ
6時	リンドウ	14時	キキョウ
7時	フクジュソウ	15時	オニアザミ
8時	（ B ）	16時	ツユクサ
9時	ユキワリソウ	17時	ヨルガオ
10時	サフラン	18時	（ C ）
11時	チューリップ	21時	クジャクサボテン

※『花と花粉―自然のふしぎないとなみ』岩波洋造 著（1967年）　一部改変

問1　**表1**の(A)～(C)にあてはまる植物名の組み合わせとして正しいものをつぎの**ア**～**カ**から選び，記号で答えなさい。

	(A)	(B)	(C)
ア．	タンポポ	アサガオ	オオマツヨイグサ
イ．	タンポポ	オオマツヨイグサ	アサガオ
ウ．	アサガオ	オオマツヨイグサ	タンポポ
エ．	アサガオ	タンポポ	オオマツヨイグサ
オ．	オオマツヨイグサ	アサガオ	タンポポ
カ．	オオマツヨイグサ	タンポポ	アサガオ

植物の開花には光や温度が関わっています。アサガオの開花と光や温度との関係を調べるた

めにつぎのような実験をしました。

温度を20℃，23℃，25℃に調節した光の入らない箱を３つずつ用意しました。ある日の18時に切り取ったアサガオのつぼみをそれぞれの箱に入れました。箱の中に蛍光灯《けいこうとう》を入れておき，光の条件をつぎの①～③のように変えて，翌朝の状態を観察しました。**表２**はその結果をまとめたものです。

① 一晩中蛍光灯の光を当てた。

② 18時から22時まで暗くし，その後蛍光灯の光を当てた。

③ 18時から翌日２時まで暗くし，その後蛍光灯の光を当てた。

表２

	20℃	23℃	25℃
①	開花した	開花しなかった	開花しなかった
②	開花した	開花した	開花しなかった
③	開花した	開花した	開花した

問２　アサガオの開花について，この実験から正しいと考えられるものをつぎの**ア**～**キ**からすべて選び，記号で答えなさい。

ア．開花には，温度は全く関係していない。

イ．開花するには，必ず温度を25℃以上にしなくてはならない。

ウ．開花するには，必ず温度を20℃以下にしなくてはならない。

エ．25℃のとき，暗くする時間が４時間では開花しないが，８時間では開花する。

オ．23℃のとき，暗くする時間に関係なく開花する。

カ．温度を低くするほど，暗くする時間が短くても開花する。

キ．開花には，暗くする時間は全く関係していない。

問３　つぎの**ア**～**オ**から，アサガオの葉を選び，記号で答えなさい。

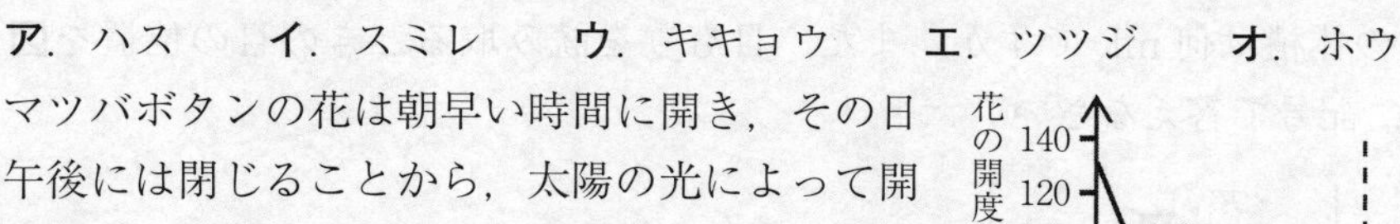

問４　アサガオの花は５枚の花びらがつながっています。アサガオのように，花びらがつながっているものをつぎの**ア**～**オ**からすべて選び，記号で答えなさい。

ア．ハス　**イ**．スミレ　**ウ**．キキョウ　**エ**．ツツジ　**オ**．ホウセンカ

マツバボタンの花は朝早い時間に開き，その日の午後には閉じることから，太陽の光によって開花するのだと考えられていました。しかし，マツバボタンのつぼみを早朝に暗室(光の入らない部屋)に入れて温度を高めると開花しました。この実験から，マツバボタンの花の開閉には，光の有無は無関係であるとわかりました。

図１は32℃で開花していた花を26℃の暗室に移し(この時を０分とする)，40分後に28℃，32℃，

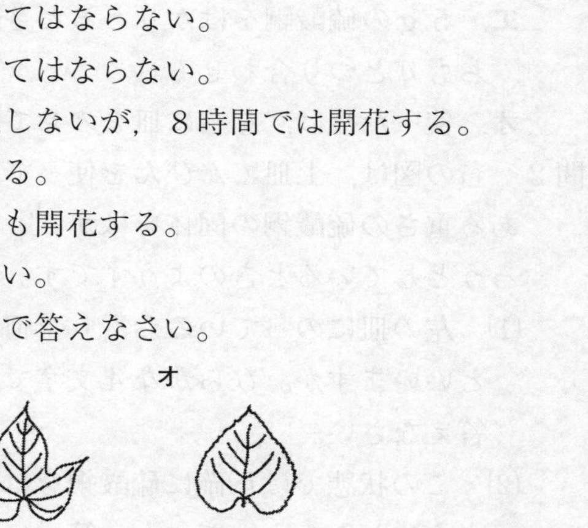

図１　マツバボタンの花の開度と温度の関係

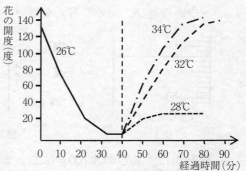

34℃の暗室に移したときのそれぞれの花の開度の変化をグラフにしたものです。ただし，花の開度90度は，花びらが左右に45度ずつ開いていることを表しています。

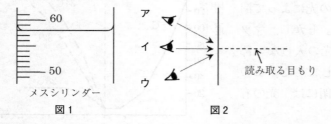

問５　マツバボタンの開花について，本文および**図１**からわかることをつぎの**ア**～**カ**から３つ選び，記号で答えなさい。

ア．温度の変化によって，一度閉じた花も再び開くことがある。

イ．一度花が開くと，その後の温度や光の変化に関係なく開いたままである。

ウ．温度の低いところから高いところに移すと花は閉じる。

エ．温度が高いところから低いところに移すと花は閉じる。

オ．温度を低いところから高いところに移したとき，温度差が大きいほど花は早く開く。

カ．温度を低いところから高いところに移したとき，温度差が小さいほど花は早く開く。

Ⅲ　硫酸銅《りゅうさんどう》という固体を水にとかし，硫酸銅水溶液《すいようえき》をつくりました。以下の問いに答えなさい。

問１　上皿てんびんの使い方として正しいものを**ア**～**オ**からすべて選び，記号で答えなさい。

ア．使う前に，針が中央で静止《せいし》するまで必ず待ち，つり合っているかを確認する。

イ．上皿てんびんは水平な台の上に置いて使う。

ウ．硫酸銅の固体の重さをはかるとき，右ききの人は，右の皿に硫酸銅をのせる。

エ．５ｇの硫酸銅をはかりとるとき，左ききの人は，左の皿に硫酸銅を少しずつのせていき，おもりとつり合わせる。

オ．使った後は，左右に皿をのせてつりあった状態で片付ける。

問２　右の図は，上皿てんびんを使って，ある重さの硫酸銅の固体をはかりとろうとしているときのようすです。

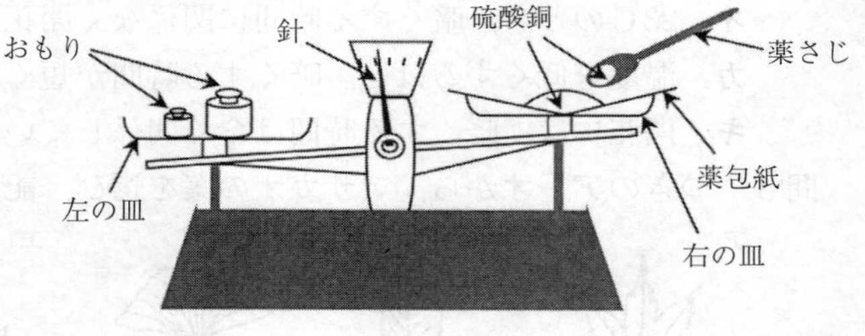

(1)　左の皿にのっているおもりを何といいますか。ひらがな４文字で答えなさい。

(2)　この状態では正確に硫酸銅をはかりとることができません。正しくはかりとるにはどのようにしたらよいですか，簡単に説明しなさい。ただし，上皿てんびんやおもりは変えないものとします。

問３　水の体積を100mL のメスシリンダーではかると**図１**のようになりました。メスシリンダーに入った水の体積は何 mL ですか。また，目もりを読み取るときの目の位置を**図２**の**ア**～**ウ**から選び，記号で答えなさい。

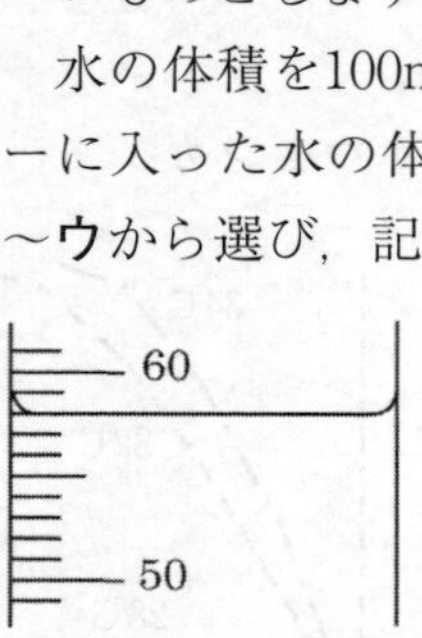

図１

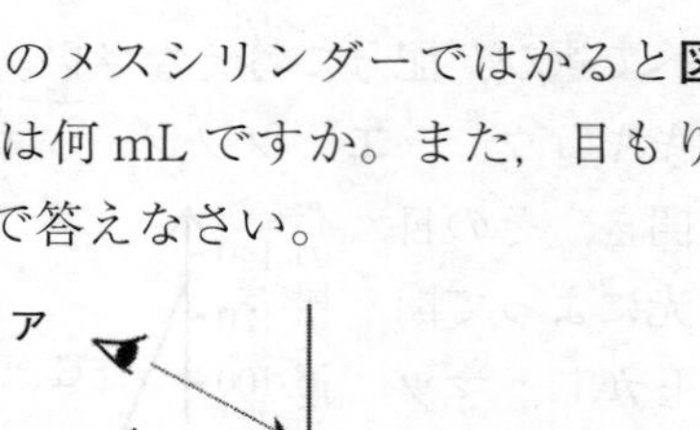

図２

硫酸銅は，30℃の水100ｇに25ｇまでとけます。また，水を取りこんだ状態の固体である「硫酸銅五水和物《ごすいわぶつ》」というものもあります。硫酸銅五水和物にふくまれる硫酸銅と水の割合《わりあい》は一定です。たとえば，硫酸銅五水和物25gには，硫酸銅16gと水９gがふくまれています。この硫酸銅五水和物25gを100gの水にとかした水溶液は，硫酸銅16gを水109gにとかしたものと同じ濃《こ》さになります。以下の問いに答えなさい。ただし，割り切れない場合は，小数第２位を四捨五入して小数第１位で答えなさい。

問４　硫酸銅15gを30℃の水75gにとかしました。この硫酸銅水溶液の濃さは何％ですか。

問５　硫酸銅五水和物15gを30℃の水75gにとかしました。

(1)　このとき，水溶液中の水は何gですか。

(2)　この硫酸銅水溶液の濃さは何％ですか。

問６　30℃の水50gを用意し，ある量の硫酸銅五水和物をとかすと，とけ残りができました。その後，この水溶液をろ過しました。

(1)　ろ過した後のろ紙を広げたとき，とけ残った固体はどのようにろ紙についていますか。正しいものをつぎの**ア**～**オ**から選び，記号で答えなさい。ただし，点線はろ過をしたときのろ紙の折り目，灰色の部分は固体を示しています。

ア　**イ**　**ウ**　**エ**　**オ**

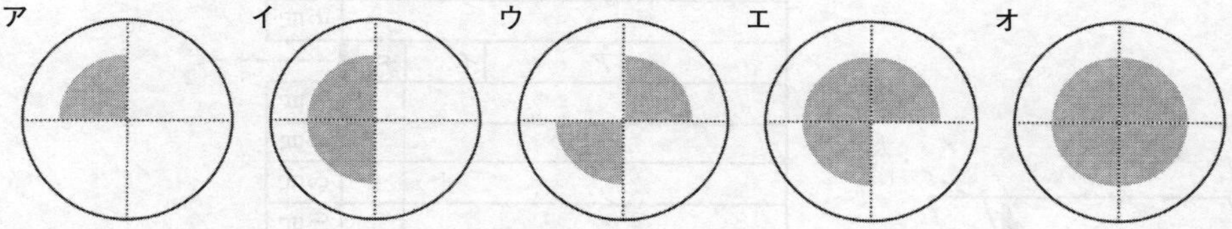

(2)　ろ紙を通った水溶液の濃さは何％ですか。ただし，温度は30℃のままであるとします。

Ⅳ

つぎの文章を読み，あとの問いに答えなさい。

現在では，季節に関係なく１日を24等分したものを１時間とする定時法が用いられていますが，江戸《えど》時代の日本では日の出と日の入りの時刻をもとにした不定時法が用いられていました。

この不定時法では日の出の30分前を「明け六つ」，日の入りの30分後を「暮れ六つ」と呼び，「明け六つ」から「暮れ六つ」までを昼とし，それを６等分して昼の一刻《いっとき》とします。同じように「暮れ六つ」から「明け六つ」までを夜とし，それを６等分して夜の一刻とします。したがって，１日の中でも昼と夜の一刻の長さは異なり，季節によっても一刻の長さは変化します。

不定時法の時刻は日の出前の「明け六つ」に続き，昼は一刻ごとに「五つ」「四つ」「九つ」「八つ」「七つ」と進み，日の入り後の「暮れ六つ」になります。「暮れ六つ」に続き，夜は「五つ」「四つ」「九つ」「八つ」「七つ」と進み，つぎの日の「明け六つ」になります。

当時，機械式の時計を持っていない人たちも「時の鐘《かね》」の鳴る回数や影《かげ》の長さから時刻を読み取る紙製の携帯《けいたい》用日時計などによって時刻を知ることができました。「時の鐘」は人々に気がつかせるためにまず鐘を３回打ち，その後「明け六つ」であれば６回鐘を打ちました。

問１　夏のある日，日の出時刻は４時30分，日の入り時刻は19時でした。

(1)　この日の昼の一刻の長さは何分ですか。

(2)　この日の昼，「時の鐘」が３回のあとに９回鳴りました。その時刻は何時何分ですか。

問２　冬のある日，Ａさんは夜の「九つ」にそば屋に行き，翌日は夜の「四つ」に行きました。この２日間はともに日の出時刻は７時，日の入り時刻は17時であるとします。Ａさんが２日目そば屋に行ったのは前日に比べて何時間何分早い，または，おそい時刻ですか。何時間何分かを答え，「早い」，または，「おそい」を丸で囲みなさい。

問３　下線部の日時計をまねて，暦《こよみ》を現在のものに直し，時刻は不定時法のままにした日時計を作りました。**図１**は６月のある日にこの日時計を使ったときのようすです。６月と書かれた札《ふだ》を折って垂直に立て，札を太陽の方角に向けて水平な地面に置きます。このときの影の長さからおおよその時刻を読み取ります。**図２**は日時計を真上から見たようすです。**九**と書いてある線まで影が伸びていれば「九つ」を意味しています。実際には各月のところに時刻を表す線と数字が書いてありますが，**図２**では一部しか書いてありません。

(1)　**図２**の**ア**，**イ**には一方に**四**(「四つ」を表す)，他方に**五**(「五つ」を表す)が入ります。**五**が入るのは**図２**の**ア**，**イ**のどちらですか。

(2)　12月の**九**の線の位置を**図２**の**ウ**～**オ**から選び，記号で答えなさい。

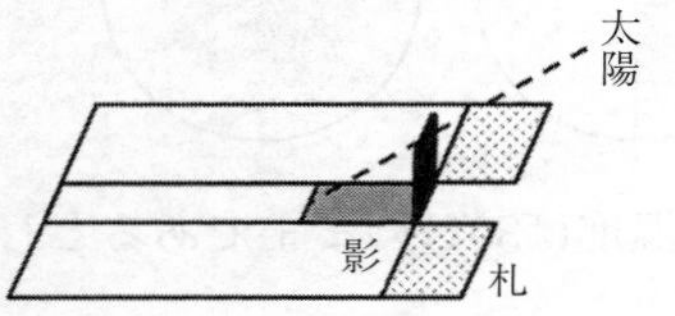

図１　日時計を使ったときのようす

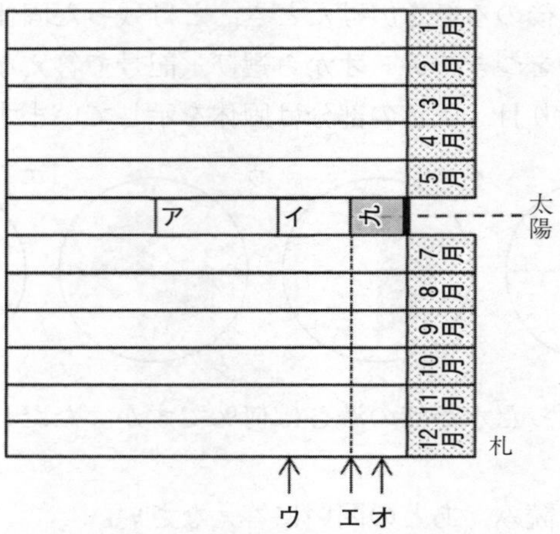

図２　日時計を真上から見たようす

散歩で会うたび、ガーッて歯をむきだして、えらいけんまくでおこっとるもんな。

たしかに、柴犬《しばいぬ》のあんたと、アフガンハウンドのクリストファーは、おなじ犬とは思えん。いもようかんと［イ］くらいかけはなれとる。

そやかて、おこってもムダや。体力の消費や。

カッときたときは、ぐっとのみこんで、そっと心で注2つぶやいとき。

「しゃあない、うちらは『犬猿《えん》の仲』なんや」って。

（森　絵都「あの子がにがて」『あしたのことば』）

注1　料理を食べているとちゅうで、調味料などで味を変えること。

2　「つぶやいておきなさい」の意。

問一　――線部①～③のカタカナを漢字に直し、漢字は読みを答えなさい。

問二　［ア］にあてはまる漢字一字を答えなさい。

問三　［イ］にはどのような言葉があてはまると思いますか。想像して答えなさい。

問四　――線部A、Bとありますが、なぜこのようになったのでしょうか。このときの水穂の気持ちを、これまでの真紀ちゃんとの関係をふまえて、説明しなさい。

問五　――線部Cとありますが、なぜ「ホッとした」のでしょうか。わかりやすく説明しなさい。

問六　――線部Dからは、水穂のどのような気持ちの変化がわかりますか。読点の打ち方に注目して説明しなさい。

問七　――線部Eとありますが、なぜタロに言い聞かせているのだと思いますか。考えて答えなさい。

「そや」とあごをあげた。

「どうにもならへん生まれつきの相性や。どっちがええとか、あかんとかの話ちゃう。なやんだところで時間のムダや。ノウ細胞《ぼう》の浪《ろう》費や」

「へ。馬が合わへんかったら、なやんでもムダなんか？」

「そや。馬が合わへんちゅうのは、そういうこっちゃ。合わんもんは合わん。そうわりきって終わりにするしかない。そないな相性のあいてが、だれにでもおるねん」

「おるんか？」

「おる、おる。うちにもおるで」

「ミーヤンにも？」

「それが人生や」

「はあ……」

ほんま、ミーヤンときたら、えらいきっぱり絶望的な宣言をしてくれたもんや。

そやけどな、「どっちがええとか、あかんとかの話ちゃう」言うてもろたことで、なんとなく、Cうち、ホッとしたのもほんまやねん。

親や先生に話したら、「人をきらったらあかん」とか、「ええとこ探したれ」とか、言われるやん。けど、ええとこ見つからへんから、うちはこまっとるねん。

もともと馬が合わへんのんなら、たしかに、しゃあない思えるわ。

うちも真紀ちゃんも悪なくて、あかんのは馬や。

うちと真紀ちゃんは馬が合わへん。

うちと真紀ちゃんは馬が合わへん。

うちと真紀ちゃんは馬が合わへん。

ふしぎやねん。D頭のなかでなんどもくりかえしとるうちに、なんや、うち、みるみる元気になってきた。

うちと真紀ちゃんのあいだにあった、うまく言葉にならへんぎくしゃくした感じ。いつも空いとるびみょうな距離《きょり》。目と目のバチバチ。わけがわからへんかったそれに「馬が合わへん」ちゅう名前をもろて、なんや、すうっとむねが軽なった。

「ミーヤン、おおきに！　うち、らくになったわ」

別れぎわ、ミーヤンに②カンシャのハグをしたったら、

「水穂はえらいたんじゅんやなあ」

って笑われた。

真紀ちゃんのことはいまもにがてやで。

あの声も、あの顔も、あのコロンのにおいも。

そやけど、あれ以来、真紀ちゃんにむかついたり、むかつかれたりして、頭のどこかにどくどく「にがて汁」が流れこんできたときには、馬が合わへん、馬が合わへんって、心のなかで呪《じゅ》文みたいにとなえることにしとる。そしたら、ちょっとは汁がうすまる。

そや、似とる言葉も見つけたで。

「虫がすかん」

これも、なんやようわからへんけど馬が合わへんあいてをさす言葉やろ。

あと、あかん相性の者どうしを「水と[ア]」って言ったりもする。

こんだけいろんな言葉ができたのは、やっぱり遠いむかしから、どこにでも、だれにでも、にがてなあいてがおったせいちゃうやろか。そのあいてへの腹立ちを、むかしの日本人は、うまいこと馬や虫にすりかえようとしたのかもしれん。人類の③エイチやな。

Eそやからな、タロ。

そや、あんたの話や。

知っとるで。あんた、浅木《あさぎ》さんとこのクリストファーがにがてやろ。

あの人、ぜったい、うちがにがてやわ。

いや――にがてどころか、うち、真紀ちゃんにごっつきらわれとるんちゃうやろか。

古い橋みたいにぐらぐらしとったうちと真紀ちゃんの関係に、バリッと強烈《れつ》なヒビが入ったのは、何日かまえの昼休みや。

昼どきはよく真紀ちゃんと田中さんがうちらにくっついてくるから、四人グループが六人になる。その日も、つくえ六つ合わせて、味のぼんやりした給食を食べとるあいだ、うち、半分ギャグでこぼしてん。

「うちの学校の給食、ほんま、塩分ひかえめすぎるわ。調味料のケチりかたえげつない」

ただの軽口やで。人間社会では、こないなギャグをスパイスにして、味のぼんやりした給食を食べるんや。生きる知恵《え》や。

なのに、言うたとたんに、真紀ちゃんのずぶとい声が飛んできた。

「ほな塩でもしょうゆでも家からもってきて、どっさどっさかけて、高血圧になったらええわ」

Aがつんと顔に岩塩《がんえん》ぶつけられた気がしたわ。ほんま。

ほかのみんなもぶったまげた顔して、一瞬《しゅん》、その場がしんとなった。二、三秒やな。それから、みんなはなんもなかったふりして、またぼちぼちしゃべりだしたけど、Bうちはなかなか復活できひんかった。

頭のなかで真紀ちゃんの声がぐるぐるしとってん。

男子のまえではぜったい出さへん野性のうねりが、な。

その夜、うちは爆《ばく》発した。

「あー、もう限界や。なんでうち、真紀ちゃんにあないなこと言われなあかんのやろ。給食の味がうすいのは、全校生徒に共通のなやみや。うちはみんなの心のさけびを代弁したっただけや。なんで真紀ちゃんがカッカせなあかんのん？ ほんま、あの子はうちのやることなすこと気にいらんのやろな。そやけど、それはおたがいさまや。うちかて、ぜんぜん負けへんくらい、真紀ちゃんがヤでヤでしゃあないわ」

うっぷんをぶちまけたあいては、塾《じゅく》仲間のミーヤン。毎週、火曜日と木曜日に塾で会うて、電車でとちゅうまでいっしょに帰る。

塾の仲間は、学校の人間関係を知らへんさかい、気楽になんでもしゃべれるねん。

「けど、ほんまにわからんわ。ケンカしたわけでもあらへんのに、なんでうちと真紀ちゃん、こないなことになっとるんやろ」

塾でも、帰り道でも、うちはひたすらグチりつづけた。

そしたら、うちのおりる駅が近づいたころ、それまでふんふんきいとるだけやったミーヤンが、きゅうに口を開いてん。

「あんな、水穂《みずほ》」

ハスキーボイスのミーヤンは、じーっとうちの目を見て、ハスキーに言うてん。

「あんたと真紀ちゃんは、生まれながらに相性が悪い。それだけや」

「へ？」

「馬が合わへん、ちゅうやっちゃ」

ちなみに、ミーヤンは今どきめずらしい六人きょうだいの長女で、だからか知らんけど、ごっつ①**性根**がすわっとる。うちはひとりっ子やし、親もようは家におらんさかい、ミーヤンを姉ちゃんみたいに思っとるとこもある。

そのたのもしいミーヤンが、あんまりあっけらかんと言うてくれたもんやから、うち、ぽかんとなってしもて、十秒くらいなんも言えへんかった。

「……馬が、合わへん？」

十一秒めくらいにかぼそい声を出したら、ミーヤンはアネゴらしく

問三 ――線部③について、私たちが「戦わずに勝つ」ためにはどうすればよいでしょうか、本文の内容にそって説明しなさい。

問四 X オオカミ と Y モモンガ はどのようなことを説明するための例としてあげられていますか、それぞれ説明しなさい。

二 次の文章を読んで、後の問いに答えなさい。

あのな、タロ。うち、おなじクラスに、にがてな女子がおるねん。

中沢真紀。

五年二組でいちばん髪《かみ》が長くて、足もすーっと長くて、おはだもつるつるしとって、やたらおしゃれで、なんや気どっとる。男子には「クールビューティー」言われとるけど、うちは真紀ちゃんの目がこわい。

あれは、ケモノの目や。タロよりずっと狂暴《きょうぼう》や。

真紀ちゃんはいつもジミめの田中さんを手下みたいにしたがえて、ハデめの男子らとキャアキャアはしゃいどるのに、ときどき、なんや注1味変《あじへん》みたいな感じで、うちらのグループにくっついてくる。うちら、お人よしさかい、くっついてきたらムシできひん。そやから、うちらのグループは基本四人やねんけど、真紀ちゃんと田中さんがおるときは六人になる。

六人になるたび、うち、なんや無口になってまう。

なんでやろ。

うち、だれとでもペラペラしゃべれるはずやのに、真紀ちゃんとだけはよう話さん。口が動いてくれへんし、舌がまわってくれへん。根性ふりしぼって口開いても、あっというまに話がつきてまう。

たとえば、うちが「今日はえらい暑いなあ」とか、言うやろ。そしたら、真紀ちゃん、つんとした声で「ま、夏やしな」なんて言うねん。夏やしな、言われたら、もうなんも返せへん。冬かて「寒い」って言われへん。

真紀ちゃんの言葉がうちには通じひん、ちゅう問題もある。

まえに、うちが「肩《かた》からつるすズボンみたいなやつ、はいてみたい」言うたら、真紀ちゃん、「それ、ひょっとしてサロペットのことちゃう?」なんて、ケモノの目をギラギラさせて、つっこむねん。

「肩からつるすズボンとか、ウケるー」なんて、ケラケラ高笑いや。

真紀ちゃんはセレブっぽいカタカナ言葉が好物で、なんでもカタカナにおきかえる。うちには意味がわからへん。日本語で言えることを日本語で言うてなにが悪いねん。

いつもはツンとしとるのに、射程圏《けん》内に男子が入ったとたん、あまったるい声ではしゃぎだすのも見苦しい。態度がちがいすぎるねん。

そないな女子は、これまでもクラスに一人か二人はおったけど、うちはかかわりあいにならへんように遠くからながめとった。

真紀ちゃんはそうもいかへん。花たばみたいなにおいのコロンをぷんぷんさせて、自分から近づいてくる。

真紀ちゃんがそばにおると、時間がたつのがおそい。休み時間の十分が、使いきれへんくらいに長ったらしく思える。給食もよう味わわん。真紀ちゃんのすまし顔をまっすぐ見られへんで、うちの目、いつも泳いどる。

ほんまに、ほんまに、にがてやねん。

ほんで、もっとあかんことに――たぶん、真紀ちゃんもうちがにがてや。うちの顔、まっすぐ見いひんし。めったに話しかけてきいひんし。うちのギャグにもしらっとしとるし。真紀ちゃんがうちを見て笑うときは鼻で笑うときやし。

みんなでろうかを歩いとるあいだに、うっかり、うちが真紀ちゃんの横になったりするやろ。そしたら、真紀ちゃんの足が急にはよなるねん。徒競走か、ちゅうくらいのいきおいでみるみるはなれてく。

偉人たちは、どうやってこのd**キョウチ**にたどりついたのでしょうか。

おそらく彼らはいっぱい戦ったのです。そして、いっぱい負けたのです。

勝者と敗者がいたとき、敗者はつらい思いをします。どうして負けてしまったのだろうと考えます。どうやったら勝てるのだろうと考えます。

彼らは傷つき、苦しんだのです。

そして、ナンバー1になれるオンリー1のポジションを見つけたのです。

そんなふうに「戦わない戦略」にたどりついたのです。

生物も、「戦わない戦略」を基本戦略としています。

自然界では、激しい生存競争が繰《く》り広げられます。生物の進化の中で、生物たちは戦い続けました。そして、各々の生物たちは、進化の歴史の中でナンバー1になれるオンリー1のポジションを見出しました。そして、「できるだけ戦わない」というキョウチと地位にたどりついたのです。

（中略）

苦手なところで勝負する必要はありません。嫌なら逃げてもいいのです。

しかし、無限の可能性のある若い皆さんは、勝手に苦手だと判断しないほうが良いかもしれません。

ペンギンは地面の上を歩くのは苦手です。しかし、水の中に入れば、まるで魚のように自由自在に泳ぎ回ります。アザラシやカバも、地上ではのろまなイメージがありますが、水の中では生き生きと泳ぎ始めます。まだ進化することなく、地上生活していた彼らの祖先たちは、まさか自分たちが水の中が得意だとは思いもよらなかったでしょうし、さらに自分たちの祖先が水中生活を得意としていたとは思わなかったことでしょう。

リスは、木をすばやく駆《か》け上がります。しかし、リスの仲間の**Y**［モモンガ］は、リスに比べると木登りが上手とは言えません。ゆっくりゆっくり上がっていきます。しかし、モモンガは、木の上から見事に滑《かっ》空することができます。木に登ることをあきらめてしまっては、空を飛べることに気がつかなかったかもしれません。

人間も同じです。

サッカーには、ボールを地面に落とさないように足でコントロールするリフティングという基礎《そ》練習があります。しかし、プロのサッカー選手でもリフティングが苦手だったという人もいます。リフティングだけで苦手と判断しサッカーをやめていたら、強力なシュートを打つ能力はe**カイカ**しなかったかもしれません。

小学校では、算数は計算問題が主です。しかし、中学や高校で習う数学は、難しいパズルを解くような面白さもあります。大学に行って数学を勉強すると、抽《ちゅう》象的だったり、この世に存在しえないような世界を、数字で表現し始めます。もはや哲《てつ》学のようです。計算問題が面倒くさいというだけで、「苦手」と決めつけてしまうと、数学の本当の面白さに出会うことはないかもしれません。

勉強は得意なことを探すことでもあります。苦手なことを無理してやる必要はありません。最後は、得意なところで勝負すればいいのです。しかし、得意なことを探すためには、すぐに苦手と決めて捨ててしまわないということが大切なのです。

（稲垣栄洋『はずれ者が進化をつくる　生き物をめぐる個性の秘密』）

問一　＝線部**a**～**e**のカタカナを漢字に直しなさい。

問二　――線部①のように言う筆者が――線部②のように言うのはなぜでしょうか、説明しなさい。

もしれません。しかし、それは一面でしかありません。

それなのに、みんなが思ったとおり、「おとなしい子」があなたらしさだと勘違《かん》いしてしまうのです。そして「おとなしい子」でなければ自分らしくないと、「おとなしい子」になっていってしまうのです。

こうして、人は「自分らしさ」を見失っていきます。

〝本当の自分〟とは違う自分に苦しくなってしまうときもあります。

そして時に人は、〝本当の自分〟らしさを自ら捨ててしまうのです。

「らしさ」って何でしょうか。

それは、まわりの人たちが作り上げた幻想《げん》ではないでしょうか。

他にも自分らしさを見失わせる「らしさ」があります。

上級生らしく、中高生らしく、男らしく、女らしく、お兄ちゃんらしく、優等生らしく……。

私たちのまわりにはたくさんの「らしさ」があります。

そして、その「らしさ」は、上級生らしくすべき、中高生らしくすべき、男らしくあるべき、女らしくあるべき、お兄ちゃんらしく振《ふ》る舞《ま》うべき、優等生らしく頑《がん》張るべき……という「べき」という言葉を必ず連れてきます。

確かに、社会が期待するような「らしさ」に従うことも必要です。

しかし、①〝本当の自分〟らしさを探すときには、皆さんのまわりにまとわりついている「らしさ」を捨ててみることが必要なのです。

「らしさ」という呪縛《じゅばく》を解いたときに、初めて自分の「らしさ」が見つかるのです。

（中略）

②私は雑草と呼ばれる植物に心惹《ひ》かれます。

皆さんの中にも、「雑草魂《だましい》」という言葉が好きだったり、「雑草集団」と呼ばれるチームは応援《えん》したくなる人がいるかもしれません。エリートではないのに、頑張っている。雑草にはそんなイメージがあるかもしれません。

しかし、私が雑草を好きな理由は少し違います。

雑草は図鑑《かん》どおりではありません。それが何よりの魅《み》力です。

図鑑には春に咲《さ》くと書いてあるのに、秋に咲いていたり、三〇センチくらいの草丈《たけ》と書いてあるのに、一メートル以上もあったり、そうかと思うと五センチくらいで花を咲かせていたりします。まったく図鑑どおりではないのです。

人間にとって、図鑑は正しいことが書いてあるものです。「こういうものだ」「こういうのが平均的だ」と書いてあります。つまり、「こうあるべきだ」と書いてあるのです。

しかし、図鑑は人間が勝手に作ったものです。図鑑に書かれていることは、人間の勝手な思い込みなのかもしれません。植物にしてみれば、図鑑どおりでなければいけない理由はまったくありません。

雑草は、図鑑に書かれていることを気にせず、自由に生えています。そして自由に花を咲かせます。

図鑑に書かれていることと違うということは、植物を研究している私にとっては、とても面倒《どう》くさいことで、とても困ることです。しかし、人間が勝手に作り出したルールや「こうあるべき」という幻想にとらわれない雑草の生き方が、とても**cツウカイ**で、少しうらやましくもあるのです。

Ⅱ　③古代中国の思想家・孫子《そんし》という人は「戦わずして勝つ」と言いました。

孫子だけでなく、歴史上の偉《い》人たちは「できるだけ戦わない」という戦略にたどりついているのです。

二〇二一年度 桜蔭中学校

【国語】（五〇分）〈満点：一〇〇点〉

一 次のⅠとⅡの文章を読んで、後の問いに答えなさい。

Ⅰ　ゾウはどんな生き物でしょうか。

「ゾウは鼻が長い動物である」そう答える人が多いかもしれません。

しかし、本当にそうですか。

「群盲《もう》象を評す」というインド発祥《しょう》の寓《ぐう》話があります。

昔むかし、目の見えない人たちが、ゾウという生き物について感想を言い合いました。

鼻に触《ふ》れた人は、「ゾウはヘビのように細長い生き物だ」と言いました。ある人は、牙《きば》に触れて「ゾウは槍《やり》のような生き物だ」と叫びました。そして、耳に触《さわ》った人は、「ゾウはうちわのような生き物だ」と言いました。そして、太い足を触った人は「ゾウは木のような生き物だ」と言ったのです。

みんな正しいことを言っています。しかし、誰《だれ》一人としてゾウの本当の姿がわからなかったのです。

私たちも目の見えない物語の人たちと、そんなに違いはありません。

「ゾウは鼻の長い動物である」

本当に、それがゾウのすべてですか。

それでは、キリンはどうでしょう。キリンは首が長い動物……ただ、それだけですか。

それでは、シマウマはどうでしょう。バクはどうでしょう。

ゾウは、一〇〇メートルを一〇秒くらいで走ります。人間のオリンピック選手くらいの速さです。

ゾウは足の速い動物でもあるのです。

ゾウは鼻が長いというのは、ゾウの一面でしかありません。

X［オオカミ］は恐《おそ》ろしい動物と言われています。本当にそうでしょうか。

確かにオオカミはヒツジなどの a カチクを襲《おそ》います。しかし、オオカミは家族で生活をし、お父さんは家族のために獲《と》ってきた獲《え》物を、まず子どもたちに与《あた》えます。オオカミは家族思いのとってもやさしい動物でもあるのです。

（中略）

人間も同じです。

あなたのことを「おとなしい人だ」と思う人がいるかもしれません、一方、あなたのことを「活発な人だ」と思う人もいるかもしれません。

おそらく、そのどちらも本当です。

本当のところ私たちは、そんなに単純な存在ではありません。

しかし、人間はどうも一面を見て判断してしまいがちです。しかも、人間の b ノウは複雑なことは嫌いですから、できるだけ簡単に説明したくなります。

ゾウは鼻が長い動物で、キリンは首が長い動物、というような括《くく》りで、あなたのことも「〇〇な人」と単純に納得したくなるのです。

それは、仕方のないことだというのも事実です。人間のノウは、あなたの複雑さなど理解したくないのです。

気をつけなければいけないのは、周りの人が一方向からみたレッテルを、あなた自身も信じてしまうことです。

たとえば「おとなしい子」と他の人が思ったのは間違いではないか

2021年度 桜蔭中学校 ▶解説と解答

算数 (50分) ＜満点：100点＞

解答

Ⅰ ア $\frac{27}{110}$ イ 緑 ウ 93 エ 96 オ 1369 カ 10 キ 19 Ⅱ ア 2 イ 14 ウ 20 エ 70 Ⅲ (1) 2500cm^3 (2) 20.5 (3) **かかる時間**…5分，**積み方**…解説の図3を参照のこと。 (4) 解説の図4を参照のこと。 Ⅳ (1) **Aさん**…6.2分，**Bさん**…7.44分 (2) **1回目**…$1\frac{38}{55}$分後，**2回目**…$3\frac{21}{55}$分後 (3) $4\frac{21}{22}$分後

解説

Ⅰ 逆算，周期算，数列，約束記号，素数の性質

(1) $\left(7\frac{64}{91}\times\square-0.7-\frac{5}{13}\right)\times11+76\frac{11}{13}=85\frac{5}{7}$ より，$\left(7\frac{64}{91}\times\square-0.7-\frac{5}{13}\right)\times11=85\frac{5}{7}-76\frac{11}{13}=84\frac{12}{7}-76\frac{11}{13}=84\frac{156}{91}-76\frac{77}{91}=8\frac{79}{91}$，$7\frac{64}{91}\times\square-0.7-\frac{5}{13}=8\frac{79}{91}\div11=\frac{807}{91}\times\frac{1}{11}=\frac{807}{1001}$，$7\frac{64}{91}\times\square=\frac{807}{1001}+\frac{5}{13}+0.7=\frac{807}{1001}+\frac{385}{1001}+\frac{7}{10}=\frac{1192}{1001}+\frac{7}{10}=\frac{11920}{10010}+\frac{7007}{10010}=\frac{18927}{10010}$ よって，$\square=\frac{18927}{10010}\div7\frac{64}{91}=\frac{18927}{10010}\div\frac{701}{91}=\frac{18927}{10010}\times\frac{91}{701}=\frac{27}{110}$

(2) ① 2021年はうるう年ではないから，1月1日から10月1日までの日数は，31＋28＋31＋30＋31＋30＋31＋31＋30＋1＝274(日)である。よって，{青，黄，黒，緑，赤}の5日を周期と考えると，274÷5＝54(周期)余り4(日)より，10月1日は緑とわかる。 ② はじめに4月1日の色を求めると，(31＋28＋31＋1)÷5＝18(周期)余り1(日)より，4月1日は青とわかる。よって，4月の最初の黒は4月3日になる。さらに，黒は5日ごとにあらわれるので，4月の黒の日付の和は，3＋8＋13＋18＋23＋28＝(3＋28)×6÷2＝93と求められる。

(3) ① 99から順に調べていく。A＝99の場合，99の約数は{1，3，9，11，33，99}の6個だから，＜99＞÷【99】＝(3＋9＋11＋33＋99)÷(6－1)＝155÷5＝31となり，条件に合わない。また，A＝98の場合，98の約数は{1，2，7，14，49，98}の6個なので，＜98＞÷【98】＝(2＋7＋14＋49＋98)÷(6－1)＝170÷5＝34となり，条件に合わない。同様に考えると，A＝97の場合，97の約数は{1，97}の2個だから，＜97＞÷【97】＝97÷(2－1)＝97，A＝96の場合，96の約数は{1，2，3，4，6，8，12，16，24，32，48，96}の12個なので，＜96＞÷【96】＝(2＋3＋4＋6＋8＋12＋16＋24＋32＋48＋96)÷(12－1)＝251÷11＝22.8…となる。よって，条件に合う最大の整数は96である。 ② 【B】＝2だから，Bの約数の個数は，2＋1＝3(個)である。よって，Bは素数の積で表したときに，□×□となる整数(平方数)であり，Bの約数は{1，□，□×□}の3個とわかる。つまり，＜B＞＝□＋□×□＝□×(1＋□)＝1406と表すことができる。ここで，1406を素数の積で表すことにより，1406＝2×19×37＝37×(2×19)＝37×38となることがわかるので，□は37と決まる。したがって，B＝37×37＝1369と求められる。 ③ (2×2)を，2を2回かけた数ととらえると，2を10回かけた数の約数の個数は，10＋1＝11(個)になる。よっ

て，１以外の約数の個数は，11－１＝10(個)だから，【C】＝10となる。　④　【D】＝３なので，Dの約数の個数は，３＋１＝４(個)である。よって，Dを素数の積で表すと，□×□×□(…㋐)，または，□×△(…㋑)となる。このようになる60以下の整数は，㋐の場合は，２×２×２＝８，３×３×３＝27の２個ある。また，㋑の場合は，右の表より17個あることがわかる。したがって，全部で，２＋17＝19(個)となる。

		△									
		2	3	5	7	11	13	17	19	23	29
□	2		6	10	14	22	26	34	38	46	58
	3			15	21	33	39	51	57		
	5				35	55					

〔**参考**〕　整数を素数の積で表したとき，$(\overbrace{\square\times\cdots\times\square}^{a\text{個}})\times(\overbrace{\bigcirc\times\cdots\times\bigcirc}^{b\text{個}})\times(\overbrace{\triangle\times\cdots\times\triangle}^{c\text{個}})$のようになったとすると，この整数の約数の個数は，$(a+1)\times(b+1)\times(c+1)$(個)と求めることができる。

Ⅱ　場合の数

⑴　右の図①のように，四すみをＡ～Ｄ，四すみ以外をａ～ｄとする。１枚取りかえる場合は，四すみの１枚を取りかえる場合と四すみ以外の１枚を取りかえる場合の２通り(…ア)である。また，３枚取りかえる場合と４枚取りかえる場合は，右の図②のように，四すみの枚数で場合分けをして求める。❶の場合，Ａ～Ｄのうち，取りかえない１枚を選ぶのと同じだから，１通りである。❷の場合，四すみがＡとＢの場合と四すみがＡとＤの場合だけを考えればよい。四すみがＡとＢの場合，残りの１枚の選び方は{ａ，ｂ，ｃ，ｄ}の４通りあり，四すみがＡとＤの場合，残りの１枚の選び方は{ａ，ｂ}の２通りあるので，合わせて，４＋２＝６(通り)となる。❸の場合，四すみがＡの場合だけを考えればよい。このとき，残りはａ～ｄから２枚選ぶから，$\frac{4\times3}{2\times1}$＝６(通り)とわかる。❹の場合，ａ～ｄから取りかえない１枚を選ぶのと同じなので，１通りである。よって，３枚取りかえる場合は全部で，１＋６＋６＋１＝14(通り)(…イ)と求められる。次に，❺の場合，Ａ～Ｄをすべて取りかえるから，１通りである。❻の場合，四すみがＡ，Ｂ，Ｃの場合だけを考えればよい。このとき，残りはａ～ｄから１枚選ぶので，４通りとなる。❼の場合，四すみがＡとＢの場合とＡとＤの場合だけを考えればよい。このとき，どちらの場合も残りはａ～ｄから２枚選ぶから，６通りずつである。ただし，右下の図③と図④の場合はそれぞれ回転すると同じになるので，６×２－２＝10(通り)とわかる。❽の場合，四すみがＡの場合だけを考えればよい。このとき，ａ～ｄから取りかえない１枚を選ぶのと同じだから，４通りとなる。❾の場合，ａ～ｄをすべて取りかえるので，１通りである。したがって，全部で，１＋４＋10＋４＋１＝20(通り)(…ウ)と求められる。

図①

A	a	B
b	◎	c
C	d	D

図②

・**３枚取りかえる場合**
❶四すみが３枚の場合
❷四すみが２枚の場合
❸四すみが１枚の場合
❹四すみが０枚の場合
・**４枚取りかえる場合**
❺四すみが４枚の場合
❻四すみが３枚の場合
❼四すみが２枚の場合
❽四すみが１枚の場合
❾四すみが０枚の場合

図③

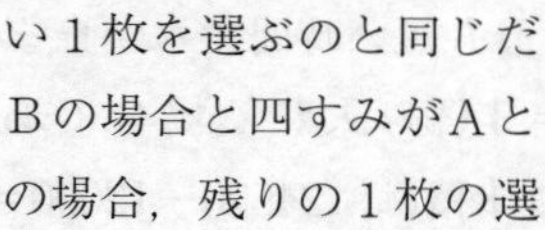

図④

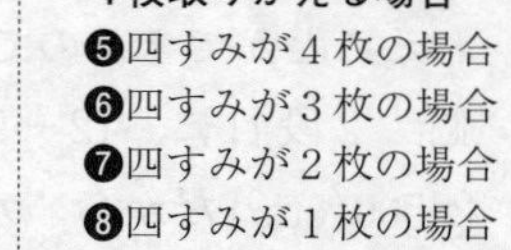

⑵　５枚取りかえる場合は，８－５＝３(枚)を取りかえる場合と白黒の模様が逆になるだけだから，14

図⑤

枚数（枚）	0	1	2	3	4	5	6	7	8
模様(通り)	1	2	8	14	20	14	8	2	1

通りとわかる。ほかの場合についても同様に考えると上の図⑤のようになるので，全部で，（1＋2＋8＋14）×2＋20＝70（通り）と求められる。

Ⅲ グラフ─水の深さと体積

⑴　問題文中の場合を図に表すと，下の図1のようになる。図1で，太線部分の体積は，35×35×70＝85750（cm^3）であり，立方体12個の体積は，10×10×10×12＝12000（cm^3）だから，29.5分で入れた水の体積は，85750－12000＝73750（cm^3）となる。よって，水を入れた割合は毎分，73750÷29.5＝2500（cm^3）と求められる。

⑵　図1で，★の部分の水の体積は，（35×35－10×10×2）×50＝51250（cm^3）なので，□にあてはまる時間は，51250÷2500＝20.5（分）とわかる。

図1

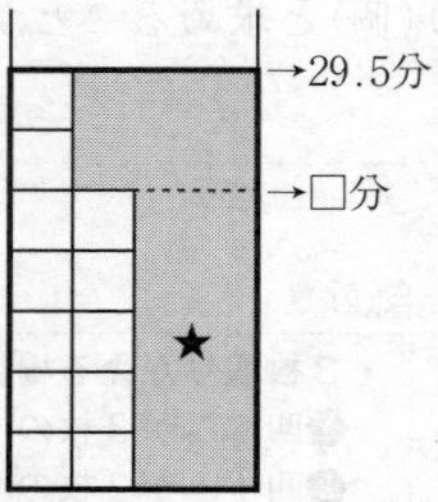

図2

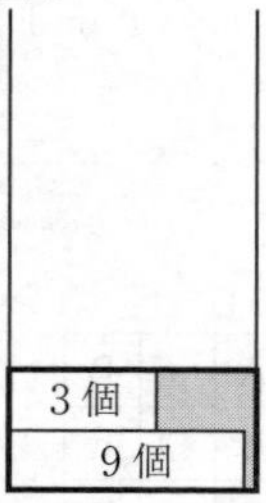

図3

1段目	2段目	3段目	4段目	5段目	6段目	7段目	8段目
9	3	0	0	0	0	0	0
8	4	0	0	0	0	0	0
7	5	0	0	0	0	0	0
6	6	0	0	0	0	0	0

⑶　立方体の1辺の長さは10cmであり，容器の底面の1辺の長さは35cmだから，底面の1つの辺にそって，立方体を3個まで入れることができる。よって，1つの段には，3×3＝9（個）まで入れることができるので，最も短い時間で水が止まるのは，たとえば上の図2のように，1段目に9個，2段目に，12－9＝3（個）入れる場合である。図2で，太線部分の体積は，35×35×20＝24500（cm^3）だから，水の体積は，24500－12000＝12500（cm^3）となり，水が止まるまでの時間は，12500÷2500＝5（分）とわかる。このとき，1段目と2段目の個数の合計が12個で，2段目の個数が1段目の個数以下であればよいので，上の図3のような積み方が考えられる。

⑷　19.7分で入る水の体積は，2500×19.7＝49250（cm^3）である。また，このとき12個の立方体が水の中に入るから，水の体積と立方体の体積の合計は，49250＋12000＝61250（cm^3）となり，水の深さは，61250÷（35×35）＝50（cm）と求められる。よって，立方体は5段目まで積まれていて，1段目の個数が多い順に，たとえば，（8個，1個，1個，1個，1個），（7個，2個，1個，1個，1個），（6個，3個，1個，1個，1個），（5個，4個，1個，1個，1個）となる。したがって，1段目の個数が多い方から4番目なのは1段目が5個の場合なので，右上の図4のような積み方が考えられる。

図4

1段目	2段目	3段目	4段目	5段目	6段目	7段目	8段目
5	4	1	1	1	0	0	0
5	3	2	1	1	0	0	0
5	2	2	2	1	0	0	0

Ⅳ 速さと比，旅人算

⑴　Aさんが進む円のまわりの長さは，50×2×3.1＝310（m）だから，Aさんが1周するのにかかる時間は，310÷50＝6.2（分）となる。同様に，Bさんが進む円のまわりの長さは，（50＋10）×2×3.1＝372（m）なので，Bさんが1周するのにかかる時間は，372÷50＝7.44（分）となる。

⑵　Aさん，Bさんが1分間に進む角度を考える。Aさんは6.2分で1周し，Bさんは7.44分で1周するから，Aさんが1分間に進む角度は，$360 \div 6.2 = \frac{1800}{31}$（度），Bさんが1分間に進む角度は，

$360 \div 7.44 = \frac{1500}{31}$(度)となる。次に，右の図１のように，Ａさんと Ｂさんが合わせて180度進むと，Ａ→Ｏ→Ｂの順に一直線上に並ぶ。さらに，図１の状態から合わせて180度進むと，右の図２のように，Ｂ→Ａ→Ｏの順に一直線上に並び，問題文の条件から，この場合もベルが鳴るものと考える。その後は同じことがくり返されるので，Ａさんと Ｂさんが合わせて180度動くごとにベルが鳴ることがわかる。ここで，ＡさんとＢさんが１分間に進む角度の和は，$\frac{1800}{31} + \frac{1500}{31} = \frac{3300}{31}$(度)だから，ベルが鳴る間かくは，$180 \div \frac{3300}{31} = \frac{93}{55}$(分)ごとと求められる。よって，１回目は，$\frac{93}{55} \times 1 = \frac{93}{55} = 1\frac{38}{55}$(分後)，２回目は，$\frac{93}{55} \times 2 = \frac{186}{55} = 3\frac{21}{55}$(分後)となる。

図１

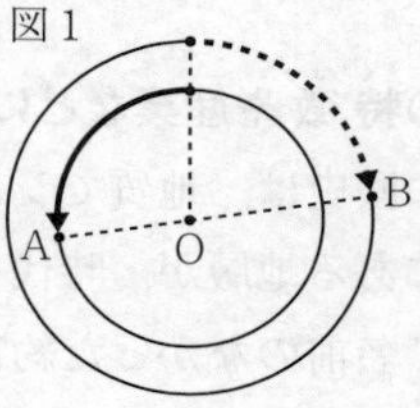

図２

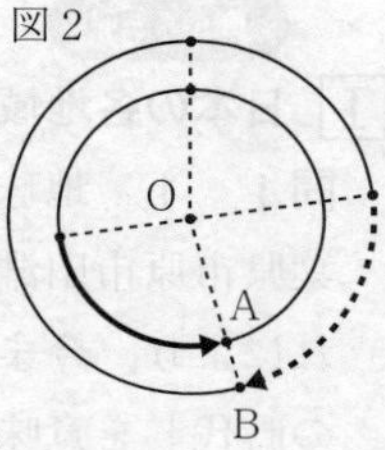

(3)　はじめの速さのままで進むと$\frac{93}{55}$分ごとにベルが鳴るので，はじめの速さのままで進んだときに５回目のベルが鳴るのは，$\frac{93}{55} \times 5 = \frac{93}{11}$(分後)である。また，速さを変える前と変えた後の速さ(および進む角度)の比は，２人とも，50：70＝５：７だから，速さを変える前と変えた後の「２人が進む角度の和」の比も５：７になる。よって，速さを変える前と変えた後で，「同じ角度だけ進むのにかかる時間」の比は，$\frac{1}{5} : \frac{1}{7} = 7 : 5$とわかる。したがって，速さを変えるまでの時間を□分として図に表すと，上の図３のようになる。図３で，①の時間は，$1 \div (7 - 5) = \frac{1}{2}$(分)なので，$\square = \frac{93}{11} - \frac{1}{2} \times 7 = \frac{109}{22} = 4\frac{21}{22}$(分)となり，速さを変えたのは出発してから$4\frac{21}{22}$分後とわかる。

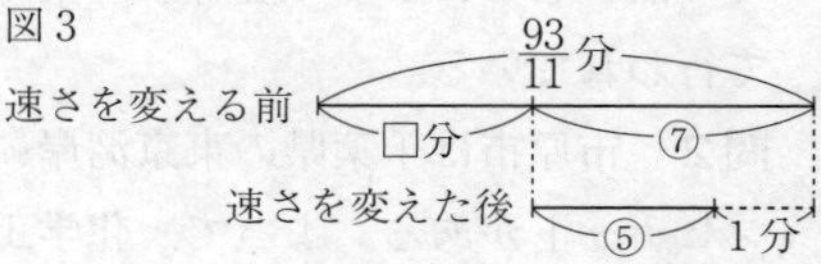

社　会　(30分)　<満点：60点>

解　答

Ⅰ　**問１**　**１**　チバニアン　**２**　房総(半島)　**３**　ナノハナ　**４**　グリーンツーリズム　**問２**　え　**問３**　う　**問４**　**a**　う　**b**　お　**c**　い　**d**　か　**e**　く　**問５**　**５**　ダイズ　**６**　わら　**７**　トレーサビリティ　**問６**　しろかき　**問７**　(例)　遠くの生産地から長距離輸送すると，石油などのエネルギーを大量消費するが，地産地消ならば，輸送にかかわるエネルギーの消費量が少なく，CO_2排出量も減らせる。　**問８**　**a**　ロシア　**b**　フランス　**c**　インドネシア　**問９**　**a**　あ　**b**　え　**c**　う　**d**　い　**Ⅱ**　**A**　き　**B**　さ　**C**　す　**D**　い　**１**　熊本(県)　**２**　イラン　**３**　イスラム(教)　**４**　北条時宗　**５**　ポルトガル　**６**　対馬(藩)　**７**　冷戦　**８**　石油　**①**　お　**②**　え　**③**　お　**④**　い　**⑤**　い　**⑥**　う→い→あ→え　**⑦**　お　**⑧**　(例)　キリスト教が広まり，一揆などを起こされることを恐れて鎖国をしたが，オランダはキリスト教の布教に熱心ではなかったから。　**⑨**　う　**⑩**　い　**⑪**　い　**Ⅲ**　**１**　育児介護休業(法)　**２**　国政調査(権)　**３**　民事(裁判)　**４**　地方公共団体　**５**　パリ協定　**問A**　う　**問B**　あ　**問C**　え　**問D**　い　**問E**　あ

解　説

Ⅰ 日本の各地域の特徴《とくちょう》や産業などについての問題

問1　**1**　地球の歴史は，地質でジュラ紀や白亜紀《はくあき》などの年代に区分されている。2020年１月，千葉県市原市田淵《たぶち》にある地層が，時代を分ける境界がよくわかる地層として世界的に認められた。これにより，今まで名前のなかった約77万４千年前～12万９千年前の地質時代を，ラテン語で「千葉の時代」を意味する「チバニアン」とよぶことになった。　**2**　房総《ぼうそう》半島は千葉県の大部分を占《し》める半島で，東と南は太平洋，西は東京湾に面している。　**3**「３月末から４月に」咲《さ》く「黄色」の花で，種の一部が「食用油の生産」に利用されるとあることから，ナノハナとわかる。ナノハナの種からは，なたね油がとれる。　**4**　緑豊かな農山漁村地域に滞在《たいざい》し，自然や文化，人々との交流を楽しむ余暇《よか》活動を，グリーンツーリズムという。農業体験や農産物の購入《こうにゅう》，古い民家での滞在などによって農林水産業や観光業を活性化し，農山漁村地域を振興《しんこう》することをねらいとして行われている。

問2　市原市は千葉県の東京湾岸に広がる京葉工業地域にふくまれ，市内には大規模な石油化学コンビナートがある。よって，化学工業の出荷額が最も多い「え」にあてはまる。なお，輸送用機械器具製造業の出荷額が最も多い「あ」は自動車産業がさかんな豊田市(愛知県)，「あ」についで輸送用機械器具製造業の出荷額が多い「い」は横浜市(神奈川県)で，残った「う」が京都市である。

問3　XとZは，ナノハナ畑が広がってきた理由として正しい。政府によるコメの生産調整は1960年代から始まったが，2018年には生産調整の中心であった減反政策が廃止され，生産者が需要《じゅよう》に応じた生産に取り組むようになった。よって，Yは誤っている。

問4　**a**　干拓《かんたく》とナマハゲで知られるのは，秋田県北西部にある「う」の男鹿《おが》半島で，ここには「男鹿半島・大潟ジオパーク」がある。男鹿半島では，日本で２番目に大きい湖であった八郎潟の干拓が行われ，干拓地に大潟村がつくられた。また，この地域は伝統行事のナマハゲが伝わる地域として知られ，ナマハゲは「男鹿のナマハゲ」としてユネスコ(国連教育科学文化機関)の無形文化遺産に登録されている。　**b**「お」の山口県中西部の秋吉台には，石灰岩が雨水や地下水でとかされてできたカルスト台地が広がり，鍾乳洞《しょうにゅうどう》やドリーネ(すり鉢《ばち》状のくぼ地)など，カルスト台地特有の地形が見られる。周辺地域は「Mine秋吉台ジオパーク」に登録されており，南東には，東大寺の大仏をつくるさいに使われた銅の産出地である長登《ながのぼり》銅山跡がある。　**c**　北海道南部にある「い」の「アポイ岳ジオパーク」の海岸では，ソビラ岩やエンルム岬《みさき》など，北海道の先住民族であるアイヌの伝説が残る奇岩《きがん》が見られる。また，この地域は日高コンブの産地となっている。　**d**「特産のコンニャク」から，群馬県だとわかる。群馬県のコンニャクイモの生産量は全国生産量の90％以上を占めており，主要な生産地の１つである下仁田《しもにた》町には「か」の「下仁田ジオパーク」がある。また，町内には富岡製糸場で用いる蚕の卵を貯蔵した荒船《あらふね》風穴があり，「富岡製糸場と絹産業遺産群」の一部としてユネスコの世界文化遺産に登録されている。統計資料は『データでみる県勢』2021年版による。　**e**「シラス」とあるので，県の大部分がシラスとよばれる火山灰土におおわれている「く」の鹿児島県があてはまる。錦江《きんこう》湾(鹿児島湾)を中心とする地域は，「桜島・錦江湾ジオパーク」に登録されている。　なお，「え」は「島根半島・宍道《しんじ》湖中海ジオパーク」，「き」は「室戸ジオパーク」の位置で，「あ」の場所にはジオパークはない。

問5　**5**　日本では，植物油の原料としておもにダイズとなたねが使われている。このうち，ダイズは古くから豆腐《とうふ》や味噌《みそ》，醤油《しょうゆ》などの原料として用いられてきたが，現在は消費量のほとんどをアメリカ合衆国，ブラジル，カナダなどからの輸入に頼っており，自給率は10%以下となっている。　**6**　稲や麦などの茎《くき》を干して乾かしたものをわらといい，稲わら，麦わらなどとよばれる。わらは縄《なわ》や俵，堆肥《たいひ》など，さまざまな方法で利用されてきた。　**7**　トレーサビリティは，個々の生産者・食品事業者が，何を，いつ，どこから入荷し，どこへ出荷したかを記録・保存することで，その商品の情報を追跡《ついせき》できるようにしたシステムで，食べ物の安全性や流通経路を消費者に示すことができる。

問6　水を張った田の土を砕《くだ》いて平らにし，水の深さをそろえる作業をしろかきといい，一般的には写真のようにトラクターで行われる。しろかきには，土をやわらかくして田植えがしやすいようにする，水持ちをよくする，雑草の発生をおさえるといった効果があり，田植えの前に行われる。

問7　食材の輸送には，国内であればトラック，海外からの輸入であれば船や飛行機がおもに用いられるが，移動距離が長くなればなるほどエネルギーの消費量も多くなる。使用するエネルギーが石油のような化石燃料であれば，地球温暖化の原因となるCO_2(二酸化炭素)が多く排出されるため，環境への負荷が大きくなる。地産地消を進めて地元の食材を活用すれば食材を移動させる距離が短くてすむため，エネルギーの消費量をおさえることができ，地球温暖化対策に役立つ。

問8　**a**　日本のカニの輸入額では，ロシアが約６割を占めて第１位である。また，サケ・マス類の輸入額は，チリ，ノルウェー，ロシアの順に多い。ビーツはてんさいの一種で，これを野菜や肉と煮込《にこ》んだ赤いスープであるボルシチは，ロシアの代表的な料理として知られる。統計資料は水産庁ホームページによる。　**b**　フランスはブドウの生産がさかんで，ワインの生産量も世界有数である。日本に輸入されるワインの数量ではチリにつぐ第２位だが，フランスから輸入されるワインには単価の高い高級ワインも多いため，金額では第１位となっている。また，2024年には首都パリでオリンピック・パラリンピックが開催《かいさい》される予定である。統計資料は財務省ホームページによる。　**c**　インドネシアは東南アジアに位置する島国で，スマトラ島やカリマンタン(ボルネオ)島を赤道が通っている。17世紀からオランダの植民地支配を受け，太平洋戦争時には日本軍に侵攻《しんこう》された。インドネシアから日本へのエビの輸入額はベトナム，インドについで多い。また，インドネシアはパーム油の一大産地で，世界各国に輸出している。統計資料は『日本国勢図会』2020／21年版による。

問9　カボチャとアズキの収穫量が全国第１位のａには，「あ」の北海道があてはまる。北海道は耕地が広いため，耕地面積１ha当たりの農業産出額は少ない。サツマイモの収穫量が第１位のｂは「え」の鹿児島県，メロンとピーマンの収穫量が第１位のｃは「う」の茨城県で，残ったｄが「い」の千葉県である。

Ⅱ　各時代の歴史的なことがらについての問題

A　中国の歴史書『後漢書』東夷《とうい》伝には，１世紀なかばの57年，倭《わ》(日本)にあった小国の１つである奴国《なこく》の王が漢(後漢，中国)に使いを送り，光武帝から金印を与えられたことが記されている。

B　13世紀はじめの1206年，チンギス・ハンはモンゴルを統一してモンゴル帝国の初代皇帝となった。モンゴル帝国は東アジアからヨーロッパにまたがる大帝国となり，孫にあたるフビライ・ハンは1259年に朝鮮半島の高麗《こうらい》を服属させた。　**C**　アジアから船でヨーロッパへ向かう場合，インド洋からペルシア湾か紅海に入ると，ペルシア湾であれば現在のクウェート，紅海であれば現在のエジプトまで行くことができる。ここからいったん陸路を通り，地中海沿岸に出て再び船に乗れば，ヨーロッパ各地の港まで行ける。なお，この道は「海の道」とよばれ，ユーラシア大陸の北部を通る「草原の道」，中央アジアを通る「オアシスの道」とともに東西交流に利用された。　**D**　ペリーが日本に来航した19世紀にはアメリカ合衆国西部の開発が進み，西海岸から直接，太平洋を横断して清(中国)に向かう航路を開くことが計画された。なお，ペリーは最初の来航のさい，アメリカ合衆国の東海岸から出発し，大西洋やインド洋，東シナ海などを通って南から日本に着くルートをとった。

1　熊本県の江田船山古墳から出土した鉄刀には「ワカタケル大王」と読める文字が刻まれていた。ワカタケル大王は5世紀に在位した雄略《ゆうりゃく》天皇のことと推定されていることから，このころには大和政権の支配が九州まで広がっていたと考えられている。　**2**　ペルシアは現在のイランを中心とする地域に成立した国で，現在はイランとアラビア半島の間に広がるペルシア湾などにその名が残っている。3世紀前半に成立したササン朝ペルシアの文化は，シルクロードを通じて日本にも影響を与え，正倉院宝物の漆胡瓶《しっこへい》は，形や模様などにペルシア製の水さしの影響が強く見られる。
3　現在のサウジアラビアのメッカで大商人の子として生まれたムハンマド(マホメット)は，7世紀前半，唯一《ゆいいつ》神アラーの啓示を受けてイスラム教の開祖となった。イスラム教勢力はほどなく大帝国を築き，支配地域の拡大や商人の交易などによって，中央アジアや東南アジア，アフリカ北部を中心に信者を増やしていった。　**4**　モンゴル帝国の第5代皇帝となったフビライ・ハンは1271年に国号を元と改め，日本にも服属を要求してきた。鎌倉幕府の第8代執権《しっけん》北条時宗がこれを拒《こば》んだため，フビライは1274年(文永の役)と1281年(弘安の役)の2回にわたって九州北部に攻めこんできた。この蒙古襲来《もうこしゅうらい》(元寇《げんこう》)にさいし，時宗は御家人をよく指揮し，2度とも暴風雨で敵軍の船が多く沈《しず》んだこともあり，これを退けることができた。　**5**　ポルトガルは，キリスト教の布教や香辛《こうしん》料の獲得《かくとく》などを目的として新しい航路の開拓に乗り出し，1498年にはヴァスコ・ダ・ガマがアフリカ大陸南端の喜望峰《きぼうほう》をまわってインド西海岸のカリカットに到達した。ポルトガル人は1543年に種子島(鹿児島県)に漂着《ひょうちゃく》して鉄砲を伝え，その後も中国のマカオを拠点《きょてん》として日本との南蛮《なんばん》貿易をさかんに行った。　**6**　豊臣秀吉の朝鮮出兵以来，朝鮮との国交はとだえていたが，徳川家康が対馬《つしま》藩(長崎県)の宗《そう》氏を通じて国交を回復した。対馬藩は幕府から朝鮮との交易の独占権を認められ，朝鮮半島南部の釜山《プサン》に置かれた倭館で交易が行われた。　**7**　第二次世界大戦後，アメリカ合衆国を中心とする西側の資本主義国と，ソ連を中心とする東側の社会主義国が激しく対立した。この対立は，アメリカ合衆国とソ連が直接戦火を交えなかったことから，冷戦とよばれる。冷戦は朝鮮戦争やベトナム戦争のような地域紛争の形で表面化したが，1989年にアメリカ合衆国のブッシュ大統領とソ連のゴルバチョフ書記長が会談し，冷戦の終結が宣言された。　**8**　1973年に第四次中東戦争が始まると，アラブの産油国は，石油(原油)価格の引き上げや，敵国のイスラエルを支援するアメリカ合衆国やその同盟国である西ヨーロッパ諸国，日本に対する輸出制限を行った。これによって先進国は石油危機(オイルショック)とよばれる経済危機におちいり，日本の高度経済成長も終わった。

①　YとZは，縄文文化について正しく述べている。石包丁は稲の穂首を刈《か》り取るための道具で，米づくりが広がった弥生時代に用いられた。よって，Xは誤りである。

②　縄文時代には，黒曜石が矢じりなどの石器の材料として用いられた。黒曜石は和田峠《とうげ》(長野

県)や箱根(神奈川県)，十勝(北海道)など，一部の地域でしかとれないが，産地から遠く離れた地域でも出土しており，この時代にかなり広い範囲《はんい》で交易が行われていたことを示す証拠《しょうこ》となっている。

③　ＹとＺは，弥生時代に伝わった金属器について正しく説明している。弥生時代に米づくりが広がると，収穫物や土地，水利などをめぐる争いが起こるようになったので，Ｘは誤っている。

④　７世紀はじめには，推古天皇の摂政《せっしょう》を務めた聖徳太子が，有力豪族の蘇我馬子《そがのうまこ》らと協力して改革を進めていた。豪族の支配していた土地と人民をすべて天皇の支配下に置くという公地公民は，645年から中大兄《なかのおおえの》皇子(のちの天智天皇)が進めた大化の改新における政策である。

⑤　Ｘは防人《さきもり》，Ｙは駅制についての説明で，いずれも８世紀はじめの701年に出された大宝律令のもとで整備されていった制度なので，正しい。８世紀はじめには朝廷の支配は現在の山形県までしかおよんでおらず，北海道との交流はなかったので，Ｚは誤りである。

⑥　８世紀には，九州に置かれた大宰府《だざいふ》が，朝鮮半島や中国との外交の窓口としての役割をはたしていた。朝鮮半島あるいは唐(中国)から帰った使いが大宰府に持ちこんだと考えられる天然痘《とう》への感染は，まず735年に博多(福岡県)など大宰府の周辺で流行し，平城京(奈良県)との交流を通して徐々に東へと広がっていった。737年には平城京で大流行し，藤原不比等《ふひと》の４人の息子をふくむ多くの人が亡くなった。

⑦　ＹとＺは鎌倉幕府のしくみについて正しく述べている。鎌倉は，一方で海に面し，三方は山に囲まれているため，周辺地域との移動は不便だが，攻められにくく守りやすい地形であった。よって，Ｘは誤っている。

⑧　江戸幕府は，キリスト教の教えや信者の団結力が支配のさまたげになると考え，キリスト教を禁止した。1637年に島原・天草一揆《いっき》(島原の乱)が起きると，これをしずめた幕府は1639年，キリスト教禁止を徹底《てってい》するためにポルトガル船の来航を禁止し，鎖国体制を強化した。ポルトガル人がキリスト教のカトリック(旧教)を信仰《しんこう》する一方で，オランダ人がプロテスタント(新教)を信仰していたことや，オランダのアジア貿易が東インド会社という貿易会社によって行われ，商人が中心だったこともあり，オランダはキリスト教の布教に熱心ではなかった。そのためオランダは，ヨーロッパの国では唯一，長崎の出島で幕府との貿易が認められた。

⑨　ＸとＺは，江戸幕府が倒れたころのできごとについて正しく説明している。1866年，長州藩(山口県)の木戸孝允《たかよし》は，土佐藩(高知県)の坂本龍馬《りょうま》の仲立ちにより，薩摩藩(鹿児島県)の西郷隆盛とのあいだで薩長同盟を結び，倒幕をめざした。勝海舟《かつかいしゅう》は幕臣で，戊辰《ぼしん》戦争(1868～69年)中に西郷隆盛と会談して江戸の無血開城を行い，新政府軍による江戸総攻撃を回避《かいひ》したことなどで知られる。よって，Ｙは誤りである。

⑩　大日本帝国憲法では，主権を持つ天皇に大きな権限が与えられ，天皇は国会の賛成がなくても，軍隊を統率すること，戦争の開始・終結を決めること，条約を結ぶことなどができた。

⑪　満州事変は，1931年に関東軍(満州にいた日本軍)が，柳条湖《りゅうじょうこ》付近で南満州鉄道の線路を爆破したことをきっかけとして始まった。

Ⅲ　現代社会についての問題

1　育児介護《かいご》休業法は，労働者が仕事と育児・介護の両立を実現し，家族の一員としての役割をはたすことを目的として1995年に制定された法律で，男女ともに育児休業制度や介護休業制度の利用ができる。　**2**　国会は，内閣が行う政治について幅広く調査する権限である国政調査権を持ち，証人の出頭や記録の提出などを求めることができる。　**3**　裁判には，法を犯した容疑者(被疑者)を裁く刑事裁判と，個人どうしの争いや個人と会社の争いなどについて裁く民事裁判がある。裁判員裁判は刑事裁判の第一審が対象となっており，民事裁判は対象になっていない。　**4**　都道府県や市区町村など，一定の自治権を与えられて地方の政治を行う機関を地方公共団体という。都道府県知事や市区町村長といった地方公共団体の首長は，住民の直接選挙で選ばれる。　**5**　2015年，国連気候変動枠組《わくぐ》み条約第21回締約《ていやく》国会議(COP21)で，地球温暖化を防止するため，世界の平均気温の上昇を産業革命前から２℃未満にすることを目標としたパリ協定が採択《さいたく》された。

問Ａ　介護保険制度は，高齢者の介護を社会全体で支えることを目的として2000年に導入され，40歳以上の人に保険料の支払いが義務づけられている。

問Ｂ　予算案については衆議院に先議権があるが，法律案は衆議院，参議院どちらから審議を始めてもよい。なお，「う」と「え」について，衆議院議員の任期は４年で被選挙権年齢は25歳以上，参議院議員の任期は６年で被選挙権年齢は30歳以上である。

問Ｃ　裁判員制度は，殺人などの重い犯罪について地方裁判所で行われる刑事裁判の第一審が対象となっており，判決で死刑が科される可能性もある。

問Ｄ　請願権は政治に関する要望を申し出る権利で，基本的人権の１つとして日本国憲法で認められており，国だけでなく地方公共団体への請願も行える。

問Ｅ　気候変動枠組み条約は，1992年にブラジルのリオデジャネイロで開かれた国連環境開発会議(地球サミット)において採択された。

理　科　(30分)　＜満点：60点＞

解　答

Ⅰ　**問１**　ア　**問２**　イ　**問３**　ア　**問４**　イ　**問５**　電磁石　**問６**　①　ア　②　イ　③　ア　④　ア　⑤　エ　⑥　イ　⑦　イ　⑧　オ　**問７**　ウ　Ⅱ　**問１**　エ　**問２**　エ，カ　**問３**　エ　**問４**　ウ，エ　**問５**　ア，エ，オ　Ⅲ　**問１**　イ，エ　**問２**　(1)　ふんどう　(2)　(例)　左の皿に薬包紙をのせる。　**問３**　**体積**…58mL　**位置**…イ　**問４**　16.7%　**問５**　(1)　80.4ｇ　(2)　10.7%　**問６**　(1)　イ　(2)　20%　Ⅳ　**問１**　(1)　155分　(2)　11時45分　**問２**　２時間10分早い　**問３**　(1)　ア　(2)　ウ

解　説

Ⅰ　電磁石についての問題

問１　コイルは，右手の親指以外の４本の指先を電流の向きに合わせたとき，親指が指す側がＮ極，その反対側がＳ極になる。図のコイルは左側がＳ極になっているので，そこへ方位磁針のＮ極が引きつけられて，方位磁針はアのようになる。

問２　問１と同様に考えると，図のコイルは左側がＮ極になっている。したがって，このＮ極に方位磁針のＳ極が引きつけられ，方位磁針はイのような向きを指す。

問３　コイルの巻き数を増やすと，コイルは磁石のはたらきが強まり，方位磁針を引きつける強さが強くなる。よって，方位磁針の振《ふ》れる角度は大きくなる。

問４　問１と同様に考えると，図のコイルは左側がＳ極になるので，方位磁針はイのようになる。コイルに鉄くぎを入れると，方位磁針を引きつける強さが強くなるため，問１のときに比べて方位磁針の振れる角度は大きくなっている。

問５　コイルの中に鉄くぎを入れ，電流を流したときに磁石になるものを電磁石という。電磁石は，電流を流しているときだけ磁石としてはたらき，電流を流すのをやめると，磁石としてのはたらきがなくなる。

問６　①　電球１個，電池１個のときと比べて，流れる電流の大きさが，1÷0.5＝２(倍)になっているため，電池を２個直列につないでいることがわかる。　②　電球１個，電池１個の場合と流れる電流の大きさが同じなので，電池２個は並列につないである。　③～⑤　電球１個，電池１個のときと比べて，引きつけたゼムクリップの数が変わっていないことから，電磁石に流れる電流の大きさも変わらず，0.5Ａである。よって，電球を２個直列，電池を２個直列につないでいることがわかる。　⑥～⑧　電球１個，電池１個のときと比べて，引きつけたゼムクリップの数が，12÷６＝２(倍)になっているので，電磁石に流れる電流の大きさは，0.5×２＝１(Ａ)である。電球を２個並列，電池を２個並列につなぐと，それぞれの電球に0.5Ａずつの電流が流れて，電磁石や電流計には，0.5×２＝１(Ａ)の電流が流れる。

問７　鉄くぎが引きつけるゼムクリップの数が最も少なくなるのは，電磁石に流れる電流が最も小さいときである。そのため，電球２個は直列，電池２個は並列につなぐ。このとき，電磁石に流れる電流の大きさは，電球１個，電池１個のときと比べて$\frac{1}{2}$倍になる。表１で，電磁石に流れる電流の大きさが電球１個，電池１個の$\frac{1}{2}$倍である，電流の大きさ，$0.5\times\frac{1}{2}=0.25$(Ａ)のときには，ゼムクリップが３個引きつけられている。このときよりも，コイルの巻き数を増やした場合，電磁石の磁石のはたらきが強まるため，引きつけるゼムクリップの数は３個より多くなる。

Ⅱ　植物の開花についての問題

問１　一般に，アサガオは７～９月ごろ，日没《にちぼつ》後約９～10時間後に開花するので，開花時刻として５時ごろがあてはまる。タンポポは，朝８時ごろに開花し，夕方ごろまで花がさいている。オオマツヨイグサは，18時ごろにさき始め，明け方ごろに花を閉じる。

問２　箱の中を暗くした時間は，①は０時間，②は，22－18＝４(時間)，③は，(24－18)＋２＝８(時間)である。よって，表２の結果より，エとカが正しい。なお，②では温度が20℃と23℃のときには開花したが，25℃のときには開花しなかった。このことから，ア～ウは誤りである。また，23℃の場合，暗くする時間が０時間のときは開花しなかったが，暗くする時間が４時間と８時間のときは開花している。したがって，オとキも誤り。

問３　アサガオの本葉は一般に，エのように左右にくびれがあり，とがった先が３つある。

問４　アサガオやキキョウ，ツツジの花は花びらがつながっている合弁花で，ハスやスミレ，ホウセンカの花は花びらが離《はな》れている離《り》弁花である。

問５　ア～ウ　一度開いた花を26℃の暗室に移すと，花の開度が小さくなっている。つまり，花が閉じていく。その後，温度が26℃の暗室から28℃，32℃，34℃の暗室に移すと，一度閉じた花は，再び開花度が大きくなり開いている。　エ　32℃で開花していた花を，それよりも温度が低い26℃の暗室に移すと，花の開度が小さくなる。つまり，花は閉じる。　オ，カ　温度が26℃の暗室から28℃の暗室に移したときにはゆるやかに花の開度が少し大きくなるのに対し，温度が26℃の暗室から34℃の暗室に移したときには急速に花の開度が大きくなっている。

Ⅲ 硫酸《りゅうさん》銅のとけ方についての問題

問１　上皿てんびんは，水平な台の上に置いて使う。つりあっているかは，針が中央で静止するまで待つのではなく，針が左右に同じはばで振れているかで判断する。また，物体の重さを調べるときには，きき手と反対側の皿に物体をのせ，きき手側の皿に分銅をのせていく。それに対して，ある重さだけ物体をはかりとる場合には，きき手と反対側の皿に分銅をのせて，きき手側の皿に物体をのせていく。使った後は，皿を一方に重ねてから片付ける。

問２　(1)　上皿てんびんで重さをはかるときには，分銅というおもりを使う。分銅はピンセットを使って持つ。　(2)　わずかではあるが薬包紙にも重さがあるので，左右の皿に薬包紙をしく必要がある。

問３　メスシリンダーの目もりを読むときには，水面の平らな部分を真横から見て，最小目盛りの$\frac{1}{10}$まで読む。図１の目もりを読むと，水の体積は，58(58.0)mLとなる。

問４　硫酸銅15ｇを30℃の水75ｇにとかしたときにできる硫酸銅水溶液《すいようえき》の重さは，15＋75＝90(ｇ)なので，この硫酸銅水溶液の濃《こ》さは，15÷90×100＝16.66…より，16.7％と求められる。

問５　(1)　硫酸銅五水和物15ｇにふくまれる硫酸銅の重さは，$15\times\frac{16}{25}=9.6$(ｇ)で，水の重さは，15−9.6＝5.4(ｇ)である。よって，硫酸銅五水和物15ｇを30℃の水75ｇにとかしたときにできる水溶液中の水の重さは，5.4＋75＝80.4(ｇ)になる。　(2)　できた水溶液90ｇに硫酸銅9.6ｇがとけているので，この水溶液の濃さは，9.6÷90×100＝10.66…より，10.7％である。

問６　(1)　ろ紙は四つ折りにした後，１枚の部分と３枚重なった部分に分かれるように開いてから，ろ過に用いる。すると，とけ残った固体はイのようについている。　(2)　とけ残りができたことから，ろ紙を通った水溶液はほう和している。水溶液の重さにかかわらず，30℃のほう和硫酸銅水溶液の濃さは一定なので，ろ紙を通った水溶液の濃さは，25÷(100＋25)×100＝20(％)と求められる。

Ⅳ 江戸時代の不定時法についての問題

問１　(1)「明け六つ」の時刻は日の出の30分前なので，４時30分−30分＝４時，「暮れ六つ」の時刻は日の入りの30分後なので，19時＋30分＝19時30分である。よって，この日の昼の長さは，19時30分−４時＝15時間30分で，これを６等分した昼の一刻の長さは，15時間30分÷６＝２時間35分＝155分となる。　(2)　時の鐘《かね》が３回鳴った後に９回鳴ったので，「九つ」を表している。「明け六つ」に続き，一刻ごとに「五つ」「四つ」「九つ」と進むと述べられていることから，「九つ」は，４時＋２時間35分×３＝11時45分である。

問２　「明け六つ」の時刻は，７時−30分＝６時30分，「暮れ六つ」の時刻は，17時＋30分＝17時30分である。したがって，この日の「暮れ六つ」から「明け六つ」までの夜の長さは，(24時−17時30分)＋６時30分＝13時間で，夜の一刻の長さは，13時間÷６＝２時間10分とわかる。夜の「四つ」は，夜の「九つ」よりも夜の一刻だけ早いので，２日目にそば屋に行った時刻は，前日よりも２時間10分早いことになる。

問3 ⑴ 昼は，「明け六つ」に続き，「五つ」「四つ」「九つ」「八つ」「七つ」「暮れ六つ」と進むので，昼のちょうど真ん中の「九つ」に近くなるほど太陽の高さは高くなり，影《かげ》の長さは短くなる。よって，影の長さが長いアには日の出に近い「五つ」，影の長さが短いイには「四つ」が入る。
⑵ 12月は６月よりも，「九つ」の太陽の高さが低く，影の長さが長くなる。

国　語　(50分) ＜満点：100点＞

解　答

一 **問１** 下記を参照のこと。　**問２** (例) 人間は，ほかの人の印象や社会の期待など，外から与えられる「らしさ」に合わせようとするうちに，自分でもそれが自分らしいのだと信じこんでしまい，本来自分が持っているはずの“本当の自分”らしさを見失ったり捨ててしまったりしがちであるが，雑草は図鑑に春に咲くと書いてあっても秋にも咲くといったように，図鑑に書かれている，人間が勝手につくり出したルールや幻想にとらわれずに生きていて，そのような生き方が痛快でうらやましいから。　**問３** (例) まずは勝ち負けを気にせず，様々なことに挑戦してみる中で，自分が他人には勝てない苦手なことを知る一方，自分が面白く感じることに出会い，ほかの誰にも負けない得意なことを発見すればよい。　**問４** **X** (例) 一面だけを見ているとほかの側面が見えなくなる例としてあげられている。　**Y** (例) 苦手なことであると決めつけてあきらめてしまうと得意なことに気がつくきっかけも失ってしまうかもしれないことの例としてあげられている。　二 **問１** ① しょうね　②，③ 下記を参照のこと。
問２ 油　**問３** (例) ガトーショコラ　**問４** (例) 水穂は真紀ちゃんを苦手と感じ，さらに，真紀ちゃんも自分のことを苦手に思っているように感じ，そのことを気にしていた。だが，このときは，自分の言った軽口に，単に共感してもらえなかったのみならず真っ向から否定する言葉をぶつけられたことで，真紀ちゃんは自分を苦手どころか，本気で嫌いなのだと感じ，強いショックを受けたから。　**問５** (例) それまで，水穂は真紀ちゃんに苦手意識を持ちながらも，真紀ちゃんのことを嫌ってはいけない，いいところを探さなければならないと思い，それができない自分に苦しみ，またそれをしようとしない真紀ちゃんにいらだっていた。しかし，ミーヤンに「あんたと真紀ちゃんは，生まれながらに相性が悪い。それだけや」と言ってもらったことで，自分と真紀ちゃんの仲の悪さについて，自分を責める必要も真紀ちゃんを責める必要もないのだと感じ，仕方ないものとして受け入れ，どうにかしようともがくことから解放されたから。
問６ (例) 真紀ちゃんとの関係がなぜうまくいかないのだろうともやもやしていたが，「馬が合わへん」という言葉を何度も繰り返すことで，その言葉が自分の中に定着していき，少しずつ納得がいって，気持ちが楽になった。　**問７** (例) ミーヤンに「馬が合わない」という言葉を教わった後も，水穂が真紀ちゃんにむかついたり，むかつかれたりすることは続いている。タロにクリストファーとの関係について言い聞かせるふりをしながら，「真紀ちゃんにむかついても，ぐっとこらえて，犬猿の仲だからしょうがないと思おう」と，自分自身に言い聞かせようとしているから。

●漢字の書き取り

□一 問1 a 家畜 b 脳 c 痛快 d 境地 e 開花 □二 問1 ② 感謝 ③ 英知

解説

□一 **出典は稲垣栄洋《いながきひでひろ》の『はずれ者が進化をつくる　生き物をめぐる個性の秘密』による。**本当の「自分らしさ」を探す方法や,「戦わず勝つ」という境地にたどりつく方法について,生物の生き方を例にあげながら述べている。

問1 a 生活に役立てるために,人間が飼う牛・馬・羊などの動物。 b 頭にある,考えたり,感じたり,身体を動かしたりする働きを受け持つところ。 c とても気持ちのよいようす。 d 身体や心の状態。 e “花が開く”という意味から,比喩《ひゆ》として成果があらわれることをいう。

問2 「皆《みな》さんのまわりにまとわりついている『らしさ』」とは,たとえば周囲から「おとなしい子」と言われたり,「優等生らしく頑張《がんば》るべき」だと社会から期待されたりして生み出された「幻《げん》想《そう》」にすぎない。しかし,人はまわりから貼《は》られたレッテルを信じ,それに合わせようとして“本当の自分”らしさを見失いがちなので,一度,外から定められた「らしさ」を捨ててみることが必要だと述べられている。筆者が「雑草」を好むのは,「図鑑」に書かれた「あるべき」姿に縛《しば》られず,「自由に生え」,「自由に花を咲《さ》かせ」るさまに,理想的なあり方を見出《みいだ》せるからだと考えられる。

問3 続く部分で,偉人《いじん》たちは戦いを繰《く》り返す中で,負けた理由や勝つための方法について考えぬき,やがて「ナンバー1になれるオンリー1のポジションを見つけたの」だと述べられている。また,最後の段落に「得意なことを探すためには,すぐに苦手と決めて捨ててしまわない」ことが大切だと書かれていることもふまえると,私たちは勝ち負けを気にせず様々なことに挑戦《ちょうせん》し,その中で他人には勝てない苦手を知る一方,自分が面白《おもしろ》く感じ,ほかの誰《だれ》にも負けない得意なことを発見すればよいと述べられているものとわかる。

問4 X ゾウは足も速いのに,鼻の長さばかりが注目されてしまいがちであるのと同様,「オオカミ」もまた,実は家族思いでありながら,恐《おそ》ろしい動物だという点ばかりが強調されると述べられている。つまり,「オオカミ」は,一面だけを見ているとほかの面が見えなくなることの例としてあげられているものと判断できる。 Y 続く部分で,木登りの上手ではない「モモンガ」が,もし木に登ることをあきらめていたら,空を飛べることに気づかなかったかもしれないと筆者は述べている。同様に,リフティングが苦手だったサッカー選手が,それだけでサッカーをやめていたら,強力なシュートを打つ能力は開花しなかったかもしれないとも述べられている。これらは二つとも,苦手だと決めつけてあきらめてしまうと,得意なことに気づくきっかけを失うかもしれないことの例としてあげられている。

□二 **出典は森絵都《もりえと》の『あしたのことば』所収の「あの子がにがて」による。**真紀ちゃんが苦手でなやんでいた水穂は,馬が合わないのだからしかたがないとミーヤンに言われ,救われたように思う。

問1 ① 根本的な心がまえ。 ② 好意や親切をありがたく感じ,その気持ちを表すこと。 ③ 深くすぐれた知恵《ちえ》。

問2　「水と油」は，たがいに性質が合わず，相性が悪いことのたとえ。

問3　同じ犬とは思えないほど性質がかけはなれ，相性が悪いようすをたとえているのだから，日本の食べ物である「いもようかん」に対し，「ガトーショコラ」「シュークリーム」「モンブラン」「クリームシチュー」など，洋風の食べ物を入れるのがよい。

問4　話が続かず，言葉も通じず，男子にこびるような態度を見せる真紀ちゃんに，水穂は苦手意識を持つ一方，彼女《かのじょ》もまた自分のことを苦手と感じているのではないかと思い，気になっていた。しかし，学校の給食について自分が叩《たた》いた軽口に対し，真紀ちゃんからは共感を得られなかったばかりか真っ向から否定されたことで，彼女が自分を苦手にしているどころか本気で嫌《きら》いなのだと感じ，水穂は強いショックを受けたのである。

問5　直後の部分にあるとおり，これまで水穂はできるだけ真紀ちゃんのいいところを探し，嫌いにならないようにと思っていたものの，うまくいかずに困っていた。一方で，苦手に感じているのは「おたがいさま」なのに，同じ努力をしようとしない真紀ちゃんに対し，いらだってもいた。そんな中，ミーヤンから「あんたと真紀ちゃんは，生まれながらに相性が悪い」だけだと言ってもらったことで，これは良し悪しではなく，どうにもならない生まれつきの問題なのだから，お互《たが》いを責める必要もないし，何とかしなければならないともがく必要もないと気づき，現状を割り切って受け入れることができたため，水穂は「ホッとした」のだといえる。

問6　これまで，水穂は自分と真紀ちゃんとの間にあったぎくしゃくした雰囲気《ふんいき》に，もやもやした気持ちを抱《いだ》いていた。しかし，ミーヤンから教えてもらった「馬が合わへん」という言葉を頭の中で繰り返すうち，自分の中で，生まれつきどうにもならない相性があるということが，実感をともなって納得《なっとく》できるようになり，気持ちが楽になったのである。

問7　真紀ちゃんのことが今でも苦手な水穂は，もやもやした気持ちになるたびに心の中で呪文《じゅもん》のように「馬が合わへん」ととなえるようにしていることをおさえる。散歩で会うクリストファーが苦手なタロに伝えた，心の中で「犬猿《けんえん》の仲」だと思えという言葉は，実際にはタロの状況《じょうきょう》と重なる自分自身に向けられたものであり，水穂はそう言い聞かせることでどうにか自分の苛立《いらだ》ちを納得させようとしているのである。

Dr.福井の

入試に勝つ！脳とからだのウルトラ科学

入試当日の朝食で，脳力をアップ！

朝食を食べない学生は，朝食をきちんと食べる学生に比べて成績が悪かった──という研究発表がある。まあ，ちょっと考えればわかると思うけど，朝食を食べないということは，車にガソリンを入れないで走らせようとするようなものだ。体がガス欠になった状態では，頭が十分に働くわけがない。入試当日の朝食はちゃんと食べよう！　朝食を食べた効果があらわれるように，試験開始の２時間以上前に食べるようにするとよい。

では，入試当日の朝食にふさわしいものは何か？

まず，脳の直接のエネルギー源はブドウ糖だけであるから，それを補給するためのご飯やパン，これは絶対に必要だ。また，砂糖や果物の糖分は吸収されやすく，効果が速くあらわれやすいので，パンにジャムをぬったり果物を食べたりするのもよいだろう。

次に，タンパク質。これは脳の温度を上げる作用がある。温度が低いままでは十分に働かないからね。タンパク質を多くふくむのは肉や魚，牛乳，卵，大豆などだが，ここでは大豆でできたとうふのみそ汁や納豆をオススメする。そして，記憶力がアップするDHAを多くふくんでいる青魚，つまりサバやイワシなども食べておきたい。

生野菜も忘れてはならない。その中にふくまれるビタミンBは，ブドウ糖を脳に吸収しやすくする働きを持つので，結果的に脳力アップにつながるんだ。

コーヒーや紅茶，緑茶は，カフェインという成分の作用で目覚めをうながすが，トイレが近くなってしまうので，飲みすぎに注意！　試験当日はひかえたほうがよいだろう。眠気を覚ましたいときはガムをかむといい。脳が刺激《しげき》されて活性化し，目が覚めるんだ。

Dr.福井(福井《ふくい》一成《かずしげ》)…医学博士。開成中・高から東大・文Ⅱに入学後，再受験して翌年東大・理Ⅲに合格。同大医学部卒。さまざまな勉強法や脳科学に関する著書多数。

2020年度　桜蔭中学校

〔電　話〕　(03) 3811－0147
〔所在地〕　〒113-0033　東京都文京区本郷1－5－25
〔交　通〕　JR線－「水道橋駅」より徒歩5分　都営三田線－「水道橋駅」より徒歩2分
東京メトロ丸ノ内線－「本郷三丁目駅」より徒歩8分

【算　数】（50分）〈満点：100点〉

（注意）　円周率を用いるときは，3.14としなさい。

三角すいの体積は(底面積)×(高さ)×$\frac{1}{3}$で求めることができます。

Ⅰ　次の［　　］にあてはまる数を答えなさい。

(1)　$1\frac{11}{54}-\left\{\left(1.875-\frac{5}{12}\right)\times\boxed{\text{ア}}\right\}\times 3=\frac{25}{27}$

(2)　花子さんはお母さんと弟といっしょにお菓《か》子を買いに行きました。花子さんと弟は同じお菓子をそれぞれ12個ずつ買うことにしました。花子さんはそのうちのいくつかを持ち帰り，残りをお店で食べることにしました。弟は花子さんがお店で食べる個数と同じ個数のお菓子を持ち帰り，残りをお店で食べることにしました。2人分のお菓子の代金をお母さんがまとめて支払《はら》うため税込《こ》みの金額を計算してもらうと，ぴったり1308円でした。このお菓子1個の税抜《ぬ》きの値段は［　イ　］円です。ただし，消費税はお店で食べるお菓子には10%，持ち帰るお菓子には8%かかります。

(3)　まっすぐな道に柱を立ててロープを張り，そこにちょうちんをつるします。柱と柱の間は5m50cmで，ちょうちんとちょうちんの間は1m35cmです。1本目の柱から35cm離《はな》れたところに1個目のちょうちんをつるしました。ロープはたるまないものとし柱の幅《はば》は考えません。柱を10本立てて，ちょうちんをつるしました。

①　ちょうちんは全部で［　ウ　］個使いました。また10本目の柱に1番近いちょうちんはその柱から［　エ　］cmのところにつるしました。

②　柱から35cm以内の部分につるしたちょうちんは，とりはずすことにしました。ただし1個目のちょうちんはとりはずしません。このとき，つるされたまま残っているちょうちんは［　オ　］個です。

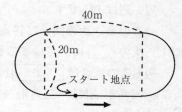

Ⅱ　(1)　右の図のようなコースで輪をころがしながら進む競走をします。コースは長方形と，半円を2つあわせた形をしています。Aさんがころがすのは周の長さが150cmの輪，Bさんがころがすのは周の長さが120cmの輪です。輪はすべることなくころがるものとします。

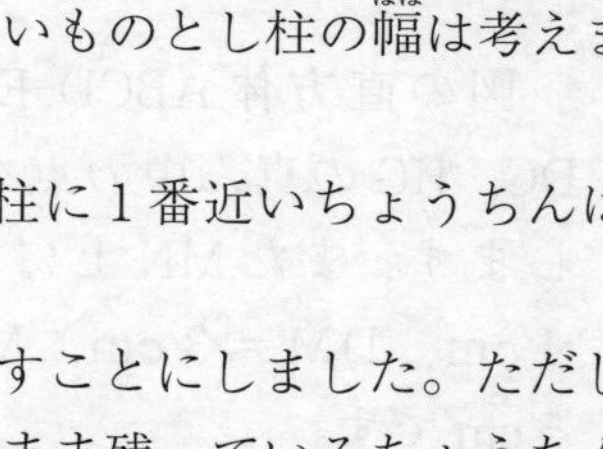

①　Aさんがこのコースを1周すると輪は何回転しますか。

②　AさんとBさんが図のスタート地点を矢印の向きに同時に出発しました。2人とも輪を1秒1回転させながら進みます。途《と》中，Aさんは2回，輪をコースの外にころがしてしまい，コースにもどるまでに1回20秒かかりました。その後AさんとBさんは同時にゴールしました。AさんとBさんは出発してからゴールするまでにこのコースを何周しましたか。スター

ト地点とゴール地点は同じとは限りません。

(2)　底面が半径３cmの円で高さが１cmの円柱の形をした白い積み木がたくさんあります。

(a)　①　この積み木を図１のように10個積み重ねてできた円柱の体積を求めなさい。

②　①でできた円柱の表面に青い色をぬりました。青い色をぬった部分の面積を求めなさい。

③　②の積み木を図２のように少しずつずらしてくっつけました。上から２番目と３番目の円柱は底面の円の面積の３分の１が重なっています。上から５番目と６番目，８番目と９番目も同じずらし方です。この立体の表面で白い部分の面積を求めなさい。

横から見た図

図１　　図２

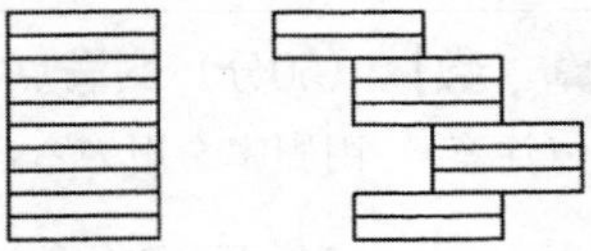

(b)　あらためて新しい積み木を図３のように積み重ねます。

上から１段目には１個，２段目には２個，３段目には３個のように積み重ねます。図３の積み木「ア」と積み木「イ」，積み木「ア」と積み木「ウ」はそれぞれ底面の円の面積の３分の１が重なっています。他の部分の重ね方も同じです。

今，積み木が200個あります。

①　これらの積み木を机の上で積み重ねました。何段まで積み重ねることができますか。また，積み木は何個余りますか。

②　①で積み重ねた立体の上から見えるところと，机に触《ふ》れているところを赤くぬりました。赤くぬった部分の面積を求めなさい。

図３　横から見た図

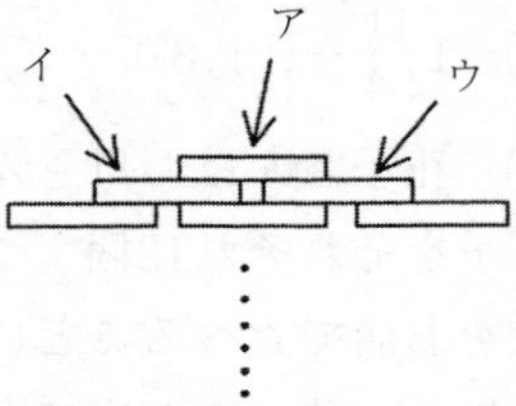

上から見た図

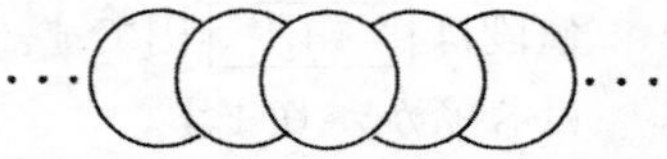

Ⅲ　図の直方体ABCD-EFGHにおいて，辺DC，HGの真ん中の点をそれぞれM，Nとします。またMN上に点Lがあり，AD＝4cm，DM＝3cm，ML＝3cm，AM＝5cmです。

三角形ADMを拡大すると，三角形GCBにぴったり重なります。三角形GCBの一番短い辺はBCです。

このとき次の問いに答えなさい。

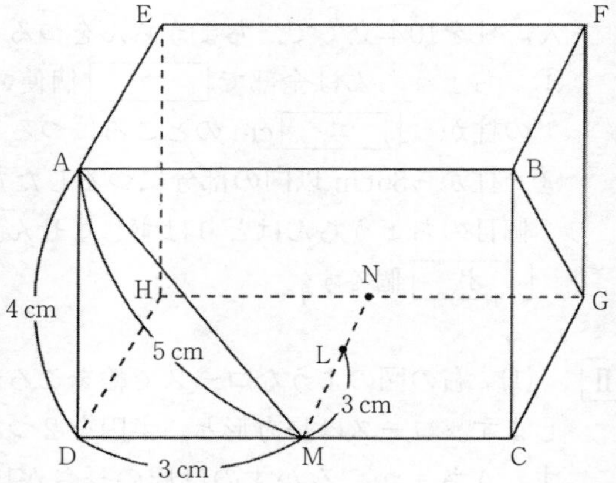

(1)　次の[　　]にあてはまる数を答えなさい。

辺GCの長さは[　ア　]cm，BGの長さは[　イ　]cmです。

(2)　三角形ANB，三角形ALB，三角形ALN，三角形BLNで囲まれた立体ALBNの体積を求めなさい。

(3)　①　三角形ANBの面積を求めなさい。

②　立体ALBNの表面積を求めなさい。

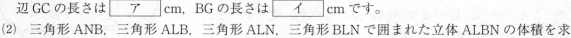

Ⅳ　１個10ｇ，20ｇ，60ｇの球があります。

10ｇの球には１から100までの整数のうち，４の倍数すべてが１つずつ書いてあります。

20ｇの球には１から100までの整数のうち，３で割って１余る数すべてが１つずつ書いてあります。

60ｇの球には１から100までの４の倍数のうち，３で割って１余る数すべてが１つずつ書いてあります。ただし，同じ重さの球にはすべて異なる数が書いてあります。

⑴　60ｇの球に書いてある数字を分母，20ｇの球に書いてある数字を分子として分数をつくります。このときできる１未満の分数のうち，分母と分子を５で約分できる分数の合計を求めなさい。

⑵　①　これらの球から13個の球を選んで，その重さの合計がちょうど250ｇになるようにします。10ｇの球，20ｇの球，60ｇの球をそれぞれ何個ずつ選べばよいですか。考えられるすべての場合を答えなさい。ただし，選ばない重さの球があってもよいとします。解答らんは全部使うとは限りません。

②　①で求めた選び方の中で，60ｇの球の個数が２番目に多い選び方について考えます。13個の球に書かれている数の合計を４で割ると２余りました。合計が最も大きくなるとき，その合計を求めなさい。

【社　会】（30分）〈満点：60点〉

I　次の文章を読んで，後の問いに答えなさい。

今年開かれる東京オリンピック・パラリンピックの主会場として建設されたのが，国立競技場（オリンピックスタジアム）です。この競技場の特色の1つが，日本産の木材を使っていることです。他《ほか》の競技場でも，積極的に国産材が使われています。これは2010年に施行《しこう》された「公共建築物等における木材の利用の促進《そくしん》に関する法律」に基《もと》づくもので，公共の建物に国産材を積極的に使用することで日本の林業の活性化を図《はか》る目的があります。

日本の国土面積の［　1　］％は森林で占《し》められているため，昔から木の利用がとても盛んでした。森林は再生可能な資源で，きちんと手入れをすればずっと私たちの生活に役立ってくれます。木は使いみちも多く，近年，海洋生物が飲み込《こ》んでしまう被害《ひがい》などで問題になっている［　2　］製のものを，木製のものに代える例も増えてきました。皆《みな》さんも木のスプーンやフォークを見たことがありますね。とりわけ質の良い木材は特産品となり，①「秋田スギ」など，全国に名が知られた木材を産する林業地域もあります。また植林による人工林ではなく，人の手のほとんど入っていない②原生林も自然の生態系を守る貴重な存在です。山間の雪の多い地域では集落の周りの斜面《しゃめん》の樹林を「雪持ち林」と呼び，［　3　］の被害から集落を守るものとして大事にしてきた例もあります。

しかし，長い間日本の木の文化を支えてきた国内の森林も，戦後の木材需要《じゅよう》の急増と，それにともなう輸入木材割合の増加によって大きく変化しました。日本の森林はほとんどが山地にあるため，手入れも伐採《ばっさい》も運搬《うんぱん》もたくさんの人手が必要で，値段も高くなりがちです。かつては③木材の運搬には河川《かせん》が利用され，伐採した丸太を組んで［　4　］にし，河口へ運ぶことが多くありました。しかし［　5　］が多く作られるようになったこともあってそれも難しくなりました。労働も過酷《かこく》であり，日本の林業をめぐる状況《じょうきょう》は，大変きびしくなっていきました。

林業が衰退《すいたい》すると森林は荒《あ》れます。手入れも伐採もされないままの木が，台風や豪雨《ごうう》などで倒木《とうぼく》となって流され，橋脚《きょうきゃく》や建物を壊《こわ》して被害をさらに大きくすることも多くなりました。このような状況を変えるために，先にあげた法律が作られたのですが，いくら国産材を利用しようにも，まずは森林を育て，守る人々が必要です。そのためには林業に携《たずさ》わる人たちの作業環境《かんきょう》を良くする必要があります。「スマート林業」への試みもその1つで，人間の代わりに，小回りのきく［　6　］を使って，森林の生育状況調査や薬剤《やくざい》散布などを行なう例が出てきています。

さて，国立競技場の外側を囲む「のき」と「［　7　］」には全国47都道府県の木材が使われています。そのうちの1県を除いてはすべて④スギの木です。スギは日本原産の樹木で，成長が早く，加工もしやすいため，戦後の植林の主役でもありました。競技場では，各地の木材はほぼ方位別に並べられます。観客の出入り口となる北・東ゲートには2011年の東北地方太平洋沖地震《おきじしん》で⑤津波《つなみ》などの被害を受けた東北三県のスギが，南ゲートには2016年4月の地震で被害を受けた［　8　］県のスギが使われています。「のき」とは建物の屋根が壁《かべ》から突《つ》き出している部分，「［　7　］」とは窓や出入り口の上に突き出した部分をいいます。ともに日本の気候に根ざした作り方です。「のき」は雨から建物の壁を守ります。「［　7　］」は太陽高度の高い夏には強い日差しが室内に入るのを遮《さえぎ》り，太陽高度の低い冬には【　A　】ように工夫《くふう》されています。

オリンピック・パラリンピックが終わったあとも競技場は使われますから，ゲートをくぐるとき，震災を忘れないで，そして木の「[7]」の優《やさ》しさを感じていたいと思います。

問1　文中の空欄《くうらん》[1]に入る最適な数字を次の あ～え から選び，記号で答えなさい。

あ　60　　い　67

う　74　　え　81

問2　文中の空欄[2]～[8]に当てはまる語句を答えなさい。[8]は漢字で記しなさい。

問3　文中の【A】に入る適切な文を答えなさい。

問4　文中の下線部①について，「木材の名称」と「その木材産地に関連の深い地名」との組み合わせとして適切でないものを，次の あ～え から1つ選び，記号で答えなさい。

あ　津軽《つがる》ヒバ―岩木山　　い　木曽《きそ》ヒノキ―御嶽《おんたけ》山

う　北山スギ―鈴鹿《すずか》山脈　　え　吉野《よしの》スギ　―紀伊《きい》山地

問5　文中の下線部②について，ブナの原生林が保全されていることが評価されて世界自然遺産となった地域がある県の組み合わせとして正しいものを，次の あ～お から1つ選び，記号で答えなさい。

あ　青森県と岩手県　　い　青森県と秋田県

う　秋田県と岩手県　　え　岩手県と山形県

お　山形県と新潟県

問6　文中の下線部③について，下の図には，ものや人の運搬を担《にな》ってきた河川のおもな流路が示されています。あとのア～オはそれぞれの河川の上流から下流までに関連する語句の組み合わせです。ア～オに適する河川を図中の**A**～**K**から1つずつ選び，記号で答えなさい。

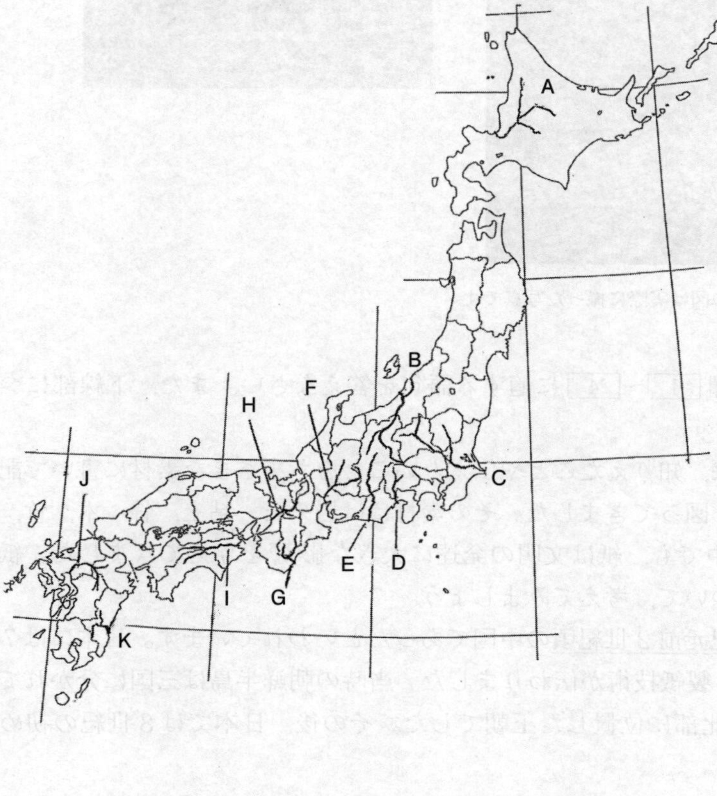

ア　越後《えちご》山脈―河川付け替《か》え工事―水揚《みずあ》げ量全国一の漁港

イ　外輪山―久留米《くるめ》がすり―干拓《かんたく》地

ウ　甲武信ヶ岳《こぶしがたけ》―リンゴ産地―大河津《おおこうづ》分水路

エ　電子機器―伊那盆地《いなぼんち》―茶の産地

オ　中山道《なかせんどう》―毛織物―輪中

問7　文中の下線部④のスギの森林を，地形図で表したときに使われる地図記号として適切なものを次の あ～え から1つ選び，記号で答えなさい。

あ　い　う　え

問8　文中の下線部⑤について，次の図は静岡県の海岸近くで見られる建造物で，図Aも図Bも津波から人々を守るために作られたものです。AとBを比較《ひかく》して，Aの利点を2つの面から説明しなさい。

図A

上の図は全体の模式図，下の図は実際に撮《と》った写真です。

図B

Ⅱ　次の文章を読んで，空欄 [1]～[4] に適する語句を答えなさい。また，下線部について後の問いに答えなさい。

私たち人類は，誕生以来，知りえたことや伝えたいことをさまざまな素材に書いて記録を残し，コミュニケーションを図ってきました。その素材には岩や石，粘土《ねんど》，骨，木，竹，布，紙などがありますが，その中でも，紙は文明の発達に大きな影響《えいきょう》を与《あた》えてきました。紙や紙を使った情報伝達の歴史について，考えてみましょう。

紙が発明されたのは①紀元前2世紀頃《ごろ》の中国であったといわれています。日本には7世紀に朝鮮《ちょうせん》半島の [1] から製紙技術が伝わりました。当時の朝鮮半島は三国に分かれており，[1] はその中でも最北部に位置した王朝でした。その後，日本では8世紀の初めに大宝律令《りつりょう》が制定されて法整備が進み，紙による記録が残されました。ただ，紙が広く普及《ふきゅう》するまでは竹簡《ちくかん》や木簡《もっかん》が使われていました。平城京からも多くの②木簡が出土しています。書く内容が多い場合は何本もの竹簡・木簡を使用し，バラバラにならないように紐《ひも》で縛《しば》って束ねました。この状態を表す漢字「[2]」は，書物を数える単位として現在も使われています。

紙を使った情報伝達における大きな転換点《てんかんてん》が印刷技術の発明です。隋《ずい》から唐《とう》の時代にかけて発明された木版印刷技術は，朝鮮半島を経由して，遅《おそ》くとも奈良時代までに日本へ伝わりました。東アジアにおける印刷は，③仏教と密接な関係があり，初期の印刷物のほとんどが仏教に関するものでした。日本最古の印刷物と考えられている「百万塔陀羅尼《とうだらに》」は，8世紀半ばの天皇が国家の安定を願って，お経《きょう》を百万枚印刷させてそれぞれ小塔に入れ，10の寺に納めたものです。その多くは失われてしまいましたが，現存する日本最古の木造建築が残る[3]には約四万塔が今も納められています。

金属活字による印刷技術は，④キリスト教の宣教師による布教が進む中で日本に伝わりました。16世紀後半に，西洋へ派遣《はけん》された少年使節たちによって西洋式印刷機が持ち帰られ，キリスト教の教えや辞書などが印刷されました。その後，⑤豊臣秀吉による朝鮮出兵の際に朝鮮半島からも金属活字が伝わります。

集めた書物を保存，公開するための施設は歴史上つねに存在しました。世界史上最古の図書館としては紀元前の⑥イラクのものが知られています。日本において「図書館」の名称《めいしょう》が初めて使われるのは明治時代です。⑦明治政府による近代化政策の中で，東京に国立図書館(帝《てい》国《こく》図書館)が設置されました。この図書館は関東大震災や太平洋戦争などの被害をくぐり抜《ぬ》け，現在の国立国会図書館につながります。

書物の保存庫や図書館の設置は，ほとんどが国家政策として行われましたが，庶民《しょみん》の間にも読書文化は着実に根づいていきました。[4]が全国に作られたこともあって江戸時代の識字率は高く，書物の読者数は大幅《おおはば》に増えました。ただし，当時はまだ本の値段が高かったので，人々はおもに貸本屋から本を借りて読んでいました。明治初期に印刷技術が発達すると，⑧『学問のすすめ』などのベストセラーが生まれました。明治後期には小説のベストセラーも登場します。

21世紀に入り，本のあり方は大きく変化しました。電子書籍《しょせき》が登場し，その利用率は年々上がっています。この先，紙の本はなくなっていくのでしょうか。それとも残っていくのでしょうか。

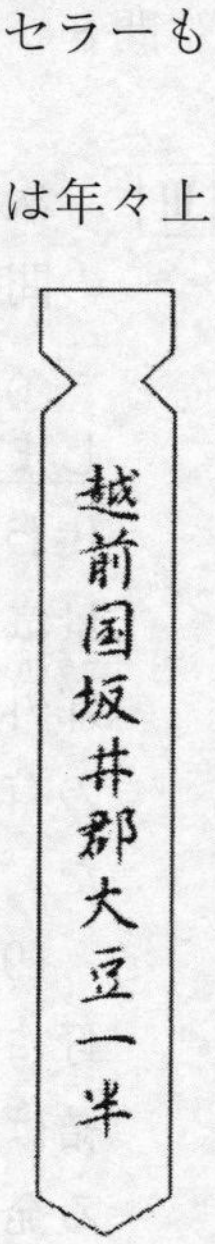

問1　文中の下線部①に関連して，紀元前2世紀頃の日本について説明した文として正しいものを，次の あ～え から1つ選び，記号で答えなさい。

あ　大仙《だいせん》古墳などの巨大《きょだい》な古墳が作られた。

い　人々は米を作り，高床《たかゆか》の倉庫にたくわえた。

う　おもに木の実を採ったり，漁や狩《か》りをしたりして暮らしていた。

え　中国の皇帝に使いを送り，金印などを与えられた。

問2　文中の下線部②について，右の図のような木簡は，どのような用途《ようと》で使われていたか説明しなさい。

問3　文中の下線部③に関連して，日本での仏教の広がりについて説明した文として正しいものを，次の あ～え から1つ選び，記号で答えなさい。

あ　中国の僧《そう》鑑真は，航海の失敗を乗り越《こ》えて日本にたどり着き，奈良に東大寺を建てた。
い　平安時代には，伊勢《いせ》参りなど信仰《しんこう》と楽しみをかねた旅行が流行した。
う　織田信長は，比叡山延暦寺《ひえいざんえんりゃくじ》や石山本願寺などの仏教勢力をおさえこんだ。
え　五か条の御誓文《ごせいもん》では，仏教をあつく信仰することがしめされた。

問4　文中の下線部④に関連して，日本に初めてキリスト教を伝えた人物が最初に上陸した地は現在の都道府県ではどこにあたりますか。次の あ～え から1つ選び，記号で答えなさい。

あ　長崎県　い　鹿児島県　う　山口県　え　大阪府

問5　文中の下線部⑤に関連して，この出来事により朝鮮との関係は悪化しましたが，江戸時代には将軍が代わるごとに使節が送られるようになりました。この使節の名称を漢字で答えなさい。

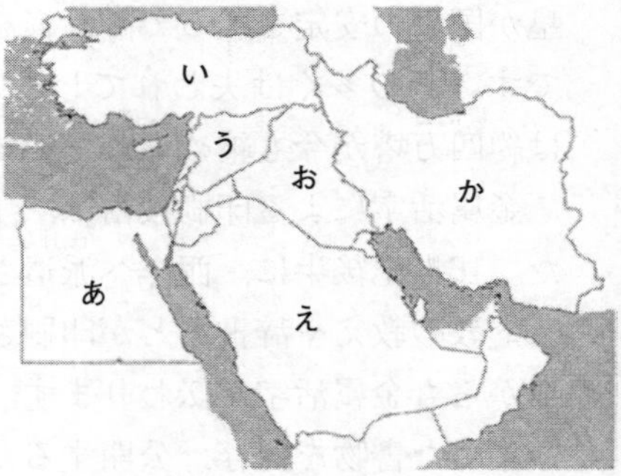

問6　文中の下線部⑥について，現在のイラクの位置を，右の地図の あ～か から1つ選び，記号で答えなさい。

問7　文中の下線部⑦について説明した文として正しいものを，次の あ～え から1つ選び，記号で答えなさい。

あ　不平等条約の改正を目指して，岩倉具視や木戸孝允，西郷隆盛らを欧米《おうべい》に派遣したが，条約改正には失敗した。
い　学制が定められて全国に小学校が作られ，翌年には6歳《さい》以上の男女すべてが通うようになった。
う　全国の田畑の面積や収穫高《しゅうかくだか》を調べ，全国共通のますを使って米を納めさせることで政府の税収入を安定させた。
え　フランス人技師の指導によって若い女性に製糸技術を教えた富岡《とみおか》製糸場などの，西洋式の工場を作った。

問8　文中の下線部⑧について，この本の作者の名前を漢字で答えなさい。

Ⅲ　次の文章を読んで，空欄［1］・［2］に適する語句を答えなさい。また，下線部について後の問いに答えなさい。

①昭和という時代は，不況《ふきょう》の中で始まりました。②1910年代半ば，綿製品や船の輸出が急増しましたが，1920年代には輸出が減少し，その後は長く不景気が続きました。③元号が昭和に代わったのはそのような時期のことです。1929年に世界恐慌《きょうこう》が起こったことで，世界中が不景気となりました。こうした中で，日本は大陸での影響力を拡大していきます。1937年に北京郊外《こうがい》での軍事衝突《しょうとつ》により日中戦争が始まると，戦争は中国各地に広がり，日本は当時の中国の首都だった［1］を攻《せ》め落としましたが，中国の人々の抵抗《ていこう》は続き，戦争は長引きました。やがて，日本はアメリカやイギリスとの戦争へと突入《とつにゅう》しました。

1945年に戦争が終わると，連合国軍総司令部の指令のもとで農業や④選挙などさまざまな分野におよぶ改革が行われました。1951年にアメリカの［2］で開かれた会議で平和条約が結ばれ，翌年日本は国際復帰を果たしました。1950年代半ば以降は，⑤高度経済成長と呼ばれる発展期を迎《むか》え，1964年の東京オリンピックは戦後の日本の復興と経済発展の様子を世界にしめすものとなりました。

問１　文中の下線部①について，昭和元年は西暦《せいれき》何年にあたるか，数字を答えなさい。

問２　文中の下線部②に関して，次の問いに答えなさい。

(ア)　日本の輸出が増えた理由を説明しなさい。

(イ)　輸出が増えたにもかかわらず，多くの人々の生活が苦しくなったのはなぜか，説明しなさい。

問３　文中の下線部③に関して，天皇一代につき元号を１つとする制度になったのは今から何年前ですか。最も近いものを次の あ～え から１つ選び，記号で答えなさい。

あ　600年前　　い　300年前　　う　150年前　　え　75年前

問４　文中の下線部④に関して，日本の選挙制度について述べた文として誤っているものを，次の あ～え から１つ選び，記号で答えなさい。

あ　明治時代の第一回衆議院議員選挙では，15円以上の税金を納めた30歳以上の男性のみに選挙権が与えられた。

い　貴族院は，選挙で選ばれた議員ではなく，皇族や華族《かぞく》の他，天皇が任命する議員からなっていた。

う　大正時代には普通選挙を要求する運動が高まり，25歳以上の男性すべてに選挙権が認められた。

え　初めて女性に選挙権が認められたのは，太平洋戦争後のことである。

問５　文中の下線部⑤について，この成長期は1970年代前半に終わりますが，その原因となった国際的な出来事を答えなさい。

Ⅳ　次の①～⑤の各文の空欄 [1]～[5] に適する語句をそれぞれ答えなさい。[2] は３字以上で記しなさい。さらに空欄【Ａ】～【Ｅ】に適するものをそれぞれの選択肢《せんたくし》より１つずつ選び，記号で答えなさい。

①　国会の働きには，内閣総理大臣を指名したり裁判官を裁く裁判を行ったりすることがある。さらに，内閣だけが作成し，衆議院に先に提出される [1] 案を決める(議決する)ことがある。内閣の働きには，外国と条約を結ぶことなどのほかに，憲法に定められている天皇の仕事(国事行為《こうい》)に [2] を与えることがある。

②　国民主権の具体的な例として，憲法改正に対する [3] をあげることができる。また，国民の代表である衆議院議員や参議院議員を選ぶことも国民主権の例の１つである。参議院についての記述として誤っている文は【 Ａ 】である。

【Ａ】　あ　2019年７月に行われた国政選挙は参議院議員選挙であった。

い　今まで衆議院議員選挙でも参議院議員選挙でも，投票率が50％を下回ったことはない。

う　衆議院議員選挙に立候補できるのは25歳以上の国民であるが，参議院議員選挙に立候補できるのは30歳以上の国民である。

え　衆議院には解散があるが，参議院には解散がない。

③　2019年10月に消費税率は８％から10％に引き上げられた。消費税は間接税で，【 Ｂ 】である。また，日本の消費税の特徴《とくちょう》として正しい文は【 Ｃ 】である。

【B】 あ　国税　　い　地方税　　う　国税と地方税の両方

【C】 あ　所得の高い人に高い税率を課し，所得の低い人には低い税率を課すことができる。

い　所得の低い人より，所得の高い人の方が，税の負担感が高くなる。

う　ヨーロッパ連合(EU)の国々の消費税(付加価値税)よりも税率が高い。

え　企業の利益に対して課される税(法人税)よりも，景気の良い悪いによって税収が増えたり減ったりすることが少ない。

④ 日本は1956年にソ連と日ソ共同宣言を結び，国交を回復した。日ソ共同宣言には，ソ連が日本の[4]への加盟を支持すると書かれており，日本は同年，念願の[4]加盟を果たした。また日ソ共同宣言には，日本とソ連が将来，平和条約を結べば，ソ連は右の地図中の あ～え のうち，【 D 】を引き渡すと書かれている。

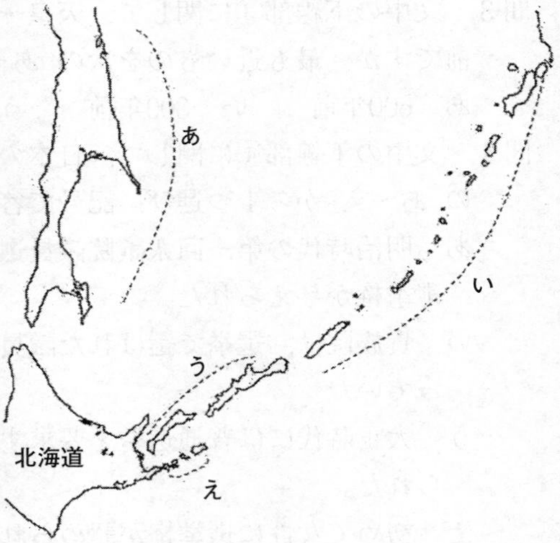

⑤ 中華《ちゅうか》人民《じんみん》共和《きょうわ》国《こく》は，1978年から改革・開放政策を打ち出し，独自の経済発展の道を歩み出した。特にシェンチェン(深圳)など沿岸部に[5]と呼ばれる区域を設けて，外国の企業《きぎょう》の進出を認め，大きく経済発展をとげた。中華人民共和国に関する記述として誤っている文は，【 E 】である。

【E】 あ　中華人民共和国では地域ごとにさまざまな料理があり，北部では米を使った料理が，南部では小麦を使った料理がよく食べられる。

い　中華人民共和国は，日本にとって最大の貿易相手国である。

う　中華人民共和国には，漢民族のほかに，50以上の少数民族が住んでいる。

え　中華人民共和国は人口増加を抑えるために一人っ子政策をとっていたが，現在ではやめている。

【理　科】（30分）〈満点：60点〉

I　つぎの文章を読み，あとの問いに答えなさい。

図1は，2015年のある月から３年間の，マウナロア(北緯《い》19度)，綾里《りょうり》(北緯39度)，グリム岬《みさき》(南緯40度)における二酸化炭素濃度《のうど》(単位 ppm：１ppm＝0.0001％)を，**図２**は**図１**と同時期の二酸化炭素の世界平均濃度を示したものである。

二酸化炭素の放出源が(**ア**)半球に多く存在するため，(**ア**)半球で濃度が高く，(**イ**)半球で低い。また，季節による変化は主に陸上の生物の活動によるものであり，夏に(1)植物の(**ウ**)が活発化することで濃度が(**エ**)し，冬には生物の呼吸や，(2)菌《きん》類・細菌類による土中の有機物の分解活動が優勢となって濃度が(**オ**)する。

濃度が最大となる時期は，北半球と南半球では異なる。また，季節による濃度の差は，北半球の中・高緯度では大きいが，(3)北半球の低緯度や(4)南半球では小さい。そのため，**図２**で示す二酸化炭素の世界平均濃度は北半球の影きょうを強く受ける。

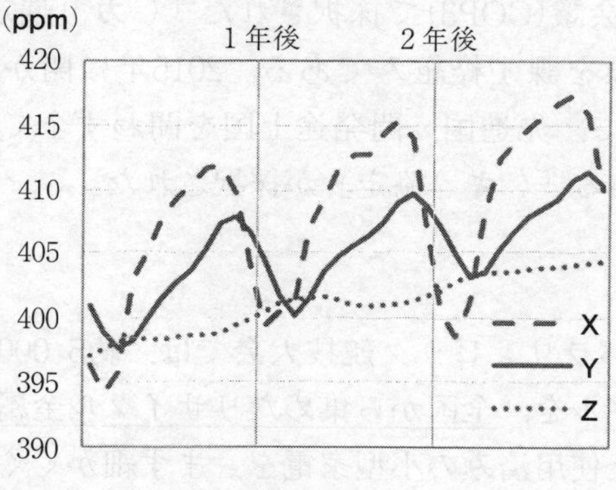

図１

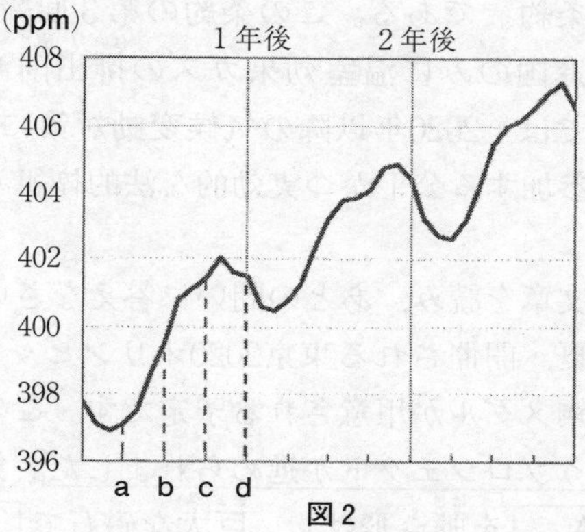

図２

問１　(ア)～(オ)にあてはまる語句を書きなさい。

問２　右の**図３**は，生態系を構成する大気，動物，植物，菌類・細菌類(分解者)の間の炭素の移動のようすを簡単に示したものです。なお，図中の**A**，**B**，**C**は，動物，植物，菌類・細菌類のいずれかです。また，炭素は大気中では二酸化炭素として，生物のからだの中ではでんぷんなどの有機物として存在しています。

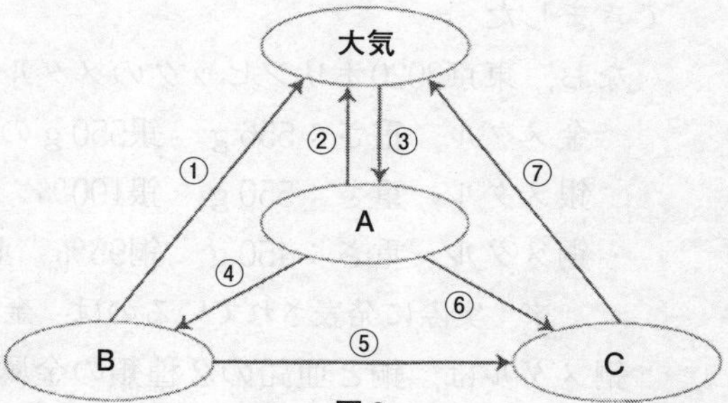

図３

文章中の下線部(1)，下線部(2)を示す矢印の番号を，**図３**の①～⑦からそれぞれ選んで番号で答えなさい。

問３　下線部(3)，(4)で季節による濃度の差が小さくなる理由として最もふさわしいものを，つぎの**あ**～**え**からそれぞれ選び，記号で答えなさい。

あ．陸地の面積が小さく，生物の総重量が少ないため。

い．海の面積が大きく，湿度《しつど》が高いため。

う．年間を通して温暖で，多種類の生物が生育できるため。

え．年間を通して日光が十分に当たり，葉がしげっているため。

問４　**図１**の**X**～**Z**のグラフが示す地点の組み合わせとして正しいものをつぎの**あ**～**か**から１つ

選び，記号で答えなさい。

	X	Y	Z
あ.	マウナロア	綾里	グリム岬
い.	マウナロア	グリム岬	綾里
う.	綾里	マウナロア	グリム岬
え.	綾里	グリム岬	マウナロア
お.	グリム岬	マウナロア	綾里
か.	グリム岬	綾里	マウナロア

問５　**図２**の**a**～**d**は，３月，６月，９月，12月のいずれかを示しています。12月は**a**～**d**のどれにあてはまるか，記号で答えなさい。

問６　つぎの文章中の(**カ**)，(**キ**)にあてはまる語句を書きなさい。

　地球温暖化問題に関する国際的な枠《わく》組みを設定した条約が，「気候変動に関する国際連合枠組み条約」である。この条約の第３回締約《ていやく》国会議(COP3)で採択《さいたく》された「(**カ**)議定書」は，先進国のみに温室効果ガスの排《はい》出削《さく》減目標を課す枠組みである。2015年に開かれたCOP21では，2020年以降の気候変動対策について，先進国，開発途《と》上国を問わず全ての締約国が参加する公平かつ実効的な法的枠組みである「(**キ**)協定」が採択された。

Ⅱ　つぎの文章を読み，あとの問いに答えなさい。

　今年の夏，開催《かいさい》される東京2020オリンピック・パラリンピック競技大会では，約5,000個の金・銀・銅メダルが用意される予定です。このメダルを，全国から集めたリサイクル金属で作ろうというプロジェクトが進められました。集めた使用済みの小型家電を，まず細かくくだき，軽い［　**A**　］を弾《はじ》き飛ばし，巨大《きょだい》な磁石で［　**B**　］を取り除いた後，さらに残った金属を分けます。そして2019年３月までに，金を約32kg，銀を約3500kg，銅を約2200kg集めることができました。

　なお，東京2020オリンピックのメダルの重さ，原材料は次のように発表されています。

　金メダル　重さ：556ｇ　銀550ｇの表面に６ｇの金がはりつけられているもの※

　銀メダル　重さ：550ｇ　銀100％

　銅メダル　重さ：450ｇ　銅95％　亜鉛《あえん》５％

　　※　実際に発表されているのは，金メダルは「純銀に６ｇ以上の金メッキ」

　銅メダルは，銅と亜鉛の２種類の金属の合金です。

　金，銀，銅，亜鉛１cm^3あたりの重さは，それぞれ19.3ｇ，10.5ｇ，9.0ｇ，7.1ｇです。

問１　下線部のように，携帯《けいたい》電話やパソコンのような使用済みの小型家電をリサイクルし，金属が回収されました。これらの小型家電は，金・銀・銅などの貴金属や希少金属を含《ふく》みます。このことから，大量に廃棄《はいき》される小型家電などを何と呼びますか。漢字４文字で答えなさい。

問２　［**A**］には１円玉にも使われている金属が入ります。**A**は何ですか。

問３　［**B**］に入る金属は何ですか。

問４　１台の携帯電話から回収できる金が0.05ｇとすると，金メダル１つあたりに必要な携帯電話は何台ですか。

問５　銀メダルの体積は何cm^3ですか。小数第２位を四捨五入して答えなさい。

問６　もし，この金メダルと同じ体積のメダルを，金だけで作るとしたら，重さは何gになりますか。小数第１位を四捨五入して答えなさい。

[Ⅲ] 桜さんの住む地域では，定期的に植物の調査をして，絶滅《めつ》危惧《ぐ》種(絶滅のおそれのある種)，在来種(もともとその地域に存在していた種)，外来種(明治以降にその地域に入ってきた種)を調べています。あとの問いに答えなさい。

調査を行ったのは，以下の６か所です。

落葉樹林：[A]を中心とする落葉樹の雑木林

常緑樹林：人工的に植えられた[B]や，古くからある[C]を中心とする常緑樹の森林

かく乱地：定期的に地面をほり起こして草を取り除く場所

草刈《かり》地　：定期的に植物の地上部が刈り取られる場所

湿《しっ》地　　：水田や休耕田

水辺　　：河川や池

問１　[A]～[C]に適する樹木の組み合わせとして正しいものを，つぎの**ア**～**カ**から１つ選び，記号で答えなさい。

	A	B	C
ア.	スギ・ヒノキ	クヌギ・コナラ	スダジイ・アラカシ
イ.	スギ・ヒノキ	スダジイ・アラカシ	クヌギ・コナラ
ウ.	クヌギ・コナラ	スギ・ヒノキ	スダジイ・アラカシ
エ.	クヌギ・コナラ	スダジイ・アラカシ	スギ・ヒノキ
オ.	スダジイ・アラカシ	スギ・ヒノキ	クヌギ・コナラ
カ.	スダジイ・アラカシ	クヌギ・コナラ	スギ・ヒノキ

問２　つぎの**ア**～**カ**の植物は，調査地全体で多く見られたものです。この中で，(1)外来種 を３つ，(2)胞子《ほうし》をつくって子孫を残す在来種を１つ，それぞれについて選び，記号で答えなさい。

ア．セイタカアワダチソウ　　**イ**．ヨモギ　　**ウ**．スギナ(ツクシ)

エ．ヒメジョオン　　**オ**．シロツメクサ　　**オ**．カラスノエンドウ

下の表は，調査結果を示したものです。

	[あ]	[い]	[う]	計
落葉樹林	0	73	34	107
常緑樹林	0	24	8	32
かく乱地	68	69	0	137
草刈地	63	107	16	186
湿地	10	86	17	113
水辺	6	12	3	21

[あ][い][う]には，絶滅危惧種，在来種(絶滅危惧種を除く)，外来種のいずれかが入る。
表中の数字は，それぞれの場所における植物の種類数を示している。

問３　つぎの①～③は，調査結果と分かったことをまとめたものです。

①　落葉樹林や常緑樹林では[あ]が見られないが[う]は存在し，かく乱地や草刈地では[あ]が多いが[う]が少ない。[い]はすべての場所に見られる。土ほ

りや草刈りによって土地が開ける場所には あ が増えやすく，う がその数を減らしてしまうと考えられる。

② 落葉樹林と常緑樹林では，落葉樹林の方が植物の種類が多い。

③ 陸上に比べて，水中の植物の種類は少ない。これは，植物が陸上生活に適応して進化したからだと考えられる。

(1) あ と う にあてはまるものを，つぎの**ア**～**ウ**から１つずつ選び，記号で答えなさい。

ア．絶滅危惧種　**イ**．在来種(絶滅危惧種を除く)　**ウ**．外来種

(2) ②の理由として考えられることを答えなさい。

(3) ③の下線部について，コンブやワカメなどの海藻《そう》とはちがい，植物が陸上生活に適応した結果得たものを，つぎの**ア**～**オ**からすべて選び，記号で答えなさい。

ア．気孔《こう》を通して蒸散を行う　**イ**．光合成によってデンプンを合成する

ウ．じょうぶな茎《くき》でからだを支える　**エ**．根から水を吸収する

オ．酸素を用いて呼吸を行う

Ⅳ　長さ60cm，重さ15ｇの棒の端《はし》から30cmの位置にひもを結んでつり下げると，棒は水平になりました(**図１**)。この棒と，重さ45ｇの皿，重さ100ｇのおもり，分銅を使い，つぎの①～④の手順で「さおばかり」を作りました。あとの問いに答えなさい。ただし，ひもの重さは考えなくてよいものとします。

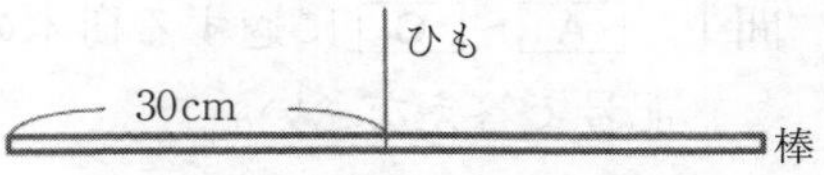

図１

【手順】

① 棒の左端に皿を下げ，左端から15cmの位置にひもを結んで棒をつるす。

② 何も皿にのせず，棒が水平になる位置におもりを下げる。おもりの位置に「０ｇ」の印を付ける(**図２**)。棒をつるすひもからおもりまでの長さをａとする。

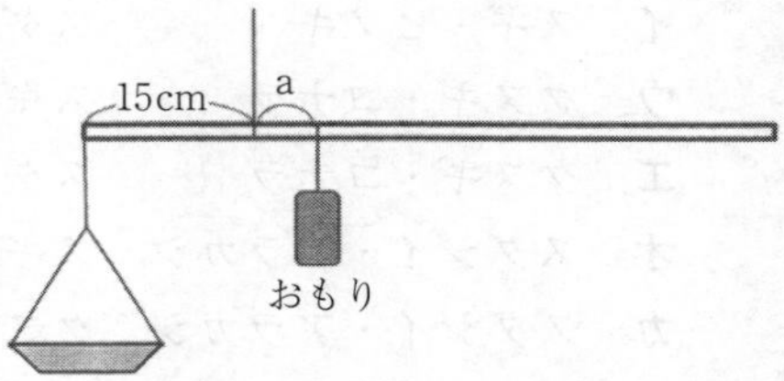

図２

③ 皿に10ｇの分銅をのせ，棒が水平になる位置におもりを下げる。おもりの位置に「10ｇ」の印を付ける。

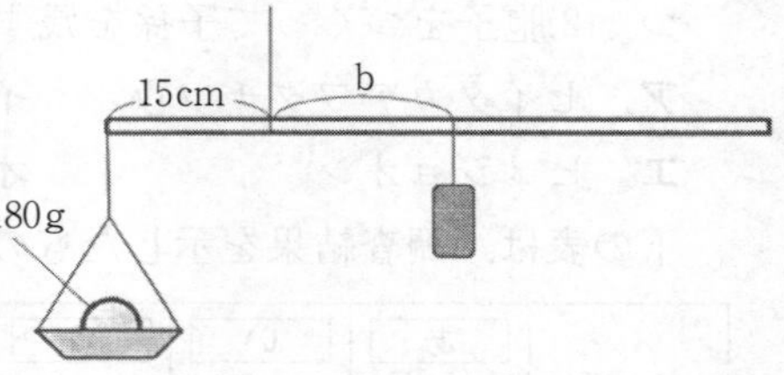

図３

④ 皿にのせる分銅を10ｇ増やすごとに，おもりの位置に印を付ける作業を繰り返し，棒の右端まで印を付ける。

問１　ａは何cmですか。

問２　10ｇごとの印の間隔《かく》は何cmですか。

問３　**図３**のように，重さ180ｇのものを皿にのせて棒を水平にしました。棒をつるすひもからおもりまでの長さｂは何cmですか。

問４　棒の右端までおもりを下げられるとすると，量れる重さは最大で何ｇですか。

問５　重さ150ｇのおもりを使い，同じ手順でさおばかりを作った場合，量れる重さは最大で何ｇですか。

問６　おもりの重さを変えると，さおばかりはどう変わるかを説明したつぎの文**ア**～**カ**から，正

しいものを2つ選び，記号で答えなさい。

ア．おもりの重さを変えると，0gの印の位置も，10gごとの印の間隔も変わる。

イ．おもりの重さを変えると，0gの印の位置は変わらず，10gごとの印の間隔は変わる。

ウ．おもりの重さを変えると，0gの印の位置は変わり，10gごとの印の間隔は変わらない。

エ．おもりの重さが2倍になると，量れる重さの最大値も2倍になる。

オ．おもりの重さが100g増えると，量れる重さの最大値も100g増える。

カ．おもりの重さが100g増えると，量れる重さの最大値は300g増える。

V　空のコップと水の入ったコップがあります。そこに同じ大きさの氷を，それぞれ1つずつ入れると，水の入ったコップに入れた氷のほうが早くとけます。そこで氷のとけるようすを調べるために，つぎのような実験を行いました。あとの問いに答えなさい。

［実験］

同じ形の，空の500mLのペットボトル(プラスチックのラベルは外してある)が3本ある。ペットボトル**A**は下から1cmのところに，ペットボトル**B**は下から10cmのところに，それぞれ直径5mm程度の穴を1つあけた。ペットボトル**A**と**B**は穴をビニールテープでふさぎ，穴をあけていないペットボトル**C**とともに，下から15cmのところまで水を入れ，キャップを外したまま立てて凍《こお》らせた。25℃の部屋で，図のように，凍らせた3本のペットボトルを流しの中の台に置き，ビニールテープを外して氷がとけるようすを観察した。

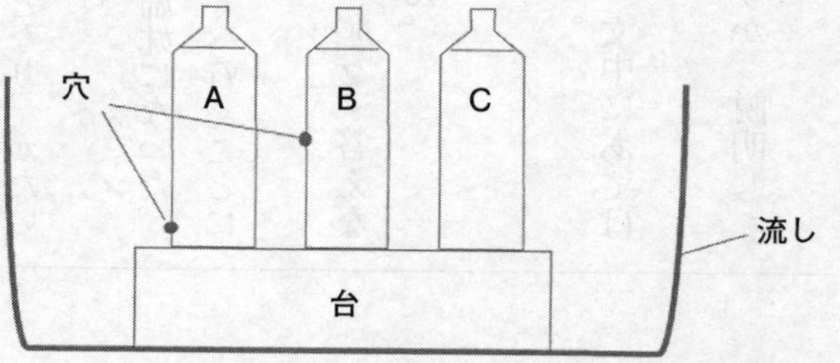

問1　氷がとけ終わるまでの時間が短い順に**A**，**B**，**C**の記号で答えなさい。また，その理由をつぎの**ア**～**オ**からすべて選び，記号で答えなさい。

ア．空気は水より熱を伝えやすいから。

イ．水は空気より熱を伝えやすいから。

ウ．穴からあたたかい空気が入りこみ，内部で対流をおこすから。

エ．氷がとけた水が氷のまわりを覆《おお》うことによって氷がとけやすくなるから。

オ．穴から水がぬけることによって，熱が均等に伝わるから。

問2　ペットボトル**A**～**C**の氷が半分ほどとけたときの氷のようすを**ア**～**オ**から，とけた水の高さを**あ**～**お**からそれぞれ選び，記号で答えなさい。

［氷のようす］

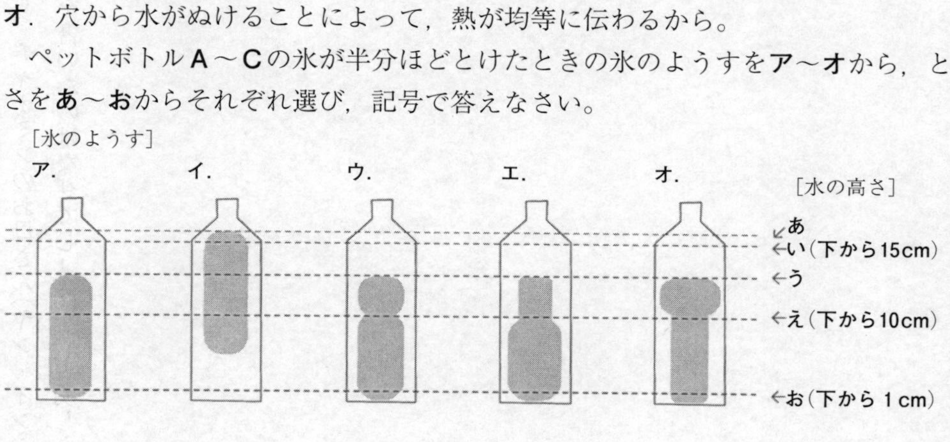

「あら」

シューインが、その紙に気がついたのは三朝書を戻《もど》そうとしたときだった。チャオミンからの三朝書の中に、もう一枚紙が入っていたのだ。シューインはその小さく折りたたまれた紙を引っ張りだした。

そこには、こう書いてあった。

〝C辛《つら》いときは、書きましょう

苦しいときは、歌いましょう

ヤン・インシェン〟

(まはら三桃《みと》『思いはいのり、言葉はつばさ』)

注 ※1 女性だけが書く文字。チャオミンが住む集落では、男たちが野や山で働いているときに、女たちがだれかの家に集まっていっしょに手仕事をしたりひそかに文字を習ったりする。チャオミンは十歳になったのでその集まりに参加できるようになった。

※2 集まりの中で仲良くなった人同士は〝姉妹〟となり、かたい絆《きずな》で結ばれる。

※3 チャオミンは、あこがれのシューインと結交姉妹になった。シューインは親の決めた相手と結婚し、遠くへ行くことになった。

問一 [1]・[2]にあてはまる言葉を次の中から選び記号で答えなさい。ただし、同じ記号を二度使ってはいけません。

ア 輝かせ　イ そらし　ウ しばたたかせ

エ むい　オ 丸くし

問二 [☆]に、小鳥がしきりに鳴く様子を表す言葉を、文中にあてはまるようにして入れなさい。

問三 ――線部Aについて、どのような喜びでしょうか。説明しなさい。

問四 ――線部Bについて、「愛おしい重さ」とはどういうことですか。説明しなさい。

問五 ――線部Cについて、チャオミンのお母さん(ヤン・インシェン)がこのように手紙を書いたのはなぜでしょうか。説明しなさい。

あわただしく結婚準備を終え、シューインは住み慣れた愛《いと》おしい町から花駕籠《はなかご》に乗った。（中略）

新しい家では三日三晩祝宴《しゅくえん》が続いた。

はじめて会った夫とその両親、それから弟や妹たち。見知らぬ人たちの間で、シューインは自分がどこに座っているのかもわからなかった。強張《こわば》るシューインにみんなは意地悪をするようなことはなかったけれど、やはり不安でいっぱいだった。

これから知らない人たちと暮らすのだ。

そんな不安をしばし吹《ふ》きとばしてくれたのは、祝宴の途中《とちゅう》で届いた、実家からの荷物だった。

シューインは飛びつくように荷物を受け取り、焦《あせ》る手つきで結び目をほどいた。何はさておき三朝書だ。自分の愛しい人たちにつながる物がほしかった。

「まあ、こんなに」

入っていた三朝書を胸に抱《だ》く。[B]愛おしい重さを感じた。生み育《はぐく》んでくれた母や、慈《いつく》しみをかけてくれた叔母《おば》や兄嫁《あによめ》、そして長い付き合いだったユンエイ。

それぞれがくれた言葉の数々を、シューインは吸い取るように丹念《たんねん》に読んだ。

特にユンエイからの言葉には励《はげ》まされた。（中略）

飾《かざ》りのないまっすぐな言葉に、シューインの背筋はすっと伸《の》びた。日に焼けたユンエイの笑顔が見えるようだった。

三朝書を読みながら、シューインは心が落ち着いていくのを感じていた。さっきまでふわふわとして頼りなく、むなしく散ってしまいそうだった心に、芯が戻ったような気分だ。言葉に、自分のためにつづられた思いに、こんなにも力があるなんて。シューインは震える指先をおさえつつ、文字を追った。

もちろん二人の大切な姉妹からも三朝書をもらった。ジュアヌは誇《ほこ》り高く整った文章で結婚を祝ってくれた。そして、チャオミンは素直な思いを祈《いの》るようにつづってくれた。チャオミンらしいかわいらしい字だ。

〝わたしの小さなサンゴの筆で、シューインお姉さんに言葉を送ります
まずはありがとうと伝えます
本当に嬉しいご縁《えん》があって、わたしたちは姉妹になりました
わたしにとって、どんなに幸いなことだったでしょう
シューインお姉さんには、たくさんのことを教えていただきました
それなのにわたしには、あなたのためにできることがないのです
それが残念でなりません
だからせめて祈ります。この先のシューインお姉さんの幸せを祈ります
この手紙を書いている筆は、サンゴの飾りがついています
サンゴは海の底に眠《ねむ》っているのだそうです
深い深い海の底。その海のように深く深く、わたしは祈ります
刺しゅうもお裁縫《さいほう》も上手なシューインお姉さんは
新しい家のみなさんにきっと大事にされることでしょう
シューインお姉さん、どうかお元気で
ずっと、ずっと、大好きです
チャオミン〟

シューインは言葉のひとつひとつをすくい取るように三朝書を読んだ。今から先の生活はきっとこれらの言葉が助けてくれる。そう確信できた。

こうしてチャオミンは、文字を覚えていった。最初は歌に合わせてユンエイの字を見ながら真似《まね》をしていたのだが、少しずつ見なくても書けるようになった。そして、次第《し》に頭の中に文字が浮《う》かぶようになったのだ。

「九つ、黄龍《こうりゅう》は泳ぐ」

チャオミンはつぶやきながら、握《にぎ》ったペンを板に滑《すべ》らせた。頭に浮かんだ一文字ずつが、板の上に浮かびあがった。

ここまですべての文字を、お手本を見ずに書けた。

さあ、最後の一行だ。

胸がどくとくと弾《はず》んだが、チャオミンは握ったペンを止めることはしなかった。頭の中にある文字が消えてしまわないうちに、板の上に移したかったのだ。急《せ》くような気持ちで、息を詰めペン先を見つめる。

もう歌うこともつぶやくこともできなかった。

――十で、鯉《こい》は竜門《りゅうもん》をはねる

「ふう」

一気に書きあげると、やっと息をもらした。

しばらくチャオミンは、自分の書いた文字をながめた。書いては消しているせいで、板の表面はすっかり黒くなっているけれど、チャオミンが書いた文字がしっかりとそこにある。不格好で大きさもふぞろいだけれど、まぎれもなく意味を持った言葉だ。

さっきまであんなに急いていた胸が、不思議なほど静かになっていた。

風のない夜中の麦の穂《ほ》のように、なぜかそよとも動かなかった。

「書けた」

チャオミンはつぶやいた。小さな声をききとった耳が、震《ふる》えた気がした。

「書けた」

もう一度、言ってみる。今度は大きな声で。

それを合図にしたように、胸がぽんとはじけた。またとくとくと鼓《こ》動《どう》が騒《さわ》ぎ始め、体の芯が熱くなる。

胸の内からあぶくのような喜びが噴きだすようにこみあげてきた。

[A] 内側から湧《わ》いてくる痛いほどの喜びに、チャオミンは自分の体を抱《かか》えこむように縮めた。この気持ちを外にもらしたくはなかった。（中略※3）

シューインは結婚式の日を迎《むか》えた。チャオミンとジュアヌが書いた手紙は、結婚のしきたりにしたがい、シューインの実家に預けられることになった。三朝書は、実家から贈られる品物と一緒《しょ》に大切に納められ、結婚式の三日目にシューインに届けられるのだ。

結婚式の前日、チャオミンは机に向かい自分の書いた三朝書をもう一度読み直した。

まだあまりうまくはない。けれどもせめて人一倍の願いだけはこめた。

封《ふう》をしようとしたところ、母さんがやってきた。

「チャオミン、この手紙も一緒に入れてちょうだい」

母さんは、小さく折りたたんだ紙をさしだした。

「母さん、手紙を書いたの？」

チャオミンは目を [2] た。

「ええ。母さんもどうしても気持ちが送りたかったから」

母さんは恥《は》ずかしそうに笑った。

「読んでもいい？」

チャオミンは返事もきかないうちに紙を広げてしまった。そして、にっこり笑った。そこには、短いけれど大切な言葉が書いてあった。チャオミンも大好きな言葉だった。

「これがニュウシュだよ」

ユンエイはまず表紙を開いた。

「わあ、きれい」

そこに書かれていた文字を見て、チャオミンは目を［1］た。

文字は細くてこまかかった。ひとつひとつが形良く引きしまっている。それでいて、流れるようにしなやかだ。まるでシューインが刺《さ》す花の刺《し》しゅうのようだった。見方によっては文字のところどころにある小さな丸は、花芯《かしん》か種のようにも見える。父さんが書いている文字は角ばってごつごつしているが、こちらはやわらかく可憐《かれん》で、やはり全然ちがう文字だとチャオミンは思った。

「まるできれいなお花みたい。いえ、小鳥の［☆］みたい」

この美しさをどう表現していいのかもどかしかったが、チャオミンの言葉にユンエイはぷっと噴《ふ》きだした。

「チャオミンは面《おも》白いことを言うね。鳥の声なんて言った人ははじめてだよ」

ユンエイは愉快《ゆかい》そうに言いながらさらにノートを開いた。

「このノートは、ずっと前からここにあるんだよ。普《ふ》段、私たちが歌う歌をニュウシュであらわしたものが書かれている。これはめでたいときに歌う祝い歌だよ。あんたも上手《じょうず》に歌ってただろ」（中略）

家に帰ったチャオミンは土間に座りこみ、文字の練習を始めた。字が書けるようになったことが嬉《うれ》しくてたまらない。土間の床《ゆか》に棒《ぼう》で書く。土でできた床は、とがったものでなぞると形がつくのだ。

「一つ空には」

口ずさみながら棒の先で書きつけていく。

「娥眉《がび》……、あれ？」

だが、さっそく文字が詰《つ》まってしまい、チャオミンは首をかしげた。

「うーんと、娥、はどうだったっけ？」

思いだそうとチャオミンがうなっていると、台所で煮物《にもの》を作っていた母さんがひょいと顔をだした。母さんはそばに座ると、こうじゃない？ と指を動かした。それは確かに、娥、という文字だった。

「あ、そうだ！」

チャオミンはすっきりしたが、すぐにまた、あれ？ と首をかしげた。

「母さん、ニュウシュを知っているの？」

母さんは文字の読み書きができないはずだ。そもそもあまり関心がないらしく、チャオミンが文字を教わりたいと言ったときも、少し困ったような顔をした。なのに、分からない字をすぐに書いて教えてくれるなんて。

「インシェンはニュウシュなんて書けないよ」

そのとき、突然《とつぜん》ぴしゃんとした声がきこえた。振《ふ》りかえると、入り口につえをついたイーレイおばあさんが立っていた。

「まあ、お義母《かあ》さん、いらっしゃいませ」

母さんははじかれるように立ちあがり、「すぐにお茶をお出しします」と台所に行ってしまった。隣に住むイーレイおばあさんは、チャオミンの家にしょっちゅうやってくるが、そのたびに母さんはまずお茶の準備をしなくてはならない。それが客に対する最低限の礼儀《れいぎ》なのだそうだ。

「ハル族の女たちは、文字を持たないの。ニュウシュの読み書きができるのは、漢族の女だけだよ」

面白くなさそうに言いながら、イーレイおばあさんはつえを頼《たよ》りによたよたと歩いてくると、「よいしょ」と上がり口に腰《こし》をかけた。（中略）

で引っ掻《か》いているだけなんじゃないかという奇妙な※5隔《かっ》靴《か》掻《そう》痒《よう》感を取り除くことができなかった。

肉体的には追いつめられているのに、なぜか？

その理由は、明らかにGPSを使っていることにあった。そのことには旅の途中で気がついていたが、しかしもはやどうしようもなかった。

結局このときの旅では「航法」という極地探検においてもっとも基本的な作業を機械に外部委《い》託《たく》したせいで、自分が北極の自然とがっちりかみあっているという感覚を最後まで得ることができなかった。GPSを使うと、周囲の自然と自分との間にどうしても壁《かべ》ができてしまい、その土地の真実の姿を知る機会を奪《うば》われてしまうのだ。

（角幡唯介《かくはたゆうすけ》『エベレストには登らない』）

注 ※1 山野を走るレース。
※2 身の処し方がしなやかで、さまざまに変化する周囲の状況にただちに対処できる様子。
※3 天体と地平線との間の角度を測る道具。
※4 その場所の緯度と経度を知るために天体の位置を調べること。
※5 かゆいところに手が届かないようにもどかしいこと。

問一 ア・イ にあてはまる漢数字をそれぞれ一字ずつ答えなさい。

問二 ――線部①～⑤のカタカナを漢字に直し、漢字は読みを答えなさい。

問三 この文章がのっている本の題名は『エベレストには登らない』です。☆から★までの文章をふまえて、この題名にこめた筆者の思いを考えて説明しなさい。

問四 ――線部A「コペルニクス的転回」とはどういうことですか。この表現で筆者が言おうとしていることを具体的に説明しなさい。

問五 ――線部B「妙なもどかしさ」とはどのようなことですか。なぜもどかしいのかがわかるように説明しなさい。

二 次の文章を読んで、後の問いに答えなさい。

「じゃあ、※1ニュウシュを書こうかね」

とうとうユンエイが言ったので、チャオミンは鼻息を荒《あら》げて顔をあげた。

「はあーいっ、はいっ」

「みんなでチャオチャオへの言葉を三朝書にして届けよう」

「さ、三朝書？」

はじめてきく言葉を、鼻息交じりにくりかえしたチャオミンに、ユンエイは説明をしてくれた。

「結婚《こん》していく人への思いを文字にして綴《つづ》るんだ。結婚していく女の人の幸せを、心から願って思いをこめて書くんだよ」

ユンエイは「心から」というところに力をこめて言った。

少し前まで手仕事をしにきていたチャオチャオという人が、結婚して隣《となり》の街に行くことになったので、お祝いに贈《おく》るのだそうだ。

「言った言葉はそのときだけだけど、思いを文字にしておけば、チャオチャオは読むたびにみんなのことを思い出せるだろう。ジュアヌ、あんたは特に気持ちをこめてね」

「もちろん」

ユンエイからそう言われて、ジュアヌは神《しん》妙《みょう》な顔でうなずいた。

チャオチャオはジュアヌの※2結交姉妹なのだそうだ。

「チャオミンはまだ書けないから、これで勉強するといい」

ユンエイはそう言って、壁《かべ》にしつらえた棚《だな》から、ノートを一冊取りだした。紙を皮の表紙で綴《と》じた古い小さなノートだ。紙の部分は全体的に黄ばんでふちはささくれだっているが、ユンエイは両手で丁寧《ていねい》に取りあつかった。紙は貴重品なので、大事にしなくてはならない。

体を水平線に一致《ち》させるだけでも、極度に集中力が必要となる。しかも観測するうちに、六分儀には自分の吐《は》く息で霜《しも》が張りついて星そのものが見えなくなってくるし、三十分も作業していたら手足は寒さでかじかみ、鼻ももげそうになる。

なんとか観測を終えても、今度はテントの中で天体の暦《こよみ》や対数表とにらめっこしながら、観測値を位置情報に変換《かん》するための複雑な計算作業に没《ぼっ》頭しなければならない（ただし計算機があれば、この作業は省略できる）。苦労がともなうだけでなく、その観測値には少なくとも数キロの②ゴサがつきもので、一番困るのは、GPSとちがい、その結果がどこまで正確に出せているかは観測者には絶対的にはわからないことだ。天測とは、最後は自分の腕《うで》を信じるしかなく、その意味では極《きわ》めてアナログな技術なのである。

ところがGPSを使うと、そういう苦労がすべてなくなり、夕飯の支度《たく》をしながら片手でボタンを数回押すだけで位置情報を取得することができてしまう。しかも、その情報は天測とちがってゴサがほぼゼロの、かぎりなく正確なものだ。

GPSを使うと、本来、旅において最も難しいはずの作業が最も③カンタンになるという逆転現象が発生する。それは〈前よりも便利になった〉という次元をはるかに超《こ》える、人間はなぜ冒《ぼう》険をするのかという本質を侵《おか》しかねない A コペルニクス的な転回だ。

なぜ私たちが探検や冒険をするのかというと、それは行為のプロセスの中にある〈自然との関わり方〉に秘密があるからだ。

北極が例だとわかりにくいだろうから、登山を例に考えてもいい。私たちが山に登るのは、単に山頂に行きたいからではない。山頂に至るまでの〝山との関わりあい〟の中に魅力があるからこそ、人間は山に登るのではないだろうか。

登山者は山という厳しい自然に規定された世界の中で、少しおおげさにいうと、命を懸《か》けた判断をくだしながら山頂を目指している。その過程として見逃せないのは、登山者がその行動や判断をつうじて常時、山になんらかの働きかけをおこなっていることだ。働きかけをして山と関係性を構築することで、登山者は山から肯《こう》定され、今その瞬《しゅん》間、そこに自分が存在しているという感覚を強く持つことができる。

これは何も抽象的な話ではない。クライミングをする人なら、誰にでも岩壁《ぺき》や氷壁《へき》を登っている最中に墜《つい》落の恐怖《ふ》でガタガタと足が震《ふる》えた経験があるはずだ。この恐怖という負の感情をつうじて私たちが獲《かく》得できているのは、「氷壁の中に自分が今ある」という明確な自己存在確認である。

周囲の世界との関係の中で、身体的な五感をつうじて自己の存在を確立できること、つまり山からきわめて実体的な存在を与《あた》えられることに登山の最大の魅力はあり、逆にいうとそこにしかないともいえる。

それは登山に限らず、極地探検や外洋航海でも同じことだ。過酷《こく》な寒さやどこまでもつづく④大海原によって実体存在を与えられることに、探検や冒険の魅力はある。そしてこの自己存在確認の感覚は、こちらから自然に働きかけ、関与《よ》する⑤リョウイキが広がり、そして深まるほど大きくなる。

ところがGPSを使うと、この自然への働きかけと関与リョウイキが極端に狭《せま》くなってしまう。地図読みや天測にはあった外の世界を読みとるという働きかけがない状態で、いきなり百パーセントの正解が与えられるので、外との関係が薄《うす》くなり、自然から存在が与えられているという感覚も弱まってしまうのだ。

GPSを使いながら北極の荒《こう》野を歩いていたとき、私は常に B 妙《みょう》なもどかしさを感じていた。連日、寒さや風には苦しめられたし、極限的な空腹にも苛《さいな》まれたが、それでも私は自分は北極という土地を爪《つめ》入ってしまったので二週間ほど居つくことにした。すると町の食堂で少し怪《あや》しげだが気のいいXという人物と親しくなり、C町に日本への留学経験のある友人がいるから会いに行かないかと誘《さそ》われた。しょうがないからとC町に行ってみると、その留学経験のある友人の娘がたいそう美人で……というのが典型的な旅である。

このように旅とは予定調和に終わらず、その場の状況や判断によって内容が次々と更新されていくのを本来の姿としている。よくいえば放浪《ろう》、悪くいえば行き当たりばったりこそ、旅の本質だ。旅をしたときに自由だと感じられるのは、外国に行くことで日本の色々なしがらみから解放されるからではなく、むしろこの判断と成り行きの連動作業を体験できるからだろう。明日以降の自分がどうなるのかわからないなかで判断し、その結果がおのずと自分の運命に跳《は》ね返ってくるのだから、かなり純粋《すい》なかたちでの自由がそこには達成されている。

私が登山を旅的と感じるのはこの部分だ。登山は天候やルート状況を勘《かん》案しながら判断をくだして進めるゲームである。判断が正しければ登れるし、間違っていれば登れない。判断を間違うと登山者は最悪の場合、死という大きな代償《しょう》を支払うことになるわけだから、結果として跳ね返ってくる運命の大きさを考えると、旅の最も旅的な部分を抽出《ちゅうしゅつ》したような行為だとすらいえる。

そしてその意味で、登山では旅よりもさらに高度な判断と成り行きの連動作業が経験できる。だから、享《きょう》受できる自由の感覚も途方もなく大きくなる。この自由の感覚こそスポーツでは決して味わえない旅ならではの感覚であり、自由であるからこそ、登山者は危険にもかかわらず性懲《しょうこ》りもなく山に足を運ぶのだろう。★

(中略)

GPSの問題について深く考えるようになったのは北極圏《けん》の旅をはじめてからである。

北極圏に行くまで私の探検の舞台はチベットやネパール、ニューギニアの山岳地帯が多かった。山では尾《お》根や谷の地形的な起伏《ふく》が顕著《けんちょ》なので、地図とコンパスさえあれば自分の位置を正確に把握《はあく》できる。GPSはあってもなくてもどうでもいい存在で、ちゃんと使ったこともなければ、さほど意識したこともなかった。

ところが北極圏の旅では、凍《こお》った海氷や平らな雪原に覆《おお》われたツンドラなど、地形的に目印の乏《とぼ》しい場所を進むことが多い。こうした場所では山とちがい、尾根や谷のかたちや向きから位置を推測することができず、地図とコンパスで位置を決定することがとても難しくなる。そのため航海と同じように緯《い》度と経度を求めて「航法(ナビゲーション)」しなければならず、GPSが圧倒《とう》的な威力《いりょく》を発揮する。

二〇一一年にはじめて北極圏を旅するまで、私はこのGPSの威力を正確に認識できていなかった。(中略)GPSが登場する前も探検家や航海士は※3六分儀《ろくぶんぎ》で※4天測していたわけだから、GPSを使うといっても六分儀が多少便利になっただけで、機器で航法するという本質に変化はないと、あまり深く考えていなかった。

ところが実際に旅でGPSを使いはじめると、これが六分儀と全然ちがう。最大の相違《い》点は、GPSを使うと周囲の自然条件と無関係に現在地を出せるところだ。

六分儀による天測だと、天体の高度を観測して位置を計算するわけだから、太陽だろうと夜空の星だろうと、とにかく外に出て天体観測しなくてはならない。そしてこの観測作業は口でいうほど簡単ではない。

特に極地のような極限的な寒さの中ではハードルが高く、氷点下四十度の寒さの中で向かい風に耐《た》えながら、細かなネジを調整して天

二〇二〇年度 桜蔭中学校

【国語】 （五〇分）〈満点：一〇〇点〉

[一] 次の文章を読んで、後の問いに答えなさい。

☆登山がスポーツなのかどうかについて私見を述べてみたい。

まず登山云々《うんぬん》の前にスポーツとは何かということについて考えてみたい。

私の考えではスポーツとはある一定数の人が活動していることと、舞《ぶ》台が整っていることの二つが成立条件になってくると思う。一定数の人がいることはいいとして、問題は後者のほうだ。舞台が整っているというのは、一つには文字どおり競技の舞台が用意されていることを意味する。野球でいえばスタジアム、ボクシングならリングだ。屋外でおこなわれる競技も、マラソンやトライアスロンなどは決まったコースから外れると失格になるので本質的には施《し》設内と同じだ。また舞台が整っているということは、主催《さい》者により競技者の安全が――たとえそれが名目的であっても――確保されていることも意味している。ボクシングでは二人のファイターが野放図に死ぬまで殴《なぐ》りあうわけではない。事故で亡くなることはあっても、そうならないようにルールを設けて制限しているわけで、これもスポーツの舞台性を形成する重要な要件であろう。そう考えると※1トレイルランニングや山岳《がく》マラソン、アドベンチャーレースなどは、登山と同じように山や自然を競技の場とはしているものの、明確にスポーツだと規定することができる。マラソンなどと同様コースが決まっているし、万が一の事故や急病に備えてスタッフや医療《りょう》関係者が各所に配置されている。もちろん自然が舞台なので亡くなったり怪《け》我したりするリスクはあるだろうが、そうならないように主催者は全体に配慮《りょ》の網《あみ》をかぶせている。またゲレンデクライミングも、岩場の開拓《たく》者がルートを整備したりトポ(ルート図)を発行したりして安全の確保やルール作りに取り組んでいることなどを考えると、スポーツだと考えてよさそうだ。

さて登山はどうだろうか。登山の場合ももちろん舞台はあるが、それが整っているとはいいにくい。登る山とルートが決まっていたとしても、当日の天候やルート状況《きょう》によっては変更《こう》することが頻繁《ひんぱん》に起こるし、長い縦走や継《けい》続クライミングの場合などは、[ア]変[イ]化する自然状況に柔軟《じゅうなん》に対応してルートを変更したり、エスケープしたりすることのほうがむしろ多いぐらいだ。それどころか、途中で目標を変更してまったく別の山に登る、などということもないわけではない。これがスポーツだったら完全に失格だが、登山では予定通りに登れなくても必ずしも失敗というわけではない。そしてその※2融通無碍《ゆうずうむげ》なところが登山の魅《み》力だったりもする。

それに登山にはゴミを捨てないだとか、岩には無駄《だ》にボルトを打たないなどといった倫《りん》理はあっても、スポーツにあるような堅《かた》苦しいルールや行動範《はん》囲を縛《しば》りつける規制は、今のところ存在しない。どの山をどのように登るかは個人の好みや技術、体力に応じて思い思いに決定することができる。また当然、主催者がいるわけではなく、自分で安全を確保しながら登ることが原則となる。つまり登山とはスポーツのように第三者が舞台を整えてそこで競技するものではなく、自分で舞台を拵《こしら》えておこなう自己①カンケツ型の行為《い》だといえる。

ではスポーツではないとすれば何なのか。私はその本質は旅だと考えている。旅の本質とは何か考えてみると、それは今日の判断が明日の自分の成り行きを決定するような時間の流れのなかにある。たとえば、とある国を旅していたときにAという町にたどりつくとする。本当は明日にでもB町に移動するつもりだったが、A町がすっかり気に

2020年度 桜蔭中学校 ▶解説と解答

算数 (50分) ＜満点：100点＞

解答

Ⅰ ア $\frac{4}{63}$　イ 50　ウ 37　エ 55　オ 30　**Ⅱ** (1) ① 95.2回転　② $1\frac{81}{119}$周　(2) (a) ① 282.6cm^3　② 244.92cm^2　③ 113.04cm^2　(b) ① 19段，10個　② 1243.44cm^2　**Ⅲ** (1) ア $5\frac{1}{3}$　イ $6\frac{2}{3}$　(2) $9\frac{1}{3}cm^3$　(3) ① 20cm^2　② $46\frac{2}{3}cm^2$　**Ⅳ** (1) $3\frac{29}{40}$　(2) ① 解説の図３を参照のこと。　② 1194

解説

Ⅰ 逆算，相当算，植木算，調べ

(1) $1.875-\frac{5}{12}=1\frac{7}{8}-\frac{5}{12}=1\frac{21}{24}-\frac{10}{24}=1\frac{11}{24}$より，$1\frac{11}{54}-\left(1\frac{11}{24}\times\square\right)\times3=\frac{25}{27}$，$\left(1\frac{11}{24}\times\square\right)\times3=1\frac{11}{54}-\frac{25}{27}=\frac{65}{54}-\frac{50}{54}=\frac{15}{54}=\frac{5}{18}$　よって，$\square=\frac{5}{18}\div3\div1\frac{11}{24}=\frac{5}{18}\div3\div\frac{35}{24}=\frac{5}{18}\times\frac{1}{3}\times\frac{24}{35}=\frac{4}{63}$

(2) 花子さんが買った分と弟が買った分を合わせると，消費税が10%のお菓子《かし》と消費税が８%のお菓子を12個ずつ買ったことになる。よって，１個の税抜《ぬ》きの値段を１とすると，代金の合計は，$1\times(1+0.1)\times12+1\times(1+0.08)\times12=(1.1+1.08)\times12=26.16$となる。これが1308円にあたるから，１にあたる金額(１個の税抜きの値段)は，1308÷26.16＝50(円)と求められる。

(3) ① 単位をcmにそろえて計算する。１本目の柱から10本目の柱までの長さは，550×(10－１)＝4950(cm)なので，(4950－35)÷135＝36余り55より，右の図１のように表すことができる。よって，ちょうちんの数は，36＋１＝37(個)であり，10本目の柱に１番近いちょうちんは，その柱から55cmのところにある。　② １本目の柱からの長さを調べると，上の図２のようになる(単位はcm)。１本目の柱から最も近いちょうちんは柱の35cm右にあり，２本目の柱から最も近いちょうちんは柱の，575－550＝25(cm)右にあり，３本目の柱から最も近いちょうちんは柱の，1115－1100＝15(cm)右にある。このように，柱とちょうちんの間の長さは10cmずつ変化するから，下の図３のようになることがわかる。よって，とりはずすちょうちんはかげをつけた７個なので，残っているちょうちんの数は，37－７＝30(個)である。

図１

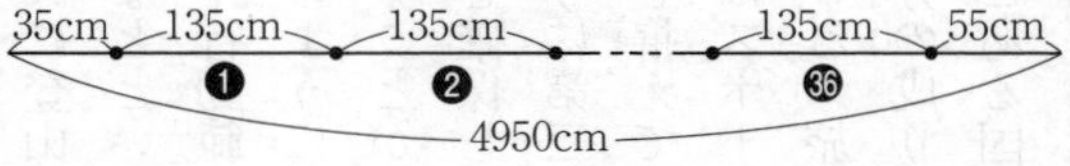

図２

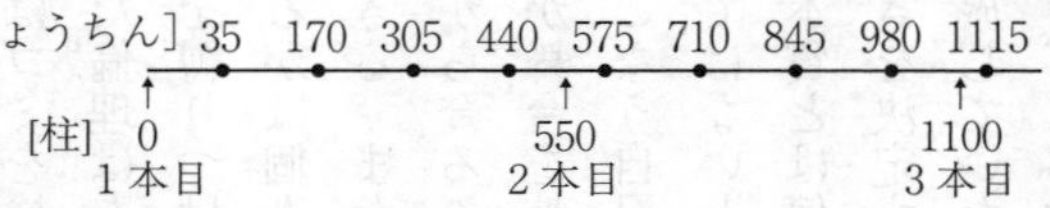

図３

柱	1本目	2本目	3本目	4本目	5本目	6本目	7本目	8本目	9本目	10本目
ちょうちん	35cm右	25cm右	15cm右	5cm右	5cm左	15cm左	25cm左	35cm左	45cm左	55cm左

Ⅱ 長さ，速さと比，体積，表面積

⑴ ① 2つの半円を合わせると円になるから，コース1周の長さは，20×3.14＋40×2＝142.8(m)，142.8×100＝14280(cm)である。よって，Aさんが1周すると，周の長さが150cmの輪は，14280÷150＝95.2(回転)することがわかる。 ② 2人とも輪を1秒間に1回転させながら進むので，Aさんは毎秒150cm，Bさんは毎秒120cmの速さで進んだことになる。よって，AさんとBさんの速さの比は，150：120＝5：4だから，AさんとBさんが同じ道のりを進むのにかかる時間の比は，$\frac{1}{5}:\frac{1}{4}=4:5$となる。また，Aさんがコースをはずれていた時間は，20×2＝40(秒)なので，この比の差が40秒にあたり，1にあたる時間は，40÷(5－4)＝40(秒)と求められる。したがって，Bさんが進んだ時間は，40×5＝200(秒)だから，AさんとBさんが進んだ道のりは，120×200＝24000(cm)となり，AさんとBさんはコースを，$24000\div14280=\frac{24000}{14280}=\frac{200}{119}=1\frac{81}{119}$(周)したことがわかる。

〔ほかの考え方〕 Aさんがコースをはずれなかったとすると，AさんはBさんよりも，150×40＝6000(cm)多く進んだことになる。また，AさんとBさんが1秒間に進む道のりの差は，150－120＝30(cm)なので，Bさんが進んだ時間は，6000÷30＝200(秒)と求めることができる。

⑵ (a) ① 底面の円の半径が3cmで高さが，1×10＝10(cm)の円柱だから，体積は，3×3×3.14×10＝90×3.14＝282.6(cm^3)となる。 ② ①の円柱の表面積なので，底面積1つ分は，3×3×3.14＝9×3.14(cm^2)，側面積は，3×2×3.14×10＝60×3.14(cm^2)となり，青くぬった部分の面積は，9×3.14×2＋60×3.14＝(18＋60)×3.14＝78×3.14＝244.92(cm^2)と求められる。
③ ずらすことによって現れる白い部分1か所の面積は，$9\times3.14\times\left(1-\frac{1}{3}\right)=6\times3.14$($cm^2$)であり，これが全部で6か所ある。よって，白い部分の面積は，6×3.14×6＝36×3.14＝113.04(cm^2)となる。 (b) ① 積み木が200個あるから，1＋2＋…＋19＝(1＋19)×19÷2＝190，190＋20＝210より，19段まで積み重ねられることがわかる。また，このとき190個の積み木を使うので，200－190＝10(個)の積み木が余る。 ② 右の図(3段目まで積んだ図)で，上から見えるのは太実線の部分であり，机に触《ふ》れているのは太点線の部分である。このうち，☆印の部分1か所の面積は(9×3.14)cm^2，★印の部分1か所の面積は(6×3.14)cm^2となる。また，19段目まで積んだとき，一番下の段には19個の積み木があるから，☆印の個数は，1＋19＝20(個)とわかる。さらに，★印の部分は2段目から19段目までに2個ずつあるので，★印の個数は，2×(19－2＋1)＝36(個)と求められる。よって，赤くぬった部分の面積は，9×3.14×20＋6×3.14×36＝(180＋216)×3.14＝396×3.14＝1243.44(cm^2)となる。

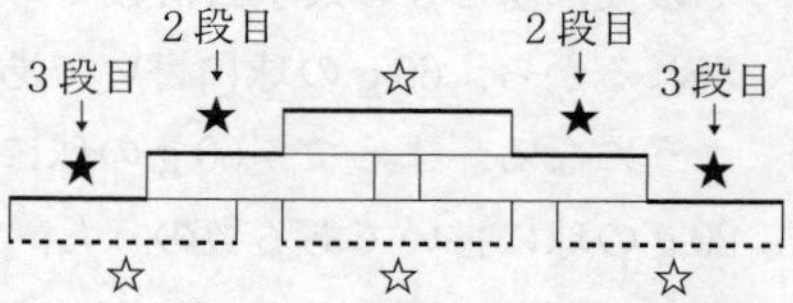

Ⅲ 立体図形―相似，体積，表面積

⑴ 三角形ADMの3つの辺の長さの比は，MD：DA：AM＝3：4：5だから，三角形GCBの3つの辺の長さの比も，BC：CG：GB＝3：4：5となる。また，BCの長さは4cmなので，GCの長さは，$4\times\frac{4}{3}=\frac{16}{3}=5\frac{1}{3}$(cm)，BGの長さは，$4\times\frac{5}{3}=\frac{20}{3}=6\frac{2}{3}$(cm)とわかる。
⑵ 立体ALBNは下の図1のようになる。ABの真ん中の点をIとすると，この立体は，三角形ILNを底面とする2つの合同な三角すいA－ILNとB－ILNに分けることができる。また，この図形

を真横から見ると下の図2のようになるから，三角形ILNの面積は，$\left(\frac{16}{3}-3\right)\times 4\div 2=\frac{14}{3}(\text{cm}^2)$とわかる。よって，三角すいA－ILNの体積は，$\frac{14}{3}\times 3\times\frac{1}{3}=\frac{14}{3}(\text{cm}^3)$なので，立体ALBNの体積は，$\frac{14}{3}\times 2=\frac{28}{3}=9\frac{1}{3}(\text{cm}^3)$と求められる。

図1

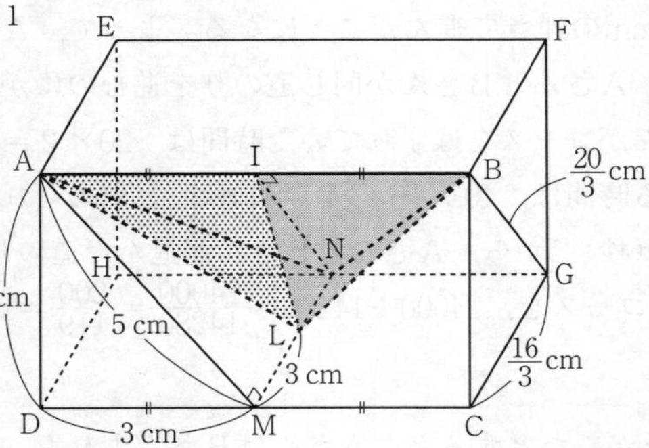

図2

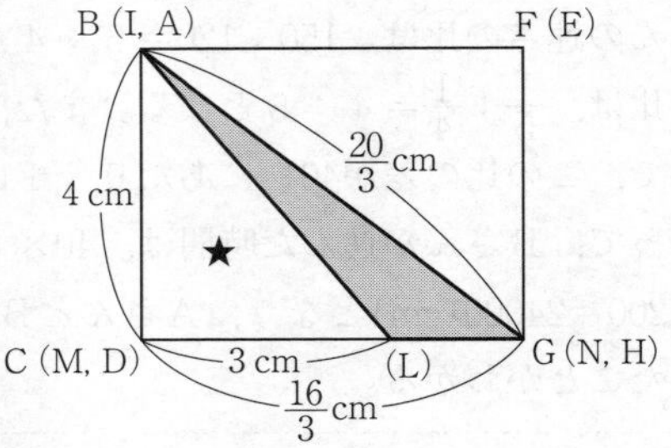

(3) ① 三角形ANBは，ABを底辺，NI(GB)を高さとする三角形だから，面積は，$3\times 2\times\frac{20}{3}\div 2=20(\text{cm}^2)$となる。 ② 三角形ALNは，LNを底辺，AMを高さとする三角形なので，三角形ALN(三角形BLN)の面積は，$\left(\frac{16}{3}-3\right)\times 5\div 2=\frac{35}{6}(\text{cm}^2)$となる。また，三角形ALBは，ABを底辺，LIを高さとする三角形である。ここで，図2の★印をつけた三角形は図1の三角形ADMと合同だから，LIの長さは5 cmとわかる。よって，三角形ALBの面積は，$3\times 2\times 5\div 2=15(\text{cm}^2)$なので，立体ALBNの表面積は，$20+\frac{35}{6}\times 2+15=46\frac{2}{3}(\text{cm}^2)$と求められる。

Ⅳ 整数の性質，調べ，つるかめ算

(1) 10 gの球には4の倍数が，20 gの球には3で割って1余る数が書いてある。また，この両方に共通する最も小さい数は4であり，その後は4と3の最小公倍数である12ごとに現れるから，60 gの球に書いてある数は，「12で割って4余る数」と表すことができ，上の図1のようになる。

図1

・10 gの球 {4，8，12，16，…………………，100}
・20 gの球 {1，4，7，10，…………………，100}
・60 gの球 {4，16，28，40，52，64，76，88，100}

よって，60 gの球に書いてある数のうち，5の倍数は{40，100}の2個である。また，20 gの球に書いてある数のうち，最も小さい5の倍数は10であり，その後は3と5の最小公倍数である15ごとに現れるので，20 gの球に書いてある5の倍数は{10，25，40，55，70，85，100}の7個である。したがって，＿を分母，＝を分子とする1未満の分数の合計は，$\frac{10}{40}+\frac{25}{40}+\frac{10}{100}+\frac{25}{100}+\frac{40}{100}+\frac{55}{100}+\frac{70}{100}+\frac{85}{100}=\frac{10+25+4+10+16+22+28+34}{40}=\frac{149}{40}=3\frac{29}{40}$と求められる。

(2) ① 10 g，20 g，60 gの球の個数をそれぞれ○個，□個，△個として図に表すと，右の図2のようになる。この図形全体の面積が250 gだから，かげをつけた部分の面積は，250－10×13＝120(g)とわかる。よって，(20－10)×□＋(60－10)×△＝120より，10×□＋50×△＝120，1×□＋5×△＝12となる。この式で，△＝0とすると，□

図2

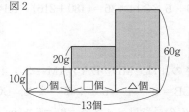

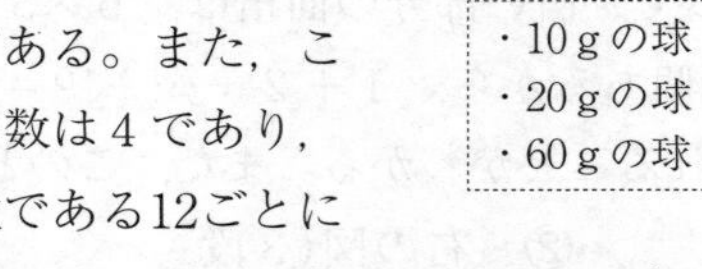

図3

10 gの球の個数(○)	1	5	9
20 gの球の個数(□)	12	7	2
60 gの球の個数(△)	0	1	2

＝12となり，○＝13－12＝1と求められる。また，△を1増やすと□は5減るので，考えられる選び方は上の図3の3通りとわかる。　② 10gが5個，20gが7個，60gが1個の場合について考える。書かれている数の合計が最も大きくなるのは，10gの球が｛100，96，92，88，84｝，20gの球が｛100，97，94，91，88，85，82｝，60gの球が｛100｝の場合である。ここで，10gの球に書かれている数と，60gの球に書かれている数は，4で割ると割り切れるので，20gの球に書かれている数の合計を4で割ったときに2余ればよいことになる。いま，20gの球に書かれている数の合計は，100＋97＋94＋91＋88＋85＋82＝(100＋82)×7÷2＝637となるから，637÷4＝159余り1より，条件に合わない。そこで，最も小さい82を79と交換《こうかん》すると，20gの球に書かれている数の合計は，637－82＋79＝634となる。すると，634÷4＝158余り2となり，条件に合う。よって，13個の球に書かれている数の合計は，(100＋84)×5÷2＋634＋100＝460＋634＋100＝1194と求められる。

社会 (30分) <満点：60点>

解答

Ⅰ 問1 1 い　問2 2 プラスチック　3 なだれ　4 いかだ　5 ダム　6 ドローン　7 ひさし　8 熊本　問3 (例) 暖かい日差しが室内まで届く　問4 う　問5 い　問6 ア C　イ J　ウ B　エ E　オ F　問7 あ　問8 (例) スロープがあるので，自転車や車いす，ベビーカーなどに乗ったままでも避難できる。／ふだんでも公園や遊び場として利用できる。　Ⅱ 1 高句麗　2 冊　3 法隆寺　4 寺子屋　問1 い　問2 (例) 税として都に運ばれてくるさまざまな品物につけられていた。　問3 う　問4 い　問5 朝鮮通信使　問6 お　問7 え　問8 福沢諭吉　Ⅲ 1 南京　2 サンフランシスコ　問1 1926(年)　問2 (ア) (例) 第一次世界大戦によって，ヨーロッパでの生産が落ちこんだから。　(イ) (例) 大戦景気によってものの値段が高くなったが，賃金はそれほど上がらなかったから。　問3 う　問4 あ　問5 オイルショック(石油危機)　Ⅳ 1 予算　2 助言と承認　3 国民投票　4 国際連合　5 経済特区　A い　B う　C え　D え　E あ

解説

Ⅰ 日本の国土や自然，産業などについての問題

問1　日本の森林面積は2016年時点で2506万haあり，これは国土面積3780万haの約66％にあたる。統計資料は『日本国勢図会』2019／20年版による(以下同じ)。

問2　2　プラスチックはごみとして海に流れ出ても，自然に分解されずに長期間残る。また，波の作用や紫外線《しがいせん》によって細かい粒《つぶ》に分解されたプラスチックはマイクロプラスチックとよばれ，表面に有害物質がつきやすいことや，海洋生物の体内に吸収・蓄積《ちくせき》されて生態系をおびやかすことから，世界各国が対策に乗り出している。　3「山間の雪の多い地域」の「斜面《しゃめん》」で起こる被害で，「雪持ち林」という名がつけられていることから，なだれだとわかる。　4　山中で伐採《ばっさい》された木材を，「河川」を利用して「河口」へと運ぶ方法で，「丸太を組んで」つくるものなのだから，

いかだがあてはまる。　**5**　河川を利用した物資の運搬《うんぱん》は，かつては一般的に行われていた。しかし，ダムが多くつくられて河川の流れが分断されるようになったため難しくなり，また，自動車によって陸運が発達したこともあって，衰退《すいたい》していった。　**6**　「森林の生育状況《じょうきょう》調査や薬剤《やくざい》散布」ができ，「小回り」がきくものなので，ドローンだと判断できる。ドローンは遠隔《えんかく》操作によって，あるいはあらかじめ入力されたプログラムによって自動的に飛ぶ無人飛行機のことで，もともとは軍事目的で開発されたが，薬剤散布や航空撮影など，商業利用が広がっていった。近年では小型化も進み，趣味《しゅみ》で保有する人もいる(飛行を制限されている場所もある)ほか，遠隔地への配送を行う取り組みも進んでいる。　**7**　「窓や出入り口の上に突き出した部分」で，「日差しが室内に入る」のを遮《さえぎ》るはたらきを持つものとあるので，ひさしだとわかる。　**8**　2016年4月，熊本県では最大震度7を記録する地震が2回発生し，その前後にも大きな地震が続けて起こった。この熊本地震によって各地で土砂災害が発生したほか，熊本城をはじめとして多くの建物被害が出た。

問3　ひさしの角度を工夫すれば，太陽高度の高い夏には日差しを遮り，低い冬には日差しが室内に差しこむようにできる。【A】をふくむ部分とその前の部分が対比の関係になっていることを利用して書くとよいだろう。

問4　北山は室町幕府の第3代将軍足利義満が山荘を営み，金閣を建てた場所として知られる。平安京の置かれた京都市中心部から見て北西にそびえる山々であることからその名があり，ここで生産される北山スギは高級建築材として用いられる。なお，鈴鹿《すずか》山脈は三重県と滋賀県にまたがって南北にのびている。

問5　白神山地は青森県と秋田県にまたがり，世界最大級のブナの原生林が残されていることや動植物の多様な生態系が育まれていることから，1993年にユネスコ(国連教育科学文化機関)の世界自然遺産に登録された。

問6　**ア**　Cの利根川は越後山脈の大水上山《おおみなかみ》を水源とし，関東平野を南東へ向かって流れたあと，「水揚《みずあ》げ量全国一の漁港」として知られる千葉県の銚子《ちょうし》市で太平洋に注ぐ。かつては江戸湾(東京湾)に注ぐ流れが本流であったが，江戸時代に江戸を水害から守るなどの目的から河川付け替《か》え工事が行われ，現在の流路が本流となった。　**イ**　Jの筑後《ちくご》川は，大分県の九重山を水源とする玖《く》珠《す》川と，熊本県の阿蘇《あそ》外輪山を水源とする大山川が大分県日田市で合流したのち，福岡県を西へと流れる。「久留米《くるめ》がすり」の産地である福岡県南西部の久留米市付近で流れを南西へと変え，佐賀県と福岡県にまたがる筑紫《つくし》平野を形成したのち，干拓《かんたく》地が広がる有明海に注ぐ。　**ウ**　日本一の長流であるBの信濃川は，本流の千曲《ちくま》川が関東山地の甲武信ヶ岳《こぶしがたけ》を水源とし，全国第2位のリンゴの産地である長野県を北上する。長野市で最大の支流である犀《さい》川と合流して北東に流れ，新潟県に入ると信濃川と名を変える。越後平野で，水害対策のためにつくられた大河津《おおこうづ》分水路(新信濃川)と分かれ，本流は新潟市で日本海に注ぐ。　**エ**　Eの天竜《てんりゅう》川は，周辺地域で電子機器や精密機械の生産がさかんな長野県中央部の諏訪《すわ》湖を水源とし，長野県南部中央で伊那《いな》盆地を形成して南へと流れる。その後，日本一の茶の産地である静岡県へと入り，静岡県西部で遠州灘《なだ》(太平洋)に注ぐ。

オ　Fの木曽川は長野県中西部の鉢盛《はちもり》山を水源とし，木曽谷を形成しながら長野県を南西へと流れたのち，岐阜県と愛知県の県境を形成しながら南へと向かう。流域の愛知県一宮市は，毛織物の産地として知られている。岐阜県と愛知県の境では，長良川・揖斐《いび》川とともに濃尾平野を形成し，これら木曽三川の集中する地域では，水害に備えて集落を堤防《ていぼう》で囲む輪中が発達した。木曽川はその後，三重県に入り，伊勢湾に注ぐ。　なお，Aは石狩川，Dは富士川，Gは熊野(新宮)川，Hは淀《よど》川，Ｉは吉野川，Kは大淀川をさす。

問７　スギは針葉樹なので，(Λ)で表される。なお，(⺅)は竹林，(Q)は広葉樹林，(ılı)は荒地を表す地図記号である。

問８　図Aは「命山」，図Bは「津波避難《ひなん》タワー」とよばれる施設。2011年３月11日の東日本大震災で，東北地方の太平洋沿岸を中心に大きな津波の被害が発生して以来，特に太平洋沿岸地域ではこうした施設をつくって津波対策が進められている。静岡県袋井市では江戸時代に命山がつくられ，災害の歴史が語り継《つ》がれてきた。命山は小高い丘であるため，周りの景色と調和し，ふだんは公園や遊び場として利用できる。また，階段とは別にスロープがあり，車いすやベビーカーに乗ったままでも避難できるようになっている。なお，津波避難タワーにもスロープがついているものが多い。

Ⅱ　紙を題材とした各時代の歴史的なことがらについての問題

１　７世紀の朝鮮半島は，北部の高句麗《こうくり》，南西部の百済《くだら》，南東部の新羅《しらぎ》の三国に分かれていた。このころ，朝鮮半島から来た渡来人によってさまざまな技術や文化が日本に伝えられ，紙は７世紀初めの610年，高句麗の僧である曇徴《どんちょう》によって，彩色や墨《すみ》とともに日本に伝えられた。　**２**「書物を数える単位」とあるので，「冊」があてはまる。この漢字は，文字を記した竹や木の札を，ひもで横につないだ形からつくられた。　**３**　法隆寺は607年，用明天皇の病気が治ることを祈って聖徳太子と推古天皇が奈良斑鳩《いかるが》の地に建てた寺院である。その後，火災にあって再建されたが，それでもなお世界最古の木造建築として，1993年に世界文化遺産に登録された。　**４**　寺子屋は江戸時代に全国各地につくられた庶民《しょみん》の子どものための教育機関で，僧や神官，浪人《ろうにん》などが教師となって「読み・書き・そろばん」などを教えた。

問１　紀元前２世紀ごろの日本は，弥生時代前半にあたる。このころには稲作とともに農具が普《ふ》及《きゅう》し，収穫した米をたくわえるための高床倉庫もつくられた。なお，「あ」は５世紀ごろ，「う」は縄文時代以前，「え」は１世紀以降のできごと。

問２　木簡は，飛鳥時代ごろから，荷札や官庁の文書などに使われるようになった木の札で，当時は紙が貴重であったことから，紙の代わりに用いられた。木簡には墨で文字を書き，一度使ったものは表面を削《けず》って再び利用された。律令制度が整備され，税の１つとして全国各地の特産物を都まで運んで納める調が課されるようになると，木簡は荷札として用いられた。図の木簡からは，越前国(福井県)坂井郡から大豆が納められたことが読み取れる。

問３　あ　鑑真《がんじん》は聖武天皇から平城京の一角を与えられ，唐招提寺を建てた。い　江戸時代には寺社へのお参りと観光をかねた旅行が流行し，集団で伊勢参りを行う「御蔭《おかげ》参り」がおよそ60年おきに大流行した。　う　織田信長は全国統一事業を進めるなかで仏教勢力と敵対し，1571年には比叡山延暦寺《ひえいざんえんりゃくじ》を焼き打ちした。また，一向一揆《いっき》の総本山であった石山本願寺と1570年から戦いを続け，1580年にようやくこれを降伏《こうふく》させた。よって，正しい。　え　五か条の御誓文《ごせいもん》には，仏教についての記述はない。なお，明治政府は当初キリスト教を禁止し(欧米諸国の反発でのちに撤《てっ》回《かい》)，神道を重視して仏教をおさえる政策をとった。

問４　1549年，イエズス会の宣教師フランシスコ＝ザビエルが薩摩(鹿児島県)出身のアンジローの案内で鹿児島に上陸した。ザビエルは日本に初めてキリスト教を伝え，その後，九州を中心に布教活動を行った。

問５　豊臣秀吉の朝鮮出兵以来，朝鮮との国交はとだえていたが，徳川家康が対馬《つしま》藩(長崎県)の宗《そう》氏を通じて国交を回復し，1607年に最初の朝鮮通信使が江戸を訪問した。朝鮮通信使は，ほぼ将軍の代がわりごとに派遣され，第11代将軍徳川家斉《いえなり》のときまで12回を数えた。

問６　イラクは西アジアの国で，アラビア半島の東側のつけ根にあたる「お」に位置している。東で「か」のイラン，南東でクウェート，南で「え」のサウジアラビア，南西でヨルダン，北西で「う」のシリア，北で「い」のトルコと接し，南東にはペルシア湾に面しているところがある。

問７　あ　西郷隆盛は，岩倉使節団に参加せず，使節団不在中の明治政府(留守政府)を守った。　い　1872年に学制が発布され，小学校が各地に建てられたが，校舎の建設費は地元住民の負担で，授業料が高かったこともあり，翌73年の就学率は男子が40％，女子が15％と低いものであった。その後，就学率は上がり，明治時代末期には98％に達した。　う　「全国の田畑の面積～米を納めさせる」という説明は，豊臣秀吉の行った太閤検地にあてはまる内容である。明治政府は税収入安定のため，1873年に地租改正を行い，土地の生産力に応じて定められた地価の３％を，土地所有者が現金で納めることとした。　え　明治政府が近代化のために行った殖産興業政策の説明として正しい。

問８『学問のすすめ』は1872～76年に刊行された福沢諭吉の著書で，人間の自由平等や学問の重要性などを説いたこの本は当時のベストセラーとなり，人々に大きな影響を与えた。

Ⅲ　「昭和」を題材とした歴史的なことがらについての問題

１　1937年７月に日中戦争が始まると，日本は盧溝橋《ろこうきょう》事件の起こった北京《ペキン》や南部沿岸の杭州《こうしゅう》から軍を進め，同年12月には当時国民政府の首都が置かれていた南京《なんきん》を攻《せ》め落として占領した。このとき，日本軍によって捕虜《ほりょ》や市民が大量虐殺《ぎゃくさつ》されるという南京事件が起こった。　**２**　1951年，アメリカ合衆国のサンフランシスコで第二次世界大戦の講和会議が開かれ，日本は連合国48か国との間でサンフランシスコ平和条約を結んだ。これによって占領軍が日本から撤退することとなり，翌52年に条約が発効したことで日本は独立を回復した。

問１　1926年12月25日に大正天皇が亡くなると，元号が昭和に改められ，昭和天皇が1989年１月に亡くなるまでの64年にわたり，昭和時代が続いた。ただし，昭和元年と昭和64年は数日しかない。

問２　第一次世界大戦はヨーロッパを主戦場としていたため，日本のヨーロッパ各国に対する軍需《ぐんじゅ》品や日用品の輸出が急増した。また，戦争で手うすになった中国市場を独占するなど，日本の商品が世界中に売りこまれ，空前の好景気となった(大戦景気)。しかし，好景気による労働者の賃金の上昇率よりも物価の上昇率のほうが高かったため，人々の生活は苦しくなった。

問３　明治元年にあたる1868年，天皇一代につき元号を１つとする一世一元制が定められた。1868年は，2020年の152年前にあたるので，「う」が選べる。

問４　1890年に第一回衆議院議員選挙が実施されたが，選挙権は直接国税15円以上を納める25歳以上の男性にしか認められなかった。これは，国民の約1.1％に過ぎなかった。

問５　1973年に第４次中東戦争が起こると，敵対するイスラエルを支援する欧米各国に反発したアラブの産油国は，原油の生産量削減《さくげん》や禁輸，価格の大幅引き上げなどを行った。これによって，石油をおもなエネルギー源とする先進工業国の経済が大きく混乱するというオイルショック(石油危機)が起こり，日本も1950年代後半から続いた高度経済成長が終わりをむかえた。

Ⅳ　政治のしくみや国際情勢についての問題

1　国会の働きの中には，いくつかのものにおいて参議院よりも衆議院に強い権限を与える衆議院の優越が認められている。予算の先議権もその１つで，内閣が作成した予算は，必ず先に衆議院に提出され，審議される。また，予算の議決においても衆議院の優越が認められている。　**2**　日本国憲法において，天皇は日本国と日本国民統合の象徴とされ，一切の政治的権限を持たない。天皇は国事行為とよばれる儀礼的な仕事を行うが，これには内閣の助言と承認が必要になる。　**3**　国会が衆参各議院の総議員の３分の２以上の賛成を得て憲法改正を発議(国民に提案すること)すると，国民投票が行われる。国民投票で有効投票の過半数の賛成が得られれば，改正案は承認されて成立し，改正された憲法は国民の名で天皇が公布する。　**4**　1956年10月，鳩山《はとやま》一郎首相がモスクワを訪れて日ソ共同宣言に調印し，ソ連(ソビエト連邦)と国交を回復した。これを受け，それまで国際連合(国連)の安全保障理事会で日本の国連加盟に反対していたソ連が賛成へとまわったため，同年12月，日本の国連加盟が実現した。　**5**　中華人民共和国(中国)では，1978年に鄧小平《とうしょうへい》が提唱した「改革・開放」政策のもと，経済改革が進められ，これにもとづいて翌79年，沿岸部の深圳《シェンチェン》，珠海《チューハイ》，汕頭《スワトウ》，厦門《アモイ》の４地区が経済特区に指定された。経済特区は外国の資金や技術をよびこんで国内産業の近代化につなげ，国際競争力をつけることなどを目的として設置された。

A　2020年２月時点で，衆議院議員選挙の最低投票率は2014年の52.66％，参議院議員選挙の最低投票率は1995年の44.52％である。なお，2019年の参議院議員選挙の投票率も48.80％で，50％を下回った。　**B**　2019年10月に消費税の税率が８％から10％に引き上げられたが，10％のうち2.2％は都道府県の税収となる地方消費税なので，消費税は国税と地方税の両方になる。　**C**　あ，い　所得税には，所得が高くなるほど税率も高くなる累進《るいしん》課税が導入されている。一方，消費税の税率は所得にかかわらず一律であるため，所得の低い人ほど税負担が重く感じられることになる。　う　ヨーロッパ連合(EU)諸国では消費税率が20％以上の国が多く，ほとんどの国が日本の税率より高い。　え　消費税は原則としてすべてのものやサービスにかかるため，不景気になって企業の利益が減り，法人税の税収が減少したとしても，一定の税収が見こめる。よって，正しい。

D　日ソ共同宣言では，平和条約締結《ていけつ》後，北方領土とされる択《え》捉《とろふ》島・国後《くなしり》島・色丹《しこたん》島・歯舞《はぼまい》群島のうち，「え」の色丹島・歯舞群島を日本に返還するとされた。しかし，日本は「う」の択捉島・国後島をふくむ４島の返還をめざして交渉《こうしょう》を続けている。なお，「あ」はサハリン(樺太《からふと》)，「い」は千島列島。　**E**　小麦は低温乾燥に強いため，中華人民共和国ではおもに北部で栽培されている。一方，米は夏に高温多湿となる南部での栽培がさかんである。そのため，北部では小麦，南部では米を使った料理がよく食べられている。

理 科　(30分) ＜満点：60点＞

解 答

Ⅰ　**問1**　**ア** 北　**イ** 南　**ウ** 光合成　**エ** 減少　**オ** 増加　**問2**　(1) ③　(2) ⑦　**問3**　(3) え　(4) あ　**問4**　う　**問5**　b　**問6**　**カ** 京都　**キ** パリ

Ⅱ　**問1**　都市鉱山　**問2**　アルミニウム　**問3**　鉄　**問4**　120台　**問5**　52.4cm^3　**問6**　1017 g

Ⅲ　**問1**　ウ　**問2**　(1) ア，エ，オ　(2) ウ　**問3**　(1) あ　ウ

う ア　(2)　(例)　落葉樹が葉を落とす時期は地表に多くの光が当たるから。　(3)　ア，ウ，エ　**Ⅳ**　**問１**　4.5cm　**問２**　1.5cm　**問３**　31.5cm　**問４**　270ｇ　**問５**　420ｇ　**問６**　ア，カ　**Ⅴ**　**問１**　**順序**…Ｃ，Ｂ，Ａ　**理由**…イ，エ　**問２**　**氷のようす**　**Ａ**…ア，**Ｂ**…オ，**Ｃ**…イ　**水の高さ**　**Ａ**…お，**Ｂ**…え，**Ｃ**…い

解　説

Ⅰ　地球環境《かんきょう》と二酸化炭素濃度《のうど》の変化についての問題

問１　**ア**，**イ**　大気中に二酸化炭素が増えているのは，主に人間の社会活動により化石燃料を大量消費しているためである。よって，人口が多くて産業の発達している地域が多い北半球では，南半球よりも二酸化炭素濃度が高くなっている。　**ウ**，**エ**　春から夏にかけては，光合成を行う植物が増えて二酸化炭素をたくさん吸収するため，二酸化炭素濃度が減少(低下)する。　**オ**　秋になると，植物の一部が葉を枯《か》らして光合成による二酸化炭素の吸収が減ってしまい，冬を経て春のはじめまでは二酸化炭素濃度が増加(上昇《じょうしょう》)する。

問２　図３の炭素の移動において，各生物と大気との間では二酸化炭素をつくる成分として，各生物の間では生物の体をつくる成分として移動する。Ａは，大気との間で二酸化炭素を出したり取り入れたりしているので，植物とわかる。その植物から体をもらう(つまり食べる)Ｂは動物で，Ｃは動植物から体などをもらってそれを分解する菌《きん》類・細菌類となる。よって，①と②は動植物の呼吸，③は光合成，⑦は分解活動でそれぞれ生じた二酸化炭素の移動を示している。④は捕食《ほしょく》，⑤と⑥は死がいや排《はい》せつ物による炭素の移動である。

問３　北半球の低緯度《いど》の地域は，冬でも日照時間が長くて温暖なので，植物が１年を通して葉をしげらせている。そのため，１年の中で二酸化炭素濃度の変化は小さい。また，南半球の場合は陸地が少なく，植物全体の量が多くないため，二酸化炭素濃度の差が大きくならない。

問４　図１で，１年間で見た変化の差が最も大きいＸは，北半球の中・高緯度にある綾里《りょうり》(岩手県)のものである。また，Ｘより少し遅《おく》れて似た変化をしているＹは，北半球の低緯度にあるマウナロア(ハワイ)のもので，１年を通じて変化がとても小さいＺは，南半球のグリム岬《みさき》(オーストラリア)のものである。

問５　図２の世界平均濃度は北半球の影《えい》きょうを強く受けているのだから，秋から春にかけては上昇し，春から秋にかけては低下すると考えられる。よって，濃度が最も低いａが秋の始まりにあたる９月といえるので，12月はｂとなる。

問６　1997年，気候変動枠《わく》組条約に加盟する国々による第３回締約《ていやく》国会議が京都で開催《かいさい》され，先進国に二酸化炭素などの温室効果ガスの排出量について削減《さくげん》目標を課した取り決めである京都議定書が採択《さいたく》された。また，2015年には，フランスのパリで開催された第21回締約国会議において，全加盟国が地球温暖化に向けた自主的な取り組みを行うことを目的としたパリ協定が採択された。

Ⅱ　オリンピックのメダルについての問題

問１　都市で大量に廃棄《はいき》される携帯《けいたい》電話やパソコンのような小型家電は，そこから貴金属や希少金属を大量に回収することができるため，鉱山に見立てて「都市鉱山」と呼ばれる。

問２　１円玉はアルミニウムでできている。アルミニウムは金や銀などと比べて軽い。

問３　磁石につくのは鉄など限られた金属なので，磁石を用いれば鉄を取り除くことができる。

問４　１個の金メダルをつくるために必要な金は６ｇなので，金メダル１つあたりに必要な携帯電話の数は，６÷0.05＝120(台)である。

問５　銀メダルの重さは550ｇ，銀１cm^{3}あたりの重さは10.5ｇなので，銀メダルの体積は，550÷10.5＝52.38…より，52.4cm^{3}となる。

問６　金メダルに使われる550ｇの銀の体積は，問５より52.4cm^{3}である。この52.4cm^{3}の銀を金にかえて金メダルをつくればよい。金１cm^{3}あたりの重さは19.3ｇなので，52.4cm^{3}の金の重さは，19.3×52.4＝1011.32(ｇ)となる。これに６ｇの金がはりつけられた金メダルの重さは，1011.32＋6＝1017.32より，1017ｇになる。

Ⅲ　植物の種類の調査についての問題

問１　クヌギやコナラは落葉樹で，雑木林を構成する主な樹木である。一方，スギ，ヒノキ，スダジイ，アラカシは常緑樹であるが，このうちスギとヒノキは主に木材の生産を目的に，かつてさかんに植えられた。

問２　⑴　セイタカアワダチソウとヒメジョオンは北アメリカ，シロツメクサはヨーロッパにもともと分布していたが，観賞用や飼料用などとして日本に持ちこまれた。　⑵　スギナはシダ植物のひとつで，ツクシと呼ばれる胞子《ほうし》を出すための茎《くき》をのばし，その先から胞子を放出して増える。

問３　⑴　外来種が入りこんで最初にたどり着くのは人が住む開けた場所になりやすい。そのため，そのような場所(かく乱地や草刈《くさかり》地)を好む外来種が根づきやすいといえる。ただし，そのように根づいた外来種は森林のような日ざしの少ない場所には適応できないので，森林にはいないと考えられる。よって，「あ」が外来種となる。また，「い」と「う」のうち全体に数の少ない方の「う」が絶滅《ぜつめつ》危《き》惧《ぐ》種である。　⑵　常緑樹林は１年を通して葉がしげっているため，林の中の明るさ(日光の差しこむ量)も１年中あまり変わらない。よって，そのような環境に適した植物だけになるので，種類は少なくなる。それに対して落葉樹林は，落葉している期間は林の中に日光が差しこむため，明るい場所を好む植物と暗い場所を好む植物の両方が見られることになる。　⑶　ア，ウ，エは陸上で生育するのに必要なつくりやはたらきで，海藻《かいそう》には見られないが，イとオは海藻も陸上の植物も行っている。

Ⅳ　さおばかりについての問題

問１　棒の重さ15ｇは棒の真ん中にかかっている。図２で，棒をつるすひもの位置を支点とすると，棒の重さによる右回りのモーメント(てこを回転させるはたらき)は，15×15＝225，皿の重さによる左回りのモーメントは，45×15＝675なので，おもりによる右回りのモーメントが，675－225＝450になれば棒が水平になる。したがって，aの長さは，450÷100＝4.5(cm)である。

問２　図２のつりあった状態から皿に10ｇの分銅をのせると，左回りのモーメントが，10×15＝150大きくなるから，おもりを右に，150÷100＝1.5(cm)移動させると棒が水平になる。つまり，「10ｇ」の印は「０ｇ」の印から右に1.5cmの位置となる。このことから，10ｇごとの印の間隔《かんかく》は1.5cmとわかる。

問３　「180ｇ」の印は「０ｇ」の印から右に，$1.5\times\frac{180}{10}=27$(cm)の位置である。よって，$b$の長さは，4.5＋27＝31.5(cm)になる。

問４　「０ｇ」の印から棒の右端《みぎはし》までの長さは，60－(15＋4.5)＝40.5(cm)なので，量れる重さの最大値は，10×40.5÷1.5＝270(ｇ)である。

問5　図2で，おもりの重さを150gにした場合，aの長さは，450÷150＝3(cm)，10gごとの印の間隔は，10×15÷150＝1(cm)となる。したがって，「0g」の印から棒の右端までの長さは，60－(15＋3)＝42(cm)になるので，量れる重さの最大値は，10×42÷1＝420(g)となる。

問6　**ア～ウ**　問5で考えたことから，おもりの重さを変えると，「0g」の印の位置(aの長さ)も10gごとの印の間隔も変わることがわかる。　**エ～カ**　図2で，おもりの重さを200gにした場合を考えると，aの長さは，450÷200＝2.25(cm)，10gごとの印の間隔は，10×15÷200＝0.75(cm)になる。よって，「0g」の印から棒の右端までの長さは，60－(15＋2.25)＝42.75(cm)なので，量れる重さの最大値は，10×42.75÷0.75＝570(g)と求められる。したがって，おもりの重さが100g増えると，量れる重さの最大値は，570－270＝300(g)増えることがわかる。

Ⅴ　氷のとけ方の実験についての問題

問1　まずペットボトルの側面にふれている部分から氷がとけていくが，Aでは発生した水のほとんどが穴から出ていくため，中の氷の大部分は空気とふれた状態を保ち続ける。また，Bでは発生した水の一部が穴から出ていき，中の氷は穴より下の方が水と，上の方が空気とふれた状態になる。そして，Cでは発生した水がそのまま残り，中の氷は水に覆《おお》われ続ける。したがって，水の方が空気よりも外からの熱を伝えやすいため，氷がとけ終わるまでの時間はCが最も短く，Aが最も長くなる。

問2　Aでは，発生した水が穴から出ていき，穴の位置よりも下に(下から1cmの高さまで)しか水がたまっていない。また，中の氷は大部分が空気とふれているため，氷は全体が一様にとけていく。よって，アのようなようすになる。Bでは，穴の位置にあたる下から10cmの高さまで水がたまっている。そして，中の氷は穴より下の方が水と，上の方が空気とふれており，とける速さは穴より下の方が速いため，穴より上の方が膨《ふく》らんだオのようなようすとなる。Cでは，中の氷が水とふれているので氷は全体が一様にとけていき，また氷が水に浮《う》いてイのようになる。水の高さは，はじめに下から15cmまで水を入れたので，その水の一部が氷となって浮いていても，下から15cmの高さのままである。

国　語　(50分)＜満点：100点＞

解　答

一　**問1**　**ア**　千　**イ**　万　**問2**　①～③，⑤　下記を参照のこと。　④　おおうなばら　**問3**　(例)　世界最高峰であるエベレストの頂上を目指すということは，言いかえればエベレスト以外の山を認めない考え方である。しかし筆者は，登山とは旅と同じであり，自分の判断と成り行きが連動して次々と新しい場面に出会う自由なものであると考えているので，行き先が最終的にエベレストである必要はないということ。　**問4**　(例)　GPSの登場によって，それまでとはくらべものにならないほど簡単に正確な位置情報を知ることができるようになったということを言いたいのではなく，旅や冒険をする理由そのものがなくなってしまったということを言おうとしている。　**問5**　(例)　登山や極地探検や外洋航海では，人間が，過酷な自然の中で身体の五感をとぎすませ，自分の命がけの判断が正しいかどうかわからないという恐怖をたえず味わうことで，自己の存在を確認できるところに，大きな魅力がある。しかし，このときの筆者は，自分の位置を知る作業をGPSにすっかりまかせたせいで，恐怖からのがれて，肉体の苦しみはあっても，自己存在確認ができず，もの足りず，じれったかったということ。 **二** **問1** 1 ア 2 オ **問2** さえずり **問3** （例） チャオミンはこれまで文字の形を真似て必死に覚えてきたが，ここではじめて，自分の手で意味のある文字を書くことができたと気がつき，これからは自分の思うことを思いどおりに書けるのだという喜びを感じている。 **問4** （例） 愛しい人たちからの三朝書にこめられた，自分への愛情が深いということ。 **問5** （例） チャオミンのお母さんにとって，文字にすることは歌うことと同じで，自分を表現することであり，そのようにして自分を見失いそうに不安なとき，辛いとき，苦しいときを乗り越えた経験があった。いまシューインが自分と同じように嫁ぎ先で孤独で不安な思いをしていること，これから困難なことがあるかもしれないことをよく理解していたチャオミンのお母さんは，自らを苦しみから解放する手段に文字や歌があることを伝えて励ましたかった。

●漢字の書き取り

一 **問2** ① 完結 ② 誤差 ③ 簡単 ⑤ 領域

解　説

一 **出典は角幡唯介《かくはたゆうすけ》の『エベレストには登らない』による。**登山や極地探検などは旅や冒険《ぼうけん》といえるが，GPSを使うと，自然に働きかけて自己存在確認《かくにん》ができるという魅力《みりょく》が失われると述べられている。

問1 ア，イ 「千変万化《ばんか》」は，さまざまに変わるようす。

問2 ① すっかり終わること。 ② 実際のものと計算で出た結果とのくいちがい。 ③ たやすいようす。 ④ 広々とした海。 ⑤ あるものが関係する範囲《はんい》。

問3 ☆から★までの部分では，「競技の舞台《ぶたい》」が整っており，「主催《しゅさい》者により競技者の安全」も「確保されている」スポーツとは異なり，登山は「自分で舞台を拵《こしら》えておこなう自己完結型の行《こう》為《い》」であり，「今日の判断が明日の自分の成り行きを決定する」，よく言えば放浪《ほうろう》，悪く言えば行き当たりばったりの「旅」のような自由なものだという筆者の考えが述べられている。エベレストは世界最高峰《さいこうほう》であり，その頂上を目指すとは，エベレスト以外の山に登る意味合いを認めないことにもなるが，登山は「旅」と同じだとする筆者の考えに立てば，行き先がエベレストである必要はない。だから，筆者は「エベレストには登らない」のだと言っている。

問4 「コペルニクス的転回」とは，それまでの天動説に代わって地動説を唱えたコペルニクスが以後の天文学の考え方を土台から一変させたことから，ものごとに対する考え方が正反対に変わることをいうが，ここでは否定的に用いられていることをおさえる。「六分儀《ろくぶんぎ》」による天測は，過酷《かこく》な自然の中でしなければならなかったうえ，観測値を位置情報に変換《へんかん》するための複雑な計算も要求され，しかもそれが正確かどうかもわからないようなものだったが，そうした自然とのかかわりの中で，「明確な自己存在確認」ができるという，「探検や冒険をする」意義があった。しかし，GPSが登場したことで，「六分儀」による天測でしていた苦労はすべてなくなったものの，それは「周囲の自然と自分との間」を隔《へだ》ててしまう，「便利になった」という次元をはるかに超《こ》えた「人間はなぜ冒険をするのかという本質を侵《おか》しかねない」ものだったのだと，筆者は批判している。

問5　北極でGPSを使っていた筆者が，寒さや風，空腹による肉体的な苦しみはあっても，命懸《が》けの恐怖《きょうふ》からはのがれ，「自然とがっちりかみあっているという感覚」を得られなかったことを，「妙《みょう》なもどかしさ」と表現している。登山に限らず，極地探検や外洋航海でも「命を懸けた判断」を求められるものだが，過酷な自然に接して身体の五感をとぎすませ，恐怖を味わう中で，「明確な自己存在確認」ができることに大きな魅力があると筆者は述べている。しかし，北極を旅したときの筆者は，自分の位置を知るための作業をGPSにまかせたため，「自然への働きかけと関与《かんよ》領域が極端《きょくたん》に狭《せま》く」なり，結果的に自然から存在を与《あた》えられているという感覚も弱まり，自己存在確認ができない物足りなさでじれったく感じたのである。

二　**出典はまはら三桃《みと》の『思いはいのり，言葉はつばさ』による。**文字を習ったチャオミンは書ける喜びを爆発《ばくはつ》させ，チャオミンのお母さんも，文字と歌は苦しみを救ってくれるとシューインに伝える。

問1　**1**　これから自分が習う「ニュウシュ」の美しさに，チャオミンは思わず「きれい」と声をあげたのだから，“興味を持ったり希望に胸をふくらませたりして目をきらきらさせる”という意味の「目を輝《かがや》かせた」がよい。　**2**　文字の読み書きができないと思っていたお母さんが手紙を書いたと聞き，チャオミンは驚《おどろ》いているのだから，“驚いて目を見開く”という意味の，「目を丸くした」が合う。

問2　小さなノートに書かれた美しい文字を，チャオミンは「鳥の声」にたとえているので，「小鳥のさえずり」とするのがよい。

問3　チャオミンはユンエイの字を見ながら真似《まね》をして文字を覚えてきたが，少しずつ頭にある文字を書きあらわすことができるようになった。ついにお手本を見ずに，すべての文字を書きあげたチャオミンは，目の前の「意味を持った言葉」を見たことで，これからは自分の思いを自由に書けるのだと感じて，胸の「内側から湧《わ》いてくる痛いほどの喜び」を味わっているのである。

問4　「三朝書」は，結婚《けっこん》する女性の幸せを願う気持ちをこめて書かれた文章にあたる。「自分の愛しい人たち」から贈《おく》られた「三朝書」を胸に抱《だ》いたシューインは，そこにこめられた深い愛情を「愛おしい重さ」と感じているのである。

問5　本文の中ほどで，チャオミンのお母さんであるインシェンがイーレイおばあさんに気をつかっているようすが描かれており，この部分からは，漢族とはしきたりのちがうハル族出身のインシェンが嫁《とつ》ぎ先で苦労してきたことがうかがえる。傍線《ぼうせん》部Cは，辛《つら》いときや苦しいときには書いたり歌ったりすることを勧《すす》める内容だが，インシェンにとって文字にすることは歌うことと同じで自分を表現する手段であり，自分を見失いそうで辛く，苦しかったときをそのようにして乗り越《こ》えたものと推測できる。嫁いだばかりのシューインにも，自分と同じように困難が待ち受けているだろうと思ったインシェンは，文字や歌が辛さや苦しみから解放してくれることを伝え，シューインを励《はげ》ましたかったのだろうと考えられる。

2019年度　桜蔭中学校

〔電　話〕　(03) 3811－０１４７
〔所在地〕　〒113-0033　東京都文京区本郷１－５－25
〔交　通〕　JR線－「水道橋駅」より徒歩５分　都営三田線－「水道橋駅」より徒歩２分
東京メトロ丸ノ内線－「本郷三丁目駅」より徒歩８分

【算　数】（50分）〈満点：100点〉

（注意）　円周率を用いるときは，3.14としなさい。

Ⅰ　次の□にあてはまる数を答えなさい。ただし，(2)［イ］については曜日を答えなさい。

(1)　$\left(3\frac{5}{24}+0.225\right)\div1\frac{11}{15}-1.25\times\frac{10}{13}=$□

(2)　平成31年２月１日は金曜日です。元号が平成になってから，うるう年は［　ア　］回あり，３回目のうるう年の２月29日は［　イ　］曜日でした。ただし，次にうるう年になるのは2020年で，平成になってからうるう年は４年ごとにありました。

(3)　３人の中から１人の勝者が決まるゲームのトーナメントを考えます。ゲームは必ず３人で行います。このトーナメントに参加する子どもたちに１から順に番号をふります。番号の小さい順に３人ずつ組み，１回戦を行います。３人の組にならない子どもは２人以下とし，そのまま２回戦に進みます。２回戦以降も同じように組を作ってゲームを行います。例えば，１番から11番の参加者11人でトーナメントをするとき，図１のように１回戦はａ，ｂ，ｃの３回ゲームを行い，10番と11番の子どもはそのまま準決勝に進みます。そのあとｄ，ｅの２回ゲームを行うと優勝者が１人決まります。

図１

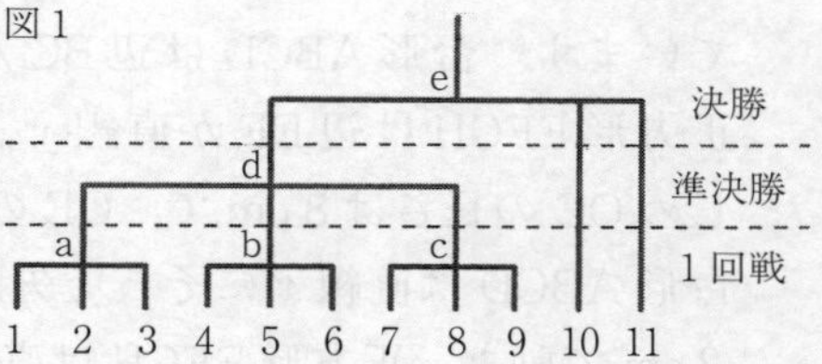

１番から81番の参加者81人で１回戦を図２のように行うと，優勝者が１人決まるまでに合計［　ア　］回ゲームが行われました。

１番から235番の参加者235人でトーナメントを行うと，優勝者が１人決まるまでに合計［　イ　］回ゲームが行われました。

優勝者が１人決まるまでに合計24回ゲームが行われたとき，トーナメントの決勝，準決勝は図３のようになりました。このときのトーナメントの参加者は［　ウ　］人です。

図２

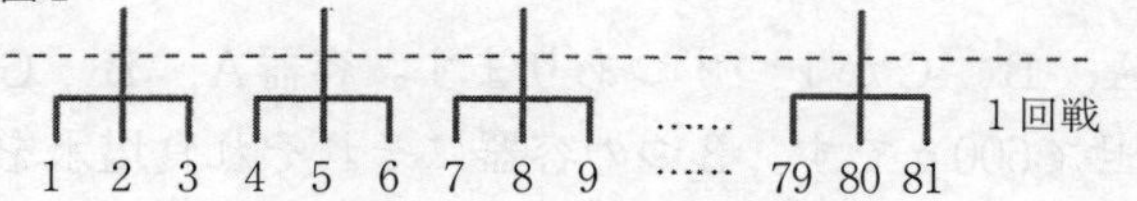

図３

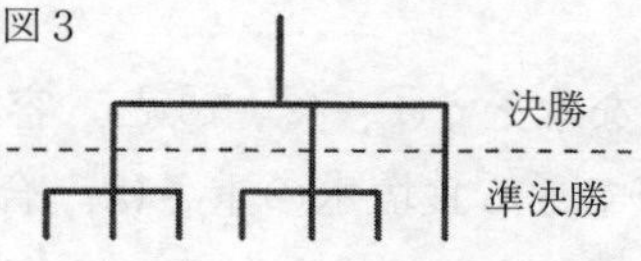

Ⅱ　(1)　半径６cm，中心角19°の扇形《おうぎがた》Ａの紙と，半径３cm，中心角19°の扇形Ｂの紙がたくさんあります。扇形の中心角とは，２本の半径がつくる角のことです。

①　扇形Ａの紙だけを図１のようにはり合わせて円を作ります。このとき，最後にはる扇形の紙は，１枚目の扇形の紙にはり合わせます。ただし，のりしろ部分の扇形の中心角はどれも３°以上です。のりしろ部分の面積の合計がいちばん小さくなるようにはり合わせたとき，のりしろ部分の面積の合計を求めなさい。

② 扇形A，Bの紙を図2のように扇形Aと扇形Bが必ず交互になるように，平らにはり合わせます。このとき，最後にはる扇形の紙は，1枚目の扇形の紙にはり合わせます。ただし，のりしろ部分の扇形の中心角はどれも3°以上です。また，扇形の紙が3枚以上重なる部分はありません。のりしろ部分の面積の合計がいちばん小さくなるようにはり合わせたとき，できた図形の周の長さを求めなさい。

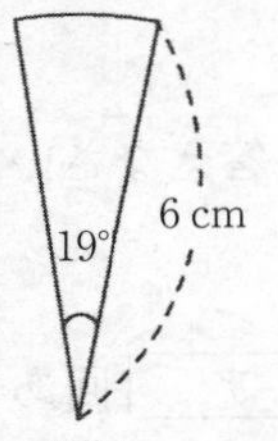

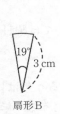

扇形A　扇形B

図1
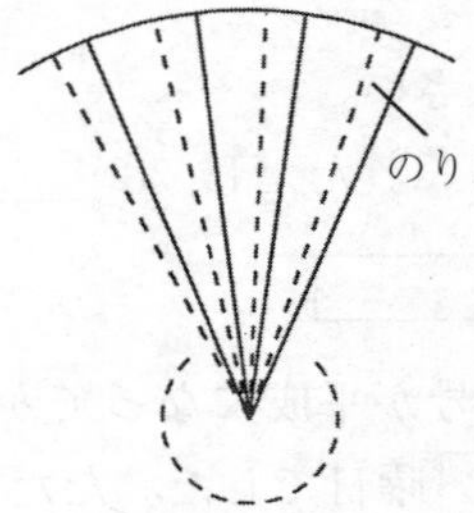

図2
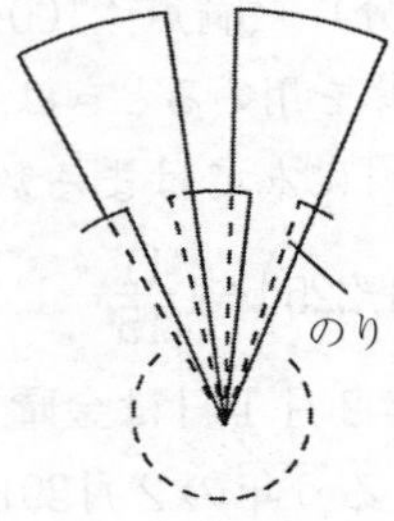

(2) 右の図で，直線 x と直線 y は点Oで垂直に交わっています。台形ABCDは辺BCが直線 x 上にあり，正方形EFGHは辺EFが直線 y 上にあります。はじめOCの長さは8 cmで，OEの長さは4 cmです。台形ABCDは直線 x にそって矢印aの向きに秒速2 cmで動き，正方形EFGHは直線 y にそって矢印bの向きに秒速1 cmで動きます。2つの図形は同時に動き始めます。

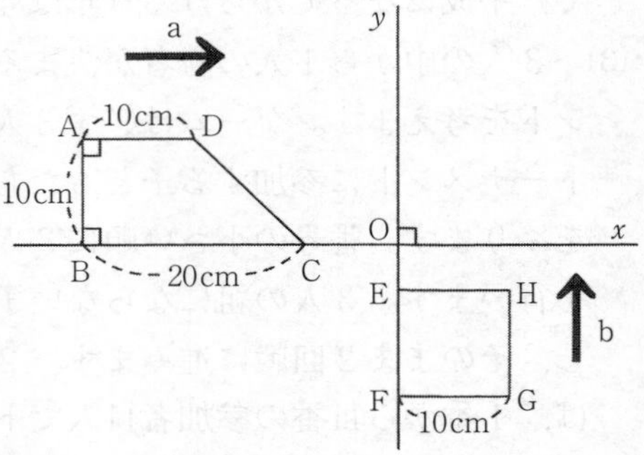

① 図形が動き始めて16秒後のとき，2つの図形が重なっている部分はどんな図形ですか。また，その図形の面積を求めなさい。

② 次の□にあてはまる数を答えなさい。

2つの図形が重なっているのは，図形が動き始めて［ア］秒後から［イ］秒後までです。ただし，2つの図形が重なっているのは，点と点，辺と辺，点と辺がそれぞれ重なる場合も含めます。

また，2つの図形が重なっている部分が五角形になるのは［ウ］秒後と［エ］秒後の間です。

Ⅲ 空の大きな水そう①，②，③と，容器A，B，Cが1つずつあります。容器A，B，Cに入れることができる食塩水の重さは，合わせて600 gです。3つの容器にそれぞれ食塩水をいっぱいになるまで入れてから，3つの容器に入れた食塩水をすべて1つの水そうに移す，という作業をします。

容器A，B，Cのすべてに濃《のう》度が10％の食塩水をいっぱいになるまで入れたあと，水そう①に移しました。

(1) 容器A，B，Cにそれぞれ濃度が15％，10％，10％の食塩水をいっぱいになるまで入れたあと，水そう②に移し，さらに水そう②に水を100 g入れると，水そう①と水そう②の濃度は同じになりました。容器Aには何 gの食塩水が入りますか。

(2) 容器A，B，Cにそれぞれ濃度が12％，7％，13％の食塩水をいっぱいになるまで入れたあと，水そう③に移したところ，水そう①と比べて水そう③に含まれる食塩の量は5.8ｇ多くなりました。容器Ｂには何ｇの食塩水が入りますか。

Ⅳ　右の図のようなかわった時計があります。この時計には，７から17までの数字と目盛りが書いてあります。７と８，８と９，９と10，……，16と17の目盛りの間隔《かんかく》は，すべて等しいとします。午前７時を７時０分，午後１時を13時０分のように表すことにします。８時０分のとき，右の図のように時計の長針は７，短針は８を指します。長針と短針は右回りになめらかに動きます。

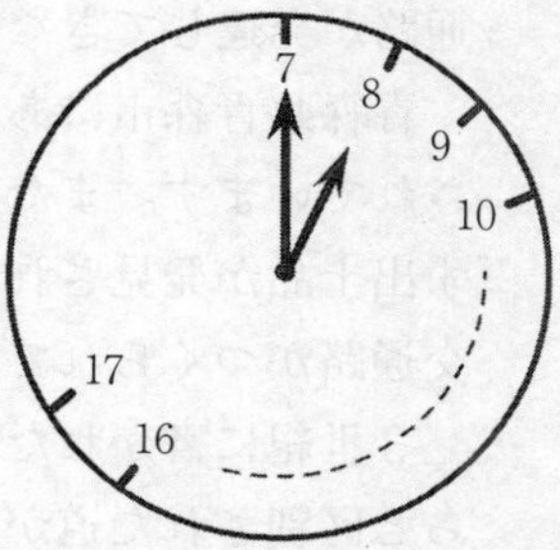

長針は次の①②の規則に従って動きます。

① 長針は７時０分から17時０分までは60分で１周します。このとき，長針と短針はそれぞれ一定の速さで動きます。

② 長針は17時０分から翌日の７時０分までは168分で１周します。このとき，長針と短針はそれぞれ一定の速さで動きます。

長針が１周する間に短針が回転する角度は，①のときも②のときも同じで，短針は24時間で１周します。ただし，普通の時計と同じように１時間は60分です。

(1) 次の□にあてはまる数を答えなさい。

長針が１周する間に短針が回転する角度は［　ア　］°です。

時刻が12時45分のときの長針と短針のつくる角の大きさは［　イ　］°です。

ただし，長針と短針のつくる角の大きさは0°以上180°以下とします。

(2) 10時０分から11時０分までの１時間で，長針と短針のつくる角の大きさが60°になる時刻は何時何分ですか。すべて求めなさい。解答用紙の答のらんは全部使うとは限りません。

(3) 17時０分から翌日の７時０分の間で，長針と短針が重なる時刻は何時何分ですか。すべて求めなさい。解答用紙の答のらんは全部使うとは限りません。

【社　会】（30分）〈満点：60点〉

Ⅰ　次の【ａ】【ｂ】【ｃ】の文を読んで，各問いに答えなさい。

【ａ】　私たちの生活は，交通の発達と結びついて発展してきました。日本では，いつごろから交通路が発達してきたのでしょうか。

青森県青森市にある①三内丸山遺跡《さんないまるやまいせき》からは，新潟産のヒスイや北海道産の黒曜石などが発見されています。また②吉野ヶ里《よしのがり》遺跡からは，中国や沖縄をはじめ各地と交易していたことを示す出土品が発見されています。人々の集まる所で交易が行われると，交易の場をつなぐように交通路がつくられていきました。川や海を行きかう航路が開かれ，陸路が整備されました。

３世紀に書かれた中国の書には，日本の③邪馬台国《やまたいこく》では，交易の場として市が存在し，草むらと区別された道がつくられていた様子が記されています。

各地で豪族《ごうぞく》が力を持った④古墳《こふん》時代には，流通の範囲《はんい》も飛躍的《ひやくてき》に拡大し，大和《やまと》政権が支配を広げていきました。⑤大和政権は地方勢力を徐々《じょじょ》に従え，大陸の制度や文化を採り入れながら，天皇中心の国づくりを進めました。

中国の都にならって平城京がつくられると，都と地方を結ぶ道が全国に広げられ，日本各地から特産物が都に集められました。主要な道には果樹が植えられ，食べることもできたということです。平城京の⑥街路樹が通行する人々にいやしを与《あた》えていたことが⑦万葉集の中にうたわれています。一方，海賊《かいぞく》や遭難《そうなん》の危険にもかかわらず，⑧日本と大陸との交流はいっそうさかんになりました。正倉院には⑨ペルシア文化の影響《えいきょう》を受けたガラスの器《うつわ》や水差しなども納められています。

都が平安京に移され，遣唐使《けんとうし》の派遣が停止されると，中国の文化をもとにした日本風の文化が発達しました。

やがて鎌倉《かまくら》に幕府が開かれ，武士政権が支配を広げる中で，幕府は守護や地頭に命じて交通路の整備・管理を進めました。各地と鎌倉を結ぶ「鎌倉街道《かいどう》」がつくられ，重大な出来事が起これば，⑩御家人《ごけにん》は「いざ鎌倉」と鎌倉にかけつけ，幕府のために働きました。

問１　下線部①～④について書かれた次の あ～え の文から，正しいものを１つ選び，記号で答えなさい。

あ　三内丸山遺跡は約5500年前から約1500年間続いた縄文《じょうもん》時代の遺跡で，人々はタイやブリなどの魚や貝，野山の動物，山菜，木の実などを手に入れるとともに，コメやクリ，クルミを栽培《さいばい》していた。

い　吉野ヶ里遺跡は佐賀県にある約2000年前の弥生《やよい》時代の遺跡で，物見やぐらやムラを囲む深い堀《ほり》と木のさくの跡《あと》，人骨に刺《さ》さった矢じりなどが見つかっており，ムラ同士の争いがあった様子が伝わる。

う　中国の書によると，邪馬台国の女王卑弥呼《ひみこ》は，30ほどの国を従え，中国皇帝《こうてい》から同じ皇帝の称号《しょうごう》を与えられ，さらに金印や銅の鏡などを授《さず》かったとされる。

え　奈良県にある高松塚《たかまつづか》古墳から出土した精巧《せいこう》につくられた金銅製のくつや，藤ノ木《ふじのき》古墳の壁《かべ》に描《えが》かれた極彩色《ごくさいしき》の女性の絵は，大陸文化との深いつながりを感じさせる。

問2　下線部⑤について，5世紀後半に大和政権の大王《おおきみ》だった「ワカタケル大王」と読める漢字が記された刀剣《とうけん》が出土した古墳の場所を，右の地図[A]の㋐～㋕から2つ選び，記号で答えなさい。

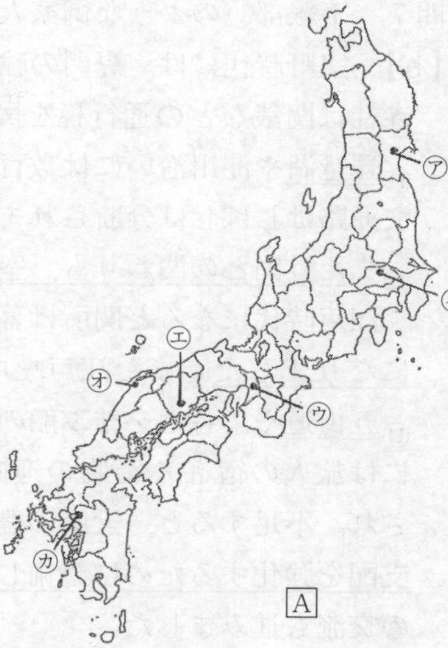

問3　下線部⑥について，現在では街路樹は環境《かんきょう》問題の改善にも役立っています。たとえば，日差しをさえぎり周囲の気温上昇《じょうしょう》を抑《おさ》えることで，「郊外《こうがい》に比べ都市部ほど気温が高くなる現象」をやわらげます。この現象を指す語句を次の あ～え から1つ選び，記号で答えなさい。

あ　地球温暖化　　い　光化学スモッグ

う　フェーン　　　え　ヒートアイランド

問4　下線部⑦の書には，次の歌(今の言葉づかいに直してある)も収められています。これらの歌は当時のどのような人の気持ちをよんだものですか。下の あ～え から1つ選び，記号で答えなさい。

「着物の裾《すそ》にとりついて泣く子をおいてきてしまった　母もいないのに今ごろどうしているのだろうか」

「今日からは後ろなど振《ふ》り返ったりすることなく，つたないながらも，大君《おおきみ》の楯《たて》となって出立《しゅったつ》してゆくのだ」

あ　都を離《はな》れ任地に向かう役人

い　中国に行く留学生

う　税を逃《のが》れるために，家を離れる農民

え　北九州の防備につく兵士

問5　下線部⑧について，5世紀頃《ごろ》から奈良時代までの大陸との交流に関して，次の あ～え の文を時代の古い順に並べたとき，3番目に古いものの記号を答えなさい。

あ　苦しい航海の末に日本にたどり着いた鑑真《がんじん》は，守らなければならない仏教のきまりを日本に伝えた。

い　小野妹子《おののいもこ》らは中国に渡《わた》り，中国と対等な関係を結ぼうとする日本の意思を伝えた。

う　中国から帰国した留学生や留学僧《そう》らが活躍《かつやく》し，すべての土地と人民を天皇が治める仕組みにするための改革が始められた。

え　「私の祖先は，東は55国，西は66国，さらに海を渡って95国を平定した」という内容の手紙が中国に送られた。

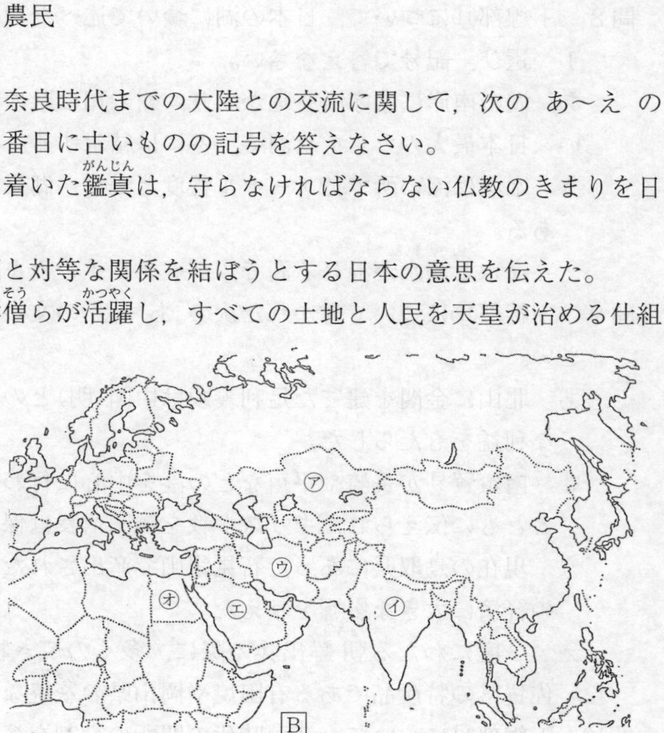

問6　下線部⑨のペルシア文化が栄えた現在のイランの位置を，右の地図[B]の㋐～㋔から1つ選び，記号で答えなさい。

問7　下線部⑩のような御家人の働きを何といいますか。漢字2字で答えなさい。

【b】　室町《むろまち》時代には，専門の輸送業者が活躍し，交通量がさらに増えました。守護大名や貴族，寺社は関銭などの通行税を徴収《ちょうしゅう》しようと，自領内に多くの関所を設置し，交通の要所である⑪琵琶湖《びわこ》や淀川《よどがわ》沿いには数百の関所が置かれたといいます。応仁《おうにん》の乱後は，戦乱のために主要交通路はしばしば分断されましたが，戦国大名は，領国内の交通路の整備に力をそそぎました。⑫また外国との関《かか》わりも，室町時代以降いちだんと進みました。

江戸《えど》時代になると関所は幕府の管理下に置かれ，⑬関所は室町時代とは違《ちが》う役割を担《にな》うことになりました。また江戸を中心とした東海道，中山道《なかせんどう》，甲州《こうしゅう》街道，日光街道，奥州《おうしゅう》街道の⑭五街道や，各地を結ぶ船の航路が整備され，交通網《もう》が全国に張りめぐらされました。五街道には旅人の宿泊《しゅくはく》や荷物の運搬《うんぱん》のために宿場が置かれ，宿場には一定数の人や馬がつねに用意され，不足すると，近隣《きんりん》の農村からも人馬を提供する体制がとられました。また⑮徳川家光が支配を強化するために整備した制度は，街道や宿場の発展に貢献《こうけん》し，地方と江戸をつなぐ文化の交流も進みました。

江戸は発展し，人口が増えました。人口密度が高く，木造家屋が密集していた⑯江戸はたびたび大火に見舞《みま》われました。そのため，道幅《みちはば》を広げたり，広小路《ひろこうじ》や火除地《ひよけち》を設けて，延焼《えんしょう》を防ごうとしました。

産業が発達し，流通が活発になると⑰宿場をめぐって問題も起きました。

江戸の消費を支えるために，江戸周辺部からの物資では供給が間に合わなかったので，⑱江戸に向けて大量の物資が大阪から運ばれました。また，旅に出るためのさまざまな環境が整うと，⑲庶民《しょみん》の旅ブームも起こりました。江戸時代には⑳外国との交易を制限する鎖国《さこく》状態が続きましたが，幕末に通商が拡大し，㉑明治になるとさらに貿易量は増加しました。

問8　下線部⑪について，日本の湖について述べた次の あ～え から琵琶湖にあてはまるものを1つ選び，記号で答えなさい。

あ　湖の南岸に県庁所在地があり，鮒寿司《ふなずし》は県の郷土料理として有名である。

い　日本最大のカルデラ湖で，冬には結氷する。白鳥の飛来地としても知られる。

う　水深は深い所で12メートル程度と浅く，湖岸沿いの低地ではレンコンの栽培がさかんである。

え　海水と淡水《たんすい》が混じる湖で，ホタテガイやカキの養殖《ようしょく》がさかんである。

問9　下線部⑫について書かれた次の あ～え の文から，正しいものを1つ選び，記号で答えなさい。

あ　北山に金閣を建てた足利義政は中国(明)との国交を開き，勘合《かんごう》貿易を始めて幕府に大きな利益をもたらした。

い　南蛮《なんばん》貿易が長崎や平戸などの港を中心に行われ，生糸《きいと》や鉄砲《てっぽう》などがもたらされた。貿易とともに伝えられたキリスト教を織田信長は保護した。

う　現在の鳥取県にあった石見《いわみ》銀山で産出された銀は大量に輸出され，ヨーロッパとアジアの経済に大きな影響を与えた。

え　2度にわたる朝鮮《ちょうせん》出兵の際に，多くの焼き物の技術者が日本に連れてこられ，現在の佐賀県の特産品である有田焼《ありたやき》や岡山県の萩焼《はぎやき》などの生産が開始された。

問10　下線部⑬について，江戸時代の関所の役割を答えなさい(文章で答えること)。

問11　下線部⑭について，次の あ～え のうち，街道とそれぞれが通過する場所の組み合わせとして正しいものを１つ選び，記号で答えなさい。

あ　東海道：鈴鹿《すずか》山脈　大井川　箱根

い　中山道：木曽《きそ》山脈　高梁川《たかはしがわ》　関ヶ原《せきがはら》

う　甲州街道：諏訪湖《すわこ》　多摩川《たまがわ》　品川

え　日光街道：関東山地　隅田川《すみだがわ》　宇都宮

問12　下線部⑮の制度は何と呼ばれますか。漢字で答えなさい。

問13　下線部⑯について，明暦《めいれき》の大火(1657年)をはじめとする江戸の大火は冬から春に集中して起こっています。江戸でこの時期に火災が発生すると延焼・類焼が起こりやすい理由を，自然の条件に注目して30字以内で答えなさい。

問14　下線部⑰について，18世紀後半には，中山道沿いの宿場をつなぐように，宿場周辺の農村の人々が20万人も参加する大きな一揆《いっき》が発生しています。その理由を，本文【ｂ】を参考に30字以内で答えなさい。

問15　下線部⑱について，大阪から江戸への大量な物資の輸送を主に担った交通手段を，本文【ｂ】の中にある語句で答えなさい。

問16　下線部⑲について，江戸から京都までの宿場風景や江戸の名所風景を描いて庶民の旅への関心をかき立てた浮世絵《うきよえ》師を次の あ～え から１人選び，記号で答えなさい。

あ　歌川広重《うたがわひろしげ》　い　喜多川歌麿《きたがわうたまろ》　う　鈴木春信《すずきはるのぶ》　え　東洲斎写楽《とうしゅうさいしゃらく》

問17　下線部⑳に関連して，江戸時代の外国との関係について，内容に誤りがある文を次の あ～え から１つ選び，記号で答えなさい。

あ　徳川家康は日本船の海外渡航《とこう》に際して朱印状《しゅいんじょう》を与えるなど積極的に貿易を進めたため，ルソンやカンボジア，シャムなどには日本町がつくられた。

い　徳川家光はポルトガル船の来航を禁じた後，オランダ商館を出島に移し，オランダとの交易を認めた。

う　幕府は，オランダ商館長が毎年のように提出していたオランダ風説書《ふうせつがき》により，外国の情報を得ていた。

え　江戸時代には，ペリーが来航するまで，オランダと琉球《りゅうきゅう》以外に正式な国交を結んだ国はなかった。

問18　下線部㉑について，1890年には輸入品の第１位を占《し》め，1910年になると生糸に次ぐ輸出品となるものを次の あ～お から１つ選び，記号で答えなさい。

あ　茶　　い　石炭　　う　綿糸　　え　コメ　　お　鉄鋼

【ｃ】　明治時代以降は近代化が急速に進められ，鉄道は文明開化の象徴的《しょうちょうてき》存在となり，蒸気船とともに，富国強兵にも欠かせないものとなりました。2012年に東京駅丸の内駅舎が復元され，現在の私たちは㉒1914年に建築された当時の美しい姿を見ることができます。堂々とした洋風建築に，当時の人々の鉄道への期待が感じられます。

関東大震災《だいしんさい》後には，自動車の数が増え，乗り合いバスやトラックなどによる輸送もさかんになり，それまでの交通手段を圧倒《あっとう》していきました。このころになると定期航空路も開設されました。ドイツのアウトバーンをモデルに自動車道路も計画されましたが，㉓満州事変以降の戦争の混乱の中で実現しませんでした。

第二次世界大戦後，日本に来た外国人は日本の道路事情の悪さに驚《おどろ》いたそうですが，道路の復旧や改良は急速に進められました。1964年10月の東京オリンピック開催《かいさい》に向けて，高速道路や新幹線の建設，羽田空港と東京モノレールの整備，主要道路の建設と㉔舗装《ほそう》が実施《じっし》されます。トラック，バス，乗用車など㉕自動車保有台数は急増しました。高速で大量に人やものを輸送することが可能になると，国内の経済活動は活発化し，外国との貿易や交流も拡大しました。㉖港湾《こうわん》や空港の整備がさらに進みました。

㉗昨年は，自然災害のために，しばしば交通が混乱しました。交通が社会に与える影響の大きさを改めて実感する機会となりました。交通網の充実《じゅうじつ》が現在の経済の発展や快適な生活を支えているといっても過言ではありません。現在，㉘持続可能な社会を実現する新しい交通手段や交通の仕組みが求められています。私たちをとりかこむ物流，通信システムは大きな変革期を迎《むか》えています。

問19　下線部㉒について，1914年の状況《じょうきょう》として内容に誤りがある文を次の あ～え から１つ選び，記号で答えなさい。

あ　小村寿太郎《じゅたろう》による交渉《こうしょう》の結果，日本は1911年に輸入品に自由に関税をかける権利を回復したため，このころには日本は貿易の上で，欧米《おうべい》諸国と対等な立場に立っていた。

い　日本は韓国《かんこく》を支配しており，さらに大陸での勢力を拡大するために，ドイツに宣戦布告を行い，第一次世界大戦に参戦した。

う　第一次世界大戦が始まると，欧米やアジアへの輸出が増えて，景気が上向いていった。

え　このころ，25歳《さい》以上のすべての男性には選挙権が認められており，女性の選挙権を求める運動が平塚《ひらつか》らいてうなどにより行われていた。

問20　下線部㉓について，この時期に起きた あ～お の出来事を時代の古い順に並べたとき，３番目に古いものの記号を答えなさい。

あ　日本が国際連盟を脱退《だったい》する。

い　軍人がクーデターを計画し首相《しゅしょう》を殺害する。

う　日中戦争が始まる。

え　太平洋戦争が始まる。

お　日本・ドイツ・イタリアが同盟を結ぶ。

問21　下線部㉔について，次の文中の空欄《くうらん》にあてはまる語句を答えなさい。

都市では，地表のほとんどが建物や（ Ｘ ）舗装の道路などで覆《おお》われたため，雨水が地中にしみこみにくくなり，いっきに（ Ｙ ）道や中小河川《かせん》に流れ込《こ》むようになりました。（ Ｙ ）道や河川が流せる量を越《こ》えると，水があふれて道路や低地が冠水《かんすい》・浸水《しんすい》してしまいます。（ Ｙ ）が逆流し，マンホールからあふれ出すこともあります。このような水害を都市型水害と呼びます。

問22　下線部㉕について，日本，大韓民国《だいかんみんこく》，中華人民共和国《ちゅうかじんみんきょうわこく》，アメリカ合衆国，フランスの５カ国について，乗用車保有状況を調べ，次の表にまとめました。大韓民国にあてはまるものを表中の あ～え の中から１つ選び，記号で答えなさい。

各国の乗用車保有状況

	1 km^2あたりの乗用車台数	乗用車１台あたりの人口	
		2000年	2015年
日本	161.4	2.4	2.1
あ	12.8	2.1	2.5
い	49.9	2.1	2.1
う	14.1	218.6	10.3
え	165.1	5.9	3.1

データブックオブザワールド2018

問23　下線部㉖について，次の**A**～**J**にあてはまる港湾や空港の位置を下の地図［C］の㋐～㋞から１つずつ選び，記号で答えなさい。

A　北前船の寄港地として栄え，日米修好通商条約で開港した。現在はコンテナ化が進み，雪が降ると自動的に地下水や海水が散水される融雪《ゆうせつ》ヤードが整備されている。

B　江戸時代には，ヨーロッパの知識を吸収する窓口としての役割を果たしていた。2018年に世界遺産に登録された潜伏《せんぷく》キリシタンの集落がある離島《りとう》地域に向かう高速船のターミナルがある。

C　港とその周辺海域は夏に霧《きり》が発生しやすい。東には酪農《らくのう》地帯が広がり，アメリカや中国からトウモロコシや大豆などが輸入される。生乳はミルクタンク車ごと船に乗せられて移出される。

D　日本の近代化を支えた港湾である。1901年に操業を開始した製鉄所が位置する地区の海域は，「死の海」といわれるほど汚染《おせん》がひどかったが，現在，水質は大幅《おおはば》に改善された。

E　1908年に鉄道連絡《れんらく》船が就航して港の重要性が高まったが，海底トンネルの開通で1988年に連絡船は廃止《はいし》となった。

F　米代川《よねしろがわ》の河口に位置する港で，古くからコメやスギの積出《つみだし》港として栄えた。米代川流域では，スギを使った桶樽《おけたる》や曲げわっぱが生産されている。

G　埋め立て地につくられ1994年に開港した貿易港である。2016年の主な輸出品は，集積回路や半導体などである。貨物便の多くがアジアの都市と結ばれている。

H　2016年の輸出額が日本第１位の貿易港で，主な輸出品は完成自動車や自動車部品，内燃機関などである。この貿易港のある県は，工業の出荷《しゅっか》額が国内最大である。

I　日本の工業化とともに国際貿易港として地位を高め，1970年代には世界有数のコンテナ取扱量《とりあつかいりょう》を誇《ほこ》ったが，1995年の地震で深刻な被害《ひがい》を受け，その後，貿易港としての地位が低下した。

J　大規模なリアス海岸が特徴《とくちょう》の湾に面する天然の良港で，アジアとの交流拠点《きょてん》として古くから重要であった。この港湾のある都市には原子力発電所がある。現在，金沢まで開通している新幹線が2023年にこの都市まで延長する予定である。

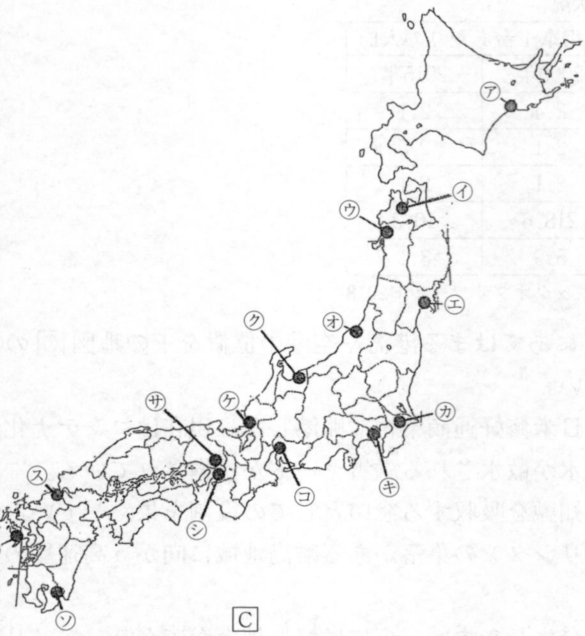

C

問24　下線部㉗について，昨年(2018年)に50周年を迎えた出来事は何か。次の あ～え の中から1つ選び，記号で答えなさい。

あ　日中平和友好条約締結《ていけつ》　　い　小笠原《おがさわら》諸島返還《へんかん》

う　ソ連と国交回復　　え　沖縄返還

問25　下線部㉘について述べた次の あ～え の文中の下線部が正しい場合には○を，誤っている場合には適切な語句を答えなさい。

あ　東京都は二酸化炭素排出《はいしゅつ》量を減らす燃料電池自動車を普及《ふきゅう》させるために，水素ステーションの整備を積極的に支援《しえん》している。

い　日本では二酸化炭素排出量削減《さくげん》のための取り組みの1つとして，長距離《ちょうきょり》貨物輸送の主な部分をトラックから，船舶《せんぱく》や鉄道利用に切りかえるエコドライブを進めている。

う　2015年の国連気候変動枠組《わくぐみ》条約第21回締約国《ていやくこく》会議(COP21)で採択《さいたく》された京都議定書順守のために，フランスは2040年までに国内におけるガソリン車の販売《はんばい》を禁止するとしている。

え　東京都は二酸化炭素を排出しない移動手段である自転車を有効に活用するために，自転車を簡単に借りることができ，借りた場所とは異なる場所に返すことができる自転車シェアリングサービスを行っている。

Ⅱ　次の①～⑤の各文の空欄[1]～[5]に適する語句をそれぞれ漢字で答えなさい。さらに空欄【A】～【E】に適するものをそれぞれの選択肢《せんたくし》より1つずつ選び，記号で答えなさい。

①　憲法第25条が定める「健康で文化的な[1]の生活を営む権利」を現実のものにするために，国は公的扶助《ふじょ》(生活保護)や社会福祉《ふくし》などの[2]制度をつくり充実させてきました。[2]関係費は，国家予算の支出(歳出《さいしゅつ》)の項目《こうもく》の中でもっとも大きな比率を占めています。

② 2018年6月に，【 A 】が改正されて，[3]年齢《ねんれい》が18歳以上に引き下げられました。【 A 】は婚姻《こんいん》(結婚)や財産などの家族関係や社会生活について定めた法律です。

【A】 あ 消費者契約《けいやく》法　い 民法　う 公職選挙法　え 消費者基本法

③ 日本の国会は，衆議院と参議院とからなる二院制をとっています。国会のしごととして誤っているのは【 B 】です。また，衆議院だけの特徴としてふさわしくないのは【 C 】です。

【B】 あ 憲法改正を国民に提案する。　い 裁判官を裁く裁判を行う。
う 内閣総理大臣を指名する。　え 外国と条約を結ぶ。

【C】 あ 党首討論を行う。　い 解散がある。
う 予算を先に審議《しんぎ》する。　え 内閣不信任決議権がある。

④ 日本の裁判所では，裁判を三度まで受けることができる[4]制がとられています。簡易裁判所から始まった民事事件の二度目の裁判は【 D 】裁判所で行われます。

【D】 あ 家庭　い 地方　う 高等　え 最高

⑤ 2018年4月に韓国と北朝鮮の首脳会談が11年ぶりに行われました。韓国・北朝鮮に関する記述として誤っているのは【 E 】です。1965年に，[5]条約が結ばれ，日本と韓国は国交を回復しました。

【E】 あ 日本と韓国は，サッカーのワールドカップを共催《きょうさい》したことがある。
い 日本と北朝鮮との間には国交がない。
う 朝鮮半島に韓国と北朝鮮という2つの国家ができたきっかけは，朝鮮戦争である。
え 2018年4月の南北首脳会談は，板門店《はんもんてん》で行われた。

【理　科】（30分）〈満点：60点〉

Ⅰ　**実験１～３**について，文章を読み，問いに答えなさい。

実験１　図のように，砂糖をティーバッグの中に入れ，割りばしではさんで水中につるしておくと，モヤモヤしたものが見られた。およそ15分後，モヤモヤしたものが見られなくなったので，ティーバッグを静かに取り出した。

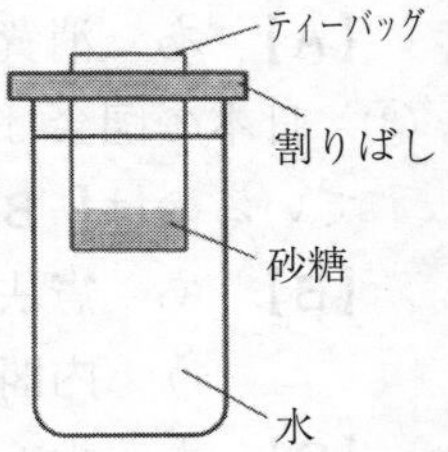

問１　モヤモヤしたものが横からどのように見えるかを説明した文として正しいものをつぎの**ア**～**エ**から１つ選び，記号で答えなさい。

ア．砂糖の近くから上にのぼっていくように見える。
イ．砂糖の近くから下に落ちていくように見える。
ウ．砂糖の近くから上下左右に広がっていくように見える。
エ．砂糖の近くだけに見え，広がっていかない。

問２　ティーバッグを静かに取り出した直後の液体について説明した文として正しいものをつぎの**ア**～**カ**から２つ選び，記号で答えなさい。

ア．水面の近くよりも底に近い方が濃《こ》い砂糖水である。
イ．水面の近くよりも底に近い方がうすい砂糖水である。
ウ．容器内のどこも同じ濃さの砂糖水である。
エ．砂糖のつぶは小さくなって水中に散らばっている。
オ．水に溶《と》けると砂糖の一部が砂糖とは異なるものに変化して，水中に散らばっている。
カ．この液体を加熱すると，砂糖の一部は水とともに蒸発する。

実験２　水，１％砂糖水，５％砂糖水の３つの液体を用意した。このうち１つをビーカーに50ｇとり，液体Ａとする。もう１つをスポイトに５ｇとり，液体Ｂとする。液体Ａに液体Ｂを１滴《てき》ずつ入れていったときに，モヤモヤしたものが見られるかどうかを観察した。組み合わせを変えて，９通りの実験をした結果が下の表である。

液体Ａ＼液体Ｂ	水	１％砂糖水	５％砂糖水
水	見られない	見られる	見られる
１％砂糖水	見られる	見られない	①
５％砂糖水	見られる	見られる	②

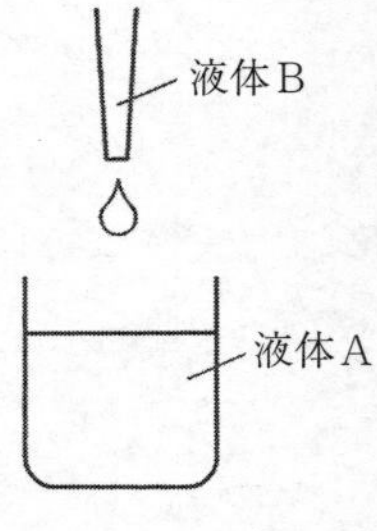

問３　表の①，②はそれぞれ，見られる，見られない，のどちらですか。

問４　**実験２**を行うために，少なくとも何ｇの砂糖と水が必要ですか。それぞれ答えなさい。

問５　実験結果を説明した文として正しいものをつぎの**ア**～**オ**から１つ選び，記号で答えなさい。

ア．液体Ａが砂糖水の場合のみ，モヤモヤしたものが見られる。
イ．液体Ｂが水の場合は，モヤモヤしたものが見られない。
ウ．砂糖水どうしを混ぜると必ずモヤモヤしたものが見られる。
エ．同じ濃さの砂糖水を混ぜたときにモヤモヤしたものが見られることもある。
オ．異なる濃さの砂糖水を混ぜると必ずモヤモヤしたものが見られる。

問６　実験結果が同じ「見られる」でも，よく観察するとモヤモヤしたものが液体の上の方に見られる場合と，液体の下の方に見られる場合の２通りがありました。つぎの表の**あ**～**け**のうち，モヤモヤしたものが上の方に見られるのはどの組み合わせですか。すべて選び，記号で答えなさい。

液体B／液体A	水	１％砂糖水	５％砂糖水
水	**あ**	**い**	**う**
１％砂糖水	**え**	**お**	**か**
５％砂糖水	**き**	**く**	**け**

実験３

⑴　冷水に少量のかたくり粉(デンプン)を入れ，よくかき混ぜた。これをろ過し，得られたろ液にヨウ素液を加えた。

⑵　熱湯に少量のかたくり粉(デンプン)を入れ，よくかき混ぜた。これをろ過し，得られたろ液にヨウ素液を加えた。

問７　つぎのものの他に，ろ過をするのに必要な器具が１つあります。それは何ですか。

ろ紙　　ろうと　　保護メガネ　　ろうと台　　ビーカー

問８　⑴について，①ろ過した直後のろ液，②ヨウ素液を加えた後のろ液の様子をつぎの**ア**～**カ**からそれぞれ選び，記号で答えなさい。

ア．青むらさき色のにごった液体　　**イ**．青むらさき色の透明《とうめい》な液体
ウ．無色透明な液体　　**エ**．白色のにごった液体
オ．かっ色のにごった液体　　**カ**．かっ色の透明な液体

問９　⑵では，白色の半透明なろ液が得られ，ヨウ素液を加えると青むらさき色になりました。熱湯中のデンプンは冷水中と異なり，どのような状態になっていますか。「つぶ」と「ろ紙」という言葉を必ず使って20～30字で答えなさい。

Ⅱ　**実験１，２について，文章を読み，問いに答えなさい。**

実験１　電熱線に電源装置をつなぐと，電熱線に電流を流そうとするはたらきが加わり，その結果，電流が流れる。この電流を流そうとするはたらきを電圧と呼び，V(ボルト)という単位をつけた値で表す。

同じ長さで太さの異なる２つの電熱線**A**，**B**をそれぞれ200mLの水に入れた。それぞれの電熱線に電源装置をつないで10分間電流を流し，水の温まり方を調べた。下の表は，用いた電熱線と，電圧，電流，水の温度変化をまとめたものである。

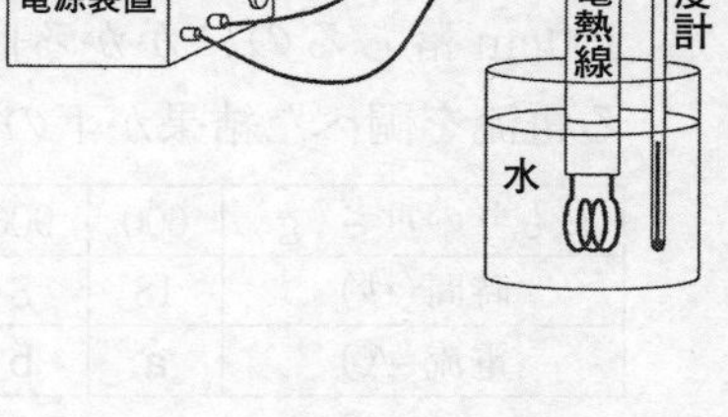

電熱線	A			B		
電圧(V)	6	12	18	6	9	12
電流(A)	0.5	1	1.5	1	1.5	2
温度変化(℃)	2	8	18	4	9	16

問１　実験結果について述べたつぎの文章の空らん①～⑥にあてはまる語句を，それぞれ

(**ア**. 大き　**イ**. 小さ)から選び，記号で答えなさい。

電熱線**A**，**B**のどちらにも同じ大きさの電流が流れているとき，**A**に加わる電圧の方が［　①　］く，**A**の方が水の温度変化は［　②　］い。このことから，電熱線を流れる電流が同じであれば電圧が大きいほど水の温度変化が［　③　］くなることがわかる。また，電熱線**A**，**B**のどちらにも同じ大きさの電圧が加わっているとき，**A**に流れる電流の方が［　④　］く，**A**の方が水の温度変化は［　⑤　］い。このことから，電熱線に加わる電圧が同じであれば電流が大きいほど水の温度変化が［　⑥　］くなることがわかる。

問2　下の**図1**のように，電熱線**A**，**B**を直列につなぎ，それぞれ200mLの水に入れ，電源装置をつないで2Aの電流を10分間流し，水の温まり方を調べました。直列につないだ電熱線には，どちらにも同じ電流が流れますが，加わる電圧が異なります。どちらの電熱線で温めた水の方が温度変化が大きくなりますか。**A**または**B**の記号で答えなさい。

図1

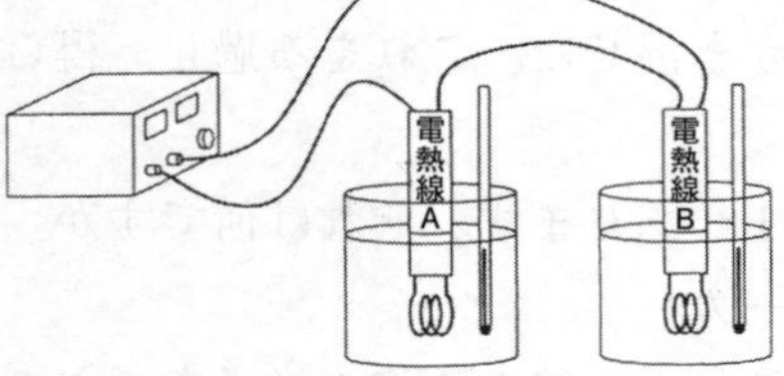

図2

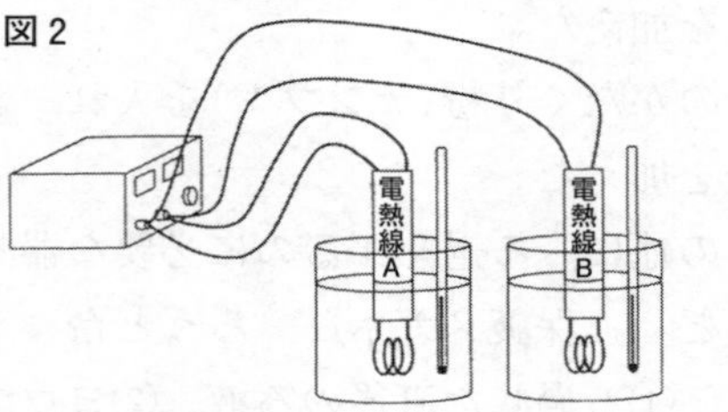

問3　上の**図2**のように，電熱線**A**，**B**を並列につなぎ，それぞれ200mLの水に入れ，電源装置をつないで9Vの電圧を10分間加え，水の温まり方を調べました。並列につないだ電熱線には，どちらにも同じ電圧が加わりますが，流れる電流が異なります。どちらの電熱線で温めた水の方が温度変化が大きくなりますか。**A**または**B**の記号で答えなさい。

問4　電熱線**A**，**B**はどちらの方が太いと考えられますか。**A**または**B**の記号で答えなさい。

実験2　モーターは，電流を流すと軸《じく》が回転するが，逆に，軸を回転させることにより発電機としてはたらき，電流を取り出すことができる。

右の図のように，豆電球と電流計をモーターの端子《たんし》につなぎ，モーターの軸に糸のはしをとめて巻き付ける。糸のもう一方のはしにおもりをつけ，100cmの高さから地面まで落とすことでモーターの軸を回転させた。モーターの軸の直径は1cmである。おもりの重さを変え，おもりが100cm落ちるのにかかる時間と，豆電球に流れる電流を調べた結果が下の表である。

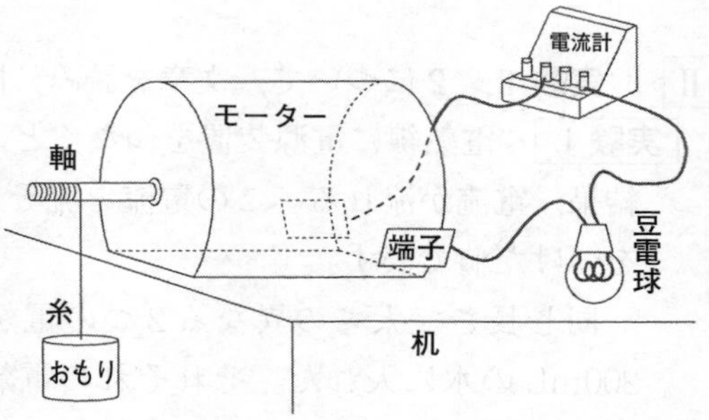

おもりの重さ(g)	600	900
時間(秒)	18	8
電流(A)	a	b

問5　**実験2**の装置は回転運動を電気に変えるしくみをもっています。このしくみを**もたないもの**をつぎの**ア**～**カ**からすべて選び，記号で答えなさい。

ア. 太陽光発電　**イ**. 風力発電　**ウ**. 火力発電
エ. 原子力発電　**オ**. 水力発電　**カ**. 燃料電池

問6　表の**a**と**b**ではどちらの値が大きいと考えられますか。**a**または**b**の記号で答えなさい。

問7　おもりは始めから終わりまで一定の速さで落ちたものとします。900gのおもりを用いた実験では，モーターの軸が１回転するのに何秒かかりましたか。円周率を3.14として計算し，四捨五入して小数第２位まで求めなさい。

問8　600gのおもりを用い，モーターの端子につなぐものを以下の**ア**～**エ**のようにして実験をしました。おもりが100cm落ちるのにかかる時間を比べるとどのようになりますか。かかる時間の短い順に**ア**～**エ**の記号を並べなさい。

ア．豆電球を１つつないだ場合

イ．発光ダイオードを１つ，光る向きにつないだ場合

ウ．発光ダイオードを１つ，光らない向きにつないだ場合

エ．１本の導線で２つの端子をつないだ場合

Ⅲ　図はヒトを正面から見たときの体内の血液の流れを表したもので，細い線は血管を示しています。心臓は４つの部屋からなり，図の ⌝ ⌜ は血液が逆流しないようにするための弁を表しています。また，心臓に血液がもどってくる部屋を心房《しんぼう》，心臓から血液を送り出す部屋を心室といいます。

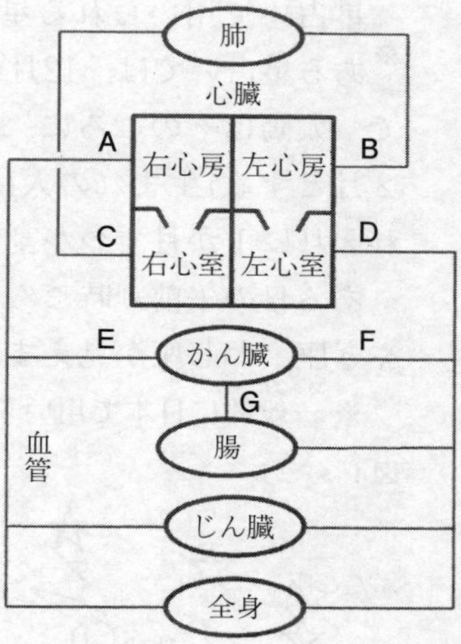

問1　酸素の多い血液を動脈血，酸素の少ない血液を静脈血といいます。心臓につながる４つの血管**A**～**D**のうち，動脈血が流れている血管をすべて選び，記号で答えなさい。

問2　ヒトの心臓の４つの部屋のうち，一番壁《かべ》が厚くて丈夫《じょうぶ》な部屋の名前を答えなさい。

問3　魚類と両生類の心臓について述べたつぎの文章の空らんにあてはまる語句をそれぞれ選び，記号で答えなさい。

フナなどの魚類は心室と心房を１つずつ持ちます。心室から送り出された血液はエラを通ると勢いが①(**ア**．強く　　**イ**．弱く)なり，そのまま全身をめぐります。

また，カエルなどの両生類は１つの心室と２つの心房を持ちます。全身からもどった血液と肺からもどった血液が心室で混ざり，心室から送り出される血液は肺からもどった血液と比べて酸素の割合が②(**ア**．大きく　　**イ**．小さく)なります。

問4　体重50kgのヒトでは体重の７%が血液であり，左心室は60秒間に４Lの血液を送り出しているとします。左心室から出た血液は何秒後に左心室にもどると考えられますか。ただし，血液は１mLあたり１gとします。

問5　左心室が送り出した血液の25%はじん臓に流れこみます。流れこんだ血液の10%が尿《にょう》のもと(原尿《げんにょう》)になります。**問4**のヒトのじん臓では１時間に何Lの原尿が作られるか求めなさい。

問6　**問5**で作られた原尿をすべて排出《はいしゅつ》すると，体から水分が失われてしまうので，じん臓で作られた原尿の水分の大部分はじん臓の他の場所で吸収されます。ヒトが一日に排出する尿の量を1.5Lとすると，原尿の何%が尿になると考えられますか。四捨五入して小数第２位まで求めなさい。ただし，原尿は１mLあたり１gとします。

問7 つぎの文①～④はかん臓の役割について述べたものです。それぞれの役割から考えて，( )内の特ちょうをもつ血液が流れている血管を図中の**E**～**G**から選び，記号で答えなさい。なければ「なし」と答えなさい。同じ記号を何回選んでもよい。

① 食べ物を消化したときにできた養分の一部をたくわえる。(養分が多い)

② 食べ物の消化を助ける胆汁《たんじゅう》を作る。(胆汁をふくむ)

③ 血液中の有害物質を分解する。(有害物質が少ない)

④ 血液中の糖分が少なくなると，かん臓にたくわえられている物質から糖分が作られ，血液に供給される。(糖分が多い)

Ⅳ 文章を読み，問いに答えなさい。ただし，**昼間にも星を見ることができる**とします。

図1は太陽，地球，星座をつくる星の位置を表したものです。地球は太陽の周りを1年かけて1周しますが，太陽や星の位置は1年を通して変わりません。

星占《うらな》いで用いられる星座は黄道十二星座といわれ，特定の時期に太陽の近くに見えます。※ある星占いでは，12月の中ごろ～1月の中ごろ(以後1月とする)生まれの人の星座はいて座で，太陽はそのころに，いて座の近くに見えます。また，1月の中ごろ～2月の中ごろ(以後2月とする)生まれの人はやぎ座で，太陽はやぎ座の近くに見えます。このように，12星座それぞれに1か月ずつが割り当てられています。

ある日の午前0時ごろに夜空を見ると，**図2**のように，いて座は真南の方角に見え，近くにやぎ座，わし座が見えました。

※一般《いっぱん》的に日本で用いられている星占いとは異なります。

図1

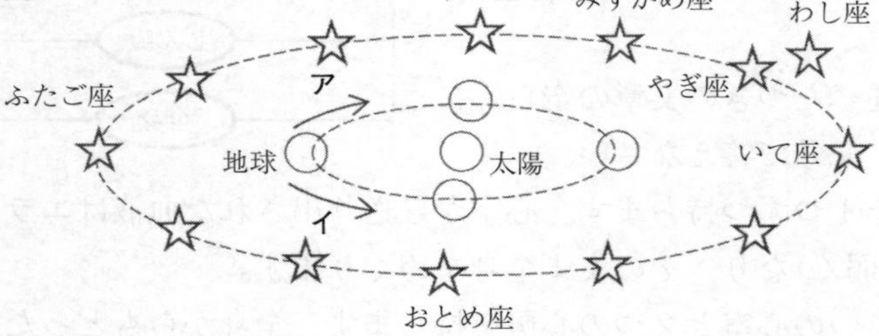

図2

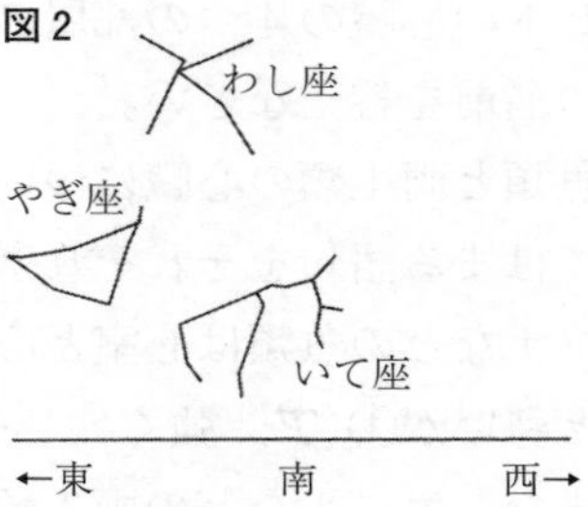

問1 地球が太陽の周りを回る向きは**図1**の**ア**，**イ**のどちらですか。

問2 いて座が午前0時ごろに真南に見える日があるのは何月と考えられますか。つぎの**ア**～**エ**から選び，記号で答えなさい。

ア．1月　**イ**．4月　**ウ**．7月　**エ**．10月

問3 **問2**の日にやぎ座が真南に見えるのは何時ごろですか。つぎの**ア**～**エ**から選び，記号で答えなさい。

ア．午後8時　**イ**．午後10時　**ウ**．午前2時　**エ**．午前4時

問4 ふたご座は1月には何時ごろ南の空に見えますか。つぎの**ア**～**エ**から選び，記号で答えなさい。

ア．午前6時　**イ**．正午　**ウ**．午後6時　**エ**．午前0時

問5 おとめ座は何月に太陽の近くに見えると考えられますか。つぎの**ア**～**エ**から選び，記号で答えなさい。

ア．1月　**イ**．4月　**ウ**．7月　**エ**．10月

問6　うお座にはある時期に太陽のすぐ近くに見える星があります。この星が真南に見えたときの高さにもっとも近いものをつぎの**ア**～**オ**から選び，記号で答えなさい。

ア．夏至の日に太陽が真南に見えたときの高さ

イ．秋分の日に太陽が真南に見えたときの高さ

ウ．真上

エ．冬至の日に太陽が真南に見えたときの高さ

オ．北極星の高さ

問7　わし座のアルタイルとともに夏の大三角を作る星をふくむ星座を2つ答えなさい。

ぼくもわらった。

カミがわらってくれるだけで、ぼくはそれだけでよかった。

（中脇初枝『神に守られた島』）

注
1…カミのおじいさん
2…「ぼく」たちの暮らす沖永良部島に不時着した特攻隊員
3…「ぼく」の友達の女の子
4…カミのお兄さん、じゃーじゃの孫。特攻で亡くなっている。
5…悪く言うこと
6…国を乱す者
7…飛行機の一種
8…戦時中に女性たちによって構成された、国家のためにつくす集団
9…飛行機の一種
10…沖永良部で陸軍陣地が置かれた場所
11…ガジュマルの、枝から下がった根っこ
12…海軍飛行隊の練習生
13…カミの弟

問一　□a～cに入る適当な言葉を次の中から選び記号で答えなさい。

ア　非難がましく　　イ　つっかえつっかえ

ウ　優しく　　エ　淡《たん》々と

問二　――線部①とありますが、この時のじゃーじゃの気持ちを説明しなさい。

問三　――線部②から分かる、当時の戦争の状況を説明しなさい。

問四　――線部③・④とありますが、このように言う伍長の気持ちはどのように変化したのでしょうか。くわしく説明しなさい。

問五　（　）にあてはまる三文字の言葉を、問題文中から探して書きなさい。

問六　＝＝線部のような様子であったカミは、伍長と別れる時には、どのように変化しましたか。くわしく説明しなさい。

うにねー、かわいそうにねー」

あまはいつまでもくりかえしていた。

あじは怒った顔をしてあまをなぐさめていた。

「戦争だから、しかたがないねー」

あじはくりかえした。

「しかたがないねー」

ぼくはシマの外れまで伍長を見送った。

みんな疎開して、シマには伍長を見送る人しかいない。置いていかれた鶏《にわとり》たちだけが、こっここっこ鳴きながら、我が物顔で歩きまわっている。

ぼくはガジュマルの木にのぼって手を振った。カミは注11気根の垂れ下がる木の下で伍長を見送っていた。

伍長はふりかえって、手を振り返してくれた。ぼくは木から落っこちそうになるくらい、大きく手を振った。でも、カミは木の下でじっとして、手を振らなかった。

伍長はもうふりかえらず、そのまま歩いていって、白い道の先に消えた。

伍長を見送りに集まってきた人たちは、空襲《しゅう》を怖《おそ》れ、すぐに砂糖小屋へ戻っていった。

ぼくはシマの中を通りながら、鶏が生んだ卵を拾った。夜、鶏が上がって眠《ねむ》るトゥブラ《とまり》木の下にも、卵が生んであった。ぼくはあたたかい卵を拾っては、ズボンのポケットに入れた。雛《ひな》を連れて歩いている鶏もいる。

「なんで手を振らなかったのー」

砂糖小屋への道で、先に行ったカミに追いついて、訊ねた。

カミはうつむいて黙っていた。

「せっかく伍長さんが手を振ってくれたのに」

ぼくが［c］言った言葉が風に飛んでいって、ずいぶんたったころ、やっとカミは口を開いた。

「あちゃ《おとうさん》が出征《せい》するときも、イチみーが注12予科練に行くときも、わたし、手を振ったの」

カミはぼくを見ないで話した。

「わたし、手を振って、あちゃとイチみーを呪ってしまった。伍長さんのもらった人形と同じことをした。あのとき、あちゃとイチみーに、がんばってね、お国のためにがんばってきてねって、言ってしまった」

「それは」

ぼくはさえぎった。

「みんな言うよー。ぼくも言ったよー」

カミは首を振った。

「みんな言う。わたしも言った。あたりまえだと思ってた。きっと、伍長さんを見送った女学生もあたりまえだと思ってる。わたしはあちゃとイチみーに呪いをかけた。わたしは手を振って、送りだした。わたしはをぅない神なのに。それで、ふたりとも、帰ってこなかった」

カミはぎゅっとこぶしを握《にぎ》った。めずらしく、水桶《おけ》もきびの束も、注13ナークも抱えていない手だった。

「もう手は振らない」

カミの握りしめたこぶしの中には、何もなかった。

ぼくは思わず、その手に、拾った卵をひとつ握らせた。

「何よ、これー」

カミはわらいだした。

「もうひとつ、あげるよー」

ぼくはもう片方の手にも、まだ生あたたかい卵を押しこんだ。カミは両方の手に卵をひとつずつ握って、わらった。

いって、撃墜《げきつい》された。ぼくたちが地上にいたから、島に被《ひ》害を与えないようにしてくれたんだ。だから」

「それはちょっとちがうかもしれない」

伍長はぼくの言葉をさえぎった。

「敵機に発見されたら、海上を飛んだほうが、敵機には見えにくくなるんだよ。緑色に塗《ぬ》ってある翼《つばさ》が、海の色と重なって見えるからね」

伍長の言葉の意味がわかるまで、ちょっと時間がかかった。なんとかのみこめると、ぼくは続けた。

「でも、だって、特攻機はいつも島の上を通らないで、海の上を通っていくよー。もし撃墜されても、島に被害を与えないようにしてくれてるんでしょー。注10越山の兵隊さんが言ってたって」

「レーダーに捕捉《ほそく》されないよう、低空で飛ぶからね。障害物のない海上のほうが安全なんだよ。もちろん、島に被害を与えたくないというのは事実だけど、不時着する場合は島に降りるしかないしね」

伍長はこともなげに言った。

「そもそもぼくたちは未熟だからね、正直言って、そんな余裕《ゆう》はないんだよ。みんな晴れた日にしか飛べないし、ぼくは今回の出撃が初めての長距離《きょり》飛行だった」

そういえば、特攻機は、晴れた日にしか飛んでこない。

神さまは島を守っていたわけじゃなかった。

「最初で、それで最後の長距離飛行になるはずだったのに」

伍長は珊瑚礁のむこうを見た。

「ぼくはこんなところで生きている」

伍長はそうつぶやくと、ぼくたちをかわるがわる見た。

「ごめんよ。ぼくがすみませんって謝ってたのは、芋《いも》畑を荒《あ》らしたことじゃないんだ」

ぼくは、雨戸の上でうめいていた伍長の姿を思いだした。

「③貴重な飛行機を失って、ぼくだけが生き残ってしまった」

伍長はまた海を見た。

「昨日、一緒《しょ》に出撃したみんなは沖縄に辿りついて突《とつ》入している。ぼくも昨日、みんなと一緒に死ぬはずだったのに。死んで神になるはずだったのに」

伍長は叫《さけ》ぶようにそう言うと、頭を抱《かか》えた。

胸で人形が大きく揺れた。

ぼくたちも黙《だま》りこんだ。

波の音と鳥の鳴き声が沈黙《ちんもく》を埋《う》めていく。

「ここにいれば？」

カミがぽつりと言った。伍長ははっと顔を上げた。

「もうヤマトゥに戻らないで、ずっとここにいれば？　戦争が終わるまで隠《かく》れていれば？」

思いきった言葉に、ぼくはまじまじとカミを見た。カミを見る伍長の顔はわからない。

いきなり伍長はわらいだした。

「きみはお母さんにそっくりだね。きっときみはいいお母さんになるよ」

わらって、わらって、目尻《じり》から流れた涙を拭った。

「④生きててよかった」

わらいながら、そうつぶやいた伍長は、もう、（　　）じゃなかった。（中略）

「またいつか、この砂糖をいただける日があるといいのですが」

最後に出されたサタ《黒砂糖》で、お茶を飲みながら、伍長は言った。

伍長がカミの家を後にすると、カミのあまがトーグラで泣いていた。

「ヤマトゥに帰って、また特攻に行かされるんだろうねー。かわいそ浴びた波は、きらきら光りながら、真っ白な砂浜に寄せてくる。島をぐるりとかこむ珊瑚礁《さんごしょう》は、どんな荒波も打ち消して、おしとどめてくれる。水平線は真っ平らで、いつも通りの海だ。青い空にぽっかり浮かんだ雲が、鏡のような海面に浮かんでいる。

「それなに？」

カミは伍長の胸に下がる女の子の人形を指差した。

伍長は我に返ったようで、カミの人差し指の先を見下ろした。

「ああ」

伍長は人形のひとつを胸から外した。

「あげるよ」

伍長は人形をカミに差しだした。人形はきちんと白い開衿《きん》シャツを着て、絣《かすり》のもんぺを穿《は》き、頭には日の丸の鉢《はち》巻きを締《し》めている。

「いいの？」

伍長は頷いて、砂浜に腰《こし》を下ろした。ぼくたちも伍長をはさんで横にすわった。カミは人形を両手でそっと包んだ。

「ゆうべは君たちもびっくりしたろう。こっちは生きてるのに、神さま扱《あつか》いされる。ずっとなんだ。もう慣れた」

伍長は胸に揺《ゆ》れる人形にそっと触《ふ》れた。まだ二つの人形が下がっている。

「これは、呪《のろ》いだと思ってる」

ぼくは聞きまちがえたと思った。聞き返す間もなく、伍長は続けた。

「基地のまわりの注8挺《てい》身隊の女学生たちがね、作ってくれたんだ。特攻の成功を祈《いの》ってね。ひと針、ひと針」

ぼくとカミはカミの手の中の人形を見た。縫《ぬ》い目は見えないほどに細かかった。目と口は墨《すみ》で描《か》かれている。

「成功って、死ねっていうこと。死ねという呪いなんだよ。こわかったよ。ぼくたちが通ると、女学生たちが近づいてきてはね、手渡してくれる。みんな花のようにきれいな顔をしてね。みんなわらっていたなあ」

日の丸の鉢巻きをしたおさげ髪《がみ》の人形は、たしかにわらっていた。

「彼女たちだけじゃない。みんなね、成功を祈ってくれる。上官も、整備兵も、取材に来た新聞記者も、みんな。ぼくが本当に神になれるように。死んで神になれるように」

伍長は海をみつめてつぶやいた。

「本当に、みんな、きれいだったなあ」

カミは手の中でわらう人形を見下ろしたまま、どうしたらいいかわからず、固まっていた。

「ごめんごめん」

伍長はカミの様子に気づいて、その手から人形を取りあげた。

「やっぱりあげられないよ。これはぼくへの呪いだから」

伍長はまた人形を胸に下げた。

カミはほっとため息をついて、からっぽになった手を砂の中につっこんだ。手を汚《よご》してしまったとき、ぼくたちがいつもするように。

（中略）

「伍長さん」

ぼくが声をかけると、伍長はぼくを見た。

「ぼくは、もしいつか、特攻隊の人に会えたら、お礼を言いたいってずっと思ってたんだ。ぼくたちの島を守ってくれているお礼を」

「お礼？」

「この前、この沖に特攻機が三機落ちたんだ」

ぼくは珊瑚礁のむこうを指さした。

「島の上を飛んできたんだよ。それで南から来た注9シコルスキーにみつかって、追いかけられた。そうしたら、どの飛行機も沖へ飛んで空中に浮かんでいるのがふしぎなほどの速度だ。エンジン音もかたかたと、ひどく元気がない。息切れして、今にもとまってしまいそうだ。

「あれも特攻ですか」

じゃーじゃが訊《たず》ねた。

伍長は頷いた。

南へ向かう飛行機を見送って、カミのあじが庭に降り、月を拝むように手を合わせて拝んだ。

「とーとぅ、とーとぅ」

「海軍の練習機ですね。白菊《ぎく》といったかな」

月の光に顔をさらして、伍長は懐《なつ》かしそうに見上げた。

「加古川の教育隊で、訓練中、よく瀬《せ》戸内海で出会ったものです。偵《てい》察員を何人も載《の》せて飛ぶし、練習機ですので、速度は殆《ほとん》ど出ません」

伍長は、低空を飛んでいく飛行機を見送りながら言った。

「②海軍も、あんな練習機を特攻に使うようになったんですね。あの遅さですから、日中飛べば注7グラマンの餌《え》食でしょう。だから月夜に飛ぶことにしたんでしょうね」

「とーとぅ、とーとぅ」

伍長は、手を合わせるあじに目をやった。

「わたしの乗機も似たようなものです。九七式戦という戦闘《とう》機ではありますが、使い古された機体で、いつもどこかしら調子がわるかった」

伍長はそこまで話すと、はっとしたようにじゃーじゃを見た。

「もちろん、だからといって、不時着が許されるわけではありませんが」

伍長の声に力がこもった。

「でも、わたしは決して、命を惜《お》しんだわけではありません。エンジンの故障だったんです」

みんな砂糖小屋に疎《そ》開して、ぼくたちのほかはだれもいないシマ《集落》に、伍長の声は響《ひび》きわたるようだった。

「なー《もう》、ゆかんどやー《いいんですよー》」

カミのあまがトーグラから出てきて、伍長の背中を抱《だ》きしめた。

「なたわ生きちたぼり《あなたは生きてください》。どーか生きちたぼりよー《どうか生きてくださいねー》」

驚《おどろ》く伍長を、あまはぎゅうっと抱きしめて、くりかえした。

「どーか生きち《どうか生きて》、あまがとぅくるちむどぅてぃたぼりよー《お母さんのところに帰ってやってくださいねー》」

ぼくは庭に下りた。

月の出た夜は、足許《もと》が明るい。ぼくは、砂糖小屋に走って戻った。

(中略)

砂浜《はま》に降りると、なぜかぼくはいつも波打ち際に向かって駆《か》けだしてしまう。

思わず五、六歩駆けたあとで、はっとしてふりかえると、伍長はカミと砂浜に立ちつくしていた。

「きれいだね」

伍長はウム《いも》畑で口にしたことをまた言った。それでも、海をみつめたまま、動かない。

「どうしたのー」

ぼくは伍長のそばまで引き返してたずねた。

「まだ生きているのが信じられないんだよ」

伍長はぼくを見もせずに言った。

「すべてが夢なんじゃないか。ここは天国のようだ」

ぼくとカミは目を見合わせた。それから、伍長が身じろぎもせずみつめている海に目をやった。

最近は浮《ふ》遊物がないせいか、今朝は砂浜にはだれもいない。朝日を

「なぜですか」

じゃーじゃは目を見張った。

「意思の確認といいながら、白紙で出せば、卑怯《ひきょう》者の注5誹《そし》りは、免《まぬが》れません。注6国賊扱《ぞくあつか》いされ、郷里の家族にも迷惑《わく》が、かかります。ただ、わたしの家庭の事情は、上官も知ってくれていました。そこでわたしは、上官が察してくれることに望みを託《たく》し、『命令のまま』と書いて、出しました」

「でも、あなたはここにいる。上官は事情を察してくれなかったのですか」

伍長は頷いた。

「やはり、同じような事情があって、同じことを書いた人間が、何人かいました。また、白紙で出した人間も、いたのです。彼の家は両親を亡くしていて、お姉さんひとりが、家を支えていました。自分が進学できたのは姉のおかげだと、つねづね言っていた彼は、早く自分が家を支えられるようになって、お姉さんに、幸せな結婚《こん》をしてもらうことを望んでいました」

をうない《姉妹》神はたかさ《尊い》。ヤマトゥ《本土》でも同じなんだなとぼくは思った。

「それなのに、翌朝、部隊長は言ったのです。白紙は一枚もなかった、と」

伍長はじゃーじゃをじっと見た。

「すべて、熱望する、と、書いてあったと」

まるで、じゃーじゃに救いを求めているようだった。

「それは、嘘《うそ》ですねー」

伍長は小さく頷いた。

「何日かして発表された攻撃《げき》隊員名簿《ぼ》には、わたしの名前も、白紙で出した彼の名前も、入っていました。名簿を見て、すぐにわかりました。成績順だと」

伍長はかえって[b]話しつづけた。

「わたしたちは飛行経験の少ない空中勤務者ですから、操縦技量の成績のよくないものは、そもそも、沖縄《おきなわ》まで辿《たど》りつくことができない。意思の確認は、建前でした。白紙で出した彼は、成績がよかった。最初に指名を受けて出撃していって、帰ってきませんでした」

①じゃーじゃの膝《ひざ》に置かれたこぶしが、ぶるぶると震《ふる》えていた。

「ありがとうございます。よくわかりました」

じゃーじゃは深く頭を下げた。それを見た西島伍長も、同じくらい深く、じゃーじゃに頭を下げた。

「申し訳ありません」

西島伍長はそう詫《わ》びてから、頭を上げた。

「本当は、志願しました、勇んでいきました、と言うべきだと思ったのです。わたしも、そう書き遺《のこ》して出撃しました。そうとしか書けないということもありますが、そうでなければ、残されたものはどんなに悲しいかと思ったのです。本当のことを申し上げて、申し訳ありません」

もう一度、西島伍長は深く頭を下げた。

「頭をお上げください」

恐《きょう》縮するじゃーじゃに、西島伍長は頭を下げたまま、続けた。

「母は、わたしが特攻隊員となったことを知りません。いつも優しかった母は、弾《たま》代わりの特攻で死なせるために、わたしを生み、ここまで育ててくれたわけではないはずです。そして、わたしは、母になんの親孝行もできませんでした。だから、志望するとは、わたしは、どうしても書けなかった」

そのとき、飛行機の音がした。

見上げると、見たことのない飛行機が、月の光を浴びて、ゆっくりと飛んでいく。

隣人たちの[A]怒哀《あい》[B]に大きく影響《えいきょう》される。ゴリラ以上に、人間は時間を他者と重ね合わせて生きているのである。仲間に自分の時間をさしだし、仲間からも時間をもらいながら、注2互酬性《ごしゅう》にもとづいた暮らしを営んできたのだ。幸福は仲間とともに感じるもので、信頼は金や言葉ではなく、ともに生きた時間によって強められるものだからである。

世界は今、多くの敵意に満ちており、孤独な人間が増えている。それは経済的な時間概念《がい》によってつくりだされたものだ。それを社会的な時間に変えて、いのちをつなぐ時間をとりもどすことが必要ではないだろうか。ゴリラと同じように、敵意はともにいる時間によって解消できると思うからである。

（山極寿一『ゴリラからの警告「人間社会、ここがおかしい」』）

注　1…こだわること

2…お互いに、してもらったことに対してお返しをし合う関係

問一　[　]a～eのカタカナを漢字に直して答えなさい。

問二　═線部の四字熟語は、人間の様々な感情を表しています。[A][B]に入る漢字一字をそれぞれ答えなさい。

問三　──線部①とはどういうことですか。わかりやすく説明しなさい。

問四　──線部②について、「それ」とはどういうことかを明らかにして、──線部②全体の言っていることを説明しなさい。

問五　──線部③のように言えるのはなぜですか。

[二]　次の文章を読んで、後の問いに答えなさい。

注1じゃーじゃ《おじいさん》は、怯《ひる》む注2伍《ご》長をまっすぐに見た。

「あなたはどうやって志願したのですか。言えないことはわかっています。それでもどうしてもお聞きしたいのです。決してだれにも言いません。どうか教えてください。冥土《めいど》の土産《みやげ》に教えてください」

伍長とじゃーじゃはみつめあった。ぼくは唾《つば》を飲んだ。トーグラ《台所》から、注3カミのあじ《おばあさん》もあま《おかあさん》も顔を出して、ふたりを見ていた。

注4イチみー《兄さん》が死んだときには、軍神として、町を挙げた葬《そう》式が行われた。先生に引率されて、学校から生徒みんなで参列した。イチみーに憧《あこが》れない男子はいなかった。

カミのあまは手の甲《こう》で涙《なみだ》を拭《ぬぐ》った。イチみーの葬式のときは、参列者からしきりに「特攻《こう》戦死おめでとうございます」と声をかけられながらも、涙の一粒《つぶ》もこぼしていなかったのに。

「申し訳ありませんが、フィリピンの、特攻が、どのように編成されたかは、知りません」

伍長は[a]、ぼそぼそと言うと、頭を下げた。

「ただ、自分のときのことは、お話しします。指名に先立っては、意思の確認をされました。白い紙と封筒《ふうとう》を渡《わた》されたのです。志望する場合は、志望と書き、志望しない場合は、白紙で提出せよ、と言われました」

じゃーじゃは頷《うなず》いた。

「それでは、あなたは、その紙に志望と書かれたのですね」

伍長は首を振《ふ》った。

「わたしは、ちょうど父を亡くし、戸主になったばかりでした。郷里には、病気の母と、幼い弟妹を残しています」

「では、白紙で出したのですか」

伍長はまた首を振った。

二〇一九年度 桜蔭中学校

【国語】（五〇分）〈満点：一〇〇点〉

一　次の文章を読んで、後の問いに答えなさい。

今、私たちは経済的な時間を生きている。そして、自分が自由に使える時間を欲しがっている。しかし、自分の時間とはいったいどういう状態のことをいうのだろう。それをどうすごしたら、幸せな気分になれるのだろうか。

どこの世界でも、人は時間に追われて生活している。私がゴリラを追って分け入ったアフリカの森でもそうだ。晩に食べる食料を集めに森へ出かけ、a[アサッテ]に飲む酒を今日仕こむ。昨日農作業を手伝ってもらったので、そのお礼として明日ヤギをつぶす際に肉をとり分けて返そうとする。それは、つきつめて考えれば、人間の使う時間が必ず他者とつながっているからである。①時間は自分だけでは使えない。ともに生きている仲間の時間と速度を合わせ、どこかで重ね合わせなければならない。だから、森の外から流入するb[ブッシ]や人の動きに左右されてしまう。

ゴリラといっしょに暮らしてみて私が教わったことは、互いの存在を認め合っている時間の大切さである。野生のゴリラは長い間人間に追い立てられてきたので、私たちに強い敵意をもっている。しかし、辛抱《しんぼう》強く接近すれば、いつかは敵意を解き、いっしょにいることを許してくれる。それは、ともにいる時間がケイカするにしたがい、信頼《らい》関係が増すからである。

ゴリラたち自身も、信頼できる仲間といっしょに暮らすことを好む。食物や繁殖《はんしょく》相手をめぐるトラブルによって信頼が断たれ、離《はな》れていくゴリラもいるが、やがてまた別の仲間といっしょになって群れをつくる。とくに、子どもゴリラはc[シュウイ]のゴリラたちを引きつける。子どもが遊びにくれば、大きなオスゴリラでもよろこんで背中をd[カ]すし、悲鳴をあげればすっ飛んでいって守ろうとする。ゴリラたちには、自分だけの時間がないように見える。

人間も実はつい最近まで、自分だけの時間にそれほど注1固執《こしゅう》していなかったのではないだろうか。とりわけ、木や紙でつくられた家に住んできた日本人は、隣《りん》人の息遣《づか》いから完全に隔《かく》絶することはできず、常にだれかと分かち合う時間の中で暮らしてきた。それが原因で、うっとうしくなったり、ストレスを高めたりすることがあったと思う。だからこそ、戦後に高度経済成長をとげた日本人は、他人に邪魔《じゃま》されずに自分だけで使える時間をひたすら追い求めた。そこで、効率化や経済化の観点から時間を定義する必要が生じた。つまり、時間はコストであり、金に換《かん》算できるという考え方である。

しかし、ブッシの流通や情報技術の高度化を通じて時間を節約した結果、せっかく得た自分だけの時間をも同じように効率化の対象にしてしまった。自分の欲求を最大限満たすために、効率的なすごし方を考える。映画を見て、スポーツを観戦し、ショッピングをたのしんで、ぜいたくな食事をする。自分で稼《かせ》いだ金で、どれだけ自分がやりたいことが可能かを考える。でも、②それは自分が節約した時間と同じ考え方なので、③いつまでたっても満たされることがない。そればかりか、自分の時間が増えれば増えるほど、孤《こ》独になって時間をもてあますようになる。

それは、そもそも人間がひとりで時間を使うようにできていないからである。700万年の進化のe[カテイ]で、人間は高い共感力を手に入れた。他者のなかに自分を見るようになり、他者の目で自分を定義するようになった。ひとりでいても、親しい仲間のことを考えるし、

2019年度

桜 蔭 中 学 校　▶解説と解答

算 数　(50分)＜満点：100点＞

解 答

[I] (1) $1\frac{1}{52}$　(2) ア 7　イ 火　(3) ア 40　イ 117　ウ 49　[II] (1) ① $24.178cm^2$　② 102.772cm　(2) ① **図形**…長方形，**面積**…$48cm^2$　② ア 4　イ 19　ウ 9　エ 14　[III] (1) 200 g　(2) 170 g　[IV] (1) ア 24　イ 132　(2) 10時$2\frac{1}{7}$分，10時$23\frac{4}{7}$分　(3) 19時0分，22時0分，1時0分，4時0分，7時0分

解 説

[I] 四則計算，周期算，条件の整理

(1) $\left(3\frac{5}{24}+0.225\right)\div1\frac{11}{15}-1.25\times\frac{10}{13}=\left(3\frac{5}{24}+\frac{9}{40}\right)\div\frac{26}{15}-\frac{5}{4}\times\frac{10}{13}=\left(3\frac{25}{120}+\frac{27}{120}\right)\div\frac{26}{15}-\frac{25}{26}=3\frac{52}{120}\div\frac{26}{15}-\frac{25}{26}=3\frac{13}{30}\div\frac{26}{15}-\frac{25}{26}=\frac{103}{30}\times\frac{15}{26}-\frac{25}{26}=\frac{103}{52}-\frac{50}{52}=\frac{53}{52}=1\frac{1}{52}$

(2) 平成31年は西暦《せいれき》2019年である。また，次にうるう年になるのは西暦2020年であり，これは平成でかぞえたとすると，平成32年になる。ここで，32は4の倍数だから，元号が平成のときにうるう年になったのは，平成の年数が4の倍数のときとわかる。よって，31÷4＝7あまり3より，元号が平成のとき，うるう年は全部で7回あったことがわかる。次に，4×3＝12より，平成になってから3回目のうるう年は平成12年となるので，はじめに，平成12年2月1日から平成31年2月1日までの日数を求める。2月29日がなかったとすると，365×(31－12)＋1＝6936(日)となるが，実際にはこの間に2月29日が5回(平成12年，16年，20年，24年，28年)あるので，平成12年2月1日から平成31年2月1日までの日数は，6936＋5＝6941(日)と求められる。これは，6941÷7＝991あまり4より，991週間と4日となる。この最後の日(平成31年2月1日)が金曜日なので，曜日だけをさかのぼると，最初の日(平成12年2月1日)は火曜日とわかる。したがって，この年の2月8日，15日，22日，29日も火曜日だから，平成12年2月29日は火曜日となる。

図①

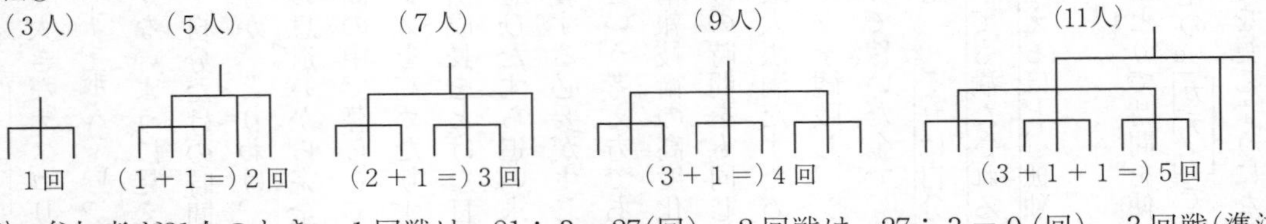

(3) 参加者が81人のとき，1回戦は，81÷3＝27(回)，2回戦は，27÷3＝9(回)，3回戦(準決勝)は，9÷3＝3(回)，4回戦(決勝)は，3÷3＝1(回)となる。どの場合もあまりはないので，全部で，27＋9＋3＋1＝40(回)と求められる。次に，参加者が3人から11人の場合について調べると，上の図①のようになる(参加者の数が偶数《ぐうすう》の場合，条件に合うゲームの仕方はない)。図①から，参加者の数が2人増えるごとにゲームの回数は1回増えることがわかるので，ゲームの回数と

参加者の数の間には右の図②のような関係があることがわかる。よって，参加者が235人のときのゲームの回数は，(235－1)÷2＝117(回)，ゲームの回数が24回のときの参加者の数は，24×2＋1＝49(人)と求められる。なお，この関係を使うと，参加者が81人のときのゲームの回数は，(81－1)÷2＝40(回)と求めることもできる。

図②

(ゲームの回数)＝{(参加者の数)－1}÷2
(参加者の数)＝(ゲームの回数)×2＋1

〔参考〕　1対1で戦うトーナメントでは，1ゲームごとに1人ずつ敗れ，優勝する1人だけが最後まで敗れないので，(ゲームの回数)＝(参加者の数)－1，(参加者の数)＝(ゲームの回数)＋1という関係がある。この問題の場合は，1ゲームごとに2人ずつ敗れ，優勝する1人だけが最後まで敗れないから，図②のような関係になることがわかる。

Ⅱ　植木算，面積，長さ，図形の移動

⑴　①　扇形《おうぎがた》Aの枚数を□枚とすると，のりしろの数も□か所になるから，1枚の扇形からのりしろ1か所を除いた部分(右の図①のかげをつけたそれぞれの部分)が□か所できる。よって，のりしろ1か所の中心角をx度とすると，(19－x)×□＝360(ただし□は整数)が成り立つ。ここで，xは3以上なので，(19－x)は，19－3＝16以下となり，□は，360÷16＝22.5以上とわかる。また，のりしろの面積をできるだけ小さくするには，扇形の枚数をできるだけ少なくした方がよいから，□は23と決まる。このとき，xの値(のりしろ1か所の中心角)は，19－360÷23＝$\frac{77}{23}$(度)なので，のりしろ部分の中心角の合計は，$\frac{77}{23}$×23＝77(度)となり，のりしろ部分の面積の合計は，6×6×3.14×$\frac{77}{360}$＝24.178(cm^2)と求められる。　②　扇形A，Bを交互《こうご》にはり合わせるから，扇形A，Bの枚数は同じになる。よって，扇形A，Bの枚数の和は24枚なので，扇形A，Bを交互に，24÷2＝12(枚)ずつはり合わせることになる。このとき，扇形Aの弧《こ》(右の図②の㋐)の部分の中心角の合計は，19×12＝228(度)だから，扇形Bの弧(㋑)の部分の中心角の合計は，360－228＝132(度)と求められる。また，㋒の部分の長さは，6－3＝3(cm)なので，できた図形の周の長さは，6×2×3.14×$\frac{228}{360}$＋3×2×3.14×$\frac{132}{360}$＋3×2×12＝7.6×3.14＋2.2×3.14＋72＝(7.6＋2.2)×3.14＋72＝9.8×3.14＋72＝102.772(cm)とわかる。

図①

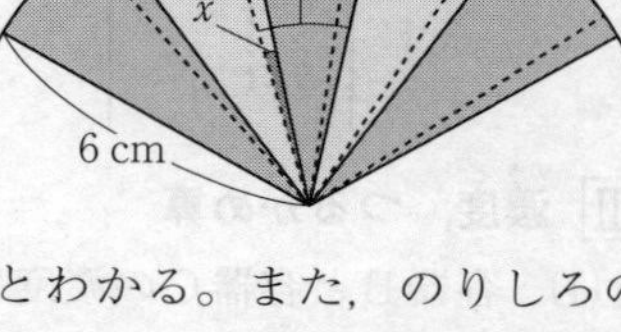

図②

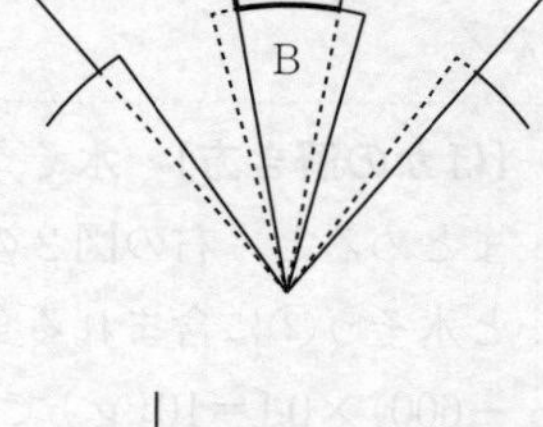

⑵　①　16秒で，台形ABCDは，2×16＝32(cm)，正方形EFGHは，1×16＝16(cm)動くから，16秒後には右の図③のようになる。図③で，★の長さは，32－8＝24(cm)，☆の長さは，16－4＝12(cm)なので，斜線《しゃせん》部分の横の長さは，10＋20－24＝6(cm)，斜線部分のたての長さは，10＋10－12＝8(cm)となる。よって，重なっている部分は長方形であり，面積は，6×8＝48(cm^2)と求められる。　②　2つの図形が重なり始め

図③

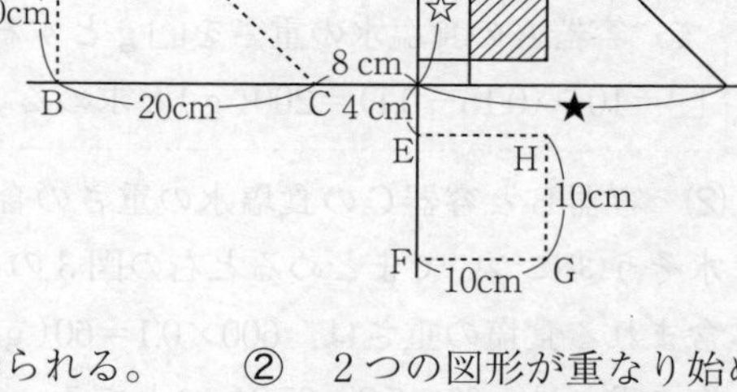

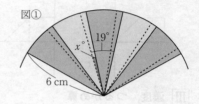

るのは，下の図④の(ⅰ)のように，台形の頂点Cと正方形の頂点Eが重なるときであり，これは動き始めて，８÷２＝４÷１＝４（秒後）である。次に，(ⅰ)の，20÷２＝10÷１＝10（秒後）に，(ⅱ)のように正方形が台形の中に完全に入り，(ⅱ)の，10÷２＝５（秒後）に，(ⅲ)のように台形の辺ABと正方形の辺HGが重なる。２つの図形が重なっているのは(ⅰ)から(ⅲ)までなので，動き始めて４秒後から，４＋10＋５＝19（秒後）までとなる。また，重なっている部分が五角形になるのは，(ⅳ)のように台形の頂点Cと正方形の辺HGが重なるときから，(ⅱ)のようになるまでの間である。(ⅳ)のようになるのは(ⅰ)の，10÷２＝５（秒後）なので，動き始めて，４＋５＝９（秒後），(ⅱ)のようになるのは動き始めて，４＋10＝14（秒後）だから，五角形になるのは９秒後と14秒後の間とわかる。なお，下の図⑤は(ⅳ)の直後と(ⅱ)の直前のようすを表していて，この間は重なっている部分が五角形になっている。

図④

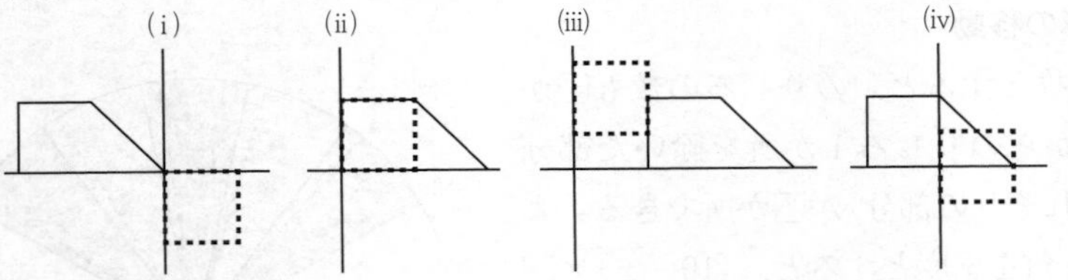

図⑤

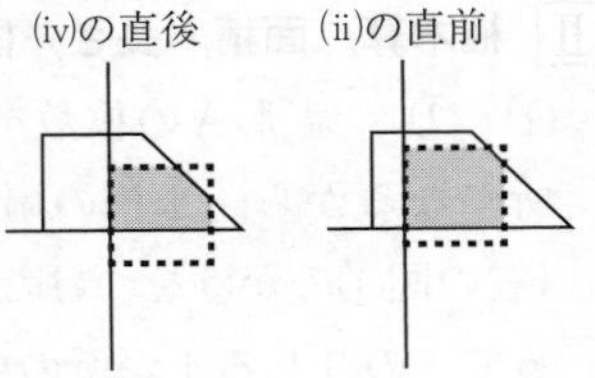

Ⅲ 濃度《のうど》，つるかめ算

(1)　容器Bと容器Cの濃度は同じであり，最後に水そう②に入っている食塩水の重さは，600＋100＝700（ｇ）である。また，水そう①には濃度10％の食塩水が入っているから，水そう②についてまとめると右の図１のようになる。最後に水そう②に含《ふく》まれる食塩の重さは，700×0.1＝70（ｇ）なので，容器A，B，Cに含まれていた食塩の重さの合計も70ｇとわかる。もし，濃度10％の食塩水の重さが600ｇだとすると，容器A，B，Cに含まれていた食塩の重さの合計は，600×0.1＝60（ｇ）となり，実際よりも，70－60＝10（ｇ）軽くなる。濃度10％の食塩水と濃度15％の食塩水を１ｇずつ交換《こうかん》すると，食塩の重さは，0.15－0.1＝0.05（ｇ）ずつ重くなるから，濃度15％の食塩水，つまり容器Aの食塩水の重さは，10÷0.05＝200（ｇ）と求められる。

図１

A（濃度15％）
B＋C（濃度10％）} 600ｇ ➡ 10％ 700ｇ
水（濃度０％）　100ｇ

〔ほかの解き方〕　水そう①と水そう②についてまとめると，右の図２のようになる。水そう①と水そう②に含まれる食塩の重さの差は，(700－600)×0.1＝10（ｇ）であり，これは，＿部分に含まれていた食塩の重さの差にあたる。よって，容器Aの食塩水の重さを□ｇとすると，□×(0.15－0.1)＝10（ｇ）と表すことができるから，□＝10÷(0.15－0.1)＝200（ｇ）と求めることもできる。

図２

水そう①
A（濃度10％）
B（濃度10％）
C（濃度10％）} ➡ 10％ 600ｇ

水そう②
A（濃度15％）
B（濃度10％）
C（濃度10％）
水（濃度０％）} ➡ 10％ 700ｇ

(2)　容器Bと容器Cの食塩水の重さの合計は，600－200＝400（ｇ）なので，水そう③についてまとめると右の図３のようになる。ここで，水そう①に含まれる食塩の重さは，600×0.1＝60（ｇ）だから，水そう③に含まれる食塩の重さは，60＋5.8＝65.8（ｇ）となる。そのうち，容器Aに含まれていた

図３

A（濃度12％）　200ｇ
B（濃度７％）
C（濃度13％）} 400ｇ

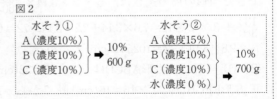

食塩の重さは，200×0.12＝24(ｇ)なので，容器Ｂと容器Ｃに含まれていた食塩の重さの合計は，65.8−24＝41.8(ｇ)とわかる。(1)と同じように考えると，濃度13％の食塩水の重さが400ｇの場合の食塩の重さは，400×0.13＝52(ｇ)となり，実際との差は，52−41.8＝10.2(ｇ)である。よって，容器Ｂの食塩水の重さは，10.2÷(0.13−0.07)＝170(ｇ)と求められる。

Ⅳ 時計算

(1) 右の図１のように，７時０分から17時０分までの10時間を「前半」，17時０分から翌日の７時０分までの，24−10＝14(時間)を「後半」と呼ぶことにする。長針は，前半は60分で１周し，後半は168分で１周するから，長針の前半の速さは毎分，360÷60＝６(度)，長針の後半の速さは毎分，360÷168＝$\frac{15}{7}$(度)

図１

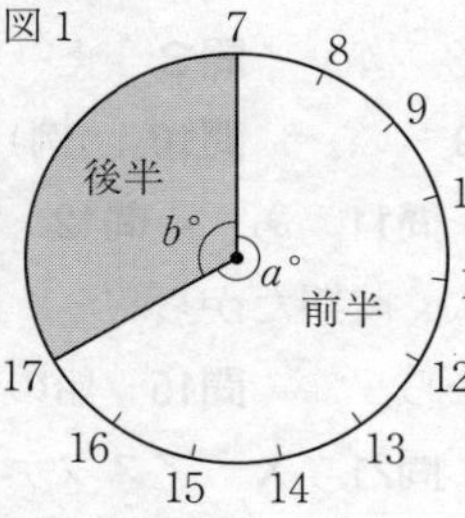

図２

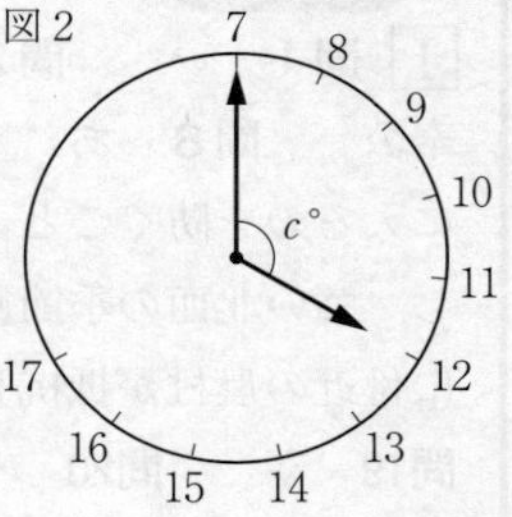

となり，長針の前半と後半の速さの比は，６：$\frac{15}{7}$＝14：５と求められる。ここで，長針が１周する間に短針が回転する角度は同じなので，短針の前半と後半の速さの比も14：５となる。よって，短針が前半の10時間と後半の14時間で回転する角度の比(図１の a と b の比)は，(14×10)：(５×14)＝２：１となる。この和が360度だから，短針が前半の10時間で回転する角度(７～17の10目盛り分の角度)は，360÷(２＋１)×２＝240(度)となり，長針が１周する間に短針が回転する角度(前半の１目盛り分の角度)は，240÷10＝24(度)と求められる。次に，12時０分には上の図２のようになり，c の角度は，24×(12−７)＝120(度)とわかる。また，短針の前半の速さは毎分，24÷60＝0.4(度)なので，長針と短針の前半の速さの差は毎分，６−0.4＝5.6(度)となる。よって，長針と短針が前半の45分で回転する角度の差は，5.6×45＝252(度)だから，12時45分のときの間の角度は，252−120＝132(度)と求められる。

図３

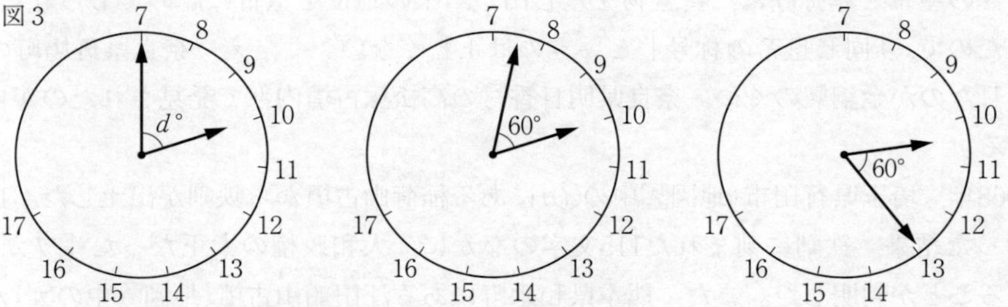

(2) 上の図３のように，長針が短針に追いつく前と追いついた後で１回ずつある。図３の d の角度は，24×(10−７)＝72(度)だから，１回目は10時０分の，(72−60)÷5.6＝$2\frac{1}{7}$(分後)，２回目は，(72＋60)÷5.6＝$23\frac{4}{7}$(分後)とわかる。よって，10時$2\frac{1}{7}$分と10時$23\frac{4}{7}$分となる。

(3) 短針の前半と後半の速さの比は14：５なので，短針の後半の速さは毎分，0.4×$\frac{5}{14}$＝$\frac{1}{7}$(度)であり，長針と短針の後半の速さの差は毎分，$\frac{15}{7}-\frac{1}{7}$＝２(度)となる。また，17時０分のときの長針と短針の間の角度(図１の a の角度)は240度だから，１回目に重なるのは17時０分の，240÷２＝120(分後)と求められる。これは，120÷60＝２(時間後)なので，その時刻は19時０分とわかる。その後は，360÷２＝180(分)，180÷60＝３(時間)ごとに重なるから，２回目は22時０分，３回目は

1時0分，4回目は4時0分，5回目は7時0分となる。

社 会　(30分) ＜満点：60点＞

解 答

[I] 問1　い　問2　㋑，㋕　問3　え　問4　え　問5　う　問6　㋒　問7　奉公　問8　あ　問9　い　問10　(例)　大名の妻子が江戸から逃亡したり，武器が江戸に入るのを防ぐこと。　問11　あ　問12　参勤交代　問13　(例)　雨が少なく空気が乾燥し，強い北西の季節風が吹く時期だから。　問14　(例)　宿場に人馬を出す負担が増えることに付近の農村が抵抗したから。　問15　船の航路　問16　あ　問17　え　問18　う　問19　え　問20　う　問21　X　アスファルト　Y　下水　問22　え　問23　A　㋔　B　㋝　C　㋐　D　㋜　E　㋑　F　㋒　G　㋛　H　㋙　I　㋚　J　㋘　問24　い　問25　あ　○　い　モーダルシフト　う　パリ協定　え　○　[II] 1　最低限度　2　社会保障　3　成年(成人)　4　三審(制)　5　日韓基本(条約)　A　い　B　え　C　あ　D　い　E　う

解 説

[I] 交通路の発達を題材にした問題

問1　あ　青森市郊外にある三内丸山遺跡は縄文時代の遺跡で，この時代にはまだコメの栽培は始まっていない。稲作が日本に伝わったのは，紀元前400年ごろのことだといわれている。　い　吉野ヶ里遺跡の説明として正しい。　う　中国の歴史書『魏志《ぎし》』倭人《わじん》伝によると，邪馬台国《やまたいこく》の女王卑弥呼《ひみこ》は239年，魏(中国)に使いを送り，皇帝から「親魏倭王」の称号や金印，銅の鏡などを授《さず》かった。魏の皇帝と卑弥呼は，貢《みつ》ぎ物を差し出し，王の地位を皇帝に認めてもらうという朝貢《ちょうこう》関係にあったので，「同じ皇帝の称号」というのは正しくない。　え　奈良県斑鳩《いかるが》町の藤ノ木古墳から出土したのが金銅製のくつ，奈良県明日香村の高松塚古墳内部で発見されたのが極彩色《ごくさいしき》の女性の絵である。

問2　1968年，埼玉県行田市(地図Ⓐ中の㋑)にある稲荷山《いなりやま》古墳から鉄剣が出土した。1978年にX線撮影を行った結果，鉄剣に刻《きざ》まれた115文字のなかに，大和政権の大王だった「ワカタケル大王」の名があることが判明した。また，熊本県和水《なごみ》町にある江田船山《えたふなやま》古墳(地図Ⓐ中の㋕)から出土した鉄刀にも，「ワカタケル大王」と読める文字が刻まれていた。ワカタケル大王は雄略《ゆうりゃく》天皇のことと推定されており，これらの発見によって，5世紀には大和政権の勢力が九州から関東にまでおよんでいたことが証明された。

問3　ヒートアイランド現象は，郊外に比べて都市部の気温が高くなる現象で，等温線を結ぶと島状に見えることから名づけられた。そのおもな原因としては，樹木や草地の減少，高層建築物による風の変化，エアコン・自動車・工場からの排熱《はいねつ》の増加などがあげられる。

問4　「大君《おおきみ》の楯《たて》となって」とあることから，兵役に向かうさいの気持ちをよんだ歌だと判断できる。示された2つの歌は『万葉集』に収められた「防人《さきもり》の歌」で，『万葉集』が編さんされた奈良時代の農民には，律令制度のもと，租・庸《よう》・調といった税のほかに，兵役が課されていた。このう

ち，防人は３年間北九州の防備につく兵士のことで，多くは東国の農民から選ばれた。

問５　「あ」で述べられている鑑真《がんじん》が苦難のすえ日本に着いたのは753年のこと。「い」は飛鳥時代の607年に派遣された遣隋使について，「う」は645年から中大兄皇子《なかのおおえのおうじ》らがおし進めた政治改革である大化の改新について説明している。「え」は中国の歴史書『宋書』倭国伝の内容で，５世紀後半の日本のようすが記されている。よって，時代の古い順に「え」→「い」→「う」→「あ」となる。

問６　イランは西アジア(中東)の国で，北でカスピ海，南でペルシア湾に面する。よって，地図Ⓑ中の㋒が選べる。紀元前３～７世紀にはこの地域でササン朝ペルシアが栄え，ここで発展した文化がシルクロードを通って唐(中国)に伝わり，遣唐使によって日本にもたらされた。なお，㋐はカザフスタン，㋑はインド，㋓はサウジアラビア，㋔はエジプトの位置。

問７　鎌倉時代，将軍と御家人は土地を仲立ちとした御恩と奉公の関係で結ばれていた。御恩とは，将軍が御家人の持っている先祖伝来の領地を保障したり，手がらを立てたときに新しい土地や役職を与えたりすることをいう。この御恩に対して，御家人は鎌倉や京都の警備をしたり，「いざ鎌倉」という一大事が起こったときには将軍のために命がけで戦ったりするという奉公で報いた。

問８　琵琶湖は滋賀県のほぼ中央に位置する日本最大の湖で，県の面積の約６分の１を占《し》める。琵琶湖南岸には県庁所在地の大津市が位置し，古くから陸上・海上交通の交わる場所として栄えた。また，琵琶湖の固有種であるニゴロブナを塩漬けにしたのち，コメに漬けて発酵させた鮒《ふな》寿司は，県の郷土料理として知られている。なお，「い」は屈斜路《くっしゃろ》湖(北海道)，「う」は霞ヶ浦《かすみがうら》(茨城県)，「え」はサロマ湖(北海道)について述べた文。

問９　あ「足利義政」ではなく「足利義満」が正しい。　い　室町～戦国時代の外国との関係について述べた文として正しい。　う　石見銀山があるのは，鳥取県ではなく島根県である。　え　萩《はぎ》焼は山口県でつくられる焼き物である。

問10　江戸時代の関所は，通行人や物資を取り調べるため各街道の要所に設置され，治安を維持する役割をはたした。とくに，江戸に持ちこまれる武器と，江戸から出て行く女性は「入り鉄砲に出女」といわれ，厳しく監視《かんし》された。「出女」の取りしまりが厳しかったのは，参勤交代によって江戸に人質として住まわされた大名の妻子が江戸から逃《に》げ出すのを防ぐためであった。

問11　あ　東海道は，江戸日本橋から太平洋側を通って京都にいたる街道で，鈴鹿《すずか》山脈(滋賀県・三重県)，大井川(静岡県)，箱根(神奈川県)を通過する。よって，正しい。　い　中山道は，江戸日本橋から中央高地を通って京都にいたる(滋賀県草津で東海道と合流する)街道で，木曽山脈(長野県・岐阜県・愛知県)と関ヶ原(岐阜県)は通るが，岡山県西部を流れる高梁《たかはし》川は通らない。　う　甲州街道は，江戸日本橋から甲府(山梨県)を通って諏訪湖畔《すわこはん》の下諏訪(長野県)までを結ぶ街道で，現在の東京都内で多摩川を通過する。品川は東海道の宿場町である。　え　日光街道は，江戸日本橋から日光(栃木県)にいたる街道で，現在の東京都内で隅田《すみだ》川を渡る。宇都宮(栃木県)で奥州街道と分岐《ぶんき》した。関東山地は関東地方西部を南北にのびる山地で，日光街道は通過しない。

問12　江戸幕府の第３代将軍徳川家光は，大名を統制するための法令である武家諸法度《しょはっと》を改定し，参勤交代を制度化した。これによって，大名は１年おきに江戸と領地に住むことを義務づけられ，大名の妻子は人質として江戸に置くことを命じられた。参勤交代で江戸と領国を行き来する大名は多くの家臣を連れて行列をなしたため，街道沿いにはこうした人たちのための宿場が整備され，各地で宿場町が発展した。

問13　冬に吹《ふ》く北西の季節風は，越後《えちご》山脈を渡るさいに乾燥《かんそう》した風となり，江戸をふくむ関東平野に吹きつける。そのため，雨の少ない日が続き，火災が発生すると延焼・類焼が起こりやすかった。なお，江戸の火災が広がりやすかったのは，木造家屋が密集していたためでもある。

問14　【ｂ】のなかほどに述べられているように，江戸時代，「宿場には一定数の人や馬がつねに用意され」ていたが，不足した場合には「近隣の農村からも人馬を提供する体制」がとられた。こうしたなか，1764年に幕府は中山道の人馬不足と，翌年に予定していた日光東照宮での大法要による交通量の増加に備え，中山道沿いの28の宿場周辺の農村に追加の負担を命じた。これに反対する武《む》蔵《さし》(東京都・埼玉県・神奈川県の一部)や上野《こうずけ》(群馬県)などの農民約20万人が一揆《いっき》を起こしたため，役人は追加の負担を中止する決定をした。

問15　下線部⑭のすぐあとに，「各地を結ぶ船の航路が整備され」とある。船は大量の物資を安く運ぶことができたため，年貢米や各地の特産物を運ぶのに適していた。江戸時代には，菱垣廻船《ひがきかいせん》や樽《たる》廻船といった定期船が江戸と大阪を結び，さまざまな物資を運んだ。

問16　歌川広重は19世紀前半，江戸で化政文化が栄えたころに活躍《かつやく》した浮世絵《うきよえ》師で，みずからが東海道を旅したさいの印象をもとに，55枚からなる浮世絵版画「東海道五十三次」を作製した。また，江戸の日常を描いた「名所江戸百景」も，広重の代表作としてよく知られる。

問17　江戸幕府が実施した鎖国政策によって外国との交易は制限されていたが，オランダ・清(中国)とは長崎で貿易が行われた。また，17世紀初めには徳川家康が朝鮮との国交を回復し，対馬《つしま》藩の宗《そう》氏を通じて交易が行われた。したがって，「え」が誤っている。

問18　明治時代初期，綿糸は主要な輸入品だったが，政府の殖産興業政策によって機械化が進み，1880年代に紡績《ぼうせき》会社の設立があいつぐと，生産量が飛躍的に増えた。1890年には綿糸の国内生産量が輸入量を，1897年には輸出量が輸入量をぬき，1900年代には生糸につぐ第２位の輸出品となった。

問19　1925年に普通選挙法が出されたことで，25歳以上のすべての男子に選挙権が認められた。1914年の時点では，直接国税10円以上を納める25歳以上の男子にのみ選挙権が認められていたので，「え」が誤っている。

問20　「あ」は1933年，「い」(五・一五事件)は1932年，「う」は1937年，「え」は1941年，「お」は1940年のできごとなので，時代の古い順に「い」→「あ」→「う」→「お」→「え」となる。

問21　都市では，地表のほとんどがアスファルトやコンクリートで舗装《ほそう》されているため，土壌《どじょう》の水をたくわえる力が低下し，雨水は下水道や河川に流れこむようになった。そのため，短時間で大量の雨が降ると下水道から水があふれだし，水害が発生することがある。これを都市型水害という。

問22　1 km^2あたりの乗用車台数は，面積がせまい国ほど多くなると考えられる。また，乗用車１台あたりの人口は，乗用車の普及《ふきゅう》率が低いほど多くなる。以上のことから，「え」に大韓民国(韓国)があてはまると判断できる。なお，「あ」にはアメリカ合衆国，「い」にはフランス，「う」には中華人民共和国(中国)があてはまる。

問23　**Ａ**　日米修好通商条約(1858年)で開港地とされた函館，新潟，神奈川(横浜)，兵庫(神戸)，長崎のうち，日本海を通って大阪まで物資を運んだ北前船の寄港地であることから，㋔の新潟港とわかる。　**Ｂ**　㋝の長崎港は，江戸時代の鎖国中もオランダ貿易の窓口として開かれ，オランダ商館長が幕府に提出した「オランダ風説書」は当時の世界情勢を知る貴重な資料となった。また，周辺地域には2018年にユネスコ(国連教育科学文化機関)の世界文化遺産に登録された「長崎と天草地方の潜伏《せんぷく》キリシタン関連遺産」の構成資産が点在している。　**C**　㋐の釧路《くしろ》港が位置する根釧《こんせん》台地では，暖かく湿った南東季節風の影響《えいきょう》で夏に霧が発生することが多い。この濃霧と火山灰土という土壌のため，根釧台地は農業には不向きであったが，第二次世界大戦後に開拓《かいたく》され，日本を代表する酪農《らくのう》地帯となった。　**D**　「1901年に操業を開始した製鉄所」とは，官営八幡製鉄所である。㋜の北九州港のなかでも，八幡製鉄所の面する洞海《どうかい》湾は，1960年代には「死の海」といわれるほど汚染がひどかった。　**E**　㋑の青森港と北海道の函館港の間は鉄道連絡船で結ばれていたが，1988年に青函《せいかん》トンネルが開通したことで，連絡船は廃止された。　**F**　「曲げわっぱ」が秋田県を代表する伝統的工芸品であることから，㋒の能代《のしろ》港だとわかる。米代《よねしろ》川河口に位置する能代港は江戸時代，コメやスギ，阿仁《あに》銅山で産出する銅の積出港として栄えた。　**G**　「集積回路や半導体」が輸出品の中心となるのは空港であるが，このうち，㋛の関西国際空港は，大阪府泉佐野市沖合の大阪湾を埋《う》め立てて1994年に開港した。周辺への騒音《そうおん》の心配がないことから，24時間離発着が可能になっている。　**H**　愛知県豊田市やその周辺には，世界的な自動車メーカーであるトヨタ自動車の本社やその関連工場が立地している。そのため，㋙の名古屋港は完成自動車やその部品がおもな輸出品となっており，輸出額は全国の貿易港で第１位である。　**I**　㋚の神戸港は古くから貿易港として発展してきたが，1995年の阪神・淡路《あわじ》大震災によって深刻な被害を受けた。

J　現在，東京駅と金沢駅（石川県）間を結んでいる北陸新幹線は，2023年春に㋘の敦賀《つるが》港がある福井県敦賀市まで延長される予定になっている。敦賀港はリアス海岸として知られる若狭《わかさ》湾に面しており，沿岸には敦賀のほか，美浜・大飯《おおい》・高浜という４つの原子力発電所がある。

問24　2018年の50年前は1968年である。この年には，太平洋戦争後，奄美《あまみ》大島や沖縄とともにアメリカ軍の統治下に置かれた小笠原《おがさわら》諸島が日本に返還された。なお，「あ」は1978年，「う」は1956年，「え」は1972年のできごと。

問25　**あ**　燃料電池自動車は水素と酸素を化学反応させて電気と水を発生させ，その電気をモーターに供給することで動く自動車で，その普及には水素ステーションの整備が欠かせない。よって，正しい。　**い**　エコドライブは，環境に配慮《はいりょ》した自動車の運転方法のことを指す。トラックから船舶《せんぱく》や鉄道に輸送方法を切りかえる取り組みは，モーダルシフトとよばれる。　**う**　京都議定書は1997年に採択《さいたく》された温室効果ガス削減《さくげん》のための国際的取り決めで，2015年に採択されたのはパリ協定である。　**え**　「シェアリング」とは「共有」を意味する英語で，東京都では環境に配慮し，渋滞緩和《じゅうたいかんわ》につなげるため，企業と協力して自転車シェアリングサービスを進めている。

Ⅱ　政治のしくみと憲法，国際社会についての問題

1，**2**　日本国憲法第25条１項は，社会権のなかの生存権に関する規定で，国民に「健康で文化的な最低限度の生活を営む権利」を保障している。また，続く２項では「国は，すべての生活部面について，社会福祉，社会保障及《およ》び公衆衛生の向上及び増進に努めなければならない」と定め，国に社会保障制度の整備を義務づけている。近年，少子高齢化にともない，国の歳出に占める社会保障関係費の割合が増大し，財政を圧迫《あっぱく》している。　**3**　2018年６月に民法が改正され，成年（成人）年齢が20歳から18歳に引き下げられた。しかし，たばこや飲酒などの制限は20歳のままとされ，女性が結婚できる年齢は16歳から18歳に引き上げられた。　**4**　日本では，裁判をできるだけ公正で誤りのないようにするため，裁判を３回まで受けられる三審制のしくみが導入されている。第一審の判決に不服の場合はより上級の裁判所に控訴《こうそ》でき，第二審の判決に不服の場合はさらに上級の

裁判所に上告できる。　**5**　1965年，佐藤栄作内閣は韓国(大韓民国)を朝鮮半島における唯一《ゆいいつ》の合法的な政府とし，日韓基本条約を結んで国交を回復した。

A　3の解説を参照のこと。　**B**　外国と条約を結ぶのは内閣の仕事で，条約を結ぶには事前または事後に国会で承認されることが必要となる。　**C**　党首討論《とうろん》は，与党の党首である首相と一定数以上の議員が所属する野党の党首が一対一で討論するもので，衆議院だけの特徴《とくちょう》ではない。**D**　日本の裁判所は，簡易・家庭・地方・高等という4つの下級裁判所と最高裁判所で構成される。民事裁判が簡易裁判所で始まった場合，第二審は地方裁判所で行われる。さらに三度目の裁判が行われることになった場合は，高等裁判所で審議される。　**E**　1945年に太平洋戦争が終結し，朝鮮が日本の植民地支配から解放されると，朝鮮半島は北緯38度線を境に北部をソビエト連邦(ソ連)，南部をアメリカ(合衆国)に占領され，分断された。1948年にはそれぞれが朝鮮民主主義人民共和国(北朝鮮)と大韓民国として独立し，1950年には北朝鮮が韓国に侵攻《しんこう》して朝鮮戦争が始まったが，1953年に休戦協定が結ばれ，現在にいたる。よって，「う」が誤っている。

理　科　(30分)　<満点：60点>

解　答

Ⅰ　**問1**　イ　**問2**　ア，エ　**問3**　①　見られる　②　見られない　**問4**　砂糖…9.9ｇ，水…485.1ｇ　**問5**　オ　**問6**　え，き，く　**問7**　ガラス棒　**問8**　①　ウ　②　カ　**問9**　(例)　デンプンのつぶがろ紙を通りぬけられるくらい小さくなっている。

Ⅱ　**問1**　①　ア　②　ア　③　ア　④　イ　⑤　イ　⑥　ア　**問2**　A　**問3**　B　**問4**　B　**問5**　ア，カ　**問6**　b　**問7**　0.25秒　**問8**　ウ，イ，ア，エ

Ⅲ　**問1**　B，D　**問2**　左心室　**問3**　①　イ　②　イ　**問4**　52.5秒後　**問5**　6L　**問6**　1.04％　**問7**　①　G　②　なし　③　E　④　E

Ⅳ　**問1**　イ　**問2**　ウ　**問3**　ウ　**問4**　エ　**問5**　エ　**問6**　イ　**問7**　はくちょう座，こと座

解　説

Ⅰ　ものの溶《と》け方についての問題

問1　水と砂糖水では密度(1 cm^3あたりの重さ)が異なり，光が屈折《くっせつ》する度合いが異なるため，砂糖水があるところがモヤモヤして見える。ティーバッグのまわりの水に砂糖が溶けこんで砂糖水になると，密度が水よりも大きくなるため，ゆっくり下に下がっていき，その部分がモヤモヤして見える。

問2　砂糖は目に見えないくらい小さなつぶとなって水の中に溶けこむ。ティーバッグを静かに取り出した直後は，ティーバッグのまわりから下がってきた砂糖水，つまり水に溶けこんでいる砂糖のつぶの多くが底の方にたまっており，底の方が濃《こ》くなっている。なお，しばらく放置しておくと，砂糖のつぶが全体に散らばっていき，砂糖水全体の濃さが均一になっていく。

問3　モヤモヤしたものは，密度の異なる液体が混在して，光の屈折の度合いにちがいが生じるために見られる。よって，異なる濃さの液体を加えたときには見られると考えられる。

問4　水を液体Aとして3つ，液体Bとして3つ用意すると，全部で，50×3＋5×3＝165(ｇ)

が必要となる。また，１％砂糖水と５％砂糖水もそれぞれ165ｇを用意することになる。１％砂糖水165ｇに溶けている砂糖は，165×0.01＝1.65（ｇ），５％砂糖水165ｇに溶けている砂糖は，165×0.05＝8.25（ｇ）なので，砂糖は全部で，1.65＋8.25＝9.9（ｇ）が必要になる。したがって，用意する水は，165×３－9.9＝485.1（ｇ）である。

問５　水を０％砂糖水と見なすと，実験２の結果から，同じ濃さの組み合わせではモヤモヤしたものが見られなかったが，異なる濃さの組み合わせではモヤモヤしたものが見られたといえる。

問６　入れる液体Ｂがビーカーの液体Ａよりも濃いときは，液体Ｂが液体Ａの中をしずんでいくので，モヤモヤしたものは下の方に見られる。一方，入れる液体Ｂがビーカーの液体Ａよりもうすいときは，液体Ｂが液体Ａにうくようになるため，モヤモヤしたものは上の方に見られる。したがって，ここでは液体Ａの方が液体Ｂよりも濃い組み合わせを選ぶ。

問７　ろ過において，ろうとに液体を注ぐさいには，液体が飛び散らないようにするため，ガラス棒に伝わらせながら注ぐ。

問８　かたくり粉（デンプン）は冷水には溶けないので，ろ過をすると，ろ紙の上にかたくり粉が残り，ろ液として水がたまる。よって，ろ液は無色透明《とうめい》である。また，これにヨウ素液を加えると，ヨウ素液がうすまるだけなので，ヨウ素液の色（かっ色）をした透明な液体となる。

問９　ヨウ素液の反応から，ろ液にはデンプンが含まれていることがわかる。したがって，熱湯に入れた場合には，デンプンのつぶがろ紙のすき間を通りぬけられるくらい小さくなったと考えられる。

Ⅱ　電流と発熱，発電についての問題

問１　①～③　たとえばＡ，Ｂのどちらにも１Ａの電流が流れているときは，Ａに加わる電圧（12Ｖ）の方がＢに加わる電圧（６Ｖ）よりも大きく，Ａの温度変化（８℃）の方がＢの温度変化（４℃）よりも大きくなっている。この関係はＡ，Ｂのどちらにも1.5Ａの電流が流れているときも同様である。したがって，電熱線を流れる電流が同じであれば，電圧が大きいほど水の温度変化が大きくなることがわかる。　④～⑥　たとえばＡ，Ｂのどちらにも６Ｖの電圧が加わっているときは，Ａに流れる電流（0.5Ａ）の方がＢに流れる電流（１Ａ）よりも小さく，Ａの温度変化（２℃）の方がＢの温度変化（４℃）よりも小さくなっている。この関係はＡ，Ｂのどちらにも12Ｖの電圧が加わっているときも同様である。よって，電熱線に加わる電圧が同じであれば，電流が大きいほど水の温度変化が大きくなるといえる。

問２　Ａ，Ｂのどちらにも同じ電流が流れているのだから，加わる電圧はＡの方が大きく，水の温度変化もＡの方が大きい。

問３　Ａ，Ｂのどちらにも同じ電圧が加わるので，流れる電流はＢの方が大きく，水の温度変化もＢの方が大きくなる。

問４　太さの異なる電熱線に同じ電圧を加えたとき，電熱線の太さが太いほど，電気抵抗《ていこう》の大きさが小さくなるので，流れる電流が大きくなる。よって，Ａ，Ｂのどちらにも同じ電圧を加えたときにはＢの方が流れる電流が大きくなったのだから，Ｂの方が太いと考えられる。

問５　巨大なモーターといえる発電機を回すために，風力発電では風の力，火力発電と原子力発電では蒸気の力，水力発電では落ちる水の力を利用している。太陽光発電や燃料電池にモーターのようなしくみはない。

問６　おもりが落ちる距離《きょり》は100cmで同じなので，おもりが落ちるのにかかった時間の短い方が，軸《じく》が速く回転し，流れる電流が大きくなる。

問７　軸の円周は，１×3.14＝3.14(cm)なので，軸は８秒間で(100÷3.14)回転したことになる。よって，軸が１回転するのにかかる時間は，８÷(100÷3.14)＝0.2512より，0.25秒と求められる。

問８　手回し発電機の場合，つないだ回路に流れる電流が大きくなるほど，ハンドルを回す手ごたえが大きくなる。このことを参考にすると，回路に流れる電流が大きくなるほど，モーターの軸が回りにくくなり，おもりが100cm落ちるのにかかる時間が長くなると考えられる。アと比べ，イは流れる電流が小さく，ウでは電流は流れない。また，エでは非常に大きな電流が流れるので，おもりが100cm落ちるのにかかる時間の短い順(流れる電流が小さい順)は，ウ→イ→ア→エとなる。

Ⅲ　血液の循環《じゅんかん》と臓器のはたらきについての問題

問１　動脈血は，肺から心臓を経て全身へ向かう血液にあたるから，肺から心臓へ向かう血液が流れるＢの肺静脈や，心臓から全身へ向かう血液が流れるＤの大動脈を流れている。

問２　左心室は血液を全身に送り出す部屋で，強い圧力をかけて血液をおし出すため，ほかの部屋に比べて壁《かべ》(筋肉)が厚くなっている。

問３　エラには非常に多くの細い血管が集まっているので，エラを通ったあとの血液の勢いは弱くなる。また，カエルなどの両生類の心臓では心室で動脈血と静脈血が混じってしまうため，心室から送り出される血液は肺からもどった血液と比べて酸素の割合が小さくなる。

問４　体重50kgのヒトの血液量は，50×0.07＝3.5(kg)，つまり3.5Ｌであり，ここではその3.5Ｌの血液が左心室から送り出されるのにかかる時間を求めればよいから，60×$\frac{3.5}{4}$＝52.5(秒後)となる。

問５　左心室が送り出す血液量は，１分(60秒)間あたり４Ｌなので，１時間(60分)あたりでは，４×60＝240(Ｌ)となる。このうちじん臓に流れこむのは，240×0.25＝60(Ｌ)で，この10％が原尿《げんにょう》となるので，60×0.1＝６(Ｌ)と求められる。

問６　問５より，１日(24時間)につくられる原尿は，６×24＝144(Ｌ)であるから，1.5÷144×100＝1.041…より，原尿の約1.04％が尿になることがわかる。

問７　①　小腸で養分を吸収した血液は，Ｇの門脈を通ってかん臓に送られ，そこで養分の一部がグリコーゲンとしてたくわえられる。　②　かん臓でつくられた胆汁《たんじゅう》は胆管を通って十二指腸に分泌《ぶんぴつ》される。血液にはふくまれていない。　③　かん臓には血液中の有害物質を分解するはたらきがあるので，かん臓から出た血液は有害物質が少ない。したがって，その血液が通るＥが選べる。　④　血液中の糖分が少なくなると，かん臓ではたくわえているグリコーゲンを糖分にし，血液中に供給する。このとき，かん臓から出た血液(つまりＥを通る血液)に糖分が多くふくまれる。

Ⅳ　星座の見え方についての問題

問１　太陽は，１月にはいて座の方向に見え，２月にはやぎ座の方向に見えること，また，地球は１年(12か月)で１周し，３か月では$\frac{1}{4}$周することから，月ごとの地球の位置は右の図のように表すことができる。したがって，地球が太陽の周りを回る向きはイの方向(図では反時計回り)とわかる。

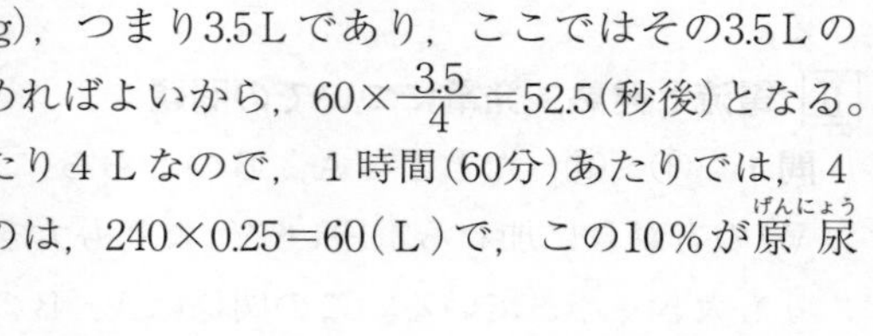

問２　いて座が午前０時ごろに真南にくるのは，地球から見て，いて座が太陽と正反対の方向にあ

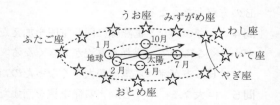

るときである。よって，７月と考えられる。

問３　地球から見て，やぎ座の方向はいて座の方向から東に約30度ずれている。地球は西から東へ２時間あたり約30度自転しているから，７月にやぎ座が真南に見えるのは，いて座が真南に見えたときの約２時間後にあたる午前２時となる。

問４　１月の地球の位置から見て，ふたご座は太陽と正反対の方向にある。したがって，南の空に見られるのは午前０時ごろである。

問５　おとめ座と太陽が同じ方向に見られる地球の位置を考えればよく，10月となる。

問６　うお座が太陽の近くに見えるのは４月である。また，うお座のある星が真南に見えたときの高さは，すぐ近くの太陽が南中したときの高さとほぼ同じになる。よって，春分の日や秋分の日のころの太陽の南中高度に近いといえる。

問７　夏の大三角を作るのは，わし座のアルタイル，こと座のベガ，はくちょう座のデネブである。

国　語　(50分)　＜満点：100点＞

解　答

一 **問１**　下記を参照のこと。　**問２**　**A**　喜　**B**　楽　**問３**　(例)　人は仲間のためになることをしたり，人に何かを手伝ってもらったらそのお礼をしたりして，だれもが必ず仲間とともに暮らしているということ。　**問４**　(例)「それ」とは自分だけの時間を使うときに，お金を使うことで自分のやりたいことをたくさんつめこもうとする考え方のことである。その考え方が，自分だけの時間をつくるときの考え方と，時間をお金で買い，少ない時間にできるだけ多くのことをこなそうという点で同じだということ。　**問５**　(例)　他人と共有する時間を，他人に邪魔された時間と考えるようになると，お金を使ってその時間をできるだけ短く効率的にすませようとしてしまう。その結果，生み出された「自分の時間」にもできるだけぜいたくにたくさんのことをするのがよいと思うようになり，どこまでいってもきりがないので満足できない。しかも，「自分の時間」を充実させようとしたところで，そもそも人間は他人とかかわり合い，共感しながら暮らしていくものなので，その部分が節約されてしまっては，いくら「自分の時間」を増やしたくさんのことをしても，かえってひとりぼっちの気持ちが強まってしまい，幸せな時間を過ごすことができないため。

二 **問１**　**a**　イ　**b**　エ　**c**　ア　**問２**　(例)　孫の最期を知りたかったが，伍長の話によって，自らすすんで命がけでなどという話ではなく，軍の作戦遂行のために都合よく利用された形で飛び立っていったのだとわかった。自分の孫もまたそのように死んだのだと思うと，強い憤りと悲しみで胸がいっぱいになった。　**問３**　(例)　戦闘に不向きな練習機までも使わなければならないなど，実戦向きの飛行機に不足するほどに日本は追いつめられているというようす。　**問４**　(例)　自分は本来ならば，仲間たちと一緒に昨日死ぬはずだったのに，機械の故障のせいで一人だけ生き残ってしまった。傍線部③では，自分一人だけが死ぬという使命を果たすことができず，さらに貴重な飛行機を失ってしまったことに罪悪感を抱き，まだ生きている自分は許されないのだと感じ，思いつめていた。しかしカミに「ここにいれば」「隠れていれば」と思いがけないことを言われたことで早く自分も死ななければならないという追いつめられた思いから解放され，傍線部④では，ああこの親子に会えてよかった，生きていてよかったと，生きている自分を受け入れることができた。　**問5**　神さま　**問6**　（例）　伍長の話を聞く前は，出征する人に対してがんばれと手を振り，送りだすことは，彼らを応援するためにみんなやっているあたりまえのことだと思っていた。しかし，伍長の話を聞くことで，それは無自覚であったとしても，立派に死ぬことを願う呪いをかけていたのと同じであると気づき，自分が戦死した父や兄に対して生きて帰ってほしいと思っていたにもかかわらず，彼らの死を願いながら送りだしてしまったのだと深く後悔をした。そして，たとえみんながやっていたとしても自分はもう決して手は振らない，だれの死も願わないと決意するようになった。

●漢字の書き取り

□一 **問1**　a　明後日　b　物資　c　周囲　d　貸(す)　e　過程

解説

□一 **出典は山極寿一《やまぎわじゅいち》の『ゴリラからの警告「人間社会，ここがおかしい」』による。**人間は他人とかかわり合ってともに暮らしていくものなので，時間を節約して自分の時間を充実《じゅうじつ》させようとしても，かえって孤独を感じ，幸せを感じることはできないと述べられている。

問1　a　明日の次の日。　b　生活に必要な物。　c　身のまわり。　d　音読みは「タイ」で，「貸借」などの熟語がある。　e　物事が進む途中《とちゅう》の段階。

問2　A，B　「喜怒哀楽《きどあいらく》」は，喜び・怒《いか》り・哀《かな》しみ・楽しさといった，さまざまな人間の感情。

問3　前後から読み取る。アフリカの森に行ったとき，筆者は仲間のためになることをしたり，農作業を手伝ってもらったらお礼に肉をとり分けて返したりしていた。このように，「人間の使う時間」は「必ず他者とつながって」おり，「仲間の時間と速度を合わせ」，ともに暮らしていかなければならないので「自分だけでは使えない」のだと言っている。

問4　同じ段落の内容を整理する。「それ」は，自分だけの時間を効率的に使い，その時間内に，稼《かせ》いだお金でしたいことをできるだけたくさんつめこもうとする考え方を指す。「時間を節約」して自分だけの時間をつくることは，物資の流通や情報技術の高度化によって，時間をお金で買って少ない時間にできるだけ多くのことをこなそうとすることで可能になるが，自分だけの時間を効率化する考え方とその点で同じだというのである。

問5　常にだれかと分かち合う時間のなかで暮らし，うっとうしくなったりストレスを高めたりした人間は，他人と共有する時間を他人に邪魔《じゃま》された時間と考えるようになり，お金を使ってそれを短く効率的に，時間を節約しようとする。そうすることで「自分の時間」が生み出されるが，その時間にもできるだけぜいたくにたくさんのことをしたいと考えるようになり，満足することがない。しかも，傍線《ぼうせん》部③の直後に，人間はそもそも「ひとりで時間を使うようにできていない」とあるとおり，人間は他人とかかわり合い，共感しながら暮らしていくもので，その部分が節約されてしまっては，いくら「自分の時間」を増やして多くのことをして充実させようとしたところで，かえって「孤独《こどく》」感を強める結果となり，幸福からは遠ざかっていくのだとしている。

□二 **出典は中脇初枝《なかわきはつえ》の『神に守られた島』による。**「ぼく」たちの暮らす島に不時着した特攻《とっこう》隊員の伍長《ごちょう》は生きていることに罪悪感を抱《いだ》いていたが，カミの言葉で生きている自分を受け入れ，カミは伍長の話から，手を振《ふ》って戦場に送りだすのは立派に死ねという呪《のろ》いをかけるのと同じだと悟《さと》る。

問1　**a**　直前で，答えにくいことを聞かれた伍長はとぎれとぎれに話しているので，“とぎれて，とどこおりながら”という意味の「つっかえつっかえ」が合う。　**b**　特攻を希望しないことを明確に示した者の意思が無視され，成績順に攻撃《こうげき》隊員に指名されたという衝撃《しょうげき》的な内容であったにもかかわらず，伍長は冷静に話をつづけたのだから，「淡々《たんたん》と」が入る。　**c**　「ぼく」は，手を振ってくれた伍長にこたえなかったカミを責めたのだから，「非難がましく」がよい。

問2　ここまでのじゃーじゃと伍長の会話から読み取る。どうして伍長が特攻に志願したのかをじゃーじゃが知りたがったのは，特攻で戦死した孫の最期《さいご》について知りたかったからにほかならない。だが，特攻を希望せず「白紙で提出」した者も，自分もふくめ「家庭の事情」を抱《かか》えた者の名前も「攻撃隊員名簿《めいぼ》」に入れられたという話を伍長から聞き，隊員たちが軍の作戦遂行《すいこう》のために都合よく利用され，飛び立っていったことを知った。自分の孫も，自ら進んで命がけで志願したわけではないまま若い命を散らすことになったのかと，その無念を思うとじゃーじゃは強い憤《いきどお》りと悲しみで胸がいっぱいになり，思わずにぎったこぶしをぶるぶると震《ふる》わせたものと考えられる。

問3　特攻隊が編成されたのは，戦争を続ける能力を日本が失いつつあり，もはや通常の戦法では戦果が期待できなくなった時期である。速度がほとんど出ない練習機は戦闘《せんとう》には当然不向きだが，実戦向きの飛行機が不足するほど，日本は当時追いつめられていたことがうかがえる。

問4　傍線部③の前には，「最初で，それで最後の長距離《きょり》飛行になるはずだったのに」「ぼくはこんなところで生きている」とあり，後では「昨日，一緒《いっしょ》に出撃したみんなは沖縄に辿《たど》り着いて突入《とつにゅう》している。ぼくも昨日，みんなと一緒に死ぬはずだったのに」と書かれている。ここでは，ほかの隊員と共に戦死するはずだったのに機械の故障のせいで生き残ってしまったこと，自分一人だけが死ぬという使命を果たせず，そのうえ貴重な飛行機を失ってしまったことに罪悪感を抱き，生きている自分は許されないと思いつめる伍長の姿が描《えが》かれている。しかし，カミに「もうヤマトゥに戻《もど》らないで，ずっとここにいれば？　戦争が終わるまで隠《かく》れていれば？」と言われた伍長は，国のため，先に死んでいった仲間のため，自分も早く死ななければ申しわけないという追いつめられた思いから解放され，涙《なみだ》を流している。そして傍線部④では，「生きてください」と言ったカミの母とカミに会えたことで，生きている自分を受け入れることができるようになっている。

問5　特攻隊員は，本来ならば任務を成功させて見事な戦死をとげることが期待される存在であり，国に命をささげるために「神さま」扱《あつか》いされていた。だが，「生きててよかった」と話す伍長は自分を人間らしく受け入れているので，「神さま」ではなくなったのだと考えられる。

問6　本文の最後のほうで，伍長と別れるときに手を振らなかった理由を聞かれたカミは，父や兄を送りだしたときには，生きて帰ってほしいと思っていたにもかかわらず手を振り，それが彼《かれ》らの死を願うものだとは自覚することなく「お国のためにがんばってきてね」と送りだしてしまい，ふたりは戦死してしまったと深く後悔《こうかい》している。こう思うようになったのは伍長の話を聞いたからで，それまでは出征《しゅっせい》する人に「がんばってね」と手を振って送りだすことは，彼らを応援《おうえん》するためにみんながやっているあたりまえのことだとカミは思っていた。だが，成功を祈《いの》って送りだす人たちは，彼らに立派に死ねと願う呪いをかけているのと同じだという伍長の話を聞いたカミは，「ぎゅっとこぶしを握《にぎ》」り，たとえみんながやっていたとしても，人の死を願うようなことは絶対にしないと決意したのである。

Dr.福井の 入試に勝つ！脳とからだのウルトラ科学

意外！　こんなに役立つ“替え歌勉強法”

病気やケガで脳の左側（左脳）にダメージを受けると，字を読むことも書くことも，話すこともできなくなる。言葉を使うときには左脳が必要だからだ。ところが，ふしぎなことに，左脳にダメージを受けた人でも，歌を歌う（つまり言葉を使う）ことができる。それは，歌のメロディーが右脳に記憶されると同時に，歌詞も右脳に記憶されるからだ。ただし，歌詞は言葉としてではなく，音として右脳に記憶される。

そこで，右脳が左脳の10倍以上も記憶できるという特長を利用して，暗記することがらを歌にして右脳で覚える“替え歌勉強法”にトライしてみよう！

歌のメロディーには，自分がよく知っている曲を選ぶとよい。キミが好きな歌手の曲でもいいし，学校で習うようなものでもいい。あとは，覚えたいことがらをメロディーに乗せて替え歌をつくり，覚えるだけだ。メロディーにあった歌詞をつくるのは少し面倒かもしれないが，つくる楽しみもあって，スムーズに暗記できるはずだ。

替え歌をICレコーダーなどに録音し，それを何度もくり返し聞くようにすると，さらに効果的に覚えることができる。

音楽が苦手だったりして替え歌がうまくつくれない人は，かわりに俳句（川柳）をつくってみよう。五七五のリズムに乗って覚えてしまうわけだ。たとえば，「サソリ君，一番まっ赤は，あんたです」（さそり座の１等星アンタレスは赤色――イメージとしては，運動会の競走でまっ赤な顔をして走ったサソリ君が一番でゴールした場面）というように。

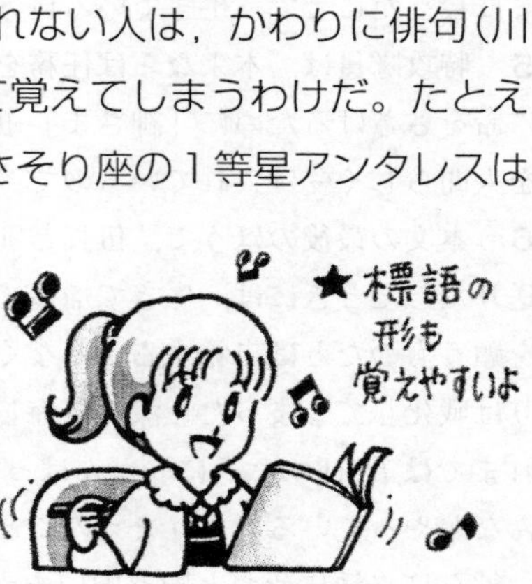

Dr.福井《ふくい》（福井一成《かずしげ》）…医学博士。開成中・高から東大・文Ⅱに入学後，再受験して翌年東大・理Ⅲに合格。同大医学部卒。さまざまな勉強法や脳科学に関する著書多数。

2018年度　桜 蔭 中 学 校

〔電　話〕 (03) 3811－０１４７
〔所在地〕 〒113-0033　東京都文京区本郷１－５－25
〔交　通〕 JR線─「水道橋駅」より徒歩５分　都営三田線─「水道橋駅」より徒歩２分
東京メトロ丸ノ内線─「本郷三丁目駅」より徒歩８分

【算　数】 (50分)〈満点：100点〉

(注意) 円周率を用いるときは，3.14としなさい。

Ⅰ　次の $\square$ にあてはまる数を答えなさい。ただし，(3)(ウ)については曜日を答えなさい。

(1) $\dfrac{5}{24}-\boxed{}\times\left(0.875+1\dfrac{9}{16}\right)+\dfrac{5}{56}\div2.5=\dfrac{11}{168}$

(2) ① ある整数 n を２回かけてできた数を10で割った余りを $<n>$ と表すことにします。
たとえば，$2\times2=4$ なので $<2>=4$
$7\times7=49$，$49\div10=4$ 余り９なので $<7>=9$ です。
このとき，１から127までの整数で，$<n>=4$ となる整数 n は $\square$ 個あります。

② ある整数 n を２回かけてできた数を15で割った余りを $\ll n\gg$ と表すことにします。このとき17を17回かけた数を m とすると，$\ll m\gg=\square$ です。

(3) 47人のクラスで，５月７日月曜日から出席番号順に７人ずつ教室そうじをします。つまり，５月７日は１番から７番，５月８日は８番から14番の人がそうじをします。日曜日と祝祭日はそうじはしません。５月７日にそうじをした７人がそろって次にそうじをするのは $\boxed{(ア)}$ 月 $\boxed{(イ)}$ 日 $\boxed{(ウ)}$ 曜日です。

Ⅱ　(1) 半径が３cmの円Aと，１辺の長さが６cmの正方形Bを用いてできる次の３つの図形をA＋A，A＋B，B＋Bと呼ぶことにします。

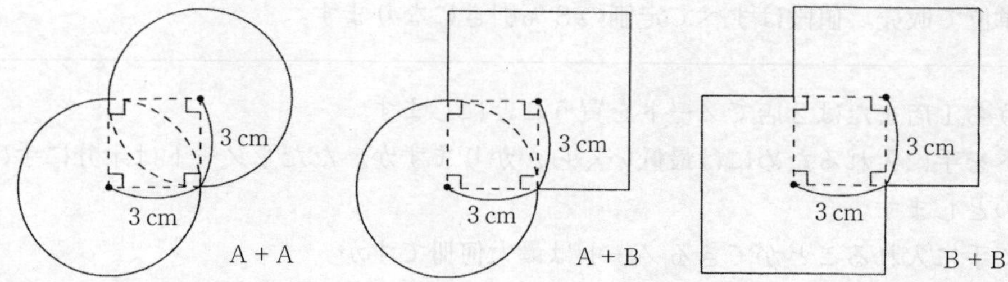

このとき，次の問いに答えなさい。

① A＋A，A＋B，B＋Bの面積はそれぞれ何 cm^2 ですか。

② 同じように，AとBを合わせて10個用いて，右のような図形を作ります。両端《りょうたん》にAを使うとき，Bをできるだけ少なく使って面積が $250cm^2$ 以上の図形を作るには，Bを何個使いますか。また，作った図形の面積は何 cm^2 ですか。

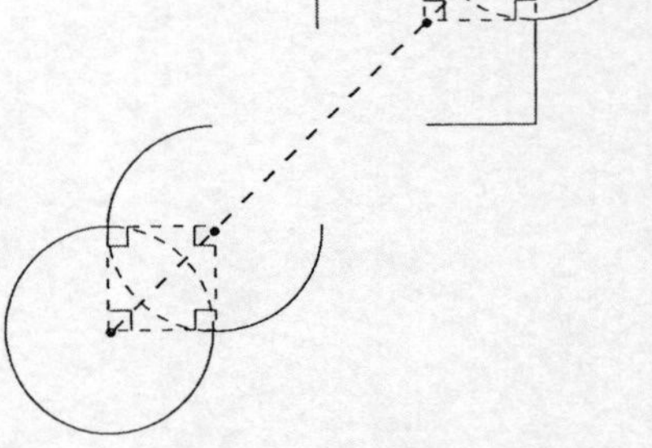

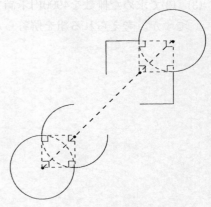

(2)　同じ大きさの白と黒の正三角形の板がたくさんあります。下の図のように白い板を24枚すきまなく並べて正六角形を作ります。

次に，24枚のうち何枚かを黒い板と取りかえます。このとき，正六角形の模様は何通り作れますか。ただし，回転させて同じになるものは同じ模様とみなします。また，正六角形を裏返すことはしません。

①　24枚のうち１枚を取りかえたとき

②　24枚のうち２枚を取りかえたとき

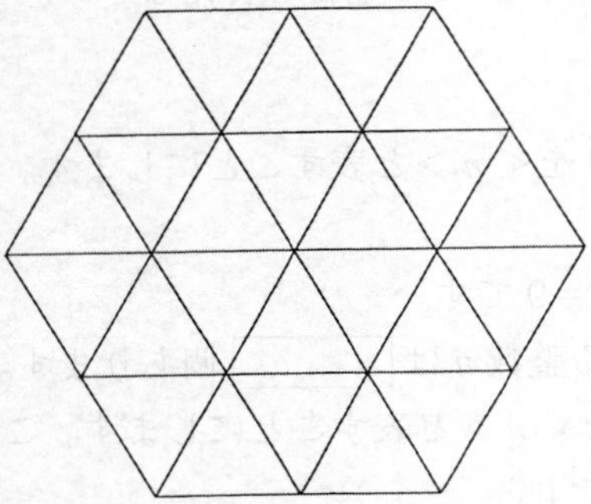

Ⅲ　１冊あたりの税こみ定価が100円のノートをＡ店，Ｂ店，Ｃ店で売っています。売り方は次の通りです。

Ａ店：10冊を束にして１束目は1000円で販売《はんばい》。２束以上買うと，２束目からは800円で販売。１冊単位では買えません。 Ｂ店：１冊単位で定価で販売。10冊買うごとに２冊のおまけがつきます。 Ｃ店：１冊単位で販売。値段はすべて定価の８％引きになります。

今，３店のうち１店または２店でノートを買うことにします。

(1)　20冊のノートを手に入れるためには最低いくらかかりますか。ただしノートは余分に手に入れてもよいものとします。

(2)　4900円以内で手に入れることができるノートは最大何冊ですか。

(3)　(2)で求めた冊数を4900円未満で手に入れるとき，それぞれの店で何冊ずつ手に入れればよいですか。考えられる組を解答らんにすべて書きなさい。解答らんは全部使うとは限りません。

Ⅳ　右の図のように，立方体A，Bをはなれないようにくっつけて重りを作り，直方体の透明な水そうの中にひもでつるします。

重りの下の面は水そうの底面から5cmのところにあり，常に水そうの底面と平行です。

水そうの中は，最初水で満たされていて，底面の排《はい》水口から毎秒$50cm^3$の割合で排水します。また，排水を始めると同時に，重りをつるしたひもを毎秒$\frac{1}{2}$cmの速さで上にひきあげます。ただし，水の浮力やひもの体積，水そうの厚みは考えないものとします。ひもはのびたり，たるんだりしません。

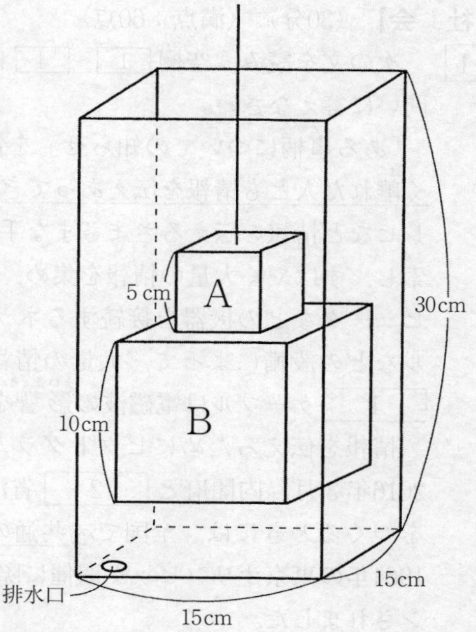

(1)　水面の高さがAの上の面より1cm上になるのは，排水を始めてから何秒後ですか。

(2)　水面の高さがAの上の面より1cm上になったとき，今度はひもを毎秒$\frac{1}{2}$cmの速さで下ろすことにします。排水は変わらずに続け，重りは排水口をふさぎません。重りが水そうの底面に着地した後は，ひもを動かさず，排水だけ続けます。

①　重りが水そうの底面に着地したとき，水面は水そうの底面から何cmのところにありますか。

②　排水を始めてから75秒後，残っている水の体積は何cm^3ですか。このとき，水面は水そうの底面から何cmのところにありますか。

【社　会】（30分）〈満点：60点〉

I　次の文を読み，空欄《くうらん》［1］～［4］に適する語句をそれぞれ答え，下線部①～⑤について後の問いに答えなさい。

「ある事柄《ことがら》についての知らせ」を情報といい，①私たちは交通手段や郵便などによって，遠く離《はな》れた人とも情報を伝えあってきました。今では，電話やファクシミリ，無線，ラジオ，テレビなど情報を伝えるさまざまな手段があります。インターネットを使って知りたい情報を検《けん》索《さく》し，すばやく大量の情報を集め，伝えあうこともできます。インターネットは世界中のコンピュータなどの機器を接続するネットワークです。通信衛星や［1］を使った海底ケーブルなどの設備によって，大量の情報を遠く離れた地域に瞬時《しゅんじ》に伝えることができます。特に［1］ケーブルは電磁波の影響《えいきょう》を受けず，高速で信号を送れるために急速に広まっています。

情報を伝えるためにピクトグラムとよばれる絵文字，絵単語が使われることもあります。2016年３月，内閣府と［2］省消防庁は，地方公共団体に災害時の避難《ひなん》場所などの表示板をつくるときには，全国で②共通のピクトグラムを使用するように通知しました。日本では1964年の東京オリンピック開催《かいさい》に際して，競技種目や施設《しせつ》を示すためにピクトグラムがデザインされました。

地図にもさまざまな記号が使われています。現在，すべての日本の③地図の基礎《きそ》となるものを国土地理院が作成しています。地図は地表の状況《じょうきょう》を一定の縮尺に縮小して紙などにあらわします。地図記号を使うと，地図が文字だらけになって見にくくなるのを防げます。また縮小すると小さくなりすぎてあらわせないものも，地図記号を使って表示することができます。地名や経緯度《けいいど》などのように，実際の地表上では④目に見えないものを記号や線で示すこともあります。国土地理院作成の地図記号は，時代に応じて少しずつ変化してきました。

近年，⑤観光産業をさかんにする取り組みが進み，日本を訪《おとず》れる外国人が増加しています。2016年は中華人民共和国《ちゅうかじんみんきょうわこく》，［3］，台湾《たいわん》，香港《ほんこん》，アメリカ合衆国の順に多くの外国人が日本を訪れ，全体で2400万人を超《こ》えました。外国人旅行者のさらなる増加が期待され，2020年のオリンピック・［4］東京大会開催に向けて，外国人にもわかりやすい地図記号もつくられました。

問１　下線部①について，次の表は福島県，東京都，神奈川県，島根県について，今日の交通や情報通信に関《かか》わる統計をまとめたものです。福島県にあてはまるものを次の あ～え から１つ選び，記号で答えなさい。

	乗用車の100世帯あたり保有台数（台）2016年	携帯《けいたい》電話の100人あたり加入件数（件）2016年	情報通信機械器具製造品出荷《しゅっか》額等（億円）2014年
あ	157.1	97.6	7526
い	45.2	313.5	8785
う	72.4	111.8	8262
え	141.2	97.1	1314

データでみる県勢2018（矢野恒太記念会）

問２　下線部②について，次のピクトグラムが示す災害の種類を漢字３文字で答えなさい。

問３　下線部③について，次の地図は，国土地理院発行の縮尺25000分の１の地形図『鏡』の一部を改変したものです。地図を見てａ～ｄの問いに答えなさい。

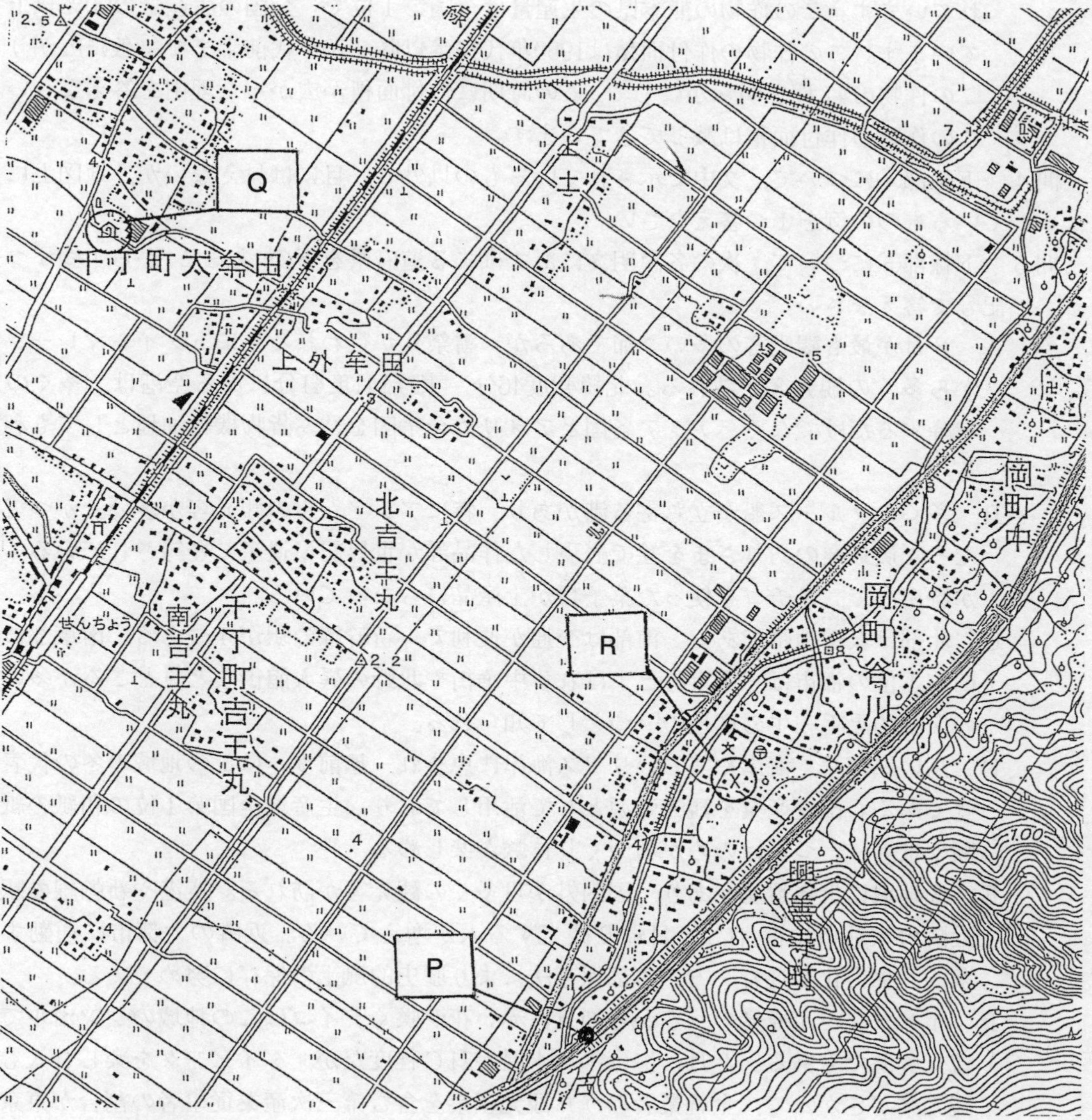

ａ　地図中の地点**Ｐ**から見て，神社はどの方向にあるか，次の あ～く から１つ選び記号で答えなさい。

あ　北　　い　東　　う　南　　え　西

お　北東　　か　南東　　き　南西　　く　北西

b　地図中の記号Q  とR X は何をあらわしているか，それぞれ記号名を答えなさい。

c　地図を見て次の文中の空欄（　）に適する語句を漢字で答えなさい。すべての空欄に同じ語句が入ります。

自動車専用道路が山地と低地の境界を通っており，山地と低地の境界は直線になっている。これは，山地と低地が（　　）で区切られているからである。2016年４月，この（　　）帯の北端《ほくたん》が動き，さらにその北にある（　　）帯の活動によって震度《しんど》７の熊本地震《じしん》が起こった。

d　地図中の II で示された農地では，12月に苗《なえ》を植え，６～７月に収穫《しゅうかく》する作物も栽培《さいばい》されています。この作物の熊本県の生産量は全国第１位で，全国の生産量の90％以上を占《し》めています。この作物の作付面積は1950年代後半以降，70年代前半まで急激に広がりました。この作物の名称《めいしょう》を明らかにして，この時期に作付面積が広がった理由を答えなさい。近年，この作物の作付面積は減ってきています。

問４　下線部④について，文中で示されているもの以外で，目には見えないが，地図上に描《えが》かれているものの例を１つ答えなさい。

問５　下線部⑤について，次の各説明文にあてはまる道府県を下の あ～こ から１つずつ選び，記号で答えなさい。

A　８月が最も観光客の多い季節であるが，雪祭りが行われる冬にもタイやマレーシアなどから多くの観光客が訪れる。北緯《ほくい》42度46分，東経141度41分にある空港は，多くの旅客《りょかく》が乗降するだけでなく，アジア各国とアメリカ合衆国を結ぶ貨物機給油地としても利用される。

B　多くのクルーズ船が立ち寄る港があり，特にアジアからの観光客が多い。かつてさかんだった炭鉱業のありさまを絵で表現した作品群が世界記憶《きおく》遺産に登録されている。イチゴが特産品で，イチゴを使った菓子類《かしるい》が土産品《みやげひん》にもなっている。

C　北部は豪雪《こうせつ》地帯である。南部は交通が便利で，新幹線の駅が４つある。南東部にある人口第１位の都市は，南京町とよばれる中華街や北野の異人館街など見どころが多い。日本の伝統的黒毛和牛の産地の一つとして知られる。

D　高い崖《がけ》が続く海岸や美しいリアス海岸に恵《めぐ》まれ，越前《えちぜん》ガニはこの地域の冬の代表的な味覚である。伝統産業を観光資源として活用しており，生産量全国第１位の和紙の紙すき体験や世界に一つだけのめがねづくり体験が楽しめる。

E　３地域に世界遺産があり，国内外から多くの観光客が訪れる。空港や新幹線の駅はなく，近隣《きんりん》の大都市に宿泊《しゅくはく》して日帰り観光する人が増えている。近隣の大都市に通勤する人も多く，都市化が進む一方，古都保存法により歴史的風土の保存に努めている。

F　インドなどが原産の，春から初夏に赤い花が咲《さ》くデイゴはこの地域のシンボルであり，観光資源でもある。２月の海は平均水温が21℃程度だが，ダイビングを楽しむ人もいる。観光業がさかんで，全就業者のうち観光産業を含《ふく》む第三次産業従事者の割合が東京都に次いで高い。

あ　秋田県　　い　兵庫県　　う　沖縄県　　え　京都府　　お　岩手県
か　奈良県　　き　福井県　　く　福岡県　　け　北海道　　こ　鹿児島県

Ⅱ　次の文を読み，空欄【A】～【I】に適するものをそれぞれの選択肢《せんたくし》から1つずつ選び記号で答え，空欄 1 ～ 4 には適する語句をそれぞれ漢字で答えなさい。さらに下線部①～⑨について後の問いに答えなさい。

細菌《さいきん》，ウイルスなどの感染《かんせん》によって起こり，人から人へ次々と移る病気は，伝染病《でんせんびょう》とよばれてきました。1998年に感染症《しょう》法が制定され，それ以降は，感染症というよび方が一般化《いっぱんか》しています。

古くから感染症は，多くの人々の命を奪《うば》い恐《おそ》れられてきました。このため，いろいろな風習や文化が生まれています。正月に屠蘇《とそ》を飲んだり，七草がゆを食べたり，五月に菖蒲湯《しょうぶゆ》に入るといった風習は，感染症を避《さ》けるために①季節ごとに宮中で行われていたものが，一般の人々にも広がったものです。

感染症の流行を防ぐための祭りも，行われてきました。古代にはうらみを残して死んだ人が怨霊《おんりょう》になると信じられ，怨霊のたたりが感染症の流行を引き起こすと考えられました。このため9世紀に，怨霊のたたりを鎮《しず》めるための祭りが始まりました。この祭りは室町《むろまち》時代に応仁《おうにん》の乱で一度すたれましたが，富裕《ふゆう》な町衆たちの手によって復興されています。この祭りが現在まで京都で続く【 A 】です。こうした感染症と人類の関係をふり返ってみましょう。

人類の間に感染症が拡大したのは，文明が発達した頃《ころ》と考えられます。一定の人口に達すると，感染症の流行は始まります。【 B 】が始まり，人口が増えた頃，感染症の流行が起こり出したと考えられています。しかも【 B 】が始まると人々は定住を始め，糞便《ふんべん》による感染の危険も高まりました。また【 B 】を始めた頃，野生動物を家畜化《かちくか》したため，動物に起源をもつウイルスが人類の病気となっていきます。天然痘《てんねんとう》，麻疹《はしか》，インフルエンザなどです。

日本では②弥生《やよい》時代の人骨に，結核のあとが残っているものがあります。結核は弥生時代に大陸からやってきた渡来人《とらいじん》たちによってもたらされ，古墳《こふん》時代に日本に広まりました。平安時代には貴族の女性である 1 が，「春はあけぼの」という書き出しで知られる随筆《ずいひつ》のなかで，「病は胸」と記していますが，この胸の病の多くは結核だったと考えられています。その後も感染力が強い結核は，多くの人の命を奪っていきました。近代産業が発達すると都市に人口が集まり，非衛生的で過酷《かこく》な労働環境《かんきょう》におかれた労働者たちの間に結核が広がっていきます。1944年に結核菌に有効な抗生物質《こうせいぶっしつ》が開発されたことで，やっと先進国では結核による死亡が激減していきました。

天然痘は6世紀半ば，大陸から伝わったとされています。735年に始まった流行がよく知られています。まず大陸との窓口である北九州で流行が始まり，737年には都にも広まって，大流行しました。中臣鎌足《なかとみのかまたり》の孫にあたる四兄弟は政治の中心にいましたが，このときの流行で全員が亡《な》くなっています。この天然痘の流行は，聖武天皇が大仏をつくろうと決意するきっかけの一つになりました。大仏をつくる詔《みことのり》は，聖武天皇が【 C 】にいたときに出《だ》されました。

平安時代にも何度か天然痘や麻疹の流行があり，藤原道長《ふじわらのみちなが》の兄二人も，天然痘で亡くなっています。兄の死は道長が権力を握《にぎ》るのに大きな影響を与《あた》えています。また道長の娘《むすめ》である嬉《き》子《し》は皇太子時代の朱雀《すざく》天皇の妃《きさき》となり，後の後冷泉《ごれいぜい》天皇を産むときに，麻疹により亡くなりました。このように感染症は権力者にとっても恐ろしいものであり，さまざまな不安に苦しんだ平安時代の貴族たちは，【 D 】にすがって，死後に極楽浄土《ごくらくじょうど》に行くことを願う信仰《しんこう》を強くもつようになりました。

天然痘により失明する人も少なくありませんでした。③戦国大名の伊達《だて》政宗は，天然痘により片目を失い，独眼竜《どくがんりゅう》とよばれました。ヨーロッパでは18世紀に天然痘に対する免疫《めんえき》をつけさせる種痘《しゅとう》が発明されると，天然痘の被害《ひがい》は減っていきます。日本で種痘を広めるために力を尽《つ》くした蘭学者《らんがくしゃ》の一人が【 E 】です。【 E 】は適塾《じゅく》で多くの人材を育てたことでも知られています。適塾では，④福沢諭吉《ふくざわゆきち》などが学びました。

その後，1958年にソビエト連邦（ソ連）の提案により天然痘の根絶計画が，【 F 】の総会で可決されました。当初は実現不可能と思われていましたが，1965年にアメリカ合衆国大統領が計画を支持したことで，計画は実現に向かいました。この時期にソ連とアメリカは［ 2 ］とよばれる状況にあったことを考えると，米ソがこのような協力を行ったことは驚《おどろ》くべきことです。その後，地道なウイルスの封《ふう》じ込《こ》め作戦が展開され，【 F 】は1980年，ついに天然痘根絶を宣言しました。

このほかにも長らく人々を苦しめてきた感染症に，マラリアがあります。⑤平清盛《きよもり》はマラリアで亡くなったと考えられています。マラリアはアフリカの歴史に大きな影響を与えました。かつてアフリカに進出したヨーロッパ人の多くがマラリアに感染して亡くなったため，アフリカは白人の墓場とよばれました。しかし19世紀にキニーネというマラリアの特効薬が開発されるとアフリカ進出は容易になり，アフリカは次々とヨーロッパの［ 3 ］となっていってしまいます。

コレラはもとはインドの風土病でしたが，イギリスがインドを［ 3 ］としたことから，19世紀に世界に広がっていきました。日本に初めてコレラが入ってきたのは1822年です。インドで1817年に始まった流行が，オランダ船を通じて【 G 】に入ってきたとも，朝鮮《ちょうせん》から対馬《つしま》を経《へ》て入ってきたともいわれています。欧米《おうべい》先進国では糞便を介《かい》してコレラが広まっていたため，コレラの流行をきっかけに上下水道を整備していきます。そのため1877年に来日した動物学者モースは，⑥東京などの都市における江戸《えど》時代以来の糞便の処理に興味を示しています。

この時期に欧米諸国や日本は，感染症の流行が自国に入ってこないようにするために，検疫《けんえき》を行おうとします。検疫とは感染症の有無《うむ》を調査し，感染の拡大を予防することです。特にこの時期は，船に感染者がいないかを確認するため，一定の期間拘束《こうそく》し，人や物の上陸をとどめることが一般的でした。

しかしコレラの流行していた1879年に，ドイツの船が日本側の検疫を拒否《きょひ》して，入港を強行する事件が起こっています。日本は⑦イギリスやドイツに日本の制度を守らせることが難しい立場にあったため，こうしたドイツの行いを受け入れざるをえませんでした。日本が検疫をきちんと行えるようになったのは，1899年に⑧ある条約が効力をもち，海港検疫法を施行《しこう》してからです。

こうした海港検疫は，その後ペスト患者《かんじゃ》の上陸を防ぐなど，一定の効果をあげました。ペストはヨーロッパで流行が何度も起こり，多くの人々の命を奪った感染症です。19世紀にはアジアで大流行しました。ヨーロッパとの関わりが深い香港で流行が起こった1894年には，欧米諸国は国際調査団を香港に派遣《はけん》し，検疫体制を整え，欧米でのペストの流行を防ぎました。このときに香港に派遣されペスト菌を発見したのが，コッホの弟子《でし》だった日本人の細菌学者［ 4 ］です。

感染症は政治的にも利用されるようになります。1911年に【 H 】でペストが流行すると，ペスト対策を口実に，日本とロシアはこの地への進出を図《はか》ろうとしています。清はアメリカ，イギリスなどを含む国際ペスト会議を開き，日本とロシアの影響力《えいきょうりょく》をおさえようとしました。このように感染症対策は，時に国際政治に左右されます。

［3］の拡大をねらう帝国《ていこく》主義の諸国にとっては，感染症の克服《こくふく》は重要な課題でした。20世紀前半のノーベル生理学・医学賞の受賞者に，感染症に関わる研究をした人が多いのは，このことと深い関係があります。そして20世紀の半ばに抗生物質が開発されることで，感染症の恐怖《きょうふ》は薄《うす》らいでいきました。先進国では1950年代以降，感染症による死者が激減していきます。

先進国では多くの感染症が，身近な病気ではなくなっていきます。天然痘も根絶され，人類は感染症を克服できるのではないかと思われたこともありました。しかし20世紀後半にも新たな感染症は見つかっており，人類の大きな脅威《きょうい》となっています。2015年にはジカ熱が⑨<u>ブラジル</u>などアメリカ大陸で流行し，2016年のオリンピックの開催があやぶまれたほどでした。

また発展途上国《とじょうこく》では，今も多くの人が感染症で亡くなっています。発展途上国の感染症は，薬を開発しても利益につながらないため，対策がおろそかにされがちです。そうした中で，【Ｉ】は，熱帯地方で流行する寄生虫病の治療薬《ちりょうやく》を開発したことが評価され，2015年にノーベル生理学・医学賞を受賞しました。エボラ出血熱や新型インフルエンザなど，感染症は私たちに，今も大きな影響を与え続けています。感染症は決して過去の病気ではなく，今日の私たちが向かい合っていかなければいけない問題です。

選択肢

【A】　あ　葵祭《あおいまつり》　い　祇園祭《ぎおんまつり》　う　疫神祭《えきじんさい》　え　祈年祭《きねんさい》

【B】　あ　大型動物の狩《か》り　い　魚の漁　う　木の実の採取　え　穀物の栽培

【C】　あ　平安京　い　難波宮《なにわ》　う　恭仁《くに》京　え　紫香楽《しがらき》宮

【D】　あ　釈迦如来《しゃかにょらい》　い　阿弥陀《あみだ》如来　う　大日如来　え　薬師如来

【E】　あ　緒方洪庵《おがたこうあん》　い　吉田松陰《よしだしょういん》　う　広瀬淡窓《ひろせたんそう》　え　大塩平八郎《へいはちろう》

【F】　あ　UNESCO　い　UNHCR　う　WFP　え　WHO

【G】　あ　横浜《よこはま》　い　長崎　う　兵庫　え　新潟

【H】　あ　華南《かなん》　い　満州　う　華中　え　台湾

【I】　あ　利根川進　い　山中伸弥《しんや》　う　大隅《おおすみ》良典　え　大村智《さとし》

①　毎年一定の時期に宮中で行われていた儀式《ぎしき》を何とよぶか，漢字4文字で答えなさい。

②　弥生時代に使われた右の図のような木製農具の名前を，次の あ～え から1つ選び記号で答えなさい。

あ　えぶり　い　すき　う　たてぎね　え　田げた

③　戦国大名織田信長《おだのぶなが》に関わる次の出来事a～cを，起こった順に並べたものとして正しいものを，下の あ～え から1つ選び記号で答えなさい。

<出来事>　a　長篠《ながしの》の戦い　b　桶狭間《おけはざま》の戦い　c　室町幕府を滅《ほろ》ぼす

あ　a→b→c　い　a→c→b　う　b→a→c　え　b→c→a

④　福沢諭吉は適塾で蘭学を学んでいました。開港後の横浜に出かけた福沢諭吉は，外国人向けの店のウィンドウの外国語が読めないことに驚きました。なぜ福沢諭吉は，横浜で外国語が読めなかったのか，横浜で貿易を行っていた主な相手国をあげて，説明しなさい。

⑤　平清盛が源氏をおさえて権力を握った戦いを，次の あ～え から１つ選び記号で答えなさい。

あ　平治の乱　　い　保元《ほうげん》の乱　　う　石橋山の戦い　　え　壇《だん》ノ浦《うら》の戦い

⑥　江戸時代に江戸の町では糞便はどのように処理され，何に使われていたのか，説明しなさい。

⑦　下線部⑦のような立場に日本がおかれたのは，イギリスやドイツに何が認められていたためか，漢字で答えなさい。

⑧　下線部⑧の条約は1894年に結ばれています。この条約を最初に結んだ相手国を次の あ～え から１つ選び記号で答えなさい。

あ　イギリス　　い　ドイツ　　う　オランダ　　え　アメリカ

⑨　ブラジルには1908年以降，日本からたくさんの人が移住しました。ブラジルへの移住が始まる前に，明治以降日本から最も多くの人が移住したのはどこか，次の あ～え から１つ選び記号で答えなさい。

あ　マレーシア　　い　オーストラリア　　う　ハワイ　　え　グアム

Ⅲ　次の①～⑤の各文の空欄［1］～［6］に適する語句をそれぞれ答えなさい。［1］～［5］は漢字で答えること。さらに，空欄【Ａ】～【Ｄ】に適するものをそれぞれの選択肢から１つずつ選び，記号で答えなさい。

①　新しい人権の一つとして自己決定権があり，自らの生き方を決める権利として注目を集めている。そのような考え方の広がりもあり，［1］法が成立し，2017年で20年がたった。この法律が施行されて，［2］の状態にあると判定された人から臓器が提供できるようになった。

②　2016年７月に［3］議員選挙が行われた。この選挙では，国政選挙で初めて18歳《さい》・19歳の人が選挙権を行使した。この選挙は，比例代表選挙と選挙区選挙の２つの方法により議員を選出した。選挙区の数は【 Ａ 】であった。

【Ａ】 あ　45　　い　47　　う　289　　え　295

③　三権のうち［4］権を担《にな》っているのが裁判所である。日本には，最高裁判所以外に４つの種類の裁判所があり，その中で裁判所の数が最も多いのは【 Ｂ 】裁判所である。

【Ｂ】 あ　高等　　い　地方　　う　簡易　　え　家庭

④　1992年に【 Ｃ 】で国連環境開発会議（地球サミット）が開催された。そこでは，「［5］な開発」という考え方が掲《かか》げられた。それは将来の世代も現在の世代もともに利益を得られる社会を築いていこうという考えである。国連は2015年に，2016年～2030年までの「［5］な開発目標（SDGs）」として，貧困や飢《き》餓《が》をなくすことや，教育を普及《ふきゅう》させることなど17の目標を設定した。

【Ｃ】 あ　ストックホルム　　い　リオデジャネイロ　　う　パリ　　え　京都

⑤　現在世界では，国家間の統合という動きと，国家および国家間の分裂《ぶんれつ》という，相反する２つの動きが見られる。たとえば，［6］は加盟国が28カ国に増える一方で，2017年３月に，イギリスは［6］からの離《り》脱《だつ》を通知した。次の選択肢のうち，［6］の加盟国でないのは【 Ｄ 】である。

【Ｄ】 あ　ノルウェー　　い　ルクセンブルク　　う　ギリシャ　　え　エストニア

【理　科】（30分）〈満点：60点〉

Ⅰ　さくらさんは，一辺が10cm の正方形の鏡を１枚用意して，２つの実験を東京で行いました。以下の問いに答えなさい。

実験１　２月の晴れた日，太陽がちょうど南にのぼったときに，鏡の面が水平になるように地面に置いて，反射した光が壁《かべ》に映るようすを観察しました(**図１**)。すると，鏡の北側にある壁には，明るく光る長方形が映っていました。

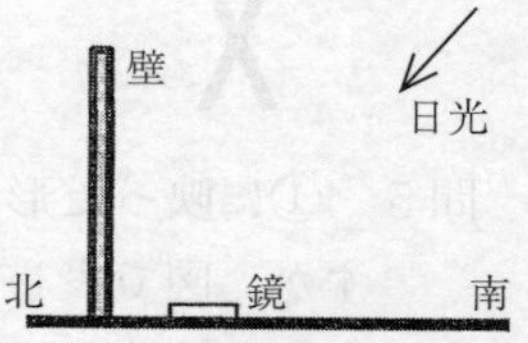

図１

問１　一般《いっぱん》的な鏡は，ある金属のうすい膜《まく》をガラスと板ではさんだ構造になっています。この金属１kg の体積は95.2cm^{3}です。下の表を参考にして，この金属は何かを答えなさい。また，この金属について説明した文としてふさわしいものを**ア**～**ク**から１つ選びなさい。

金属	アルミニウム	亜鉛(あえん)	銅	銀	鉛(なまり)	金
１cm^{3}の重さ(g)	2.7	7.1	9.0	10.5	11.4	19.3

ア．塩酸にとけて気体を発生する　　**イ**．磁石に付く性質がある
ウ．10円硬貨《こうか》の主な成分である　　**エ**．１円硬貨の主な成分である
オ．釣《つ》り用のおもりに用いられる　　**カ**．黄色の美しい光沢《こうたく》をもつ
キ．さびにくい性質のためアクセサリーに用いられる
ク．水酸化ナトリウムにとけて気体を発生する

問２　**実験１**を６月に行った場合，反射した光が壁に映るようすは，２月に行ったときと比べてどうなりますか。明るく光る部分の面積について**ア**～**ウ**から，反射した光が映る位置について**エ**～**キ**からそれぞれ１つ選びなさい。

ア．大きくなる　　**イ**．小さくなる　　**ウ**．変わらない
エ．上に移動する　　**オ**．下に移動する
カ．東に移動する　　**キ**．西に移動する

実験２　**図２**のように，A の文字を書いた紙を机の上に置き，鏡を①～③の位置に順に立てて，それぞれ鏡に映った文字の形を観察しました。鏡に映った文字の形は**図３**のようになりました。A の他にもいろいろな文字を書いて，①～③の鏡に映る文字の形を調べました。

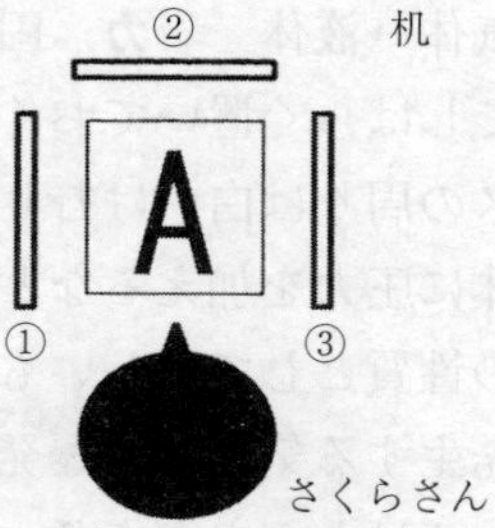

図２　真上から見た図

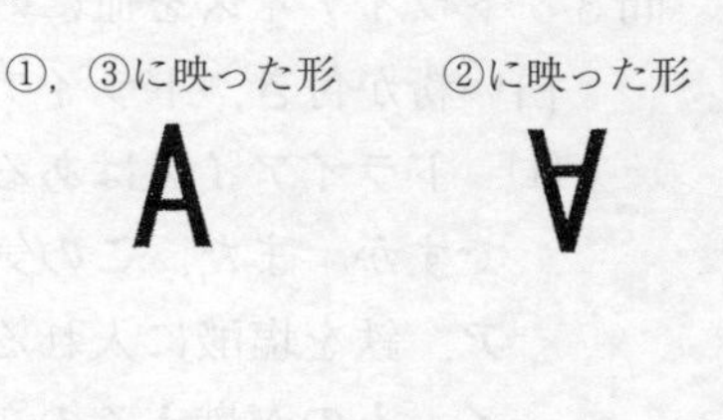

図３

問３　C の文字を鏡に映すとどのように見えますか。①～③それぞれについて，つぎの**ア**～**エ**から選びなさい。

ア．

イ．

ウ．

エ．

問4　つぎの**ア**～**キ**の文字を鏡に映したときに，①～③に映る形が3つとも紙に書いた文字とは異なるものはどれですか。**ア**～**キ**からすべて選びなさい。

ア.　X　　イ.　N　　ウ.　L　　エ.　D　　オ.　S　　カ.　H　　キ.　Y

問5　①に映った形がひらがなの「**ん**」に見えるようにするには，紙にどのように書けばよいですか。図で表しなさい。

Ⅱ　水は，冷やすと氷に，温めると水蒸気に姿を変えます。固体，液体，気体の3つの状態のうち，ある状態から別の状態に変わることを状態変化といいます。状態変化に関する以下の問いに答えなさい。

問1　水(液体)，氷(固体)，水蒸気(気体)のそれぞれについて，あてはまる性質をつぎの**ア**～**オ**からすべて選びなさい。同じ記号を何回選んでもよい。

ア．容器に合わせて形が変わる。

イ．圧縮しても体積がほとんど変わらない。

ウ．同じ体積で比べると3つの中で最も重い。

エ．同じ重さで比べると3つの中で最も体積が大きい。

オ．状態変化をしない範《はん》囲で温めると体積が最も大きく変化する。

問2　つぎの(1)～(3)では水がどのような状態変化をしたか，下の**ア**～**カ**からそれぞれ選びなさい。また，(1)のような状態変化，(2)のような現象をそれぞれ何といいますか。「化」の文字を使わずに答えなさい。

(1)　洗たくをしてぬれたタオルを干しておくとかわいた。

(2)　寒い日に窓ガラスの内側がくもっていた。

(3)　水でぬれた指で，冷とう庫の氷にさわると氷が指にくっついた。

ア．固体→液体　　**イ**．液体→気体　　**ウ**．気体→固体

エ．液体→固体　　**オ**．気体→液体　　**カ**．固体→気体

問3　ドライアイスを皿にのせてしばらく置いておくと，ドライアイスの表面にふわふわとした白い粉が付き，ドライアイスの周りは白いけむりでおおわれます。

(1)　ドライアイスはある気体に圧力を加えるなどして固めたものです。この気体の名前は何ですか。また，この気体の性質として正しいものを**ア**～**キ**からすべて選びなさい。

ア．鉄を塩酸に入れると発生する気体で，爆発《ばくはつ》性がある。

イ．ものが燃えるのを助けるはたらきがあり，空気中で2番目に多くふくまれる。

ウ．人間の呼気に最も多くふくまれる気体であり，品質保持のためにスナック菓子《がし》のふくろに入れられることがある。

エ．植物が呼吸をするときに空気中から取りこむ気体である。

オ．メタンやフロンガスと同じく人間活動によって増加した温室効果ガスである。

カ．水にとかすと酸性になり，鉄をとかす性質がある。

キ．空気より重い気体で，水に少しとける。

(2)　ドライアイス表面の白い粉と周りの白いけむりは何だと考えられますか。つぎの**ア**～**カ**

からそれぞれ1つ選びなさい。

ア．ドライアイスの成分が気体になったもの

イ．ドライアイスの成分が液体になったもの

ウ．ドライアイスの成分が固体になったもの

エ．水蒸気　**オ**．水　**カ**．氷

問4　空気の主成分であるちっ素は，－(マイナス)196℃まで冷やすと気体から液体に変わります。液体のちっ素を金属製のコップに入れて空気中にぶら下げてしばらくすると，コップの表面にうすい青色の液体が付きます。この液体を集めて，火のついた線香《せんこう》を近づけると線香がほのおをあげて燃えました。この液体は空気中のある気体が冷やされたものです。

(1)　この気体の名前は何ですか。

(2)　この気体が，気体から液体に変わる温度について説明したつぎの**ア**～**ウ**から正しいものを1つ選びなさい。

ア．－196℃より高い　　**イ**．－196℃より低い　　**ウ**．これだけでは判断できない

Ⅲ　以下の問いに答えなさい。

問1　地層のでき方を調べるために，**図1**のように水の入った十分に長い筒《つつ》に，大きさの異なる3種類のつぶ(れき・砂・どろ)を流しこみました。一度流しこむのを止め，水のにごりがうすくなってからもう一度流しこんでしばらく静かに置いたところ，6つの層と水の層ができました。

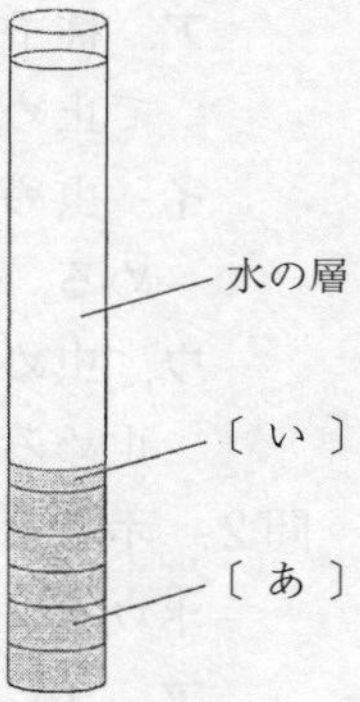

図1

(1)　**図1**のように実験を行ったとき，たい積するまでにかかる時間が最も長いと考えられるつぶはどれですか。つぎの**ア**～**エ**から1つ選びなさい。

ア．れき　**イ**．砂　**ウ**．どろ

エ．つぶの大きさとは関係ない

(2)　**図1**の〔あ〕と〔い〕の層に主にふくまれるものは何ですか。それぞれつぎの**ア**～**ウ**から1つずつ選びなさい。

ア．れき　**イ**．砂　**ウ**．どろ

問2　**図2**は水の流れる速さと，たい積物のつぶの大きさの関係を表したグラフです。曲線①は止まっていたつぶが流され始めるときの水の流れる速さを，曲線②は流されていたつぶが止まり始めるときの水の流れる速さを表しています。

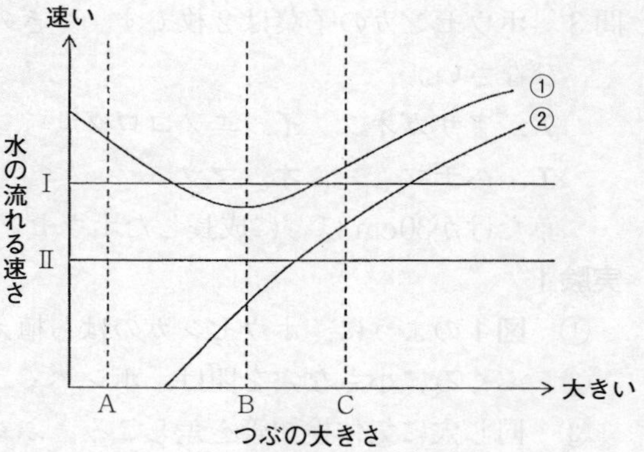

図2

(1)　水の流れる速さを少しずつ速くしていったとき，最初に流され始めるつぶはA～Cのうちどれですか。

(2)　水の流れる速さが**図2**のⅠからⅡに変化したとき，運ばんされていたA，Cはそれぞれどうなりますか。つぎの**ア**，**イ**から1つ選びなさい。

ア．底にたい積する　　**イ**．運ばんされ続ける

問３　川の河口付近で見られる三角州《す》は，川の何という作用が主にはたらいたためにできたものですか。つぎの**ア**～**ウ**から１つ選びなさい。

ア．しん食　　**イ**．運ぱん　　**ウ**．たい積

問４　火山灰のつぶを水で洗い，そう眼実体けんび鏡で観察しました。火山灰のつぶには，川で採取した砂のつぶとは異なるどのような特ちょうが見られますか。簡単に説明しなさい。

問５　川に短時間で大量の雨が降り注ぐと増水し，危険をともないます。2017年７月の九州北部豪雨《ごうう》では１時間に約130mm もの雨が降った地域もありました。

(1)　底面積が１m^2の容器に１時間に130mm の雨が降ったとき，１時間で容器にたまった水の量は何Ｌですか。

(2)　雨水が１mL あたり１g だとすると，(1)で答えた水の重さは何 kg になりますか。

Ⅳ　ホウセンカは，植物の育ち方を知るためによく用いられます。ホウセンカに関する以下の問いに答えなさい。

問１　ホウセンカの種子を手にとって，虫めがねを使って観察しました。観察の方法として正しいものを，つぎの**ア**～**ウ**から１つ選びなさい。

ア．種子を持った手と目の位置は動かさず，虫めがねを動かして，はっきりと見えるところで止める。

イ．虫めがねを目に近づけておき，種子を持った手を動かしてはっきりと見えるところで止める。

ウ．虫めがねを目と種子の間に置き，種子を持った手を動かしてはっきりと見えるところで止める。

問２　ホウセンカの種子の発芽に最も適した気温を，つぎの**ア**～**ウ**から１つ選びなさい。また，ホウセンカの種子の発芽に必要なものを，**エ**～**キ**からすべて選びなさい。

ア．10℃　　**イ**．20℃　　**ウ**．30℃

エ．空気　　**オ**．水

カ．肥料　　**キ**．種子の中の養分

問３　ホウセンカの子葉は２枚です。つぎの**ア**～**オ**のうち，子葉が２枚ではないものをすべて選びなさい。

ア．アサガオ　　**イ**．エノコログサ　　**ウ**．ヒマワリ

エ．ヘチマ　　**オ**．マツ

草たけが30cm ほどに成長したホウセンカのはち植えを用いて**実験１**を行いました。

実験１

①　**図１**のように，ホウセンカのはち植えに透《とう》明なふくろをかけ，根元をしっかりしばる。

②　ふくろに小さな穴を開け，ボンベで二酸化炭素を入れた後，穴をふさぐ。

③　同じ穴に気体検知管を差しこみ，ふくろの中の酸素の割合をはかる。

④　はち植えを光の当たらない場所に置き，30分ごとにふくろの中の酸素の割合をはかる。(計２時間)

⑤　はち植えを十分な強さの光に当て，30分ごとにふくろの中の酸素の割合をはかる。(計３時間)

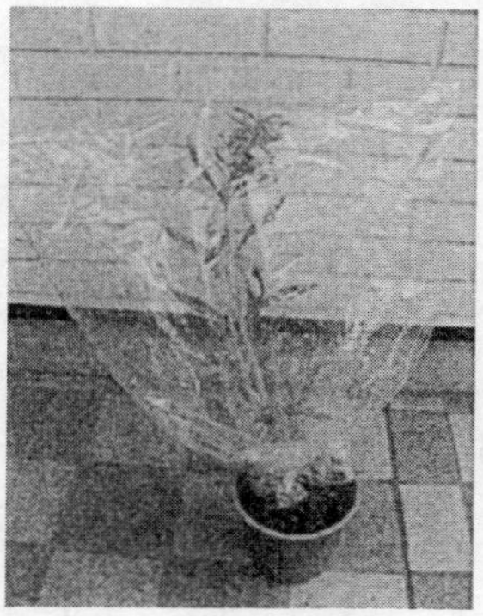

図1

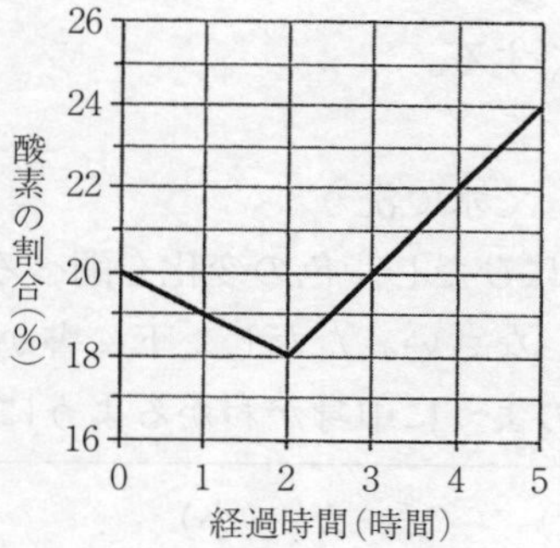

図2

図3

問4　空気中の酸素の割合は21%ですが，ボンベで二酸化炭素を入れてふくろがふくらんだため，**実験1**③でのふくろの中の気体中の酸素の割合は20%になりました。このときの二酸化炭素の割合(%)を，小数第二位を四捨五入して，小数第一位まで求めなさい。

問5　**実験1**④，⑤での酸素の割合(%)の変化を，**図2**に示しました。なお，④と⑤では，光以外の条件はすべて同じで，呼吸によって消費される酸素の量は光の有無によって変化しません。**実験1**④，⑤で，1時間あたりに呼吸によって消費される酸素は，ふくろの中の気体の体積に対して何%になりますか。また，**実験1**⑤で，1時間あたりに光合成によって発生する酸素は，ふくろの中の気体の体積に対して何%になりますか。

実験1の後，透明なふくろの内側はくもっていました。これは，根から吸収した水が，くきや葉の中の細い管を通ってからだのすみずみまでいきわたり，気こうから空気中に出ていったためです。そこで，**図3**のようなけんび鏡を用いて，ホウセンカの気こうを観察しました。

問6　気こうの観察に最も適した部位はどこですか。つぎの**ア**～**オ**から1つ選びなさい。

ア．葉の表側のうすい皮

イ．葉の裏側のうすい皮

ウ．くきの外側のうすい皮

エ．花びら

オ．根の先たん

問7　**図3**のようなけんび鏡の使い方に関する説明**ア**～**エ**のうち，誤っているものをすべて選びなさい。

ア．けんび鏡は，日光が直接当たらない明るい場所に置く。

イ．ステージにプレパラートをのせた後に反射鏡を動かして，見えている部分の全体が明るく見えるようにする。

ウ．対物レンズは，最初は一番高い倍率にしておく。

エ．ピントを合わせるときは，接眼レンズをのぞきながら調節ねじを回し，ステージを下げる。

問8　**図3**のようなけんび鏡でひらがなの「**ん**」の文字を見た場合，どのように見えますか。図で表しなさい。

実験1の後，日光によって葉の中にでんぷんができていることを確認するために，**実験2**を行いました。

実験２

① 葉を湯に入れて，やわらかくする。

② 葉の色をぬく。

③ 色がぬけたら，葉を取り出して水で洗う。

④ 洗った葉をうすい［　　　］にひたし，色の変化を調べる。

問９　**実験２**②のようすを図で表しなさい。ただし，下に書かれたもののうち，必要なものを選ぶこと。また，液体は，(例)のように中身がわかるように示すこと。

葉	ビーカー(大)	ビーカー(小)
氷水	水	湯
エタノール	うすい塩酸	水酸化ナトリウム水溶《よう》液

(例)

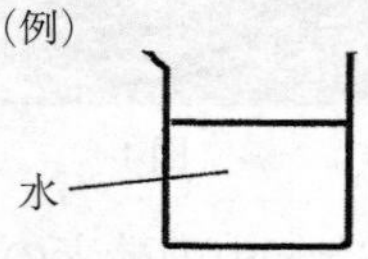

問10　**実験２**④の［　　］に適する薬品名を答えなさい。

問11　ホウセンカの花粉はハチなどのこん虫によって運ばれますが，めしべとおしべを丸めて自分で受粉もできます。つぎの**ア**～**エ**のうち，こん虫や風の力を借りずに，自分で受粉ができる花をさかせる植物を１つ選びなさい。

ア．ヘチマ　　**イ**．トウモロコシ　　**ウ**．リンゴ　　**エ**．アサガオ

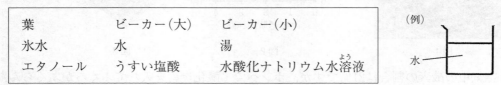

イクニュースなどという言葉が今日のように使われてはいなかったが、それでも、当事者の国や軍によって意図的に流された情報の類《たぐい》は相当の数に上っていた。

そして、そうしたニセ情報は年月が経つとともに少しずつ検証され、いずれは注8淘汰《とうた》されていく。しかし、戦争のさなかでは検証もされない情報の断片をいくらつなぎ合わせて、テレビのキャスターがdワケシリ顔のコメントをしようが、少しも真実に近づくことはできない。そこでは、淘汰されない情報に、新たな主観が加わるだけの無意味な作業がなされただけのことなのだ。

しかし、淘汰されたのちに残った情報は、ようやく信用することができる。それはいつの時代でも、あてはまる真実だ。（中略）

そのほか、他国の選挙を自国の都合がいいように導くために、国家ぐるみでフェイクニュースが量産されるケースもあるという。つまり、ネットの中にはニセ情報を作るだけの十分な注9インセンティブが働いており、作られたニセのニュースはきわめて精巧《こう》にできていて、しかもそれは、「嘘《うそ》でもいいから、自分が見たいものが見たい」という人間の根本的な心理に基づいて発信されるという、恐るべき状態になっているのである。

ネットの登場によって、すべての人類が情報を共有することができるようになり、立場を超《こ》え、国境を越《こ》え、同じ土俵で問題に向き合うことができるようになった。そういう輝《かがや》かしい時代をインターネットが切り拓《ひら》いた、などと考えている人間がいるとしたら、それはかなり控《ひか》えめに言っても、無自覚に注10デマゴギーをまき散らす存在であり、要するにただの馬鹿《ばか》である。そんなことが本当に可能な世界が来ると考えていること自体が、③大いなるフェイクなのである。

インターネットの出現は、個人が手にできる情報の精度を、それまでよりも格段に落としてしまった。一見、便利で使い勝手がよいネットは、情報から人々を遠ざけてしまった。そのことに早く気づくべきである。

（押井 守『ひとまず、信じない 情報氾濫《はんらん》時代の生き方』）

注 1…いかにも現実の世界であるかのような空間の中にいる様子
2…小さな目がたくさん集まって、一つの目のように見えるもの
3…にせもの
4…すでに存在している全ての決まり、立派とされているものを否定する考え
5…カタールの衛星テレビ局
6…自分に有利なように書き直すこと
7…でたらめで現実味がないこと
8…不適なものが取り除かれること
9…ごほうびによって物事に取り組む意欲を高める作用
10…もととなる理由のないうわさ話

問一 □ a～dについて、カタカナは漢字に直し（送りがながあればふくめて書くこと）、空らんには当てはまる漢字一文字を答えなさい。

問二 （X）に入る内容を考えて書きなさい。

問三 ――線部①とはどのような考えか、本文中のたとえを用いて具体的に説明しなさい。

問四 ――線部②について、どんな映像がどのような意図で流されたのか、具体的に説明しなさい。

問五 ――線部③とありますが、どのようなことが「大いなるフェイク」なのでしょうか、説明しなさい。

問六 インターネットにおいて、フェイクニュースができあがってしまうこと、そして、広がってしまうことの理由について、本文をふまえてくわしく説明しなさい。

まうのではないか、ということだ。それこそ過去のSF作品が何度も描《えが》いてきた世界ではないか。（中略）

本当はすべてユメを見ているだけなのかもしれない。そして仮にそうだったとしても、それを確かめることはできないのだ。ユメの中の知覚のみが僕らのすべてであるならば、ユメの外のリアルに触《さわ》ることができないからである。（中略）

つまり、ある意味では僕らの接する情報のすべては、脳が知覚しているだけという点でいうと、初めから注3フェイクなのだ。

もちろん僕は今のような話をもってして、インターネットがよくない方へ進んでいるかもしれないという業界の危機感をa[チャカス]つもりはない。だが、「情報なんてフェイク」くらいの注4ニヒリズムでも持っていなければ、フェイクニュースにb[　]をすくわれるということは、言いたい。それが今のネットの根本的な問題ではなかったか。

実は、リアルタイムで真実を追求するというインターネットの構造そのものが、フェイクニュースを生み出す仕組みになっている。今のように世界が衛星回線とインターネットでつながり、地球の裏側で起きたことを瞬時《しゅんじ》に知ることができるということは、一見、便利なことのような気もする。しかし、そこには大きな落とし穴がある。

戦争の映像をリアルタイムで見ることと、戦場で何が起きているかを知るということは、まるで違うことだからだ。特に映像として切り取られたものは、戦争という現実のごく一部にしかすぎない。

イラク戦争の映像は、軍が撮影《さつえい》を許した範囲《はんい》しか映し出してはいないし、それは注5アルジャジーラ側の映像にしても同じことだ。彼らもまた、自分たちの基準に応じて、彼らのストーリーに合う映像を切り出している。

そのことと、イラクで何が起きているかを知ることは違う。だから、僕らはリアルタイムで本当は何が起きているかを知ることはできない。これは映像だけの話ではない。仮に現地にいる人間がツイッターで何かを発信していたとして、それは、その人物が知りえた情報でしかない。

情報発信している人間が、将軍なのか、一兵士なのか、民間人や難民なのか。それによっても情報の信頼《らい》度や中身は大きく変わってくる。あるいは、そのツイッター情報そのものが、何かの意図をもって流されたニセ情報である可能性も捨てきれない。

この章の冒《ぼう》頭で、脳を介在する情報がすべて注6改竄《ざん》されているかもしれないという問題c[テイキ]をしたが、外界と人間の脳の間で起きえる情報の改竄と同じようなことが、ツイッターの情報を受け取る我々と戦場の間で起きている、ということだ。

自分が目にしている現実が、実はまったくのニセモノでただ単に脳が騙《だま》されているだけかもしれないと書いたが、多くの読者は論理的にはその記述に納得《なっとく》しても、実際に自分の脳が騙されているとは思わなかったはずだ。それくらい人々は自分の知覚に相当の自信を持っているはずだ。

でも、注7荒唐《こうとう》無稽《むけい》に思えるそんな話が、実は脳の外で起きているかもしれない。考えてみれば、これは怖《こわ》いことである。

イラク戦争のとき、僕らは正確無比な多国籍《せき》軍のミサイル攻撃《こうげき》の映像を見た。敵の軍事施《し》設だけをピンポイントで狙《ねら》い、少しも標的を外すことはないように見えた。人々が死んでいくような悲惨《さん》な映像はなかった。②まるでテレビゲームのような映像が次々とテレビの画面に映し出された。

では、イラクでは本当は何が起こっていたのか。それがおぼろげにでも見えてきたのは、戦争から5年以上経《た》ってからのことだ。戦争のさなかには、膨《ぼう》大な量の情報が世界を飛び回った。当時はまだ、フェないこと。

a 交□　b 中□

c □中　d 談□

問二（　）1～5に当てはまる言葉を次のア～クから選び、記号で答えなさい。同じ記号は一回ずつしか使わないこと。

ア ぷかり、ぷかり　イ ほろん、ほろん

ウ ゆんら、ゆら　エ ゆらん、ゆらん

オ がっかり　カ さっぱり

キ びくびく　ク ほれぼれ

問三 ――線部A、Bについて、なぜA、Bのような様子になったのでしょうか。それぞれ理由を二つずつ考えて説明しなさい。

問四 ＝＝線部(1)について、「かえちゃんだって」とありますが、どういうことが言いたいのでしょうか。

問五 ＝＝線部(2)はなぜ（　）付きなのでしょうか。また、どのような思いが込められているのでしょうか。よく考えて説明しなさい。

二 次の文章を読んで、後の問いに答えなさい。

自分が知覚しているこの現実と、本当に自分が生きている現実が同じものであるという保証はどこにもない。これは、科学的にも実証しようがないことなのだ。

解剖《ぼう》学者の養老孟司《たけし》さんも話していたが、人間の脳自体が、この世界を注1バーチャルに理解しているので、何が現実なのかということは、人間には実証できないのだ。

確かに今、僕《ぼく》の目の前にコップがある。どうしても、そこにコップがあるとしか思えない。しかし、そのことも僕の手先に伝わるコップの感触《しょく》と、僕の目に映るコップの色形を感じただけのことで、その視覚と触覚自体がニセモノの情報だったとしても、知覚している僕にはそのことに気づけない。

もともと世界はこのように、バーチャルに存在しているものなのだ。

僕の目に映る若葉の緑が、あなたの見ている緑と同じものであると、どうして言えるのだろうか、ということだ。

「ローマ人は味と色については議論しない」と言われるが、それも（ X ）ということなのだろうと思う。

もちろん、緑という色を彩《さい》度や明度に分解することはできる。しかし、そのことと人間の脳が緑をどのように知覚しているかは、話が違《ちが》う。（中略）

犬や虫たちは、どうも人間とは違うようにこの世界を認識している。虫たちの注2複眼には花の色は違って見えている。彼らは僕らが見ているように、世界を認識していないかもしれない。同じものを見ても、違うように見ているのだとしたら、緑で覆《おお》われた美しい山並みという景色も、実は現実なのかどうかが疑わしくなってくる。

①その考えをさらに押《お》し進めれば、人間の脳にリアルなユメを見せることができたら、もはやそれがその人間にとっての現実となってし

にまたがって、あちこちはねたと思ったら、そのうち、かえるにほうりだされてしまいました。

「ああ。じいさん、落っこちた！」

ばあばは、おなかをかかえて大わらい。ばあばがわらうと、芍薬の花も、（３）とわらいます。かえるは（４）とした顔で、そのままどこかへ消えました。

「あのかえるめっ」

じいじは、おこっていましたが、かえちゃんに気がつくと、たちまち、ほにゃりとやさしい顔になりました。

「おおきくなったなあ」

じいじは、（５）とかえちゃんを見あげました。ちいさいじいじから見たら、かえちゃんは、たしかに、とんでもなくおおきいのです。

「じいじ、いままで、どこにいたの」

「はて。どこにいたかなあ。稲穂《いなほ》にぶらさがったり、すずめにとびのったり、金魚といっしょに泳いでいたなあ」

じいじは、ひとつひとつ、思い出すように言いました。

（なんだあ。じいじも、あそんでいたのか）

かえちゃんは、すっかりあきれました。あそんでいたなら、かえちゃんもさそってくれればよかったのに。なかまはずれなんて、あんまりです。

「かえちゃんも、金魚といっしょに泳ぎたい」

かえちゃんは、しゃがみこむと、頭を両手でかくして、まあるくなりました。こうすれば、ちいさくなれるはずです。

「おやあ、なにをしてるんだい」

ばあばが、ふしぎそうにたずねると、かえちゃんはBおこりながら、こう言いました。

「いま、ちいさくなっているところ。じゃましないで」

かえちゃんは、うーん、うーん、と、うなります。こんなに、いっしょうけんめいにやったのですから、きっと、芍薬の花くらいのおおきさには、なっているはずです。そっと目をあけて、自分の手を見ました。

「あれえ、おんなじ」

かえちゃんは、がっかりしました。それから、いそいで、もういちど、まあるくなりました。じいじとばあばは、かえちゃんの心の中が、すっかりわかったようです。

「いそがなくても、だいじょうぶ。かえちゃんも、いつか、ちいさくなれるよ」

「ほんとう？」

「ほんとうだとも。でも、そのまえに、もっとおおきくならなくちゃ」

じいじも、いつのまにやら、ばあばのとなりで、風にゆられてわらっています。

「おおきくなってから、ちいさくなるの？」

「そうそう。だから、ゆっくりおいで」

かえちゃんは、首をかしげます。

「そうそう。ゆっくり、ゆっくり……」

(2)（うんと、うーんと、ゆっくりおいで）

芍薬の花も、声をひそめて、（２）。

風にゆられて、（２）。

（大久保雨咲「五月の庭で」）

問一 □ ①～④のカタカナを漢字に直し、その字を使って次のa～dの二字熟語を完成させなさい。同じ漢字は一回ずつしか使わ

二〇一八年度 桜蔭中学校

【国語】（五〇分）〈満点：一〇〇点〉

一 次の文章を読んで、後の問いに答えなさい。

よい、よい、よいっと、かえちゃんが、庭を歩いています。自分とおんなじくらいの背のたかさの、芍薬《しゃくやく》の花のところまでくると、ぽてん、と、おしりをついてすわりました。うすもも色にふくらんだ、芍薬のつぼみは、まあるくて、かわいらしい。これは食べたら、きっとおいしい。そう思ったかえちゃんは、手をのばしました。すると……。

「こおら、これは、おやつじゃないよ」

おや？ これは、どこかできいたことのある声。よく見ると、りっぱに咲《さ》いた芍薬のまんなかに、ちいさい、ちいさい、おばあちゃんがいます。

「あれえ、ばあば。このあいだ、死んだよねえ？」

「はい、はい。ぽっくり、ぽっくり」

ちいさいばあばは、うすもも色の花の中から、Aうれしそうな顔でかえちゃんを見ました。

「なんだあ」

かえちゃんは、ちょっと①ハラがたちました。だって、ばあばが死んだとき、かえちゃんは泣いたのです。いとこのおねえちゃんが、ばあばは星になったよ、もう会えないよ、と言うので、悲しくて悲しくて、（ 1 ）、と泣いたのです。でも、ほんとうは、ばあばはちいさい人になって、こんなところで、②アソんでいたのです。

「とつぜん、いなくなって」

かえちゃんは、お母さんのまねをして、ひとさし指を立てて、ばあばをしかりました。まえの日までいっしょにいたのに、つぎの日にはいなかったのですから、しかられてとうぜんです。すると、ばあばは、こう言いました。

「(1)かえちゃんだって、とつぜん、やってきたよお」

かえちゃんも、まえの日までいなかったのに、つぎの日にはいたんだよ、と、ばあばは言うのです。

へえ、とつぜん？

風が吹《ふ》くと、花がゆれて、ばあばもいっしょに、（ 2 ）。ちいさいばあばは、楽しそうです。うすもも色の芍薬に、ずっと入ってみたかった、③ユメがかなった、と言って、④ワラっています。

「いいなあ」

かえちゃんは、うらやましくて、しかたがありません。

「ねえ、ばあば。じいじも、いる？」

「さあて、ねえ」

ばあばは、よいしょと背のびをしました。

「さっきまでいたけれど。とのさまがえるにまたがって、どこかへとんでいったねえ」

かえちゃんと、ちいさいばあばは、むこうのしげみを見つめました。かさり、かさり、かさかさ。かさり、かさかさ。しげみが、こまかく動いています。じぃーっと、目をこらしていると……。

がさりっ。

しげみからとびだしたのは、ちいさいじいじです。とのさまがえる

2018年度 桜蔭中学校 ▶解説と解答

算数 (50分) ＜満点：100点＞

解答

Ⅰ (1) $\frac{20}{273}$ (2) ① 25 ② 4 (3) (ア) 6 (イ) 30 (ウ) 土 Ⅱ (1) ① **A＋A**…51.39cm^2, **A＋B**…57.195cm^2, **B＋B**…63cm^2 ② Bを4個使う, 作った図形の面積251.91cm^2 (2) ① 4通り ② 48通り Ⅲ (1) 1736円 (2) 57冊 (3) (例) 解説の図5を参照のこと。 Ⅳ (1) $12\frac{6}{13}$秒後 (2) ① $22\frac{28}{117}$cm ② **残っている水の体積**…1875cm^3, **水面の高さ**…$13\frac{1}{8}$cm

解説

Ⅰ 逆算, 整数の性質, 周期算

(1) $0.875+1\frac{9}{16}=\frac{7}{8}+\frac{25}{16}=\frac{14}{16}+\frac{25}{16}=\frac{39}{16}$, $\frac{5}{56}\div2.5=\frac{5}{56}\div\frac{5}{2}=\frac{5}{56}\times\frac{2}{5}=\frac{1}{28}$より, $\frac{5}{24}-\square\times\frac{39}{16}+\frac{1}{28}=\frac{11}{168}$, $\frac{5}{24}-\square\times\frac{39}{16}=\frac{11}{168}-\frac{1}{28}=\frac{11}{168}-\frac{6}{168}=\frac{5}{168}$, $\square\times\frac{39}{16}=\frac{5}{24}-\frac{5}{168}=\frac{35}{168}-\frac{5}{168}=\frac{30}{168}=\frac{5}{28}$ よって, $\square=\frac{5}{28}\div\frac{39}{16}=\frac{5}{28}\times\frac{16}{39}=\frac{20}{273}$

(2) ① 10で割った余りが4になるのは, 一の位が4の整数である。また, $n\times n$の一の位が4になるのは, nの一の位が2または8の場合とわかる。nが1～127のとき, nの一の位が2になるのは, 2, 12, 22, …, 122であり, (122－2)÷10＋1＝13(個)ある。また, nの一の位が8になるのは, 8, 18, 28, …, 118であり, (118－8)÷10＋1＝12(個)となる。よって, 全部で, 13＋12＝25(個)と求められる。 ② 「17を17回かけた数」を2回かけるから, 17を, 17×2＝34(回)かけた数を15で割った余りを求めることになる。はじめに, 17を15で割った余りは, 17÷15＝1余り2なので, 17＝15×□＋2と表すことができる(ただし, □は整数)。これを利用すると, (17×17)÷15＝{(15×□＋2)×17}÷15＝(15×□×17＋2×17)÷15となる。ここで, ＿の部分は15で割り切れるから, 17を2回かけた数を15で割った余りは, (2×17)を15で割った余りと等しくなることがわかる。よって, (2×17)÷15＝2余り4より, 17を2回かけた数を15で割った余りは4と求められる。同様に, これを, 15×□＋4と表すと, (17×17×17)÷15＝{(15×□＋4)×17}÷15＝(15×□×17＋4×17)÷15となるので, 17を3回かけた数を15で割った余りは, (4×17)を15で割った余りと等しくなる。したがって, (4×17)÷15＝4余り8より, 8とわかる。これをくり返すと右上の図のようになるから, ≪m≫の値は{2, 4, 8, 1}の4個をくり返すことになる。したがって, 34÷4＝8余り2より, 17を34回かけた数を15で割った余りは4となる。

1回の余り➡2
2回の余り➡(2×17)÷15＝2余り4
3回の余り➡(4×17)÷15＝4余り8
4回の余り➡(8×17)÷15＝9余り1
5回の余り➡(1×17)÷15＝1余り2

(3) 47と7の最小公倍数は, 47×7＝329なので, 329÷7＝47(回目)のそうじをしたときに1巡《じゅん》目《め》が終わる。よって, 求めるのは, 47＋1＝48(回目)にそうじをする日である。それまでに祝日がなかったとすると，１週間に，７－１＝６(回)そうじをするから，右の図のように，48÷６＝８(週目)の終わりの土曜日とわかる。したがって，日曜日を入れると，５月７日からかぞえて，７×(８－１)＋６＝55(日目)となる。これは，５月で考えると，７＋55－１＝61(日)，６月で考えると，61－31＝30(日)になるので，求めるのは６月30日の土曜日である(５月７日から６月30日までに祝日はないから，条件に合う)。

5月7日	月	火	水	木	金	土	日	
→	[1]	2	3	4	5	6		(１週目)
	7	8	9	10	11	12		(２週目)
	…	…	…	…	…	…		
						42		(７週目)
	43	44	45	46	47	[48]		(８週目)

Ⅱ 面積，場合の数

⑴ ① 円Ａ，正方形Ｂの面積は右の図１のア，イのようになる。また，２つの図形をつなげるとき，ＡとＢの重なりの部分は四分円，ＢとＢの重なりの部分は正方形だから，それぞれの重なりの面積は図１のウ，エのように表すことができる。さらに，これを利用すると，ＡとＡの重なりの部分の面積は，ウ×２－エで求められるので，オのようになる。よって，Ａ＋Ａの面積は，ア×２－オ＝28.26×２－5.13＝51.39(cm²)，Ａ＋Ｂの面積は，ア＋イ－ウ＝28.26＋36－7.065＝57.195(cm²)，Ｂ＋Ｂの面積は，イ×２－エ＝36×２－９＝63(cm²)とわかる。

図１

【 円Ａ 】	３×３×3.14＝28.26(cm²)	…ア
【正方形Ｂ】	６×６＝36(cm²)	…イ
【 ＡとＢ 】	３×３×3.14÷４＝7.065(cm²)	…ウ
【 ＢとＢ 】	３×３＝９(cm²)	…エ
【 ＡとＡ 】	7.065×２－９＝5.13(cm²)	…オ

② Ａだけを10個用いるとき，Ａ10個の面積の合計は，28.26×10＝282.6(cm²)，重なりの部分の面積の合計は，5.13×(10－１)＝46.17(cm²)だから，全体の面積は，282.6－46.17＝236.43(cm²)となる。この状態からＡ１個をＢ１個に変えると，右の図２の斜線《しゃせん》部分２か所の面積がふえる(このとき，図２のように連続して変えても，右上の図３のように連続しないで変えても，ふえる面積は変わらない)。

図２

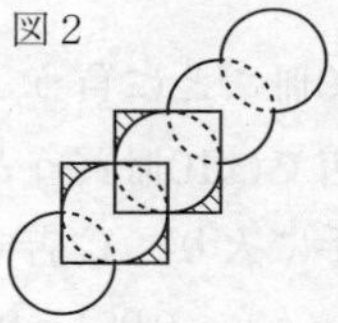

図３

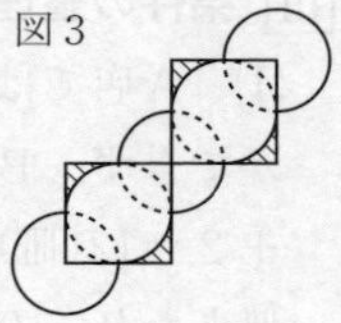

斜線部分１か所の面積は，エ－ウ＝９－7.065＝1.935(cm²)なので，Ａ１個をＢ１個に変えたときにふえる面積は，1.935×２＝3.87(cm²)となる。また，全体の面積を250cm²以上にするためには，250－236.43＝13.57(cm²)以上ふやせばよいから，13.57÷3.87＝３余り1.96より，３＋１＝４(個)変えればよいことがわかる。よって，Ｂの個数は４個であり，作った図形の面積は，236.43＋3.87×４＝251.91(cm²)と求められる。

⑵ ① 右の図１のように，全体をア～カの６個のブロックに分ける。また，これを60度ずつ回転したときに同じ位置にある板に{Ａ，Ｂ，Ｃ，Ｄ}の記号をつける。１枚だけ取りかえるとき，１つのブロックの中だけで考えればよいので，取りかえる板は{Ａ，Ｂ，Ｃ，Ｄ}の４通りとなり，全部で４通りの模様を作れることがわかる。 ② 同じブロックの中の２枚を取りかえる場合は，{Ａ，Ｂ，Ｃ，Ｄ}の中から異なる２つを選ぶ組み合わせの数と等しいから，$\frac{4\times3}{2\times1}$＝６(通り)ある。次に，

図１

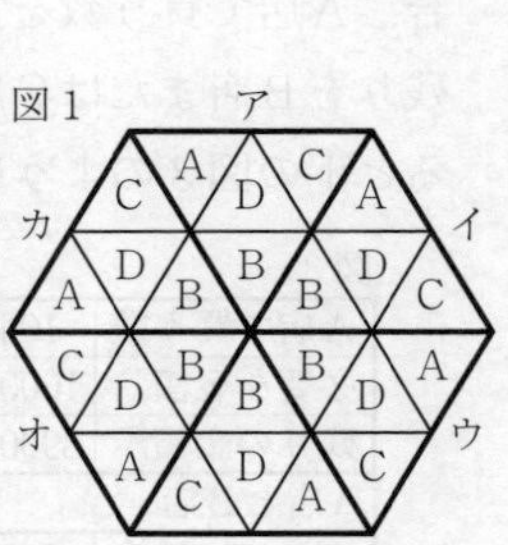

別々のブロックの中から１枚ずつ取りかえる場合について，「同じ記号の板を取りかえる場合」と「異なる記号の板を取りかえる場合」に分けて求める。同じ記号(たとえばＡとＡ)を取りかえる場合，アのブロックのＡを固定して考えると，下の図２のように５通りの模様が作れる。ただし，アとイを取りかえる場合とアとカを取りかえる場合，アとウを取りかえる場合とアとオを取りかえる

場合はそれぞれ同じ模様になるので，実際にできるのは３通りである。同様に，ＢとＢ，ＣとＣ，ＤとＤを取りかえる場合も３通りずつ作れるから，３×４＝12(通り)となる。また，異なる記号

図２

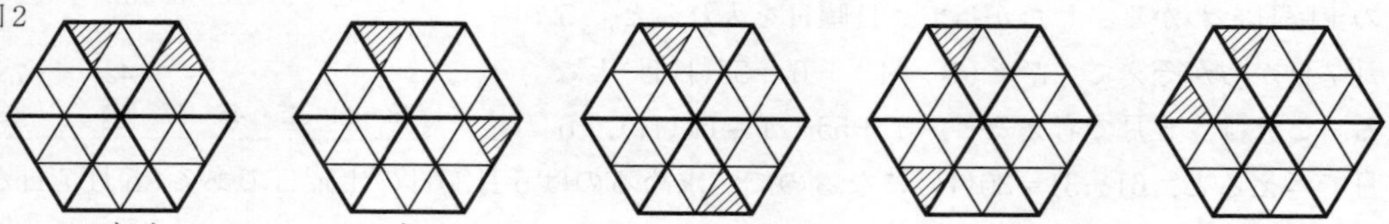

(たとえばＡとＢ)を取りかえる場合，アのブロックのＡを固定して考えると，下の図３のように５通りの模様が作れる(この中には同じ模様になるものはない)。同様に，ＡとＣ，ＡとＤ，ＢとＣ，ＢとＤ，ＣとＤを取りかえる場合も５通りずつ作れるので，５×６＝30(通り)となる。よって，すべての場合を合わせると，６＋12＋30＝48(通り)と求められる。

図３

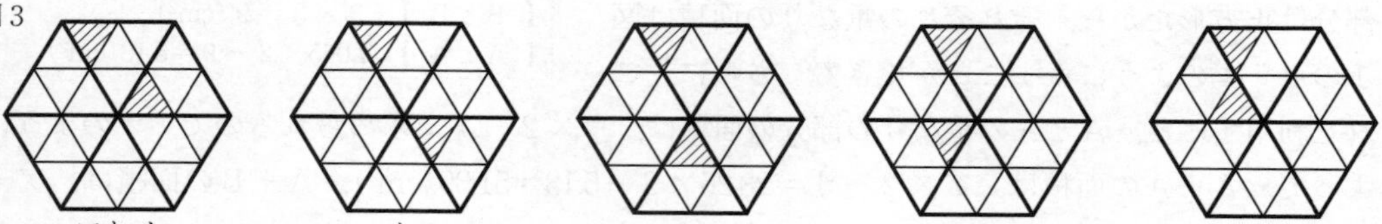

Ⅲ 条件の整理

(1) Ａ店では10冊ごとに買うことしかできず，Ｂ店では10冊買うと，10＋２＝12(冊)手に入り，Ｃ店では１冊あたり，100×(１－0.08)＝92(円)で販売《はんばい》している。このことに注意して，場合分けをして求めると，右の図１のようになる。図１より，最も安いのはＢ店とＣ店で買う場合であり，1736円となる。

図１

【Ａ店だけ】	10＋10＝20(冊)	➡1000＋800＝1800(円)
【Ｂ店だけ】	(10＋２)＋８＝20(冊)	➡100×(10＋８)＝1800(円)
【Ｃ店だけ】	20冊	➡92×20＝1840(円)
【Ａ店とＢ店】	10＋10＝20(冊)	➡1000＋1000＝2000(円)
【Ａ店とＣ店】	10＋10＝20(冊)	➡1000＋92×10＝1920(円)
【Ｂ店とＣ店】	(10＋２)＋８＝20(冊)	➡1000＋92×８＝1736(円)

(2) １つの店で買う場合は右の図２のようになる。また，２つの店で買う場合，Ａ店で買う数を10冊ごとに変えて，残りをＢ店またはＣ店で買うことにすると下の図３のようになり，Ｂ店で買う数を10冊ごとに変えて，残りをＡ店またはＣ店で買うこと

図２

【Ａ店だけ】	1000＋800×４＝4200(円)	➡10×５＝50(冊)
【Ｂ店だけ】	4900÷100＝49(冊)	➡49÷10＝４余り９
		➡49＋２×４＝57(冊)★
【Ｃ店だけ】	4900÷92＝53余り24	➡53冊

図３

Ａ店で買う数	10冊	20冊	30冊	40冊	50冊
必要な金額	1000円	1800円	2600円	3400円	4200円
残りの金額	3900円	3100円	2300円	1500円	700円
Ａ店とＢ店					
Ｂ店で買える数	39冊	31冊	23冊	15冊	７冊
おまけの数	６冊	６冊	４冊	２冊	０冊
手に入る数(計)	55冊	57冊	57冊	57冊	57冊
Ａ店とＣ店					
Ｃ店で買える数	42冊	33冊	25冊	16冊	７冊
手に入る数(計)	52冊	53冊	55冊	56冊	57冊

図４

Ｂ店で買う数	10冊	20冊	30冊	40冊
おまけの数	２冊	４冊	６冊	８冊
必要な金額	1000円	2000円	3000円	4000円
残りの金額	3900円	2900円	1900円	900円
Ｂ店とＡ店				
Ａ店で買える数	40冊	30冊	20冊	０冊
手に入る数(計)	52冊	54冊	56冊	48冊
Ｂ店とＣ店				
Ｃ店で買える数	42冊	31冊	20冊	９冊
手に入る数(計)	54冊	55冊	56冊	57冊

にすると上の図４のようになる。図３，図４より，手に入れることができるノートの数は最大で57冊とわかる。

⑶　⑵で57冊買う場合に，お金が余るのは図３，図４のかげをつけた部分である。Ａ店で50冊，Ｃ店で７冊手に入れる場合は，Ａ店の数を変えることはできないから，買い方はこの１通りだけとなる。また，Ｂ店で48冊，Ｃ店で９冊手に入れる場合は，900－92×９＝72(円)余っているので，Ｂ店とＣ店で買う分を交換《こうかん》することができる。このとき，１冊あたりの差は，100－92＝８(円)だから，交換できる数は，72÷８＝９(冊)までとなる。ただし，９冊交換するとちょうど4900円になる(図２の★の場合)ので，交換できるのは８冊までであり，右の図５のように表すことができる。

図５

Ａ店	50	0	0	0	0	0	0	0	0	0
Ｂ店	0	48	49	50	51	52	53	54	55	56
Ｃ店	7	9	8	7	6	5	4	3	2	1

Ⅳ　立体図形―水の深さと体積

図１

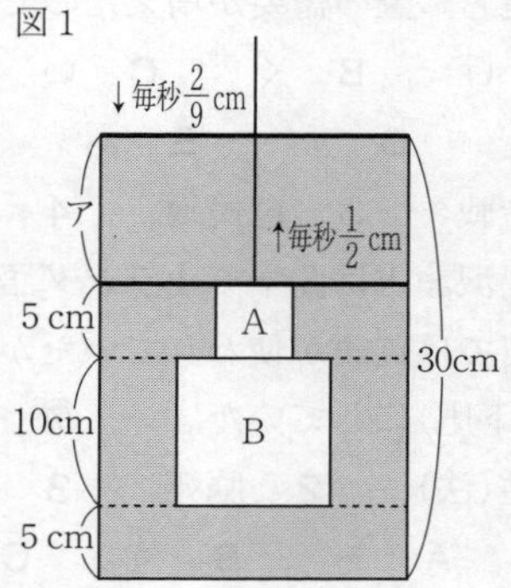

図２

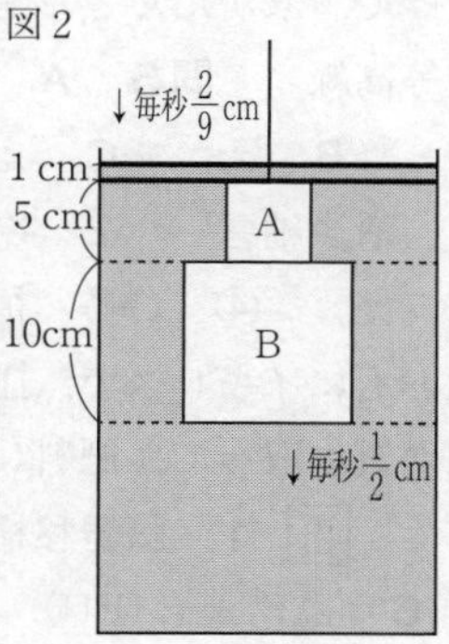

図３

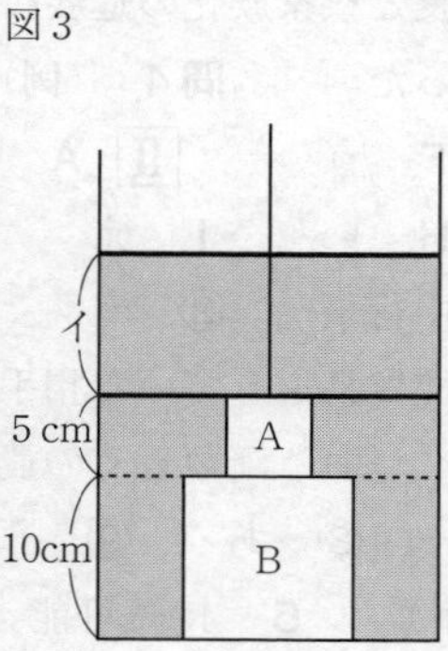

図４

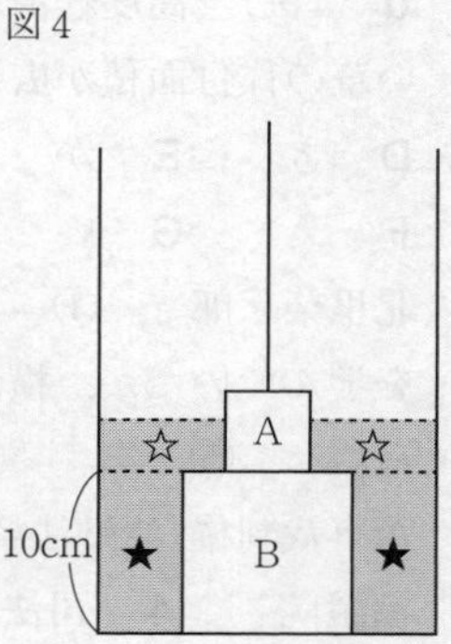

⑴　最初は上の図１のようになっているから，水面とＡの上面との差(図１のア)は，30－(５＋10＋５)＝10(cm)である。また，水そうの底面積は，15×15＝225(cm^2)なので，水面がＡの上面と触《ふ》れるまでの間は，水面は毎秒，$50÷225=\frac{2}{9}$(cm)の割合で下がる。一方，Ａの上面は毎秒$\frac{1}{2}$cmの割合で上がるから，水面とＡの上面との差は毎秒，$\frac{2}{9}+\frac{1}{2}=\frac{13}{18}$(cm)の割合で縮まることになる。よって，上の図２のようになるのは，排水《はいすい》を始めてから，$(10-1)÷\frac{13}{18}=\frac{162}{13}=12\frac{6}{13}$(秒後)と求められる。

⑵　①　重りが図１から図２の状態になるまでに$\frac{162}{13}$秒かかったので，図２から図１の状態(底面から５cmの状態)までもどるのにも$\frac{162}{13}$秒かかる。また，さらに５cm下がるのに，$5÷\frac{1}{2}=10$(秒)かかるから，図２の状態から重りが底面に着地するまでの時間は，$\frac{162}{13}+10=\frac{292}{13}$(秒)とわかる。この間，水面とＡの上面との差は毎秒，$\frac{1}{2}-\frac{2}{9}=\frac{5}{18}$(cm)の割合で広がるので，重りが底面に着地したときの差(上の図３のイ)は，$1+\frac{5}{18}\times\frac{292}{13}=\frac{847}{117}$(cm)になる。よって，このときの底面から水面までの高さは，$10+5+\frac{847}{117}=22\frac{28}{117}$(cm)となる。　②　重りが底面に着地するのは排水を始めてから，$\frac{162}{13}+\frac{292}{13}=\frac{454}{13}=34\frac{12}{13}$(秒後)だから，75秒後にはすでに重りは底面に着地している。また，水そうの容積は，225×30＝6750(cm^3)なので，最初の水の体積は，6750－(10×10×10＋５×５×５)＝5625(cm^3)である。さらに，75秒で排水した水の体積は，50×75＝3750(cm^3)だから，75秒後の水の体積は，5625－3750＝1875(cm^3)と求められる。もし，75秒後に上の図４のよう

になったとすると，★の部分の水の体積は，$(225-10\times10)\times10=1250(cm^3)$なので，☆の部分の水の体積は，$1875-1250=625(cm^3)$となる。よって，☆の部分の高さは，$625\div(225-5\times5)=\frac{25}{8}=3\frac{1}{8}(cm)$である。これは5cm以下だから条件に合い，このときの水面の高さは，$10+3\frac{1}{8}=13\frac{1}{8}(cm)$とわかる。

社　会　(30分)　＜満点：60点＞

解　答

Ⅰ　1　光ファイバー　2　総務(省)　3　大韓民国(韓国)　4　パラリンピック　問1　あ　問2　土石流　問3　a　く　b　Q　老人ホーム　R　交番　c　断層　d　(例)　高度経済成長と核家族化の進展によって，家がたくさん建ち，畳の需要が増えたので，い草の作付面積が広がった。　問4　(例)　等高線　問5　A　け　B　く　C　い　D　き　E　か　F　う　Ⅱ　A　い　B　え　C　え　D　い　E　あ　F　え　G　い　H　い　I　え　1　清少納言　2　冷戦　3　植民地　4　北里柴三郎　①　年中行事　②　え　③　え　④　(例)　福沢諭吉は蘭学でオランダ語を学んでいたが，横浜で貿易をしていた相手はおもにイギリスで，店では英語が使われていたから。　⑤　あ　⑥　(例)　江戸近くの農家が買い取って，肥料(下肥)にしていた。　⑦　領事裁判権(治外法権)　⑧　あ　⑨　う　Ⅲ　1　臓器移植(法)　2　脳死　3　参議院　4　司法(権)　5　持続可能　6　欧州連合(EU)　A　あ　B　う　C　い　D　あ

解　説

Ⅰ　地形図の読み取りや都道府県についての問題

1　光ファイバーは光通信に用いられるケーブル(線)で，光通信は0と1の組み合わせで表現されるデジタルデータを光の点滅《てんめつ》におきかえることによって，大量の情報を高速で伝えることができるため，普及《ふきゅう》が進んでいる。　**2**　消防庁は総務省の外局の1つ。総務省は，2001年の中央省庁再編のさいに総務庁・自治省・郵政省を統合してできた省で，地方自治・選挙・消防・情報通信などについての仕事を担当している。　**3**　日本を訪れる外国人旅行者のうち，国・地域別では東アジアからの旅行者が多く，2016年の訪日外国人の数は，中国が第1位，大韓民国(韓国)が第2位，台湾が第3位と，日本に近い国が上位を占《し》めている。　**4**　パラリンピックとは「パラプレジア(下半身まひ)」と「オリンピック」からつくられた造語で，戦争で障がいを負った兵士たちの競技会がもとになって，1960年にイタリアのローマで第1回大会が開かれた。現在では視覚障がい者なども参加する「パラレル(並行する)オリンピック」として，夏・冬ともオリンピック開催《かいさい》後に同じ都市で行われる。

問1　「乗用車の100世帯あたり保有台数」は，公共交通機関が発達し，駐車場用地の確保が難しい都市部ほど低くなる。よって，より保有台数の少ない「い」に東京都，次に少ない「う」に神奈川県があてはまるとわかる。「あ」と「え」のうち，「シリコンロード」ともよばれる東北自動車道沿

いなどで情報通信機械器具の製造がさかんな福島県には「あ」，残った「え」には島根県があてはまる。福島県では情報通信機械器具の製造がさかんで，出荷額は全国第６位となっている。統計資料は『日本国勢図会』2017／18年版による(以下同じ)。

問２　示されたピクトグラムは，山の間から川が流れ出し，川の流れとともに大きな岩のようなものが流れるようすが描《えが》かれている。よって，このピクトグラムは，土や石が雨水などとともに山の斜面《しゃめん》などを一気に流れ落ちる土石流を示すものだとわかる。

問３　**a**　この地形図には方位記号がないので，地図の上が北を示している。よって，４方位は，地図の上が北，右が東，下が南，左が西となる。神社(⛩)は「せんちょう」駅の近くにあり，地点Ｐから見て左斜《なな》め上の方角になるので，８方位では北西にあたる。　**b**　**Q**　建物の中につえが描かれた(⌂)は，老人ホームをあらわす地図記号である。　**R**　(X)は交番をあらわす地図記号で，警察官が持っている警棒を交差させた形からつくられた。　**c**　一般に，山地と低地の境界は，山のすそ野の広がりや谷などのために曲線になるが，境界に断層があり，歴史上でずれが生じた場合，直線的なものになる。　**d**　熊本県では，畳《たたみ》表などの材料になるい草の栽培がさかんで，その生産量は全国生産量の98％以上を占めている。い草の作付面積が増えた1950年代後半から1970年代前半までは高度経済成長期にあたり，住宅の建設が多くなったため，畳の需要《じゅよう》も増えた。人口増加だけでなく，核家族化の進展で世帯数が増加したことも，住宅の建設が増えた要因となった。

問４　目には見えない地図記号として，同じ高さの地点を線で結んだ等高線があげられる。そのほか，小さな黒丸と数字で表される標高点のうち，標高が整数であらわされたものは「写真測量による標高点」で，室内で測量が行われているため標石が置かれず，目には見えない。また，地図や文章では示されていないが，目には見えない地図記号として，県や市町村などの境界を示す線もあげられる。

問５　**A**　雪祭りが行われ，多くの旅客が乗降する空港をかかえるとあるので，北海道があてはまる。毎年２月には，道庁所在地の札幌市で「さっぽろ雪まつり」が開かれ，国内外から多くの観光客が集まる。札幌市の南東に位置する新千歳《ちとせ》空港は，北海道の空の玄関としての役割をはたし，羽田－新千歳間の利用者数は，航空機の国内旅客線の中で最も多い。　**B**　かつて炭鉱業がさかんであったこと，イチゴが特産品であることなどから，福岡県と判断できる。県北部に広がる筑豊《ちくほう》炭田は，かつて全国一の石炭産出量をほこる炭田であった。また，福岡県では「あまおう」というイチゴの生産がさかんで，イチゴの生産量は栃木県についで全国第２位である。　**C**　県の南部を新幹線が通ること，黒毛和牛の産地であることなどから，兵庫県があてはまる。県南部には山陽新幹線が通っており，新神戸駅・西明石駅・姫路駅・相生《あいおい》駅という４つの駅がある。県庁所在地の神戸市は古くから港町として栄え，県北部で育てられる但馬《たじま》牛は高級ブランド牛として知られている。**D**「越前《えちぜん》」は福井県北部の旧国名で，福井県周辺でとれるズワイガニは「越前ガニ」とよばれる。また越前和紙は伝統的工芸品として知られ，県北中部の鯖江《さばえ》市ではめがねのフレーム生産がさかんである。　**E**　奈良県には，「古都奈良の文化財」「法隆寺地域の仏教建造物」「紀伊山地の霊場《れいじょう》と参詣道《さんけいみち》」という３つの世界文化遺産がある。県北部地域は，隣接《りんせつ》する大阪府や京都府のベッドタウンとしての役割もはたしている。　**F**　冬でも温暖な気候で，観光業が発展していることから，沖縄県とわかる。沖縄県では，観光業やアメリカ軍基地に関係する仕事に従事する人が多く，第三次産業従事者の割合が全体の80％を占めている。

Ⅱ 感染症を題材とした歴史の問題

A 祇園《ぎおん》祭は京都の八坂神社の祭礼で，京都を主戦場として11年も続いた応仁の乱(1467～77年)により一時中断されたが，町衆とよばれる商工業者の手により1500年に復興された。 **B** 従来の狩猟《しゅりょう》や漁，採集に加えて穀物の栽培が始まると，人々は川沿いなどの低地に集団で定住生活を営むようになった。 **C** 聖武天皇は平城京(奈良県)で政治を行っていたが，政争や疫病《えきびょう》などの社会不安があいついだため，740年に平城京をはなれて恭仁《くに》京(京都府)へと移った。その後，742年に恭仁京の離宮として紫香楽宮《しがらきのみや》(滋賀県)が造営され，翌43年，この地で大仏造立《ぞうりゅう》の詔《みことのり》が出された。聖武天皇はその後も難波《なにわ》宮(大阪府)，紫香楽宮へと都を移したのち，745年に平城京に戻り，大仏造立事業は平城京の東大寺で続けられることとなった。 **D** 政治が乱れて災害があいついだことや，仏教がおとろえて釈迦《しゃか》の法が行われなくなるという末法思想が流行したことにより，10世紀の中ごろから，阿弥陀如来《あみだにょらい》を信じ，死後に極楽浄土《ごくらくじょうど》へ往生することを願う浄土教が広がった。 **E** 緒方洪庵《おがたこうあん》は，天然痘《とう》に対する免疫をつけさせる種痘を日本に広めた蘭学者で，世界に通用する人材を育てたいと考え，大阪に適塾(適々斎塾)を開いた。適塾では，慶應義塾を創設した福沢諭吉や，近代的な軍隊の基礎をつくった大村益次郎など多くの人が学んだ。 **F** WHO(世界保健機関)は，世界各国の人々の健康の維持や向上を目的として1948年に設立された国連の専門機関で，本部はスイスのジュネーブにおかれている。なお，「あ」は国連教育科学文化機関，「い」は国連難民高等弁務官事務所，「う」は世界食糧計画の略称。 **G** 日本に初めてコレラが入ってきた1822年は，江戸時代の後半にあたる。江戸時代，幕府はキリスト教を布教しない清(中国)とオランダに限り，長崎で貿易を行った。 **H** 1910年，日本は韓国(朝鮮)を併合すると，隣接地域である中国東北部の満州への進出を図った。当時，満州はロシアの勢力範囲となっていたが，日本とロシアは満州支配について妥協を重ね，数回にわたって日露協約を結んだ。 **I** 大村智《さとし》は，土の中にいる微生物から新物質を発見し，それをもとにつくられたイベルメクチンという薬が発展途上国の多くの人々の命を救ったと評価され，2015年にノーベル生理学・医学賞を受賞した。

1 清少納言は一条天皇のきさきの定子《ていし》に仕え，随筆『枕草子《まくらのそうし》』を著した。「春はあけぼの」で始まる『枕草子』は，人生や自然についてするどい感覚でつづられており，『源氏物語』とならぶ平安女流文学の作品として知られる。 **2** 第二次世界大戦後，アメリカを中心とする資本主義諸国とソ連を中心とする社会主義諸国がきびしく対立したが，この対立は直接戦火を交えることがなかったことから冷戦(冷たい戦争)とよばれた。 **3** 16世紀以降，ヨーロッパの国々はアフリカや南アメリカへと船で進出し，軍事力でそれらの地域を植民地とし，支配下においた。イギリスは18世紀中ごろからインド侵略《しんりゃく》を進め，1857～58年のインド大反乱を制圧した翌59年からインドの直接統治に乗り出し，インドを完全に植民地化した。 **4** 細菌《さいきん》学者であった北里柴三郎は，明治時代の中ごろ，ドイツへと留学し，結核菌やコレラ菌の発見で知られるローベルト＝コッホのもとで研究していたときに破傷風《はしょうふう》の血清療法を発見し，この功績により世界的に知られる研究者となった。帰国後には，伝染病研究所・北里研究所・慶應義塾大学医学部などを創設し，医学や教育の場で広く活躍《かつやく》した。

① 毎年，一定の時期に行われる行事を年中行事といい，もとは宮中の行事を指したが，のちに民間の祭事や行事などもふくむようになった。1月7日に七草がゆを食べる習慣などは，現在まで続

けられている。　②　弥生時代の稲作ではさまざまな木製農具が用いられた。このうち，大きな板に穴を開け，ひもを通してはいたのが田げたで，足が田にしずみこむのを防ぐために使用された。えぶりは水田の土を平らにするための道具。すきは田を耕すため，たてぎねは米をついて脱穀するために用いられた。　③　織田信長は，1560年に桶狭間《おけはざま》の戦いで駿河《するが》国(静岡県)の戦国大名だった今川義元を破ると，本格的に天下統一に乗り出し，1573年には第15代将軍足利義昭を追放して室町幕府を滅《ほろ》ぼした。その後，1575年の長篠《ながしの》の戦いでは，当時最新兵器であった鉄砲を活用して，戦国時代最強といわれた武田勝頼《かつより》の騎馬隊を破った。したがって，b→c→aの順となる。　④　1858年に日米修好通商条約が結ばれて貿易が始まると，横浜ではおもにイギリスを相手に取引が行われたので，外国人向けの店のウィンドウには英語が書かれていたと考えられる。蘭学はオランダ語によって西洋の学術や文化を研究する学問であったため，福沢諭吉は英語が読めなかったのである。　⑤　平清盛は，天皇家内部の対立や摂政・関白をめぐる藤原氏の内部争いから1156年に起こった保元の乱で勝利し，その後に対立した源義朝《よしとも》を1159年の平治の乱で破ると権力を握《にぎ》り，1167年には武士として初めて太政大臣《だいじょうだいじん》となった。　⑥　江戸時代になると，人口が増えたことや商品作物の栽培が広まったことから，肥料の需要も高まった。そこで，くみとり業者が江戸の町で下《しも》肥《こえ》(肥料)となる糞便《ふんべん》を集め，それを江戸周辺に運んで農家に買い取ってもらい，農家はそれを栽培に利用していた。　⑦　領事裁判権(治外法権)は，外国人の犯罪を自国の法律で裁くことができず，外国の法律でその国の領事が裁くことを認める権利。日本は江戸時代末に結ばれた安政の五か国条約で，アメリカ・イギリス・ロシア・オランダ・フランスにこれを認めた。　⑧　外務大臣の陸奥宗光《むつむねみつ》は，東アジアに進出してくるロシアに対抗するため日本と手を結ぼうと考えたイギリスと1894年に日英通商航海条約を結び，領事裁判権を撤廃《てっぱい》することに成功した。　⑨　日本からハワイへの移民は1868年から始まり，その後多くの日本人が労働者としてハワイへ渡った。

Ⅲ　現代の社会についての問題

①　**1，2**　臓器移植法は1997年に成立した法律で，本人の書面による意思表示と家族の承諾《しょうだく》があれば，脳死の状態にあると判定された人から，心臓・肺・肝臓などの臓器が提供できるようになった。この法律は2009年に全面的に改正され，本人の意思が明らかになっていない場合でも，家族の承諾があれば臓器を提供できるようになり，15歳未満の子どもからの臓器提供も可能になった。

②　**3**　2016年7月，参議院議員選挙が実施され，国政選挙で初めて18歳・19歳の人が選挙権を行使したことで注目を集めた。　**A**　参議院議員選挙の選挙区選挙は都道府県単位で行われるが，2015年7月に改正公職選挙法が成立したことにより，有権者数の少ない鳥取県・島根県，徳島県・高知県がそれぞれ「合区」とされ，選挙区の数は45となった。

③　**4**　日本では三権分立のしくみが採用され，立法権を国会，行政権を内閣，司法権を裁判所に受け持たせている。これは，権力の行き過ぎをおさえ，国民主権を守るためである。　**B**　日本の裁判所は最高裁判所と下級裁判所とで構成されており，下級裁判所には，全国8か所に設置されている高等裁判所，全国50か所に設置されている地方裁判所と家庭裁判所，全国438か所に設置されている簡易裁判所がある。

④　**C，5**　1992年，ブラジルのリオデジャネイロで国連環境開発会議が開かれた。一般に「地球サミット」とよばれるこの会議では「持続可能な開発」が理念として掲《かか》げられ，リオ宣言や生物多様性条約などが採択された。

⑤ **6** 欧州連合(EU)はヨーロッパ諸国の政治的・経済的な統合をおもな目的として1993年に発足した組織で，本部はベルギーのブリュッセルにおかれている。難民やテロへの対応などで各国の足並みがそろわず，2016年６月のイギリスの国民投票では，EUからの離脱を支持する票が多数派を占めた。 **D** 2018年２月現在，ノルウェーはEUに加盟していない。

理 科 (30分)＜満点：60点＞

解 答

Ⅰ **問１** 銀，キ **問２** **面積**…ア **位置**…エ **問３** ① イ ② ア ③ イ **問４** イ，ウ，オ **問５**  Ⅱ **問１** **水**…ア，イ，ウ **氷**…イ **水蒸気**…ア，エ，オ **問２** (1) イ (2) オ (3) エ **(1)の状態変化** 蒸発 **(2)の現象** 結ろ **問３** (1) **気体の名前**…二酸化炭素 **性質**…オ，キ (2) **白い粉**…カ **白いけむり**…オ **問４** (1) 酸素 (2) ア Ⅲ **問１** (1) ウ (2) **あ** イ **い** ウ **問２** (1) B (2) **A** イ **C** ア **問３** ウ **問４** (例) 流れる水のはたらきを受けていないため，つぶが角ばっている。 **問５** (1) 130L (2) 130kg Ⅳ **問１** イ **問２** **気温**…イ **必要なもの**…エ，オ，キ **問３** イ，オ **問４** 4.8% **問５** **呼吸**…１％ **光合成**…３％ **問６** イ **問７** イ，ウ **問８**  **問９** 右の図 **問10** ヨウ素液 **問11** エ

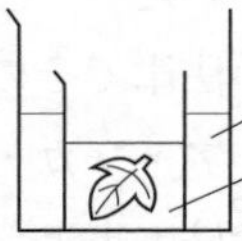

解 説

Ⅰ **鏡と光の反射についての問題**

問１ 1kg(＝1000g)で95.2cm³の金属は，1cm³あたりの重さが，1000÷95.2＝10.50…より，10.5gなので，表より銀が選べる。銀はふつう酸素とは結びつきにくいため，アクセサリーや食器などに使われる。

問２ 太陽が南中したときの高度を比べると，６月の方が２月より高くなる。よって，右の図ｉのように，鏡で反射した光は，６月の方が２月より，明るい部分の面積は大きくなり，反射した光が写る位置は上に移動する。

図ｉ
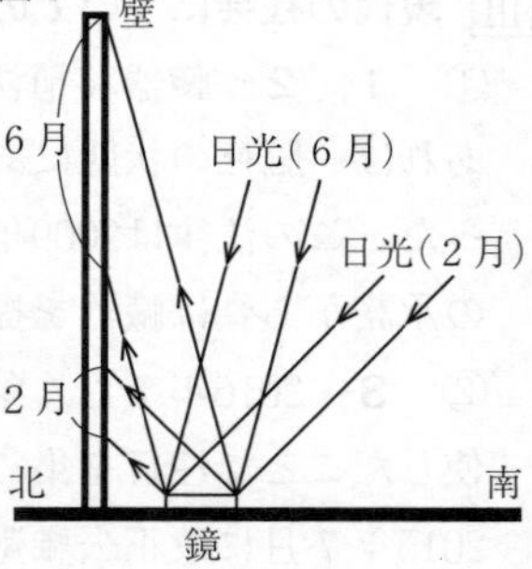

問３～問５ 鏡の面に対して対称の位置に像ができる。たとえば，図２でFの文字を書いた紙をおくと，右の図ⅱのような像となる。①と③では実物と左右が反転した形，②では実物と上下が反転した形の像が見えることになる。そのため，①～③に映る形がいずれも実物と異なるものとなる文字は，上下と左右のどちらに反転させても形が変わるものである。

図ⅱ
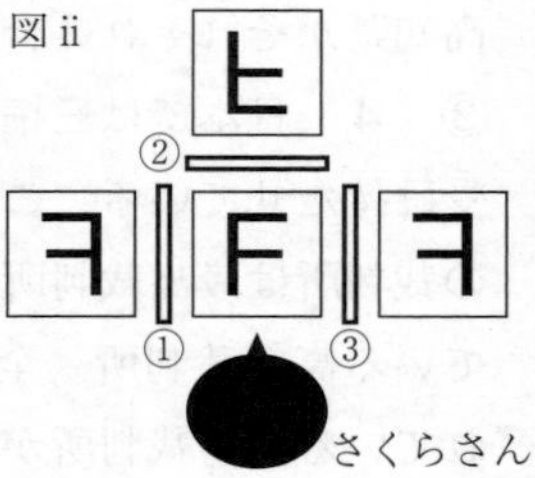

Ⅱ **物質の状態変化についての問題**

問１ 水と水蒸気は容器に合わせて形が変わるが，固体は変わらない。圧縮した場合，水蒸気はおし縮められて体積が小さくなるが，水と氷は体積がほとんど変わらない。水は，氷になると体積が

約1.1倍になり，水蒸気になると体積が約1700倍になることから，同じ体積で比べて最も重いのは水，同じ重さで比べて最も体積が大きいのは水蒸気である。また，状態変化をしない範囲《はんい》で温めたときの体積変化は，水や氷と比べて水蒸気が非常に大きくなる。

問２　⑴，**⑴の状態変化**…ぬれたタオルは，空気にふれている表面から，水が水蒸気に変化することでかわく。このように水から水蒸気に変わることを蒸発という。　⑵，**⑵の現象**…室内の温かい空気に含《ふく》まれる水蒸気が冷たい窓ガラスや壁《かべ》などにふれて，水蒸気から水てきに変化してくもったりしめったりすることがある。この現象を結ろという。なお，気体が液体に変化する状態変化は凝縮《ぎょうしゅく》とよばれる。　⑶　指の表面についている水が氷によって冷やされてこおるため，指と氷がくっつくことがある。このとき，液体が固体に凝固している。

問３　⑴　ドライアイスは二酸化炭素の固体である。二酸化炭素には地面から宇宙へ放出される熱を吸収して地面にもどす性質があり，そのようなはたらきをする気体を温室効果ガスという。また，二酸化炭素は空気の約1.5倍の重さで，水に少しとけ，この水よう液は炭酸水という。なお，炭酸水は酸性で，鉄を加えると長い時間をかければ鉄を少しずつとかすが，さかんにとかすほどではない。　⑵　ドライアイスを空気中に置くと，空気中の水蒸気がドライアイスの表面で冷やされるため，ドライアイスの表面には粉状の氷がつく。また，ドライアイスの周りの空気も冷やされるので，空気中の水蒸気が冷やされて非常に小さな水てきなどができ，白いけむりのように見える。

問４　⑴　線香《せんこう》は空気中では赤くなって燃えるが，酸素が多いところではほのおをあげて燃える。液体の酸素はうすい青色をしている。　⑵　熱は温度の高い方から低い方に移動する性質がある。ここでは，液体のちっ素が気体の酸素が持つ熱をうばうから，酸素が－196℃より低くなることはない。よって，酸素は－196℃よりも高い温度で気体から液体に変わったことになる。

Ⅲ　流れる水のはたらきについての問題

問１　⑴　水中では，つぶの大きいものほど早くしずむ。よって，れき・砂・どろのうち，最もつぶの大きいれきが一番早くたい積し，最もつぶの小さいどろが一番おそくたい積する。　⑵　れき・砂・どろを同時に水に入れると，最もつぶの大きいれきが最も早くしずんで一番底にたい積し，次につぶの大きい砂がれきの層の上にたい積して，最もつぶの小さいどろが砂の層の上にたい積する。ここでは二度に分けて流しこんでいるので，下かられきの層，砂の層，どろの層，れきの層，砂の層，どろの層となる。

問２　⑴　図２で，Ａ，Ｂ，Ｃの縦の破線と曲線①の交点が，それぞれのつぶが流され始めるときの水の流れる速さとなる。したがって，交点が一番下にあるＢが最初に流され始める。　⑵　図２で，曲線②より上側の範囲ではつぶが流され続け，下側の範囲では流されていたつぶが止まる(たい積する)。Ａの場合，Ⅱの横線とＡの縦の破線の交点が曲線②より上側の範囲にあるので，つぶは流され(運ぱんされ)続ける。Ｃの場合は，Ⅱの横線とＣの縦の破線の交点が曲線②より下側の範囲にあることから，つぶが底にたい積する。

問３　川の河口付近は，川の流れがかなりゆっくりになるため，流されてきた土砂がたい積しやすい。そのため，土砂がたい積することで川の流れの中に島のような地形ができることがあり，この地形は，三角形のような形になりやすいことから，三角州とよばれる。

問４　川で採取した砂のつぶは，川の水に流される間に角がけずられるため，丸みをおびている。しかし，火山のふん火によりふき出され，降り積もった火山灰は，もともとが角ばっていて，しかも川の水に流されていないので，つぶが角ばった形をしている。

問５　⑴　１m^2＝10000cm^2，130mm＝13cmより，水の量は，10000×13＝130000(cm^3)である。よって，１Ｌ＝1000mL＝1000cm^3なので，130000÷1000＝130(Ｌ)と求められる。　⑵　雨水１mLあたり１ｇなので，雨水１Ｌの重さは，1000ｇ＝１kgである。したがって，雨水130Ｌの重さは，１×130＝130(kg)となる。

Ⅳ　ホウセンカのつくりや光合成についての問題

問１　虫めがねで物体を観察するとき，虫めがねは顔に近づけて持ち，観察するものを動かしてピントの合うところをさがす。

問２　ホウセンカの種子は，気温が20～25℃のときに発芽しやすい。種子が発芽するためには適温のほかに，空気(酸素)，水，種子の中の養分が必要である。

問３　エノコログサは子葉が１枚の単子葉類，マツは子葉が３枚以上の多子葉類になる。なお，アサガオ，ヒマワリ，ヘチマは双《そう》子葉類で，子葉が２枚出る。

問４　ふくろの中にはじめにあった空気を100とする。すると，はじめにあった酸素は，100×0.21＝21となる。ボンベで二酸化炭素を入れた後は，ふくろの中の気体が，21÷0.2＝105になっていて，この気体の中にはボンベで入れた二酸化炭素が，105－100＝５含まれている。はじめにふくろの中にあった二酸化炭素は0.04％ほどでごく少なく，これを考えないものとすると，ボンベで二酸化炭素を入れた後のふくろの中の気体には，５÷105×100＝4.76…より，4.8％の二酸化炭素が含まれている。なお，はじめにふくろの中に二酸化炭素が0.04％ほど含まれていることを考えた場合でも，ふくろの中の二酸化炭素の割合は，(５＋100×0.0004)÷105×100＝4.8(％)と求められる。

問５　実験１の④では光を当てていないので，ホウセンカは呼吸を行うが，光合成を行っていない。図２のはじめの２時間より，呼吸によって１時間あたりに消費される酸素は，ふくろの気体の体積の，20－19＝１(％)となる。実験１の⑤でもこの割合は変わらず，このときには光が当たっていて光合成も行っている。図２の経過時間が２時間以降では，酸素の割合は見かけ上１時間あたり，20－18＝２(％)増えていて，その間に呼吸により１％酸素が消費されているため，光合成によって発生する酸素は，ふくろの気体の体積の，２＋１＝３(％)となる。

問６　ホウセンカでは，葉の裏側の表皮に気こうが多く見られる。

問７　けんび鏡は，日光が当たらない明るい場所におく。はじめは低倍率になるように接眼レンズ，対物レンズの順にレンズを取りつけ，接眼レンズをのぞきながら反射鏡を動かして，見えている部分を明るくする。その後，ステージにプレパラートをのせて，横から見ながら対物レンズとプレパラートを近づける。そして，ステージ上下式けんび鏡の場合は，接眼レンズをのぞきながら調節ねじを回してステージを下げていき，ピントを合わせる。

問８　けんび鏡で物体を観察すると，上下左右が逆になって見える。

問９　葉をあたためたエタノールに入れて，葉の緑色のつぶをとかし出して色をぬく。このとき，エタノールは蒸発しやすく燃えるため，葉とエタノールを入れたビーカー(小)ごと湯を入れたビーカー(大)の中に入れてエタノールを温める。

問10　でんぷんがあると，ヨウ素液は青むらさき色に変化する。

問11　アサガオの花は，花がさくときに，おしべがのびていき，おしべの花粉がめしべの先について受粉する。このように，こん虫や風などの力を借りずに１つの花の中で受粉することを自花受粉という。

国　語　(50分)＜満点：100点＞

解　答

一　問1　a　(交)遊　b　(中)腹　c　夢(中)　d　(談)笑　問2　1　イ　2　ウ　3　エ　4　カ　5　ク　問3　A　(例)　ばあばはうすもも色の芍薬の花の中に入ってみたかったので夢がかなってうれしいし，かえちゃんにも会えてよろこんでいるから。　B　(例)　じいじもばあばも楽しそうに遊んでいて，かえちゃんはなかまはずれにされたような気持ちになったうえ，二人と同じようにちいさくなろうと努力しているのにその気も知らずにばあばがのん気に「なにをしてるんだい」などと聞いてくるから。　問4　(例)　人間の生命は始まりも終わりも(生まれるときも死ぬときも)自分たちの手で何とかできるものではないということ。　問5　(例)　芍薬や風や周りの自然たちの声だから(　)にしている。また，そこにはかえちゃんがこれから元気に育っていくことを見守り，祈る思いがこめられている。

二　問1　下記を参照のこと。　問2　(例)　主観にすぎないものを議論しても仕方がない　問3　(例)　たとえば花の色は人間の目と虫の複眼では違って見えているというふうに，人間と犬や虫たちは世界を違うように認識しているが，どちらの目で見た花の色が真実とも言いがたい。このように自分の目の前に確かに存在していると感じられる様々なものは，自分の脳の感覚によってそのように見せられているだけのことで，実際には全く違うものかもしれない。その実際の姿を人間は見ることができないのだから，しょせん人間は自分の感覚の内側で生きるしかないのだという考え。　問4　(例)　多国籍軍のミサイルが敵の軍事施設だけをピンポイントで狙って，少しも標的を外すことのない映像が流された。実際にはピンポイントで軍事施設だけを攻撃するわけにはいかず，民間人もミサイルの犠牲になっているのだが，民間人が死んでいく映像が流れると自分たちの攻撃の正当性が揺らぎ，攻撃反対の声があがるおそれがあるので，その都合の悪い部分を切り取った映像を流すことで，攻撃が正当なものであると観る人々に印象づけようとしている。　問5　(例)　ネットの登場によって，すべての人類が情報を共有できるようになり，立場を超え，国境を越え，同じ土俵で問題に向き合えるようになるなどという楽観的で浅はかな考え。　問6　(例)　現在起こっている出来事に関する情報は当事者たちの都合によって意図的にゆがめられることもあり，正しいものと間違っているものとを区別することが難しい。長い時間をかけて情報を検証し淘汰してようやく情報は真実に近づいていくものなのに，インターネットで世界中の新しい正確な情報が瞬時に手に入れられるようになったと信じている人々は，誰にも検証も淘汰もされていない精度の低い情報を無自覚に集めようとしてしまうため，フェイクニュースができあがってしまう。そして，人間は「嘘でもいいから，自分が見たいものが見たい」と考えるものなので，この心理につけこもうとして発信された嘘の情報を疑おうとせず安易に信じこんで不安を解消しようとし，フェイクニュースが広がってしまうことになる。

●漢字の書き取り

三　問1　a　茶化す　b　足　c　提起　d　訳知り

解説

一　出典は大久保《おおくぼ》雨咲《うさぎ》の『うっかりの玉』所収の「五月の庭で」による。ちいさくなったばあばとじいじに会ったかえちゃんは，自分もいっしょうけんめいちいさくなろうとするが，そのまえに「もっとおおきくならなくちゃ」と言われる。

問1　**a**　②の「遊」を使って，「交遊」とするのがよい。「交遊」は，親しくつきあうこと。　**b**　①の「腹」を用いて，「中腹」と書く。「中腹」は，山のふもとと頂上との間。　**c**　③の「夢」を使った，「夢中」が正しい。「夢中」は，何かに熱中して我を忘れること。　**d**　④の「笑」を用いて，「談笑」とする。「談笑」は，笑いながらうちとけて語り合うこと。

問2　**1**　悲しくて泣くようすが入るので，涙《なみだ》の粒《つぶ》がこぼれるさまを表す「ほろん，ほろん」がよい。　**2**　芍薬《しゃくやく》の花のまんなかにいるちいさいばあばが，風に吹《ふ》かれてゆれるようすを表す言葉が入る。ちいさく軽いものが風にまかせてゆれるのだから，不規則なゆれかたの「ゆんら，ゆら」が合う。　**3**　「大わらい」したばあばにつられて花も笑ったのだから，やはり大きくゆれたと思われる。よって，大きくゆれるようすを表す「ゆらん，ゆらん」が合う。　**4**　じいじをほうりだし，後がどうなったのかも気にせずにどこかへ行ってしまったのだから，かえるは「さっぱり」した顔だったと考えられる。「さっぱり」は，あっさりしたようす。　**5**　久しぶりに会った孫がおおきく成長していたのだから，じいじはかえちゃんを「ほれぼれ」して見あげたものと推測できる。「ほれぼれ」は，心を奪《うば》われ，うっとりとするようす。

問3　**A**　少し後で，ばあばは「うすもも色の芍薬に，ずっと入ってみたかった」夢がかなったと言っている。また，孫のかえちゃんに会えたこともうれしいのだと思われる。　**B**　前後に注目する。じいじもばあばも楽しく遊んでいたのならさそってほしかったと，かえちゃんは「なかまはずれ」にされたように感じている。また，二人と同じくらいにちいさくなろうとがんばっているのに，その気も知らずにばあばが「なにをしてるんだい」などとのんきに聞いてきたのでおこっていることがわかる。

問4　ばあばが「とつぜん，いなくなっ」たとは，ばあばが亡くなったことを表す。一方，かえちゃんが「とつぜん，やってきた」とは，かえちゃんが生まれたときのことを言っている。つまり，人間の生命は始まりも終わりも自分たちの手でなんとかできるものではなく，「とつぜん」おとずれるものなのである。

問5　続く二文から，二重ぼう線(2)は芍薬や風など周りの自然たちの声であるとわかるので，人間の声と区別して(　)付きにしていると推測できる。また，「ちいさくなる」とは死ぬことを意味しており，幼いかえちゃんもいつか死をむかえるが，これからもっとおおきく元気に育ってくれることを願い，温かく見守る気持ちをこめて「うんと，うーんと，ゆっくりおいで」と言っているものと考えられる。

二　出典は押井《おしい》守《まもる》の『ひとまず，信じない―情報氾濫《はんらん》時代の生き方』による。情報を瞬時《しゅんじ》に入手できるとされるインターネットが，実はフェイクニュースを量産し拡散していると警告している。

問1　**a**　まじめに相手をせず冗談《じょうだん》のようにするようす。　**b**　「足をすくう」は，すきをついて相手を失敗させること。　**c**　問題として持ち出すこと。　**d**　「訳知り顔」は，世の中の事情に通じていそうな表情のこと。

問2　人間の脳は世界をバーチャルに理解しており，人間には何が現実かが実証できないので，あるものを見ても他人が自分と同じように見ているとは限らないと筆者は述べている。そう考えると，ある人が感じた味と色もその人の主観にすぎないので，議論しても仕方がないということになる。

問3　前の部分で，人間の目と虫の複眼では花の色が違《ちが》って見えているというように，人間と犬や虫たちはそれぞれが認識《にんしき》している世界が異なるため，どれが「真実」なのかが疑わしいと筆者は述べている。少し後でも，「情報のすべては，脳が知覚しているだけという点」では「初めからフェイク」だと言っている。つまり，脳によってものを知覚している人間は，「真実」を見て確かめることができないというのだから，しょせん人間は自分の感覚の内側でしか生きられないということになる。

問4　「まるでテレビゲームのような映像」とは，直前にある，多国籍《たこくせき》軍のミサイルが敵の軍事施《し》設《せつ》だけをピンポイントで狙《ねら》って少しも標的を外すことがないように見える映像のことを指す。続く段落に，戦争中には「当事者の国や軍によって意図的に流された情報の類《たぐい》」が相当あったとあるとおり，実際には多くの民間人もミサイルの犠牲《ぎせい》になっていたが，その映像を流すと自分たちの攻《こう》撃《げき》の正当性が揺《ゆ》らいで攻撃反対の声があがるおそれがあるため，都合の悪い部分は切り取られていたのである。そのようにして編集された映像は，攻撃が正当なものであると観る人々に印象づける意図で流されたものと考えられる。

問5　「大いなるフェイク」とは，「そんなことが本当に可能な世界が来ると考えていること」を指す。直前の部分から，それはネットの登場によってすべての人類が情報を共有できるようになり，立場を超《こ》え，国境を越《こ》え，同じ土俵で問題に向き合えるようになるという考えのことだとわかる。筆者は人々のそのような楽観的で浅はかな考えを「大きなフェイク」だと指摘《してき》し，非難している。

問6　情報とは，長い時間をかけて検証され，淘汰《とうた》されて真実に近づいていくものだが，インターネットで新しく正確な情報が瞬時に入手できるようになったと信じている人々は，検証も淘汰もされていない精度の低い情報をうのみにし，無自覚に集めようとする。その結果，フェイクニュースができあがってしまうことになる。また，人間には「嘘《うそ》でもいいから，自分が見たいものが見たい」と考える心理があり，それにつけこんで発信された嘘のニュースを疑わず，安易に信じこんでしまうため，フェイクニュースは広がるのである。

Memo

平成29年度　桜蔭中学校

〔電　話〕（03）3811－０１４７
〔所在地〕〒113-0033　東京都文京区本郷１－５－25
〔交　通〕JR線－「水道橋駅」より徒歩５分　都営三田線－「水道橋駅」より徒歩２分
東京メトロ丸ノ内線－「本郷三丁目駅」より徒歩８分

【算　数】（50分）〈満点：100点〉

（注意）円周率を用いるときは，3.14としなさい。

三角すいの体積は（底面積）×（高さ）× $\frac{1}{3}$ で求められます。

Ⅰ　次の □ にあてはまる数を答えなさい。

(1) ① $\left\{1.04\div 9\times\left(12-5\frac{4}{7}\right)-\frac{13}{42}\right\}\times 2\frac{23}{26}=\square$

② $\left(7\frac{6}{11}-4\frac{1}{16}\div 6.875\right)\div\left\{15-\left(\square+5\frac{1}{3}\right)\right\}=6\frac{3}{4}$

(2)　０から９までの１けたの数字10個から，異なる２個の数字を選びます。その２個の数字をどちらも１回以上使って４個を並べた数を作ります。ただし０を使うときは，たとえば0030は30，0101は101と考えることとします。

①　このようにしてできる数は全部で □ 個あります。

②　2020は小さい方から数えて □ 番目の数です。

③　大きい方から数えて92番目の数は □ です。

Ⅱ　右の図は，AD＝DH＝16cm，GH＝12cm の直方体 ABCD-EFGH で，AF＝20cm です。２つの動く点ＰとＱが同時に出発して，毎秒２cm の速さで点Ｐは長方形 ADGF の周上を，点Ｑは三角形 CDG の周上を次のように動きます。

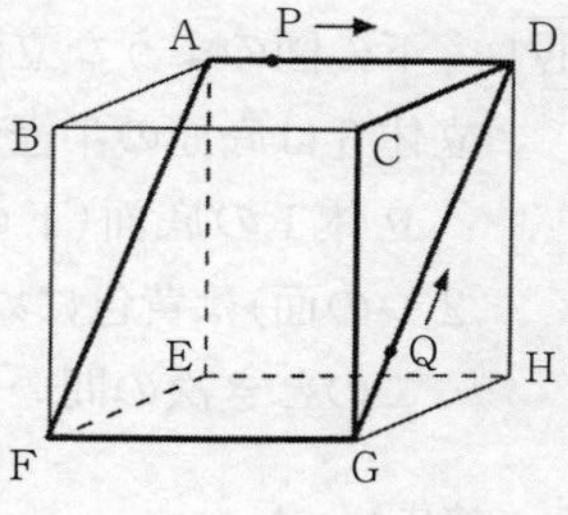

点Ｐ：A→D→G→F→A→D→G→……

点Ｑ：G→D→C→G→D→……

(1)　２点Ｐ，Ｑが初めて出会うのは，２点が出発してから何秒後ですか。

(2)　２点Ｐ，Ｑが４回目に出会うのは，２点が出発してから何分何秒後ですか。

Ⅲ　右の図１は，１辺の長さがそれぞれ３cm，12cm，21cm の正方形を底面とする直方体から上の面を取り除いてできた３つの水そうＡ，Ｂ，Ｃを重ねて底面を固定した容器です。この容器を水平な床《ゆか》の上に置き，図のようにＡにはⒶの蛇《じゃ》口から，ＢにはⒷの蛇口から，ＣにはⒸの蛇口から毎秒一定の量の水を同時に入れ始め，全ての水そうが水で満たされるまで３つの蛇口から水を入れ続けました。

　ただし，３つの蛇口から毎秒出る水の量は全て同じとし，容器の厚さは考えないものとします。

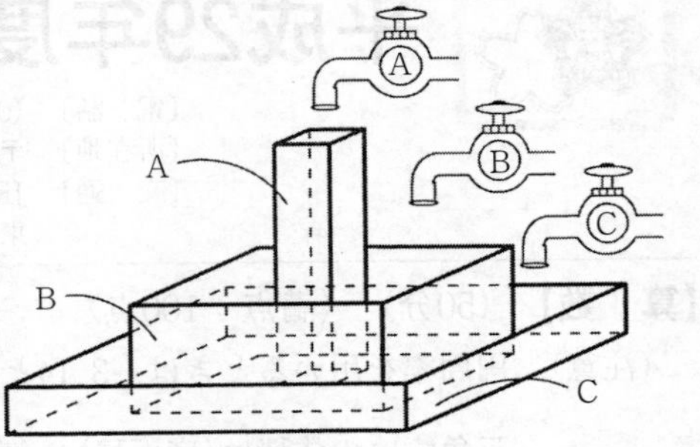

図１

(1)　右の図２は，水を入れ始めてから容器が水で満たされるまでの時間と水面の高さの関係を表したグラフです。水を入れ始めてから [ア] 秒後までの容器Ｂの水面が上昇する速さが毎秒 $\frac{1}{27}$ cm，[ウ] が189 であるとき，次の①，②を求めなさい。

①　１つの蛇口から１秒間に出る水の量

②　容器Ｃの高さ

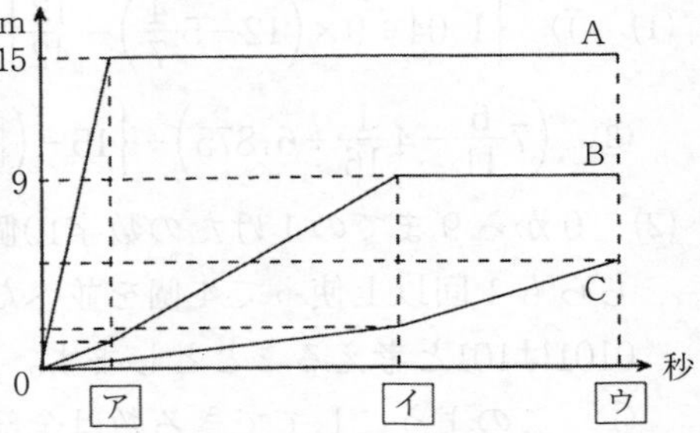

図２

(2)　この容器を空にして，再び３つの蛇口から毎秒一定の量の水を入れました。全ての水そうが水で満たされるまでに２分かかったとき，１つの蛇口から１秒間に出る水の量を求めなさい。

Ⅳ　下の図のような立体１，２，３がどれも１個以上あります。立体１は円すい，立体２は円柱，立体３は底面の半径が４cm の円柱から底面の半径が２cm の円柱をくりぬいてできた立体です。

　立体１の底面（下の面）は赤，立体２の底面（上下の２つの面）は青，立体３の底面（上下の２つの面）は黄色にぬられていて，どの立体もその他の面は全て白くぬられています。

　このとき次の問いに答えなさい。

立体１

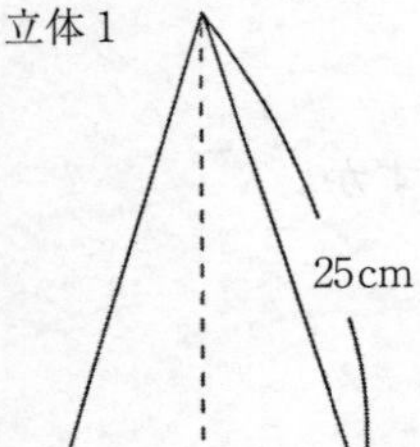

立体２

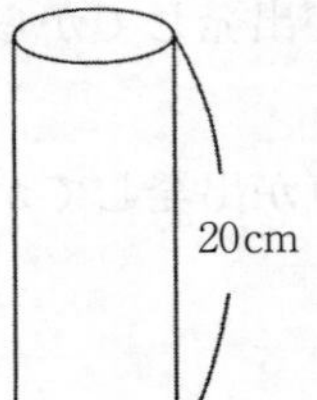

立体３

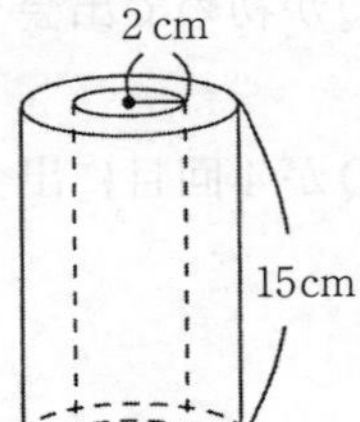

(1)　立体１，２，３の１個ずつについて，白くぬられている部分の面積と，赤，青，黄色にぬられている部分の面積をそれぞれ求めなさい。

(2)　全ての立体の赤くぬられている部分の面積の合計と，青くぬられている部分の面積の合計と，黄色くぬられている部分の面積の合計がどれも同じとき，全ての立体の白くぬられている部分の面積の合計は最も少なくて何cm^{2}ですか。

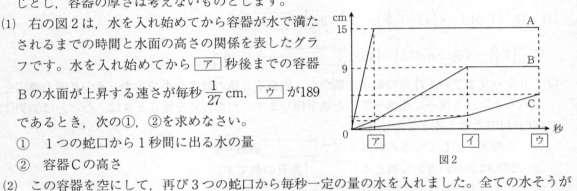

(3)　全ての立体の白くぬられている部分の面積の合計が5652cm^{2}であるとき，立体1，2，3はそれぞれ何個ずつありますか。考えられる個数の組を全て答えなさい。ただし，立体1，2，3はどれも異なる個数あるとします。解答らんは全部使うとは限りません。

V　下の図1は，1辺の長さが6cmの立方体16個をすき間なくはりつけて作った立体です。次の立体の体積をそれぞれ求めなさい。

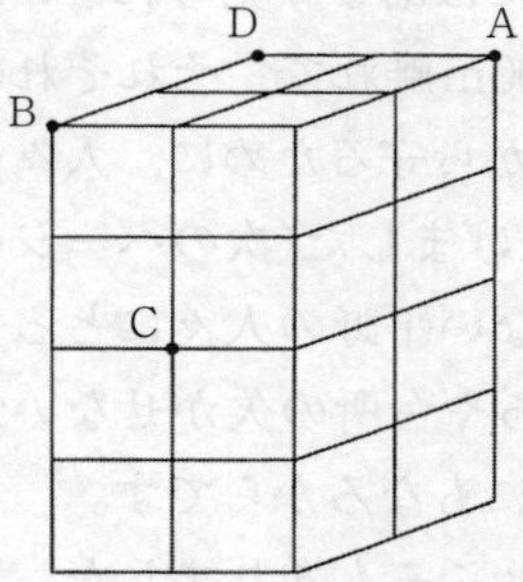

図1

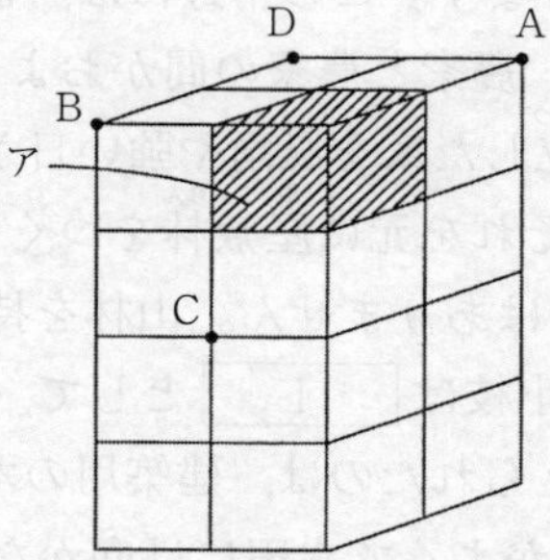

図2

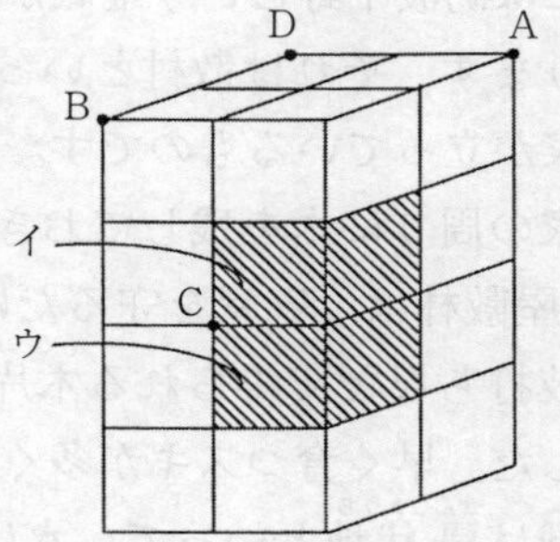

図3

(1)　図1の立体を3点A，B，Cを通る平面で切断したとき，2つの立体ができます。そのうちの小さい方の立体は三角すいです。このとき，点Dを含む立体の体積

(2)　図1の立体から1つの立方体アを取り除きます(図2)。その立体を(1)と同じように3点A，B，Cを通る平面で切断したとき，点Dを含む立体の体積

(3)　図1の立体から2つの立方体イ，ウを取り除きます(図3)。その立体を(1)と同じように3点A，B，Cを通る平面で切断したとき，点Dを含む立体の体積

【社　会】（30分）〈満点：60点〉

Ⅰ　次の文を読んで，後の問いに答えなさい。なお，問12・問13については，解答欄《かいとうらん》の順番に注意すること。

1960年代は，日本の経済がめざましく成長した時期です。この高度経済成長期に人々の暮らし方も，それを反映する町や村のようすも大きく変わりました。このことを富山県を例に見てみましょう。

富山県には砺波《となみ》平野という地域があります。この平野には，日本にはあまり見られない形の集落があります。それは散村といって，農家と農家の間がおよそ100m離《はな》れて，それぞれの農地の中に家が立っているものです。孤立《こりつ》した家を風雨や強い日ざしから守るために，人々は開《かい》拓《たく》の時に家の周りに木を残しておき，それを元に屋敷林《やしきりん》をつくり上げました（次のページの写真参照）。屋敷林は，家屋を守るだけではありません。山林を持たない平野の人々にとって，屋敷林の枝打ちなどで得られる木片《もくへん》や小枝は［ 1 ］として，ふろや台所の欠かせない燃料になりました。早く育つスギが多く植えられたのは，建築用の木材にもなるからです。

この地域は扇状地《せんじょうち》といって，水はけがよくて水田には向かないところもありました。しかし長い年月をかけて①平野を流れる庄川《しょうがわ》や小矢部川《おやべがわ》から水を引き，水路を整備して，江戸《えど》時代には豊かな稲作《いなさく》地域となりました。さらに大正時代からはコメの［ 2 ］として，チューリップの球根栽培《さいばい》が取り入れられ，今ではチューリップは富山県の県花にもなっています。なぜ砺波平野でチューリップが広く栽培されるようになったかというと，チューリップの生育条件がこの地域の自然に合っていたからです。チューリップはコメの収穫《しゅうかく》が終わった後に球根を植えますが，そこから春先までは，②地温が低めに安定し，乾燥《かんそう》しないという環境《かんきょう》を好みます。開花をへて，6月の球根の掘《ほ》り取りまでは，水はけがよい状態が最適です。こうした条件を備えていたのが砺波平野だったのです。

一方，富山県は日本海側の各県の中では製造業がさかんな県としても知られています。とりわけ製［ 3 ］工業や，アルミニウム加工を中心とする金属工業の割合が高くなっています。製［ 3 ］工業は江戸時代から「越中《えっちゅう》富山の［ 3 ］売り」として知られた歴史のあるものです。そして実はアルミニウム加工業も江戸時代の産業とつながりがあるのです。加工しやすく，軽くて丈夫《じょうぶ》なアルミニウムは高度経済成長期にはさまざまな用途《ようと》で利用されました。またアルミニウムは「電気のかんづめ」と言われるほど，原料のボーキサイトからアルミニウムを生産するときに大量の電力を使います。そこで③水力発電所がたくさんあり，豊富な電力が得られた富山県では，輸入したボーキサイトを使ってアルミニウムの生産がさかんに行われました。しかし④1970年代に入って急激に電気料金が上がったため，日本ではアルミニウムの輸入が増えていき，⑤今ではアルミニウムの生産はとだえてしまいました。しかし，現在でも富山県ではアルミニウム加工業がさかんです。とくに住宅の窓などに設置されるアルミサッシの生産の中心は富山県です。それは江戸時代からその名を知られる富山県高岡市《たかおかし》の「高岡銅器」の技術の伝統があるからです。銅器もアルミニウム加工も「鋳造《ちゅうぞう》」といって溶《と》かした金属を型にはめて冷やし，製品をつくる方法をとります。第二次世界大戦中に銅が不足し，代わりにアルミニウムを使ったのが富山のアルミニウム加工の始まりと言われています。高度経済成長期の建築ブームの中で，アルミサッシは急速に広まりました。

アルミサッシは砺波平野の景観も変えました。今までの木製の窓わくに比べ，家屋の気密性が高まったため，室内が外気の影響《えいきょう》を受けにくくなりました。屋敷林の必要性が低下したのです。さらに1960年代にガス・上下水道などの整備が進み，外国から安い木材が輸入されるようになり，必ずしも屋敷林がなくても暮らしに困らなくなりました。またこの時期に道路の整備や農地の区画整理も進みました。便利になった広い平野は工場用地としても注目され，散村の中には農地を手ばなす人も出てきました。車で通勤ができるようになったこともあり，兼《けん》業《ぎょう》農家も増えました。そうなると屋敷林の手入れが重荷になり，屋敷林を切ってしまう家も出てきたのです。

このような変化は，日本各地の農村で見られました。総就業人口(仕事をしている人)のうち，農林水産業に従事している人の割合は，1960年代の日本では約４分の１を占《し》めていましたが，⑥その後急激に減少していきました。農業従事者の高齢《こうれい》化も深刻で，耕作放棄《ほうき》地も増えています。一方で，日本は今後，［　4　］へ加盟することを前提に，コメの国際競争力をつけるために農業の合理化・大規模化を進めようとしています。たとえば，直《じか》まき法といって，苗代《なわしろ》をつくらず，田に直接種もみをまくことで［　5　］の作業を省く方法などを試みています。そして農家の自立を目指すという目的で，政府は1970年から続けてきたコメの［　6　］政策を2018年にやめる予定でいます。［　6　］政策が終わると，［　6　］協力農家への補助金もなくなり，小さな農家はさらに減っていくおそれもあります。

砺波平野での屋敷林の減少はこうした日本の変化を反映しているものです。一方で，日本で

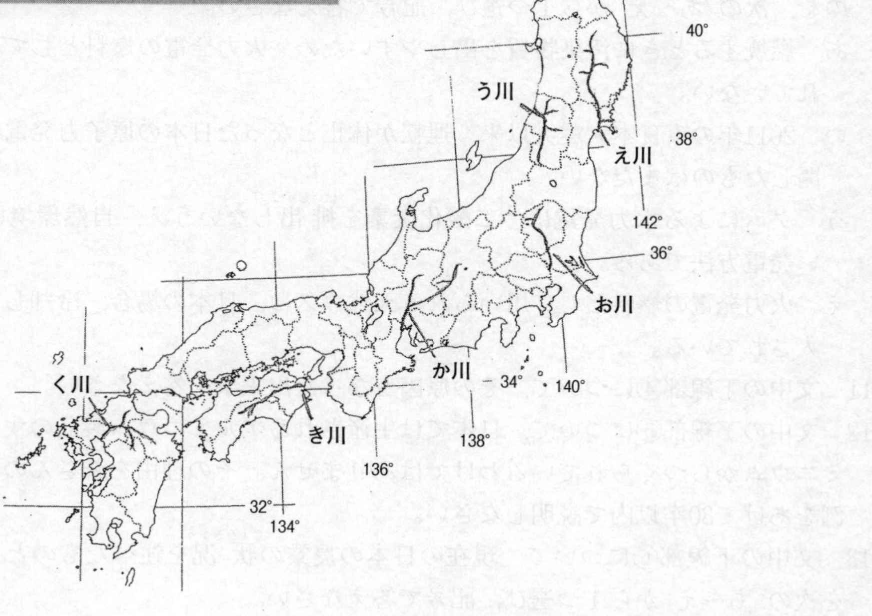

はめずらしい散村の景観に，屋敷林はなくてはならないものです。富山県では砺波平野のこの景観を観光資源として保存したいとしています。しかし屋敷林は人々の生活に欠かせないものであったからこそ，長い間守られてきたのです。暮らしと結びつかなくなった景観を保つのはとても難しいことです。

問１　文中の [1] に適する語句をひらがな３文字で答えなさい。

問２　文中の [2] に適する語句を漢字２文字で答えなさい。

問３　文中の [3] に適する語句を次の あ～え から１つ選び，記号で答えなさい。

あ　紙　　い　薬　　う　塩　　え　糸

問４　文中の [4] に適する語句をアルファベットの略号で答えなさい。

問５　文中の [5] に適する農作業名を答えなさい。

問６　文中の [6] に適する語句を答えなさい。

問７　文中の下線部①に関連して，日本の平野を流れる河川《かせん》に関する次の１～４の各文に関係の深い河川の位置を，前のページの地図中の**あ～く**から１つずつ選び，記号で答えなさい。

１　流路に沿って広がる盆地《ぼんち》を高速道路が走り，自動車工場やIC工場が立地している。

２　明治時代にオランダ人土木技師の指導で３本の河川の流路が固定し，水害が減った。

３　河口は遠浅の海で，古くからの干拓地《かんたくち》では，コメやイチゴの栽培がさかんである。

４　ジャガイモやダイズ，タマネギなどの生産が多い日本最大の畑作地帯を流れる。

問８　文中の下線部②について，このような条件がなぜ砺波平野で整っているのかを50字以内で説明しなさい。

問９　文中の下線部③について，2015年度の日本の発電量に占める水力発電の割合として最も近いものを次の あ～え から１つ選び，記号で答えなさい。

あ　約10％　　い　約20％

う　約30％　　え　約40％

問10　文中の下線部③に関連して，日本の電力エネルギーについて述べたものとして，適切なものを，次の あ～え から１つ選び，記号で答えなさい。

あ　燃焼するときに汚染物質を出しやすいため，火力発電の燃料として石炭はほとんど使われていない。

い　2011年の東日本大震災以来，運転が休止となった日本の原子力発電所のうち，運転を再開したものはまだない。

う　ダムによる水力発電は，二酸化炭素を排出《はいしゅつ》しないうえ，自然環境に悪い影響を与えない発電方法である。

え　火力発電の燃料として用いられる天然ガスは，日本の場合，冷却して液体にしてから輸入されている。

問11　文中の下線部④について，その原因となった出来事を答えなさい。

問12　文中の下線部⑤について，日本では生産されるアルミニウム製品のすべてが輸入したアルミニウムからつくられているわけではありません。その理由を皆《みな》さんの身近なアルミ製品の例をあげて30字以内で説明しなさい。

問13　文中の下線部⑥について，現在の日本の農業の状況《じょうきょう》を述べたものとして適切でないものを次の あ～え から１つ選び，記号で答えなさい。

あ　農家1戸当たりの経営耕地面積は徐々《じょじょ》に減っていて，1haを下回っている。

い　農林水産業に従事している人の割合は，総就業人口の5％を下回っている。

う　農業を職業としている人のうち，65歳《さい》以上の高齢者の割合は50%をこえている。

え　耕地面積のうち水田の割合は，減ってきてはいるが，50%をこえている。

Ⅱ　次の文を読み，空欄[1]～[4]に適する語句をそれぞれ漢字で記し，下線部について後の問いに答えなさい。

日本で一番古い喫茶《きっさ》に関する記述は，①平安時代初期の僧侶《そうりょ》が嵯峨《さが》天皇にふるまったというものです。茶は中国から伝わりましたが，当初は日本では僧侶や貴族などごくわずかな人たちにしか知られていませんでした。鎌倉時代には，禅宗《ぜんしゅう》の僧侶栄西が記した日本初の茶の専門書『喫茶養生《ようじょう》記』が，三代将軍源実朝《さねとも》に献上《けんじょう》されました。日本最古の茶園がつくられたのもこの頃《ころ》だと言われています。鎌倉時代は禅宗の寺院で喫茶の習慣が広がり，社交の場として武士階級にも好まれるようになっていきました。

室町時代に京都の宇治茶が有名になりますが，それは北山文化の中心となる建物を建てた[1]が栽培をすすめたからです。②豊臣秀吉《とよとみひでよし》も宇治茶を保護したので品質が向上し，高級茶として知られるようになりました。また，15世紀に村田珠光《じゅこう》によって「侘茶《わびちゃ》」が始められ，16世紀後半に[2]がこれを大成しました。これは，簡素な茶室で心静かに茶を楽しむというものです。

江戸時代に入ると，庶民《しょみん》も茶を飲むようになりました。③18世紀には新しい製法が編み出され，④流通が活発になったこともあり，茶の取り引きがさかんに行われました。

江戸時代末から明治時代にかけて，茶を取り巻く状況は大きく変わります。⑤1854年にアメリカ合衆国と条約が結ばれ，日本は開国しました。その後，日本は，アメリカ合衆国や他の国々と貿易を始め，1859年には[3]に次ぐ輸出品として181トンの茶を輸出しました。政府の援助《えんじょ》によりその後も輸出量は増え続け，1887年まで輸出総額の15～20%を占めていました。

京都と並ぶ茶の産地である静岡で，栽培量が増えたのは明治の初めです。たとえば，牧ノ原台地には集団農園がつくられ，多くの[4]が茶園の開拓《かいたく》を行いました。彼《かれ》らは，明治政府による政策の変更で，収入を失っていったため，新たな収入源を必要としたのです。ただ，その開拓は長続きせず，やがて[4]は牧ノ原を去り，茶園は農民によって継承《けいしょう》されていきました。

明治中期までは輸出品の中心であった日本茶も，インド産の茶の台頭で，次第に輸出量が減っていきます。その分，国内の消費が増えていき，大正末期から昭和初期にかけて日本人の生活に深く根付いていきました。その後，高度経済成長期には炭酸飲料やコーヒーの消費が増えたことや，⑥1970年代にファストフードやコンビニエンスストア，自動販売機《はんばいき》が普及《ふきゅう》したことなどにより，急須《きゅうす》で茶をいれることは減っていきました。しかし，ペットボトルなどを使用した商品の開発により，再び日本人の生活に定着し，現在国民1人当たりにすると年間で約18リットルの緑茶が飲まれているそうです。日本茶はその時代の文化や生活スタイルに合わせて，日本文化の1つとして受け継がれているのです。

問1　文中の下線部①に関連して，平安時代の社会や文化についての説明として誤りがあるものを次の あ～う から1つ選び，記号で答えなさい。どれも正しい場合は え と答えること。

あ　『平家物語』を琵琶《びわ》の伴奏《ばんそう》で語る芸能がさかんになり，多くの人が楽しんだ。

い　貴族たちは寝殿造《しんでんづくり》の屋敷に住み，季節ごとにさまざまな年中行事や儀式《ぎしき》を行った。

う　仮名《かな》文字が誕生し，女性が和歌をよんだり物語を書いたりするときに使った。

問2　文中の下線部②の人物はある寺院の跡地《あとち》に大阪城をつくり，政治の拠点《きょてん》としました。その寺院の名称《めいしょう》を漢字で答えなさい。

問3　文中の下線部③について，18世紀の出来事として正しいものを次の あ～え から1つ選び，記号で答えなさい。

あ　薩長《さっちょう》同盟の結成

い　『古事記伝』の完成

う　大塩平八郎の乱

え　東南アジアでの日本町の形成

問4　文中の下線部④に関連して，江戸時代に流通が発達した要因の1つに街道《かいどう》の整備があげられます。主要な街道を指す五街道のうち，内陸部を通って江戸から京都にいたる街道名を漢字で答えなさい。

問5　文中の下線部⑤の条約で，日本は，アメリカ合衆国との友好や漂流民の保護以外に，どのようなことをアメリカ合衆国に認めましたか。具体的に答えなさい。

問6　文中の下線部⑥について，1970年代の出来事として正しいものを次の あ～え から1つ選び，記号で答えなさい。

あ　政府は経済の急速な発展を目指し，国民所得倍増計画を発表した。

い　東京と大阪の間に東海道新幹線が開通した。

う　冬季オリンピックが札幌で行われた。

え　青函《せいかん》トンネルが完成し，本州と北海道が鉄道で結ばれるようになった。

［Ⅲ］　次の文を読み，空欄［1］～［3］に適する語句をそれぞれ記し，下線部について後の問いに答えなさい。

2016年7月，東京都にある国立西洋美術館が「ル・コルビュジエの建築作品」の1つとして世界遺産に登録されました。西洋美術館には，松方コレクションと呼ばれる大正から昭和初期にかけての美術品などが収蔵されています。収集した松方幸次郎《こうじろう》は明治時代の実業家で，①内閣総理大臣をつとめた松方正義の息子《むすこ》です。それらの美術品の中には，外国で所蔵されていたものもありましたが，連合国と日本の講和を実現した［　1　］講和会議の後，美術品の返還《へんかん》交渉《こうしょう》が行われました。日本に戻ってきた美術品を展示するために，1959年に西洋美術館が開館しました。

ここ数年，世界遺産への登録が相次ぎ，2013年登録の「富士山」や，殖産《しょくさん》興業のさきがけとなったことが認められて2014年に登録された［　2　］，2015年登録の「明治②日本の産業革命遺産」と，現在，日本における世界遺産は20件です。

世界遺産への登録が認められるには，まず国内での暫定《ざんてい》リストに載《の》る必要があります。2016年現在，「古都③鎌倉の寺院や神社」や「彦根城《ひこねじょう》」，「飛鳥《あすか》・藤原《ふじわら》の宮都とその関連資産群」，「長崎の教会群と④キリスト教関連遺産」，「⑤北海道・北東北の縄文遺跡群《じょうもんいせきぐん》」，「⑥百舌鳥《もず》・古市古墳群《こふんぐん》」，江戸時代に日本最大の金の産出量をほこった「［　3　］鉱山の遺産群」，「宗像《むなかた》・

沖ノ島《おきのしま》と関連遺産群」の８件が暫定リストに載っています。そのうち「宗像・沖ノ島と関連遺産群」は，2017年の世界遺産委員会で審議《しんぎ》される予定です。⑦沖ノ島は４世紀後半から９世紀末にかけて，日本と大陸との間の航海の安全を祈願《きがん》する儀式が行われた場所です。また，この地では自然を崇拝《すうはい》する伝統が現在も続いており，文化遺産として価値が高いと考えられています。

⑧国際連合の専門機関であるユネスコは，世界遺産の登録をあつかうだけでなく，伝統的な舞踊《ぶよう》や祭礼など，形をともなわない文化についても「無形文化遺産」として保護しています。日本のものとしては能や⑨歌舞伎《かぶき》，人形浄瑠璃《じょうるり》(文楽)，アイヌ民族の古式舞踊などが挙げられます。

世界遺産の中には栄光や繁栄《はんえい》を表すものだけでなく，戦争による被害《ひがい》などを未来への教訓として示すものもあります。⑩太平洋戦争末期の原爆《げんばく》被害を語り継ぐ「広島平和記念碑《きねんひ》(原爆ドーム)」はその１つです。世界遺産の登録においてはその価値をめぐって時に意見が対立することもありますし，登録されたことで観光客が増えて管理しきれなくなることもあります。それでも世界遺産を知ることは，その地域の歴史や多種多様な価値観を学ぶことにもつながります。現在を生きる世界中の人々が過去から引き継ぎ，未来へと伝えていかなければならない人類共通の遺産です。

問１　文中の下線部①に関連して，日本の初代内閣総理大臣をつとめた人物について説明した文として誤りがあるものを次の あ～え から１つ選び，記号で答えなさい。

あ　不平等条約の改正を目指す岩倉使節団の一員として，欧米《おうべい》を訪《おとず》れた。

い　薩摩《さつま》出身の大久保利通《おおくぼとしみち》の死後，政府の中心的役割を果たすようになった。

う　憲法制定に備えて，ヨーロッパで憲法の調査を行った。

え　大日本帝国《ていこく》憲法の発布式で，明治天皇から憲法を受け取った。

問２　文中の下線部②に関連して述べた文として正しいものを次の あ～え から１つ選び，記号で答えなさい。

あ　国内で豊富にとれた綿花を原料にした綿糸の生産が伸び，日本の輸出額の第１位となった。

い　繊維《せんい》産業がさかんになってくると，電灯をつけて，24時間休みなく機械を動かす工場もあらわれた。

う　日清戦争後に労働者が権利の拡大を求めて運動し，第一次世界大戦の前に25歳以上のすべての男子が選挙権を持つことになった。

え　日露《にちろ》戦争の後，八幡《やはた》製鉄所がつくられるなどして，製鉄業・造船業などの重工業も発達し，大型の機械や兵器も国内で生産されるようになった。

問３　文中の下線部③に関連して，鎌倉に幕府が置かれていた頃，将軍を補佐《ほさ》し，事実上幕府の実権をにぎっていた役職名を漢字で答えなさい。

問４　文中の下線部④について述べた文として正しいものを次の あ～え から１つ選び，記号で答えなさい。

あ　16世紀半ばにオランダの宣教師ザビエルがキリスト教を伝え，以後，キリスト教は貿易と結びついて広がっていった。

い　16世紀後半には，織田信長がキリスト教を保護し，安土《あづち》城下に教会や学校を建てることを認めた。

う　江戸時代に起こった島原・天草一揆《いっき》をきっかけに，日本人の海外渡航《とこう》や海外からの帰国が禁止されるようになった。

え　明治時代の初期に出された五箇条《ごかじょう》の御誓文《ごせいもん》では，キリスト教を信仰《しんこう》することが禁じられた。

問５　文中の下線部⑤に関連して，青森県にある縄文時代最大の遺跡について説明した文として誤りを含むものを次の あ～え から１つ選び，記号で答えなさい。

あ　出土した花粉などから，クリの栽培が行われていたと考えられている。

い　竪穴《たてあな》住居や高床《たかゆか》倉庫などが建てられ，10メートルをこえる高い建物もあったと考えられている。

う　この遺跡は水を得やすい湿地《しっち》にあり，木のくわ・すきを使用していたと考えられている。

え　土偶《どぐう》がたくさん見つかっていることから，豊かな恵《めぐ》みを願ったのではないかと考えられている。

問６　文中の下線部⑥には日本最大の古墳が含まれています。この古墳のある都道府県名を漢字で答えなさい。

問７　文中の下線部⑦について，９世紀末に朝廷《ちょうてい》があることを決定した影響を受け，この地で大規模な儀式は行われなくなりました。その決定とは何か簡単に記しなさい。

問８　文中の下線部⑧に関連して，次の あ～え の出来事のうち，日本が国際連合に加盟した後の出来事を１つ選び，記号で答えなさい。

あ　朝鮮《ちょうせん》戦争の開始　　い　自衛隊の発足《ほっそく》

う　日中国交正常化　　え　アメリカ軍の駐屯《ちゅうとん》開始

問９　文中の下線部⑨に関連して，歌舞伎おどりを始めた人物の名前を答えなさい。

問10　文中の下線部⑩に関連して，次の あ～え はすべて1945年の出来事です。起こった順に並べかえ，記号で答えなさい。

あ　沖縄戦《おきなわせん》の開始　　い　ソ連が日本に宣戦

う　東京大空襲《だいくうしゅう》　　え　広島への原爆投下

Ⅳ　次の①～⑤の各文の空欄【Ａ】～【Ｅ】に適するものをそれぞれの選択肢《せんたくし》の中から１つずつ選び，記号で答えなさい。さらに空欄 [1] ～ [5] に適する語句をそれぞれ答えなさい。

①　日本国憲法は，国や地方公共団体に対して要望を表明する【 Ａ 】権を保障している。また，日本国憲法には定められてはいないが，知る権利が主張されるようになり，国や地方公共団体に対して，税の使われ方がわかる資料や会議で話し合われた内容などを見ることを求める [1] 制度の重要性が増してきている。

【Ａ】　ア　請願《せいがん》　　イ　請求《せいきゅう》　　ウ　参政　　エ　社会

②　内閣は，内閣総理大臣と内閣総理大臣によって任命された [2] からなっている。また，行政機関の１つに，2012年に設置され，2021年３月末までに廃止《はいし》されることになっている【 Ｂ 】がある。【 Ｂ 】は，他の12省庁などより上位に位置づけられており，その長には [2] があてられている。

【Ｂ】　ア　五輪担当省　　イ　スポーツ庁　　ウ　内閣府　　エ　復興庁

③　地方議会は，景観[3]のように，その地方公共団体のとりきめやルールである[3]を制定することができる。地方議会議員を選出する選挙権は，現在【 C 】以上の人に認められている。

【C】　ア　中学生　　イ　15歳　　ウ　18歳　　エ　20歳

④　少子高齢《こうれい》化《か》が大きな問題となっている。高齢化に対しては，高齢者が安心して暮らしていけるように，さまざまな政策が行われている。2000年に，5つ目の社会保険制度として，[4]が導入された。次に示す1990年・2010年・2030年の日本の人口ピラミッドのうち，2010年の人口構造をあらわしているグラフの記号は【 D 】である。(なお，人口ピラミッドとは，人口を年齢別・男女別にグラフ化したものです。2030年のものは推計です。)

【D】

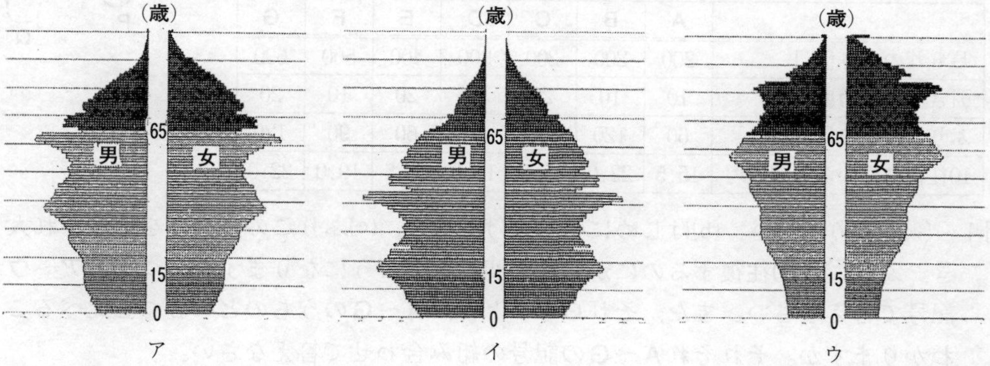

総務省統計局資料より

⑤　日本は，民間や政府がさまざまな国際協力を行っている。外務省の関連機関である国際協力機構(JICA)が行っている事業の1つに[5]がある。[5]では，20歳から39歳の人たちが，農業指導や医療《いりょう》現場での貢献《こうけん》，さまざまな技術指導などを行っている。また，国連平和維持《いじ》活動(PKO)では，現在【 E 】に自衛隊が派遣《はけん》されている。

【E】　ア　インドネシア　　イ　南スーダン　　ウ　シリア　　エ　カンボジア

【理　科】（30分）〈満点：60点〉

I　**図1**のように，重さの無視できる糸のはしにおもりをつけ，もう一方のはしを天じょうの点**O**に固定してふりこを作り，以下の**実験**を行いました。下の問いに答えなさい。

図1

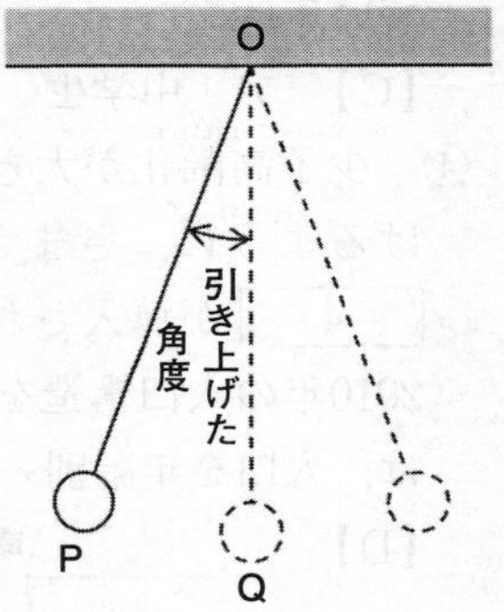

〔**実験**〕**表1**の**A**～**G**のように条件を変えてふりこの実験を行った。おもりを自然に垂らした位置**Q**から，糸を張ったままある角度引き上げた位置**P**で手をはなし，10往復してもとの位置**P**にもどるまでの時間を調べた。

表1

	A	B	C	D	E	F	G
おもりの重さ[g]	200	200	200	300	400	500	600
引き上げた角度[°]	10	10	20	10	20	10	20
ふりこの長さ[cm]	60	120	60	30	60	90	120
10往復にかかる時間[秒]	15.5	22.0	15.5	11.0	15.5	19.0	22.0

問1　(a)おもりの重さ，(b)はじめに引き上げた角度，(c)ふりこの長さ　をそれぞれ大きくしたとき，ふりこが10往復するのにかかる時間はどのようになりますか。つぎの**ア**～**ウ**から選び，記号で答えなさい。また，それらのことは，**A**～**G**のうちのどの2つを比べることによってわかりますか。それぞれ**A**～**G**の記号の組み合わせで答えなさい。

ア．長くなる　　**イ**．変わらない　　**ウ**．短くなる

問2　**A**～**G**のうち，**Q**を通るときのおもりの速さが最も速いのはどれですか。

問3　**図2**のように，200gのおもりをつけた120cmのふりこの，支点**O**から90cm真下の位置**S**に棒を固定し，おもりを20°引き上げた位置**P**で手をはなしました。おもりは最も低い位置**Q**を通り，**P**と同じ高さの位置**R**まで達しました。**S**を中心とする**Q**から**R**までの角度は，どのような角度でしょうか。また，おもりが通る**Q**から**R**までの道のりはどのような長さでしょうか。それぞれつぎの**ア**～**カ**から選び，記号で答えなさい。

図2

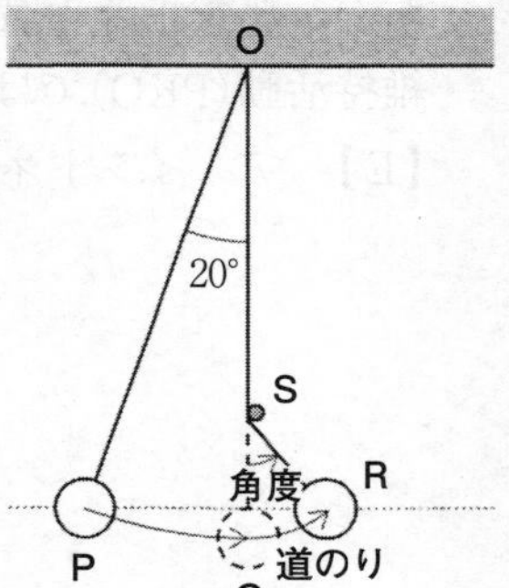

ア．20°より小さい

イ．20°である

ウ．20°より大きい

エ．道のり**QR**は，道のり**PQ**よりも短い

オ．道のり**QR**は，道のり**PQ**と等しい

カ．道のり**QR**は，道のり**PQ**よりも長い

問4　問3のとき，ふりこをはなしてから10往復して**P**にもどってくるまでにかかる時間は何秒ですか。

Ⅱ　鳥の渡《わた》りに関する，下の問いに答えなさい。

鳥には渡りをするものがいて，長いきょりを移動するにもかかわらず，正確に方向を定めることができます。

ホシムクドリは，冬鳥として知られています。A地点に住むホシムクドリは群れで生活し，**図1**のように，A地点から実線(──▶)の向き(南西)に渡り，冬を過ごします。このホシムクドリの渡りについて，〔**実験1**〕を行いました。

図1

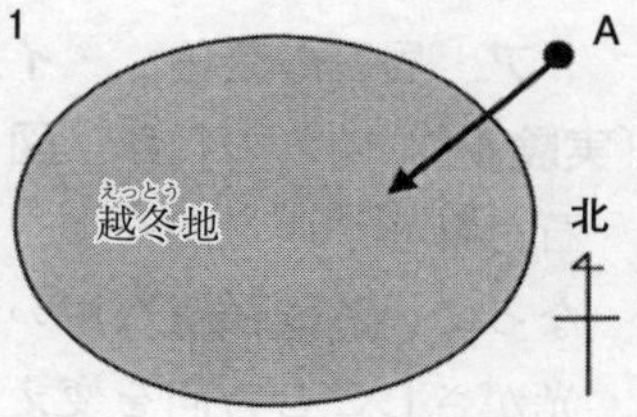

〔**実験1**〕　A地点に住むホシムクドリを，渡りの経験のある成鳥と経験のない若鳥に分け，混ざらないようにA，B，C地点から放ち，渡りを行う方向を調べた。成鳥は**図2**のように点線(┈┈▶)の方向へ，若鳥は**図3**のように破線(---▶)の方向へ飛んだ。ただし，**図2**，**3**に示すように，B，C地点はAから十分はなれた場所である。

図2

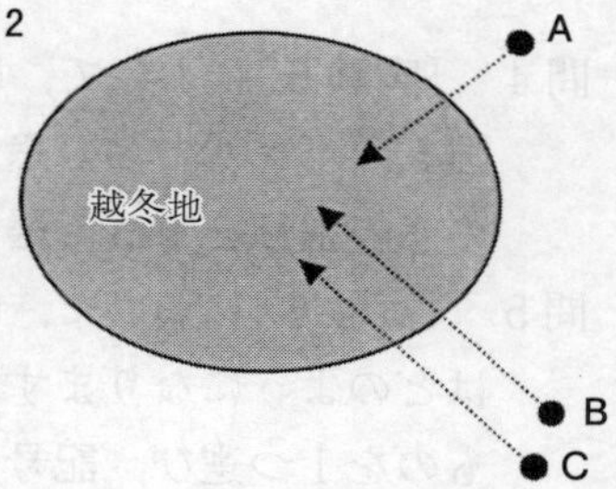

図3

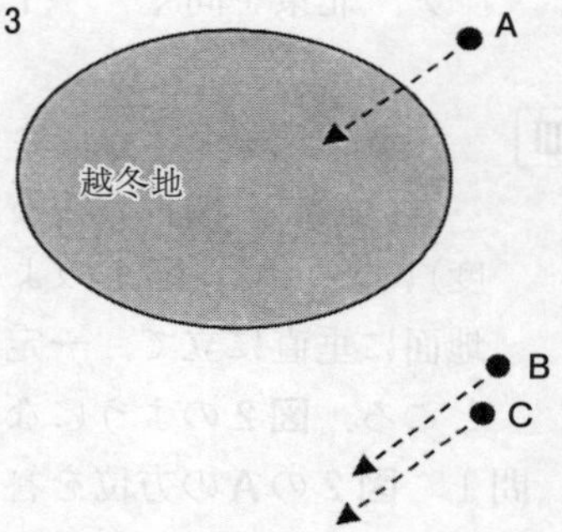

問1　ホシムクドリと同じ，冬鳥はどれですか。つぎのア～エから1つ選び，記号で答えなさい。

ア．ヒヨドリ

イ．ツバメ

ウ．ハクチョウ

エ．ハト

問2　〔**実験1**〕の結果からわかることを，つぎのア～エから2つ選び，記号で答えなさい。

ア．ホシムクドリは，渡りの経験がなくても，南西の方向に移動する能力をもっている

イ．ホシムクドリは，渡りの経験がなくても，経験のある成鳥といっしょに行動すると，目的地にたどりつくことができる

ウ．ホシムクドリは，渡りの経験によって，南西の方向に移動する能力を失ってしまう

エ．ホシムクドリは，渡りの経験によって，本来住んでいる場所とは違うところからも，目的地に向かうことができる

A地点に住むホシムクドリの若鳥を，たてに長い窓が6個ついた容器に入れて育てると，渡りの季節には，決まった時刻Tに一定の方向(南西)を向き，飛び立とうとすることがあります(**図4**)。ホシムクドリがどのようにして向きを決めているのかを調べるため，渡りの季節に〔**実験2**〕～〔**実験6**〕を行いました。

図4

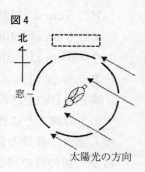

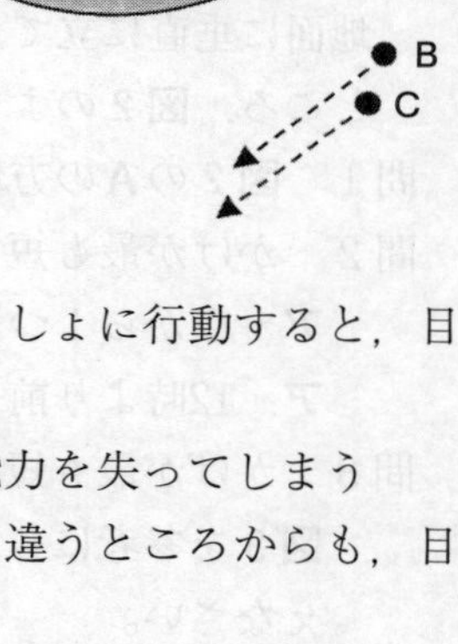

〔**実験2**〕　晴れの日は，時刻Tに南西の方向を向いた。

〔**実験3**〕　くもりの日は，時刻Tに一定の方向を向くことはなかった。

〔**実験4**〕　晴れの日に，窓の下半分をおおい，周囲の景色は見えないが，窓から空だけが見えるようにすると，時刻Tに南西の方向を向いた。

〔**実験5**〕　晴れの日に，強力な磁石を**図4**の [┈┈┈] の位置にN極が西を向くように置くと，時刻Tに南西の方向を向いた。

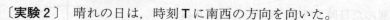

問３　**〔実験２〕**～**〔実験５〕**の結果から，ホシムクドリは何を最も優先して一定の方向を向いていると考えられますか。つぎの**ア**～**ウ**から１つ選び，記号で答えなさい。

ア．周囲の景色　　**イ**．太陽光の方向　　**ウ**．磁石の向き

〔実験６〕　晴れの日に，**図５**のように容器のそばに強力な磁石を**N**極が西を向くように置いた。さらに，表も裏《うら》も鏡になっている両面鏡を用いて容器の中から見える景色や太陽光がさしこむ方向を変えると，時刻**T**に一定の方向を向いた。

図５

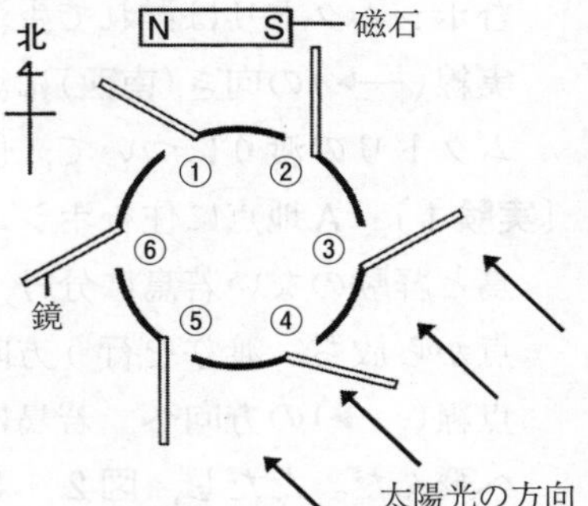

問４　**〔実験６〕**において，時刻**T**では，鏡を用いることで，**図５**の①～⑥のどの窓から太陽光がさしこみますか。その窓の番号を**すべて**選びなさい。

問５　**〔実験６〕**において，時刻**T**では，ホシムクドリの向きはどのようになりますか。つぎの**ア**～**エ**から，最も近いものを１つ選び，記号で答えなさい。

ア．北東を向く　　**イ**．北西を向く　　**ウ**．南東を向く　　**エ**．南西を向く

Ⅲ　つぎの文章を読み，下の問いに答えなさい。

春分の日，関東のある地点(北緯《い》35度，東経140度)において，**図１**のように，長さ10cmの棒を地面に垂直に立て，一定時間ごとにかげを調べたところ，**図２**のようになりました。

図１

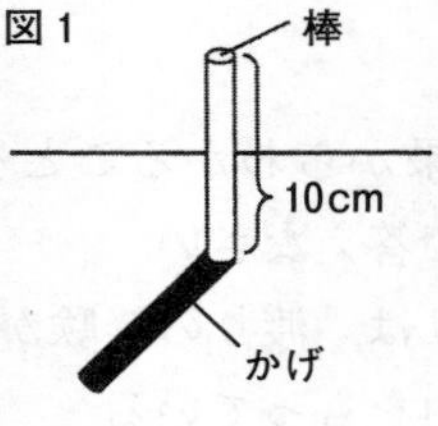

図２

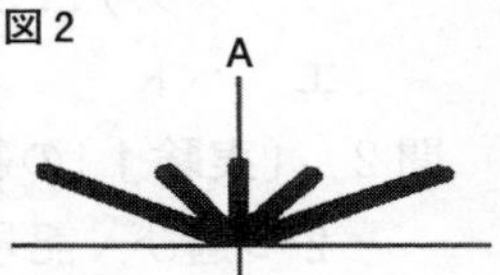

問１　**図２**の**A**の方位を答えなさい。

問２　かげが最も短くなるのはいつですか。つぎの**ア**～**ウ**から１つ選び，記号で答えなさい。

ア．12時より前　　**イ**．12時　　**ウ**．12時より後

問３　かげが最も短くなるときのかげの長さはどうなりますか。**図３**を参考にして，つぎの**ア**～**エ**から１つ選び，記号で答えなさい。

ア．５cmより短い

イ．５cm以上10cm未満

ウ．10cm以上20cm未満

エ．20cm以上

図３

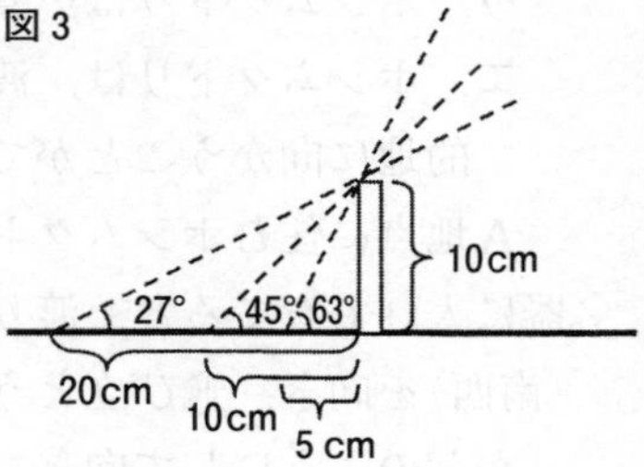

春分の日のかげのようすをもとにして，午前６時から午後６時までの１時間ごとに目盛りを刻んだ日時計を作りました。**図４**はそのばん面で，春分の日のある時刻のかげS_1が書かれています。ところが，別の日の同じ時刻におけるかげは，S_2のようになり，異なる向きになってしまいました。

図４

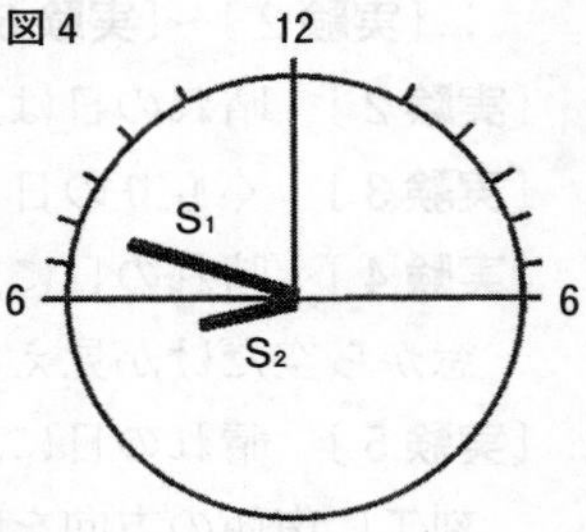

問４　S_1のかげができた時刻は，春分の日の**ア**．午前８時，**イ**．午後４時　のどちらですか。記号で答えなさい。

問5　S_2のかげができたのはどの日ですか。つぎのア～ウから1つ選び，記号で答えなさい。

ア．夏至　　イ．秋分　　ウ．冬至

問6　つぎの文章中の①～⑤に適するものを，それぞれ選び，記号で答えなさい。

図5は，春分，夏至，冬至の太陽の通り道を，とうめい半球(太陽などの天体がその球面を移動しているように見立てたもの)上に表したものです。この図5のA～Fのうち，夏至の日の入りの位置は，(　①　)になります。図5から，棒を垂直に立てたとき，季節によって，同じ時刻のかげの向きが異なることがわかります。

図5

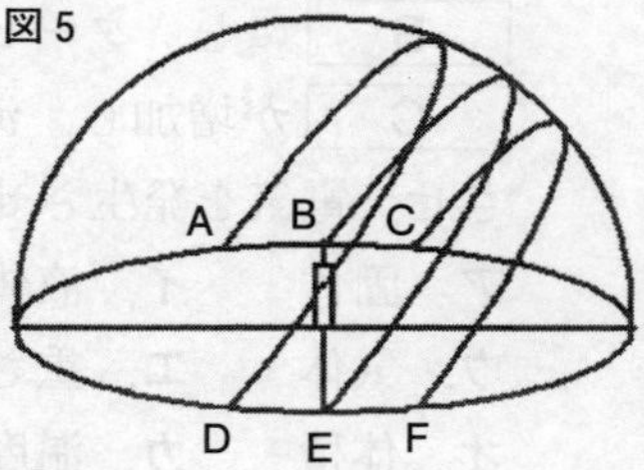

そこで，図6のように，棒の向きが地軸《じく》(北極と南極を結んだ軸)と平行になるようにばん面をかたむけました。これにより，かげができているときは，異なる季節であっても，同じ時刻のかげの向きが同じになります。このとき，棒の先たんの向きは(②　ア．東　イ．西　ウ．南　エ．北)，ばん面と地面との角度aは(③　ア．35°　イ．23.4°　ウ．55°　エ．66.6°)です。

図6

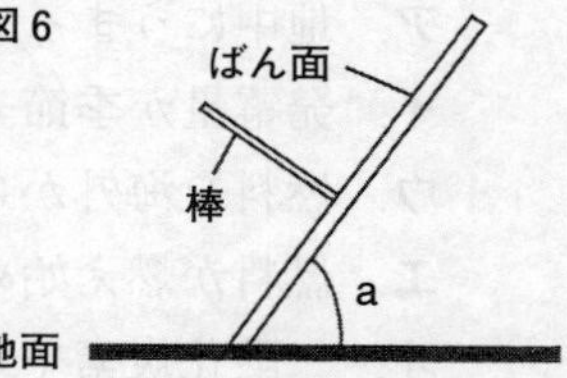

また，ばん面をかたむけたことで，太陽の通り道がつくる面とばん面が平行になります。そのため目盛りの間かくは図7のア～ウのうち，(　④　)になります。そして，7月1日の午後3時のかげの長さは，同じ日の正午のかげの長さと比べると，(⑤　ア．短く　イ．同じに　ウ．長く)なります。

図7

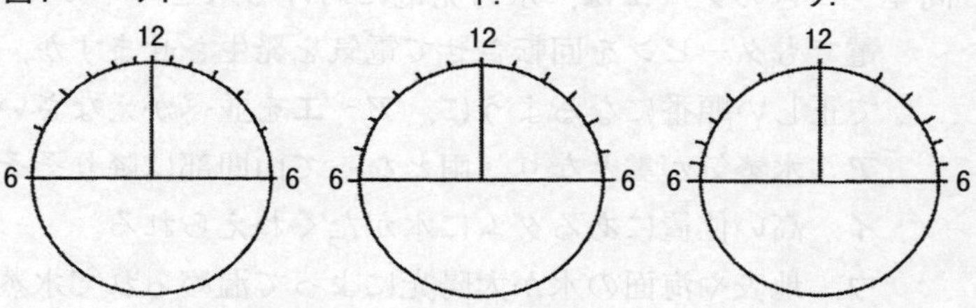

Ⅳ　つぎの文章を読み，下の問いに答えなさい。

地球では，その誕生以来，さまざまな生物が太陽光を浴びながら活動をしてきました。植物は光合成をし，また，動物は植物やほかの動物を食べることで，体内に栄養をとりこみます。これらの①生物の死がいがたい積し，長い年月をかけて圧力や熱によって変化してできたと考えられるものが石油や石炭であり，現代社会において主要な燃料として利用されています。現在の日本では，石油や石炭，天然ガスなどを燃やして発電する火力発電が，全発電量のうちの最も多くの割合をしめています。火力発電では，②燃料を燃やすことによって発生した熱が，タービンと呼ばれる羽根車によって電気に変換《へんかん》されます。

現在は，火力発電の次に水力発電が多くの割合をしめています。それ以外にも，風力や太陽光などを用いた発電方法があり，これらの割合を増やすことが検討されています。火力，水力，風力による発電はどれも，太陽光に由来するエネルギーを，液体や気体の流れ，タービンの回転に変え，電気を発生させるという点で共通しています。

わたしたちは，地球上にある限られたエネルギー資源を利用して生活していかなければなりません。そのためには，例えば③電気をむだにしないことなどを心がける必要があります。

問1　下線部①のような燃料を何といいますか。漢字4文字で答えなさい。

問2　下線部②について説明したつぎの文章の空らん[A]～[C]にあてはまる語句を下の**ア**～**カ**から選び，記号で答えなさい。

一般《いっぱん》的な火力発電では，燃料を燃やすときに発生する熱で[A]の水を加熱して[B]にし，タービンにふきつけます。これは[A]から[B]になるときに水の[C]が増加し，流れの勢いが増すことを利用しています。その流れがタービンを回転させ，電気を発生させます。

ア．固体　**イ**．液体
ウ．気体　**エ**．重さ
オ．体積　**カ**．温度

問3　火力発電の問題点として適切なものを**ア**～**オ**から**すべて**選び，記号で答えなさい。

ア．地中にうまっている燃料をいずれ使い切ってしまう可能性が考えられている
イ．発電量が季節や天候の影響《えいきょう》を受けやすい
ウ．燃料を海外からの輸入にたよっており，国際情勢に価格が影響を受けやすい
エ．燃料が燃え始めるとコントロールが難しく，他の方法と比べて発電量を調整しにくい
オ．二酸化炭素やちっ素酸化物等の温室効果ガスや有毒ガスを発生させる可能性がある

問4　つぎの**ア**～**エ**は，水力発電における水とエネルギーの循環《じゅんかん》を説明したものです。水力発電でもタービンを回転させて電気を発生させますが，タービンを回転させるまでの説明として正しい順番になるように，**ア**～**エ**を並べかえなさい。

ア．水蒸気が雲となり，雨となって山間部に降りそそぐ
イ．高い位置にあるダムに水がたくわえられる
ウ．地表や海面の水が太陽光によって温められて水蒸気となる
エ．高い位置にあった水が低い位置に落下し，速さを増していく

問5　下線部③について，つぎの文章の空らん[A]～[C]にあてはまる語句を答えなさい。

今まで白熱電球が使われていた照明などに，[A]が使われるようになってきました。[A]はLEDとも呼ばれています。白熱電球とLEDを使った照明を比べると，同じくらいの明るさにするには，LEDを使った照明の方が少ない電気の量ですみます。これはLEDの方がむだな[B]をあまり出さず，電気を効率よく[C]に変えることができるからです。

[V]　**表1**は，固体**A**，**B**，**C**，**D**が，20℃～80℃の水100gにとける量を表し，**図1**は，**B**，**C**，**D**がとける量をグラフにしたものです。下の問いに答えなさい。計算の結果は四捨五入をしないで，整数または小数で答えなさい。

表1

	20℃	40℃	60℃	80℃
A	204	238	287	362
B	35.8	36.3	37.1	38.0
C	5	9	15	24
D	32	64	109	170

単位はg

図1

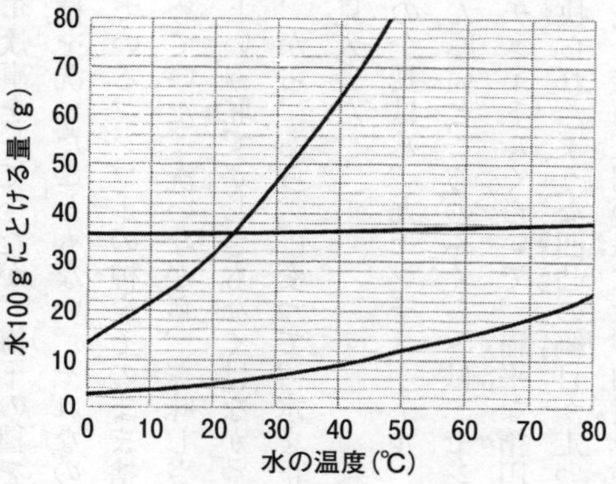

図2

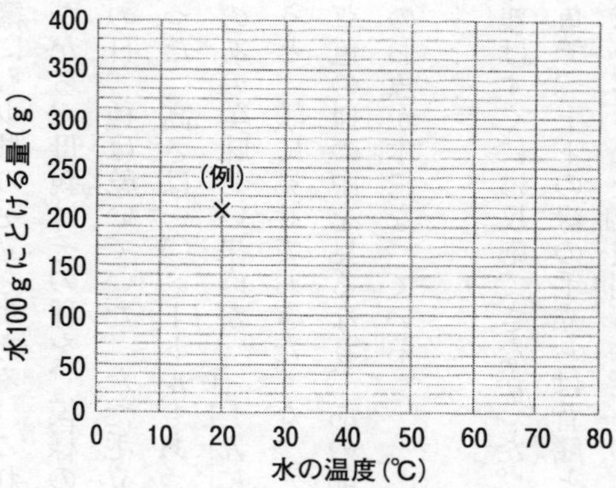

問1　**図2**の**(例)**は20℃の水100gに**A**がとける量をかきこんだものです。この**(例)**にならって，40℃，60℃の水100gに**A**がとける量を解答らんに**×**でかきなさい。

問2　水100gに，**B**と**D**がとける量が同じになるのは何℃のときですか。整数で答えなさい。

問3　60℃の水200gに**B**をとけるだけとかした後，加熱して水を20g蒸発させ，再び60℃にしました。固体として出てくる**B**は何gですか。

問4　**A**～**D**60gを，それぞれ40℃の水120gに入れてよくかき混ぜました。とけ残るものは**A**～**D**のうちどれですか。**すべて**選び，記号で答えなさい。

問5　**A**～**D**100gを，それぞれ80℃の水150gに入れてよくかき混ぜた後に，すばやくろ過し(**ろ過①**)，20℃まで冷やした後に再びろ過をしました(**ろ過②**)。とけ残りがなくてもろ過は行い，ろ過をしている間に温度は変わらず，水の量は変わらないものとします。

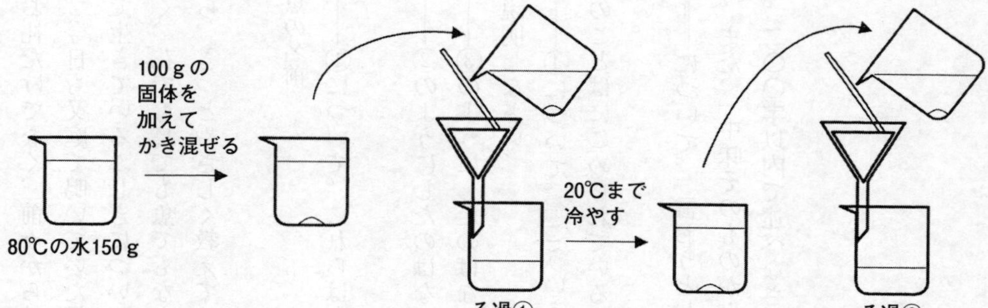

(a)　**ろ過①**をしたときに，ろ紙の上に最も多くの固体が残ったものは，**A**～**D**のうちどれですか。記号で答えなさい。また，それは何gですか。

(b)　**ろ過②**をしたときに，ろ紙の上に最も多くの固体が残ったものは，**A**～**D**のうちどれですか。記号で答えなさい。また，それは何gですか。

(c)　**ろ過②**をしたときに，ろ紙の上に固体が残らないものは，**A**～**D**のうちどれですか。**すべて**選び，記号で答えなさい。

洗い場に少女と一緒《しょ》に皿を下げた。

長年炊《すい》事をしてきたが、梅干の種をわざわざ水で洗ったことはない。桃《もも》の種を洗ったこともない。それなのにどういうわけか、母親は皿に残っているマンゴーの種をそのまま捨てる気にならず、蛇《じゃ》口の下で洗い始めていた。洗いながら、美味《おい》しさのあまり種にまで執《しゅう》着しているのかという恥《は》ずかしさもなくはなかったが、洗い続けているうちに、おや、から、あら、に変って、水を止めると掌の内側にのせたままじっと見入った。

種の全長は八、九センチメートル、幅《はば》は五、六センチメートル、いちばん厚いところのふくらみは二センチメートルか、せいぜい二・五センチメートルくらいで、扁平《へんぺい》な楕《だ》円形の生糸色の種には、表面に数本、抉《えぐ》られたような凹凸《おうとつ》の縞《しま》目が走っている。その上、楕円形を横にして見た時の上側の縁《ふち》には、白髪《しらが》を逆立てたような毛立ちがあり、下側の縁にも少量の毛立ちがある。これがマンゴーなの？　とわが目を疑いながら、母親はその種を、模様のない若草色の皿の中に置いた。

次の日、種は乾《かわ》いていた。ただ毛立ちの部分には、乾燥《かんそう》で弾《だん》力性が加わった。高さは一〇メートルもあって、厚い葉をつけるというマンゴーのあの美味しい果肉が、④しんにこういうものを抱《かか》えているのかと思うと、娘に見せておきたくなった。娘を呼んだ。

若草色の皿の中を見るなり、あの卵色の少女は言った。

「海のお魚が木になっている」

「…………」

母親はすぐには反応できなかった。言われてみれば、全体マンボウ形の魚で、上下の縁の毛立ちは背鰭《びれ》と腹鰭に見えなくもない。いや、シッポを落された注皮剝《は》ぎか。

海の魚が木に？

母親は少女の迷いのない言葉に不意をつかれたが、まさか、と思い、そのうちに、もしかすると、などと思い始めていた。

少女は、今夜はおじさんにマンゴーのお礼の手紙を書こうと思っている。お礼だけでなく、前々から教えてもらいたかったことも書こうと思う。今日も又庭で鳴いていた蟬が、蝶《ちょう》でも蜻蛉《とんぼ》でも人間でもなくて、蟬で生きているふしぎについて。そしてこのわたしが、マンゴーではなく、花でも鳥でも魚でもなかったふしぎについても。あのおじさんなら、きっとやさしく教えてくれると思う。

（竹西寛子「木になった魚」）

注　魚の名前

問一　――①について。これらはどういうもののたとえだと思いますか。

問二　――②のようにしたのはなぜですか。

問三　――③のようにしたのはなぜですか。父親の心情がわかるように説明しなさい。

問四　――④について。「こういうもの」とはどういうものですか。このことばにこめられている母親の気持ちもわかるように答えなさい。

問五　＝＝について。「言おうとしている中味そのもの」とは何ですか。また、「中味そのものがかわいそう」とはどういうことですか。二〇〇字以内で述べなさい。（句読点をふくむ）

かった。学校の図書館だけでなく、住んでいる町の図書館にも出掛《か》けて行って、沖縄の自然や日常生活に関するものを、一冊でも多く見たり読んだりして、おじさんがどんなところで毎日を過ごしているのか知りたいと思った。図鑑《かん》や図録の類は、ただ見ているだけで分ることもいろいろあるけれど、文章になると、すぐには分らない説明が次々に押《お》し寄せてきて、言葉の意味を調べるのに横道に逸《そ》れる場合が少なくなかった。それに、意味が分ればまだいいほうで、堂々巡《めぐ》りしながら自分はいったい何を調べていたのか分らなくなるようなことさえあった。沖縄を知りたい気持とおじさんを知りたい気持がひとつになっていて、真夏日の連続にもくじけず、少女は大きな麦藁帽《わらぼう》子をかぶって図書館に通った。

　おじさんから、急に都合で島を離《はな》れられなくなったという葉書が母親に届いた時、少女の夏休みもあと数日になっていた。

「あのひとは、いつもこうなんだから」

と②母親は少女に聞こえよがしにつぶやいて、娘《むすめ》の落胆《たん》に先回りした。

「その代りにいい物を送ります、って書いてあるけれど、まさか今度も塩じゃないでしょうね」

　母親は娘の顔を見ないままで続けた。

「あんなに一所懸《けん》命調べて待っていたのに」

　それを言いたいのはわたしなのに、と少女は思い、いいわ、この次がもっとたのしみになる、そうも思って口は開かなかった。

　葉書から二日後、沖縄からの航空便でマンゴーが届いた。三個並んでいる。

「家族三人、一人一個ずつ、のつもりかしら」

　母親はそう言って縦長の球形の果実が、ざくろの皮の色に近く濃《こ》い紅に熟れているのを手に取り、顔を寄せた。強い香《かお》りが南国だった。

　少女は、いつか友達の誕生祝に招かれた時、フルーツサラダの中にまじっている淡《あわ》い橙《だいだい》色の果肉をマンゴーだと教えられたことはあったが、近くでこうして丸ごと目のあたりにするのは初めてだった。少女の父親はいったいに果物の類を好まず、妻や娘にはすすめるものの、自分ときたら和菓《が》子一辺倒《とう》であった。いきおい、母親もマンゴーを丸ごと買うようなことはなかった。

　父親のつとめからの帰りを待ち、夜食の後、母親は報告のつもりで冷やしたマンゴーを皮つきのまま縦に三つに切り、大皿に一つずつ盛ってそれぞれの前に置いた。大き目のスプーンを添えた。種が固くて自分の力ではとても割れないので、平たい種がついたままの果肉の部分は自分が取り、父親と少女には種なしの果肉をつけた。皮の外からはうかがいようもなかった甘い芳香《ほうこう》が漂《ただよ》った。

　父親は、手をつけないのは悪いと思ったのか、まっ先にスプーンを取って、柔《やわ》らかな橙色の果肉に当てた。

　三人三様の沈黙の動きが続いた。

　少女は、薔薇《ばら》の花のエキスとアイスクリームが口の中で溶《と》け合っているような気がした。後味のきれいな甘みが、南の海の深い色と空の輝《かがや》きを呼んで、あの島に行けば、海と空を見ながら毎日おじさんとこの果物が食べられるのかと思うと、浮《う》き立つようだった。

③「西瓜《すいか》でもない。メロンでもない……」

　父親はひとりごとを言いながらほんの二口三口だけで、残りのマンゴーの皿を少女の方へ押しやった。

　母親は、

「何でも新しいうちがいいの。兄さん、本当にいい物を送ってくれたわ」

と、唇《くちびる》の回りの果汁《じゅう》を片方の手の指先で拭《ふ》き拭き、せわしくスプーンを口に運んだ。

女には日頃《ごろ》から迷いがあった。たとえ自分に見えても人に見えないものは、見たことにはならないのか。もし自分が間違っているのなら、間違いとそうではないという見分けはどこでどうつけられるのか、という疑問があって、当然答《こたえ》は簡単には得られないので、迷いは消えそうもないのだった。

少女は、みんなにうそだとはやされている少年についてこう思っていた。日頃の態度や物言いからすると、彼は見ないものを見たとは言わないだろう。人をびっくりさせたり、騙《だま》したりするのがうれしい友達ではない。それともう一つ、自分も彼のように、空に象を見たらいなという漠《ばく》然とした羨《うらやま》しさもあった。

この少女にも、みんなの前で言いたいことがないわけではなかった。けれども疑われたり、うそつき呼ばわりされたのでは、言おうとしている中味そのものがかわいそうなので、やはり言うのはやめようと思い、ひとり胸のうちに繰《く》り返していた。「わたしは、木になった魚を見たのよ」

（中略）

朝の庭で蟬《せみ》が鳴いている。鳴き始めは去年よりも早かった。

「これ、ベビーパウダーみたいね」

「お母さんは片栗《くり》粉かと思った」

卵色の少女と母親が、透《とう》明な、チャック付きの小さいポリ袋に詰《つ》められている塩を、左右から見詰め合っている。沖縄《おきなわ》に出張している母親のすぐ上の兄が、近くの島の産物だと言って送ってきた。

袋の中の塩は、こまかい結晶《しょう》ではなく真白な粉状で、毎日スプーンといわず、指先にも塩を当てている母親は、これでもお塩なのかと目に力を入れた。母親は言った。

「雪塩って名前がついている。沖縄の周辺には島がたくさんあって、珊《さん》瑚礁《ごしょう》で出来た島もあるのね。兄さんに聞いた説明では、珊瑚にしみとおった地下の海水を原料にしているので、私達のからだに大切なミネラルがいっぱいふくまれているんですって」

少女は、両手の指先で、ふくらんでいる袋のあちこちをつまんだ。母親には、いかにも湿《しっ》気を呼び易い、優美な自然塩だと思われた。

この母親には、二人の兄がいたが、少女は雪塩を送ってくれたこの下の伯父《おじ》さんが好きだった。突《とっ》然、

「①豚《ぶた》の卵と馬の角」

と言って、

「分る？」

と聞いたり、変に着飾《かざ》っている女のひとを見て、

「ああいうのを、耳朶《たぶ》に口紅をつけているような人って言うんだよ」

などと真面目《まじめ》な顔をして言う。そういうところが気に入っている。未《いま》だに結婚《こん》していない。仕事柄、会社からはよく出張するし、自分も地球の上を出来るだけたくさん動いてみたいので、家族はいないほうがいいというのがおじさんの考えらしいと少女は思っている。

そういえば、おじさんからの塩は、今度が初めてではなかった。二、三年前だったが、その頃のおじさんのきんむ地は北海道で、オホーツクの海水一〇〇パーセントという、やはり今度と同じくらいの小袋に入った焼塩が送られてきた。

「この塩を毎日食べて、女のひとはもっと美しくなって下さい」

と書き添《そ》えてあった。この時の塩も、母親には結晶のこまやかさは見慣れたものと違っていたが、焼塩だったせいか、今度の雪塩のようにはおどろかなかった。

今年の夏休みは、そのおじさんが沖縄から休みをとって帰ってくるというので、少女は、友達の誘《さそ》いも断ったし、うちに誘うこともしな

二　次の文章を読んで、後の問いに答えなさい。

線路わきのゆるい坂道を、連れ立った小学生が下りて来る。落葉の始まった桜並木に沿って、黄や緑、赤などに着膨《ぶく》れた男の子や女の子が、前向きになったり、後ろ向きになったり、くるくる回りながら声高く下りて来る。卵色に紺《こん》色、それに鼠《ねずみ》色の子もいる。陽《ひ》は西に移っていた。

切り通しの線路なので、電車の音はいつも坂の下を流れてゆく。下りと上りの電車が擦《す》れ違《ちが》うと話し声は途《と》絶えた。誰《だれ》かが口を噤《つぐ》み、誰かがそれに倣《なら》い、次々に倣って高まった音の流れて消えるのを待った。誰からともなく柵《さく》に寄って、並んで下を覗《のぞ》いている。

「ぼく、ずっと前、空にいる象を見たことがあるよ」

沈黙《ちんもく》を破ったのは緑色に着膨れた男の子である。すぐに、

「ええっ？　象を？　うそ！　そんなのうそ！」

と黄色に膨んだ女の子が叫《さけ》び、そのあと、「うそだあ！　うそだあ！」の声が続いた。

空は深く晴れている。

うそだあ！　と声を合わせた者も合わせなかった者も、一様にその空を見上げている。ここからは見えないが、小学校の校庭には、まだ運動に熱中している生徒達《たち》が残っていて、彼等《ら》のあげる喚《かん》声は、この坂道にも時々もつれ合いながら伝わってきた。

「うそじゃないよ。本当なんだよ」

真顔で言い返している男の子に、大柄《がら》な鼠色の男の子が、低い、太い声で言った。

「あるわけないだろう、そんなこと。夢？　それとも……」

「ぼく、見た。テレビで見た。象が、象が空にいたんだよう」

「なあんだ、テレビか。そんならそうと早く言えよ」

そんならそうと、と言いはしたものの、想像が追いつかないので、彼は半分だけ納得し、半分は不貞腐《ふてくさ》れている。

「ねえ、聞いて聞いて。あたしなら空を泳いでいるピアノを見たことがあるわ」

左右の者を制するように、赤いマフラーの女の子が言った。低い、太い声が続いた。

「テレビや映画の話ならよせよ」

「違う。あたしはねえ、おばあちゃんのうちの二階の窓から、ちゃあんとこの目で見てたんだから」

今度は周りも「うそだあ！」とは言わなかった。しかしそれは、この女の子の言ったことを誰もが認めたからではなかった。左右からの冷たい視線に、女の子はひるんだ。象を空に見たと言った少年も、空を泳いでいるピアノを見たと言った少女も、友達の意外な反応に出鼻を挫《くじ》かれ気勢を削《そ》がれて、それぞれあとを言いそびれてしまった。どちらも少しずつさびしかった。

いつのまにか小学生達は、又くるくる回りながら、再び坂を下り始めていた。彼等が背中の鞄《かばん》に吊《つ》り下げている布袋《ぶくろ》入りのカップは、回り方が強いと、伸《の》び切った吊り紐《ひも》の先で円を描《えが》いた。大柄な男の子のカップが、卵色の女の子の腕《うで》に当った。

「許せ」

と強気に言い捨ててから、彼はにわかに首をすくめ、腰《こし》を折ってその少女の前に回り、掌《てのひら》を合わせると、猫撫《ねこな》で声で、

「ごめんね」

と言った。

少女は笑顔を見せただけで何も言わなかった。この少女は、少し前、柵に寄りかかった友達が「うそだあ！」と声を合わせていた時、象を見たという少年の言葉を、すぐに否定はできなかった。自分に同じ経験があったのではない。ただ、見る、見えるということに関して、少

このまま向こう側に行ってしまうのではないかという怖《こわ》さが、私を、手の中の煙草の火や、振《ふ》り向いたらまだ灯《あか》りの点《つ》いている校舎へと何度も引き戻したのだろう。何かでこの世と繫《つな》がっておかなければやばい、という感覚は確かにあったと思う。

恐らく世に詩人と呼ばれる人種だけが、私が立ち止まっていた地点を遥《はる》かに超《こ》えて、B向こう側の世界へと踏《ふ》み込んでいけるだけの⑤シシツを持っているのではなかろうか。彼らは（ａ）向こう側の世界に飛び込んでいく。そしてあちら側とこちら側の世界とを（ｂ）注5往還《かん》し、Cこちら側の世界にない宝を持ち帰ってはこの世界を（ｃ）彩《いろど》っていくのである。何と勇気のある営みだろうか。

しかし当然それには危険が伴《ともな》う。あちら側に行ったきり戻れなくなってしまった詩人は、決して少なくないに違いない。逆に言うと、こちら側の世界に戻れなくなった人々は、ことごとく詩人であったと言えるかも知れない。この危険な冒《ぼう》険に魅了《みりょう》されない芸術家はいない。個人的に私は、向こう側に行くのは文字通り死の時と思い定めている。人は皆《みな》ことごとく、死の瞬間には一線を越《こ》えて詩人の世界へと移行していくに違いない。死に背中を押《お》してもらわないと、とても怖くて飛び込めないところがいかにも私の二流なところであるが、二流には二流なりに「安全な離れた場所から見つめる」という役割がある。

あちら側は言語を超えた世界である。私はこちら側で、散文家としての仕事をする。

（吉村萬壱『生きていくうえで、かけがえのないこと』）

注
1…じゅうぶんに満足すること
2…深いあい色
3…すでに知っていること
4…大地が肥えて実り多いこと
5…行き来すること

問一 □①～⑤のカタカナを漢字に直しなさい。

問二（ ）ａ～ｃにあてはまる言葉としてもっともふさわしいものを、下の中から選び、記号で答えなさい。

ａ ア 恐《おそ》る恐《おそ》る　イ 雄々《おお》しく　ウ あわただしく　エ のんびりと

ｂ ア 必死で　イ 注意深く　ウ 自由に　エ きまじめに

ｃ ア さびしげに　イ 明るく　ウ じまんげに　エ 豊かに

問三 ――Aの「頭の中の思い込み」とは、筆者の体験ではどういうものでしたか。具体的に説明しなさい。

問四 ――Bと反対の世界を具体的に表している言葉を、――Bより前の部分から七字で見つけ、ぬき出して答えなさい。

問五 ――Cとありますが、「こちら側の世界にない宝」とはどういうものですか。そして、それを「持ち帰って」くるとは、だれがどうすることですか。

平成二十九年度
桜蔭中学校

【国語】（五〇分）〈満点：一〇〇点〉

［一］　次の文章を読んで、後の問いに答えなさい。

かつて私が①［ツト］めていた高校は、二百余段の階段を上った高台の上に建っていた。大阪湾《わん》に②［ノゾ］み、水平線に沈む夕陽《ひ》がとても美しかった。

夕陽は毎日のように見ていたはずだが、じっくり眺《なが》めたことはなかった。

ある日、夕焼け空があまりに美しかったので、気紛《まぐ》れに私は、日没《ぼっ》までじっくり腰《こし》を据《す》えて眺めてみようという気になった。見晴らしの良い場所に腰を下ろし、煙草《たばこ》を吸いながら西の空に目を遣《や》った。一時間半ほどもそうしていただろうか。

夕暮れの光景というものは、実に驚《おどろ》くべきパノラマであった。一ときも同じ状態に止まっていない。刻々と色が変わる。陽の③［ハ］える雲もゆっくりと風に流れていくから、色だけでなく雲の形状も変わっていく。名前を知らない色が次々と現れては、名前を知らない別の色に変わっていく。こんなにも、見たことのない色があったのかと驚かされる。空が海で、雲はその海に浮かぶ島のようにも見えてくる。そしてこの不思議な風景の中を、関西国際空港から飛び立った飛行機が金色の尾を引いて過《よ》ぎっていく。太陽は、最後の強い輝《かがや》きを放った後、加速度がついたように水平線へと没《ぼっ》する。

私は心から注1堪《たん》能し、「見た」と思って腰を上げようとした。

しかし素晴らしいのはここからだった。水平線に沈《しず》んだ太陽はまだ死んでおらず、海の向こう側にいて、下からの深い角度から雲の底部を照らし始めた。すると雲はそれまでとは全く違《ちが》う陰影《いんえい》を帯びてきた。地獄《ごく》が現れた、と思った。空がすっかり注2インディゴブルーに染まって暗く沈んでいくまでに、一体どれだけの造形美が立ち現れただろうか。

気が付くと、辺りはすっかり暗くなっていた。

立ち上がると、別世界から戻《もど》ってきた気がした。見つめるとは、こういうことかと思った。私は生まれて以来無数の夕陽や夕焼け空を見てきたが、本当は何も見ていなかったのだと知った。恐《おそ》らく私はこれに限らず、この世界のほとんどのものをちゃんと見ずに生きてきたに違いない。A見つめるということは、頭の中の思い込《こ》みから自由になることであった。

しかし何も知らないかのような純粋《すい》な目でものを見ることは、生きていく上では実に効率《りつ》が悪い。夕焼けだな、と一瞬《しゅん》思うだけで、あとは頭の中の注3既《き》知の夕焼けをなぞるだけで済ますことが最も楽で、そのようにして組み立てられているのが我々の日常生活であると言える。たとえ、じっくり見つめるならば限りなく注4豊饒《じょう》で未知なる世界が堪能出来るとしても、そのように初めて見るかのような目で世界を見ることは多大なエネルギーを要する。ためしに鉛《えん》筆の先に④［シンケイ］を集中させてみれば、その集中力は一分と持たないことが分かるだろう。夕焼け空を見つめていた時の私も、実は何度も気が散って度々見つめることから離《はな》れていたのである。それはひょっとすると、本能的な危険回避《ひ》行動だったと言えるかも知れない。

ものを見つめ過ぎることには、どこか不気味なものを招き寄せてしまうところがあるのではなかろうか。日没後の雲は地獄の風景を思わせた。その時の夕焼け雲はなじみのない異形のものであって、こちら側にはない過剰《じょう》なものを含《ふく》んでいた気がする。周囲は一面雑木林で、もうとっぷりと暗く、生来臆《おく》病者の私は正直言って空恐ろしかった。

平成29年度
桜蔭中学校 ▶解説と解答

算数 (50分) <満点：100点>

解答

I (1) ① $1\frac{1}{4}$　② $8\frac{7}{11}$　(2) ① 630　② 129　③ 8811　**II** (1) 9秒後　(2) 2分3秒後　**III** (1) ① 毎秒5 cm^3　② 5 cm　(2) 毎秒$7\frac{7}{8}cm^3$　**IV** (1) **立体1** 白…$471cm^2$，赤…$113.04cm^2$　**立体2** 白…$376.8cm^2$，青…$56.52cm^2$　**立体3** 白…$565.2cm^2$，**黄色**…$75.36cm^2$　(2) $4144.8cm^2$　(3) 解説の図3を参照のこと。　**V** (1) $2880cm^3$　(2) $2871cm^3$　(3) $2664cm^3$

解説

I **四則計算，逆算，場合の数**

(1) ① $\left\{1.04\div 9\times\left(12-5\frac{4}{7}\right)-\frac{13}{42}\right\}\times 2\frac{23}{26}=\left\{\frac{1.04}{9}\times\left(\frac{84}{7}-\frac{39}{7}\right)-\frac{13}{42}\right\}\times\frac{75}{26}=\left(\frac{104}{900}\times\frac{45}{7}-\frac{13}{42}\right)\times\frac{75}{26}=\left(\frac{26}{35}-\frac{13}{42}\right)\times\frac{75}{26}=\left(\frac{156}{210}-\frac{65}{210}\right)\times\frac{75}{26}=\frac{91}{210}\times\frac{75}{26}=\frac{5}{4}=1\frac{1}{4}$　② $7\frac{6}{11}-4\frac{1}{16}\div 6.875=\frac{83}{11}-\frac{65}{16}\div 6\frac{7}{8}=\frac{83}{11}-\frac{65}{16}\div\frac{55}{8}=\frac{83}{11}-\frac{65}{16}\times\frac{8}{55}=\frac{83}{11}-\frac{13}{22}=\frac{166}{22}-\frac{13}{22}=\frac{153}{22}$より，あたえられた式は，$\frac{153}{22}\div\left\{15-\left(\square+5\frac{1}{3}\right)\right\}=6\frac{3}{4}$となる。よって，$15-\left(\square+5\frac{1}{3}\right)=\frac{153}{22}\div 6\frac{3}{4}=\frac{153}{22}\div\frac{27}{4}=\frac{153}{22}\times\frac{4}{27}=\frac{34}{33}$，$\square+5\frac{1}{3}=15-\frac{34}{33}=14\frac{33}{33}-1\frac{1}{33}=13\frac{32}{33}$，$\square=13\frac{32}{33}-5\frac{1}{3}=13\frac{32}{33}-5\frac{11}{33}=8\frac{21}{33}=8\frac{7}{11}$である。

(2) ① 初めに，選んだ数字が0とA（Aは0以外の数字)の場合を考える。これが1けたになるのはAだけである(これはAだけしか使われていないが，初めに並べた数が$000A$の場合であり，この段階では0もAも使われているから，条件に合う)。同様に考えると，右上の図1のようになり，2けたになるのは2通り，3けたになるのは4通りある。また，4けたになるとき，千の位はAであり，百の位，十の位，一の位には0とAの2通りの数字を使うことができるので，$2\times2\times2=8$(通り)の並べ方がある。ただし，この中には$AAAA$が含《ふく》まれているから，実際に作ることができるのは，$8-1=7$(通り)である。よって，選んだ数字が0とAの場合は，$1+2+4+7=14$(通り)の並べ方があり，どの場合もAとして考えられる数字が9通りあるから，全部で，$14\times9=$126(個)の数ができる。次に，選んだ数字がAとB（A，Bは0以外の異なる数字)の場合を考える。このとき，千，百，十，一の位にはすべてAとBの2通りの数字を使うことができるから，$2\times2\times2\times2=16$(通り)の並べ方がある。ただし，この中には$AAAA$と$BBBB$が含まれているので，実際に作ることができるのは，$16-2=14$(通り)である。また，$A$と$B$の組み合わせは，$\frac{9\times8}{2}=36$(通り)あるから，全部で，$14\times36=$504(個)の数ができる。したがって，全部で，$126+504=630$(個)と求められる。

図1

・1けた　A(←$000A$)
・2けた　$A0$，AA(←$00AA$)
・3けた　$A00$，$A0A$，$AA0$，AAA(←$0AAA$)
・4けた　$A\square\square\square$

〔ほかの解き方〕 0030や0101のように並べた場合も，並べた数に対して１個の数が対応する。つまり，0030からできる数は30だけであり，逆に，30となるような並べ方は0030だけである。よって，A，Bを０も含む数と考えて，次のように求めることもできる。千，百，十，一の位にはすべてAとBの２通りの数字を使うことができるので，AとBの並べ方は，２×２×２×２＝16(通り)ある。ただし，この中には$AAAA$と$BBBB$が含まれているから，実際に並べることができるのは，16－２＝14(通り)である。また，AとBの組み合わせは，$\frac{10\times 9}{2}$＝45(通り)あるから，全部で，14×45＝630(個)の数ができる。

② 図１で，１けた～３けたの数は，１＋２＋４＝７(通り)あり，Aとして考えられる数字は９通りあるので，1000未満の整数は，７×９＝63(個)ある。また，千の位が１の場合，111A，11A1，11AA，1A11，1A1A，1AA1，1AAAの７通りあり(Aは１以外の数字)，Aとして考えられる数字は９通りあるので，千の位が１の場合は，７×９＝63(個)ある。さらに，2000以上の数で２種類の数字だけでできているのは，2000，2002，2020，…だから，2020は小さい方から数えて，63＋63＋３＝129(番目)の数である(①の〔ほかの解き方〕の考え方を使うと，千の位が０～９の数は均等にあらわれることから，千の位が０の数(1000未満の数)と千の位が１の数は，どちらも，630÷10＝63(個)あることがわかる)。

③ 千の位が１の場合は63個あるので，千の位が９の場合も63個ある。よって，大きい方から数えて92番目の数は，千の位が８の中で大きい方から数えて，92－63＝29(番目)の数である。右の図２のように，千の位が８で百の位が９の数は４個ある。また，千の位が８で百の位が８の数を下２けたで㋐～㋒のように分けると，㋐は３個，㋑は８個ある。さらに，㋒は上下を組にして考えると，２×８＝16(個)あるから，これらの合計は，４＋３＋８＋16＝31(個)となる。よって，8800から，31－29＝２(個)さかのぼると，千の位が８の中で，大きい方から数えて29番目の数は8811とわかる。

図２

・百の位が９		8999，8998，8989，8988
・百の位が８	㋐	8899，8898，8889
	㋑	8887，8886，…，8881，8880
	㋒	8878，8868，…，8818，8808
		8877，8866，…，8811，8800

Ⅱ 図形上の点の移動，旅人算，周期算

⑴ 下の図１のように，出発してから，16÷２＝８(秒後)に，点Ｐが初めてＤにくる。このときまでに点Ｑも16cm動くから，２点の間の距離《きょり》は，20－16＝４(cm)になる。この後，２点の間の距離は１秒間に，２＋２＝４(cm)の割合で縮まるので，２点が出会うまでにあと，４÷４＝１(秒)かかる。よって，２点が初めて出会うのは出発してから，８＋１＝９(秒後)である。

図１

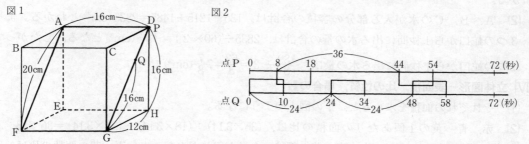

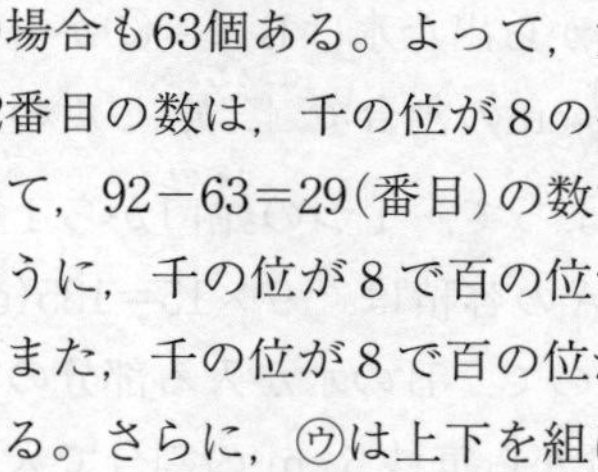

図２

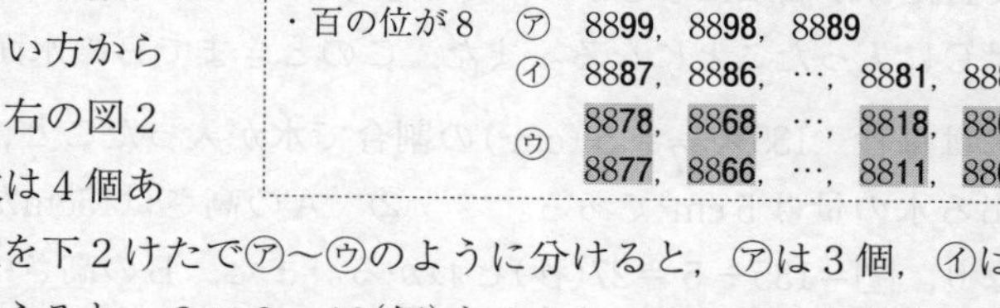

⑵ ２点Ｐ，Ｑが出会うのは辺ＤＧ上だけである。点Ｐが初めて辺ＤＧ上を通るのは，出発して８

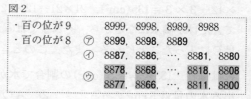

秒後からの，20÷2＝10(秒間)である。また，長方形ADGFのまわりの長さは，(16＋20)×2＝72(cm)だから，その後は，72÷2＝36(秒)ごとに辺DG上を通る。同様に，点Qが初めて辺DG上を通るのは，出発して0秒後からの10秒間であり，三角形CDGのまわりの長さは，20＋16＋12＝48(cm)なので，その後は，48÷2＝24(秒)ごとに辺DG上を通る。また，36と24の最小公倍数は72だから，点Pと点Qは出発してから72秒後に初めて同時に出発点にもどり，その後は同じ動きがくり返される。これを1周期とすると，1周期の動きは上の図2のようになり，1周期の中で2回出会うことがわかる。よって，4回目に出会うのは2周期目の2回目である。右の図3のように，出発してから48秒後に点QがGにきて，このときまでに点PはDから，48−44＝4(秒)動いている。このときの2点の間の距離は，20−2×4＝12(cm)なので，2点が出会うまでにあと，12÷4＝3(秒)かかる。したがって，2回目に出会うのは出発してから，48＋3＝51(秒後)だから，2周期目の2回目は，72＋51＝123(秒後)と求められる。これは，123÷60＝2余り3より，2分3秒後となる。

図3

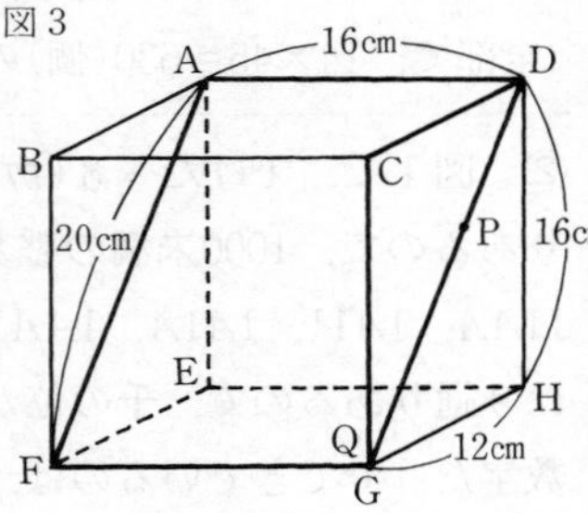

Ⅲ グラフ―水の深さと体積

(1) ① 初めにA，B，Cの水が入る部分の底面積を求めると，それぞれ，3×3＝9(cm^2)，12×12−3×3＝135(cm^2)，21×21−12×12＝297(cm^2)となる。水を入れ始めてから[ア]秒後に初めてAだけが満水になるから，それまではⒶから出た水はAに，Ⓑから出た水はBに，Ⓒから出た水はCに入ったことになる。また，このときまでBの水面は毎秒$\frac{1}{27}$cmの割合で上昇《じょうしょう》したので，Bには毎秒，135×$\frac{1}{27}$＝5(cm^3)の割合で水が入ったことになる。よって，1つの蛇口《じゃぐち》から1秒間に出る水の量は5cm^{3}である。 ② Aの高さは15cmだから，Aの容積は，9×15＝135(cm^3)となり，[ア]＝135÷5＝27(秒)とわかる。また，Bの高さは9cmなので，Bの水が入る部分の容積は，135×9＝1215(cm^3)である。ここで，Bには0～[ア]秒後はⒷだけから毎秒5cm^{3}の割合で入り，[ア]～[イ]秒後はⒶとⒷから毎秒，5×2＝10(cm^3)の割合で入っている。[ア]＝27だから，0～[ア]秒後にBに入った量は，5×27＝135(cm^3)であり，[ア]～[イ]秒後にBに入った量は，1215−135＝1080(cm^3)とわかる。よって，[ア]～[イ]の時間は，1080÷10＝108(秒)なので，[イ]＝27＋108＝135(秒)と求められる。同様に，Cには0～[イ]秒後はⒸだけから毎秒5cm^{3}の割合で入り，[イ]～[ウ]秒後はⒶとⒷとⒸから毎秒，5×3＝15(cm^3)の割合で入っている。[イ]＝135，[ウ]＝189だから，Cの水が入る部分の容積は，5×135＋15×(189−135)＝1485(cm^3)と求められ，Cの高さは，1485÷297＝5(cm)とわかる。

(2) A，B，Cの水が入る部分の容積の合計は，135＋1215＋1485＝2835(cm^3)とわかる。よって，3つの蛇口から1秒間に出る水の量の合計は，2835÷(60×2)＝$\frac{189}{8}$(cm^3)となる。したがって，1つの蛇口から1秒間に出る水の量は，$\frac{189}{8}$÷3＝$\frac{63}{8}$＝7$\frac{7}{8}$(cm^3)である。

Ⅳ 立体図形―表面積，比の性質，場合の数

(1) それぞれの面積を求めると，下の図1のようになる。

(2) 赤，青，黄の1個あたりの面積の比は，(36×3.14)：(18×3.14)：(24×3.14)＝36：18：24＝6：3：4である。また，赤，青，黄の面積の合計が同じだから，赤，青，黄の個数の比は，$\frac{1}{6}$：

図1

	白(側面)	赤，青，黄(底面)
立体1 (円すい)	$25\times6\times3.14=150\times3.14$ $=471(\mathrm{cm}^2)$	$6\times6\times3.14=36\times3.14$ $=113.04(\mathrm{cm}^2)$
立体2 (円柱)	$3\times2\times3.14\times20=120\times3.14$ $=376.8(\mathrm{cm}^2)$	$3\times3\times3.14\times2=18\times3.14$ $=56.52(\mathrm{cm}^2)$
立体3 (円柱－円柱)	外：$4\times2\times3.14\times15=120\times3.14$ 内：$2\times2\times3.14\times15=60\times3.14$ $(120+60)\times3.14=180\times3.14$ $=565.2(\mathrm{cm}^2)$	$4\times4\times3.14-2\times2\times3.14=(16-4)\times3.14$ $=12\times3.14$ $12\times3.14\times2=24\times3.14$ $=75.36(\mathrm{cm}^2)$

$\frac{1}{3}:\frac{1}{4}=2:4:3$とわかる。よって，個数が最も少なくなるのは，立体1が2個，立体2が4個，立体3が3個ある場合である。このとき，白い部分の面積の合計は，$150\times3.14\times2+120\times3.14\times4+180\times3.14\times3=(300+480+540)\times3.14=1320\times3.14=4144.8(\mathrm{cm}^2)$となる。

(3)　$5652\div3.14=1800$より，$5652=1800\times3.14$となる。よって，立体1，2，3の個数をそれぞれa個，b個，c個とすると，$150\times a+120\times b+180\times c=1800$と表すことができ，等号の両側を30で割って簡単にすると，$5\times a+4\times b+6\times c=60$となる。ここで，立体1，2，3は少なくとも1個ずつはあるので，その分を減らして考える。すると，$5\times1+4\times1+6\times1=15$減って，$60-15=45$となるから，$\underline{5\times a+4\times b+6\times c=45}$にあてはまる整数の組を求めればよい($a$，$b$，$c$は0でもよい)。$a=0$とすると，$4\times b+6\times c=45$となる。ところが，4と6は偶数《ぐうすう》なので，$4\times b+6\times c$の値は必ず偶数になり，このような組はないことがわかる。同様に，aが偶数のとき，あてはまる整数の組はないから，aが奇数《きすう》の場合だけを調べればよい。次に，$a=1$とすると，$4\times b+6\times c=45-5\times1=40$となるので，$(b,\ c)=(1,\ 6)$という組が見つかる。ここで，$4:6=2:3$だから，1つの組が見つかれば，$b$を3増やすかわりに$c$を2減らしてもこの式は成り立つ。同様に考えると，$a=3$のとき，$4\times b+6\times c=30$，$a=5$のとき，$4\times b+6\times c=20$，$a=7$のとき，$4\times b+6\times c=10$，$a=9$のとき，$4\times b+6\times c=0$となるから，考えられる組は右上の図2のようになる。このうち，立体1，2，3の個数が異なるという条件に合うのはかげをつけた部分であり，それぞれに初めにひいた1個を加えると，右の図3のようになる。

図2

a	1	1	1	1	3	3	3	5	5	7	9
b	1 (+3→)	4 (+3→)	7 (+3→)	10	0	3	6	2	5	1	0
c	6 (−2→)	4 (−2→)	2 (−2→)	0	5	3	1	2	0	1	0

図3

立体1	2	2	4	4
立体2	8	11	1	7
立体3	3	1	6	2

V　立体図形―分割，体積

(1)　切り口は下の図①の三角形ABEになる。点Fを含む立体は，三角すいE－FABだから，体積は，$12\times12\div2\times24\times\frac{1}{3}=576(\mathrm{cm}^3)$とわかる。また，問題文中の図1の立体は直方体であり，その体積は，$12\times12\times24=3456(\mathrm{cm}^3)$なので，点Dを含む立体の体積は，$3456-576=2880(\mathrm{cm}^3)$と求められる。

(2)　下の図②で，切り口の三角形ABEが立方体ア，イ，ウの上下の面と交わる直線を上から順にl，m，nとすると，真上から見た図は下の図③のようになる。よって，立方体ア，イ，ウの切り口はそれぞれ下の図④の斜線《しゃせん》部分になるから，立方体ア，イ，ウを取り除いた立体を面ABEで切ると，点Dを含む立体からは，斜線部分の向こう側の立体(かげをつけた部分)が取り除かれることになる。立方体アのかげをつけた部分の体積は，$3\times3\div2\times6\times\frac{1}{3}=9(\mathrm{cm}^3)$なので，立方体アだけを取り除いたときの体積は，$2880-9=2871(\mathrm{cm}^3)$である。

図①

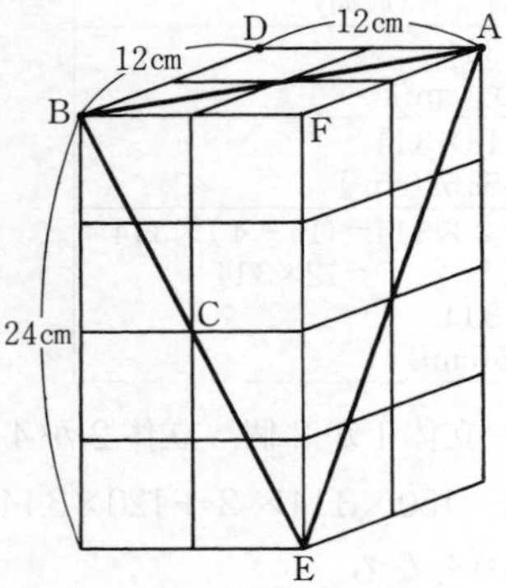

図②

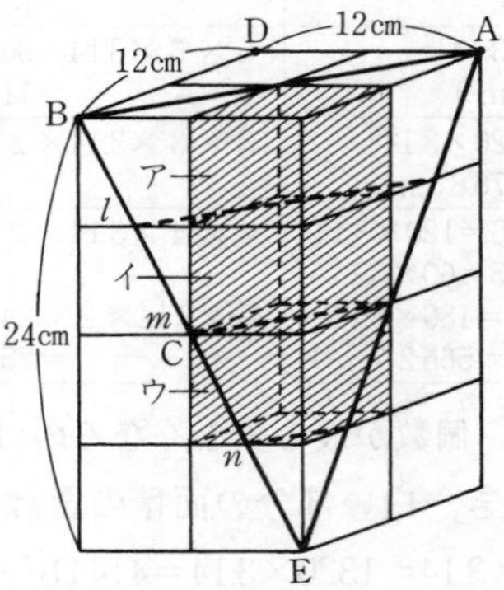

図③

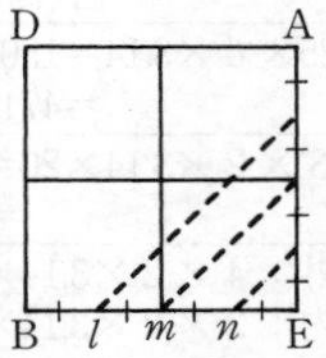

図④

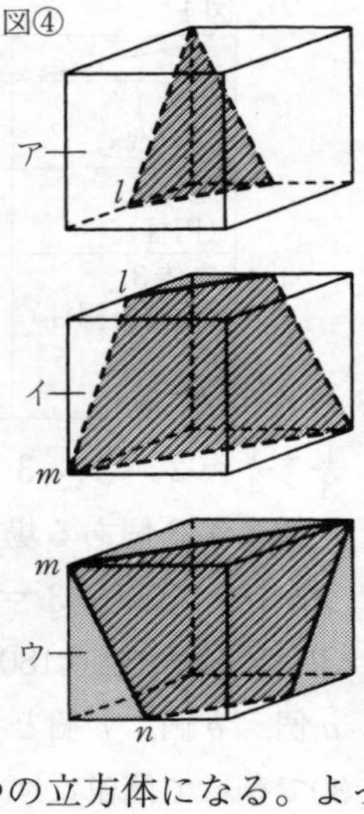

(3)　立方体イと立方体ウのかげをつけた部分を向きを変えて重ねると，1つの立方体になる。よって，点Dを含む立体から取り除かれる体積は，$6\times6\times6=216(\mathrm{cm}^3)$だから，立方体イ，ウを取り除いたときの体積は，$2880-216=2664(\mathrm{cm}^3)$と求められる。

社　会　(30分)＜満点：60点＞

解　答

Ⅰ　**問1**　たきぎ　**問2**　裏作　**問3**　い　**問4**　TPP　**問5**　田植え　**問6**　減反　**問7**　1　え　2　か　3　く　4　あ　**問8**　(例)　冬は雪が多く，地面が雪でおおわれてしまうため，土がこおったりかわいたりしないまま保たれるから。　**問9**　あ　**問10**　え　**問11**　石油危機　**問12**　(例)　アルミかんなどを回収し，再加工して製品をつくっているから。　**問13**　あ　Ⅱ　1　足利義満　2　千利休　3　生糸　4　士族　**問1**　あ　**問2**　石山本願寺　**問3**　い　**問4**　中山道　**問5**　下田・函館の開港(食料・石炭の提供)　**問6**　う　Ⅲ　1　サンフランシスコ　2　富岡製糸場　3　佐渡　**問1**　え　**問2**　い　**問3**　執権　**問4**　い　**問5**　う　**問6**　大阪府　**問7**　(例)　遣唐使を廃止したこと。　**問8**　う　**問9**　出雲の阿国　**問10**　う→あ→え→い　Ⅳ　①　A　ア　1　情報公開(制度)　②　B　エ　2　国務大臣　③　C　ウ　3　条例　④　D　ア　4　介護保険　⑤　E　イ　5　青年海外協力隊

解　説

Ⅰ　富山県の地形や産業を題材とした問題

問1　屋敷林《やしきりん》は防風や防雪，あるいは日よけなどの役割を果たすとともに，建築用の木材としても用いられた。木片・小枝などは燃料のたきぎとされるなど，人びとの暮らしを支えた。

問2　田で稲を刈《か》りとった後に別の作物をつくることを裏作という。富山県では，冬の間は積雪が多く稲作はできないが，チューリップの球根は雪の下でも生育するため，大正時代にコメの裏作として始められ，県の各地に広がっていった。

問3　江戸時代，医薬に心得があった富山藩の第２代藩主前田正甫《まさとし》は，薬の製造を奨励《しょうれい》し，売り手がさまざまな薬を各家庭に預け，一定期間が過ぎるとまた訪問し，使った分の代金をもらって補《ほ》充《じゅう》するという画期的な薬の販売《はんばい》方法の基礎をつくった。全国を行商し，薬だけでなくみやげ物や情報も持ってきてくれる「越中《えっちゅう》富山の薬売り」は各地で知られるようになり，以降，富山県では製薬業がさかんになった。

問4　TPP(環太平洋経済連携《れんけい》協定)は太平洋周辺の国々の間で関税を完全に撤廃《てっぱい》し，金融《きんゆう》・投資も自由化しようという経済協定で，2006年に発足した。日本も参加を表明しており，これが実現すると，国内の輸出関連産業の業績がのびる可能性はあるが，安い農畜産物が大量に輸入されて国内の農業がおとろえ，それでなくても低い食料自給率がさらに下がると予想されるほか，外国人労働者の流入により日本人の失業者が増える可能性も指摘《してき》されている。2015年10月に大筋合意にいたったが，アメリカが離脱を表明したことで，協定が発効するかどうかがあやぶまれている。

問5　田植えは，春先に苗代《なわしろ》でつくった苗《なえ》を田に植える作業であるが，作業にかかる時間や費用の負担が大きい。田に直接種もみをまく直《じか》まきは，日本の農家では安定した収穫を得られないとして敬遠されてきたが，近年では研究・開発が進み，導入が進められている。

問6　1960年代からコメ余りが問題となったため，政府は1970年から補助金を出して水田の休耕やほかの作物への転作を進め，コメの作付面積を減らす減反政策を実施してきた。政府はTPP参加をにらんで2018年に廃止する方針を決定したが，補助金がなくなると小規模農家は安定した経営が難しくなるなど，課題も残されている。

問7　**1**　北上川は，北上盆地(岩手県)を北から南へと流れ，流れに沿うように東北自動車道が走っている。インターチェンジ付近にはIC工場が多く立地し，県南部の胆沢《いさわ》郡には自動車工場もある。
2　木曽川は，長野県から岐阜県，愛知県，三重県を流れて伊勢湾《いせわん》に注ぐ。下流域には木曽川・長《なが》良《ら》川・揖斐《いび》川(木曽三川)が集まって流れているため，大雨が降るとたびたび水害が発生したが，明治時代に３本の河川の流路を固定する工事が行われ，水害が減った。　**3**　筑後《ちくご》川は九州地方の北部を流れ，下流で福岡県と佐賀県の県境を形成して有明海に注ぐ。有明海では古くから遠浅の海を干拓《かんたく》することで水田が広げられてきたほか，福岡県はイチゴの生産量も全国第２位となっている。統計資料は『日本国勢図会』2016／17年版による(以下同じ)。　**4**　十勝川は，北海道の中央部から南東に流れて太平洋に注ぐ川で，日本最大の畑作地帯として知られる十勝平野を流れる。

問8　日本海側の地域では，冬に大陸から吹《ふ》く湿った北西季節風の影響《えいきょう》を受け，豪雪《ごうせつ》地帯となる。富山県西部に位置する砺波《となみ》平野も冬の間は雪におおわれるため，地温が低く保たれ，乾燥《かんそう》もしないのである。

問9　太平洋戦争後の日本の発電の中心は水力発電であったが，1960年代半ば以降は火力発電がその中心となり，近年，日本の発電量に占《し》める水力発電の割合は８％前後となっている。

問10　気体のまま輸送するのが難しい天然ガスは，超低温に冷却《れいきゃく》し，圧縮して液体にすることで輸送しやすくなり，日本にも専用船を使ってオーストラリアなどから運ばれてくる。よって，「え」が正しい。

問11　1973年，第４次中東戦争をきっかけに原油産出国が原油の減産・価格の引き上げを行ったため，先進国の経済が混乱した(第１次石油危機)。1979年にはイラン革命をきっかけに，再び原油価格が上昇した(第２次石油危機)。この２度の石油危機のさいには，日本でも電気料金が値上げされるなど，大きな影響が生じた。

問12　アルミニウムは飲み物のかんなど多くのものに利用されている。その多くは回収・再加工されて新たなアルミかんとなったり，自動車部品や鉄道車両の車体に生まれ変わったりしている。

問13　耕地面積全体は徐々《じょじょ》に減っているが，廃業《はいぎょう》した農家の土地などを，経営を続ける農家が借りたり買い入れたりして大規模化することで，農家１戸当たりの経営耕地面積は少しずつ増えている。よって，「あ」が適切でない。

Ⅱ　茶を題材とした歴史の問題

1　室町幕府の第３代将軍足利義満《よしみつ》は1397年，京都の北山に別荘として金閣(鹿苑寺《ろくおんじ》)を創建した。ここから，義満のころに栄えた文化は北山文化とよばれる。　**2**　堺《さかい》(大阪府)の豪商《ごうしょう》であった千利休は，「侘茶《わびちゃ》」を完成させたことから茶道の大成者とされ，織田信長・豊臣秀吉に茶頭(茶事をつかさどるかしら)として仕えた。しかし，大徳寺山門上に自分の木像を置いたことなどで秀吉の怒《いか》りにふれ，自害させられた。　**3**　開国直後から昭和初期にかけて，日本最大の輸出品となったのは生糸。日本では明治時代以降急速に製糸業が発展し，20世紀初めには世界一の生糸輸出国となった。　**4**　明治時代に入ると武士は士族と改められ，特権を失っていった。収入源を失った士族のなかには，牧ノ原での茶園の開拓《かいたく》など，労働に従事した者もいた。

問１『平家物語』は鎌倉時代につくられた軍記物語の１つで，琵琶法師《びわほうし》が伴奏をつけて語る「平曲」という形で各地に広がった。したがって，「あ」が誤り。

問２　石山本願寺は，一向宗の僧侶《そうりょ》であった蓮如《れんにょ》によって建立された寺である。1570～80年にかけて織田信長と争いをくり広げたのち退去させられ，跡地には豊臣秀吉が大阪城を築いた。

問３　江戸時代，儒教《じゅきょう》や仏教の影響を受ける前の日本古来の文化や日本人の考え方を明らかにしようとする「国学」がさかんになるなか，本居宣長《もとおりのりなが》は1764年から『古事記』の注釈《ちゅうしゃく》書を書き始め，1798年に『古事記伝』として完成させた。なお，「あ」「う」は19世紀，「え」は17世紀のできごと。

問４　中山道は江戸時代の五街道の１つで，江戸日本橋を起点に高崎(群馬県)，下諏訪《しもすわ》(長野県)など，内陸部を経て草津(滋賀県)にいたる街道で，その間に67の宿場町が置かれた。草津で五街道の１つである東海道に合流した。

問５　1854年に日本とアメリカとの間で結ばれた日米和親条約では，下田(静岡県)・函館(北海道)の２港を開くこと，アメリカ船に水・食料・燃料などを提供することなどが定められた。

問６　1972年２月，第11回オリンピック冬季札幌大会が開かれた。アジアで初めて開催《かいさい》された冬季オリンピックで，この開催をきっかけとして札幌の街は近代化をとげた。なお，「あ」は1960年，「い」は1964年，「え」は1988年のできごと。

Ⅲ　世界遺産を題材とした歴史の問題

1　1951年，日本は独立を回復するためにサンフランシスコ講和会議に出席し，条約の内容に反対して調印しなかったソビエト連邦(ソ連)・ポーランドや，会議に招かれなかった中華人民共和国(中国)などを除いた連合国48か国と平和条約に調印した。　**2**　富岡製糸場は，明治政府が進める殖産興業の一環として1872年に群馬県に建てられた官営工場で，2014年に「富岡製糸場と絹産業遺産群」としてユネスコ(国連教育科学文化機関)の世界文化遺産に登録された。　**3**　佐渡《さど》鉱山(新潟県)は，16世紀から約400年間にわたって金・銀を産出した鉱山で，2010年に日本の世界遺産暫定《ざんてい》リストに記載された。

問1　伊藤博文は長州藩(山口県)出身の政治家で，1878年に大久保利通が暗殺されると，明治政府の中心人物となった。その後，ヨーロッパにわたって憲法理論を学び，1885年に初代内閣総理大臣に任命された。大日本帝国憲法が発布された1889年２月11日に内閣総理大臣をつとめていたのは黒田清隆《きよたか》であるので，「え」が誤り。

問2　日本の産業革命の中心となったのは綿糸を生産する紡績《ぼうせき》業と，生糸を生産する製糸業である。渋沢栄一が設立した大阪紡績会社は，イギリス製の機械を用い，電灯をつけて昼・夜の２交代制で24時間操業し，大きな利益を上げた。したがって，「い」が正しい。なお，「あ」について，綿花は中国やインドなどから輸入していた。「う」について，25歳以上のすべての男子に選挙権が与《あた》えられた(1925年)のは第一次世界大戦(1914～18年)の後。「え」について，八幡製鉄所が操業を開始した(1901年)のは日露戦争(1904～05年)の前。

問3　執権は鎌倉時代に将軍を補佐した役職で，源氏の将軍が３代(頼朝・頼家・実朝《さねとも》)でとだえた後は実際に幕府の政治を動かすようになり，北条氏が代々その職をつとめた。

問4　織田信長は，宣教師たちがもたらす西洋の品々や文化を取り入れ，敵対する一向一揆《いっき》などの仏教勢力に対抗させるためにキリスト教を保護し，安土城下には教会やセミナリオとよばれる学校が建てられた。したがって，「い」が正しい。なお，「あ」は「オランダ」ではなく「スペイン」，「え」は「五箇条《ごかじょう》の御誓文《ごせいもん》」ではなく「五榜《ごぼう》の掲示《けいじ》」が正しい。「う」について，日本人の海外渡航や海外からの帰国が禁止された(1635年)のは，島原・天草一揆(1637～38年)の前のこと。

問5　青森県にある縄文時代最大の遺跡は，三内丸山遺跡である。この遺跡からは，大型掘立柱《ほったてばしら》建物跡，大型竪穴《たてあな》住居跡，土偶《どぐう》，クリの花粉などさまざまなものが出土しているが，弥生時代から稲作に用いられたとされる木のくわ・すきは見つかっていない。したがって，「う」が誤り。

問6　日本最大の古墳は大阪府堺市にある大山古墳で，墳丘《ふんきゅう》の全長が486メートルにもおよぶ。この古墳は，「方」とよばれる四角い部分と「円」とよばれるまるい部分からなる前方後円墳で，５世紀につくられた仁徳《にんとく》天皇の墓とされている。

問7　894年に遣唐大使に任命された菅原道真《みちざね》は，唐(中国)の国内が乱れてその支配力がおとろえたこと，航海に危険がともなうこと，遣唐使にかかる財政負担が重くなっていることなどを理由に遣唐使の停止をうったえて受け入れられ，朝廷は派遣のとりやめを決定した。

問8　1956年，鳩山一郎首相が日ソ共同宣言に調印してソ連と国交を回復したことで，日本の国際連合への加盟が認められた。1972年には田中角栄首相が日中共同声明を発表し，日中国交正常化を実現した。よって，「う」が選べる。なお，「あ」は1950年，「い」は1954年，「え」は1945年のできごと。

問9　出雲《いずも》大社(島根県)の巫女《みこ》であったといわれる阿国《おくに》が始めた歌舞伎《かぶき》おどりは，江戸時代に入り，第５代将軍徳川綱吉の時代，元禄《げんろく》文化が栄えたころに芸能としての歌舞伎に発展した。

問10　1945年３月10日，アメリカ軍のＢ29爆撃《ばくげき》機約300機が東京上空に飛来して大空襲《くうしゅう》を行い，死者は約10万人にものぼった。４月１日にはアメリカ軍が沖縄本島に上陸して戦闘が開始され，６月23日まで続いた。その後，７月に無条件降伏《こうふく》をすすめるポツダム宣言が出されたが，日本政府がこれを無視したため，８月６日に広島に原子爆弾が投下され，多くの犠牲《ぎせい》者が出た。２日後の８月８日にはソ連が日ソ中立条約を破って日本に宣戦布告し，満州や千島列島に軍を進めてきた。したがって，「う」→「あ」→「え」→「い」の順となる。

Ⅳ 現代の社会についての問題

① **A** 日本国憲法第16条では，損害の救済，公務員の罷免《ひめん》(やめさせること)，法律の制定・改正などに関し，国や地方公共団体に要望を表明する請願権を保障している。 **1** 情報公開制度は，国や地方自治体に対して行政に関する文書などの開示を請求できる制度。1999年には，請求があった場合，原則的に情報を公開することを義務づけた情報公開法が制定された。

② **B** 復興庁は2012年２月に内閣に新しく設置され，2021年３月31日までに廃止されることになっている役所で，2011年３月11日に発生した東日本大震災からの復興事業に取り組んでいる。

2 国務大臣は内閣総理大臣とともに内閣を構成し，内閣総理大臣によって任命され，その過半数は国会議員であること，文民(軍人でない者)でなくてはならないことが定められている。

③ **C** 2015年６月に改正公職選挙法が成立したことにより，18歳以上の国民に選挙権が認められた。 **3** 条例は，憲法と法律の範囲《はんい》内において，その地域の事情に応じて地方議会で十分に話し合って定めるきまりで，その地方公共団体だけに適用される。景観条例は，街の景観を守り，その景観と調和した環境を整備するための条例で，京都市などが制定している。

④ **D** 現在の日本で人口が多い層は，第１次ベビーブームのころ(1947～49年)に生まれた世代と，第２次ベビーブームのころ(1971～74年)に生まれた世代である。この２つの世代に注目すると，20歳前後と40歳前後の人口が多いイが1990年，40歳前後と60歳前後の人口が多いアが2010年，60歳前後の人口が多いウが2030年のグラフと判断できる。 **4** 介護《かいご》保険制度は，社会全体で高齢者の介護を支えようとする新たな社会保障制度として2000年に導入された。なお，５つの社会保険とは，医療保険，年金保険，労働者災害補償(労災)保険，雇用保険，介護保険のことである。

⑤ **E** 南スーダンは，2011年に旧スーダンからの独立を果たしたが政治や治安が安定せず，国づくりの援助をするため，国連平和維持活動(PKO)の一環として自衛隊が派遣されている。 **5** 青年海外協力隊は，外務省の関連機関である国際協力機構(JICA)が行っている事業の１つで，教育・医療・産業などに関する知識や技術を持った20歳から39歳の人たちを，開発途上の国や地域に派遣し，技術指導を行うなどして途上国や地域の発展に貢献《こうけん》するとともに，相互理解や親善などを深めることを目的とした制度である。

理 科 (30分) ＜満点：60点＞

解 答

Ⅰ **問１** (a) イ，ＣとＥ (b) イ，ＡとＣ (c) ア，ＡとＢ **問２** Ｇ **問３** 角度…ウ 道のり…エ **問４** 16.5秒 **Ⅱ** **問１** ウ **問２** ア，エ **問３** イ **問４** ⑤ **問５** イ **Ⅲ** **問１** 北 **問２** ア **問３** イ **問４** ア **問５** ア **問６** ① Ｄ ② エ ③ ウ ④ イ ⑤ イ **Ⅳ** **問１** 化石燃料 **問２** **A** イ **B** ウ **C** オ **問３** ア，ウ，オ **問４** ウ，ア，イ，エ **問５** **A** 発光ダイオード **B** 熱 **C** 光 **Ⅴ** **問１** 解説の図を参照のこと。 **問２** 23℃ **問３** 7.42ｇ **問４** Ｂ，Ｃ **問５** (a) Ｃ，64ｇ (b) Ｄ，52ｇ (c) Ａ

解　説

Ⅰ　ふりこについての問題

問１　調べたい条件を変え，それ以外の条件を同じにして結果を比べればよい。ふりこが10往復する時間は，ＣとＥより，おもりの重さに関係がなく，ＡとＣより，はじめに引き上げた角度とも関係がない。また，ＡとＢより，ふりこの長さが大きくなると，ふりこが10往復する時間は長くなるとわかる。

問２　おもりが位置Ｑを通るときの速さが最も速いふりこは，位置Ｐと位置Ｑの高さの差が最も大きいものである。したがって，おもりをはじめに引き上げた角度が最も大きくて，さらにふりこの長さが最も長いＧがあてはまる。

問３　位置Ｐと位置Ｒは位置Ｑからの高さが等しく，ふりこの長さが道のりPQでふれるときよりも道のりQRでふれるときの方が短いため，道のりQRでのふれる角度は20度よりも大きくなり，道のりQRの長さは道のりPQの長さよりも短い。

問４　ふりこの長さは，道のりPQをふれるときは120cmで，道のりQRをふれるときは，120－90＝30(cm)となる。よって，このふりこが10往復にかかる時間は，(22.0＋11.0)÷２＝16.5(秒)と求められる。

Ⅱ　鳥の渡《わた》りについての問題

問１　ハクチョウは，冬を日本でくらし，夏を日本よりも北の土地で過ごす冬鳥である。なお，ツバメは夏鳥で，夏を日本でくらし，冬を日本より南の土地で過ごす。ヒヨドリとハトは１年中日本に住んでいる。

問２　図２より，渡りの経験がある成鳥は，今まで住んでいた場所とは違うところ(Ｂ地点やＣ地点)から放されても，以前に過ごした越冬地の方向に向かうことができる。一方，渡りの経験がない若鳥は，図３でいずれも放された地点から南西の方向へ飛んでおり，今まで住んでいた場所とは違うところから放されると，目的地の越冬地に向かうことができないことがわかる。また，渡りの経験がなくても，今まで住んでいた場所(Ａ地点)で放された成鳥と同じように，放された土地から南西の方向へ移動する能力をもっている。

問３　実験２と実験３より，飛び立つ方向には，太陽光の方向が影響している。なお，飛び立つ方向を決めるのに，実験２と実験４から，周囲の景色は太陽光の方向よりも優先されておらず，実験２と実験５から，磁石の影響はほとんどないといえる。

問４　光は鏡の表面で入射角と反射角が等しくなるように反射する。図５で，②～④に取りつけた両面鏡には太陽光が窓と反対側の面にあたり，①と⑥に取りつけた両面鏡には太陽光が窓側の面にあたるが反射した光が窓側を向かず，①～④と⑥の窓からは容器の中に光がさしこまない。⑤の窓に取りつけた両面鏡では太陽光が窓側の面にあたり，反射した光も窓側へ向かうので，⑤の窓からは光が容器の中にさしこむ。

問５　図４で，ホシムクドリは，太陽光の向かう方向に対して反時計回りに90度ずれた向きに飛び立とうとしている。図５では，⑤の窓から入る光は南西の方向から北東に向かう方向となるので，ホシムクドリは北西を向くと考えられる。

Ⅲ　太陽の動きと日時計についての問題

問１　太陽が真南にきたときに，太陽の高さが１日のうちで最も高くなるので，このときの棒のかげが１日のうちで最も短くなる。棒のかげは太陽がある向きとは逆向きにできるため，図２で棒の短いかげがのびるＡは北とわかる。

問２　地球は西から東に自転しているため，東側の地点ほど南中時刻が早くなる。日本では，東経135度で太陽が真南にきたときが正午となるので，それより東側の北緯140度の地点では南中時刻が正午より早い。つまり，１日のうちでかげが最も短くなる時刻も正午より前になる。

問３　春分の日と秋分の日の太陽の南中高度は，90－(その土地の緯度)で求められ，北緯35度の地点の南中高度は，90－35＝55(度)となる。図３より，このときのかげの長さは，５cm以上10cm未満である。

問４　図４で，日時計の12時の向きが北なので，S_1のかげは西側にのびている。よって，太陽は東寄りにあるため，このかげは午前８時のものとなる。

問５　S_2のかげは午前８時に真西より南寄りにのびているため，日の出のときに太陽が北寄りの東からのぼっていることになる。よって，夏至が選べる。

問６　①　太陽が南の空を通ることから，図５のＢは真東，Ｅは真西とわかる。夏至の太陽は真西よりも北寄りのＤの位置にしずむ。　②　地球の地軸《ちじく》をのばした先に北極星があるように，棒の向きが地軸と平行になるようにばん面をかたむけると，棒の先たんは北を向く。　③　図６のようにばん面をかたむけた場合，棒を延長して地面にぶつかる線と地面の間の角度は北極星の高さと同じになる。北極星の高さはその土地の緯度と同じなので，角度aは，180－(90＋35)＝55(度)である。　④，⑤　ばん面と太陽の通り道がつくる面が平行になるようにすると，かげが１時間に動く角度は地球が１時間に自転する角度と同じ，360÷24＝15(度)ずつになり，かげの長さは１日中同じ長さになる。

Ⅳ　火力発電や水力発電，LEDについての問題

問１　大昔の生物の死がいがたい積し，これらが非常に長い時間をかけて変化してできた石油や石炭，天然ガスなどの燃料は，でき方が化石に似ていることから化石燃料と呼ばれる。

問２　火力発電では，燃料を燃やしたときに発生する熱で水を高温・高圧の水蒸気に変えてタービンの羽根車にふきつけ，タービンを回転させることで発電する。水が液体から気体になるときに体積が大きくなることで，ふきつける水蒸気の勢いが増す。

問３　火力発電の問題点として，化石燃料がつくられるのに非常に長い時間がかかるため，化石燃料をこのまま消費していくと使い切ってしまうのではないかと心配されている。また，日本では，化石燃料のほとんどを外国からの輸入にたよっているため，輸入相手国などの情勢によって価格が変わりやすい。さらに，化石燃料を燃やすと二酸化炭素やちっ素酸化物が発生するので，地球の温暖化が進んだり，大気汚染《おせん》が発生したりするなどの心配もある。

問４　水力発電では，高い位置にある水を低い位置に落下させるときの水の勢いを利用してタービンを回し，発電している。まず太陽光の熱によって，地表や海面から水が蒸発して水蒸気になる。水蒸気をふくむ空気は上空でやがて冷やされて雲になり，雨となって降りそそぐ。山間部の雨水は川に流れこみ，ダムにたくわえられる。そして，ダムから水を流して高い位置から低い位置に水を落下させ，発電に利用する。その後，タービンを通った水は川にもどされ，再び地表や海水にある水となる。

問５　発光ダイオードはLEDとも呼ばれ，近年，白熱電球や蛍光灯《けいこうとう》のかわりに照明器具として使

われるようになってきている。LEDは熱をあまり出さず，電気を効率よく光に変えるので，少ない電気の量で白熱電球と同じ明るさを得ることができる。

Ⅴ ものの とけ方についての問題

問１　Ａは水の温度が40℃のときには238ｇ，60℃のときには287ｇとけるので，右の図のように，それぞれの値を表す位置に×印をつければよい。

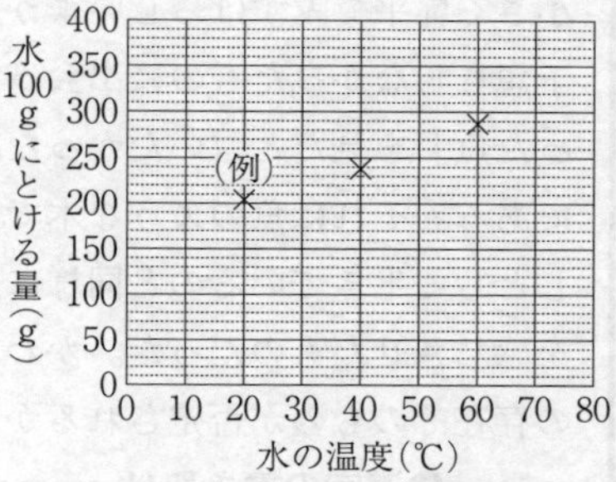

問２　図１で，水の温度が０℃のとき，最もとける量が多いのがＢのグラフ，２番目にとける量が多いのがＤのグラフである。この２つのグラフの交点が，水100ｇにＢとＤがとける量が同じになるときであり，このときの水の温度はおよそ23℃と読み取れる。

問３　60℃でほう和水よう液をつくり，20ｇの水を蒸発させて再び60℃にしている。そのため，蒸発させた20ｇの水にとけていたＢの重さだけ，固体が出てくる。60℃の水100ｇにＢは37.1ｇとけるので，出てくる固体は，$37.1\times\frac{20}{100}=7.42$（ｇ）である。

問４　40℃の水120ｇに60ｇの固体をとかすということは，水100ｇあたりに，$60\times\frac{100}{120}=50$（ｇ）の固体をとかすことになる。表１より，40℃の水100ｇに50ｇより少ない量しかとけないＢとＣでは，とけ残りが出ることになる。

問５　(a)　80℃の水100ｇに最もとけにくいＣが，ろ過①でろ紙の上に最も多くの固体が残る。このときに残る固体の重さは，$100-24\times\frac{150}{100}=64$（ｇ）である。　(b)，(c)　Ａは20℃の水100ｇに204ｇまでとけるので，水150ｇにＡ100ｇを加えたものは，ろ過②でろ紙の上に固体が残らない。Ｂ～Ｄについて，80℃から20℃に冷やした後，ろ過②でろ紙の上に最も多くの固体が残るものは，図１でグラフのかたむきが最も大きいＤと考えられる。このときに残る固体の重さは，80℃の水150ｇにＤ100ｇはすべてとけるため，$100-32\times\frac{150}{100}=52$（ｇ）と求められる。

国　語　(50分)　＜満点：100点＞

解　答

一　**問１**　下記を参照のこと。　**問２**　**a**　イ　**b**　ウ　**c**　エ　**問３**　(例)　夕暮れの空を見つめていた時，太陽が水平線へと没するまでの美しさを，「夕暮れの光景」だと思い込んでいたというもの。　**問４**　我々の日常生活　**問５**　(例)　「こちら側の世界にない宝」とは，思いもよらない見たこともないような美しさを持ち，人々を引きつけるもので，それを「持ち帰って」くるとは，詩人や芸術家だけがそれを見つけ，ほかの人々にも見えるようなものに置きかえて表現し，示せるということ。　**二**　**問１**　(例)　現実にはありえないもの。

問２　(例)　娘が，おじさんのことが大好きで，おじさんと話をするのを心待ちにして，おじさんのいる沖縄を知りたい気持ちとおじさんを知りたい気持ちから，夏休みに友達と遊ぶこともせずに，暑い中図書館に通い続けたことを母親はよくわかっていた。それで，娘が感じているだろう落胆を受け止めて代弁しようとしたから。　**問３**　(例)　父親はふだん果物の類を好まないこと，美味しいとも言わず，少ししか食べずに残りを娘にあげたことから，あまり気が進まなかったが，おじさんの好意を無にしないために食べることにつきあったと考えられるから。**問4**（例）マンゴーの木は大きくたくましく，果肉はあざやかで美味しいのに，果実のしんに，小さく扁平でみすぼらしいような，妙に生き物のような生々しい奇妙な種を抱えていた。母親は予想もしなかったものに出会ったことに驚き，感動している。　**問5**（例）少女は「木になった魚」を見たと言いたかった。したがって，確かに存在した「木になった魚」が中味そのものである。それは魚のような木でも，魚の形のマンゴーの種でもない。蟬が蟬としてわたしがわたしとして生きているのと同様に，まぎれもなく「木になった魚」であり，ふしぎで新せんな驚きを感じさせたものだった。かわいそうなのは，見たと言った自分が否定されるからではなく，その存在そのものが否定されるからなのである。

●漢字の書き取り

一 問1　①　勤　②　臨　③　映　④　神経　⑤　資質

解　説

一　出典は吉村萬壱《よしむらまんいち》の『生きていくうえで，かけがえのないこと』所収の「見つめる」による。 純《じゅん》粋《すい》な目でじっくり見つめることで限りなく豊饒《ほうじょう》で未知なる世界が堪能《たんのう》できるが，それには危険が伴《ともな》い，そういった「向こう側の世界」に踏《ふ》み込《こ》んでいけるのは詩人と芸術家だけだと述べている。

問1　①　音読みは「キン」「ゴン」で，「勤務」「勤行」などの熟語がある。　②　音読みは「リン」で，「臨海」などの熟語がある。　③　音読みは「エイ」で，「映像」などの熟語がある。訓読みにはほかに「うつ(る)」などがある。　④　ものごとを感じ取る心の働き。　⑤　生まれつき持っている才能や性質。

問2　**a**　詩人たちが「向こう側の世界に飛び込んでいく」時のようすを表す言葉が入る。彼らが「あちら側とこちら側の世界」を行き来し，詩人ならではの働きをすることを「勇気のある営み」として筆者はたたえているので，“勇ましく”という意味の「雄々《おお》しく」が合う。　**b**　ふつうの人は「あちら側とこちら側の世界」を行き来するのは怖《こわ》くてできないが，詩人はそうできる資質を持った選ばれた人種で，美しいものでこの世界を彩《いろど》るために大胆《だいたん》にも「自由に」往還《おうかん》するのである。ウ以外では，怖くて「あちら側」の世界には飛び込めない，ふつうの人との違《ちが》いが際立たない。　**c**　ふつうの人なら死なないと行けない「あちら側」の世界には，「こちら側」の世界には存在せず，想像すらつかないようなさまざまな美しいものがあふれていると推測できる。そういったものを持ち帰れば，この世界は「豊かに」彩られるはずである。

問3　夕暮れの空を見つめた筆者は，太陽が水平線へと没《ぼっ》した時にいったん見終わったと思ったが，実は「素晴らしい」のはその後だったと初めて知った。したがって，「頭の中の思い込み」とは，太陽が水平線へと没するまでの美しさを「夕暮れの光景」だと思い込んでいたというものだと言える。

問4　二つ前の段落に注目する。「向こう側の世界」とは，何かをじっくりと，初めて見るかのような目で見ることで堪能《たんのう》できる「豊饒で未知なる世界」を言う。これに対し，すでに知っていて頭の中にある対象をなぞるだけで事足り，それらで組み立てられているのが「我々の日常生活」である。

問５　水平線へと太陽が没した後の夕暮れの光景の素晴らしさに気づいた筆者は「別世界から戻《もど》ってきた」気がし，これまで「本当は何も見ていなかった」のだと知ったと述べている。また，「じっくり見つめる」ことで「限りなく豊饒で未知なる世界」が堪能できるともあるので，「こちら側の世界にない宝」とは，それまでは思いもよらなかった見たことのない美しさを持ち，人を引きつけるものと言える。その「宝」を持ち帰れるのは詩人，あるいは次の段落にある芸術家だけだが，詩人や芸術家は美の表現者なので，彼らだけがその「宝」を見つけ，ふつうの人々にも見える形に置きかえてその美を表現し，示せるということを「持ち帰って」くると言い表しているものと考えられる。

二　出典は竹西寛子《たけにしひろこ》の『五十鈴川《いすずがわ》の鴨《かも》』所収の「木になった魚」による。おじさんから送られたマンゴーを食べた次の日，その種を見た少女は，そのふしぎな姿を「木になった魚」だと受け取る。

問１　「豚《ぶた》の卵」も「馬の角」も実際にはないものなので，現実にはありえないもののたとえだと考えられる。

問２　前後の部分に注意する。少女はおじさんが「好き」で，おじさんが帰ってくると聞き，おじさんの住む沖縄《おきなわ》を知りたい気持ちとおじさんを知りたい気持ちから，友達と遊びもせずに暑い夏休みの間，図書館に通いつめていた。それだけに，おじさんが来ないと知って「落胆《らくたん》」しているだろうと母親は思いやり，少女の気持ちを受け止めて代弁しようとしたのだと考えられる。

問３　父親は「果物の類を好ま」ないが，「手をつけないのは悪い」と思ったらしいことが前に書かれている。「西瓜《すいか》」とも「メロン」とも違う味だと確認する程度の，「ほんの二口三口」食べただけで残りのマンゴーを娘《むすめ》にあげたことから，あまり気が進まなかったが，おじさんの好意を無にしないために食べることにつきあったのだろうと読み取れる。

問４　「マンゴーの種」を洗って見入った母親は，後で少女も「海のお魚」だと感想をもらしたような，「扁平《へんぺい》」で妙に生き物のように生々しい奇妙《きみょう》なその姿に意外性を感じ，「わが目を疑」っている。マンゴーの木は大きくたくましく，果肉はあざやかな色合いで美味しいが，それに似つかわしくない種だったからである。予想外のものに出会って驚《おどろ》いた母親は心を動かされ，思わず少女をよんで見せている。

問５　「言おうとしている中味そのもの」とは，言うのをやめようと思って自分の胸のうちだけで繰《く》り返した「木になった魚」のことである。最後の段落で少女は，おじさんに手紙を書いて「マンゴーのお礼」を伝えるだけでなく，蟬《せみ》が蟬であり，自分が自分であることの「ふしぎ」についても教えてもらおうと考えている。少女にとって「木になった魚」とは，魚のような木でも魚の形のマンゴーの種でもなく，蟬が蟬で生きているのと同様，まぎれもなく「木になった魚」そのもので，ふしぎで新せんな驚きを感じさせるものであった。「かわいそう」とは，それを見たと言った自分が否定されるからではなく，「木になった魚」の存在自体が否定されることを指している。

Dr.福井の 入試に勝つ！脳とからだのウルトラ科学

試験場でアガらない秘けつ

キミたちの多くは，今まで何度か模擬試験（たとえば合不合判定テストや首都圏模試）を受けていて，大勢のライバルに囲まれながらテストを受ける雰囲気を味わっているだろう。しかし，模擬試験と本番とでは雰囲気がまったくちがう。そういうところでも緊張しない性格ならば問題ないが，入試独特の雰囲気に飲みこまれてアガってしまうと，実力を出せなくなってしまう。

試験場でアガらないためには，試験を突破するぞという意気ごみを持つこと。つまり，気合いを入れることだ。たとえば，中学の校門前にはあちこちの塾の先生が激励《げきれい》のために立っている。もし，キミが通った塾の先生を見つけたら，「がんばります！」とあいさつをしよう。そうすれば先生は必ずはげましてくれる。これだけでもかなり気合いが入るはずだ。ちなみに，ヤル気が出るのは，TRHホルモンという物質の作用によるもので，十分な睡眠をとる，運動する（特に歩く），ガムをかむことなどで出されやすい。

試験開始の直前になってもアガっているときは，腹式呼吸が効果的だ。目を閉じ，おなかをふくらませるようにしながら，ゆっくりと大きく息を吸う。ここでは「ゆっくり」「大きく」がポイントだ。そして，ゆっくりと息をはく。これをくり返し何回も行うと，ノルアドレナリンという悪いホルモンが減っていくので，アガりを解消することができる。

よく「手のひらに“人”の字を書いて飲みこむことを3回行う」とアガらないというが，そのようなおまじないを信じて実行し，自分に暗示をかけてもいいだろう。要は，入試に対するさまざまな不安な気持ちを消し去って，試験に集中できるようなくふうをこらせばいいのだ。

Dr.福井（福井《ふくい》一成《かずしげ》）…医学博士。開成中・高から東大・文Ⅱに入学後，再受験して翌年東大・理Ⅲに合格。同大医学部卒。さまざまな勉強法や脳科学に関する著書多数。

Memo

Memo

平成28年度　桜蔭中学校

〔電　話〕　(03) 3811－0147
〔所在地〕　〒113-0033　東京都文京区本郷１－５－25
〔交　通〕　JR線－「水道橋駅」より徒歩５分　都営三田線－「水道橋駅」より徒歩２分
東京メトロ丸ノ内線－「本郷三丁目駅」より徒歩８分

【算　数】　（50分）〈満点：100点〉

（注意）　円周率を用いるときは，3.14としなさい。

Ⅰ　(1)　次の□にあてはまる数を答えなさい。

①　$\left(5\frac{4}{7}\times2\frac{11}{12}-6\frac{7}{8}\div8.25\right)\div12.5=\square$

②　$2\frac{3}{7}\times\left(\square\div\frac{7}{8}+4.2\right)-17\frac{1}{3}=\frac{13}{15}$

(2)　右の図１のように，小さな正方形の頂点と，大きな正方形の各辺を二等分する点が重なるように，正方形を作っていきます。さらに図２のように，１から小さい順に整数を入れていきます。たとえば，７は一番小さな正方形から数えて３番目の正方形に初めて出てきます。

この作業をくり返すとき，次の□にあてはまる数を答えなさい。

①　35は一番小さな正方形から数えて□番目の正方形に初めて出てきます。

②　一番小さな正方形から数えて51番目の正方形に初めて出てくる４つの数のうち，一番小さな数は□です。

〈図１〉

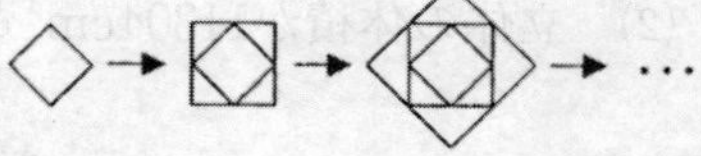

〈図２〉

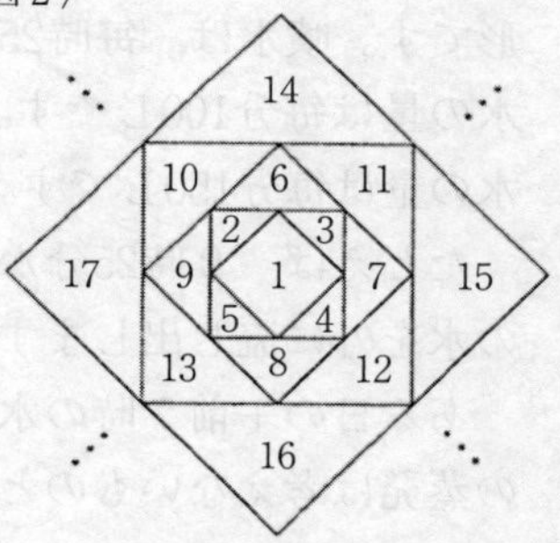

(3)　右の図のような折れ線に沿って，直径８cmの円がすべることなく転がっていきます。円の中心の動く速さは毎秒５cmで，Aから出発します。AB，BC，CDの長さは，すべて20cmです。円が，Aを出発してから10秒間転がったとき，円が通った部分の面積を求めなさい。

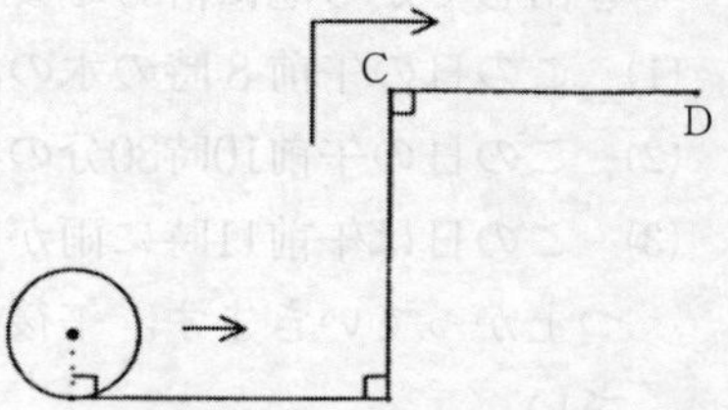

Ⅱ　買い物をするとシールがおまけについてくるお店があります。代金の十の位以下を四捨五入した金額に対し，100円で１枚，200円で２枚，300円で３枚，……のように，100円ごとにおまけのシールの枚数が１枚ずつふえていきます。代金は消費税８％をふくみますが，１円未満は切り捨てて計算します。このとき，次の問いに答えなさい。

(1)　税ぬきで240円の品物を買いました。シールは何枚ついてくるか答えなさい。

(2)　買い物をしたらシールが５枚ついてきました。いくらの品物を買いましたか。考えられる税ぬきの値段の範囲《はんい》を答えなさい。

(3)　税ぬきで１個170円の品物が３割引になっています。この品物をいくつか買ってシールを10枚つけてほしいと思っています。いくつ買えばよいか答えなさい。ただし，消費税は品物の値段の合計をもとに計算するものとします。

Ⅲ　1辺の長さが2cmの正方形を下の図のように，4個，6個，8個，……と並べて図形を作っていきます。さらに，できた図形を直線ABのまわりに1回転させて立体を作ります。

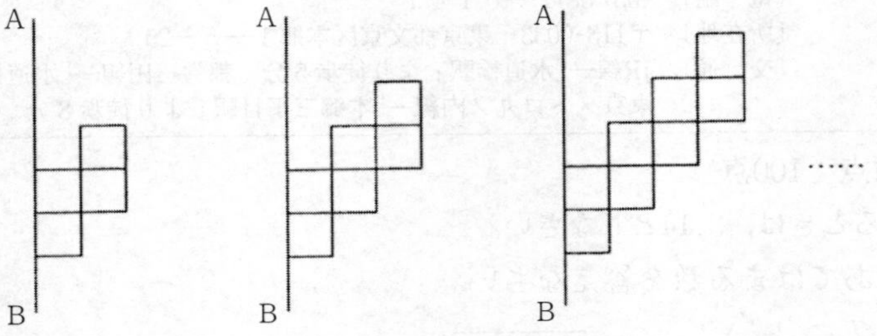

正方形の個数　　4個　　　　6個　　　　8個　　　……

(1)　正方形を6個並べた図形を直線ABのまわりに1回転させてできる立体の体積と表面積を求めなさい。

(2)　立体の体積が11304cm^{3}となるとき，もとの図形の正方形の個数を求めなさい。

Ⅳ　直方体の形をした池に噴水《ふんすい》があります。池の深さは2mで，底面は1辺の長さが10mの正方形です。噴水は，毎時25分から20分間，池の外から引いてきた水をふき出します。噴水に使う水の量は毎分100Lです。また，毎時27分から10分間，池の水を外に流し出します。流し出す水の量は毎分150Lです。

たとえば，9時25分から20分間，噴水は水をふき出します。また，9時27分から10分間，池の水を外に流し出します。これを1時間ごとにくり返します。

ある日の午前7時の水の深さは1mでした。このとき，次の問いに答えなさい。ただし，水の蒸発は考えないものとし，噴水の水はすべて池の中に落ちるとします。また，噴水の水がふき出してから池に落ちるまでの時間も考えないものとします。

(1)　この日の午前8時の水の深さを求めなさい。

(2)　この日の午前10時30分の水の深さを求めなさい。

(3)　この日は午前11時に雨が降り始めました。雨が降っている間，水面の高さは毎分0.05mmずつ上がっていきます。午後2時35分に雨がやんだとき，池の中の水の量は何Lであるか求めなさい。

Ⅴ　ある公園の遊歩道は1本道で，そこには自転車専用道路も作ってあります。この道には，等《とう》間隔《かんかく》に①，②，…，⑨の番号のついた地点があり，各地点で自転車を借りたり返したりすることができます。

A，B，Cの3人がこの公園に遊びに来ました。3人の歩く速さ，走る速さ，自転車の速さはそれぞれ等しく一定で，歩く速さは自転車の速さの$\frac{1}{3}$倍，走る速さは自転車の速さの$\frac{5}{8}$倍です。また，どの番号の地点からも，隣《となり》の番号の地点へ行くには自転車で25秒かかります。このとき，次の問いに答えなさい。ただし，自転車を借りたり返したりするのにかかる時間は考えないものとします。

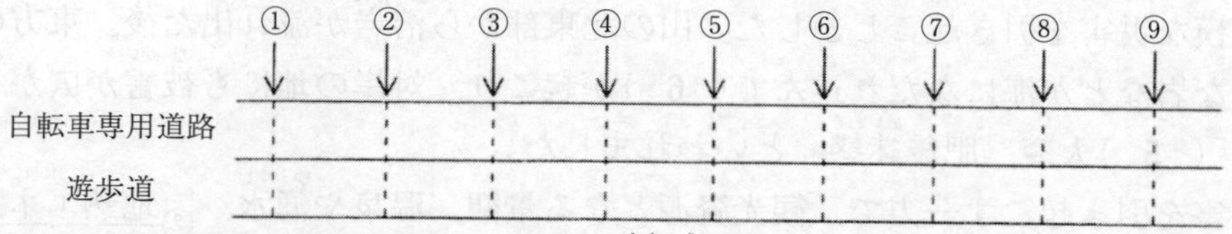

(1)　Aは10時に①地点から歩き始め，途中《とちゅう》で，ある番号の地点から走って⑨地点へ向かいました。⑨地点に着いた後は1分休み，自転車を借りて自転車で①地点にもどりました。Bは10時に①地点を自転車で出発し，⑤地点に着いたら自転車を返して4分45秒休み，その後は歩いて①地点にもどりました。2人が①地点にもどった時刻が同じであるとき，Aが走り始めた地点の番号を答えなさい。

(2)　(1)のとき，Cは10時に⑧地点から自転車で①地点に向かいました。①地点に着く途中でA，Bとすれちがいました。Bとすれちがった後，何秒後にAとすれちがいましたか。

【社　会】(30分)〈満点：60点〉

Ｉ　日本のおもな活火山の分布を示した地図を見ながら，次の文を読んで，後の問いに答えなさい。

現在も活発な活動を続けている火山や，およそ1万年前までに噴火《ふんか》した火山を活火山といいます。日本には110の活火山があります。右の地図を見ると，日本の火山は(　**1**　)海溝《かいこう》，伊豆《いず》・小笠原《おがさわら》海溝，南海トラフに平行して分布しています。そのうちの50の活火山は，とくにしっかりと火山活動を監視《かんし》し観測する必要があるとされています(2015年現在)。日本では(　**2**　)庁が火山活動を監視し，火山(　**3**　)情報を発表する仕事をしています。国土地理院も人工衛星を利用して，火山周辺や全国各地で①位置や標高の変化を観測しています。世界では，フィリピン，【 **X** 】，ニュージーランド，チリ，イタリア，アイスランドなどの国に活火山が多くあります。

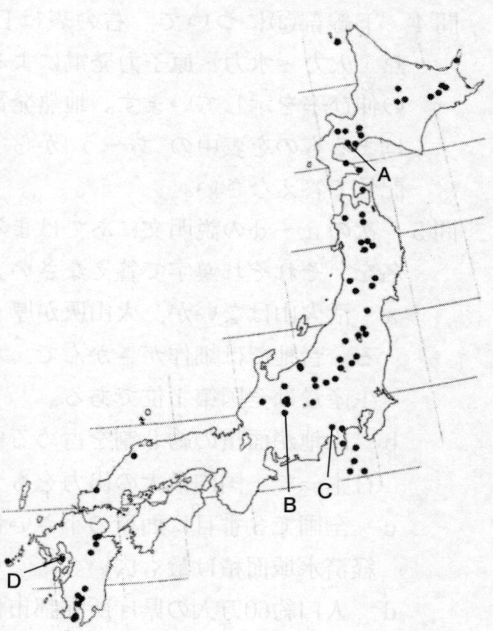

日本のおもな活火山の分布(一部省略)

火山活動とは地下にたまったマグマやガスが上《じょう》昇《しょう》して地上に噴出することや，それにともなって起こるさまざまな現象のことを指します。噴火は火山活動の一つで，噴火にはいろいろなタイプがあります。地図中の火山**A**は，2000年に高温のマグマが水と接してマグマ水蒸気噴火を起こしました。火山**A**では(　**3**　)対策がすすんでいたので，この噴火を予測して，あらかじめ住民《じゅうみん》を避難《ひなん》させることができました。火山**B**は(　**4**　)県と長野県の県境にあり，2014年9月に高温高圧の水蒸気で噴火が起こり，噴石により多数の死傷者がでました。火山**C**は世界文化遺産に登録された火山で，1707年に噴煙《ふんえん》が高度数万メートルまで到達《とうたつ》する大噴火を起こしました。この噴火では，火山灰が江戸《えど》にも降《ふ》ったという記録があります。このような噴火についての記録は，(　**3**　)マップをつくるのに役立ちます。

(　**5**　)半島の中央部にある火山**D**は，1792年5月の火山活動にともなって，死者約1万5000

人といわれる大規模な災害を引き起こしました。山の北東部から溶岩《ようがん》が流れ出た後，東方の山が崩《くず》れ落《お》ち，大きな岩などが海になだれ込《こ》んで（　6　）が起こり，対岸の地にも被害《ひがい》が広がりました。このため，「（　5　）大変，肥後迷惑《めいわく》」といわれました。

火山の噴火は災害を引き起こす一方で，観光資源となる景観，温泉や湧水《ゆうすい》，②地熱エネルギーなど人間の生活に多くの恩恵《おんけい》をもたらしています。人々はさまざまに火山とかかわりながら，生活してきたのです。

問１　文中の空欄（１）～（６）に適する語句を，それぞれ漢字２文字で答えなさい。

問２　次の文は，文中【Ｘ】にあてはまる国について述べています。【Ｘ】にあてはまる国名を答えなさい。

「赤道付近にあり，大小多数の島からなる国で，国民の多くはイスラム教徒である。日本との貿易では，液化天然ガス，原油，石炭の輸出額が大きく，コーヒー豆や油ヤシからとるパーム油も輸出している。」

問３　下線部①について，この観測は火山活動の監視以外にどのようなことに役立ちますか。簡単に答えなさい。

問４　下線部②について，右の表は日本の地熱・火力・水力・原子力発電による発電量の伸《の》び率を示しています。地熱発電にあてはまるものを表中の あ～う から１つ選び，記号で答えなさい。

発電方式別の電力生産量の伸び（1970年を100とする）

	あ	い	う	火力
1970年	100	100	100	100
1980年	115	1803	1025	146
1990年	120	4415	2048	203
2000年	121	7030	3939	244
2013年	106	203	3054	359

出典　日本国勢図会2015/16など

問５　次のａ～ｄの説明文にあてはまる都府県名を，それぞれ漢字で答えなさい。

ａ　活火山はないが，火山灰が厚くたまってできた赤い土の層に覆《おお》われた台地が北部に広がる。台地では畑作がさかんで，ネギ，スイカ，サツマイモなどの生産量が多く，落花生の生産量は全国第１位である。

ｂ　山地が面積の約８割を占《し》める山がちな地形で，温泉に恵《めぐ》まれ，温泉の湧出量，源泉数は日本一で，国内最大の出力をもつ地熱発電所がある。

ｃ　全国で３番目に面積の小さい都府県だが，最も多くの活火山がある。都府県別の排他的経済水域面積は最も広い。

ｄ　人口約60万人の県庁所在都市に活発に活動する火山があり，県庁と火山の距離《きょり》はわずか10kmである。市内では火山灰を除去する専用車が道路の清掃《せいそう》を行うなどの対策がとられている。

問６　文中の火山Ａ～Ｄについて最も関係の深い説明文を次の あ～か から１つずつ選び，記号で答えなさい。

あ　周辺はヒノキの産地で，江戸時代には切り出された木は伊勢湾《いせわん》に集められ，全国に運び出された。

い　2015年３月に新幹線が開通した県の南部にある火山で，近くには気候にあわせた急傾斜《けいしゃ》の屋根と太い柱が特徴《とくちょう》の伝統的家屋が残り，世界遺産に指定されている。

う　周辺はジャガイモの産地として有名で，この火山のある都道府県のジャガイモの生産量は全国第２位である。

え　ふもとの町は湖と海に面し，この町では主要国首脳会議（サミット）が開かれたことがある。ホタテは町の特産品である。

お　この火山の噴火の跡《あと》を見て，宮沢賢治《みやざわけんじ》は詩『鎔岩《ようがん》流』をつくった。この火山のある県では，火山の東側を通る高速道路沿いに自動車関連の工場がある。

か　多くの浮世絵《うきよえ》を残した葛飾北斎《かつしかほくさい》は，この山を何度も題材に選んで描《えが》いた。すそ野の都市では，製紙・パルプ工業がさかんである。

Ⅱ　次の**【史料】**と文を読み，空欄《くうらん》（**1**）～（**12**）に適する語句・数字をそれぞれ記し，下線部について後の問いに答えなさい。空欄（**4**）の□は1字をあらわします。語句は漢字で答えること。史料はわかりやすいように改変してあります。

【史料A】

百姓《ひゃくしょう》が刀などの武器を持つことを禁止する。不要な道具を持ち，年貢《ねんぐ》を納めることを嫌《いや》がり，一揆《いっき》をくわだてて，武士に反抗《はんこう》する者は処分する。

【史料B】

一　学問と武道につねにはげみなさい。
一　毎年四月に参勤しなさい。
一　城の修理をする場合は，必ず届け出なさい。
一　許可なく結婚《けっこん》をしてはならない。

【史料C】

私は，金銅の大仏をつくろうと思う。……天下の富を持つ者は私である。天下の権力を持つ者も私である。この富と力をもってすれば，大仏をつくることは難しくはないが，それではこころがともなわない。……大仏をつくるのに協力しようと願う人がいたら，それを許しなさい。

【史料D】

一　これまでの天皇や豪族《ごうぞく》が所有していた土地や民《たみ》は，すべて国家のものとする。
一　都や地方の区画（国・郡）を定め，都から地方に役人を派遣《はけん》して治めさせる。
一　戸籍《こせき》をつくり，人々に田を割りあてて耕作させる。
一　布などを納める税の制度を統一する。

【史料E】

皆《みな》，こころを一つにして聞きなさい。これが最後の言葉です。亡《な》き頼朝《よりとも》公が幕府《ばくふ》をつくって以来の恩は山よりも高く，海よりも深いものです。その恩にこたえたいという思いは浅くはないはずです。今，朝廷《ちょうてい》は幕府を倒《たお》せという命令を下しました。名誉《めいよ》を大切にする者は，出陣《しゅつじん》し，幕府をまもりなさい。

【史料F】
この世をば　わが世とぞ思う　望月《もちづき》の　欠けたることも　なしと思えば

歴史という学問はさまざまな史料から，過去に起こったことを調べていきます。よく用いられるのは文字で書かれた史料です。文字で書かれた史料には，いろいろなものがあります。例えば**【史料A】**は農民に対して出された命令であり，この命令を出したのは，当時権力を握《にぎ》っていた(**1**)です。**【史料B】**も命令ですが，この命令は一般《いっぱん》の人々に対してではなく，特に(**2**)に対して出されています。こうした命令から，当時の政権がどのような政策をとろうとしていたのかがわかります。

【史料C】に出てくる私とは(**3**)のことで，(**3**)が出した命令が，『続日本紀《しょくにほんぎ》』という歴史書に残っています。『続日本紀』のような国家が自ら歴史を記録した歴史書も，歴史を知る上で重要な役割を果たしています。ただし書かれている内容をそのまま信じることができない歴史書もあります。

【史料D】は8世紀の初めにつくられた歴史書『(**4**□□□□)』に出てきますが，内容が一部改変されていることがわかっています。なぜこのようなことが起こるのか，少しくわしく見ていきましょう。(**5**)年に(**6**)が中心となって有力な豪族を滅《ほろ》ぼした後，翌年に**【史料D】**が出されました。ここでは地方の区画として「郡」が定められたとあります。しかし平城京の前に置かれた都の発掘《はっくつ》調査で，税の荷札として使われた(**7**)が見つかり，(**7**)に「評《こおり》」という地方の区画が書かれていたことから，**【史料D】**が出されたころには，実際には「評」という区画が用いられていたことがわかりました。**【史料D】**の内容は，国のしくみを定めるために701年に制定された(**8**)にもとづいて改変されていることが，今日ではわかっています。

このように，歴史書は歴史を知る上で重要な役割を果たしますが，その内容をそのまま信じることはできません。歴史書がどのようなねらいでつくられているかに，注意を払《はら》わなければならないのです。『(**4**)』は(**8**)による国家体制ができあがる中で，その支配の正当性を示すためにつくられており，内容が(**8**)にあわせて一部改変されたと考えられています。

【史料E】は幕府がつくった歴史書に出てきます。これは(**9**)の乱が起こったときに，発せられた(**10**)の言葉です。朝廷から幕府を討《う》てという命令が下され，動揺《どうよう》する武士たちに対して(**10**)は団結して戦うことを呼びかけています。当然この歴史書は幕府側の立場で書かれているので，当時の朝廷側とは見方が異なっている場合があります。

【史料F】は(**11**)がよんだ歌として有名です。この歌は(**11**)と同じ時代の貴族である，藤《ふじ》原《わらの》　実資《さねすけ》が書いた日記に残っています。(**11**)がこの歌をよんだ場に実資がいたため，これを日記に書き留めました。実資は(**11**)に対して批判的な立場にあった政治家として知られ，日記には当時の政治や貴族の生活に関する記録が残っており，この時代を知る上で重要な史料となっています。①このように日記も歴史を知る上では重要な史料となりますが，当然日記から歴史を調べる場合にも，さまざまな注意が必要です。

こうした文字で書かれた史料だけでなく，遺跡《いせき》や，発掘された品々，絵画なども歴史を知る史料となります。例えば4世紀は，日本に関する文字で書かれた史料がとても少ない時代です。この時代を知る上で大きな役割を果たすのが，前方後円墳《ぜんぽうこうえんふん》です。この独特な形の古墳から，大和《やまと》政権について知ることができます。大和・(12 ＊当時の地方の呼び名で答えること)などに巨大《きょだい》な前方後円墳が数多く見られることから，この地方の豪族が大和政権の中心にいたことがわかります。

このように，歴史はいろいろな史料を通じて過去を調べていきますが，どのような史料にもとづいてその歴史が語られているのか，その史料の特徴を知り，注意深く用いることが大切です。

問　下線部①について，日記から歴史を調べる場合，どのようなことに注意を払う必要があるか，本文を参考に，自分で考えて答えなさい。

Ⅲ　次の文を読み，空欄(1)～(3)に適する語句をそれぞれ記し，下線部について後の問いに答えなさい。(3)は漢字で答えること。

ヨーロッパ連合(EU)の共通した通貨である(1)は，世界の中でアメリカのドルに次ぐ重要な通貨とされてきましたが，2010年に，ギリシャからはじまる一連の経済危機が起こり，その信用が大幅《おおはば》に揺《ゆ》らぎました。さらにギリシャが危機を乗り切るためにお金を借りたときの約束を一部破ろうとしたため，2015年にはEU加盟国の(2)などは，支援《しえん》を打ち切ろうとしました。これによりギリシャは再び経済危機におちいり，(1)からの離脱《りだつ》もあるのではないかと騒《さわ》がれました。結局，アメリカ，中国，日本に次ぐ経済大国である(2)は，ギリシャへの支援を続けることにしましたが，こうした危機が続いたため，(1)の信用は低下したままです。

(1)の紙幣《しへい》には，さまざまな様式の建物の絵が描かれています。しかし一般に紙幣には，肖像《しょうぞう》がよく使われます。(1)を用いる前にEU諸国は，それぞれ別の通貨を用いており，その紙幣にはその国で大きな功績を残した人などの肖像が描かれていました。これに対し，(1)の紙幣は流通している国すべてで共通のデザインとなっており，特定の国を連想させる人物の肖像はあえて用いられていません。

日本で本格的に近代的な紙幣が用いられるようになったのは，明治時代です。近代化政策の一つとして，西洋式の経済のしくみや紙幣が導入されました。偽札《にせさつ》を防ぐため，紙幣にはとても細かい線で描かれた絵が印刷されるのが一般的です。こうした印刷の原版を彫刻《ちょうこく》するのには高度な技術が必要です。このためキヨソネというイタリア人の彫刻師を招き，肖像を描いた紙幣をつくりました。

ヨーロッパでは君主の肖像がよく用いられており，日本でも当初は明治天皇の肖像を用いるという案がありましたが，明治天皇はこれをよしとしませんでした。このため中臣鎌足《なかとみのかまたり》，和《わ》気清麻呂《けのきよまろ》，菅原道真《すがわらのみちざね》，武内宿禰《たけしうちのすくね》など，A天皇に忠実に仕えたとされる古代の人物を用いることになりました。しかし古代の人物は多くの場合，肖像が残っていません。そこでキヨソネはその人物のイメージにあった実在の人物をモデルとして，肖像を彫刻しました。和気清麻呂のモデルではないかと考えられているのが①木戸孝允《きどたかよし》です。武内宿禰のモデルは神田《かんだ》明神の神官でした。この神官は江戸時代に『古事記』などを研究したことで知られる有名な伊勢松阪《まつざか》の国学者(3)の孫にあたります。その後，聖徳太子の肖像が新たに用いられるなどの変更《へんこう》はありましたが，紙幣の肖像は基本的には同じ人物が使われていました。

1円から100円という当時としては高額な通貨は紙幣が発行され，50銭以下の小額な通貨は硬貨《こうか》がつくられました。しかし，こうした方針が転換《てんかん》され，B 1938年には小額紙幣である50銭券（札）が発行されています。さらに1944年には10銭券，５銭券の小額紙幣が発行されました。これは当時の日本の国内事情によるものです。またこうした紙幣には戦意を高めることをねらった図柄《ずがら》が用いられました。

しかし戦後は連合国軍最高司令官総司令部（GHQ）によって，軍事的な紙幣の図柄は禁止され，紙幣の肖像も一新され，板垣退助《いたがきたいすけ》や岩倉具視《いわくらともみ》など近代の政治家が用いられました。1953年に発行された100円券の肖像は計画された段階では，大久保利通《おおくぼとしみち》の肖像を用いるということでGHQから許可を得ていました。しかし，C 日本側により肖像が変更され，板垣退助になりました。

1950年代後半に入ると，新たに5000円券や１万円券などの高額紙幣が発行されました。これ以前は比較《ひかく》的低額な1000円券が最高額の紙幣でしたが，この時期に②高額な紙幣がないと不便な状況《じょうきょう》になったため，高額紙幣が導入されました。逆に500円券以下の紙幣は少しずつ硬貨にかわっていきました。

1984年には1000円券，5000円券，１万円券のすべての券種で，同時に新しい紙幣が発行されました。この時から政治家にかわって③文化人の肖像が用いられるようになりました。2000年に2000円券が発行され，表には沖縄《おきなわ》の守礼門が，裏には④源氏物語絵巻の一部が使われましたが，あまり流通していません。2004年に新たに発行された紙幣にも，文化人の肖像が用いられています。このように時代によって紙幣を飾《かざ》る肖像や図柄は変化しており，そこに歴史を見ることができます。

問１　文中の下線部Aのように決めたのは，1880年代です。このころ政府は，どのような社会情勢の中で，どのような国家体制をめざしたのか，50字以内で説明しなさい。

問２　文中の下線部Bの時期に小額紙幣が発行された理由を，当時の日本の状況から考えて述べなさい。

問３　文中の下線部Cの変更はGHQから許可を受けることなく，日本側だけで決定しています。それはなぜか述べなさい。

問４　文中の下線部①の木戸孝允について述べた文として誤っているものを次の あ～え から１つ選び，記号で答えなさい。

あ　吉田松陰《よしだしょういん》の教えを受けた高杉晋作《たかすぎしんさく》らとともに，長州藩《はん》の倒幕《とうばく》運動で中心的な役割を果たした。

い　戊辰《ぼしん》戦争で幕府側の勝海舟《かつかいしゅう》と話し合い，江戸城を戦いをすることなく，開城させた。

う　みんなの意見を聞いて政治を行うとした，新政府の方針を示す五箇条《かじょう》の御誓文《ごせいもん》を作成した。

え　大久保利通らとともに，岩倉使節団の一員としてアメリカ・ヨーロッパの諸国を訪問した。

問５　文中の下線部②の状況になった理由として正しいものを次の あ～え から１つ選び，記号で答えなさい。

あ　経済が急速に発展し，物価が上がっていったから。

い　経済が急速に発展し，物価が下がっていったから。

う　産油国が原油価格を引き上げ，物価が上がっていったから。

え　産油国が原油価格を引き上げ，物価が下がっていったから。

問6　文中の下線部③について，1984年以降に使われた肖像には夏目漱石《なつめそうせき》・福沢諭吉《ふくざわゆきち》・野口英《のぐちひで》世《よ》・新渡戸稲造《にとべいなぞう》らがいます。これらの人物について述べた文としてふさわしくないものを次の あ～え から1つ選び，記号で答えなさい。

あ　黄熱病の研究などで知られる，海外で活躍した細菌《さいきん》学者である。

い　ドイツに留学した経験をもとにした『舞姫《まいひめ》』などの作品で知られる作家である。

う　国際連盟の事務局次長となったことで知られる，農政学者であり教育者である。

え　渡米《とべい》経験をもとに，明治初期に人の平等と学問の大切さを説いた思想家である。

問7　文中の下線部④に関して，源氏物語絵巻などの，平安時代に貴族の暮らしや日本の風景を描いた絵を何と呼ぶか，漢字で答えなさい。

Ⅳ　次の①～⑤の各文の空欄[A]～[F]に適するものをそれぞれの選択肢《せんたくし》の中から1つずつ選び，記号で答えなさい。さらに空欄(1)～(4)に適する語句・数字をそれぞれ答えなさい。ただし，語句は漢字で答えること。

①　日本では少子・高齢化《こうれいか》が進んでいます。2015年現在の日本では65歳《さい》以上の人口は総人口の約[A]を占めています。日本の社会保障制度は，社会保険・社会福祉《ふくし》・公的扶助《ふじょ》・公衆衛生の4つの柱でできています。この中で，あらかじめ保険料を納めていなくても受けられる社会保障制度は[B]です。

A　あ　5％　い　15％　う　25％　え　35％

B　あ　介護《かいご》　い　年金　う　失業手当　え　生活保護

②　2009年の衆議院議員選挙についての一票の格差に関する判決から，2014年の衆議院議員選挙についての一票の格差に関する判決まで，衆参あわせて5回連続で，最高裁判所は[C]という判断を示しています。2016年の参議院議員選挙から(1)歳以上の国民が投票できるようになります。

C　あ　合憲　い　違憲《いけん》　う　違憲状態　え　無効

③　日本国憲法に定められている基本的人権には，(2)権・自由権・社会権・基本的人権を守るための権利の4つがあります。社会権には，[D]が含《ふく》まれます。

D　あ　教育を受ける権利　い　財産権
　　う　思想・信条の自由　え　請求権《せいきゅうけん》

④　日本では2017年の4月から，消費税の税率は(3)％になる予定です。消費税の特徴としてあげられるのが[E]，ということです。

E　あ　誰《だれ》にでも同じ税率が課されるため，高額な商品を買うことが多い所得の多い層ほど，負担感が強くなる

い　誰にでも同じ税率が課されるため，所得の少ない層ほど，負担感が強くなる

う　誰にでも同じ税率が課されるため，所得が多い少ないにかかわらず，収入に占める負担の比率は同じである

⑤　日本は，2015年に国際連合の安全保障理事会の(4)に選出されました。国際連合はさまざまな課題に直面しています。国連で扱《あつか》っている事項《じこう》として誤っているものは[F]です。

F　あ　国際の平和と安全　い　難民の保護
　　う　人権の尊重　え　ノーベル賞の選定

【理　科】（30分）〈満点：60点〉

Ⅰ　つぎの問いに答えなさい。

問１　台風を上空から見ると，どのような風が吹《ふ》いていると考えられますか。最も適切なものをつぎの**ア**～**エ**から選び，記号で答えなさい。

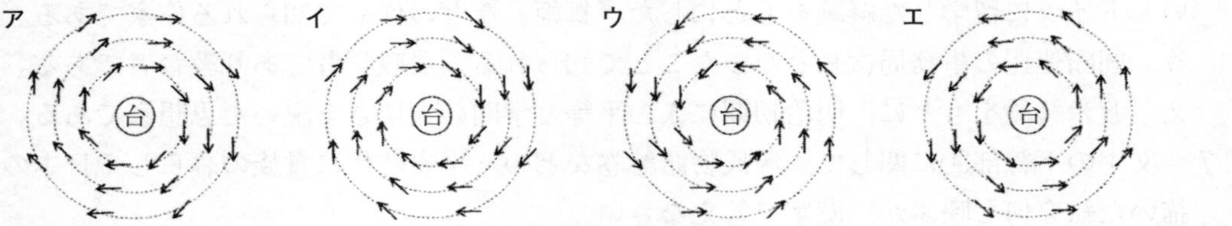

問２　日本のある地点の西側を台風が北上しながら通過するとき，風向きはどのように変化するでしょうか。右の図の**A**点，**B**点，**C**点に台風の中心があるとき，**P**点ではそれぞれどの方位から風が吹いてきますか。八方位で答えなさい。図では上が北を表しています。

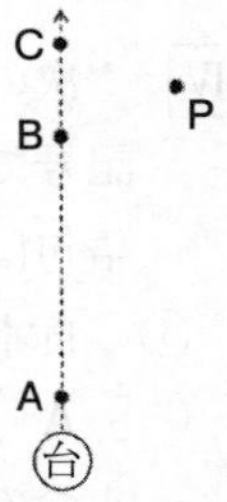

問３　問２からわかることを述べた以下の文章の空らん**a**～**d**にあてはまる語句を下からそれぞれ選び，記号で答えなさい。

台風がある地点の西側を北上しながら通過するとき，その地点の風向きは［　**a**　］回りに変化する。このとき，その地点は台風の［　**b**　］側の半円に入ることになり，台風の進む向きと風の吹く向きが［　**c**　］となるため，反対側の半円に入ったときと比べて被《ひ》害《がい》が［　**d**　］なることが予想される。

a	**ア**．時計	**イ**．反時計
b	**ウ**．東	**エ**．西
c	**オ**．同じ	**カ**．逆
d	**キ**．小さく	**ク**．大きく

問４　以下の(a)～(d)は，雲について説明したものです。それぞれの雲の名前を答えなさい。

(a)　非常に高いところにある細かい氷のつぶでできている雲。晴れた日にも現れるが，この雲が現れるとしだいに天気が変化して雨が降ることが多い。すじ雲とも呼ばれる。

(b)　夏によく見られる高く大きく発達する雲。かみなりをともなう強い雨を降らせることがある。台風はこの雲が集まってできている。入道雲とも呼ばれる。

(c)　低い空に広がる厚い灰色または黒い雲。長い時間，弱い雨を降らせることが多い。雨雲とも呼ばれる。

(d)　夏の晴れた日に現れるわたのような雲。地表付近の空気が暖められてできる。これが大きく発達すると(b)になる。わた雲とも呼ばれる。

Ⅱ　海で泳ぐと，プールで泳ぐよりも浮《う》きやすいことが知られています。水に食塩や砂糖を溶《と》かして卵を入れ，浮くかどうかを調べる実験をしました。下の問いに答えなさい。

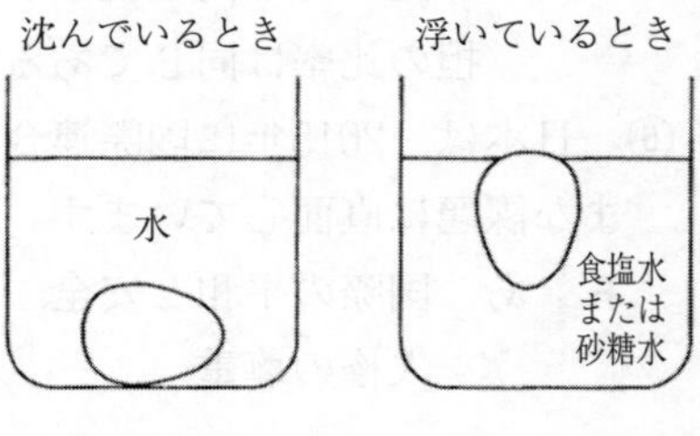

【実験】　２つのビーカー**A**，**B**に200cm^{3}の水を入れた。この中に重さ66.5ｇ，体積62cm^{3}の生の卵を入れると卵は沈《しず》

んだ。ビーカー**A**には食塩を5gずつ，ビーカー**B**には砂糖を5gずつ加えてよく溶かし，5gの食塩または砂糖を加えて溶かすごとに体積を測定し，同じ卵を入れて卵が浮くか沈むかを調べた。その結果，つぎの表のようになった。ただし，水1cm^{3}あたりの重さは1gとする。

ビーカー**A**の結果

加えた食塩の重さ(g)	5	10	15	20	25	30
食塩水の体積(cm^3)	202	204	206	208	209	211
卵の浮き沈み	沈	沈	沈	沈	浮	浮

ビーカー**B**の結果

加えた砂糖の重さ(g)	5	10	15	20	25	30	35	40	45	50	55
砂糖水の体積(cm^3)	203	206	209	212	216	219	222	225	228	232	235
卵の浮き沈み	沈	沈	沈	沈	沈	沈	沈	沈	浮	浮	浮

問1　この卵の1cm^{3}あたりの重さは何gですか。四捨五入して小数第3位まで答えなさい。

問2　食塩，砂糖をそれぞれ何g以上入れると卵は浮きますか。表中の値で答えなさい。

問3　問2で答えた食塩水の濃《こ》さは何%ですか。四捨五入して整数で答えなさい。

問4　問2で答えた食塩水1cm^{3}あたりの重さは何gですか。四捨五入して小数第3位まで答えなさい。

問5　この実験の結果からわかることを，つぎの**ア**～**オ**からすべて選び，記号で答えなさい。

ア．卵は，食塩水と砂糖水の濃さが同じときに浮いた

イ．同じ重さの食塩と砂糖を溶かしても，浮き沈みの結果がちがうことがあるのは，食塩水のほうが濃くなるからである

ウ．食塩水も砂糖水も，1cm^{3}あたりの重さが，卵の1cm^{3}あたりの重さより大きくなったときに，卵は浮いた

エ．砂糖のほうが食塩よりも水に溶けやすいので，浮いたときの砂糖の量のほうが多かった

オ．同じ重さの食塩と砂糖を溶かしても，浮き沈みの結果がちがうことがあるのは，液の体積が異なるためである

問6　ビーカー**B**の実験で砂糖を50g加えたときに，砂糖水と卵が入ったビーカーごと台はかりの上にのせると，台はかりのめもりはいくらをさしますか。ビーカーの重さは150gとします。つぎの**ア**～**カ**から選び，記号で答えなさい。

ア．400g　　**イ**．444g　　**ウ**．448.5g　　**エ**．450g　　**オ**．462g　　**カ**．466.5g

Ⅲ　市販《はん》のホットケーキの粉に水を入れて練ったもの(生地)にムラサキイモの粉を少量入れてフライパンで焼き，ホットケーキを作りました。焼く前の生地は紫《むらさき》色でしたが，フライパンで焼いているうちに緑色に変化しました。不思議に思い，ホットケーキとムラサキイモについて調べてみるとつぎのようなことがわかりました。

(1)　ホットケーキの粉には，小麦粉，砂糖，食塩，重曹(じゅうそう)などがふくまれている。主成分は小麦粉で生地のもとになる。重曹は炭酸水素ナトリウムとも呼ばれ，加熱すると，炭酸ナトリウムと(　**A**　)と水に分解される。ホットケーキがふくらむのは，(　**A**　)が発生するからである。炭酸ナトリウムを水に溶かして水よう液にし，赤色リトマス紙につけると青くなる。

(2)　ムラサキイモには，アントシアニンという色素がふくまれている。アントシアニンはムラサキキャベツにもふくまれている。アントシアニンは，水よう液の性質により，色が変化する。

ホットケーキの色が変わった原因を考えるために，まず，ムラサキイモの粉を水にとき，加熱しました。色は紫色のままでした。次に色の変化について調べるために，同じような色の変化をするムラサキキャベツで実験をしました。ムラサキキャベツを水の入ったビーカーに入れ，加熱したところ，紫色の液が得られました(ムラサキキャベツ液)。食塩水 2 cm^3，酢《す》 2 cm^3，アンモニア水 2 cm^3，食塩水 1 cm^3 と酢 1 cm^3 を混ぜたもの，食塩水 1 cm^3 とアンモニア水 1 cm^3 を混ぜたものに，それぞれBTB液またはムラサキキャベツ液を加えたところ，つぎの表のような結果になりました。下の問いに答えなさい。

	BTB液	ムラサキキャベツ液
食塩水	①	紫
酢	②	ピンク
アンモニア水	③	緑
食塩水＋酢	黄	④
食塩水＋アンモニア水	青	⑤

問１　(**A**)は石灰石にうすい塩酸を加えたときに発生する気体と同じ気体です。(**A**)にあてはまる語句を答えなさい。

問２　表中の①～③にあてはまる色を**ア～ウ**から，④～⑤にあてはまる色を**イ～オ**から選び，記号で答えなさい。

ア．青　**イ**．黄　**ウ**．緑　**エ**．紫　**オ**．ピンク

問３　実験の結果から，ホットケーキが紫色から緑色に変わった原因を，「**酸性・中性・アルカリ性**」の中から必要な語を用い，80字以内で答えなさい。

問４　緑色になったホットケーキを小さく切り，(a)食塩水，(b)砂糖水，(c)レモン汁《じる》，(d)アンモニア水，(e)酢　の中にそれぞれ入れたときに，ホットケーキのかけらの色はどのようになりますか。つぎの**ア～ウ**からそれぞれ選び，記号で答えなさい。

ア．ピンク色に変化する　**イ**．黄色に変化する　**ウ**．変化しない

Ⅳ　【実験１】～【実験３】について下の問いに答えなさい。

【実験１】　畑に植えてあるジャガイモをまわりの土ごとほり出し，根を痛めないように水の中で土を洗い落とした。次に食用色素をとかした色水にさした。

問１　茎《くき》を横に切って観察すると，色素によりどのようにそまっているか，つぎの**ア～エ**から選び，記号で答えなさい。ただし，図の黒い部分が色素でそまっているところを表します。

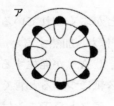

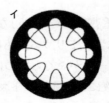

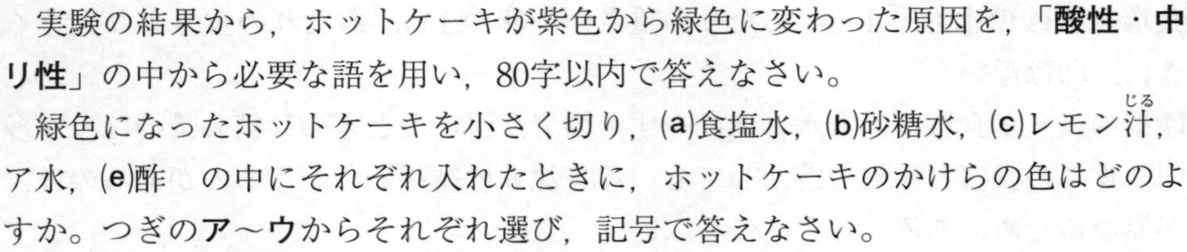

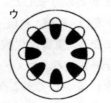

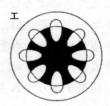

問２　つぎの**ア～エ**からジャガイモの葉を選び，記号で答えなさい。

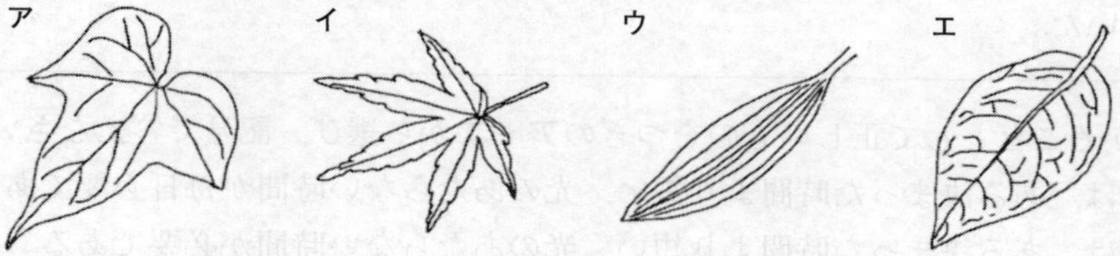

問３　葉の断面を観察すると，色素によりどのようにそまっているか，葉のつき方を考えて，つぎの**ア**～**エ**から選び，記号で答えなさい。

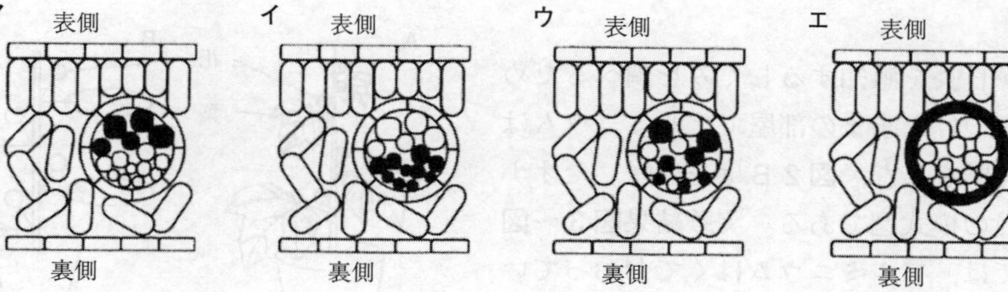

【実験２】　畑に植えてあるジャガイモを，**図１**のように茎の一部から形成層の外側をはぎ取って育てた。

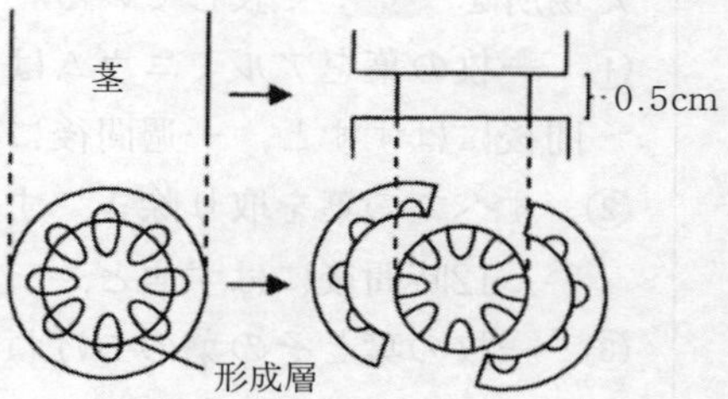

図１

問４　このまま育てるとどのようになりますか。つぎの**ア**～**エ**から選び，記号で答えなさい。

ア．葉でつくられた栄養が運ばれ，新しいイモができる

イ．葉でつくられた栄養が運ばれず，新しいイモができなくなる

ウ．根から吸い上げた栄養が植物全体に運ばれ，新しいイモができる

エ．根から吸い上げた栄養が植物全体に運ばれず，新しいイモができなくなる

【実験３】　キクの仲間であるオナモミは日長(昼の長さと夜の長さ)を感知して花を咲《さ》かせることが知られている。そこで，【3-1】～【3-3】の実験を行った。実験には明かりをつけたままの部屋で十分に大きくなるまで二ヶ月間育てたオナモミを用いた。どの実験も温度は22℃に保った。

【3-1】

①　明かりをつけたままの部屋で育て続けると，二週間たっても花は咲かなかった。

②　まっ暗な部屋に８時間置き，その後明かりをつけたままの部屋にもどして育てると，二週間たっても花は咲かなかった。

③　まっ暗な部屋に８時間置き，その後明かりをつけたままの部屋にもどして16時間置いた。さらにまっ暗な部屋に移し８時間置き，その後明かりをつけたままの部屋にもどして育てた。その後，二週間たっても花は咲かなかった。

④　まっ暗な部屋に12時間置き，その後明かりをつけたままの部屋にもどして育てると，一週間後に花が咲いた。

⑤　まっ暗な部屋に16時間置き，その後明かりをつけたままの部屋にもどして育てると，一

週間後に花が咲いた。

問5　【3-1】からわかることとして正しいものをつぎの**ア**～**エ**から選び，記号で答えなさい。

ア．花が咲くには，ある決まった時間より短い，光のあたらない時間が毎日必要である

イ．花が咲くには，ある決まった時間より短い，光のあたらない時間が必要である

ウ．花が咲くには，ある決まった時間より長い，光のあたらない時間が必要である

エ．花が咲くには，光のあたらない時間の合計が，ある時間より長くなることが必要である

【3-2】

オナモミが日長を感知するしくみを調べるために，明かりをつけたままの部屋でアルミニウムはくを使って実験をした。**図2 B**は花の咲いたオナモミ(**図2 A**)の模式図である。実験結果**図3**～**図4**の模式図では，アルミニウムはくでおおっていた場所を　　　で表している。

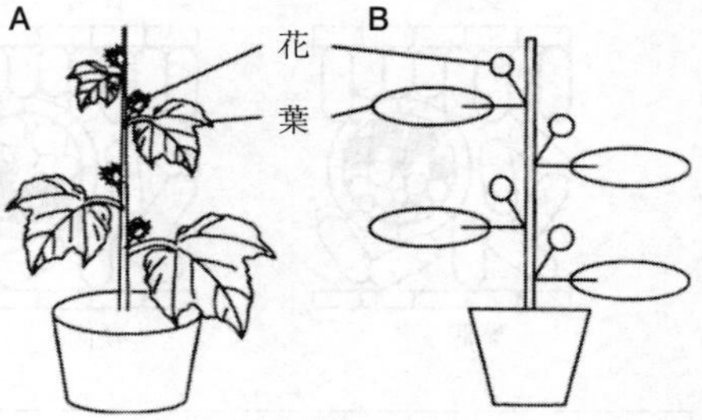

図2

①　一枚の葉をアルミニウムはくでおおい，12時間後にはずすと，一週間後に花が咲いた。(**図3 A**)

②　すべての葉を取り除き，すべての葉のつけね(花がつく場所)をアルミニウムはくでおおい，12時間後にはずすと，二週間たっても花は咲かなかった。(**図3 B**)

③　一枚の葉とその葉のつけねをアルミニウムはくでおおい，12時間後にはずすと，一週間後に花が咲いた。(**図3 C**)

④　葉のつけねを一ヶ所アルミニウムはくでおおい，12時間後にはずすと，二週間たっても花は咲かなかった。(**図3 D**)

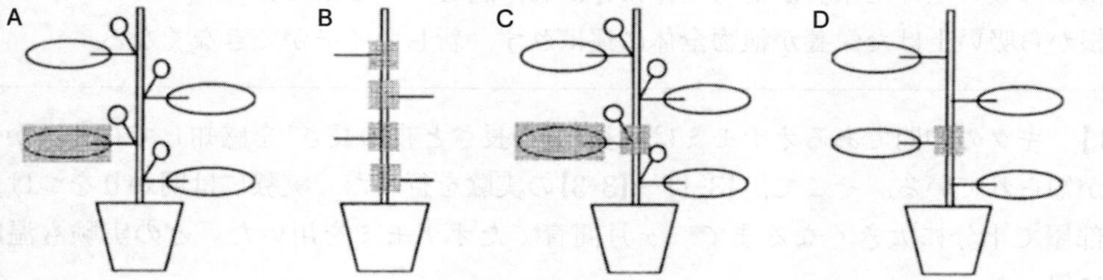

図3

問6　【3-2】からわかることとして正しいものを**ア**～**エ**から選び，記号で答えなさい。

ア．日長の感知をしているのは葉と葉のつけねである

イ．日長の感知をしているのは葉である

ウ．日長の感知をしているのは茎である

エ．日長の感知をしているのは葉のつけねである

【3-3】

感知した日長の情報がどのように植物の中を伝わるかを調べるために，【3-2】と同様に明かりをつけたままの部屋で，アルミニウムはくを用いて実験をした。

① 下から2枚目と3枚目の葉の間(**図4 Aの➡**)の茎について，問4と同じように形成層の外側をはぎ取った。下から2枚目の葉とその葉のつけねをアルミニウムはくでおおい，12時間後にはずすと，一週間後には**図4 A**のように植物の下部に花が咲いたが，上部には花が咲かなかった。

② 下から1枚目と2枚目の葉の間(**図4 Bの➡**)の茎について，形成層の外側をはぎ取った。下から2枚目の葉とその葉のつけねをアルミニウムはくでおおい，12時間後にはずした。(**図4 B**)

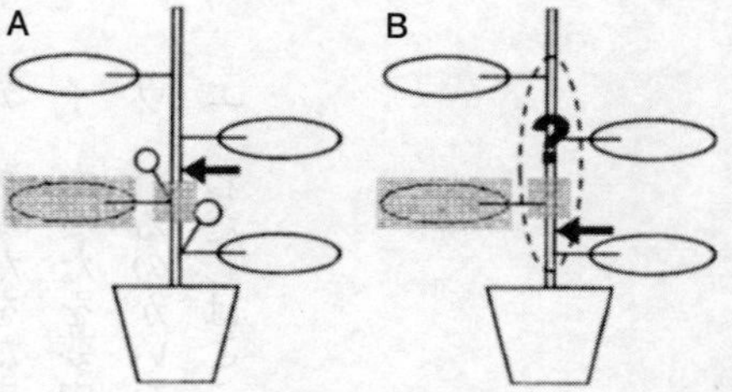

図4

問7 【3-3】①からわかることとして正しいものをつぎの**ア**～**ウ**から選び，記号で答えなさい。

ア．感知した日長の情報は形成層の内側を通って植物体内を伝わる

イ．感知した日長の情報は茎全体を通って植物体内を伝わる

ウ．感知した日長の情報は形成層の外側を通って植物体内を伝わる

問8 【3-3】②の一週間後，どのように花が咲くか予想し，模式図を完成させなさい。咲かない場合は全体に×を書きなさい。

V つぎの**ア**～**シ**は実験を行うときの注意点を述べたものです。正しいものをすべて選び，記号で答えなさい。

ア．気体を発生させる実験をするときには，気体の性質を正確に観察できるように，窓は閉め切っておく

イ．ビーカーや試験管に液を入れるときは，液を入れすぎないようにし，また，中に何が入っているかわかるようにラベルをはるなどするとよい

ウ．実験を行う前に実験器具を洗うので，実験後には実験器具は簡単にすすぐ程度でよい

エ．薬品をあつかうときには，安全メガネを使うべきだが，ふだんからメガネをかけている人は自分のメガネで代用できる

オ．実験に使う水よう液が，あやまって目に入ってしまったら，すぐに保健室に行き，目薬をさしてもらうとよい

カ．液のにおいを調べるときは，試験管の口のところを手であおぐようにして，においをかぐ

キ．液を加熱しているときのようすを観察するときは，横から見るとわかりにくいので，上からのぞきこむようにして観察する

ク．上皿てんびんの分銅は精密にできているので，落とさないように，しっかりと手で持ってあつかう

ケ．電流の実験で使う電源装置は，スイッチが入っていないことを確かめてから，電源プラグをコンセントにつないだのちに，スイッチを入れる

コ．けんび鏡で観察するときは，反しゃ鏡に直接日光が当たるように調節する

サ．試験管の中で液を混ぜるときは，親指でふたをして上下によくふって混ぜる

シ．器具を洗った後，器具の水けをふきとらずに，自然にかんそうさせる

8　ポリッジ…たべものの名まえ。

9　ブリリアント…きらきらと光り輝くみごとなさま。

問一　――A とありますが、パパがこまっていることについて説明しなさい。

問二　~~~ア の部分や、~~~イ や~~~ウ の名まえのとくちょうをふまえて、マミジロが名まえについてどのように考えているか説明しなさい。

問三　――B でいっていることを、「ほのおの革命家」の例にあてはめると、どういうことになりますか。説明しなさい。

問四　――C や――D から、ヤービが名まえについてどのように考えているか、それぞれ説明しなさい。

問五　==①・②のカタカナを漢字に直したとき、それぞれの最初にくる一字をふくむ二字熟語を考えて答えなさい。二字熟語の上・下どちらに使ってもよい。

問六　――E はどのようなことをたとえていますか。次から選び記号で答えなさい。

ア　あなたをだましますよ、と言っているようす。

イ　あなたを夢中にさせますよ、とさそっているようす。

ウ　いるのかいないのかよくわからないようす。

エ　わたしはここにいますよ、と言っているようす。

といって、いいにくそうに、

「[ウ]注9ブリリアント、とか呼んでほしい、というとするだろう。そうすると、最初のうちは、みんなへんな感じがするだろうけれど、しばらくしたら、ぼくのことを」

それからまた、いいにくそうに、

「ブリリアント、としか思えなくなるんじゃないかな」

と、少し不安そうな声で言いました。パパはちょっと、あっけにとられたようにも見えましたが、

「変えてもいいさ。でもやっぱり最初の名まえを知っているものには、どこかにその最初の名まえのしっぽみたいなものがくっついてはなれないだろうね」

「そうかなあ」

マミジロはそれから考えこみ、考えこんだまま、その日は終わってしまいました。

けっきょくマミジロは、まだこの件について、なっとくのいく答えが見つかってないのだということです。

ヤービの方は、だまってこの話を聞きながら、自分はただのヤービでもいいな、と思っていたのだそうです。

「[C]名まえって、ちょっとしたコートのようなものなんじゃないでしょうか」

なるほど、とわたしは思いました。

「では、ヤービというのは代々受けつがれたコートかしらね。そう、かくれみののようなものかもしれませんね。自分をやんわりおおってくれる」

そうそう、とヤービは賛成してくれ、

「[D]たった一つの自分だけとくべつの名まえがあって、それをしょっちゅう呼ばれるなんて、なんだか、ひりひりする感じなんじゃないでしょうか」

ヤービはボートの上で、わたしにそういいました。ヤービは、ヤービと呼ばれることに②マンゾクしているようすでした。

名まえのことは考え出せばきりがないことですが、本人がそれでいいと思えることがいちばんたいせつなのでしょう。マミジロもいつか、自分にいちばんぴったりする名まえが見つけ出せればいいのですが。そうですね、ヤービのいうように、ぴったりしすぎてもきゅうくつでひりひりするかもしれないので、もう少しいいかげんなものでもいいですね。

そう思えば、なんとか夫人、かんとかのママ、なんていう、なんとか氏やかんとかちゃんに関係づけた呼び方も、その奥で、「ちゃんとした」[E]だれかがウィンクしている、おおらかな「名まえ」のような気がしませんか。

(梨木香歩『岸辺のヤービ』)

注1 ヤービ…ふわふわの毛につつまれた、二本足で歩くハリネズミのようなふしぎな生きもの。ヤービ族の男の子。

2 パパ・ヤービ…ヤービのパパ。ヤービは、マッドガイド・ウォーターと呼ばれる湖のそばの杉の穴で、パパやママと暮らしている。

3 わたし…ある日、ヤービが岸辺で出会った人間。ときどきヤービに会っては、ヤービ族の話を聞いている。

4 セジロ…ヤービと仲良しのいとこ。パパ・ヤービの妹であるママ・セジロの娘。

5 クーイ族…ヤービ族が属する種族の名まえ。

6 マミジロ…パパ・ヤービの弟で、詩人。

7 トリカ…ヤービの友だち。ベック族の女の子。

たのでした)。でも、ヤービが生まれたら、それからずっと、ママ・ヤービです。それは、子どもを持っているおかあさんヤービ、という意味ですね。

　お役所のようなものがありませんから、それでいいわけなのですが、「注5 クーイ族史」を執筆《しっぴつ》中のパパは、書きながら、これは読むものもきっと、いったいいつの世代のヤービなのか、はたまたセジロなのか、マミジロなのか、さっぱりわからないのではないだろうか、としょっちゅう頭をかかえていました。

A「こまったものだ」

　お茶のとき、そうぼやきますと、ちょうど遊びにきていた注6 マミジロが、

「われわれも、そのじんぶつだけの、とくべつな『名まえ』というものを、考えるときにきたのではないかな」

と、そわそわしながらいいました。マミジロは自分にとって「じゅうようじこう」と思われることになると、いつもそわそわしてしまうのだそうです。「名まえ」のことは、マミジロには「じゅうよう」なことがらだったのですね。

「とくべつな、なまえ?」

　そばで帳面にヒシの実の写生をしていたヤービは、ふと顔を上げました(このときヤービが写生していた実のなるヒシは、水生植物です。ハスのように、沼《ぬま》や湖に浮《う》かんで葉を茂《しげ》らせます。ヒシ、という名まえは、その実がひし形ということからついています。ヒシクイやオオヒシクイという名の水鳥がいますが、彼らの名まえは、このヒシの実をよく食べることからついています)。

　外はしずかに雨が降っていました。こういうときは、家のなかで話されることばがよく聞こえるものです。

　パパとマミジロ、ふたりの会話を聞き流しながら、ふと耳に入った「とくべつな名まえ」、ということばにぴんときたのは、以前、注7 トリカやセジロと、注8 ポリッジの味わいについて、正しい言い方を考えようとしたときのことを思い出したからでした。

ア「そう、そのもののためだけにつくられた、とくべつの名まえ」

　マミジロはうっとりしながらいいました。

「ぼくはずっと、マミジロ、と呼ばれることに、へんな感じがしていたんだ」

　それを聞いて、パパはびっくりしました。

「それは知らなかったよ」

「兄弟でも知らないことはあるものさ」

　マミジロはうなずきました。

「きみは、じぶんを、なんて呼ばれたかったんだい」

イ「さすらいの詩人」

　マミジロはそくざにこたえました。

　うーむ、とパパはうなりました。そして、

「それは呼びにくいだろう」

と、つぶやきました。マミジロは、

「そうか、やっぱりそう思うかい、兄さん」

と、考えこみました。自分でも、そのことが気がかりだったのでしょう。

「思うんだがね」

　パパは考えこんだマミジロにしずかに話しかけました。

「B名まえというものは、もう、ついてしまったが最後、その人物に切りはなせないものになってしまうんじゃないかね」

　それを聞いて、マミジロは、

「そんなことはないさ。そりゃ、ぼくが明日からだねえ、たとえば…」

二　次の文章を読んで、後の問いに答えなさい。

「ほのおの革命家」のことについては、注1ヤービも大人たちのお茶の席で一、二度ささやかれるのを聞いたていどなのですが、「ほのお」と「革命」という二つの文字がくっついたところが、なんとも刺《し》激的で、ヤービの想像をかきたてました。大人たちがそれをいうとき、そっと声をひそめたところもまた、よかったのです。あまりきいてはならないことなんだな、とわかりましたので、直接きいて怒《おこ》られ、用心されてヤービの耳に入らないようになるより、そしらぬ顔をして大人を油断させ、それとなく①ジョウホウを集めるほうがいいと思われました。今までヤービが収集した「ほのおの革命家」についてのことばは、「いよいよ『ほのおの革命家』がいっていたことはほんとうになるのかな」ということばと、「さすがは『ほのおの革命家』だな」ということばです。どうです。ミステリアスでしょう。

ヤービはまだ、「ほのおの革命家」に会ったことはありません。けれど、ヤービの想像のなかでは、ほのおの革命家は、働かされ、しいたげられたどれいたちのために、あくどい監《かん》守と、親玉の領主と闘《たたか》い、ひどい傷を負いながらも、どれいたちが閉じこめられている柵《さく》を開き、「さあ、行きたまえ。きみたちは、自由だ！」と高らかにさけぶのです。この最後のセリフを考えると、ヤービはいつも胸がいっぱいになります。「ほのおの革命家」は、それからもしいたげられたどれいたちを解放しつづけ、しまいにはどれいのいない世の中をつくります。それがヤービの今いる世界というわけです（そう考えれば、つじつまが合います）。

けれど、注2パパ・ヤービが子どものころ、どれいだったという話は聞いたことはありません。「ほのおの革命家」はいくつぐらいなのでしょう。グラン・グランパ・ヤービがどれいだったという話も、聞いたことはありませんが、もしかしたら、グラン・グランパ・ヤービは「ほのおの革命家」の助手―あるいは、どうし―だったかもしれません。そうすると、「ほのおの革命家」の歳《とし》は……。ヤービは、「ほのおの革命家」は少年のころにその革命をなしとげたことにしました。

（中略）

ヤービ族の「名まえ」というのは、注3わたしたちが考える「名まえ」というのとは、少しちがうようなのです。ヤービたちの「名まえ」は、どちらかというとむかしながらの記号のようなもので、「ヤービ」は、いちばん最初の子どもの名まえとしてつけられます。いちばん上がヤービ、二番目がマミジロ、三番目がセジロです。子どもが生まれたら、それまで「ヤービ」だったヤービは、パパ・ヤービ、パパ・ヤービだったヤービは、グランパ・ヤービになります。これには、きびしいおきて、のようなものはなく、その子とわかればいいようなのです。注4セジロは、むかしセジロと呼ばれた女の子のいちばん目の子どもですから、ほんとうはセジロ・ヤービ・ヤービと呼ばれることになるのですが、今、生きているマッドガイド・ウォーター・ヤービのなかで、彼女のほか、セジロと名のつくものはひとりだけで、そのセジロはママ・セジロになったのですから、みな、その子どものことをセジロと呼ぶことにしたのでした。

ヤービ族は、夫婦になると、夫側の一族か、妻側の一族かに入っていきます。実はママ・ヤービも、むかしはセジロと呼ばれていたのですが、結婚《こん》したので、ヤービ夫人セジロになりました。ふだんはそれでよかったのです。ほら、お友だちで同じ名まえの人がいても、あまりこまらないでしょう。「ヤービ夫人」は、どっちのセジロかわからなくなったとき、念のために使われる呼び方です。あとは、巻き毛のセジロ、とか（ママの毛は、ほんの少し、先がくるっとカーブしてい

C人の住む空間の大切な基本条件は、人が訪れることにある。私は、ひとり住み、また他を招いて住むのである。動物の巣と人間の家の重要な違いのひとつが、ここにあることは、すでに注5第二章で述べた。門・入口によって、内(私)は外(他)とつながるのである。内に私が居る場合、誰を私は招くのか、誰を私は拒むのか、私が外に居る場合、私はそこに入ることを望むのか、否《いな》か、この大切で難しい判断をするのが門である。

門は、鉄道の改札口のように、ただ人が瞬《しゅん》時に通過するためのものではない。「オン」か「オフ」かを仕分けるだけの選別機ではない。門は待つところでもあり、判断し決意するところでもある。従って、部屋の囲いに開かれた最初の開口部である入口は、ひとつの開口に始まって、やがてそれ自体がひとつの空間となり、部屋になろうとする。

縄文時代の竪《たて》穴住居をみても、入口の上にひさしがかけられ、そのひさしを支える柱が立ち、しばらくするとそこにひとつの小さい【イ】が生まれてくる。これはどのような原始的な住居においてもみられることである。

（中略）

門は単なるオン・オフの機構ではないことをもう一度それぞれの経験の中でとらえ直していただきたい。建築を見る喜び、訪れる楽しみが、門に集中していることに改めて気がつくことであろう。

注6モダニズムの建築は、門は過去の②イブツであり、古くさい権威《い》に結びついた注7虚《きょ》栄である、とみなしたこともあった。第二次世界大戦後の日本における住居改良運動や住居学等においては、玄《げん》関、門構え等は注8封建《ほうけん》的な社会の生み出した虚飾《きょしょく》だとして否定的に扱《あつか》われた。しかし、このような考えは、単に門の③ケイシということ以上に、内なる空間、内なる生活のとらえ方そのものが、浅薄《せんぱく》だったといわざるを得ない。

今日改めて、個＝内部空間が自己の固有性を獲《かく》得しつつ、全体＝都市とつながっていくことの求められている時、門の新たなるはたらきとそれを生み出すかたちがつくり出されなければならない。

（香山壽夫『建築を愛する人の十二章』）

注1 逡巡…決心がつかなくてぐずぐずとためらうこと。
2 かんぬき…門や出入口の開き戸をしっかりしめるための横木。
3 カレッジ…ここでは、学生のための寮《りょう》。
4 閾…内と外の境。
5 第二章で述べた…第二章はこの問題文に入っていません。
6 モダニズム…つねに新しさを求める傾《けい》向。
7 虚栄…うわべだけを飾《かざ》って、実際よりもよく見せようとすること。
8 封建的…上下関係を重んじ、個人の自由や権利を認めないさま。

問一 ――A とありますが、「私の入口だ」とはどういうことですか。そして、なぜそのことに「価値がある」のですか。まとめて答えなさい。

問二 【ア】にあてはまる言葉を、漢数字をふくむ漢字二字で答えなさい。

問三 ――B とはどういうことですか。「そうした人間の行為、心の動き」というのがどういうことを指すかくわしく述べた上で、二百字で説明しなさい。

問四 ――C とありますが、なぜそう言えるのですか。説明しなさい。

問五 【イ】にあてはまる言葉を、問題文中から探して漢字で答えなさい。

問六 ==①～③のカタカナを漢字に直しなさい。

平成二十八年度 桜蔭中学校

【国語】(五〇分)〈満点:一〇〇点〉

[一] 次の文章を読んで、後の問いに答えなさい。

門をくぐる時、私達の心は躍《おど》る。あるいは実際にくぐらないで眺《なが》めるだけの時も、私達はその時の心の高まりを思って、喜ぶ。門のかたちは、そのような力を持っているものだ。

しかし時には、門は私達を緊《きん》張させ、注1逡巡《しゅんじゅん》させ、立ち止《どま》らせるかもしれない。門の前で私達は、自分は果たして招《まね》かれているのか、本当に入るべきなのか、引き返すべきではないのか、迷う時もある。門は招き入れるものであり、同時に拒《こば》み閉じられるものでもある。門とはそのようなものなのだ。

「狭《せま》き門より入れ」という言葉は、天国に入るための準備の大切さを教えた聖書の一節であるが、日本では、入学試験の難しさ、それを突《とっ》破《ぱ》する価値を語るために、広く用いられているようである。いずれにせよ、門の意味は、入れてもらえる人もあれば、入れてもらえない人もあるということが示されている。誰《だれ》でも、勝手に入れる門を入ったって面白くもありがたくもない。入れてもらえない人もある門に、自分は入れてもらえたからこそ嬉《うれ》しいのだ。そのことは、決して、大学の場合だけではない。家の門の場合でも同じだ。家の門という大げさな造りがないなら、広く出入口、戸口、と言ってもいい。[A] ここは、私の入口だということに価値がある。だからこそ、そこに入れてもらえる人は、家族、友人であり、特に招かれた客人、ということになる。家には入れたくない人、入ってもらいたくない人がいるからこそ、注2かんぬきが、あるいは錠《じょう》がかけられているのがあたり前なのだ。

門という漢字の古い字体は、まさに、この開いたり閉じたりするかたちを図形化したものである。

「【ア】」とは、同じ門をくぐって入り、生き方、考え方を共にする人々のまとまりをいう。「入門」とは、その仲間に入れてもらうことだ。そのためには、決心、決意が大切だ。門はそれを自分に確かめ、そして示す場所である。禅《ぜん》の修行を志して越前《えちぜん》永平寺の門をたたく者は、拒まれても拒まれても、立ち去らず三日間ひたすら立ち続けた後初めて入門を許された。

このように門とは、入る前に、立ち続け、自分の心を確かめる場所でもある。それは準備が必要であり、待つことも、期待も、また不安もそして決意も必要である。門は、[B] そうした人間の行為《い》、心の動きに応じたかたちを持つことが求められている。学び舎《や》の門とは、たとえば江戸時代につくられた岡山に残る閑谷《しずたに》学校をみても、桐生《きりゅう》に再建された足利学校をみても、あるいはオックスフォードやケンブリッジの注3カレッジの門をみても、それぞれこのような門の持つべき多様な意味に対応した見事なかたちが与えられていることに気づく。

このことは、都市が門を持っている場合においても同じである。共同体としての性質を持っていた都市には、必ずなんらかのかたちで入口があった。入口によって共同体の存在は守られていたのである。城壁《へき》で囲まれていた古代や中世の都市においては、門は一層はっきりとしたかたちをとった。門の内には法律と秩《ちつ》序があり、外には無法、無秩序があった。門の内には法に従う市民が住み、外には無法者が住んだ。従って、門は多くの場合、①サバきの場所でもあった。エリアーデは、「古代においては、判決の場が注4閾《しきい》の上に置かれた」と述べているが、まさに門とは秩序の支配する空間と、無秩序の支配する空間との境であったからである。

* * *

平成28年度

桜 蔭 中 学 校 ▶解説と解答

算 数 (50分)＜満点：100点＞

解 答

Ⅰ (1) ① $1\frac{7}{30}$ ② $2\frac{15}{17}$ (2) ① 10 ② 198 (3) 446.8cm^2 Ⅱ (1) 3枚 (2) 417円以上509円以下 (3) 8個 Ⅲ (1) **体積**…452.16cm^3，**表面積**…527.52cm^2 (2) 30個 Ⅳ (1) 100.5cm (2) 101.55cm (3) 104375 L Ⅴ (1) ④ (2) 43.75秒後

解 説

Ⅰ **四則計算，逆算，数列，図形の移動，面積**

(1) ① $\left(5\frac{4}{7}\times2\frac{11}{12}-6\frac{7}{8}\div8.25\right)\div12.5=\left(\frac{39}{7}\times\frac{35}{12}-\frac{55}{8}\div8\frac{1}{4}\right)\div12\frac{1}{2}=\left(\frac{65}{4}-\frac{55}{8}\div\frac{33}{4}\right)\div\frac{25}{2}=\left(\frac{65}{4}-\frac{55}{8}\times\frac{4}{33}\right)\div\frac{25}{2}=\left(\frac{65}{4}-\frac{5}{6}\right)\div\frac{25}{2}=\left(\frac{195}{12}-\frac{10}{12}\right)\div\frac{25}{2}=\frac{185}{12}\times\frac{2}{25}=\frac{37}{30}=1\frac{7}{30}$ ② $2\frac{3}{7}\times\left(\square\div\frac{7}{8}+4.2\right)-17\frac{1}{3}=\frac{13}{15}$より，$2\frac{3}{7}\times\left(\square\div\frac{7}{8}+4.2\right)=\frac{13}{15}+17\frac{1}{3}=\frac{13}{15}+17\frac{5}{15}=17\frac{18}{15}=17\frac{6}{5}=\frac{91}{5}$，$\square\div\frac{7}{8}+4.2=\frac{91}{5}\div2\frac{3}{7}=\frac{91}{5}\div\frac{17}{7}=\frac{91}{5}\times\frac{7}{17}=\frac{637}{85}$，$\square\div\frac{7}{8}=\frac{637}{85}-4.2=\frac{637}{85}-\frac{21}{5}=\frac{637}{85}-\frac{357}{85}=\frac{280}{85}=\frac{56}{17}$ よって，$\square=\frac{56}{17}\times\frac{7}{8}=\frac{49}{17}=2\frac{15}{17}$

(2) ① 右の表のように，1が初めて出てくるのは1番目の正方形であり，その後は1個の正方形に4個ずつ，小さい順に初めての数が出てくる。35は1をのぞいて考えると，35－1＝34(番目)の数だから，34÷4＝8余り2より，1番目の正方形をのぞいて考えると，8＋1＝9(番目)の正方形に初めて出てくる。よって，35が初めて出てくるのは，1＋9＝10(番目)の正方形である。 ② 1番目の正方形をのぞいて考えると，初めて出てくる数の中で一番小さな数は，2，6，10，…のように，2で始まり4ずつ増える等差数列になる。求めるのはこの数列の，51－1＝50(番目)の数なので，2＋4×(50－1)＝198とわかる。

正方形	初めて出てくる数
1番目	1
2番目	2，3，4，5
3番目	6，7，8，9
4番目	10，11，12，13

図1

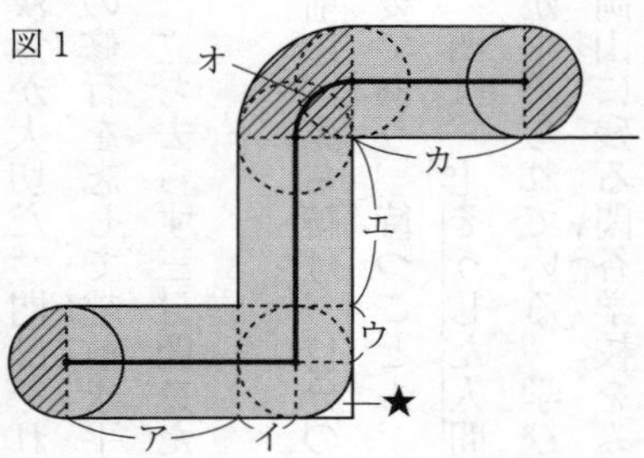

図2

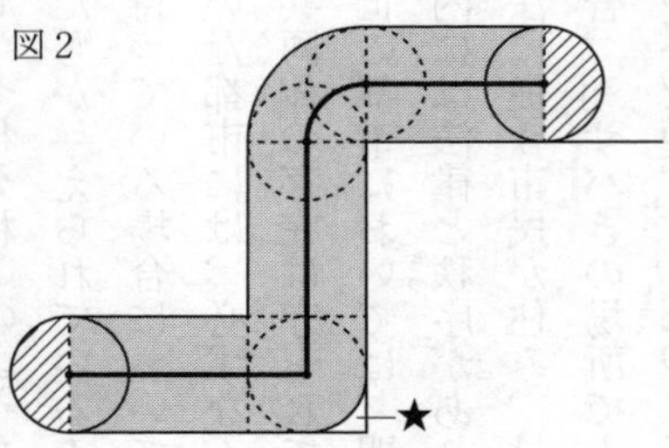

(3) 円は上の図1のかげをつけた部分を転がり，円の中心が動いた部分は太線のようになる。この長さの合計は，5×10＝50(cm)であり，アとエの部分の長さは，20－8＝12(cm)，イとウの部分の長さは，8÷2＝4(cm)，オの部分の長さは，$8\times3.14\times\frac{1}{4}=6.28$(cm)だから，カの部分の長

さは，50－(12×２＋４×２＋6.28)＝11.72(cm)とわかる。次に，円が通った部分のうち，斜線《しゃせん》部分の面積の合計は，$4 \times 4 \times 3.14 \times \frac{1}{2} \times 2 + 8 \times 8 \times 3.14 \times \frac{1}{4} = (16+16) \times 3.14 =$ 100.48(cm²)となる。また，これ以外の部分に★の部分を加えた図形をつなげると，たての長さが８cm，横の長さが，12×２＋８＋11.72＝43.72(cm)の長方形になるから，その面積は，８×43.72＝349.76(cm²)と求められる。さらに，★の部分の面積は，$4 \times 4 - 4 \times 4 \times 3.14 \times \frac{1}{4} = 16 - 12.56 =$ 3.44(cm²)なので，円が通った部分の面積は，100.48＋349.76－3.44＝446.8(cm²)とわかる。

〔ほかの解き方〕　上の図２のかげをつけた部分に★の部分を加えた面積は，(円の直径)×(円の中心が動いた長さ)で求めることができる。よって，かげをつけた部分の面積は，８×50－3.44＝396.56(cm²)となる。これに斜線部分の面積を加えると，円が通った部分の面積は，$396.56 + 4 \times 4 \times 3.14 \times \frac{1}{2} \times 2 =$ 446.8(cm²)とわかる。

Ⅱ　割合と比

税ぬきの値段
⬇×1.08
ア
⬇１円未満を切り捨て
イ
⬇十の位以下を四捨五入
ウ

(1)　条件をまとめると，左の図のようになる。税ぬきの値段が240円のとき，アの金額は，240×1.08＝259.2(円)だから，１円未満を切り捨てると，イの金額は259円になる。さらに，この十の位以下を四捨五入すると300円になるので，シールは３枚ついてくる。

(2)　シールが５枚ついてくるのは，ウの金額が500円のときである。このとき，イの金額は最も安くて450円，最も高くて549円になる。イの金額が450円の場合，１円未満を切り捨てる前の金額は450円以上だから，1.08倍する前の金額は，450÷1.08＝416.6…(円)以上となる。つまり，考えられる最も安い値段は417円である。同様に，イの金額が549円の場合，１円未満を切り捨てる前の金額は550円未満なので，1.08倍する前の金額は，550÷1.08＝509.2…(円)未満となる。つまり，考えられる最も高い値段は509円である。よって，税ぬきの値段の範囲《はんい》は417円以上509円以下である。

(3)　シールを10枚つけてもらうためには，ウの金額が1000円になればよい。このとき，イの金額は950円以上1049円以下だから，アの金額は950円以上1050円未満になる。よって，税ぬきの値段は，950÷1.08＝879.6…(円)以上，1050÷1.08＝972.2…(円)未満，つまり880円以上972円未満とわかる。また，１個あたりの税ぬきの値段は，170×(１－0.3)＝119(円)なので，880÷119＝7.3…，972÷119＝8.1…より，８個買えばよいことがわかる。

Ⅲ　立体図形―体積，表面積

図１
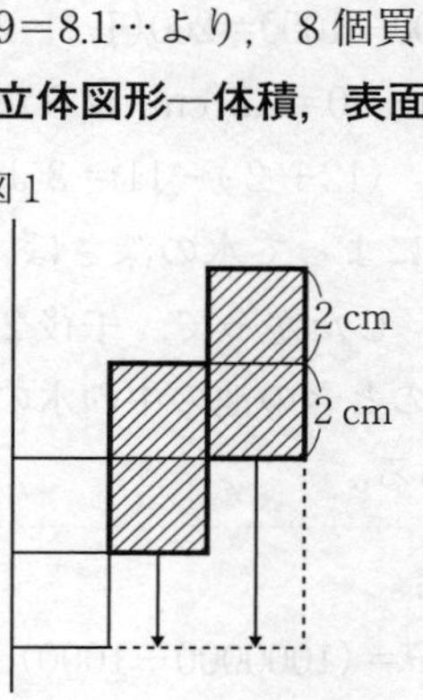

図２
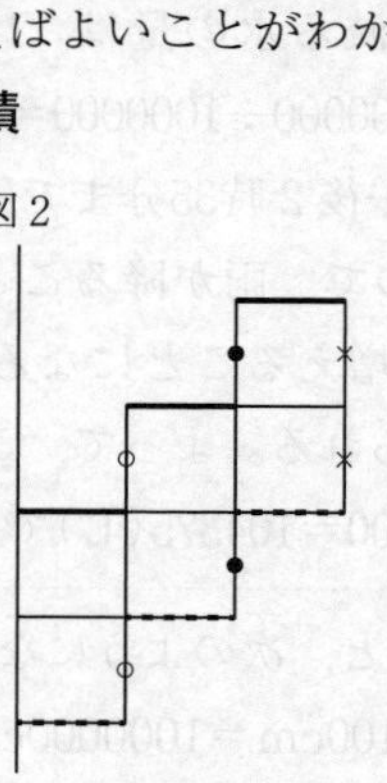

図３
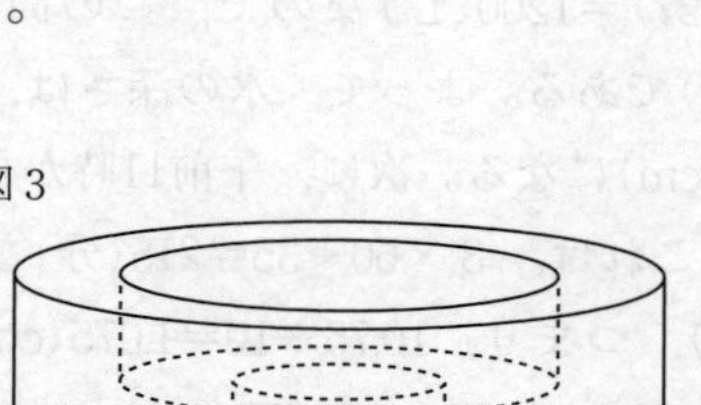

図４
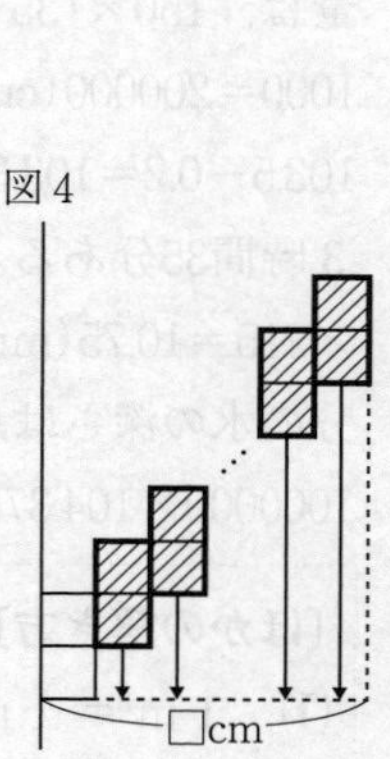

(1)　上の図１のように，斜線部分を下に移動してから回転しても，体積は変わらない。よって，底

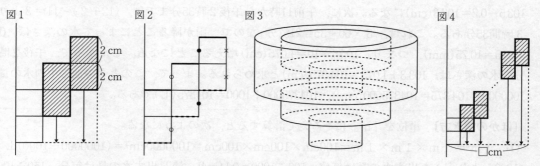

面の円の半径が，２×３＝６(cm)，高さが，２×２＝４(cm)の円柱の体積を求めればよいから，６×６×3.14×４＝144×3.14＝452.16(cm^3)となる。次に，この立体を真上から見ると上の図２の太実線，真下から見ると太点線の部分が見える。これらを集めるとそれぞれ半径が６cmの円になるので，これらの面積の合計は，６×６×3.14×２＝72×3.14(cm^2)となる。また，この立体の側面のうち，○印の部分の底面の円の半径は２cm，●印の部分の底面の円の半径は，２×２＝４(cm)，×印の部分の底面の円の半径は６cmだから，これらの面積の合計は，（２×２×3.14×２＋４×２×3.14×２＋６×２×3.14×２）×２＝96×3.14(cm^2)と求められる。したがって，この立体の表面積は，72×3.14＋96×3.14＝(72＋96)×3.14＝527.52(cm^2)である(この立体の見取り図は上の図３のようになる)。

⑵　正方形の個数が増えても，上の図４のように移動して考えることができる。移動した後にできる円柱の底面の円の半径を□cmとすると，□×□×3.14×４＝11304(cm^3)と表すことができるので，□×□＝11304÷４÷3.14＝900＝30×30より，□＝30とわかる。よって，横１列に並んだ正方形の個数は，30÷２＝15(個)だから，もとの図形の正方形の個数は，15×２＝30(個)である。

Ⅳ　水の深さと体積，単位の計算

⑴　１時間でふき出す水の量は，100×20＝2000(Ｌ)であり，１時間で流し出す水の量は，150×10＝1500(Ｌ)だから，池の中の水は１時間あたり，2000−1500＝500(Ｌ)，500×1000＝500000(cm^3)の割合で増える。また，10ｍは，10×100＝1000(cm)なので，池の底面積は，1000×1000＝1000000(cm^2)である。よって，水の深さは１時間あたり，500000÷1000000＝５÷10＝0.5(cm)の割合で深くなるから，午前８時の水の深さは，100＋0.5＝100.5(cm)と求められる。

⑵　午前７時から午前10時までは，10−７＝３(時間)なので，午前10時の水の深さは，100＋0.5×３＝101.5(cm)になる。また，午前10時から午前10時30分までの間で，ふき出す水の量は，100×(30−25)＝500(Ｌ)，流し出す水の量は，150×(30−27)＝450(Ｌ)だから，この間に増える水の量は，500−450＝50(Ｌ)，50×1000＝50000(cm^3)である。よって，水の深さは，50000÷1000000＝５÷100＝0.05(cm)増えるので，101.5＋0.05＝101.55(cm)になる。

⑶　はじめに，雨が降らなかった場合の水の深さを求める。午前７時から午後２時までは，(12＋２)−７＝７(時間)だから，午後２時の水の深さは，100＋0.5×７＝103.5(cm)になる。また，午後２時から午後２時35分までの間で，ふき出す水の量は，100×(35−25)＝1000(Ｌ)，流し出す水の量は，150×(35−27)＝1200(Ｌ)なので，この間に減る水の量は，1200−1000＝200(Ｌ)，200×1000＝200000(cm^3)である。よって，水の深さは，200000÷1000000＝２÷10＝0.2(cm)減るから，103.5−0.2＝103.3(cm)になる。次に，午前11時から午後２時35分までは，(12＋２)−11＝３より，３時間35分ある。これは，３×60＋35＝215(分)なので，雨が降ることによって水の深さは，0.05×215＝10.75(mm)，つまり，10.75÷10＝1.075(cm)増えることになる。したがって，午後２時35分の水の深さは，103.3＋1.075＝104.375(cm)と求められる。よって，このときの池の中の水の量は，1000000×104.375＝104375000(cm^3)，104375000÷1000＝104375(Ｌ)である。

〔ほかの解き方〕　単位を「ｍ」にそろえて計算すると，次のようになる。

⑴　１m^3＝１ｍ×１ｍ×１ｍ＝100cm×100cm×100cm＝1000000cm^3＝(1000000÷1000)Ｌ＝1000Ｌより，ふき出す水の量は毎分，100÷1000＝0.1(m^3)，流し出す水の量は毎分，150÷1000

＝0.15(m^3)となる。よって，１時間でふき出す水の量は，0.1×20＝２(m^3)，１時間で流し出す水の量は，0.15×10＝1.5(m^3)なので，池の中の水は１時間あたり，２－1.5＝0.5(m^3)の割合で増える。また，池の底面積は，10×10＝100(m^2)だから，水の深さは１時間あたり，0.5÷100＝0.005(m)の割合で深くなることがわかる。これは，0.005×100＝0.5(cm)なので，午前８時の水の深さは，100＋0.5＝100.5(cm)と求められる。

(2)　午前10時の水の深さは，100＋0.5×３＝101.5(cm)になる。また，午前10時から午前10時30分までの間で，ふき出す水の量は，0.1×(30－25)＝0.5(m^3)，流し出す水の量は，0.15×(30－27)＝0.45(m^3)だから，この間に増える水の量は，0.5－0.45＝0.05(m^3)である。よって，水の深さは，0.05÷100＝0.0005(m)，0.0005×100＝0.05(cm)増えるので，101.5＋0.05＝101.55(cm)になる。

(3)　雨が降らなかったとすると，午後２時の水の深さは，100＋0.5×７＝103.5(cm)になる。また，午後２時から午後２時35分までの間で，ふき出す水の量は，0.1×(35－25)＝１(m^3)，流し出す水の量は，0.15×(35－27)＝1.2(m^3)だから，この間に減る水の量は，1.2－１＝0.2(m^3)である。よって，水の深さは，0.2÷100＝0.002(m)，0.002×100＝0.2(cm)減るので，103.5－0.2＝103.3(cm)になる。また，雨が降ることによって増える水の深さは，0.05×215＝10.75(mm)，10.75÷10＝1.075(cm)だから，午後２時35分の水の深さは，103.3＋1.075＝104.375(cm)，104.375÷100＝1.04375(m)と求められる。よって，このときの池の中の水の量は，100×1.04375＝104.375(m^3)，104.375×1000＝104375(L)となる。

V 速さと比，旅人算

図１

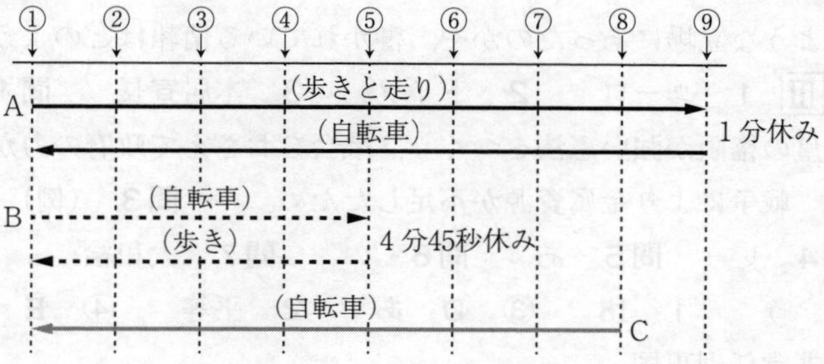

(1)　歩く速さ，走る速さ，自転車の速さの比は，$\frac{1}{3}$：$\frac{5}{8}$：１＝８：15：24だから，これらの速さで同じ道のりを進むのにかかる時間の比は，$\frac{1}{8}$：$\frac{1}{15}$：$\frac{1}{24}$＝15：８：５となる。また，自転車で１区間を進むには25秒かかるので，１区間を進むのにかかる時間は，「歩き」では，25×$\frac{15}{5}$＝75(秒)，「走り」では，25×$\frac{8}{5}$＝40(秒)となる。次に，３人の進行のようすを図にまとめると，左上の図１のようになる。Bが①から⑤まで自転車で，⑤から①まで歩いて進むのにかかった時間の合計は，(25＋75)×(５－１)＝400(秒)であり，これに⑤で休んだ時間を加えると，400＋(４×60＋45)＝685(秒)となる。また，Aが⑨から①まで自転車で進むのにかかった時間は，25×(９－１)＝200(秒)であり，これに⑨で休んだ時間を加えると，200＋(１×60)＝260(秒)となるから，Aが①から⑨まで進むのにかかった時間は，685－260＝425(秒)と求められる。よって，右の図２のようにまとめることができる。８区間すべて走ったとすると，40×８＝320(秒)かかることになり，実際よりも，425－320＝105(秒)短くなる。走るかわりに歩くと，かかる時間は１区間あたり，75－40＝35(秒)ずつ長くなるので，歩いた区間は，105÷35＝３(区間)と求

図２

(歩き)１区間あたり75秒　｝合わせて
(走り)１区間あたり40秒　｝８区間で425秒

められる。したがって，１＋３＝４より，Ａが走り始めた地点は④とわかる。

(2)　Ｂは①を，Ｃは⑧を同時に自転車で出発したから，ＢとＣがすれちがったのは①と⑧の真ん中の地点である。よって，それまでにＢとＣがそれぞれ進んだ道のりは，（８－１）÷２＝3.5(区間)なので，ＣがＢとすれちがったのは出発してから，25×3.5＝87.5(秒後)とわかる。また，歩く速さと自転車の速さの比は１：３なので，Ａが①から１区間進む間にＣは⑧から３区間進み，Ａが①から２区間進む間にＣは⑧から６区間進む。つまり，ＡとＣがすれちがったのは②と③の間であり，Ａが走り始める前であることがわかる。次に，歩く速さを毎秒８とすると，１区間の道のりは，８×75＝600となるので，はじめのＡとＣの間の道のりは，600×（８－１）＝4200と表すことができる。ＡとＣが出発した後，２人の間の道のりは毎秒，８＋24＝32の割合で縮まるので，ＣがＡとすれちがったのは出発してから，4200÷32＝131.25(秒後)と求められる。したがって，ＣがＡとすれちがったのは，Ｂとすれちがってから，131.25－87.5＝43.75(秒後)である。

社　会　(30分)＜満点：60点＞

解　答

Ⅰ　**問１**　**１**　日本　**２**　気象　**３**　防災　**４**　岐阜　**５**　島原　**６**　津波　**問２**　インドネシア　**問３**　地震の研究(地図の作成)　**問４**　う　**問５**　**a**　千葉県　**b**　大分県　**c**　東京都　**d**　鹿児島県　**問６**　**A**　え　**B**　あ　**C**　か　**D**　う

Ⅱ　**１**　豊臣秀吉　**２**　大名　**３**　聖武天皇　**４**　日本書紀　**５**　645　**６**　中大兄皇子　**７**　木簡　**８**　(大宝)律令　**９**　承久　**10**　北条政子　**11**　藤原道長　**12**　河内　**問**　(例)　書いた人物はどのような立場にあったのかや，書かれている情報はどのように入手されたのかということ。

Ⅲ　**１**　ユーロ　**２**　ドイツ　**３**　本居宣長　**問１**　(例)　自由民権運動が高まる中で，天皇の権限が強い憲法をつくり，議会をおさえて政府の力が強い国家をめざした。　**問２**　(例)　戦争により金属資源が不足したため。　**問３**　(例)　1952年に日本は独立したから。　**問４**　い　**問５**　あ　**問６**　い　**問７**　大和絵

Ⅳ　①　**A**　う　**B**　え　②　**C**　う　**１**　18　③　**D**　あ　**２**　平等　④　**E**　い　**３**　10　⑤　**F**　え　**４**　非常任理事国

解　説

Ⅰ　日本のおもな活火山を題材とした問題

問１　**１**　日本海溝は関東地方から北海道南部にかけての太平洋沖に伸《の》びており，太平洋プレートが北アメリカプレートへと沈《しず》み込《こ》む地点になっている。2011年３月11日に発生した東北地方太平洋沖地震の震源は，宮城県三陸沖の日本海溝であった。　**２**　気象庁は国土交通省の外局で，天気や台風・地震・火山噴火《ふんか》などの自然現象を観測し，それらの情報を地方自治体や報道機関に伝えることをおもな役目としている。　**３**　2000年，北海道洞爺湖畔《とうやこはん》の有珠山《うすざん》が噴火したさい，事前に噴火の被害がおよぶ地域を示した火山防災マップが作成されていたため，これにしたがってすばやく避難《ひなん》できたことから，住民には一人の犠牲《ぎせい》者も出なかった。これ以降，全国各地の火山地域で防災マップがつくられるようになり，それ以外の地域でも，洪水・高潮・津波・地震・土砂災害など，

それぞれの目的に応じて被害が想定される地域や，避難場所などを示した防災マップ(ハザードマップ)がつくられるようになった。　**4**　御嶽《おんたけ》山は飛騨《ひだ》山脈の南部，岐阜県と長野県の県境に位置する。古来より「木曽のおんたけさん」として親しまれ信仰の対象にもなったが，2014年９月に噴火し，63名の死者・行方不明者を出す戦後最大の火山災害を引き起こした。　**5**　島原半島は長崎県南東部に位置し，中央部には雲仙岳《うんぜんだけ》がそびえる。1990年から６年間にわたって活発な噴火活動が続き，噴火のあった普賢《ふげん》岳の東側にできた溶岩《ようがん》ドームは平成新山と名づけられた。　**6**　津波はおもに海底地震が原因となって発生するが，海底火山の噴火や海岸付近の山崩《くず》れなども原因となることがある。1792年に肥後《ひご》(熊本県)で発生した津波も，雲仙普賢岳の東側にあった山が火山活動で崩れ落ち，これが島原湾になだれ込んだために発生した。

問２　東南アジアに位置するインドネシアは大小１万以上の島をもつ島国で，カリマンタン島やスマトラ島を赤道が通過する。人口約２億5000万人(世界第４位)のうち約９割はイスラム教徒で，世界で最もイスラム教徒の多い国となっている。また，アルプス＝ヒマラヤ造山帯の東の端《はし》に位置し，活火山の多い国でもある。日本はインドネシア最大の輸出相手国となっており，液化天然ガス・原油・石炭が輸出総額の約半分を占《し》める。統計資料は『日本国勢図会』2015／16版による(以下同じ)。

問３　地殻《ちかく》のわずかな変化を知ることは地震の研究や予知，より正確な地図の作成につながるため，国土地理院は全国約1300か所に電子基準点を設置し，人工衛星で監視《かんし》を続けている。

問４　地熱発電の電力生産量は，近年再生可能エネルギーが注目を集める中で大きく伸びてきているが，総発電量に占める割合はごくわずかで，まだ0.2％にすぎない。なお，2000年から2013年にかけて大きく落ち込んでいる「い」は，東日本大震災以降発電量の減った原子力，1970年以降も大きな変化がない「あ」は水力があてはまる。

問５　**a**　千葉県北部の下総《しもうさ》台地は，関東ロームと呼ばれる赤土の火山灰層に覆《おお》われている。近郊農業がさかんで，落花生の生産量が全国の80％を占めて第１位となっているほか，ネギ(全国第１位)，スイカ(全国第２位)，サツマイモ(全国第３位)の生産もさかんである。　**b**　大分県は別府や湯布院をはじめ各地に温泉が湧《わ》き出す「おんせん県」として知られ，八丁原《はっちょうばる》発電所など多くの地熱発電所が立地している。　**c**　東京都は香川県，大阪府についで全国で３番目に面積が小さいが，南方の伊豆諸島や小笠原諸島も東京都に属しているため，都道府県別の排他的経済水域面積は最も広い。また，伊豆大島や八丈島をはじめ，全国110の活火山のうち，21は東京都にある。
d　薩摩《さつま》半島と大隅《おおすみ》半島に囲まれた鹿児島湾内には，現在も活発な火山活動の続く桜島が位置している。鹿児島市は桜島のすぐ西側に位置しているため，市内にはたびたび火山灰が降る。

問６　**A**　有珠山の北には洞爺湖，南には内浦湾《うちうらわん》(噴火湾)があり，2008年にはふもとの洞爺湖町で主要国首脳会議(サミット)が開かれた。　**B**　御嶽山周辺の木曽川上流地域はヒノキの産地として知られ，木曽ヒノキは津軽ヒバ(青森県)・秋田スギとともに天然の三大美林として名高い。
C　富士山(静岡県・山梨県)は古くから葛飾北斎《かつしかほくさい》の「富嶽《ふがく》三十六景」をはじめとした芸術の源泉や信仰の対象となってきたことが評価され，2013年６月にユネスコ(国連教育科学文化機関)の世界文化遺産に登録された。すそ野にある富士市では豊富な湧き水を利用した製紙・パルプ工業がさかんである。　**D**　ジャガイモは16〜17世紀に長崎にもたらされたといわれ，長崎県の生産量は北海道についで２番目に多くなっている。　なお，「い」は白山(石川県・岐阜県)，「お」は岩手山(岩手県)の説明文。

Ⅱ 史料を題材にした歴史の問題

1【史料A】は，1588年に豊臣秀吉が出した刀狩《かたながり》令の一部。農民から武器を取り上げて一揆《いっき》を防止し，年貢を確実に取るため耕作に専念させようという政策で，これにより農民と武士の身分をはっきり分ける兵農分離が進んだ。　**2**【史料B】は1635年，江戸幕府の第3代将軍徳川家光が出した武家諸法度の一部。武家諸法度は1615年，第2代将軍徳川秀忠のときに初めて出され，大名に対して守るべききまりを示すために，将軍の代がわりごとに出された。　**3**【史料C】は，743年に聖武天皇が出した「大仏造立《ぞうりゅう》の詔《みことのり》」の一部。聖武天皇の時代には病気や天災，貴族間での争いなどがあいついだため，天皇は仏教の力で国を安らかに治めようと考え，平城京の東大寺に大仏をつくることを命じた。なお，『続日本紀《しょくにほんぎ》』は797年に成立した歴史書で，おもに奈良時代のことが記されている。　**4～6**【史料D】は646年に出された「改新の詔」の一部。中大兄《なかのおおえの》皇子《おうじ》(のちの天智天皇)と中臣鎌足《なかとみのかまたり》らは645年，皇室をもしのぐ権力をふるっていた蘇我蝦夷《そがのえみし》・入鹿《いるか》父子を滅ぼし，翌年に公地公民・戸籍の作成・班田収授などを定めた「改新の詔」を発表して政治改革をはじめた(大化の改新)。この時代を含み，神代から持統《じとう》天皇までの歴史を記したのが『日本書紀』で，舎人親王《とねりしんのう》らが720年に完成させた。　**7** 木簡《もっかん》は，文字を記し，連絡・記録・荷札などに用いた木札。藤原京跡(奈良県)から出土した木簡には700年の記録として「郡」ではなく「評《こおり》」の文字が書かれており，『日本書紀』で「改新の詔」が改変されていたことが判明した。
8 大宝律令《たいほうりつりょう》は唐(中国)の政治のしくみを手本にして，天皇を中心とした国づくりをするため，刑部《おさかべ》親王と藤原不比等《ふひと》らが701年に完成させたもので，律は現在の刑法，令は行政法・民法にあたる。　**9，10** 北条政子は鎌倉幕府を開いた源頼朝の妻で，幕府の政治に深くかかわって尼《あま》将軍と呼ばれた。1221年に後鳥羽《ごとば》上皇が承久の乱を起こして幕府を倒そうとしたとき，政子は動揺《どうよう》する御家人たちを前に，頼朝の恩にむくいて幕府を守ってほしいと団結を訴《うった》えた。なお，【史料E】は『吾妻《あづま》鏡』の一部。　**11** 1018年，藤原道長は三女の威子《いし》を後一条天皇のきさきにつかせ，3人の天皇の外祖父となって摂関政治の全盛期を築いた。このときの気持ちをよんだ「望月《もちづき》の歌」は藤原氏の栄華《えいが》を示す史料として伝えられている。【史料F】は藤原実資《さねすけ》の書いた『小右記《しょうゆうき》』の一部。　**12** 3世紀から大和国(奈良県)を中心につくられるようになった前方後円墳は4～5世紀末にかけて中心地を西の河内《かわち》国(大阪府南部)に移し，ここでは巨大な前方後円墳が次々とつくられた。なお，最大の古墳である大仙陵(大山)古墳を含む百舌鳥《もず》古墳群が広がるのは和泉《いずみ》国だが，和泉国が河内国から分かれたのは8世紀のことである。

問 史料の中には，ある政治的な目的をもって出されたものや改変されたものもあり，書いた人物の主観も入るため，時代背景や書いた人物の立場などを，さまざまな視点から読み解く必要がある。

Ⅲ 紙幣《しへい》を題材とした問題

1 ユーロは，ヨーロッパ連合(EU)の統一通貨として2002年に流通がはじまり，2016年3月現在，EU加盟国28か国のうち19か国で採用されている。　**2** ドルに換算《かんさん》した国内総生産(GDP)では，アメリカ合衆国(アメリカ)が世界第1位で，以下，中国，日本，ドイツが続く。ドイツは自動車工業を中心としたEU最大の工業国で，貿易額はアメリカ，中国に次ぐ世界第3位となっている。
3 伊勢《いせ》松阪(三重県)出身の本居宣長《もとおりのりなが》は，儒教や仏教の影響を受ける前の日本人の考え方を研究し，1798年には『古事記』の注釈書である『古事記伝』を完成させ，国学を大成した。

問1 1874年，板垣退助らが「民選議院設立建白書」を提出したことをきっかけにはじまった自由民権運動の高まりをおさえられなくなった明治政府は，1881年，10年後の国会開設を約束した。民権派の力をおさえ，天皇と政府に強い権限を与《あた》える憲法の制定をめざした明治政府は，翌82年に伊藤博文をヨーロッパに派遣してドイツ(プロシア)などの憲法を学ばせ，1889年２月11日に君主権の強い大日本帝国憲法を発布した。

問２　日本は1931年の満州事変によって中国へ進出した後，1937年には日中戦争を開始した。1938年，戦争の長期化に対応するために臨時通貨法が制定され，金属資源節約のため小額紙幣が次々と発行された。太平洋戦争末期には，デザインも極度に簡略化された。

問３　1945年の終戦以降，日本はGHQ(連合国軍最高司令官総司令部)の占領統治を受けていたが，朝鮮半島の緊張などを受けて占領政策は転換し，1951年９月，サンフランシスコ平和条約が調印されて日本は主権を回復することとなった。この条約が翌52年４月に発効して７年におよんだ占領統治が終結したことで，日本は政治を自国の判断にもとづいて進められるようになったのである。

問４　木戸孝允《きどたかよし》は，吉田松陰に教えを受けた長州藩(山口県)出身の政治家で，幕末に薩摩藩(鹿児島県)代表の西郷隆盛・大久保利通との間で薩長同盟を結び，討幕運動に活躍した。明治時代には五箇条の御誓文《ごせいもん》の作成や版籍奉還《はんせきほうかん》・廃藩置県などを行い，岩倉使節団の一員として欧米諸国を回った。なお，「い」は西郷隆盛の説明。

問５　1950年代後半から，日本では鉄鋼・自動車・石油化学工業などの重化学工業が著しく発達し，経済も急成長した(高度経済成長)。賃金が上がって人々の生活は豊かになったが物価も上昇し，これらに対応するため1957年には5000円券が，翌58年には１万円券が発行された。紙幣に描《えが》かれた肖像《しょうぞう》はいずれも聖徳太子であった。

問６　「い」は，森鷗外《おうがい》について述べた文。夏目漱石《そうせき》は森鷗外とならんで明治時代後半を代表する小説家で，『吾輩《わがはい》は猫である』『坊っちゃん』『こころ』などのすぐれた作品を残した。なお，「あ」は野口英世，「う」は新渡戸稲造，「え」は福沢諭吉について述べた文。

問７　大和絵は，894年に遣唐使が廃止され，日本風の文学や美術が栄える国風文化が形成される中で，これまでの唐《から》絵にかわって描かれるようになった。日本の風景や貴族の暮らしなど日本の風物を主題にし，その手法は院政期以降さかんに描かれた絵巻物にいかされた。

Ⅳ　現代の日本社会についての問題

①　**A**　日本の65歳以上(高齢《こうれい》者)の人口が総人口に占める割合は，1985年の時点では10.3％と，およそ10人に１人だった。その後急速に少子・高齢化が進行し，2015年には26.7％と，日本人のおよそ４人に１人が高齢者となっている。　**B**　日本国憲法は第25条で国民が「健康で文化的な最低限度の生活を営む権利(生存権)」を保障しており，これにもとづいて社会保険，社会福祉《ふくし》，公的扶《ふ》助《じょ》，公衆衛生という４つの社会保障制度が整備されている。公的扶助とは国や地方公共団体が生活に困っている人を援助《えんじょ》する制度で，保険料を納めていなくても生活保護が受けられるようになっている。

②　**C**　2009年の衆議院議員選挙では一票の格差が最大2.30倍に達した。これに対して最高裁判所は日本国憲法第14条が定める「法の下の平等」と照らし合わせ，「違憲状態」であるという判決を出した。その後行われた４回の国政選挙(補欠選挙を除く)についても，すべて「違憲状態」であるという判決が出されている。　**1**　2015年６月，選挙権が得られる年齢を「20歳以上」から「18歳以上」に引き下げる改正公職選挙法が成立し，2016年夏の参議院議員選挙から適用されることに

なった。

③　D　教育を受ける権利は日本国憲法第26条により保障された権利で，生存権，勤労の権利，労働者の団結権・団体交渉権・団体行動権とともに社会権に含まれる。なお，「い」「う」は自由権，「え」は基本的人権を守るための権利に含まれる。　**2**　平等権は基本的人権の中でも自由権とともに最も重要な権利とされ，人種や性別，社会的身分などにより差別されないとしている。

④　E　消費税はすべてのものやサービスに課税されるため，誰でも一律の税率が課されることになる。よって，所得の少ない層ほど所得に対する税の割合が高くなり，負担感も重くなる。　**3**　消費税率は2014年４月に８％，2015年10月に10％に引き上げることになっていたが，８％への引き上げは政府の予想以上に消費を落ち込ませた。そのため，消費税率の10％への引き上げは2017年４月まで延期されることになった。

⑤　F　ノーベル賞は，ダイナマイトを発明したアルフレッド＝ノーベルの遺志により，人類に役立つ偉大な発見や研究をしたり，すぐれた作品を生み出したりした人たちにおくられるもので，ノルウェーやスウェーデンの委員会などによって受賞者が決定される。　**4**　国際連合(国連)の安全保障理事会は，５か国の常任理事国と任期２年で毎年半数が改選される10か国の非常任理事国とを合わせた15か国の理事国で構成されている。2015年10月，国連総会において非常任理事国選挙が行われ，日本，エジプト，セネガル，ウルグアイ，ウクライナが選ばれた。これにより，日本は世界最多となる11回目の非常任理事国を2016年１月から2017年12月まで務めることになった。

理　科　(30分)　＜満点：60点＞

解　答

Ⅰ　**問1**　ウ　**問2**　**A**…東，**B**…南東，**C**…南　**問3**　**a**　ア　**b**　ウ　**c**　オ　**d**　ク　**問4**　(a)　巻雲　(b)　積乱雲　(c)　乱層雲　(d)　積雲　Ⅱ　**問1**　1.073g　**問2**　**食塩**…25g，**砂糖**…45g　**問3**　11％　**問4**　1.077g　**問5**　ウ，オ　**問6**　カ　Ⅲ　**問1**　二酸化炭素　**問2**　①　ウ　②　イ　③　ア　④　オ　⑤　ウ　**問3**　(例)　ホットケーキの生地は，加熱前はほぼ中性でアントシアニンにより紫色だが，加熱後は炭酸水素ナトリウムが炭酸ナトリウムに変化してアルカリ性になったので緑色になった。　**問4**　(a)　ウ　(b)　ウ　(c)　ア　(d)　ウ　(e)　ア　Ⅳ　**問1**　ウ　**問2**　エ　**問3**　ア　**問4**　イ　**問5**　ウ　**問6**　イ　**問7**　ウ　**問8**　解説の図を参照のこと。
Ⅴ　イ，カ，ケ，シ

解　説

Ⅰ　台風についての問題

図ア　図イ　図ウ

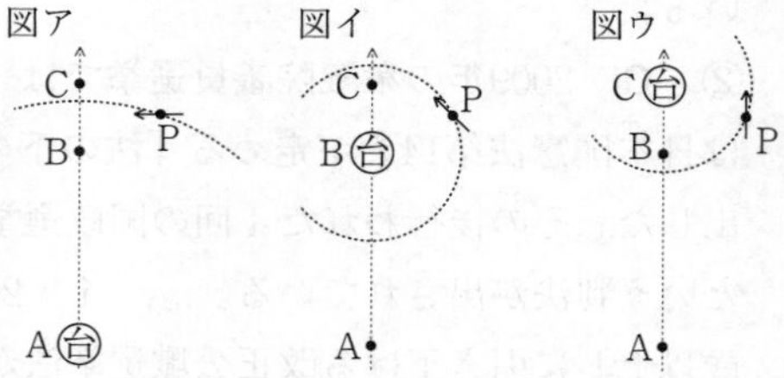

問1　台風は低気圧なので，まわりから中心付近に向かって風が吹《ふ》く。このとき，地球の自転などの影響を受けて，ウのように中心付近に向かって反時計回りに風が吹きこむ(北半球の場合)。

問2　問１のウより，A点，B点，C点に台風の中心があるとき，Ｐ点での風向きはそれぞれ上の図ア，図イ，図ウの矢印のようになる。よって，Ｐ点では風向きが東，南東，南と変化する。

問３　**a**　問２で述《の》べたように，Ｐ点での風向きは東→南東→南と時計回りに変化する。　**b**　Ｐ点では台風が西側を通るので，台風の東側の半円に入っている。　**c**，**d**　台風の東側の半円の部分では，中心に向かって吹きこむ風の向きと台風の進む向きが重なるために，特に風が強くなる。一方，台風の西側の半円の部分では，吹きこむ風の向きと台風の進む向きが相反するため，風力が弱くなる。そのため，台風の被害は東側の半円の部分に入ったときの方が，西側の半円の部分に入ったときよりも大きくなりやすい。

問４　すじ雲，入道雲，雨雲，わた雲と呼ばれるのはそれぞれ，巻《けん》雲，積乱雲，乱層雲，積雲である。

Ⅱ　ものの浮《う》き沈《しず》みについての問題

問１　66.5÷62＝1.0725…より，この卵の密度《みつど》（1 cm^3あたりの重さ）は1.073ｇと求められる。

問２　食塩の場合はビーカーＡの結果の表より25ｇ以上，砂糖の場合はビーカーＢの結果の表より45ｇ以上，それぞれ加えたときに卵が浮く。

問３　水よう液の濃《こ》さは，（溶《と》けているものの重さ）÷（水よう液全体の重さ）×100で求められる。よって，25÷（25＋200）×100＝11.1…より，11％となる。

問４　（25＋200）÷209＝1.0765…より，1.077ｇとなる。

問５　ア　この実験より，卵は食塩水の濃さが11％以上のとき，砂糖水の濃さが，45÷（45＋200）×100＝18.3…（％）以上のときに浮く。　イ　同じ重さの食塩と砂糖を溶かしたとき，食塩水と砂糖水の濃さは同じである。　ウ～オ　卵の密度は1.073ｇで，それぞれの物質を加えていって卵が浮いたときには，食塩水の密度が1.077ｇ，砂糖水の密度が，（45＋200）÷228＝1.074…（ｇ）となっている。これ以前ではそれぞれの水よう液の密度が卵の密度より小さい。よって，液体中にある物体の浮き沈みは，液体と物体の密度のちがいに関係しているといえる。

問６　台はかりのめもりは，ビーカー，水，卵，砂糖の重さの合計の，150＋1×200＋66.5＋50＝466.5（ｇ）をさす。

Ⅲ　水よう液の性質と指示薬の色の変化についての問題

問１　石灰石にうすい塩酸を加えると，石灰石に含《ふく》まれている炭酸カルシウムがうすい塩酸に溶けて二酸化炭素を発生する。

問２　①～③　BTB液は，酸性で黄色，中性で緑色，アルカリ性で青色を示す。食塩水は中性，酢《す》は酸性，アンモニア水はアルカリ性の水よう液である。　④，⑤　ムラサキキャベツの煮汁《にじる》（ムラサキキャベツ液）の色は，強い酸性では赤色，弱い酸性ではピンク色，中性では紫《むらさき》色，弱いアルカリ性では緑色，強いアルカリ性では黄色を示す。したがって，④はピンク色，⑤は緑色になると考えられる。

問３　ホットケーキの生地は，加熱前はほぼ中性なので，アントシアニンにより紫色を示す。しかし，加熱により炭酸水素ナトリウムが炭酸ナトリウムに変化すると，弱いアルカリ性になるので，緑色を示す。

問４　(a)，(b)　食塩水や砂糖水は中性の水よう液であり，ホットケーキのかけらに含まれている炭酸ナトリウムの水よう液は弱いアルカリ性なので，ホットケーキのかけらを食塩水や砂糖水に入れると，緑色のままで変化しないが紫色に近づくと考えられる。 (c)，(e) ホットケーキのかけらは小さいので，レモン汁や酢などの(弱い)酸性の水よう液の中に入れると，ホットケーキのかけらに含まれている炭酸ナトリウムが中和によりなくなる。したがって，ホットケーキのかけらの色はピンク色に変化する。 (d) ホットケーキのかけらに含まれている炭酸ナトリウムの水よう液とアンモニア水は，どちらも弱いアルカリ性である。よって，ホットケーキのかけらの色は，緑色のままで変化しない。

Ⅳ 植物の体のつくりと花を咲《さ》かせるしくみについての問題

問１ 植物の葉で光合成によりつくられた栄養(デンプン)は，水に溶ける糖に変えられて，師管を通ってからだの各部分に送られる。また，根から吸い上げた水は道管を通る。ジャガイモなどの双《そう》子葉植物の茎《くき》の断面では，維管束《いかんそく》(道管の集まりと師管の集まりの束《たば》)が輪状に並んでおり，師管は形成層の外側，道管は形成層の内側にある。そのため，食用色素を溶かした色水に根をひたしてしばらく置いてから茎を切って断面を観察すると，ウのようになる。

問２ アはアサガオ，イはカエデ，ウはササなど，エはジャガイモの葉である。

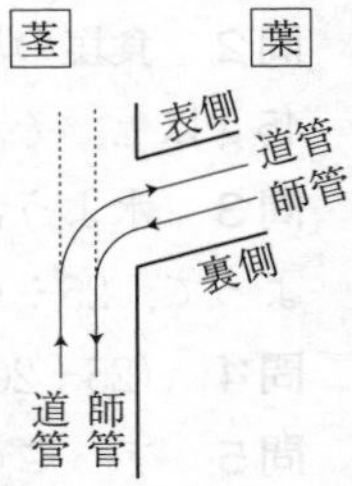

問３ 葉の葉脈と茎の中で，道管と師管はそれぞれ右の図のようにつながっている。したがって，アが選べる。

問４ 問１で述べたように，形成層の外側には師管があるので，形成層の外側をはぎ取って育てると，葉でつくられた栄養が運ばれず，新しいイモができなくなる。

問５ 実験３の３―１で，①～③では花が咲かず，④，⑤では花が咲いたので，花が咲くにはある決まった時間より長い，光のあたらない時間が必要とわかる。なお，③と⑤より，光のあたらない時間は合計ではなく，連続した時間である。

問６ 実験３の３―２のように，アルミニウムはくでおおうと，その部分には光があたらなくなる。日長の感知をしているのが葉であるとすると，①より，葉が１枚でも感知をすると花が咲く。一方，日長の感知をしているのが葉のつけねや茎であるとすると，②，④は花が咲くはずだが，実験では咲いていない。よって，イがふさわしい。

問７ 葉が感知した日長の情報は，図３のＣでは植物の体内の全体に伝わっているが，図４のＡでは形成層の外側をはぎ取った部分で伝わらなくなっている。したがって，感知した日長の情報は形成層の外側を通って伝わるといえる。

問８ 問７より，下から２枚目の葉が感知した日長の情報は，下から１枚目の葉のつけねには伝わらないが，下から２～４枚目の葉のつけねには伝わる。よって，右の図のようになる。

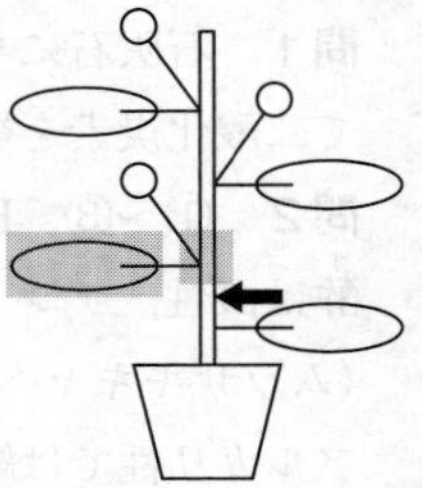

Ⅴ 実験を行うときの注意点についての問題

ア 気体には有害なものもあるので，気体を発生させる実験をするときには，部屋の窓を開ける。あるいは，ドラフトチャンバーと呼ばれる局所排気装置の中で実験を行う。 イ ビーカーや試験管に液を入れるときには，液を入れすぎないようにする。試験管では$\frac{1}{5}$～$\frac{1}{4}$程度にする。 ウ 実験器具は，乾《かわ》かしてあるものを使う。 エ ふだんからメガネをかけている人は，メガネの上からかけられる形式の安全メガネを使う。 オ 実験に使う水よう液が目に入ってしまったら，すぐにゆるやかな流水でじゅうぶんに洗い流し，その後，保健室などで手当を受ける。 カ 液から発生する気体には有害なものもあるので，液のにおいを調べるときは，直接においをかがず，試験管の口のところを手であおぐようにしてかぐ。　キ　液を加熱すると，沸騰《ふっとう》により液が飛び散ることがあるので，上からのぞきこまず，横から観察する。　ク　上皿てんびんの分銅は，手で持つとさびて重さが増えてしまうので，必ず専用のピンセットで持つようにする。　ケ　電源装置は，スイッチが入っていないことを確かめてから，電源プラグをコンセントにつなぎ，スイッチを入れる。片づけるときは，この逆順で行う。コ　けんび鏡は，直接日光があたらないところで使用する。サ　試験管の中で液を混ぜるときは，試験管の上から約$\frac{1}{4}$のところを親指，人さし指，中指の３本で持ち，軽く左右に振《ふ》る。なお，加熱するときは，試験管ばさみを用いる。シ　実験器具を洗った後は，器具の水けをふきとらずに，自然にかんそうさせる。水けをふきとらないのは，布などでふくと，器具にほこりがついてしまうからである。また，自然にかんそうさせるのは，かんそう器などを用いると，精密につくられている器具が熱で変形するからである。

国　語　（50分）＜満点：100点＞

解　答

一　**問１**　（例）「私の入口だ」とは，来る者を拒むはたらきもする門が，私にとっては入るものとして存在しているということである。これは，私が内にいる者に特別に受け入れられたことを意味するので，その貴重さゆえに価値があるのである。　**問２**　一門　**問３**　（例）門の前に立ち，門の前で待つ間，人は静かに自分を見つめる準備をし，本当にこの中に入って仲間に加わりたいのか，と心に問いかける。そして，門の中で起こる楽しいことを思い描いては期待に心躍らせたり，苦しいことを考えては不安にさいなまれたりするが，そのような思案を経た上で，覚ごと決意をかためて門をくぐる。門はこのような行為や心の動きを，前に立つ人にもたらすような，厳かでみ力的な姿をしているということ。　**問４**（例）人間の家というのは，人の訪れを受け入れたり拒んだりすることを通して，他の人とのつながりを形づくっていく場所だから。　**問５**　部屋　**問６**　下記を参照のこと。　**二**　**問１**（例）ヤービ族の名まえは，一人一人に固有のものではなく，生まれた順番や，親になったことなどを示す共通の記号のように便ぎ的につけられている。だから，あるひとつの時代の中でなら，人物が特定できるとしても，パパのように一族の歴史書を書こうとすると，同じ名まえがいろいろな時代に登場することになるので，だれについての記述か区別ができず，混乱してしまうこと。　**問２**（例）マミジロは，「二番目の子ども」という記号でしかない今の名まえではなく，自分だけのためにつくられたとくべつな名まえで呼ばれたいと思っている。その名まえは，自分の生き方や個性を表したり，自分がこうなりたい，自分が人からこう思われたいという願いがこめられたものであり，マミジロの，一つ所にとどまることなく旅を続ける詩人でありたい，きらきらと光り輝くすばらしい存在でありたい，という願いが「さすらいの詩人」や「ブリリアント」という名まえに表れているのである。　**問３**　（例）ヤービは，「ほのおの革命家」に会ったことはないが，そのことばのイメージから，つらい労働をしいられて苦しむどれいたちを悪から解放して，どれいのいない世をつくろうと情熱をもやす英雄のような人物を思いうかべてあこがれている。このように，ある人物に名まえがつくと，その名まえが持つイメージがその人物そのものになるように，名まえと人物は一体のものなのである。　**問４**　（例）　名まえは，役割を示す程度のものでよく，その人がどんな個性を持っているかという特徴をむき出しにしたり，無理に自分を主張したりしなくてもすむことから，ヤービは今の自分の名まえに満足している。一方，自分だけのとくべつの名まえで呼ばれることは，自分の考えや人がらがむき出しになりすぎたり，その名まえどおりの生き方をしいられる気がしたりして，いつも緊張していることになり，安心できないのではないかと考えている。　**問５**　①　（例）　愛情（情愛，友情，心情，感情，情熱，事情）　②（例）満潮（満月，不満，充満，満腹）　**問６**　エ

●漢字の書き取り

一　問６　①　裁（き）　②　遺物　③　軽視

解　説

一　**出典は香山壽夫《こうやまひさお》の『建築を愛する人の十二章』による。**門が持つ意味合いやはたらきについて説明し，門はそれにふさわしいかたちを持つことが求められると述べている。

問１　「門は招き入れるものであり，同時に拒《こば》み閉じられるもの」だと第二段落にある。つまり，「私の入口だ」とは，“来る者を拒み閉じるはたらきもある門が，私にとっては入るものとして存在している”という意味になる。「入れてもらえない人もある門に，自分は入れてもらえたからこそ嬉《うれ》しい」とも前にあるとおり，内にいる者に特別に受け入れられたという貴重さゆえに「価値」もあるということになる。

問２　「同じ門をくぐって入り，生き方，考え方を共にする人々のまとまり」という意味の，漢数字をふくむ熟語は「一門」である。「門」の意味するところを述べている文章なので，「門」という漢字を使うことに注意する。

問３　「そうした人間の行為《こうい》，心の動き」とは，門がどういう場所であり，その前に立った人間が何を思い，どう行動するかを述べた前の部分を指す。門は入る前にそこに立ち，自分は本当にこの中に入って仲間に加わりたいのかと心に問いかけ，自分の気持ちを確認する場所だとある。そして，それには「準備」，「待つこと」，「期待」，「不安」，「決意」が必要だと述べている。「準備」とは，門の前で待つ間に自分の心を見つめることである。また，最初の二段落にあるように，門を入った後に待ち受ける楽しいことを想像しては「期待」に心を躍《おど》らせたり，苦しいことを考えては「不安」にさいなまれたりした上で，覚ごと「決意」をもって門をくぐることも必要だといっている。門はそうした，自分を見つめ直し未来を熟考する行為や心の動きを，前に立つ人にもたらすような，厳かでみ力的な姿をしていることが求められるのである。

問４　「人間の家」は「人が訪れる」点で「動物の巣」と違《ちが》い，門・入口は「内（私）」と「外（他）」とがつながる場所で，誰《だれ》を招くか拒むかを判断する場所だと後にある。人の訪れを受け入れたり拒んだりすることを通して，他の人とのつながりを形成していく場所が「人間の家」なので，ぼう線Ⓒのようにいえる。

問５　部屋の囲いにある入口は開口に始まり，やがてそれ自体がひとつの空間，つまり「部屋」になろうとすると直前の一文にある。空らんイをふくむ文の最初に「〜をみても」とあることから，「縄文時代の竪穴《たてあな》住居」も同様だとわかるので，入口の上のひさしを支える柱が立って開口部とな

り，生まれるのは「部屋」になる。

問6　①　音読みは「サイ」で，「裁判」などの熟語がある。訓読みには他に「た(つ)」がある。

②　過去の人たちが残したもの。　③　軽んじること。

二　出典は梨木香歩《なしきかほ》の『岸辺のヤービ』による。一人一人に固有のものではなく，生まれた順番などを示す記号としての「名まえ」を持つヤービ族たちの，名まえについての考えが語られている。

問1　直前の部分から，パパがこまっていることを読み取る。「ヤービ族の『名まえ』」は一人一人に固有のものではなく，「いちばん上がヤービ，二番目がマミジロ，三番目がセジロ」，子どもが生まれたらヤービは「パパ・ヤービ」と呼ばれるなど，生まれた順番や親になったことを示す共通の記号のように便ぎ的につけられる。そのため，ある時代に限定されれば人物が特定できるが，パパが執筆《しっぴつ》中の「クーイ族」の歴史書の中では同じ名まえがいろいろな時代に登場し，パパ自身も，そしてきっと読者も，だれについての記述かが区別できず混乱してしまうことにパパはこまっているのである。

問2　「二番目」の子どもという記号でしかない今の名まえにマミジロは長く違和感《いわかん》を持っており，自分だけのためにつくられた「とくべつの名まえ」で呼ばれたらどんなにいいかと夢想し，「うっとり」している。波線イや波線ウの名まえからは，自分の生き方や個性を表したり，自分はこうなりたい，人からこう思われたいという願いがこめられたりした名まえが望ましいというマミジロの考えがうかがえる。マミジロは，一つ所にとどまることなく旅をつづける詩人でありたい，きらきらと光り輝《かがや》くすばらしい存在でありたいといった願いを，これらの名前にたくしているのである。

問3　ぼう線Bでは，ある人物に名まえがつくと，その名まえが持つイメージがその人物そのものとなるように，名まえと人物は一体だという考えが語られている。第二段落に注目する。「ほのおの革命家」に会ったことのないヤービが，そのことばのイメージから，つらい労働をしいられて苦しむどれいたちを悪者から解放し，「どれいのいない世の中」をつくろうと情熱をもやす英雄的な人物を想像し，あこがれているようすが描《えが》かれている。

問4　自分だけのとくべつにつくられた名まえにあこがれるマミジロとは，ヤービは異なる意見を持っている。今の名まえにマンゾクしているヤービは，名まえを「自分をやんわりおおってくれる」「ちょっとしたコートのようなもの」と考えており，役割を示す程度で十分で，その人の個性をむき出しにしたり，無理に自分を主張したりしなくてもいいと思っている。自分だけのとくべつの名まえで呼ばれると「ひりひりする感じ」だろうとは，「ぴったりしすぎてもきゅうくつ」かもしれないと「わたし」も同意しているとおり，自分の考えや人がらがむき出しになりすぎたり，その名前に合った生き方をしいられる気がしたりして，いつも緊張《きんちょう》から逃《のが》れられず，心の平安が得られないのではという考えからきたことばだと推測できる。

問5　①「情報」は，あることの内容や事情についての知らせ。「情」を使った二字熟語には，「愛情」「感情」「情熱」「事情」などがある。　②「満足」は，心が満ち足りること。「満」を使った二字熟語には，「満潮」「満月」「不満」「満腹」などがある。

問6　その人以外の人に関係づけられた「なんとか夫人」，「かんとかのママ」といった呼び方について，「わたし」の考えをつづった段落である。その人自身が見えないような呼び方に見えるが，他のだれかの夫人や母親としての役割をしっかりはたしている，実体のある本人がそこにはきちんと存在していることをぼう線Eのように表現していると考えられるので，エが選べる。

Dr.福井の

入試に勝つ！脳とからだのウルトラ科学

歩いて勉強した方がいい？

みんなは座って勉強しているよね。だけど，暗記するときには歩きながら覚えるといいんだ。なぜかというと，歩いているときのほうが座っているときに比べて，心臓が速く動いて（脈はくが上がって）脳への血のめぐりがよくなるし，歩いている感覚が背骨の中を通って脳をつつくので，頭が働きやすくなるからだ（ちなみに，運動による記憶力アップについては，京都大学の久保田名誉教授の研究が有名）。

具体的なやり方は，以下のとおり。まず，机の上にテキストを広げ，1ページぐらいをざっと読む。そして，部屋の中をゆっくり歩き回りながら，さっき読んだ内容を思い出す。重要な語句は，声に出して言ってみよう。その後，机にもどってテキストをもう一度読み直し，大切な部分を覚え忘れてないかをチェック。もし忘れている部分があったら，また部屋の中を歩き回りながら覚え直す。こうしてひと通り覚えることができたら，次のページへ進む。あとはそのくり返しだ。

さらに，この“歩き回り勉強法”にひとくふう加えてみよう。それは，なかなか覚えられないことがら（地名・人名・漢字など）をメモ用紙に書いてかべに貼っておくこと。ドンドン貼っていくと，やがて部屋中がメモでいっぱいになるハズ。これらはキミの弱点集というわけだが，これを歩き回りながら覚えていくようにしてみよう！　このくふうは，ふだんのときにも自然と目に入ってくるので，知らず知らずのうちに覚えることができてしまうという利点もある。

歴史の略年表や算数の公式などを大きな紙に書いて貼っておくのも有効だ。

Dr.福井（福井《ふくい》一成《かずしげ》）…医学博士。開成中・高から東大・文Ⅱに入学後，再受験して翌年東大・理Ⅲに合格。同大医学部卒。さまざまな勉強法や脳科学に関する著書多数。

平成27年度　桜 蔭 中 学 校

〔電　話〕(03) 3811－０１４７
〔所在地〕〒113-0033　東京都文京区本郷１－５－25
〔交　通〕JR線－「水道橋駅」より徒歩５分　都営三田線－「水道橋駅」より徒歩２分
東京メトロ丸ノ内線－「本郷三丁目駅」より徒歩８分

【算　数】（50分）〈満点：100点〉

（注意）円周率を用いるときは，3.14としなさい。

Ⅰ　(1)　次の□にあてはまる数を答えなさい。

①　$\left\{\left(5.6-2.8\times1\frac{5}{7}\right)\div\frac{18}{35}+2\frac{2}{3}\right\}\div4.75=\square$

②　$\left(\frac{47}{55}-\frac{8}{25}\div\square\right)\times\left(\frac{19}{36}\times9-1\frac{1}{24}\div\frac{5}{7}+\frac{2}{3}\right)=2\frac{3}{8}$

(2)　右の＜図１＞のようなアからケの９個のマスがあります。このアからケのマスの中に，約数が全部で９個ある整数の約数を小さい順に入れます。たとえば，36の場合は＜図２＞のようになります。このとき，次の□にあてはまる数を答えなさい。

＜図１＞

ア	イ	ウ
ク	ケ	エ
キ	カ	オ

＜図２＞

ア 1	イ 2	ウ 3
ク 18	ケ 36	エ 4
キ 12	カ 9	オ 6

①　アとケとオに書かれている数字の和が241となる整数は□です。

②　ウとケとキに書かれている数字の積が38416となる整数は□です。

Ⅱ　いろいろな大きさの正三角形を，次のように置いていきます。はじめに，右の＜図１＞のように１辺の長さが１cmの正三角形３枚①②③と１辺の長さが２cmの正三角形２枚④⑤を置きます。次からは，できた図形の最も長い辺を１辺とする正三角形をもとの図形のとなりに，＜図２＞のようにうずまき状に置いていきます。このとき，次の問いに答えなさい。

＜図１＞

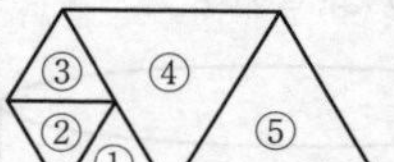

＜図２＞

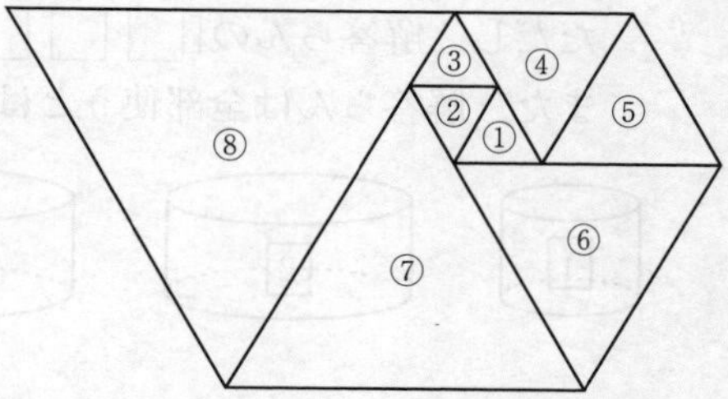

(1)　⑰の正三角形を置いたとき，できる図形の周の長さは何cmですか。

(2)　⑮の正三角形を置いたとき，できる図形の面積は①の正三角形の面積の何倍ですか。

Ⅲ　あるお店でチーズケーキとプリンを買います。どちらも少なくとも１個は買うことにします。チーズケーキは１個300円，プリンは１個120円です。値段は消費税をふくんでいます。

このとき，次の問いに答えなさい。ただし，解答らんは全部使うとは限りません。

(1)　チーズケーキとプリンを合わせて18個買い，代金が3500円以上4500円以下になるようにします。考えられる個数の組合せをすべて答えなさい。

(2)　セールの期間には，チーズケーキは10個をこえると，こえた分はもとの値段の５％引きになります。セール期間中に買い物をし，その代金がちょうど9000円になる場合の個数の組合せをすべて答えなさい。

Ⅳ　下の図のように，番号のついたいろいろな大きさの円柱があります。$\boxed{1}$ の円柱の底面の半径は２cm で，番号が１つ増えるごとに底面の半径は，前の番号の円柱の半径の２倍になっています。円柱の高さはすべて３cm です。これらの円柱の何個かを積み重ねて新しい立体を作ろうと思います。ただし，円柱の底面の円の中心どうしが重なるように積み重ねます。

＜図１＞のように $\boxed{3}$ の上に $\boxed{2}$，$\boxed{2}$ の上に $\boxed{1}$ を積み重ねた立体を［$\boxed{3}$ $\boxed{2}$ $\boxed{1}$］，＜図２＞のように $\boxed{3}$ の上に $\boxed{4}$ を積み重ねた立体を［$\boxed{3}$ $\boxed{4}$］のように表すことにします。

このとき，立体［$\boxed{3}$ $\boxed{2}$ $\boxed{1}$］と立体［$\boxed{1}$ $\boxed{2}$ $\boxed{3}$］は同じ立体となります。次の問いに答えなさい。

(1)　＜図１＞の立体［$\boxed{3}$ $\boxed{2}$ $\boxed{1}$］の表面積を求めなさい。

(2)　立体［$\boxed{6}$ $\boxed{3}$ $\boxed{4}$ $\boxed{2}$ $\boxed{5}$］と，立体［$\boxed{6}$ $\boxed{5}$ $\boxed{4}$ $\boxed{3}$ $\boxed{2}$］の表面積の差を求めなさい。

(3)　$\boxed{1}$，$\boxed{2}$，$\boxed{3}$，$\boxed{4}$，$\boxed{5}$ の円柱を１つずつ使って立体を作ります。

立体［$\boxed{5}$ $\boxed{4}$ $\boxed{3}$ $\boxed{2}$ $\boxed{1}$］と同じ表面積になる［$\boxed{5}$ $\boxed{4}$ $\boxed{3}$ $\boxed{2}$ $\boxed{1}$］以外の立体をすべて答えなさい。

ただし，解答らんの［$\boxed{}$ $\boxed{}$ $\boxed{}$ $\boxed{}$ $\boxed{}$］（左からア　イ　ウ　エ　オ）において，アはオより大きいものとします。

また，解答らんは全部使うとは限りません。

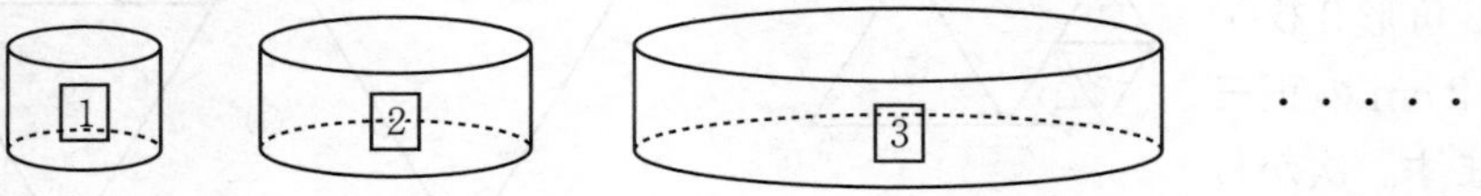

＜図１＞

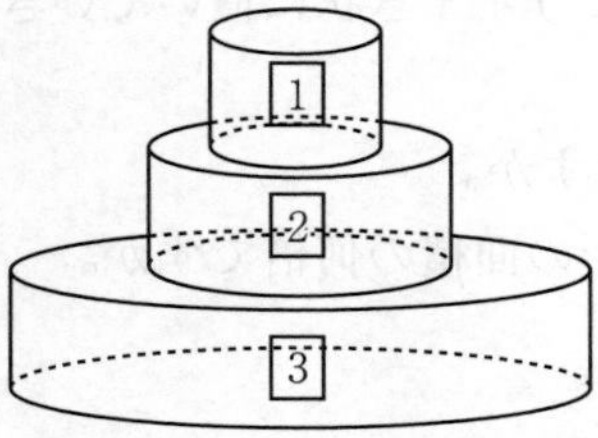

＜図２＞

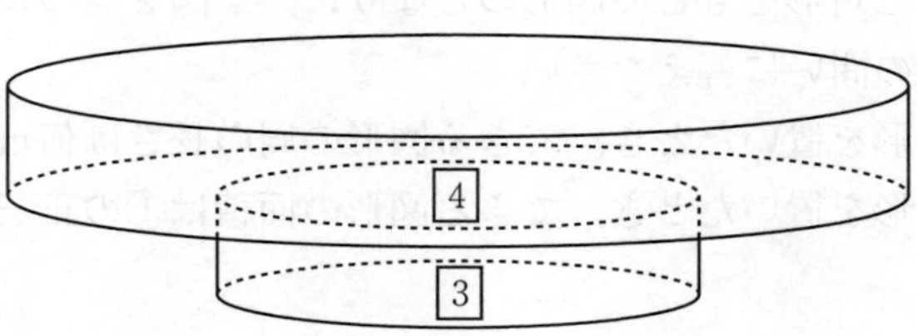

V　A地点からE地点まで540mの直線のランニングコース上にB，C，D地点がこの順にあります。AからBまでの距離《きょり》は60mで，DからEまでの距離は300mです。A，B，C，D地点にそれぞれⒶ君，Ⓑ君，Ⓒ君，Ⓓ君がいます。はじめⒶ君がボールを持っていて，Ⓐ君からⒹ君まで順にボールを手わたししていきます。ボールを持っているときはどの人も分速150mで走り，持っていないときは分速80mで歩きます。

いま，Ⓐ君は走って，Ⓑ，Ⓒ，Ⓓ君は歩いて同時に各地点をE地点に向かってスタートしました。Ⓐ君からボールを受け取ったⒷ君は走ってⒸ君にボールをわたし，Ⓒ君は走ってⒹ君にわたしました。ボールを受け取ってからⒹ君はE地点まで走りました。Ⓒ君がⒷ君からボールを受け取るまでに歩いた距離と，Ⓑ君がⒶ君からボールを受け取るまでに歩いた距離の差は$89\frac{1}{7}$mでした。このとき，次の問いに答えなさい。

(1)　Ⓑ君がⒶ君からボールを受け取るまでに歩いた距離を求めなさい。
(2)　B地点からC地点までの距離を求めなさい。
(3)　Ⓓ君が走った距離を求めなさい。

【社　会】（30分）〈満点：60点〉

I　日本の食文化に関する文章を読んで，後の問いに答えなさい。

四季の変化が明確で，南北に細長く，海に囲まれた日本では，独自の食文化を育《はぐく》んできました。日本の「食」に関するさまざまな「習わし」は，2013年，「和食；日本人の伝統的な食文化」と題してユネスコの①無形文化遺産に登録されました。日本人の②伝統的食文化は，自然を尊重する精神に基《もと》づき，多様な食材とその素材の味わいをいかす工夫《くふう》，季節感をあらわす盛り付け，③田植えや収穫《しゅうかく》にともなう祭りや正月などの年中行事と深く結びついていることなどを特徴《とくちょう》としています。和食に欠かせない調味料として味噌《みそ》や醤油《しょうゆ》があげられます。これらはカビの一種である麹菌《こうじきん》を利用してつくられる発酵《はっこう》食品です。温暖で湿度《しつど》が高い日本の気候は麹菌の繁殖《はんしょく》に適しており，④大豆を主な原料として，各地でさまざまな味噌や⑤醤油がつくられてきました。昆布《こんぶ》，⑥カツオ節，煮干《にぼ》しなどからとる出汁《だし》も和食の味付けの基本です。ところで味噌や醤油の起源は，古代中国の発酵食品の「豉(コ)」や「醬(ジャン)」であるという説が有力です。日本の食文化は，東アジアをはじめとしたアジア各地の食文化ともかかわっています。

これから歴史の流れにそって，日本の食文化がどのように形作られてきたのかをみていきましょう。

日本では，⑦縄文晩期には水田耕作が始まり，その後，米を中心とした食文化が形成されていきます。⑧7世紀以降には，かんがい水路やため池の建設が本格的に進み，鉄製農具が広まりました。食料が増産され富が蓄積《ちくせき》されるとともに，古代律令《りつりょう》国家が形作られていきました。

奈良《なら》時代から平安時代のはじめにかけては，国づくりだけでなく，食生活でも中国の影響《えいきょう》を受けたようです。その後，中国の影響が弱まる中で日本風の文化を育んだ貴族たちは，食生活にも日本的な特色を加え，礼儀《れいぎ》作法を整えました。「春はあけぼの」，「夏は夜」がすばらしいと書かれた随筆《ずいひつ》⑨『　A　』の中には，出されたものを次々とすぐに食べてしまう大工たちの食事作法を「とてもおかしい」と指摘している場面があります。

⑩源氏が平氏を滅《ほろ》ぼして幕府を開いた時代，中国の影響を受けた禅宗《ぜんしゅう》の僧《そう》たちが，肉や魚

を用いない精進《しょうじん》料理を広めました。この際，植物性の料理を肉の味に近づけようと，出汁や調味料に工夫をこらし，調理法が発達しました。また僧たちは「食べることも調理も，修行《しゅぎょう》」と考え，「いただく以上は，食材そのものの持ち味を楽しみ，見た目の美しさにこだわろう」とする価値観を生みました。

⑪室町《むろまち》時代から安土桃山時代にかけて，お茶を飲む風習が広まり，静かにお茶を楽しむ茶の湯が発達しました。茶の湯の広がりは，茶会の際に出される懐石《かいせき》料理を発達させ，味覚《みかく》だけでなく，客をもてなす心づかいの大切さが説かれるようになりました。この頃には料理の内容も充実《じゅうじつ》し，和食の原型が完成しました。人々の間に1日3回食事をとる習慣が起こり，うどん，豆腐《とうふ》，こんにゃく，納豆《なっとう》などが広まり，醤油も使われるようになりました。

江戸《えど》時代には，大名や村の大きさは⑫［　B　］の収穫高によって示されるなど，［　B　］を中心とした経済システムがとられ，［　B　］の値段の上下により，武士の財政は影響を受けることとなりました。江戸幕府は身分制度をもとにした支配を行い，特に人口の8割以上を占《し》める百姓《ひゃくしょう》にはさまざまな税が課されました。農村では，自給自足生活を基本としていましたが，やがて農民たちも⑬貨幣《かへい》で物を買うようになり，貨幣を必要とするようになりました。一方，町人たちは，百姓に比べると税の負担も軽く，都市では，夜になると灯《あか》りがともされ，木綿《もめん》の着物を着て，茶を飲み，屋台でそばやうどん，てんぷら，すしを食べるなど，食生活を楽しむ町人の姿がみられました。江戸時代後半には料理を教える書物が人気を集め，⑭幕府の高級役人や富裕《ふゆう》な人々が，料亭《りょうてい》で料理を楽しんだといいます。この頃には，⑮昆布から出汁をとる方法も，関西を中心に広まっていきました。

700年ぶりに武士政権が倒《たお》れると，日本は西洋を模範《もはん》とする近代化への道を歩み始めました。天皇を中心とする新しい政権の下で，⑯四民平等，廃藩《はいはん》置県，学制，地租《ちそ》改正などの改革が次々と行われました。風俗《ふうぞく》や食文化も西洋の影響を受けるようになり，ざんぎり頭や牛鍋《ぎゅうなべ》など西洋の文化をもてはやす風潮は，⑰「［　C　］」とよばれ，人々の生活を変えていきました。日本はこうして急速に近代化を進め，産業を発展させ，世界の強国の仲間入りを果たすために，大陸へ進出するという道を選びました。⑱日清《にっしん》戦争，日露《にちろ》戦争，第一次世界大戦と戦いが続きました。産業が発達するにつれて生活も向上し，都市では西洋風な料理も普及《ふきゅう》して，カレーやコロッケ，トンカツなどの「洋食」が人気を集めました。また，美食を提供することをめざし，味だけでなく，器《うつわ》や食事空間にもこだわる高級料亭なども登場しました。しかし⑲満州事変以降，日中戦争，太平洋戦争とさらに戦いが続き，人々は「ぜいたくは敵」として耐乏《たいぼう》生活を強《し》いられ，食事を楽しむ余裕などはなくなってしまいました。東京をはじめとする諸都市は空襲《くうしゅう》を受けて廃墟《はいきょ》のようになり，広島・長崎《ながさき》に原爆《げんばく》が投下され，戦争は終わりました。

敗戦後の数年間，食料事情はさらに悪化しましたが，やがて経済は復興し，食料不足も解消されていきました。日本は独立を回復し，1964年には東京オリンピックを成功させるほどに経済を発展させました。

今日，健康に良いとして和食は海外で人気を集めており，和食特有の食材が輸出されたりもしています。一方国内では食の洋風化が進み，脂質《ししつ》のとり過ぎや生活習慣病など新たな問題がたくさん起きています。私たちは自分たちの健全な食生活に関心を持つとともに，⑳日本や世界の食料問題からも目をそらすわけにはいきません。

問1　下線部①について，ユネスコの無形文化遺産の保護に関する条約は2003年に採択《さいたく》されましたが，日本では，無形の文化財は1950年に制定された文化財保護法によって守られてきました。日本において文化財を守る仕事をしている国の機関を次の あ～え から１つ選び，記号を答えなさい。

あ　観光庁　　い　復興庁　　う　特許庁　　え　文化庁

問２　下線部②について，食器や調理器具も伝統的食文化を支える重要な役割を果たしてきました。その中には，現在でも特産品としてつくられているものがあります。特産品とその産地の組み合わせとして正しくないものを次の あ～え から１つ選び，記号を答えなさい。

あ　漆器《しっき》：福井県　　い　陶磁器《とうじき》：岐阜《ぎふ》県　　う　包丁：岐阜県　　え　鉄びん：沖縄《おきなわ》県

問３　下線部③について，田植えの最盛期は地域によって異なります。次の あ～え の中で，田植えの最盛期が最も遅《おそ》い地域を選び，記号を答えなさい。

あ　九十九里平野　　い　庄内《しょうない》平野　　う　筑紫《つくし》平野　　え　上川盆地《ぼんち》

問４　下線部④に関連する問い(1)～(3)に答えなさい。

(1)　日本では国内で消費する大豆の多くを海外に依存《いそん》しています。次の世界地図中のＡ～Ｅの国々は，日本の主な大豆の輸入先です(2012年)。後の あ～お の各文は，Ａ～Ｅの国について述べています。地図中のＡ～Ｃにあてはまる説明文を後の あ～お から１つずつ選び，記号を答えなさい。

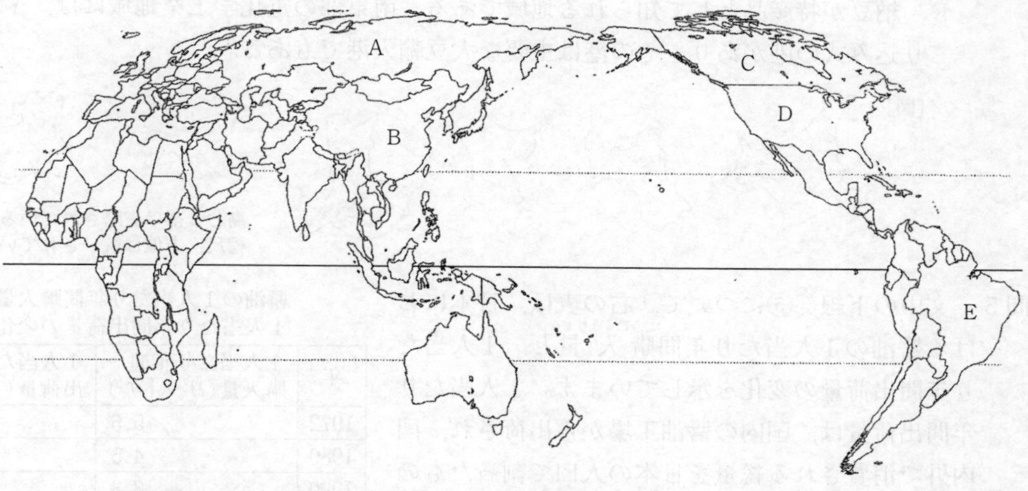

あ　2014年，隣国との間で領土をめぐって紛争が起こった。日本は，この国から原油・液化天然ガス・魚介類《ぎょかいるい》なども輸入している。

い　農地面積の割合は国土全体の１割に満たないが，日本には小麦，豚肉《ぶたにく》，牛肉も輸出している。小説『赤毛のアン』の舞台となった島のある国である。

う　この国は世界的な大豆輸入国でもある。1990年代以降急速に経済が発展し，貿易もさかんになり，輸入総額では世界第２位(2011年)である。

え　この国の首都は日本との時差が12時間(夏時間は考えない)ある。大豆は，砂糖・オレンジ・コーヒー豆とともにこの国の重要な輸出向け農産物である。

お　世界最大の大豆生産国(2011年)である。この国の農業は，大型農業機械を用いた大規模経営で，遺伝子組《く》み換《か》えなどの高度な技術に支えられている。

(2)　大豆は，味噌や醤油の原料になるほか，食用油，豆乳，豆腐，納豆などさまざまに加工されます。大豆から豆乳をしぼった後に残るものの名称《めいしょう》を答えなさい。

(3)　次の文A～Fは，後の[図]で示した大豆とかかわりのある都道府県のいずれかについて述べています。A～Fにあてはまる都道府県名を漢字で答えなさい。

A　畑作の輪作に欠かせない作物として大豆栽培がさかんである。地元産の農水産物を原料とした食料品製造業がさかんで，食料品製造業の出荷額《しゅっかがく》は全国第１位(2011年)である。

B　自家用味噌の原料として大豆を栽培してきたが，大消費地に近いので，今日では未成熟の大豆(枝豆)を収穫して新鮮なまま出荷している。枝豆の収穫量は全国第１位(2011年)である。

C　田の割合が高い地域で，大豆は転作作物としての作付けが多い。郷土料理の「ずんだもち」は，枝豆をゆでてすりつぶして餡《あん》にし，餅《もち》にからめたものである。

D　おせち料理に使われる黒大豆の産地として有名である。南部には有名な塩の産地があり，原料の入手に便利なので醤油醸造業《じょうぞうぎょう》がさかんになった。薄口《うすくち》醤油の生産拠点《きょてん》である。

E　環境に配慮《はいりょ》して，大豆からつくるインクが新聞などの印刷に利用されるようになってきた。情報の発信地であるこの地域は，日本の印刷やそれに関連する工業の中心となっている。

F　納豆が特産品として知られる地域である。南東部の重化学工業地域には，Y字型の掘り込み式の港があり，その港は主要な大豆輸入港でもある。

[図]

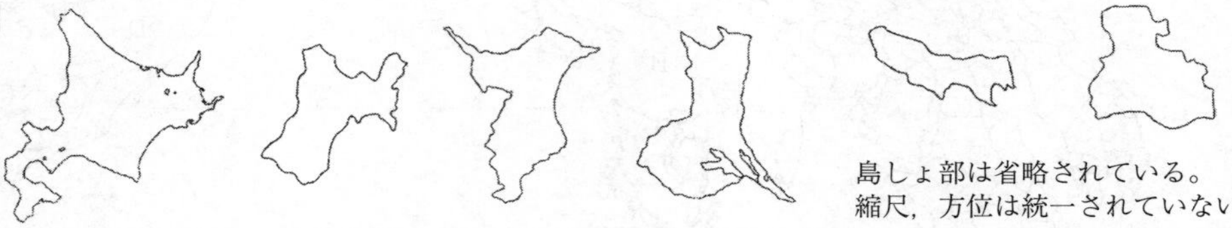

島しょ部は省略されている。
縮尺，方位は統一されていない。

問５　文中の下線部⑤について，右の表は，日本における醤油の１人当たり年間購入量《こうにゅうりょう》と，１人当たり年間出荷量の変化を示しています。１人当たり年間出荷量は，国内の醤油工場から出荷され，国内外で消費される総量を日本の人口で割ったものです。１人当たり年間購入量が大幅に減少しているのに比べ，１人当たり年間出荷量の減少の割合が小さい理由を，本文中に書いてあること以外の点から２つ答えなさい。(解答らんに１つずつ記入すること)

醤油の１人当たり年間購入量と
１人当たり年間出荷量の変化

年	１人当たり年間購入量(リットル)	１人当たり年間出荷量(リットル)
1972	5.6	10.9
1980	4.5	10.2
1990	3.3	9.5
2000	2.8	8.4
2010	2.2	6.6
2013	1.9	6.2

しょうゆ情報センターのH.P.より作成

問６　下線部⑥について，日本のカツオ漁に関連して述べた文として正しいものを次の あ～え から１つ選び，記号を答えなさい。

あ　駿河湾《するがわん》に面する焼津《やいづ》市や薩摩《さつま》半島南西部にある枕崎《まくらざき》市は，カツオの遠洋漁業の基地として栄えてきた。

い　三陸地方は沖に世界有数の好漁場があり，親潮にのって北上するカツオの水揚《みずあ》げ量が多いが，2011年，地震《じしん》と津波で水産業も大きな被害《ひがい》を受けた。

う　カツオは古くから一本釣《づ》り漁によって獲《と》られてきたが，今日，日本の近海ではカツオ底びき網《あみ》漁がさかんに行われている。

え　21世紀に入ってからカツオを含《ふく》め日本人の魚を食べる量が増大する一方で，日本の漁獲《ぎょかく》量は減少しており，水産物の輸入依存度が高まっている。

問７　下線部⑦について，この時期の水田耕作のあとを残す遺跡《いせき》を次の あ～え から１つ選び，記号を答えなさい。

あ　三内丸山遺跡　　い　板付《いたづけ》遺跡　　う　登呂《とろ》遺跡　　え　吉野ヶ里《よしのがり》遺跡

問８　下線部⑧について，７世紀の出来事を正しく説明する文を次の あ～え から１つ選び，記号を答えなさい。

あ　雄略《ゆうりゃく》天皇と考えられる人物が，多くの国を従えたという内容の手紙を中国の皇帝《こうてい》に送った。

い　聖武《しょうむ》天皇は，仏教の力で社会の不安を鎮《しず》め，国を治めようと願い，国ごとに国分寺を建てることを命じた。

う　中大兄皇子《なかのおおえのおうじ》は中臣鎌足《なかとみのかまたり》とともに蘇我《そが》氏を滅ぼし，天皇が役人たちを指導して政治を行う新しい国づくりを進め，戸籍《こせき》をつくり，人々に田を割り当てて耕作させることとした。

え　飛鳥寺《あすかでら》や法隆寺《ほうりゅうじ》，唐招提寺《とうしょうだいじ》などの寺院が次々と建てられ，仏教は天皇や豪族《ごうぞく》の保護を受け，地方にも広がっていった。

問９　下線部⑨について，[A]に適する作品名を漢字で答えなさい。

問10　下線部⑩について，平氏と源氏の争いとは関係のない戦いを次の あ～え から１つ選び，記号を答えなさい。

あ　壇《だん》ノ浦《うら》の戦い　　い　屋島の戦い　　う　富士川の戦い　　え　山崎《やまざき》の戦い

問11　下線部⑪について，室町時代の出来事を正しく説明する文を次の あ～え から１つ選び，記号を答えなさい。

あ　共同で用水路を整えたほか，その土地に適した稲《いね》の品種を選んで生産を高めた。また草木灰などの肥料の利用も普及し，力をつけた農村の自立化が見られた。

い　武士の時代にふさわしい素朴《そぼく》で力強い文化が生まれ，仏の教えをわかりやすく説く新しい仏教が登場し，武士や庶民《しょみん》の間に広まった。

う　大陸から来た人々により高い技術が伝わり，地域を代表する産業として現在まで受《う》け継《つ》がれている有田焼《ありたやき》や薩摩焼などが起こった。

え　水車や牛馬を使用する農耕が広まり，農具にも工夫がこらされ，土を深く耕すことができる備中ぐわが普及した。

問12　下線部⑫について，[B]に適する語句を文中より選び，答えなさい。

問13　下線部⑬について，農民たちは生産量を上げる努力をしたほかに，農業の上でどのような工夫をして，貨幣を得ようとしましたか。文中の当時の状況について書かれた部分を読んで，20字以内で答えなさい。

問14　下線部⑭について，幕府の要職をつとめた大名を次の あ～え から１つ選び，記号を答えなさい。

あ　加賀藩の前田氏　　い　彦根《ひこね》藩の井伊《いい》氏

う　長州藩の毛利氏　　え　仙台《せんだい》藩の伊達《だて》氏

問15　下線部⑮について，昆布の利用が広まった理由として最も適する文を次の あ～え から1つ選び，記号を答えなさい。

あ　長崎貿易がさかんに行われ，中国や東南アジアなどからの多様な食材や外国文化が広まった。

い　全国を結ぶ流通網《りゅうつうもう》が整備され，日本海を回る北前船が北方の産物を運んだ。

う　仏教の影響が強まり，日本全国で昆布漁がさかんに行われるようになった。

え　琉球王国を支配下に置いたため，昆布を使った料理が日本に広まった。

問16　下線部⑯について，これらの改革は，必ずしも人々に歓迎《かんげい》されたわけではありませんでした。ここに書かれたこと以外で，地租改正条例が出された年に政府が行った改革で，士族や農民の大きな反発を招いた制度を答えなさい。

問17　下線部⑰について，［C］に適する語句を漢字4字で答えなさい。

問18　下線部⑱に関連する問い⑴⑵に答えなさい。

⑴　日清戦争の終わりから日露戦争の始まりまでの間に起きた出来事について正しく説明する文を次の あ～え から1つ選び，記号を答えなさい。

あ　外務大臣の陸奥《むつ》宗光《むねみつ》は，イギリスとの間で，ノルマントン号事件の際に問題となったことを解消する内容を含む条約に調印した。

い　多額の賠償金《ばいしょうきん》を得た日本は，その一部を使って富岡《とみおか》製糸場を建設し，外国人技術者を招いた。

う　小村寿太郎《じゅたろう》が，輸入される外国製品から日本製品を守るように条約を改正させた。

え　朝鮮は大韓《だいかん》帝国と国号を改めて，独立国であることを示した。

⑵　ヨーロッパで始まった第一次世界大戦に，日本が参戦する際に口実としたことを答えなさい。

問19　下線部⑲の頃の日本の出来事をあげた次の⑴⑵について，それぞれ古い順に並べたときに，2番目にくるものの記号を答えなさい。

⑴　あ　国際連盟から脱退《だったい》した。

い　北京の近くで日本軍と中国軍が衝突《しょうとつ》し，戦争に発展するきっかけとなった。

う　一部の軍人が首相《しゅしょう》を暗殺し，軍が政治への関与《かんよ》を強めていった。

⑵　あ　アメリカが日本に対する石油の輸出を停止した。

い　国防のため，人やものを動員できる大幅《おおはば》な権限を政府に与《あた》える法律がつくられた。

う　第二次世界大戦が始まると，日本はドイツ，イタリアと軍事同盟を結んだ。

問20　下線部⑳について述べた文として誤っているものを次の あ～え から1つ選び，記号を答えなさい。

あ　日本では，米は高い関税で保護されているので，野菜よりも自給率が高い。

い　食料の輸入量が増えると，フードマイレージが小さくなり環境への負荷が強まる。

う　バイオ燃料が広まると，食料不足や食料価格の上昇が起こることがある。

え　世界では，農地が砂漠化《さばくか》して食料生産が打撃を受けている地域がある。

問21　日本の歴史について述べた文として正しいものを次の あ～お から2つ選び，記号を答えなさい。

あ　幕末に外国との貿易が始まると，ものの値段は大幅に上がり，人々の生活が苦しくなったため，大塩平八郎《へいはちろう》は大阪《おおさか》で打ちこわしを起こして抗議《こうぎ》した。

い　第一次世界大戦の戦勝国の１つになった日本は，国際的な地位を高めたが，国内では大戦末期に米騒動《こめそうどう》が起こり，その後も労働争議や小作料の引き下げを求める農民運動が起こった。

う　朝鮮戦争が勃発《ぼっぱつ》すると，日本はアメリカで開かれた講和会議で，中国，ソ連を含まない世界の48か国と平和条約を結び，独立を回復した。ソ連との国交を回復した1956年には国際連合への加盟を認められ，国際社会へも復帰した。

え　1972年に沖縄が日本に返還《へんかん》され，同年中国との国交が正常化した。その後，韓国とも国交が結ばれたが，北朝鮮との国交は今も開かれていない。

お　1970年代に起きた第一次石油危機で日本の高度経済成長は終わり，この後はずっと現在にいたるまで貿易赤字が続いている。

Ⅱ　次の１～５の あ～え はあることがらに関連の深い語句をあげたものですが，その中に１つだけ，適切でないものが含まれています。適切でないものを あ～え からそれぞれ１つずつ選び，記号を答えなさい。さらに他の３つに関連することがらを下の①～⑫から１つずつ選び，番号を答えなさい。

1　あ　内閣に対する不信任決議をする
　い　任期は６年間である
　う　小選挙区と比例代表で選出された議員で構成されている
　え　25歳以上で立候補できる

2　あ　侵略行為《しんりゃくこうい》を認定《にんてい》し，制裁を決定する
　い　国家間の紛争《ふんそう》について裁判をする
　う　主要国の首脳（大統領や首相など）が毎年１回，世界の諸問題について討議する
　え　専門機関の活動を調整したり，経済・社会・人権に関わる諸問題を研究・処理する

3　あ　衆議院を解散すること
　い　外国の大使および公使をもてなすこと
　う　外交の文書を認めること
　え　法律案を国会に提出すること

4　あ　ODA　　い　AMDA（アジア医師連絡《れんらく》協議会）
　う　アムネスティー・インターナショナル　　え　国境なき医師団

5　あ　教育を受ける　　い　職業を選択《せんたく》する
　う　健康で文化的な生活を営む　　え　労働組合をつくる

①　ノーベル平和賞　　②　参議院
③　NGO　　④　国際連合の主要機関
⑤　自由権　　⑥　内閣の権限
⑦　天皇の仕事　　⑧　PKO
⑨　衆議院　　⑩　社会権
⑪　WTOの権限　　⑫　EU（欧州《おうしゅう》連合）の主要機関

【理　科】　(30分)〈満点：60点〉

I　日本の天気について，以下の問いに答えなさい。

A．右の写真あ は，ある日の午前9:00に人工衛星により撮《さつ》影《えい》されたものである。

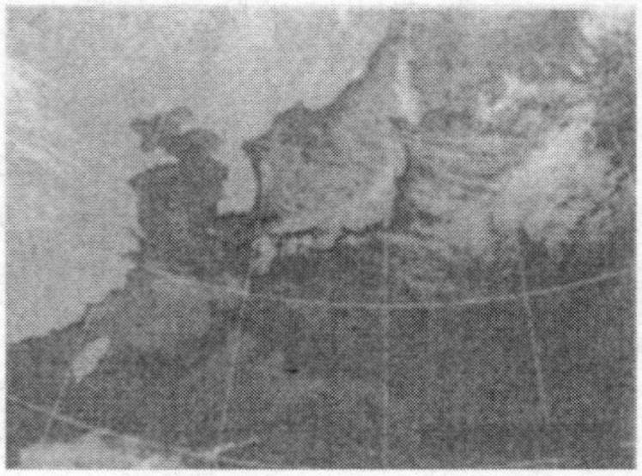
写真あ

問1　この写真を撮影した人工衛星の名前を答えなさい。

問2　写真あ では，すじ状の雲が何本も見られた。この日は春夏秋冬のどの季節だと考えられますか。

問3　このような天気をもたらす気圧配置を何といいますか。

問4　この日，東京ではどちらから風がふいてきますか。ア～エから選び，記号で答えなさい。

ア．北西

イ．北東

ウ．南西

エ．南東

問5　つぎのグラフ1～4はこの日の鹿児島，東京，新潟，仙台のいずれかの気温と湿度《しつど》の変化を表したグラフで，実線は気温，点線は湿度を表している。仙台の気温と湿度の変化を表したグラフをグラフ1～4から選び，番号で答えなさい。

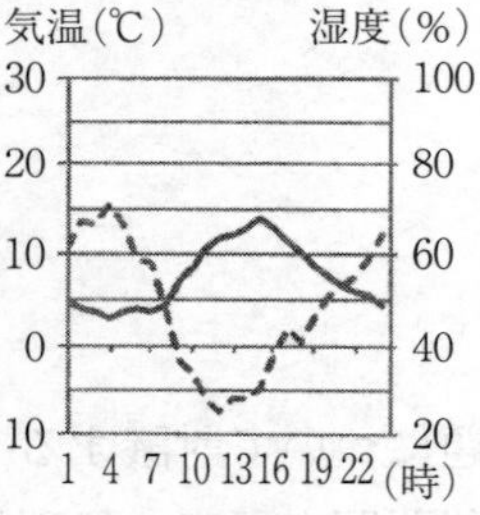

グラフ1

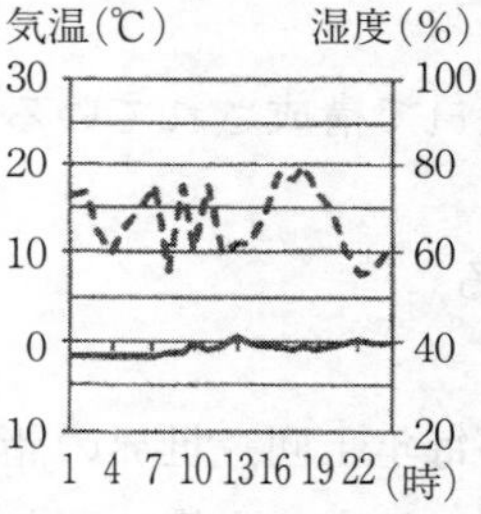

グラフ2

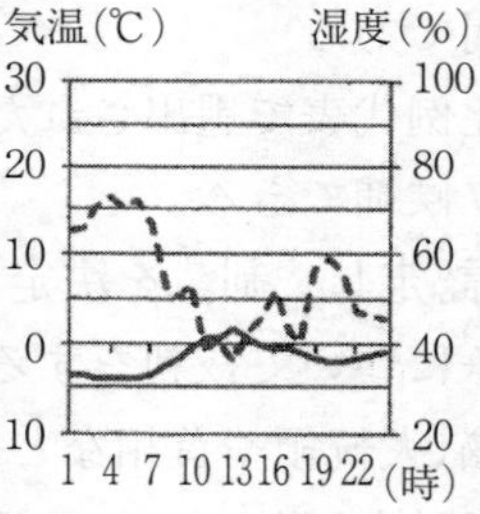

グラフ3

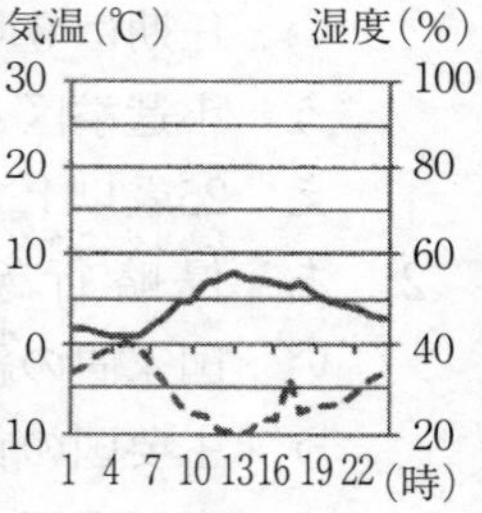

グラフ4

B．つぎの4枚の写真い～お は，ある連続した4日間の午前9:00に人工衛星により撮影されたものである。

写真い

写真う

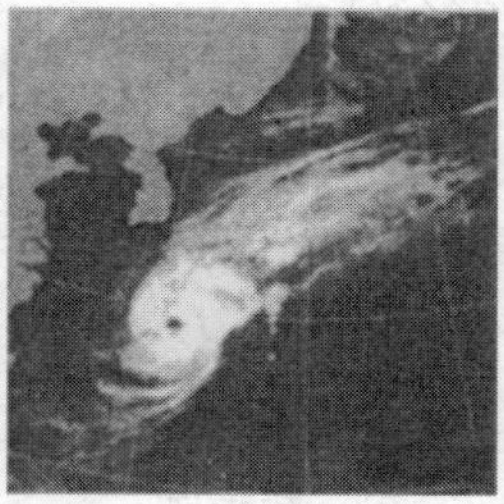
写真え

写真お

問6　これらの写真にある，うず状の雲のかたまりを何といいますか。

問7　写真い～お を，撮影した日付の早い順に並べ，その記号で答えなさい。

問8　つぎのグラフ5～7は写真い～お のいずれかの日の東京における気温と湿度の変化を表したグラフで，実線は気温，点線は湿度を表している。写真え の日の気温と湿度の変化を表したグラフをグラフ5～7から選び，番号で答えなさい。

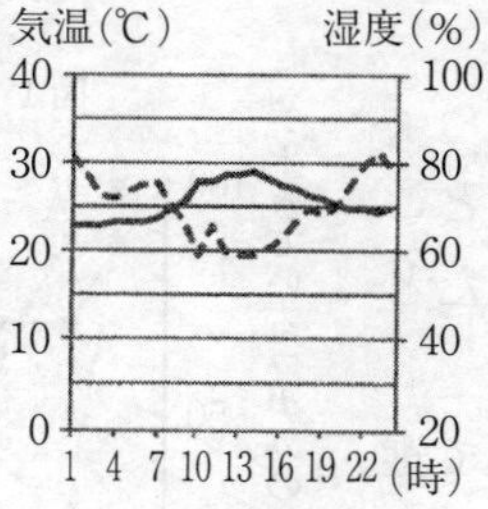

グラフ5

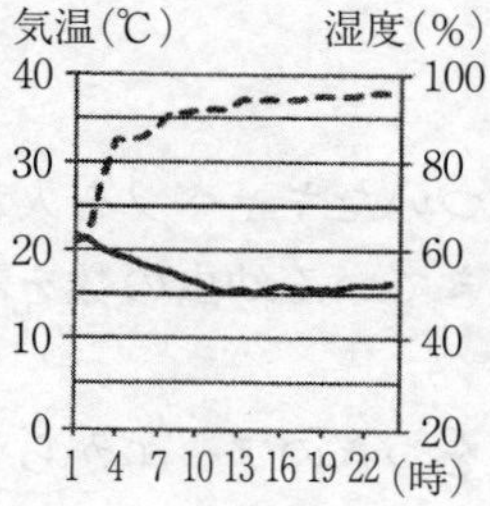

グラフ6

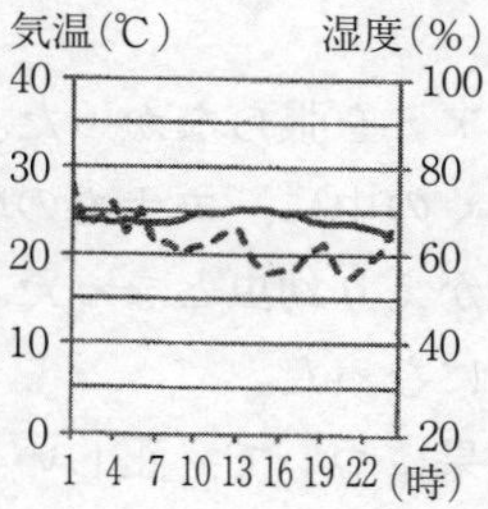

グラフ7

問9　つぎのグラフ8～10はそれぞれ写真い の日の鹿児島，名古屋，仙台のいずれかの気温と湿度の変化を表したグラフで，実線は気温，点線は湿度を表している。名古屋の気温と湿度の変化を表したグラフをグラフ8～10から選び，番号で答えなさい。

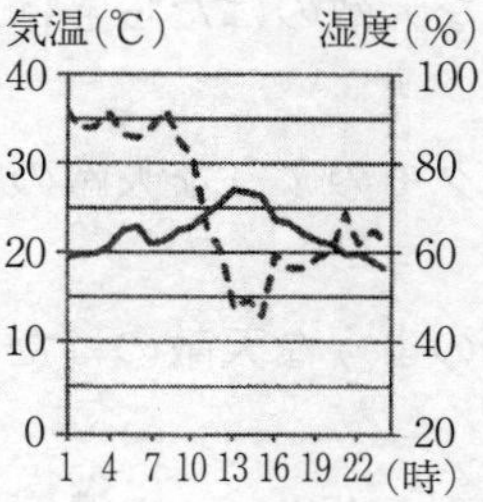

グラフ8

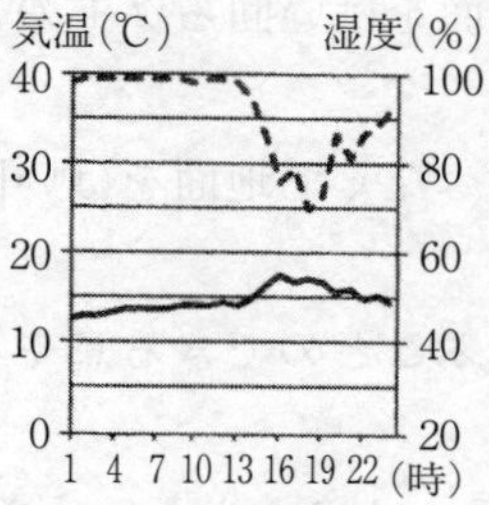

グラフ9

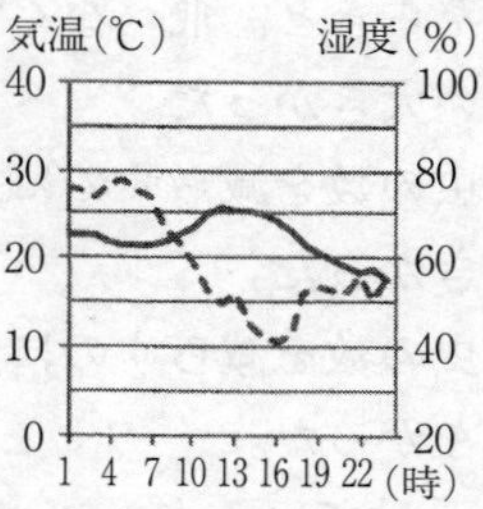

グラフ10

衛星画像　(株)ウェザーマップ「気象画像データ」より作成
気温と湿度のグラフ　気象庁「過去の気象データ」より作成

Ⅱ　キャベツの害虫について，以下の問いに答えなさい。

モンシロチョウは，キャベツや(①　ア．ダイコン　イ．ニンジン　ウ．ジャガイモ)などのアブラナ科の植物の葉に卵を産みつける。卵の大きさは(②　ア．0.1mm　イ．1mm　ウ．5mm)ほどで，(③　ア．白　イ．緑　ウ．黄)色をしている。5月ごろにキャベツの葉に産みつけられた卵が幼虫にかえると，幼虫は最初に(　④　)を食べる。その後，幼虫の間は葉を食べて成長し，4回のだっ皮ごとに体が大きくなっていき，やがて(　⑤　)になる。(　⑤　)になると何も食べず，動かなくなるが，(⑥　ア．5日　イ．12日　ウ．24日)ほどで成虫となる。

問1　上の文章中の空らん①～⑥をうめなさい。ただし，④，⑤には語句を書き，それ以外は，最も適するものをそれぞれ選んで記号で答えなさい。

モンシロチョウと同様にキャベツなどの葉に卵を産み，幼虫がたくさんの葉を食べる害虫に，コナガという細長いガがいる。ある生物に寄生したり，それを食べたりする他の生物を天敵といい，コナガの幼虫を食べる天敵として，飛ぶことのできる鳥やハチ，巣を張らずに地面をはい回るクモなどがいる。これらの天敵によってコナガの幼虫の数がどのように変わるかを調べるために【実験1】を行った。

【実験1】　キャベツ畑のすぐ横の地面に，たて90cm，よこ90cm，高さ90cmの立方体の木わくを3つ置き，それぞれA，B，Cのようにした。

A　木わくの側面と天じょうに，小さな虫も通れないように0.1mmの目のアミを張った。

B　木わくの側面に小さな虫も通れないように0.1mmの目のアミを張り，天じょうは開放しておいた。

C　木わくに全くアミを張らなかった。

それぞれの木わくの中に，コナガの卵がついたキャベツを入れたところ，間もなく卵がかえり幼虫となった。生きている幼虫の数を調べたところ，図1のようになった。

図1

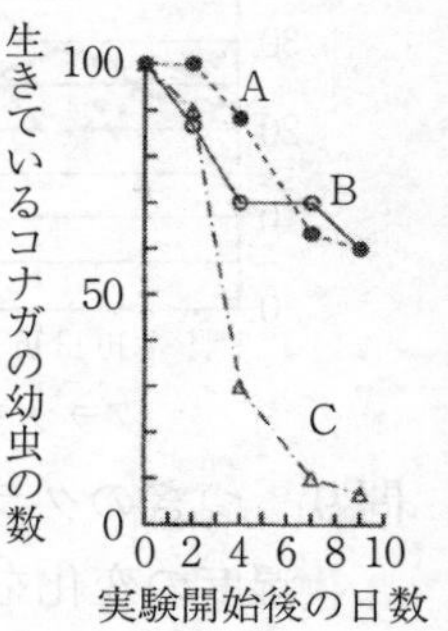

問2　【実験1】の結果について，正しいものをつぎのア～エからすべて選び，記号で答えなさい。

ア．飛べなくて地面をはい回るクモのような天敵は，木わくの側面のアミをはい上がって木わく内に入り，多くのコナガの幼虫を食べた。

イ．コナガの幼虫の数を減らすのに，飛ぶことのできる鳥やハチのような天敵のはたらきと，飛べなくて地面をはい回るクモのような天敵のはたらきは，どちらも同じくらい大きかった。

ウ．コナガの幼虫の数を減らすのに，飛べなくて地面をはい回るクモのような天敵のはたらきはかなり大きかった。

エ．コナガの幼虫の数を減らすのに，飛ぶことのできる鳥やハチのような天敵のはたらきはあまり大きくなかった。

コナガの被害《ひがい》を受けているキャベツ畑で，メソミルという殺虫剤《さっちゅうざい》を450ppmの濃度《のうど》にしてまいたところ，(1)かえってコナガが増えてしまった。この原因を確かめるために【実験2】・【実験3】を行った。ただし，ppmは濃度や割合を表す単位で，1ppmは0.0001%と等しい。

【実験2】　コナガの幼虫とその天敵であるコモリグモ(巣を張らずに地面をはい回るクモの1種)をいろいろな濃度のメソミルの水よう液にひたして，それぞれの濃度での死亡率(%)を調べたところ，表のようになった。

	メソミルの濃度(ppm)					
	3	10	30	100	300	1000
コモリグモの死亡率(%)	37	45	54	62	73	84
コナガの死亡率(%)	0	0	0	0	28	35

【実験3】　コナガの幼虫に，(あ)メソミルの水よう液をふりかけたキャベツの葉を乾燥《かんそう》させたものをエサとしてあたえて飼育した場合と，(い)水をふりかけたキャベツの葉を，乾燥させたものをエサとしてあたえて飼育した場合について，成長したコナガのメスの成虫1ぴきあたりの産卵数を調べたところ，図2のようになった。

図2

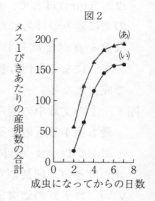

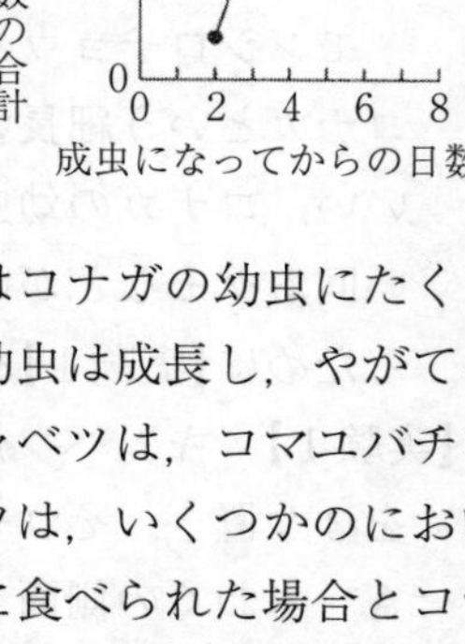

問3　下線部(1)のようになったのはなぜですか。【実験2】と【実験3】の結果をふまえ，「産卵数」，「天敵」という言葉を使って，60字以内で説明しなさい。

コナガの天敵には，コマユバチという寄生バチもいる。コマユバチはコナガの幼虫にたくさんの卵を産みつける。コナガの幼虫内で卵からかえったコマユバチの幼虫は成長し，やがてコナガの幼虫を食い破って外に出てくる。また，コナガに食べられたキャベツは，コマユバチを引き寄せて助けを求めることが知られている。葉を食べられたキャベツは，いくつかのにおい物質を放出するが，このにおい物質の割合は，モンシロチョウの幼虫に食べられた場合とコナガの幼虫に食べられた場合では異なっている。(a)幼虫のいないキャベツ，(b)モンシロチョウの

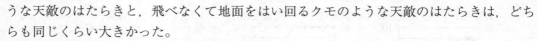

幼虫だけがいるキャベツ，(c)コナガの幼虫だけがいるキャベツ，(d)モンシロチョウの幼虫とコナガの幼虫の両方がいるキャベツの中では，コマユバチは(2)(c)に最も強く引き寄せられる。また，(3)コナガの幼虫の数を多くしても，引き寄せられるコマユバチの数は変わらないことがわかっている。

問4　コナガのメスの成虫は産卵場所として，自分の産んだ卵からかえった幼虫の生存率がより高くなる場所を好む。下線部(2)，(3)を参考にして，つぎのア～ウをコナガのメスの成虫が産卵場所として好む順番に並べ，記号で答えなさい。

ア．何もいないキャベツ

イ．モンシロチョウの幼虫だけがいるキャベツ

ウ．コナガの幼虫だけがいるキャベツ

Ⅲ　軽い棒を，支点を中心に自由に回転できるように支えた装置がある。点A，B，Pは支点からそれぞれ左に3cm，右に5cm，右に30cmはなれた点で，それぞれの点にあいた穴にひもを通し，上向きまたは下向きの力を自由に加えられるようになっている。棒やひもの重さは無視できる。以下の問いに答えなさい。

問1　図1のように，点Pに500gのおもりを下げ，点A，Bの**どちらか一点**をばねはかりで上向きに引いたところ，棒は水平となった。このとき，引いた点はA，Bのどちらですか。

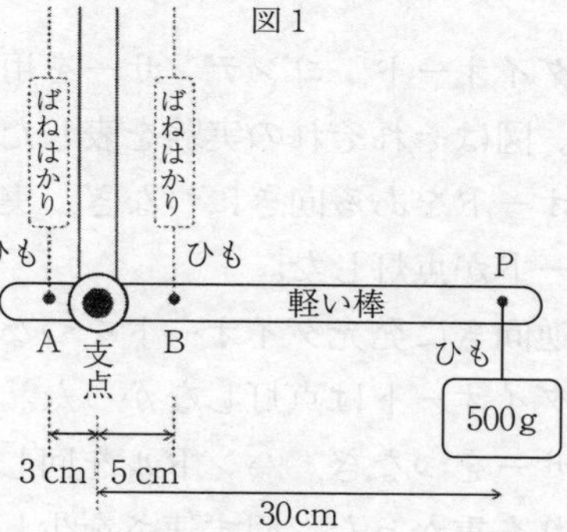

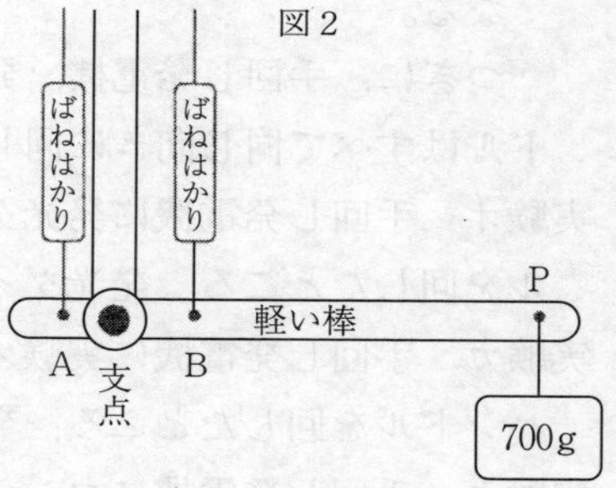

また，ばねはかりは何gをさしていますか。

問2　図2のように，点Pに700gのおもりを下げた。点A，Bの**両方に**ばねはかりをつけてどちらも上向きに引いたところ，棒は水平となり，一方のばねはかりのさす値が，他方の値の2倍になった。このとき，点A，Bにつけたばねはかりはそれぞれ何gをさしていますか。

Ⅳ　手回し発電機を用いた実験について，以下の問いに答えなさい。

手回し発電機と豆電球を用いてつぎのような実験ア～エを行った。つぎのページの図はそれぞれの実験を表したものである。

実験ア　手回し発電機に何もつながずに，一定の速さでハンドルを回した。

実験イ　手回し発電機に豆電球を1個つなぎ，実験アと同じ一定の速さでハンドルを回したところ，豆電球が点灯した。

実験ウ　手回し発電機に豆電球を直列に2列つなぎ，実験アと同じ一定の速さでハンドルを回したところ，それぞれの豆電球が実験イより少し暗く点灯した。

実験エ　手回し発電機に豆電球を並列に2個つなぎ，実験アと同じ一定の速さでハンドルを回したところ，それぞれの豆電球が実験イと同じくらいの明るさで点灯した。

実験ア

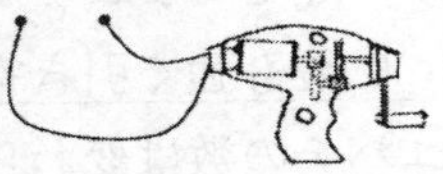

実験イ

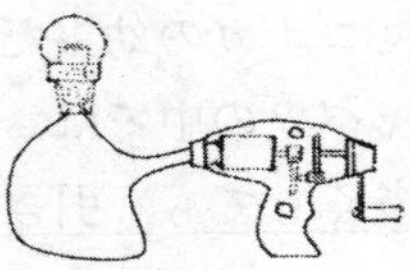

実験ウ

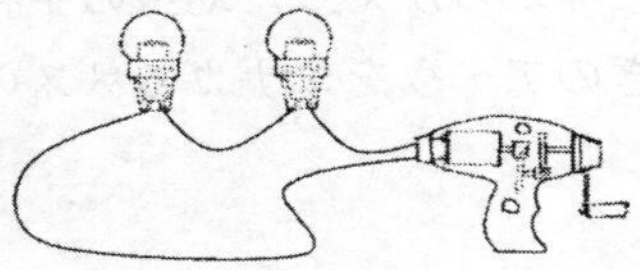

実験エ

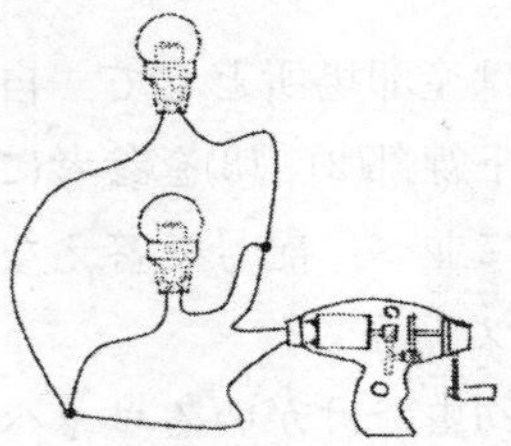

問1　実験ア～エではすべて，ハンドルを回す手ごたえが異なった。このことについて説明したつぎの文章中の空らん ① ～ ⑤ をうめなさい。ただし， ① についてはA，Bから選び， ② ～ ⑤ についてはア～エから選び，記号で答えなさい。

手回し発電機から回路に流れる電流が多いほど，回路がより多くの電気を使うため，ハンドルを回す手ごたえは ①（A．重　B．軽）い。このことから，実験ア～エを，ハンドルを回す手ごたえが重いものから順に並べると ② ・ ③ ・ ④ ・ ⑤ となる。

つぎに，手回し発電機，発光ダイオード，コンデンサーを用いて実験オ～キを行った。ハンドルはすべて同じ向きに回した。図はそれぞれの実験を表したものである。

実験オ　手回し発電機に発光ダイオードをある向きにつなぎ，実験アと同じ一定の速さでハンドルを回したところ，発光ダイオードが点灯した。

実験カ　手回し発電機に実験オと逆向きに発光ダイオードをつなぎ，実験アと同じ一定の速さでハンドルを回したところ，発光ダイオードは点灯しなかった。

実験キ　手回し発電機にコンデンサーをつなぎ，ハンドルを回した。回し始めたときには，ハンドルを回す手ごたえは実験アよりも重かった。回す速さを少しずつ速くし，実験アと同じ速さとなったところで一定にすると，その後の手ごたえはそれまでよりも軽くなった。

実験オ

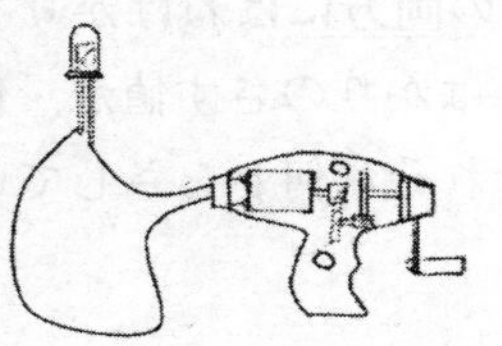

実験カ

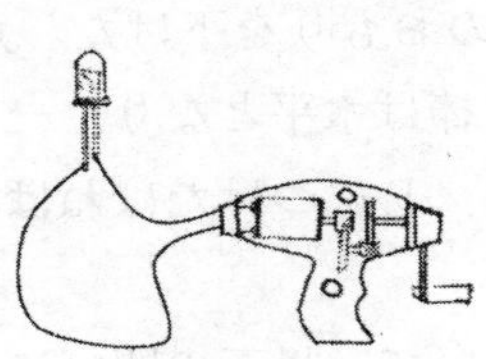

実験キ

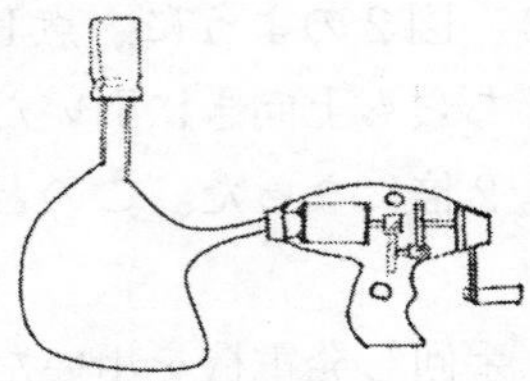

問2　実験イと実験オでハンドルを回す手ごたえを比べたとき，重いのはどちらの実験ですか。記号で答えなさい。

問3　実験オと実験カでハンドルを回す手ごたえを比べたとき，重いのはどちらの実験ですか。記号で答えなさい。

問4　実験キで，ハンドルを回す速さを一定にしたあとハンドルから手をはなした。ハンドルはその後どのようになりますか。つぎのA～Dから選び，記号で答えなさい。

A．すぐに止まる

B．回していた向きにしばらく回り続け，やがて止まる

C．回していた向きと逆の向きにしばらく回り続け，やがて止まる

D. 回していた向きにしばらく回り続けたのち，いったん止まってから逆の向きに回り，やがて止まる

V ある濃度《のうど》の水酸化ナトリウム水よう液と塩酸がある。これらの水よう液をいろいろな量で混ぜた。その水よう液を，赤色と青色のリトマス紙にそれぞれ一滴《いってき》ずつたらして色の変化を見たのち，しっかりと水分を蒸発させ，残った固体の重さを調べた。下の表は，混ぜ合わせた水よう液の体積と，実験の結果を表したものである。以下の問いに答えなさい。

水酸化ナトリウム水よう液(cm^3)	0	20	40	60	80	100
塩酸(cm^3)	100	80	60	40	20	0
リトマス紙の色の変化	ア	イ	ウ	エ	オ	カ
残った固体の重さ(g)	0	3.4	キ	8.4	10.0	ク

問1 リトマス紙の色の変化が以下の(a)〜(c)の結果となるものは，表のア〜カのどれですか。それぞれにあてはまるものをすべて選び，記号で答えなさい。あてはまるものがないときは×を書きなさい。

(a) 赤色のリトマス紙が青く変化した

(b) 赤色のリトマス紙も青色のリトマス紙もどちらも変化しなかった

(c) 青色のリトマス紙が赤く変化した

問2 表のキ，クにあてはまる数字を答えなさい。

問3 混ぜた水酸化ナトリウム水よう液の体積と，残った固体の重さの関係をグラフにすると，その形はどのようになりますか。ケ〜タから選び，記号で答えなさい。

ケ

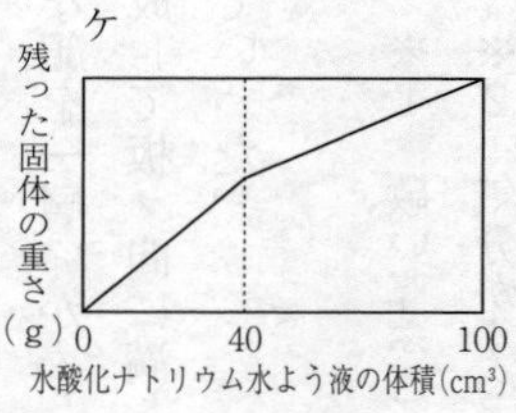

コ

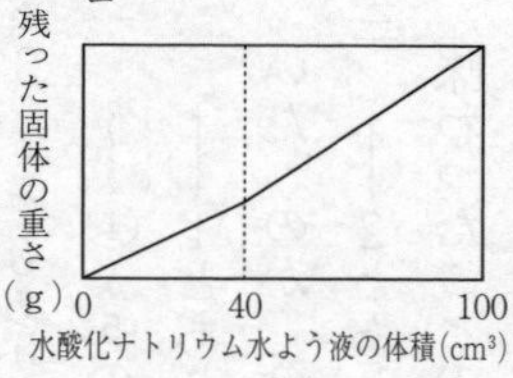

サ

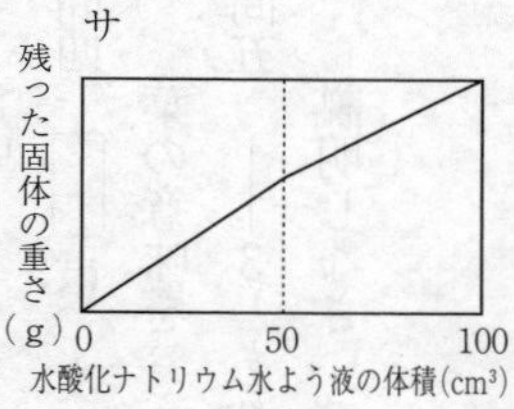

シ

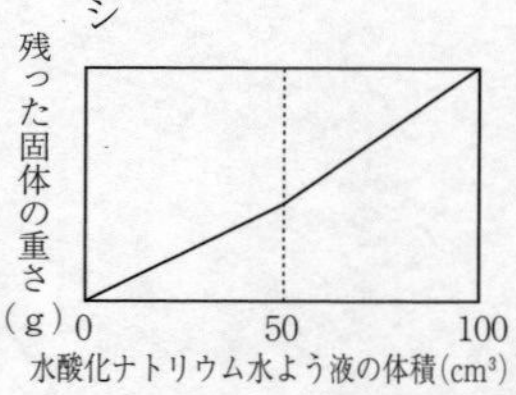

ス

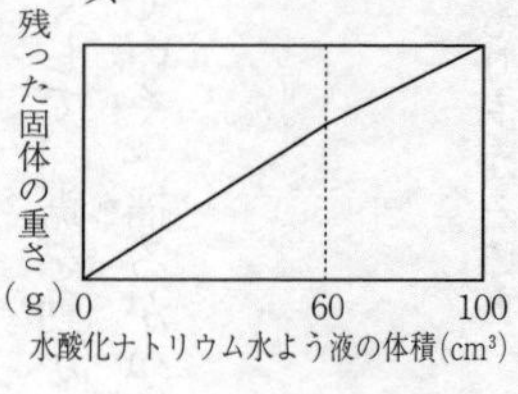

セ

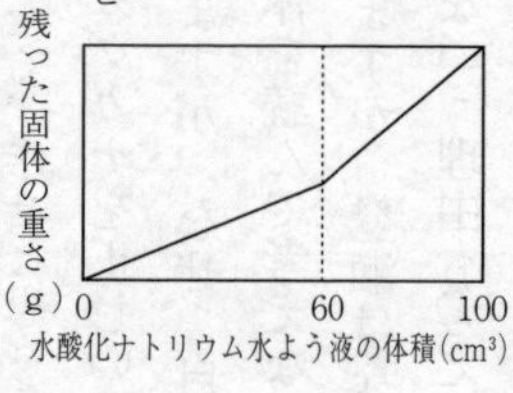

ソ

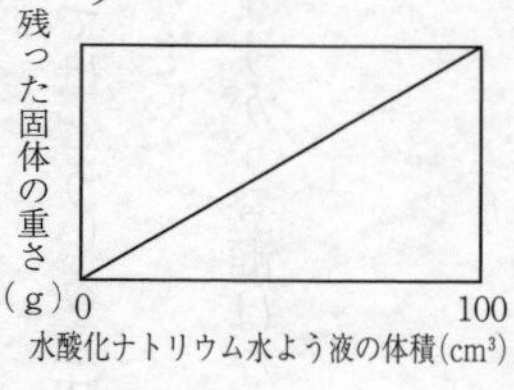

タ

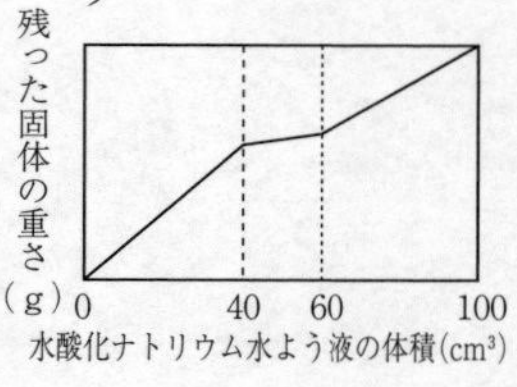

もしれない。

登瀬は密《ひそ》かに驚嘆《きょうたん》していた。同じ拍子、同じ力で鋸を動かしているとばかり思っていたが、父は、引くのと押すのとで微妙《びみょう》に力加減を変えていたのである。もしかすると櫛木ひとつひとつの堅《かた》さを見極めて、その⑤ツド歯挽きの加減を変えているのかもしれない。単純に同じ拍子と見えていた作業の裏には、長年の勘《かん》によるきめ細かな調整が隠されていたのだ。

――こんねに難しいものだっただか。

粗鉋《あらかんな》も上鉋《うわかんな》も一通りこなせるようになっていた登瀬は、歯挽き鋸に移っても刻《とき》をまたずに使えるようになると信じ込んでいた。むしろ、父と同じく当て交いなしで挽くにはどうすればいいか、あれだけの本数を素早く挽くにはどんな工夫がいるか、先走ったことばかり考えていたのだ。それが、一本の歯をまともに挽くことも容易《い》ではないのだと、このとき思い知ったのだった。

櫛というものの奥深さにまたぶつかった。これまでであれば、そのたび登瀬の気持ちは高らかに鳴ったものだ。一向に飽《あ》きのこない面《おも》白さと、一生を掛けるだけの深みと、それを抜《ぬ》きん出た技量でものにしている父への※1尊崇《すう》が一気に渦巻《うずま》いて、とてつもない※2昂揚《こうよう》を巻き起こしたのだ。自分も習練を重ね、どれだけかかっても技《わざ》を身につけようと、新たな覚悟《ご》が湧《わ》いたのだった。この家に生まれたこと、吾助の娘に生まれたことは、櫛挽として高みを目指すと決めた自分にとって、なんという※3幸甚《じん》かと噛みしめずにはいられなかったのだ。

登瀬は、父の力加減を自分の手に覚え込ませようとただ一心に鋸へ向かう。拍子を乱さぬよう。［心を白くして］――。

3ぽたぽたと、櫛木の上に水が落ちた。

それがなんであるか、登瀬自身はじめはわからなかった。手元を見詰める視界が滲《にじ》んでようやく、その水が自分の目からこぼれ落ちていることを知った。

吾助も娘の涙に気付いて束《つか》の間、手を止めた。が、すぐに岩のような顔を一層いかめしくして、鋸を動かしはじめた。木を削る音が層を成して板ノ間に満ちていく。揺《ゆ》るがぬ拍子に守られ、音は延々と続いていった。

（木内　昇『櫛挽道守』）

※1　敬い尊ぶこと
※2　気分がぐっともりあがること
※3　とてもありがたく、幸せと思うこと

問一　①～⑤のカタカナを正しい漢字に直しなさい。

問二　――1とありますが、なぜ「自然と笑みが上」り、「小さく頷いた」のか、全体を読んで考えなさい。

問三　――2とありますが、登瀬はなぜこう感じたのか。「これまで味わったことのない」理由も考えに入れて二百字以内で説明しなさい。

問四　［　］は、文中ではどういう意味で使われているのですか、言葉の意味を答えなさい。

問五　――3とありますが、登瀬はなぜ涙を流したのですか。理由を説明しなさい。

つつ、父が息をすることを忘れているのではないかと案じたほどだった。

拍子を整えることだ。等しい拍子を頭ではなく身体で刻めるようになることだ。

キュッキュッと規則正しい鋸の音が吾助の手元から生まれていく。みい、よう、いつ、むう、なな、やあ。登瀬もまた父の拍子に合わせて櫛の上に粒木賊を滑《すべ》らせるのだが、速くてすぐにおいていかれる。ただ櫛を磨いているだけなのに、吾助の鋸にかなわないのだった。

隣の勝手場から、味噌汁《おつけ》の香《かお》りがまぎれ込んできた。板ノ間という気高い場所に、勝手場で立つ所帯じみた音や匂《にお》いが入り込んでくることが登瀬にはいつになっても馴染《なじ》めない。それだというのに身体は勝手に味噌汁に応え、腹の虫を大きく鳴らした。驚《おどろ》いて、自分の三尺帯辺りに目を落とす。太吉も手を止めて登瀬を見た。笑いたいのをこらえているのか、小鼻が膨らんでいる。

ちょうどそのとき、吾助が百三十本目の歯を挽き終えて大きく息を吐《は》いた。登瀬もまた、静かに息を漏《も》らした。自分の失態で父の拍子を乱すことなく済んだ。そのことに安堵《ど》したのだった。

(中略。この後、十八歳になった登瀬は、櫛磨きだけでなく男の仕事の一つである粗削《あらけず》りも任されるようになった。一方、問屋である三次屋の伝右衛門から、田ノ上村の男性との縁談《えんだん》が持ち込《こ》まれる。相手は豊かな大地主の家であり、元々「女としての幸せ」を重視する母の松枝は縁談を喜んだ。吾助も、日頃《ひごろ》世話になっている伝右衛門からの話ということもあって、縁談を承諾《しょうだく》した。登瀬は、櫛挽とは縁のない人生を送ることを受け入れかねる。が、女性ならば「仕方がない」し、自分が嫁《とつ》ぐことで父のためにもなると割り切ることにした。登瀬は、嫁《よめ》入りの準備として台所仕事なども覚えようと心がける。そんなある日のことである。)

勝手場を離《はな》れて板ノ間に入る。今日のうちに終わらせねばならぬ櫛磨きが残っていた。太吉はすでに家に帰ったらしく、板ノ間では吾助がひとり鋸を動かしている。癖《くせ》で、つい手元を見てしまう。気配に気付いたのか、いつもは一列歯を挽き終えるまでけっして鋸を止めない吾助が、つと顔を上げた。作業を止めてしまったことに登瀬は動じ、すぐに詫《わ》びたが吾助は応えず、代わりに、

「ここへ来」

と、かたわらを指さした。登瀬はおずおずと吾助の横に腰を下ろす。

2 すると父は意外にも立ち上がり、自分の座を娘に譲《ゆず》ったのである。登瀬は驚きで声も出ず、促《うなが》されるまま父の温《ぬく》みの残った藁座布団にくしゃりと座った。吾助が四十年近く座り続けてできた床の窪みに身体がすっぽり収まると、これまで味わったことのない安堵に包まれた。

「挽いてみろ」

父は、自分の歯挽き鋸を娘に手渡《わた》す。手入れのときも片付けのときでさえも、家族の者にも触れるのを禁じていた鋸であった。登瀬は不用意に受け取ってしまってから、事の大きさに気付いて手が震えた。

「ええんだか？　触《さわ》っても」

「ええもなんも、もう摑んどるだが」

吾助は小さく笑い、「一遍《ぺん》しか教《おせ》んぞ」と柄《え》を握《にぎ》った登瀬の手ごと、鋸を櫛木に当てた。手前にグッと引く。父の手元を見続けて想像していたより遥《はる》かに激しい手応えがあった。登瀬ひとりの力であれば、よほど踏ん張らねば挽けぬ重みである。刃先まで挽き込むと、今度は鋸を向こうに押《お》し戻《もど》す。これは手前に引くよりずっと軽く滑っていく。挽くときと同じ④ヨウリョウで力を込めては櫛歯を傷つけてしまうか

櫛挽いうのは朝飯前から板ノ間にこもって仕事するものだんね

——登瀬は幼《おさな》い頃《ころ》からその道理を身に染《し》みて感じながら育った。父に言い聞かされたわけではなく、職人町である藪原下町の櫛挽たちの暮らしぶりに、そう教えられてきたのだ。下町では年を通し、鶏《にわとり》の声と先を競《きそ》うようにして櫛挽く音が立ちはじめる。冬はどの家も、まだ暗いうちから板ノ間に灯《ひ》がともった。

しかしその中にあっても、吾助の朝は飛び抜《ぬ》けて早いのだった。毎朝、暁《あかつき》七ツには跳《は》ね起きて、素《す》足のまま土間に降り、甕《かめ》からすくった柄杓《ひしゃく》一杯《ぱい》の水を大きく喉《のど》を鳴らして飲み干す。口元を拭《ぬぐ》う間も惜《お》しんで板ノ間に座《すわ》り、両手の指を鳴らして膝の前に据えた盤のツグに櫛木を挟んだと思ったら、もう鋸を当てている。そこからは、三度の飯のときに手を休めるだけで、延々夜更《ふ》けまで櫛を挽き続けるのだ。一日中座り詰《つ》めるおかげで吾助の座布団《とん》はすぐ紙のように薄くなり、しょっちゅう中の藁《わら》を換《か》えねばならなかった。座布団をはぐるとその下の床《ゆか》は③セキネンの重みによって艶《つや》やかな円形に窪《くぼ》んでいる。吾助は、その父親に櫛作りを教わりはじめた六歳《さい》の頃から三十四年の間、一日も欠かさず同じ場所に座って櫛を挽いてきた。物心ついてから吾助の仕事ぶりをつぶさに見てきた登瀬が、未だ父に接するとき身の引き締《し》まる思いがするのは、三十四年という年月への畏《おそ》れなのかもしれない。

甕の前まで行き、音を立てぬよう手桶の水を移す。勝手場からは、朝飯の支度《たく》をしている母の松枝《まつえ》の声が響いてくる。小皿《おてしょ》取って。包丁《ほいちょ》で菜切って。指図《さし》に従い、妹の喜和《きわ》が慌《あわ》ただしく動き回る気配が伝わってくる。登瀬は湯気《げ》に身を隠《かく》して、忍び足で板ノ間へ向かう。それを、あっさり母に見咎《みとが》められた。

「もう飯《まんま》だんね。少しはわれも裏を手伝わんね」

聞き倦《う》んでいる小言に、襟首を摑《つか》まれる。

「したって……」

「したってもなんもねぇずら。おなごの仕事は飯炊きと櫛磨《みが》きだ。櫛を挽くのは男の仕事だで。朝は父さまに任せでこっちさ手伝え」（中略）

「わがった。ほんだら足さ拭《ふ》いてくるね」

登瀬はすすぎ桶に水を汲み、土間づたいに表へ出た。アカギレだらけの手足をすすいでいると、すぐ脇《わき》から聞こえてくる櫛挽く拍子にたちまち囚《とら》われた。結局足は勝手場に向かわず、すんなり板ノ間へ乗り上げてしまう。

「ええのか。母《かっか》さまを手伝わんで」

面皰面《にきびづら》を寄せて太吉がささやいた。登瀬は聞こえぬ振《ふ》りをして、吾助の斜《なな》め後ろに据えた自分の座布団に胡座《あぐら》座りし、刺《さ》し子縫《ぬ》いの膝掛けを広げる。歯挽きを終えた櫛を磨きにかかるのだ。親歯の木口に粒木賊《つぼどくさ》を当てて力を込めて磨くと、表面《おもてめん》の毛羽立ちが取り払われ、木肌《はだ》が艶やかな光沢《たく》をたたえていった。片面を磨き終えて櫛を裏返すとき、登瀬はそっと父の手元を窺《うかが》う。吾助が歯挽き鋸を上下させるたび、青縞《しま》の間着《あいぎ》から覗いた太い腕《うで》に幾《いく》筋もの蛇《へび》がうねる。その逞《たくま》しい腕が刻んでいるのは、梳櫛《すきぐし》の極《きわ》めて細かな歯なのだった。

（中略）

粒木賊掛けの終わった櫛を、登瀬は人見障子から入る陽にかざしてみる。浮かび上がった木目が、光の加減で生きているようにうねる。

——父さまは拍子で挽いとるだんね。

拍子が乱れぬから、当て交いなしでも加減と早さを等しく保って歯が挽けるのだ——それが、父の仕事を間近に見続けて、ようやく先頃辿り着いた登瀬なりの答えだった。吾助は歯を挽きはじめると、端《はし》から端まで百二十本を刻むまで一時たりとも手を休めず、船でも漕《こ》ぐように同じ拍子で鋸を動かし続ける。幼い時分は、かたわらでそれを見しどろもどろに朝の挨拶《あいさつ》を返す。女房は笑みを浮《う》かべ、登瀬のよれた襟《えり》を手早く直した。

「すぐに歳《とし》ノ神さんのお祭りだに、まぁず寒《さぶ》ぃだんね。陽は眩しい《ままっこぃ》のにのう」

「はい。たんと凍みますなし」

そう応《こた》えた登瀬が、綿入れも羽織らず、着古してペラペラになった木綿《もめん》の袷《あわせ》一枚きり、しかも襷《たすき》がけしているせいでひじの上まで袖《そで》がまくり上げられているのを見て、女房は苦笑した。この娘《むすめ》の身なりで冬を感じさせるのは、足の甲《こう》をすっぽり覆《おお》った藁沓《ふんごみ》くらいなものなのだ。

引き上げた釣瓶の水を手桶に移し替《か》えると登瀬は、

「じゃ、行くだで。お先」

と会釈《えしゃく》して、今度は歩幅《はば》を小さくとって歩きはじめた。ひい、ふう、みい、よう……。行きは三十歩、帰りは手桶の水をこぼさぬように少し刻んで三十八歩。家から井戸までの道のりを、登瀬は毎朝拍子で計る。

藪原宿下町《やぶはらじゅくしもまち》の人々はこれを、「登瀬の無言参り」と呼んでいた。お参りの行き帰り、たとい知人に会っても口をきかぬことで願掛《か》けをする「無言参り」になぞらえているのである。平素は朗《ほが》らかな登瀬が、小声でなにごとか唱えつつ井戸と家とを往《い》き来する姿には近寄りがたい気魄《きはく》があって、村人もこのときばかりはみだりに話しかけぬよう気をつけていた。いったいなんの願を掛けとるだがね、と井戸端《ばた》で女房たちは、十六の娘が決死の①ギョウソウで水を運ぶ様を真似《まね》しては笑い合う。意地の悪い嗤《わら》いではない。猫《ねこ》をじゃらすときに自然と口元に上ってしまう笑みと等しい。

登瀬は、周りにそんな気遣《づか》いをさせていることなどまるで知らない。数を数えるときは、心になにも置かないようにしているからだ。ただ五感だけを研《と》ぎ澄《す》まし、等しい拍子を身体が刻めるよう習練しているのだった。けれどそうしながらも登瀬の目は、朝日を受けた尾《お》根の美しさや、街《かい》道筋を横切る下横水の澄み切った流れを感じとっている。そのたび「きれいだなし」と胸の奥を震《ふる》わせる。

藪原宿は、中山《せん》道の宿場町だ。

江戸から京を繋ぐ道のりのほぼ真ん中にあたる木曽十一宿のひとつで、信濃《しなの》国の北に位置する贄川《にえかわ》宿、奈良井《ならい》宿、宮ノ越《こし》宿とともに上四宿と呼ばれている。険路の多い木曽路の中でもとりわけ高地で、旅人からは難所として恐《おそ》れられていた。

（中略）

ちょうど二十四歩で街道筋まで出た。至る所に掲《かか》げられた「②ガンソお六櫛《ろくぐし》」の幟《のぼり》がはためき、家々からは木を削《けず》る音が立ち上っている。登瀬は矢も楯《たて》もたまらず駆け出したいのを我慢《がまん》して慎《しん》重に足を運び、きっかり三十八歩を刻んで家の前へと辿《たど》り着く。

間口は三間《げん》一尺《しゃく》、奥に長い造りである。戸間口をくぐると細長い通り道のような土間《どじ》があり、それに沿《そ》って入り口側から順に、ミセとも呼ばれる板ノ間、煮炊《にた》きをする勝手場、家族が寝《ね》起きする八畳《じょう》二間、納戸《なんど》代わりの小室《むろ》が並んでいる。街道沿いに設《しつら》えられた板ノ間は櫛挽《くしひき》にとっての作業場で、窓の代わりに三段重ねの人見戸《しとみど》がはめ込まれており、その中段に収まった人見障子《しょうじ》から射《さ》し込む明かりを手元に取り込んで仕事をするのだ。

戸間口の潜《くぐ》り戸を開けると、すでに父の吾助《ごすけ》と弟子の太吉《たきち》が作業をはじめていた。鋸《のこ》の拍子と木の芳香《ほうこう》が家の中に満ち、吾助の膝《ひざ》掛けには大鋸屑《おがくず》や鋸粉《おがこ》がもうずいぶん溜《た》まっている。歯挽き鋸を操《あやつ》る父の動きが止まったところを見計らい、登瀬は板ノ間に声を掛けた。

「父《とっ》さま、すぐに手伝うなし」

太吉が顔を上げた。が、父は低く返事をしただけで、目は櫛木《くしき》を挟《はさ》んだ盤《ばん》に据《す》えたままである。

ージをだれかの心に届けられる可能性がでてくるのかもしれない、と感じています。

（林ナツミ「浮遊する自由からの学び」『じぶんの学びの見つけ方』）

※1　行動を起こさせるきっかけとなるもの

※2　自分らしさを自覚すること

問一　――Aについて、「たまたま撮影した1枚のスナップ」がなぜ3年間も続くシリーズのきっかけになったのでしょうか、説明しなさい。

問二　――Bのように感じたのはどうしてでしょうか、説明しなさい。

問三　――Eとはどういうことですか、――C・Dを例に挙げて、説明しなさい。

問四　――Fとは筆者の場合はどのようなことでしたか。説明しなさい。

問五　＝＝①の慣用句の□に入る、身体の一部分を漢字で答えなさい。

問六　＝＝②の慣用句の□ア・イに入る語を語群から選び漢字に直して答えなさい。

【語群】　はじめ　おわり　おや　こ　ゆめ　もと　なに

二　次の文章を読んで、後の問いに答えなさい。

歩を進めると、足下《あしもと》の雪が鳴いた。登瀬《とせ》は、音に耳を添《そ》わせて数を唱《とな》えはじめる。

――ひい、ふう、みい、よう、いつ、むう。

つぶやく声が、等しい間合いをとって足音に重なっていく。右手に手桶《おけ》を抱《かか》え、前のめりに進むうち、山際《ぎわ》から朝日が顔を出した。白一色に塗《ぬ》り込《こ》められた村の景色が、途端《とたん》に息づいていく。

雪を踏《ふ》む音は蛙《げろ》の鳴き声に似とる、と歩きながらも登瀬はちらと思うのだけれど、考えが膨《ふく》らみそうになるのをひとつ深呼吸して追い払《はら》い、頭の中を真っ白にする。そうしてただ、身体で拍子《ひょうし》を刻むことだけに心を傾《かたむ》ける。

――十二、十三、十四。

瞬《まばた》きをするたび睫《まつ》毛《げ》に降りた霜《しも》が飛んで、目の前を光の粒《つぶ》が駆《か》け回った。息をすれば鼻の奥《おく》がツンと凍《し》みる。立春を過ぎても木曽《そ》路《の》には冬しか見当たらず、村を埋《う》め尽《つ》くす雪は未《いま》だ夜ごとに背丈《たけ》を伸ばしているのだ。

1ちょうど「三十」で、登瀬の身体は井《い》戸の縁《へり》にぶつかった。自然と笑《え》みの上った顔を、今来た道へと振《ふ》り向ける。自分の刻んだ足跡《あと》が一直線を描《えが》いているのを確かめて小さく頷《うなず》いた。

かたわらに手桶を置いて釣《つる》瓶《べ》を落とすと、この寒さで井戸水にも薄《うす》く氷が張っているのか、下のほうから槌《つち》で木を打ったような音が響《ひび》いてきた。伸び上がって暗い井戸の中を覗《のぞ》き込み、「あー」と叫《さけ》んで跳《は》ね返ってくる音に耳を澄《す》ます。と、すぐ後ろで「なにしとるだが」と声がして、登瀬は飛び上がって身を起こした。

「われはまだ、妙《みょう》なこどで遊んで。よぐまぁ、ひどり遊びを思いつくだんね」

やはり水を汲《く》みにきたらしい近所の女房《にょうぼう》に呆《あき》れ顔を向けられて、

1年生のころの記憶《きおく》でいつもおもいだすことがあります。美術の授業で、和紙細工の張り子人形をつくったときのことです。伝統工芸品でよくある、人形の首が揺《ゆ》れる「首ふり張り子」です。クラスのみんながトラやウサギなど単体の動物を提案するなかで、わたしはたくさんの動物がひとつの手袋《てぶくろ》に潜《もぐ》り込《こ》むというウクライナの民話を張り子で再現することをおもいつきました。手袋の口から飛び出たたくさんの動物の首がいっせいに揺れる、というアイデアでした。先生に提案したところおおいに褒《ほ》められ、わたしは有頂天《うちょうてん》になって制作にとりかかりました。ところが、複雑な構造を仕上げるのはおもいのほか難しく、退屈《たいくつ》で①[　　]の折れる作業をくりかえすうちに、構想をおもいついたときの情熱は徐々《じょじょ》に失われてしまいました。

できあがった張り子を見た先生はひどくがっかりして「アイデアはよかったのだけど……仕上がりがね」といったのです。わたしは先生の期待が失望へと転覆《てんぷく》したことに大きなショックをうけ、よいアイデアをおもいついても、それを形にできないかぎりBアイデア自体も時間をさかのぼって否定されるのだ、と感じたのでした。このとき以来、わたしのなかに、自分は写真にかぎらず技術面に弱い、そしてアイデアはだせても実現力にとぼしい、という自己認識《にんしき》とコンプレックスが形成されたような気がします。

さて、そのようなわたしが、浮遊写真撮影の技術面に実際どのように対処しているかですが、答えはいたってシンプルです。自分はジャンプに専念し、撮影技術は人にゆだねるのです。もちろん、だれにゆだねるかはものすごく重要で、世界観を共有できて、わたしのコンプレックスを許容してくれて、かつ技術に長《た》けている人でなければなりません。そしてその人がわたしの制作コンセプトに共感して、無条件で手伝ってくれるのでなければなりません。わたしの場合、その人はわたしのパートナーでした。彼自身、写真で作品をつくる作家であり、もともとわたしがアシスタントとして技術の手ほどきを受けた師匠《ししょう》でもあります(浮遊写真のきっかけとなったスナップ写真で最初に浮遊した人でもあります)。

幸いにも彼がわたしの提案を受け入れてくれたことで、技術を彼に一任し、わたしはジャンプのポーズと撮影結果だけに意識を集中することができています。そのおかげで、浮遊写真の表現の可能性はどんどんひろがっています。もしわたしが「写真を撮るには、技術を習得しなければならない」というオキテのスイッチをOFFにすることができず、これにしばられていたとしたら、技術の習得に何十年もかかって、もうジャンプの体力をなくしていたにちがいありません(浮遊の撮影では毎回数十回から数百回のジャンプが必要なのです)。それでは②[ア]も[イ]もなかったとおもうのです。

ところで、OFFにしなければならないオキテのスイッチはほかにもいろいろあります。「Cやり始めたことは、最後までやり遂《と》げなければならない」「D退屈なことでも、一生懸命《いっしょうけんめい》やることが大切だ」といったものから、「すぐれた写真家は多くのショットを撮らない」「すぐれたアーティストは決断が早い」といったものまで、さまざまです。こういうものをわたしはぜんぶOFFにします。Eどれも一見もっともらしくて、人のコンプレックスを刺激《しげき》しそうなものばかり。こうしたオキテは外側から人をしばるのではなく内側から、わたしの場合はわたし自身がわたしをしばるというかたちで作用するので、意識してOFFにする必要があるとわたしはおもっています。

わたしにとって学びのスイッチをONにすること、そして学びのエンジンを始動することは、まずは自分をしばっている無意識のオキテのスイッチ、固定観念のスイッチをOFFにすることから始まる、といえそうです。そしてF自分のなかのコンプレックスを克服するのではなく、それらと共存していくことをとおして初めて、作品のメッセ

平成二十七年度　桜蔭中学校

【国語】（五〇分）〈満点：一〇〇点〉

一　次の文章を読んで、後の問いに答えなさい。

わたしは写真で作品をつくっていますが、私の学びはすべて作品の制作にむすびついています。日常のなかの些細《ささい》なできごとや自分のこだわりが学びのスイッチをONにして、そこから作品の構想が生まれ、作品の制作が始まると学びのエンジンが始動するという感じです。

A これまで3年間取り組んできたシリーズもきっかけはたまたま撮《さつ》影《えい》した1枚のスナップでした。ある日、買い物の途中《とちゅう》でわたしがパートナーにカメラを向けたところ、彼《かれ》が突然《とつぜん》ジャンプをして、わたしは反射的にシャッターを押《お》したのです。

するとあたかも彼が空中浮遊《ふゆう》しているかのような、ジャンプの躍動《やくどう》感を打ち消したような、人間が空中を水平移動しているような写真が撮《と》れていました。デジタルカメラだったのでその場ですぐに液晶《えきしょう》画面で確認《かくにん》できたわけですが、そのときの感動は今でもわすれません。

写真は「真を写す」と書くけれど、ジャンプを撮ったのに浮遊に変換《へんかん》されたということは、写真が「真を写さない」こともあるんだ！と興奮しました。こうして学びのスイッチがはいり、いかにしてより浮遊に見えるジャンプをするか、いかにして「真を写さない」写真を撮るか、自分自身でジャンプをくりかえしながら浮遊感の研究に没頭《ぼっとう》し、それから数ヶ月《すうかげつ》後に『本日の浮遊』と題したシリーズを始動しました。

自分が浮遊している写真を日記形式でウェブにアップしていくセルフポートレートのシリーズです。以来、ジャンプのポーズとシャッターのタイミング、光線と構図、撮影場所とレンズの無限の組み合わせを追求しながら、浮遊写真の可能性を探《さぐ》る学びの日々がつづいています。

ところで、わたしの場合、学びのスイッチをONにしてエンジンを始動させるためには、まず「OFF」にしなければならない別のスイッチがあります。それは固定観念のスイッチ、自分をしばっている無意識のオキテ（掟《おきて》）のスイッチといえるかもしれません。作品づくりにあたっては、かならずこのスイッチをOFFにします。

段階的にいろいろなオキテのスイッチをOFFにしていく必要があるのですが、たとえば「写真を撮るには、技術を習得しなければならない」というオキテのスイッチ。まずこのスイッチをOFFにします。

じつは、わたしは写真学校や美術学校などで写真をアカデミックに学んだことがありません。だから技術にたいしてコンプレックスをいだいているのです。父が写真を趣味《しゅみ》にしていたこともあって幼いころから経験的に写真を撮ってきましたが、写真の技術を体系的に身につけたことはありません。暗室で現像や引《ひ》き伸ばしをした経験もありません。そういうわたしにとって、「写真を撮るには、技術を習得しなければならない」というオキテは、自信を喪失《そうしつ》させ、制作の※1モチベーションをうばう恐《おそ》れのあるマイナスなオキテなのです。

ところで、ちまたではよく「コンプレックスを克服《こくふく》したから○○をできるようになった」という声を聞きますが、わたしは、コンプレックスは良くも悪くもその人の人格の一部、※2アイデンティティの一部、もっといえば、その人をかたちづくる大切なエッセンスだと感じています。わたしの場合はそこをベースに作品の構想が生まれてくるという実感があるので、コンプレックスは克服すればよいというものではないと考えています。そもそも、コンプレックスをほんとうに克服などできるだろうか、できるのは克服ではなく、共存なのではないか、とも考えています。

ちょっと脱線《だっせん》しますが、わたしのコンプレックスに関連して、中学

平成27年度

桜蔭中学校 ▶解説と解答

算　数　（50分）＜満点：100点＞

解　答

[Ⅰ] (1) ① $\frac{8}{9}$　② $1\frac{9}{35}$　(2) ① 225　② 196　[Ⅱ] (1) 265cm　(2) 3185倍　[Ⅲ] (1) 解説の図2を参照のこと。　(2) 解説の図5を参照のこと。　[Ⅳ] (1) 665.68cm^2　(2) 7536cm^2　(3) 解説の図⑤を参照のこと。　[Ⅴ] (1) $68\frac{4}{7}$m　(2) 78m　(3) $25\frac{5}{7}$m

解　説

[Ⅰ] 四則計算，逆算，素数の性質。

(1) ①　$\left\{\left(5.6-2.8\times1\frac{5}{7}\right)\div\frac{18}{35}+2\frac{2}{3}\right\}\div4.75=\left\{\left(\frac{28}{5}-\frac{14}{5}\times\frac{12}{7}\right)\div\frac{18}{35}+\frac{8}{3}\right\}\div4\frac{3}{4}=\left\{\left(\frac{28}{5}-\frac{24}{5}\right)\div\frac{18}{35}+\frac{8}{3}\right\}\div\frac{19}{4}=\left(\frac{4}{5}\times\frac{35}{18}+\frac{8}{3}\right)\div\frac{19}{4}=\left(\frac{14}{9}+\frac{24}{9}\right)\div\frac{19}{4}=\frac{38}{9}\times\frac{4}{19}=\frac{8}{9}$　②　$\frac{19}{36}\times9-1\frac{1}{24}\div\frac{5}{7}+\frac{2}{3}=\frac{19}{4}-\frac{25}{24}\times\frac{7}{5}+\frac{2}{3}=\frac{19}{4}-\frac{35}{24}+\frac{2}{3}=\frac{114}{24}-\frac{35}{24}+\frac{16}{24}=\frac{95}{24}$より，$\left(\frac{47}{55}-\frac{8}{25}\div\square\right)\times\frac{95}{24}=2\frac{3}{8}$，$\frac{47}{55}-\frac{8}{25}\div\square=2\frac{3}{8}\div\frac{95}{24}=\frac{19}{8}\times\frac{24}{95}=\frac{3}{5}$，$\frac{8}{25}\div\square=\frac{47}{55}-\frac{3}{5}=\frac{47}{55}-\frac{33}{55}=\frac{14}{55}$　よって，$\square=\frac{8}{25}\div\frac{14}{55}=\frac{8}{25}\times\frac{55}{14}=\frac{44}{35}=1\frac{9}{35}$

(2) ①　Aをn個かけた数をA^nと表すことにすると，約数が9個ある整数は，素数の積で表したときに，A^8，または，$A^2\times B^2$

図1

ア 1	イ A	ウ A^2
ク A^7	ケ A^8	エ A^3
キ A^6	カ A^5	オ A^4

図2

ア 1	イ A	ウ B
ク $A\times B^2$	ケ $A^2\times B^2$	エ A^2
キ $A^2\times B$	カ B^2	オ $A\times B$

図3

ア 1	イ A	ウ A^2
ク $A\times B^2$	ケ $A^2\times B^2$	エ B
キ B^2	カ $A^2\times B$	オ $A\times B$

となる整数である。A^8の場合，9個の約数を小さい順に入れると，上の図1のようになる。また，$A^2\times B^2$の場合，$A<B$として9個の約数を小さい順に入れると，上の図2または図3のようになる(たとえば，$A=2$，$B=5$の場合は図3のようになる)。次に，ア＋ケ＋オを求めると，図1の場合は，$1+A^8+A^4=241$より，$A^8+A^4=240$となる。ここで，$A=2$とすると，$2^8+2^4=256+16=272(>240)$となるので，図1の場合はあてはまらない。図2，図3の場合はどちらも，$1+A^2\times B^2+A\times B=241$より，$A^2\times B^2+A\times B=240$となる。ここで，$A\times B=C$とすると，この式は，$C\times C+C=240$となる。さらに，$P\times Q+P\times R=P\times(Q+R)$となることを利用すると，この式は，$C\times(C+1)=240$となる。$15\times15=225$より，この式に，$C=15$をあてはめると，$15\times(15+1)=240$となる。よって，$C=A\times B=15$だから，$A=3$，$B=5$と決まり，この整数は，$3^2\times5^2=9\times25=225$と求められる。　②　右の計算から，$38416=2^4\times7^4$となるので，あてはまるのは図2または図3の場合とわかる。ウ×ケ×キを求めると，図2の場合は，$B\times A^2\times B^2$

2) 38416
2) 19208
2) 9604
2) 4802
7) 2401
7) 343
7) 49
　　7

$\times A^2 \times B = A^4 \times B^4$となり，図３の場合も，$A^2 \times A^2 \times B^2 \times B^2 = A^4 \times B^4$となる。よって，$A=2$，$B=7$と決まり，この整数は，$2^2 \times 7^2 = 4 \times 49 = 196$と求められる。

Ⅱ 図形と規則。

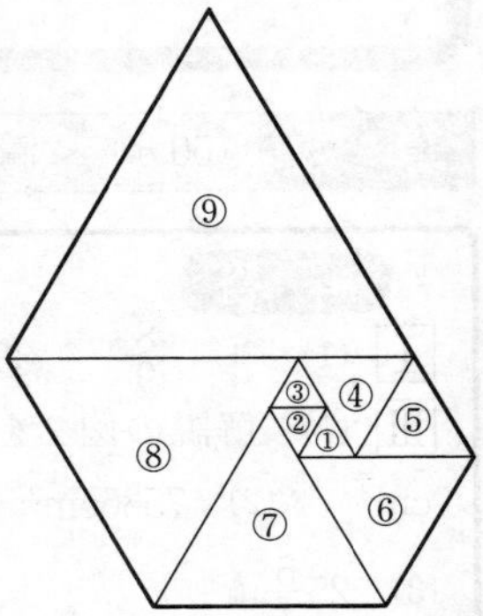

(1)　右の図で，たとえば，⑨の正三角形の１辺の長さは，その１つ前に置いた正三角形⑧の１辺の長さと，５つ前に置いた正三角形④の１辺の長さの和になる。よって，下の表のようになるから，⑰の正三角形の１辺の長さは65cmとわかる。また，できる図形の周の長さは，最後に置いた正三角形の１辺の長さ２つ分と，１つ前から４つ前までに置いた正三角形の１辺の長さの合計になる。したがって，⑰の正三角形を置いたときの周の長さは，65×２＋49＋37＋28＋21＝265(cm)とわかる。

(2)　正三角形の１辺の長さがNcmのとき，１辺の長さは①の正三角形のN倍なので，面積は①の正三角形の($N \times N$)倍になる。よって，①の正三角形の面積を１とすると，各正三角形の面積は表のようになる。したがって，⑮の正三角形を置いたときの面積は，１×３＋４×２＋９＋16＋25＋49＋81＋144＋256＋441＋784＋1369＝3185だから，①の正三角形の面積の，3185÷１＝3185(倍)と求められる。

番号	①	②	③	④	⑤	⑥	⑦	⑧	⑨	⑩	⑪	⑫	⑬	⑭	⑮	⑯	⑰
１辺の長さ	1	1	1	2	2	3	4	5	7	9	12	16	21	28	37	49	65
									＋２	＋２	＋３	＋４	＋５	＋７	＋９	＋12	＋16
面積	1	1	1	4	4	9	16	25	49	81	144	256	441	784	1369		

Ⅲ つるかめ算。

(1)　右の図１のようにまとめることができる。プリンを18個買ったとすると，代金は，120×18＝2160(円)になるから，あと，3500－2160＝1340(円)以上，4500－2160＝2340(円)以下のお金を使えることになる。プリンのかわりにチーズケーキを買うと，代金は１個あたり，300－120＝180(円)高くなるので，チーズケーキを買うことができる個数は，1340÷180＝7.4…(個)以上，2340÷180＝13(個)以下，つまり，８個以上13個以下とわかる。よって，考えられる組合せは右上の図２のようになる。

図１

(チーズケーキ)300円　｝合わせて18個で
(プリン)　　　120円　｝3500円以上4500円以下

図２

チーズケーキ(個)	8	9	10	11	12	13	
プリン(個)	10	9	8	7	6	5	

(2)　チーズケーキの個数が10個以下の場合，チーズケーキの個数を□個，プリンの個数を○個として式に表すと，300×□＋120×○＝9000(円)となる。等号の両側を60で割って簡単にすると，５×□＋２×○＝150となるから，□と○の組合せは右上の図３のようになる(□は10以下であることに注意する)。次に，チーズケーキの個数が10個よりも多い場合，10個までの代金は，300×10＝3000(円)なので，チーズケーキの10個をこえた分とプリンの代金の合計は，9000－3000＝6000(円)になる。また，チーズケーキの10個をこえた分の１個あたりの値段は，300×(１－0.05)＝285(円)だから，チーズケーキの10個をこえた分の個数を△個，プリンの個数を○個として式に表すと，285×

図３

		＋２	＋２	＋２	＋２	＋２
□	~~0~~	2	4	6	8	10
○	~~75~~	70	65	60	55	50
		－５	－５	－５	－５	－５

図４

		＋８	＋８
△	0	8	16
○	50	31	12
		－19	－19

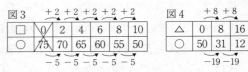

△＋120×○＝6000(円)となる。等号の両側を15で割って簡単にすると，19×△＋８×○＝400となるので，△と○の組合せは上の図４のようになる。

図５

チーズケーキ(個)	2	4	6	8	10	18	26
プリン(個)	70	65	60	55	50	31	12

図４の場合のチーズケーキの個数は，△よりも10個多いことに注意すると，考えられる組合せは右の図５のようになる。

Ⅳ 表面積，場合の数。

(1)　各円柱の底面の半径は右の表のようになる。立体[[3][2][1]]を真上(および真下)から見ると半径８cmの円に見えるから，底面積の合計は，８×８×3.14×２＝128×3.14(cm^2)になる。また，側面積の合計は，２×２×3.14×３＋４×２×3.14×３＋８×２×3.14×３＝(２＋４＋８)×２×3.14×３＝84×3.14(cm^2)なので，右上の図①の立体の表面積は，128×3.14＋84×3.14＝(128＋84)×3.14＝212×3.14＝665.68(cm^2)と求められる。

番号	[1]	[2]	[3]	[4]	[5]	[6]
底面の半径(cm)	2	4	8	16	32	64

図①

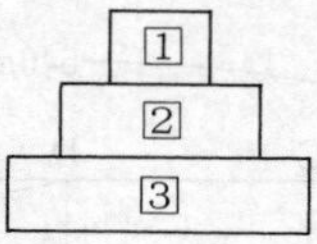

図②

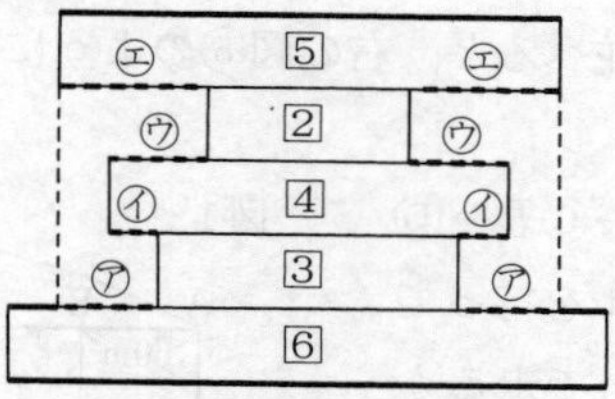

図③

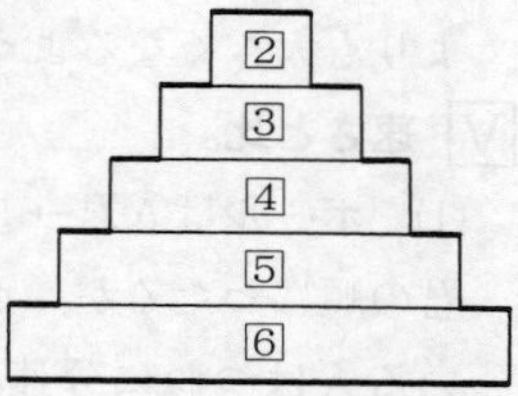

(2)　右上の図②と図③の表面積の差を求めればよい。真上(および真下)から見ると，太実線の部分が見える。これは半径64cmの円２つ分だから，これらの部分の面積は等しい。また，側面積の合計も等しいので，図②と図③の表面積の差は，上下から見たときにかくれている部分(太点線の部分)の面積と等しくなる。㋐の部分は半径32cmの円から半径８cmの円をのぞいたもの，㋑の部分は半径16cmの円から半径８cmの円をのぞいたもの，㋒の部分は半径16cmの円から半径４cmの円をのぞいたもの，㋓の部分は半径32cmの円から半径４cmの円をのぞいたものだから，これらの面積の合計は，32×32×3.14－８×８×3.14＋16×16×3.14－８×８×3.14＋16×16×3.14－４×４×3.14＋32×32×3.14－４×４×3.14＝４×４×(８×８－２×２＋４×４－２×２＋４×４－１×１＋８×８－１×１)×3.14＝16×(64－４＋16－４＋16－１＋64－１)×3.14＝2400×3.14＝7536(cm^2)と求められる。

〔別解〕 [1]の円柱の底面積を１とすると，[2]，[3]，[4]，[5]の円柱の底面積はそれぞれ，２×２＝４，４×４＝16，８×８＝64，16×16＝256になる。このとき，図②の太点線の部分の面積は，(256－16)＋(64－16)＋(64－４)＋(256－４)＝600と求められる。また，１にあたる面積は，２×２×3.14＝４×3.14(cm^2)なので，600にあたる面積は，４×3.14×600＝2400×3.14＝7536(cm^2)となる。

(3)　立体[[5] [4] [3] [2] [1]]には上下から見たときにかくれている部分がないから，これと同じように，上下から見たときにかくれている部分がない立体にすればよい。そのためには，[5]を中心として上に行くほど番号が小さくなり，また，[5]を中心として下に行くほど番号が小さくなるように[1]，[2]，[3]，[4]を並べればよい。右の図④で，[5]の上に円柱がない場合，[5]の下には[1]，[2]，[3]，[4]を番号が大きい順に並べればよいので，①のようになる。また，

図④

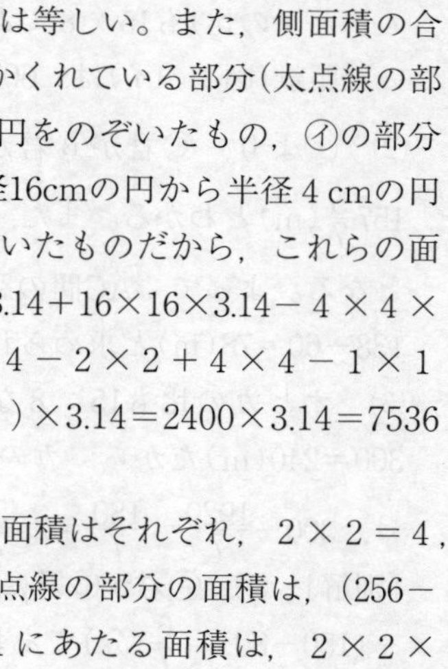

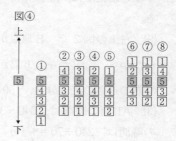

[5]の上に円柱が1個ある場合，[5]の下には残りの3個を番号が大きい順に並べればよいから，②～⑤のようになる。さらに，[5]の上に円柱が2個ある場合，その2個を番号が大きい順に並べ，[5]の下には残りの2個を番号が大きい順に並べればよい。このとき，4個から2個を選ぶ組合せは，$\frac{4\times3}{2\times1}=6$(通り)あるが，上下を入れかえたものは同じなので，$6\div2=3$(通り)だけを調べればよく，⑥～⑧のようになる。[5]の上に円柱が3個ある場合は1個ある場合と同じであり，円柱が4個ある場合は1個もない場合と同じだから，考えられる並べ方は①～⑧の8通りとなる。このうち①は［[5] [4] [3] [2] [1]］と同じなので，②～⑧をアがオよりも大きくなるように並べると，右の図⑤のようになる。

図⑤

アイウエオ ［[4] [5] [3] [2] [1]］　アイウエオ ［[3] [5] [4] [2] [1]］
アイウエオ ［[2] [5] [4] [3] [1]］　アイウエオ ［[2] [3] [4] [5] [1]］
アイウエオ ［[3] [4] [5] [2] [1]］　アイウエオ ［[2] [4] [5] [3] [1]］
アイウエオ ［[2] [3] [5] [4] [1]］　アイウエオ ［[ ] [ ] [ ] [ ] [ ]］

V 速さと比。

(1)　ボールはⒶ君→Ⓑ君→Ⓒ君→Ⓓ君の順にわたるが，ボールを持っている人はつねに分速150mで走るから，A地点からE地点までⒶ君が分速150mで走り続けたと考えても同じである。走る速さと歩く速さの比は，150：80＝15：8なので，Ⓐ君がⒷ君に追いつくまでにⒶ君とⒷ君が進んだ距離《きょり》の比(上の図1のアとイの比)も15：8である。この差が60mだから，Ⓑ君がⒶ君からボールを受け取るまでに歩いた距離(図1のイ)は，$60\div(15-8)\times8=\frac{480}{7}=68\frac{4}{7}$(m)とわかる。

図1

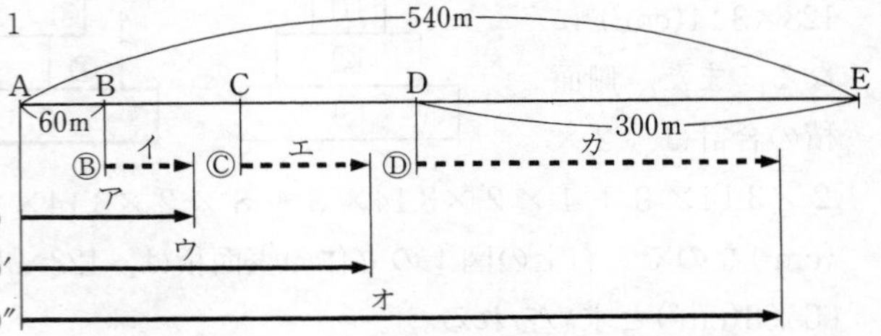

(2)　(1)より，Ⓒ君がⒷ君からボールを受け取るまでに歩いた距離(図1のエ)は，$68\frac{4}{7}+89\frac{1}{7}=157\frac{5}{7}$(m)とわかる。また，ウとエの比も15：8なので，AC間とエの比は，(15－8)：8＝7：8となる。よって，AC間の距離は，$157\frac{5}{7}\times\frac{7}{8}=138$(m)だから，B地点からC地点までの距離は，138－60＝78(m)と求められる。

(3)　オとカの比も15：8なので，AD間とカの比も7：8になる。また，AD間の距離は，540－300＝240(m)だから，カの距離は，$240\times\frac{8}{7}=\frac{1920}{7}$(m)と求められる。よって，Ⓓ君が走った距離は，$300-\frac{1920}{7}=\frac{180}{7}=25\frac{5}{7}$(m)である。

〔別解〕(1)　Ⓐ君がⒷ君に追いつくまでの時間は，$60\div(150-80)=\frac{6}{7}$(分)である。よって，その間にⒷ君が歩いた距離は，$80\times\frac{6}{7}=\frac{480}{7}=68\frac{4}{7}$(m)と求められる。

図2

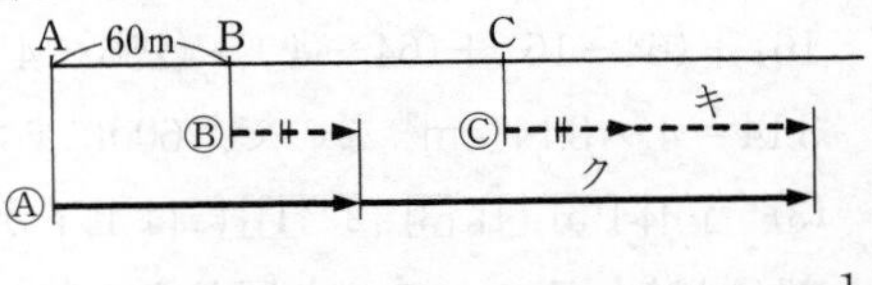

(2)　右上の図2で，B地点からC地点までの距離は，クとキの距離の差と等しい。キの距離が$89\frac{1}{7}$mだから，Ⓒ君がキ，Ⓑ君がクの距離を進んだ時間は，$89\frac{1}{7}\div80=\frac{39}{35}$(分)とわかる。また，Ⓑ君とⒸ君の速さの差は分速，150－80＝70(m)なので，クとキの距離の差は，$70\times\frac{39}{35}=78$(m)である。

(3)　AD間の距離は，540－300＝240(m)だから，スタートしてからⒹ君がボールを受け取るまでの時間は，$240\div70=\frac{24}{7}$(分)である。よって，その間にⒹ君が歩いた距離は，$80\times\frac{24}{7}=\frac{1920}{7}$(m)なので，Ⓓ君が走った距離は，$300-\frac{1920}{7}=\frac{180}{7}=25\frac{5}{7}$(m)と求められる。

社 会 (30分) ＜満点：60点＞

解 答

Ⅰ 問1 え 問2 え 問3 う 問4 (1) A あ B う C い (2) おから (3) A 北海道 B 千葉県 C 宮城県 D 兵庫県 E 東京都 F 茨城県 問5 (例) めんつゆなどの加工品の利用が増えた。／外食をする人が増えた。 問6 あ 問7 い 問8 う 問9 枕草子 問10 え 問11 あ 問12 米 問13 (例) 綿・なたねなどを栽培し，現金収入を得た。 問14 い 問15 い 問16 徴兵制 問17 文明開化 問18 (1) え (2) 日英同盟 問19 (1) あ (2) う 問20 い 問21 い，う Ⅱ 1 い，⑨ 2 う，④ 3 え，⑦ 4 あ，③ 5 い，⑩

解 説

Ⅰ 日本の食文化を題材にした総合問題。

問1 文化庁は，文部科学省のもとに置かれている機関(外局)で，文化の振興《しんこう》や文化財の保存に取り組み，宗教に関する事務も行っている。なお，「あ」は国土交通省の外局，「い」は2011年3月11日に発生した東日本大震災を受けて2012年に新設された機関，「う」は経済産業省の外局。

問2 福井県では越前漆器《えちぜんしっき》が，岐阜県では美濃《みの》焼が経済産業省によって伝統的工芸品に指定されている。また，岐阜県では南部の関市を中心に，包丁などの刃物の生産がさかんである。鉄びん(鉄器)の生産がさかんなのは岩手県で，盛岡市や奥州市を中心につくられ，この地域でつくられる南部鉄器は伝統的工芸品に指定されている。

問3 田植えの最盛期とは地域内の半分以上で田植えがすんだ時期をいう。田植えの時期は植えられる稲の種類や地域によって変わってくるが，「う」の筑紫《つくし》平野では米と麦の二毛作が行われており，麦を刈《か》り取った後で田植えが始まることから，ほかの地域よりも遅く田植えの最盛期をむかえることになる。なお，九十九里平野のある千葉県は田植えの最盛期が早く4月下旬《げじゅん》，以下，庄内平野のある山形県が5月中旬，上川盆地のある北海道が5月下旬，筑紫平野のある福岡県・佐賀県が6月中旬と続く。

問4 (1) A 地図中Aはロシア連邦。2014年3月，ロシア連邦は隣国《りんこく》のウクライナ南部にあるクリミア自治共和国を併合すると発表したが，アメリカやヨーロッパ連合(EU)はこの併合を無効とし，ロシアに経済制裁を課した。日本はロシアから原油や液化天然ガス，魚介《ぎょかい》類を多く輸入している。 B 地図中Bは中華人民共和国(中国)。中国は急速な経済発展をとげて「世界の工場」とよばれるようになり，輸入総額でもGDP(国内総生産)でもアメリカについで世界第2位となっている。 C カナダ東部にあるプリンスエドワード島は，モンゴメリの書いた『赤毛のアン』の舞台として知られる。カナダからの主な輸入品目は，なたね(13.2%)，石炭(13.0%)，木材(10.4%)などとなっており，肉類(7.7%)，小麦(5.2%)，魚介類(3.4%)など食料の輸入も多い。統計資料は『日本国勢図会』2014／15年版による(以下同じ)。 なお，地図中Dはアメリカ合衆国で説明文は「お」が，地図中Eはブラジルで「え」の説明文が，それぞれあてはまる。　(2)　おからは大豆から豆乳をしぼった後に残るもので，食用のほか，家畜の飼料としても用いられる。　(3)　はじめに[図]で示された都道府県を特定すると，左から順に，北海道，宮城県，千葉県，茨城県，東京都，兵庫県である。　A　北海道は広い大地で農業がさかんに行われており，大豆をはじめ，小麦・にんじん・じゃがいも・たまねぎ・かぼちゃ・だいこんなどの収穫量は全国第１位である。B　千葉県は大消費地に近いという立地条件をいかした近郊農業がさかんで，枝豆・らっかせいの収穫量や醤油《しょうゆ》の出荷額が全国第１位である。　C　「ずんだ」は枝豆をゆでて皮をむき，すりつぶしたもので，「ずんだもち」は宮城県をはじめとした東北各地でつくられる郷土料理である。D　黒大豆は黒豆ともよばれ，兵庫県で生産がさかんな「丹波黒《たんばぐろ》」は高級品種として知られる。また，県南部の赤穂《あこう》を中心に，年間を通じて降水量が少なく晴天の日が多い気候と遠浅の海をいかし，古くから塩の生産がさかんに行われていた。醤油の出荷額は千葉県についで全国第２位となっている。　E　東京都は日本の政治・経済・文化の中心となっており，情報が集中することから，印刷業や出版業が発達している。　F　茨城県では明治時代から納豆の生産が始まり，「水戸納豆」は全国的に知られている。県南東部の鹿島臨海工業地域は遠浅の海に掘《ほ》り込《こ》み式の港を築いて開発され，鉄鋼業や石油化学工業が発達している。

問５　技術が進み，生活が便利になって，以前は自宅でつくるなどしていためんつゆなどの醤油加工品が手軽に手に入れられるようになり，その分醤油の購入《こうにゅう》量が減ったと考えられる。また，食品産業が発達して，外食をしたり，できあがったそうざいを購入したりする機会が増えたことも，醤油の購入量が減った原因の１つと考えられる。加工品にするにしても外食をするにしても，醤油を消費することにはなるので，出荷量の減りはそれほど大きくならない。

問６　カツオは水温の高い海に広く生息し，日本近海では春頃《ごろ》から黒潮(日本海流)にのり，群れをなして北上する。漁法としては古くからの一本釣《づ》りに加え，まきあみ漁法も用いられる。焼津《やいづ》市(静岡県)や枕崎《まくらざき》市(鹿児島県)はカツオの水揚《あ》げが多いことで知られ，カツオ節などをつくる食品加工業もさかんである。なお，日本人の魚の消費量は21世紀に入り，急速に減少している。

問７　福岡市博多区にある板付遺跡では，縄文土器などとともに水路を整備した水田のあとが発見され，佐賀県の菜畑遺跡と並んで最も古い水田の遺跡とされている。

問８　645年，中大兄皇子(後の天智天皇)と中臣鎌足は，権力をふるっていた蘇我蝦夷《そがのえみし》・入鹿《いるか》父子を滅ぼし，大化の改新とよばれる政治改革を始めた。これによって，豪族などが支配していた土地や人民は天皇のものとされ(公地公民)，戸籍に基づいて６歳以上の男女に口分田を支給すること(班田収授)などが定められた。なお，「あ」は５世紀，「い」は８世紀の出来事。「え」について，飛鳥寺は６世紀に，法隆寺は７世紀に，唐招提寺は８世紀に，それぞれ建立《こんりゅう》された。

問９　「春はあけぼの」の冒頭で知られる『枕草子』は，一条天皇のきさきの定子に仕えた清少納言が著した随筆で，1000年頃の成立と考えられている。

問10　山崎の戦いは1582年，羽柴(豊臣)秀吉が明智光秀を倒した戦いである。当時，秀吉は中国地方で毛利氏と戦っていたが，本能寺の変で主君の織田信長が光秀の裏切りにあって自害したことを知るとすぐに京都に引き返して光秀を倒し，天下統一の後継者として名のりをあげた。

問11　室町時代には，共同で用水路を整備し，田に水を送り込む水車なども使われるようになった。また，稲の品種改良が進み，草木灰やたい肥の使用，牛馬耕，二毛作も全国的に広がった。こうした生産性の向上は農村の自立につながり，自治を行う農村も出現した。なお，「い」は鎌倉時代，「う」は安土桃山時代，「え」は江戸時代の出来事。

問12　豊臣秀吉は1582年から領地での検地(太閤《たいこう》検地)を始め，田畑の生産高を玄米の収穫量で示す石高《こくだか》制を定めた。これ以降，村の石高を基準に年貢が決められたり，大名の支配する藩の大きさが石高で示されたりするなど，江戸時代には米が経済システムの中心となった。

問13　江戸時代には，新田開発が進み，農具も改良されたことで農業生産が向上した。有力農民の間では綿やなたね，茶，紅花などの商品作物がさかんに栽培され，これによって農村に貨幣《かへい》が流入し，農民の間での貧富の差はさらに広がっていった。

問14　江戸時代の大名は，徳川氏の親せきである親藩，関ヶ原の戦い以前から家来であった譜代《ふだい》，関ヶ原の戦い以後に家来になった外様《とざま》に分けられて統制された。親藩，譜代は要地に配置され，有力な外様は江戸から遠いところに配置された。譜代は老中や大老といった幕府の要職をつとめ，中でも彦根藩出身の井伊直弼《いいなおすけ》は大老となり，1858年に日米修好通商条約を結んだ。

問15　江戸時代には，年貢米をはじめとした大量の物資を輸送する必要から，水上交通が発達した。東北から太平洋をまわって江戸へ向かう東廻《まわ》り航路と，東北から日本海，瀬戸内海をまわって大阪へ向かう西廻り航路が河村瑞賢《かわむらずいけん》によって開かれ，江戸・大阪間には定期船も運航された。北前船はニシンや昆布《こんぶ》など，蝦夷地《えぞち》(北海道)や東北の産物を西廻り航路経由で大阪などに運んだ。

問16　地租改正条例が出された1873年，満20歳以上の男子に兵役の義務を負わせる徴兵《ちょうへい》制が実施された。ただし，戸主(家の主人)・長男・学生・役人などは兵役を免除されたため，実際に徴兵されたのは農家の次男や三男などであり，働き手をうばわれた農民は大きな不満を持った。また，武士の特権がうばわれたことなどから，徴兵制は士族からの反発も招いた。

問17　明治時代になると，政府が積極的に近代化政策をおし進めたことから，教育や文化，国民生活などの全般にわたり，西洋の新しい文明が急速に入ってきた。これを文明開化といい，この変化の様子は「ざんぎり頭をたたいてみれば，文明開化の音がする」と表現された。

問18　(1)　1894年，外務大臣陸奥宗光《むつむねみつ》がイギリスとの間で治外法権の撤廃に成功した直後，日清戦争が始まった。戦争は日本が勝利し，日本は清(中国)に朝鮮の独立を認めさせた。これを受けて1897年，朝鮮は清の属国ではなく独立国であることを国内外に示すため，国号を大韓帝国と改めた。よって「え」が選べる。なお，「い」について，日清戦争で得た多額の賠償《ばいしょう》金の一部は，八幡製鉄所の建設にあてられた。「う」は1911年の出来事。　(2)　満州(中国東北部)に軍隊を置き，朝鮮にも勢力をのばそうとしていたロシアを警戒した日本と，アジアにおいてロシアと対立していたイギリスは，1902年に日英同盟を結んだ。第一次世界大戦が起こると，日本はこの日英同盟を口実に連合国側に立って参戦し，ドイツの根拠《こんきょ》地であった中国の青島やドイツ領南洋諸島などを占領《せんりょう》した。

問19　(1)　「あ」は1933年，「い」の盧溝橋《ろこうきょう》事件は1937年の出来事。「う」は1932年に起こった五・一五事件を説明した文で，海軍の青年将校らが首相官邸を襲撃し，犬養毅《いぬかいつよし》首相を暗殺した。よって古い順に「う」→「あ」→「い」となる。　(2)　「あ」は1941年，日本が南部仏印(ベトナム南部)に軍を進めたことに対する対抗措置《そち》として行われた。「い」は1938年に制定された国家総動員法の内容。「う」の日独伊三国軍事同盟は1940年９月に結ばれている。よって古い順に「い」→「う」→「あ」となる。

問20　フードマイレージは，食料が生産地から運ばれてきた距離に注目する考え方で，輸入相手先ごとの食料輸入量(トン)と輸送距離(キロ)をかけあわせた数値で示される。食料の輸入量が増えたり，遠い国から輸入したりするとフードマイレージは大きくなり，環境への負荷が強まることになるので，「い」が誤っている。

問21　あ　大塩平八郎が大阪で乱を起こしたのは1837年で，1858年に貿易が開始される以前のことである。　い　第一次世界大戦末期に起きたロシア革命を鎮《しず》めるために計画されたシベリア出兵は，米価の上昇を見こした商人による米の買い占《し》めを招いた。これをきっかけに1918年に米騒動が起こり，大戦後には不景気から各地で労働争議や農民運動が起こった。　う　朝鮮戦争が勃発《ぼっぱつ》した翌年の1951年，日本はサンフランシスコ平和条約を結んで独立を回復し，1956年に日ソ共同宣言を発表したことで国際連合への加盟を果たした。　え　韓国との国交樹立は1965年の日韓基本条約で実現しており，1972年の日中国交正常化よりも前の出来事である。　お　2011年，日本は31年ぶりに貿易赤字となったが，1981年から2010年までは貿易黒字が続いていた。

Ⅱ　現代社会についての問題。

1　衆議院は，小選挙区で選出された295人と比例代表で選出された180人を合わせた475人の議員で構成される。25歳以上で立候補でき，任期は4年である。また，内閣不信任決議は衆議院だけに認められた権限で，衆議院の優越に数えられるものの一つである。なお，参議院の任期は6年で，立候補は30歳からできる。

2　国際連合は，第二次世界大戦の深い反省から1945年に誕生した国際平和組織で，総会，安全保障理事会(あ)，経済社会理事会(え)，国際司法裁判所(い)，事務局，信託統治理事会の6つの主要機関からなる。「う」はサミット(主要国首脳会議)に関する説明である。

3　日本国憲法では，天皇は国政に関する権限を一切持たず，内閣の助言と承認により，ごく限られた国事行為をすると定められており，憲法改正や法律を公布すること，国会を召集すること，衆議院を解散すること，栄典を授与すること，外国の文書を認めること，外国の大使および公使をもてなすことなどがその内容とされた。なお，「え」は国会議員と内閣の仕事である。

4　NGO(非政府組織)は，政府や政府間につくられた組織ではなく，平和や人権問題などについて国際協力や支援を行っている民間組織のことで，「い」は医療・保健分野を中心に支援活動を行うNGO，「う」は死刑の廃止や難民の保護など，人権擁護《ようご》を目的として活動するNGO，「え」は国境をこえて医療活動を行うNGOである。なお，「あ」は発展途上国への資金援助である政府開発援助の略称。

5　社会権は，20世紀になって認められるようになった，だれもが人間らしい生活を送れることを保障した権利で，生存権(健康で文化的な最低限度の生活を営む権利)，教育を受ける権利，勤労権がこれにあてはまる。なお，「い」は自由権に含《ふく》まれる。

理　科　(30分)＜満点：60点＞

解　答

Ⅰ　問1　ひまわり　　問2　冬　　問3　西高東低　　問4　ア　　問5　3　　問6　台風

問7　お→う→え→い　　問8　6　　問9　8　　Ⅱ　問1　①　ア　　②　イ　　③　ウ　　④　卵のから　　⑤　さなぎ　　⑥　イ　　問2　ウ，エ　　問3　（例）メソミルで天敵のコモリグモは多く死ぬが，コナガはかなり残る。そのうえ，コナガのメスの産卵数がかえって増えてしまうから。　　問4　イ→ウ→ア　　Ⅲ　問1　B，3000ｇ　　問2　A…3000ｇ，B…6000ｇ　　Ⅳ　問1　①　A　　②　エ　　③　イ　　④　ウ　　⑤　ア　　問2　イ　　問3　オ　　問4　B　　Ⅴ　問1　(a)　エ，オ，カ　　(b)　ウ　　(c)　ア，イ　　問2　キ…6.8ｇ，ク…11.6ｇ　　問3　ケ

解　説

Ⅰ　日本の天気についての問題。

問1　テレビなどの気象情報で見られる雲画像は，気象衛星「ひまわり」が撮影したものである。初代の「ひまわり」は1977年に打ち上げられ，2015年２月現在は「ひまわり７号」が運用されている。また，その後継機として，2014年10月に「ひまわり８号」が打ち上げられた。

問2　写真「あ」のような，日本列島の日本海側などにすじ状の雲が現れるのは，冬のころである。この雲は，大陸からの冷たくかわいた風が海上で水蒸気を多く含むことによってつくられる。

問3　冬は，日本の西側の大陸上に高気圧が発達し，東側の太平洋上またはオホーツク海上に低気圧ができやすい。この気圧配置を「西高東低」という。

問4　西高東低の気圧配置になると，大陸から太平洋に向かって北西の季節風が強くふく。

問5　写真「あ」で，日本列島の日本海側は雲がかかっていて雪や雨が降っていると考えられるため，新潟は昼と夜の気温差が小さく，湿度《しつど》の高いグラフ２となる。一方，太平洋側では晴れているので，昼と夜の気温差が大きくなる。また，緯度が高いほど気温は低くなることから，鹿児島がグラフ１，東京がグラフ４，仙台がグラフ３とわかる。

問6　発達した台風の画像は，うずを巻いた大きな雲のかたまりと，その中心に雲のない丸い部分があるのが特徴である。

問7　一般に日本へ上陸する台風は，赤道に近い海上で発生し，はじめは西寄りに進み，その後太平洋高気圧に沿うように北上し，偏西風《へんせいふう》によって北東方向へとその進路を変える。そして，日本を通過するうちに勢力を失い，温帯低気圧となる。台風の動き方から，写真は日付けの早い順に，「お」→「う」→「え」→「い」となる。

問8　写真「え」の東京は，雲におおわれているので，天気は雨と考えられる。そして，これから台風の接近にともなってさらに雨が激しくなるため，湿度が高い状態になる。よって，グラフ６が選べる。

問9　写真「い」の名古屋では，台風が通り過ぎようとしていて，しだいに雲がなくなり，晴れて気温が上がっていき，湿度は下がると予想できる。したがって，グラフ８が選べる。なお，晴れている鹿児島は名古屋よりも湿度の低いグラフ10，１日のうちほとんどが雲におおわれていると予想される仙台はグラフ９となる。

Ⅱ　キャベツの害虫についての問題。

問1　①　モンシロチョウは，幼虫のエサとなるキャベツやダイコン，コマツナなどといったアブラナ科の植物の葉のうらに卵を１個ずつ産みつける。　②　卵は高さがおよそ１mmで，トウモ

ロコシの実に似たつりがね型をしている。　③　産みつけられた直後の卵は乳白《にゅうはく》色をしているが，しだいに黄色くなっていく。　④　卵からかえったばかりの幼虫は，はじめに自分の卵のからを食べ，そのあとアブラナ科の葉を食べる。　⑤　幼虫のときに４回だっ皮をして５令幼虫になり，しばらくするとエサをとらなくなってさなぎになる。　⑥　さなぎの間は何も食べずにじっとしているが，５月ごろでは約１～２週間たつと，背中側が割れて中から成虫が出てくる。

問２　図１で，ＡやＢよりもＣの方が大きく幼虫の数を減らしている。これは，Ｃは側面にアミを張っていないため，地面をはい回るクモによってコナガの幼虫が減ったからだと考えられる。また，ＡとＢを比べると，天じょうを開放したＢの幼虫の数がＡからあまり減っていない。このことから，天じょうから入ってくる鳥やハチなどのように飛ぶことができる天敵のはたらきはあまり大きくないといえる。

問３　実験２の結果より，メソミルの濃度が低くても高くても，死亡率はコナガより天敵のコモリグモの方がずっと高い。また，実験３の結果から，コナガの成虫が産卵する数の合計は，メソミルを使用した方が使用しないときより多くの卵を産んでいる。そのため，メソミルをまくと，コナガは天敵よりも多く生き残り，天敵によって食べられにくくなるうえ産卵数も増えるので，その数は増えてしまう。

問４　下線部⑵より，コナガの幼虫の生存率が最も低いのは，(c)のキャベツにコナガの幼虫だけがいる場合である。そのため，アの何もいないキャベツに卵を産みつけると，ふ化したときに(c)の状態になる可能性が高く，生存率も低くなる可能性が高い。そのため，アは産卵場所として適さない。イのモンシロチョウの幼虫だけがいるキャベツに卵を産みつけた場合，ふ化したときに(d)の状態になるので，(c)の状態になるよりは生存率が高くなる。また，ウのコナガだけがいるキャベツに卵を産みつけても，ふ化しても(c)の状態のままであるが，下線部⑶より，引き寄せられるコマユバチの数は変わらないので，(c)の状態よりもやや生存率が高い。したがって，コナガのメスが好んで産みつけるキャベツの順は，イ→ウ→アの順となる。

Ⅲ　てこのつり合いについての問題。

問１　てこのつり合いは，てこを回転させようとするはたらき（以下，モーメントとよぶ）で考える。モーメントは，（加わる力の大きさ）×（支点からの距離《きょり》）で求められ，支点を中心とした右回りのモーメント（の和）と左回りのモーメント（の和）の値が等しいときに，てこはつり合う。図１では，500ｇのおもりによるモーメントは右回りであるから，点Ｂのばねはかりを引いて左回りのモーメントを発生させて，てこをつり合わせる。点Ｂのばねはかりが示す力を□ｇとすると，□×５＝500×30が成り立つので，□＝500×30÷５＝3000（ｇ）と求められる。

問２　点Ａを引き上げる力を①ｇとし，点Ｂを引き上げる力を②ｇとすると，モーメントのつり合いの式は，①×３＋700×30＝②×５より，③＋21000＝⑩となる。すると，⑩－③＝⑦（ｇ）が21000にあたることがわかるので，①ｇにあたる力，つまり点Ａのばねはかりにかかる力は，21000÷⑦＝3000（ｇ）で，点Ｂのばねはかりにかかる力は，3000×２＝6000（ｇ）である。なお，点Ｂを引き上げる力を①ｇとし，点Ａを引き上げる力を②ｇとすると，つり合いの式は，②×３＋700×30＝①×５より，⑥＋21000＝⑤となって，式が成り立たない。

Ⅳ　手回し発電機と電流の流れ方についての問題。

問１　手回し発電機のハンドルを回すエネルギーを電気にかえているので，回路に流れる電流が多いほどハンドルを回す手ごたえは重くなる。実験アは何もつないでいないので電流は流れず，実験イ～エで回路全体に流れる電流の多さは，(豆電球２個の並列回路)＞(豆電球１個の回路)＞(豆電球２個の直列回路)となっている。したがって，ハンドルを回す手ごたえは重い順に，実験エ，実験イ，実験ウ，実験アになる。

問２　同じ明るさのとき，発光ダイオードで使われる電流は豆電球で使われる電流より少ない。そのため，ハンドルを回す手ごたえは実験オの方が軽く，実験イの方が重い。

問３　発光ダイオードに流れる電流の向きは決まっていて，逆向きの電流を流そうとしても発光ダイオードは点灯しない。したがって，ハンドルを回す手ごたえは，発光ダイオードが点灯しない実験カよりも点灯している実験オの方が重くなる。

問４　コンデンサーは，一方向(端子《たんし》の長い方から短い方)に電流を流すと内部に電気をたくわえる性質があり，電気がたくわえられるにつれて，手回し発電機からコンデンサーに流れる電流が少なくなり，ハンドルを回す手ごたえは軽くなっていく。実験キで，コンデンサーに電気がたくわえられた状態で手回し発電機のハンドルから手をはなすと，コンデンサーから電気をたくわえていたときとは逆向きに電流が流れ，手回し発電機に電流が流れこむ。手回し発電機は電流を流すときと流れこむとき(どちらも電流の向きは同じ)でハンドルの回転方向が反対になり，ここでは逆向きの電流が手回し発電機に流れこむので，ハンドルは回していたときと同じ方向に回り続ける。そして，コンデンサーにたくわえられていた電気がなくなると，ハンドルの回転は止まる。

Ⅴ　水よう液の性質と中和についての問題。

問１　水酸化ナトリウム水よう液と塩酸を混ぜ合わせると，中和反応がおきて食塩ができる。ここでは，水酸化ナトリウム水よう液を０cm^3から20cm^3ずつ増やし，塩酸を100cm^3から20cm^3ずつ減らすように混ぜ合わせている。はじめのうちは，中和反応後に塩酸があまり，水酸化ナトリウム水よう液の体積に比例して食塩だけが残る。そして，過不足なく反応する割合で混ぜ合わせたあとは，中和反応でできる食塩は減り，反応につかわれずにあまった水酸化ナトリウムの固体が増えていく。このとき，できる食塩の減り方や，水酸化ナトリウムの増え方は一定なので，残った固体の重さは一定の割合で変化する。表で，水酸化ナトリウム水よう液を20cm^3ずつ増やしていくと，中和反応後に塩酸があまっている場合は3.4ｇずつ固体が増え，水酸化ナトリウム水よう液があまる場合は，$10.0-8.4=1.6$(ｇ)ずつ固体が増えている。すると，水酸化ナトリウム水よう液40cm^3を加えたときをさかいにして，固体の重さの増え方が変化していることがわかる。このとき，過不足なく中和して水よう液が中性になっていることになる。したがって，アとイは塩酸があまっていて酸性なので，青色リトマス紙が赤色になる。また，ウは中性なのでどちらのリトマス紙の色も変化せず，エ～カは水酸化ナトリウム水よう液があまっていてアルカリ性なので，赤色リトマス紙が青色になる。

問２　問１で述べたように，混ぜる水酸化ナトリウム水よう液が40cm^3までは，20cm^3増やすごとに固体の重さは3.4ｇずつ増えるので，キは，$3.4+3.4=6.8$(ｇ)である。また，水酸化ナトリウム水よう液を40cm^3加えたあとからは，20cm^3増やすごとに固体の重さは1.6ｇずつ増えるので，クは，$10.0+1.6=11.6$(ｇ)と求められる。

問３　実験結果をグラフにすると，ケのように，水酸化ナトリウム水よう液の体積が40cm^3で固体の増え方が変化して，グラフのかたむきがなだらかになる。

国　語　（50分）＜満点：100点＞

解　答

一　問1　（例）　筆者はパートナーがジャンプした瞬間を撮ったのだが，そのジャンプの躍動感が打ち消されてまるで人間が空中を浮遊して水平移動しているかのような写真が撮れていた。「真を写す」と書いて現実をありのままに写すという意味にとれる「写真」で，現実には起こりえない不思議なできごとが表現できたことに感動して，筆者の学びのエンジンが始動したから。問2　（例）　当時中学生の筆者は，張り子人形についての自分のアイデアを先生が褒めてくれたことを喜び，有頂天になったが，うまくつくることができず，先生をがっかりさせてしまった。そのことで，せっかく褒められたアイデアまでが無駄になり，否定されたと思ったから。　問3　（例）　やり始めたことを最後までやり遂げること，退屈なことでも一生懸命取り組むことはどちらも道徳的にすばらしいことであり，できれば世間で立派だと言われることである。しかし，それはできなかったときには否定されるということと裏表の関係にあり，芸術制作のように，失敗にめげずにアイデアを試し，退屈したらすぐ気持ちを切り替えて別の方法を試すことが成功につながる場面においては，自信を失わせ，やる気を失わせてしまう負の要素にもなり得るのだということ。　問4　（例）　筆者は技術面に弱く，アイデアはだせても実現力にとぼしいというコンプレックスを抱えているが，無理に不得意な技術を磨いて得意にしなくても，自分は得意なアイデアをだすことに集中して，技術面を信頼できる人にゆだねればいいのだと気が付いた。そこで，パートナーに撮影をゆだねて，自身はジャンプのポーズと結果に集中することで浮遊写真を作っているということ。　問5　骨　問6　ア　元　イ　子　二　問1　下記を参照のこと。　問2　（例）　長い間父の仕事を見つめてきた登瀬は，櫛を挽く技術のコツは拍子で挽くことだと会得した。そこで，自分も父のように拍子を正確に刻みたいと考え，水くみに行くときにきっちり三十拍で行くことで拍子を正確に刻む訓練を真剣にしている。そんなふうにして，まっすぐ歩いて三十拍，という自分で考えた拍の刻み方が身に付いてきた自分に満足したから。　問3　（例）　父の座っている場所は，父が四十年近く朝から晩まで櫛を挽くために座り続けてきた特別な場所だと登瀬は知っている。その場所に，本来櫛は挽けない女性の立場にある自分が座れるとは思っていなかったのに，初めて座らせてもらえたことで，尊敬してやまない父や，父の守ってきた伝統に自分が包まれているように感じ，やはり自分のいるべき場所はここだと実感するとともに，自分の存在は櫛挽の流れの中にあり一人でないと感じたから。　問4　（例）　無心に（頭を空っぽにして）　問5　（例）　登瀬は名人の娘ということで自分が櫛挽の技術を受け継ぐのに最高の立場にあり，受けようと思えば名人である父から直接指導を受けられる立場であることのありがたみを改めて感じた。それなのに，結婚によってそのありがたい立場を手放さねばならないことを，自覚していた以上につらく思っている自分に気付いたから。

●漢字の書き取り

二　問1　①　形相　②　元祖　③　積年　④　要領　⑤　都度

解　説

一　出典はフィルムアート社編集部編の『じぶんの学びの見つけ方』所収の「浮遊《ふゆう》する自由からの学

び（林《はやし》ナツミ作）」による。自分の学びはすべて作品制作にむすびついていると語る筆者が，固定観念にしばられないことや，コンプレックスを克服《こくふく》するのではなく，それらと共存することの重要性を指摘《してき》している。

問１　筆者は自分自身について，日常のできごとなどが「学びのスイッチをONにし」，作品の制作が始まると「学びのエンジンが始動する」と前でのべているが，「３年間取り組んできたシリーズ」もその結果だというのである。続く部分に注意する。筆者はパートナーがジャンプした瞬間《しゅんかん》をカメラでとらえたが，ジャンプの「躍動《やくどう》感」が打ち消され，まるで人間が空中を浮遊し「水平移動」しているような写真が撮《と》れた。「真を写す」と書いて現実をそのまま写すはずの「写真」で，現実には起こりえない不思議な表現が可能になったことに筆者は感動し，「学びのスイッチ」がはいり「学びのエンジン」が始動した。それ以降，浮遊に見えるジャンプをする研究に没頭《ぼっとう》した成果が一連のシリーズということになる。

問２　筆者がぼう線Ｂのように感じるにいたったいきさつをまとめる。当時中学生だった筆者は，「張り子人形」に関する自分のアイデアを先生が褒《ほ》めてくれたことに「有頂天」になったが，うまくつくることができず，先生を「がっかり」させてしまった。そのことで，褒められたアイデアそのものも否定されたと思ったのである。

問３　やり始めたことを最後までやり遂《と》げること，退屈《たいくつ》なことでも一生懸命《いっしょうけんめい》やることはいずれも道徳的にすばらしく，達成できれば立派だとされる一方で，達成に失敗すれば否定されるということと裏表の関係にある。技術にたいして「コンプレックス」を持ち，「コンプレックス」は「克服」するのでなくそれらと「共存」をはかるべきと考える筆者は，「技術を習得すべきだ」という「オキテ」のスイッチを「OFF」にして制作を進めている。「オキテ」にしばられ，うまくいかなさそうなことや退屈なことでも一生懸命やり遂げることに必死になったとしても，かんじんの成果が得られなければ本末転倒《てんとう》である。芸術制作のように，失敗にめげずアイデアを試したり，退屈したら気持ちを切り替《か》えて別の方法を試したりすることが成功につながる場面においては，ぼう線Ｃやぼう線Ｄのような「オキテ」の存在は自信ややる気を失わせる負の要素にもなり得ると筆者は指摘しているのである。

問４　四つ前の段落に，筆者にとっての「コンプレックス」とは，技術面に弱く，アイデアはだせても実現力にとぼしいことだとのべられている。「コンプレックス」を「克服」することなどほんとうにできるのかと疑念を持つ筆者は，「写真を撮るには，技術を習得しなければならない」という「オキテ」にしばられていたなら，技術の習得に長い年月がかかり，作品制作の気力が失われただろうと考えている。不得意な技術を磨《みが》くことにとらわれることなく，自分はアイデアをだすという得意な部分に注力して不得意な技術面は信頼《しんらい》できる人にゆだねればよいと気付いた筆者は，パートナーに撮影をゆだね，自身はジャンプのポーズと結果に集中することで浮遊写真の表現の可能性を広げている。

問５　「骨が折れる」は，大変で苦労すること。

問６　「元も子もない」は，すべてを失い，何もないということ。

二　**出典は木内昇《きうちのぼり》の『櫛挽道守《くしひきちもり》』による。**櫛挽の名人の娘である登瀬《とせ》は櫛挽の奥《おく》深さに魅《み》せられ，父に深い尊敬の念をいだいていた。結婚が決まった後，父の教えを受けた登瀬は涙《なみだ》を流す。

問１　①　顔つき。表情。　②　ある物事を最初に始めた人。　③　長い年月。　④　物事のうまい処理の方法。　⑤　そのたびごとに。

問２　少し後の部分に，家から井戸までの道のりを，登瀬は「五感だけを研《と》ぎ澄《す》まし，等しい拍《ひょう》子《し》を身体が刻めるよう習練してい」たとある。また，三つ目の(中略)の後には，父の仕事を長い間間近で見てきた登瀬は，「拍子」で挽くことが櫛挽の技術のコツだと悟《さと》ったと書かれている。父を崇敬《すうけい》する登瀬は，父のように「拍子」を正確に刻みたいと考え，水くみに行くときにまっすぐ歩いてきっちり「三十」拍で行くことで真剣に習練を積んでいた。ここでは，自分で考えた拍の刻み方が身に付いてきたことを実感し，そんな自分に満足して，登瀬は「自然と笑み」が上り，「小さく頷《うなづ》いた」ものと考えられる。

問３　父の座っている場所は，「四十年近く」，櫛を挽くために朝から晩まで父が座り続けてきた特別な場所である。それを知っている登瀬には，本来櫛は挽けない立場である女の自分がそこに座らせてもらえるとは思いもよらなかったはずで，そのため非常に驚《おどろ》いている。だが，初めてそこに座り，「床の窪《くぼ》み」に身体を預けることで，尊敬してやまない父や父が守ってきた伝統に自分が包まれていることを感じたのである。女に生まれたので「仕方がない」し，父のためにもなるだろうと櫛挽とは縁《えん》のない家に嫁《とつ》ぐことを決心した登瀬であったが，父と同じ場所に座ることでやはり自分の居場所はここだと実感するとともに，自分の存在は櫛挽の流れの中にあると感じ，これまで味わったことのない「安堵《あんど》」感に包まれたのだと推測できる。

問４　「白」には，“何もない”という意味がある。「心を白くして」という表現も，「父の力加減を自分の手に覚え込ませ」たいと無心に「鋸《のこ》」に向かう登瀬の気持ちを表しているので，“無心に”，“頭を空っぽにして”という意味になる。

問５　思いがけず父の「鋸」を手渡《わた》され，櫛挽を直接教わったときの描写《びょうしゃ》である。二つ前の段落に注目する。「櫛挽」として高みを目指そうと決めた登瀬は，櫛の奥深さを知るたびに技を習得するための新たな覚悟《かくご》がわき，名人の娘に生まれたことのありがたみを噛《か》みしめたものだった。このときも，「父の力加減を自分の手に覚え込ませようとただ一心に鋸へ向か」った登瀬だったが，名人である父から直接指導を受けられ，技術を受け継ぐのに最高の立場にあることのありがたみを改めて感じると同時に，結婚によってその立場を手放さねばならないことをつらく思い，我知らず涙が流れている。自覚している以上に登瀬にとってはそれがつらいことが，自分でも気付かないままに涙を流していたことに表れている。

Memo

Memo

2025年度用
中学スーパー過去問

■編集人 声の教育社・編集部
■発行所 株式会社 声の教育社
〒162-0814 東京都新宿区新小川町8-15
☎03-5261-5061(代) FAX03-5261-5062
https://www.koenokyoikusha.co.jp

※本書の内容についての一切の責任は当社にあります。内容・解説・解答・その他は当社ホームページよりお問い合わせ下さい。

声の教育社
〒162-0814　東京都新宿区新小川町8-15
TEL.03-5261-5061　FAX.03-5261-5062
https://www.koenokyoikusha.co.jp

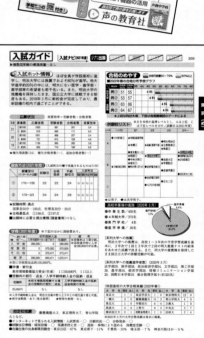

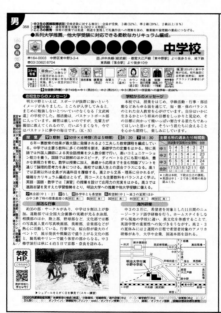

よくある解答用紙のご質問

01

実物のサイズにできない

拡大率にしたがってコピーすると，「解答欄」が実物大になります。配点などを含むため，用紙は実物よりも大きくなることがあります。

02

A3用紙に収まらない

拡大率164％以上の解答用紙は実物のサイズ（「出題傾向＆対策」をご覧ください）が大きいために，Ａ３に収まらない場合があります。

03

拡大率が書かれていない

複数ページにわたる解答用紙は，いずれかのページに拡大率を記載しています。どこにも表記がない場合は，正確な拡大率が不明です。

04

１ページに２つある

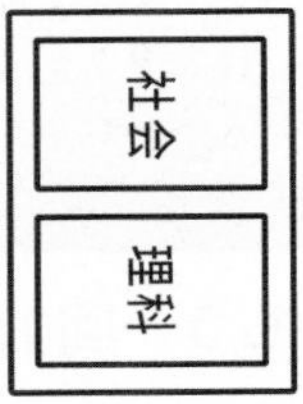

１ページに２つ解答用紙が掲載されている場合は，正確な拡大率が不明です。ほかの試験回の同じ教科をご参考になさってください。

桜蔭中学校

つかいやすい書きこみ式

入試問題解答用紙編

最近10年間収録

＊解答用紙は本体と一緒にとじてありますから、ていねいに抜きとってご使用ください。

■注意

●一部の科目の解答用紙は小社で作成しましたので、無断で転載することを禁じます。

●収録のつごうにより、一部縮小したものもあります。

●設問ごとの配点は非公表です。採点しやすいように小社が推定して作成したものです。

※ 実際の解答欄の大きさで練習するには、指定の倍率で拡大コピーしてください。なお、ページの上下に小社作成の見出しや配点を記載しているため、コピー後の用紙サイズが実物の解答用紙と異なる場合があります。

声の教育社

２０２４年度　桜蔭中学校

算数解答用紙

番号		氏名	

評点　／100

I

ア	イ	ウ	エ
オ		カ	キ

II

(1)ア　(2)イ　(2)ウ

(3) 考え方・式

答　個

(4) ① 考え方・式

答　個

(4) ② 式

答　mL

III

(1) 式

答　cm²

(2) 式

答　cm²

IV

ア	イ	ウ	エ
オ	カ	キ	

ク　式

答

ケ　式

答

コ　式

答

サ　シ

（注）この解答用紙は実物を縮小してあります。185%拡大コピーをすると、ほぼ実物大の解答欄になります。

〔算　数〕100点(推定配点)

I　各４点×７　II　(1)，(2)　各４点×３　(3)，(4)　各５点×３　III　各５点×２　IV　ア～キ　各２点×７　ク～コ　各５点×３　サ，シ　各３点×２

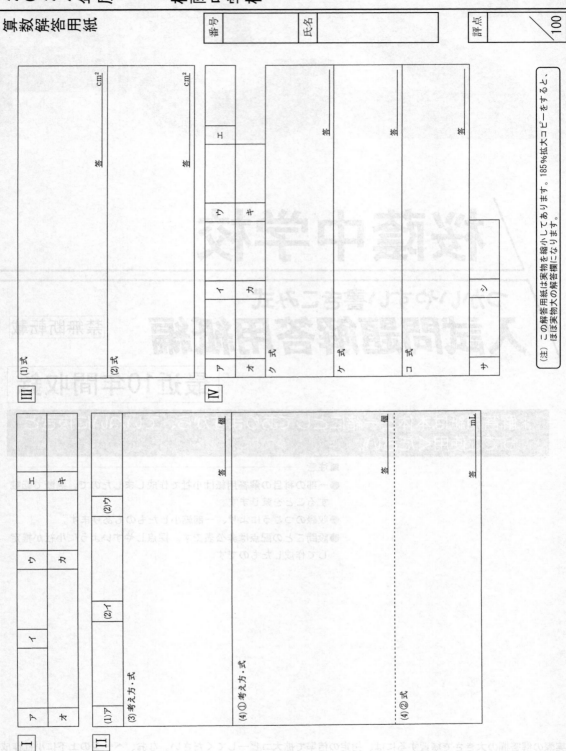

２０２４年度　桜蔭中学校

社会解答用紙

番号		氏名		評点	／60

Ⅰ

1		2		3		4	
5		6		7		① i	
① ii		② A		② B		② C	
② D		③					
④ 1		④ 2		④ 3		⑤	

Ⅱ

1		2		3	
A		B		①	
②		③			

Ⅲ

1		2		3	
4		5		6	
7		8		9	
10		A		B	
C		D			
①					
②					
③		④		⑤	
⑥		⑦		⑧	
⑨		⑩		⑪	

（注）この解答用紙は実物を縮小してあります。Ｂ５→Ａ４（115％）に拡大コピーすると、ほぼ実物大の解答欄になります。

〔社　会〕60点（推定配点）

Ⅰ　1～7　各１点×7　①　各２点×2　②～④　各１点×8　⑤　２点　Ⅱ　1～3　各２点×3　A，B　各１点×2　①～③　各１点×3　Ⅲ　1～10　各１点×10　A～D　各１点×4　①　１点　②　４点　③～⑪　各１点×9

2024年度　桜蔭中学校

理科解答用紙

番号		氏名		評点	／60

Ⅰ

問1	問2

問3	問4	問5 a	問5 b	問5 c	問5 d

問5 e	問6	問7

Ⅱ

問1

問2	問3	問4 ①	問4 ②	問4 ③	問5 a	問5 b

Ⅲ

問1	問2 ⅰ a	問2 ⅰ b	問2 ⅰ c	問2 ⅰ d

問2 ⅱ	問2 ⅲ	問2 ⅳ	問2 ⅴ	問3

Ⅳ

問1	問2 ⅰ	問2 ⅱ
	回	

問3 ⅰ ア	問3 ⅰ イ	問3 ⅰ ウ	問3 ⅰ エ	問3 ⅱ	
				秒	m

問3 ⅲ オ	問3 ⅲ カ	問3 ⅲ キ	問3 ⅲ ク

問4 a	問4 b	問4 c	問5

（注）この解答用紙は実物を縮小してあります。Ｂ５→Ａ４(115%)に拡大コピーすると、ほぼ実物大の解答欄になります。

〔理　科〕60点(推定配点)

Ⅰ　問1　1点　問2　2点　問3～問7　各1点×9　Ⅱ　問1，問2　各2点×2　問3，問4　各1点×4　問5　各2点×2　Ⅲ　問1　1点　問2　ⅰ　各1点×4　ⅱ～ⅳ　各2点×3　ⅴ　1点　問3　各1点×2　Ⅳ　問1　1点　問2　各2点×2＜ⅱは完答＞　問3　ⅰ　各1点×4　ⅱ　各2点×2　ⅲ　各1点×4　問4　各1点×3　問5　2点＜完答＞

２０２４年度　　桜蔭中学校

国語解答用紙

番号　　氏名　　評点　／100

一

問一　A　B　C　D

問二

問三

問四

二

問一　A　B　C

問二　ア　イ

問三

問四

問五

（注）この解答用紙は実物を縮小してあります。172％拡大コピーすると、ほぼ実物大の解答欄になります。

〔国　語〕100点(推定配点)

一　問１　各２点×４　問２，問３　各12点×２　問４　16点　二　問１　各２点×３　問２　各３点×２　問３　16点　問４，問５　各12点×２

2023年度 桜蔭中学校

算数解答用紙

番号　　　氏名　　　評点　／100

I

ア		イ		ウ	
エ		オ		カ	
キ		ク		ケ	

II

(1) 式

答　　　本

(2) 式

答　　　時間　　　分

(3) 花子さん　　　時間　　　分　　桜さん　　　時間　　　分

(4) 考え方

答　　　時間　　　分

III

(1)

答　　　通り

	1回目	2回目
A		
B		

(2) ① Aの得点　　　点，　　　点，　　　点，　　　点，　　　点

② 考え方

答　　　通り

IV

(1) 式

答　　　cm^3

(2) 3秒後　式

答　3秒後　　　cm^3

5秒後　式

答　5秒後　　　cm^3

(3) 式

答　　　cm^3

(4) 式

答　秒速　　　cm

(注) この解答用紙は実物を縮小してあります。179%拡大コピーをすると、ほぼ実物大の解答欄になります。

〔算　数〕100点(推定配点)

I　各4点×9　II　(1)　4点　(2)～(4)　各5点×4　III，IV　各5点×8<IIIの(1)，(2)の①は完答>

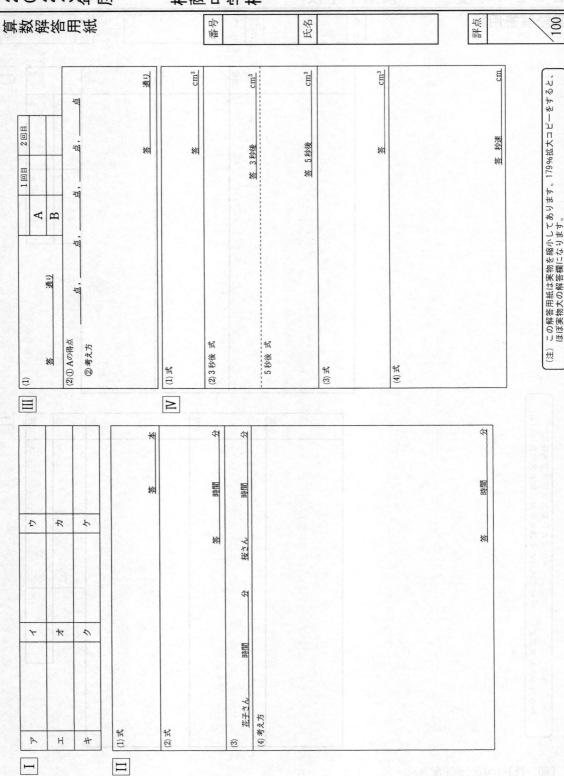

２０２３年度　桜蔭中学校

社会解答用紙

番号		氏名		評点	／60

Ⅰ 問８と問９の解答場所に注意すること

問1	X	Y	Z
問2	1 島	2 諸島	3 半島
	4	5 列島	
問3			
問4	A	B	C
問5			
問6			
問7			
問9	神奈川	佐賀	長崎
問8			

Ⅱ

1	2	3	4
5	6	①	②
③	④	⑤	⑥
⑦	⑧ → → →	⑨ の戦い	
⑩			
⑪	⑫	⑬	⑭
⑮			

Ⅲ

1 月 日	2 法	3 投票	4 税	5
問1	問2	問3	問4	問5

（注）この解答用紙は実物を縮小してあります。Ｂ５→Ｂ４（141%）に拡大コピーすると、ほぼ実物大の解答欄になります。

〔社　会〕60点（推定配点）

Ⅰ　問１　各２点×３　問２，問３　各１点×６　問４，問５　各２点×２＜問４は完答＞　問６，問７　各１点×２　問８，問９　各２点×２＜問９は完答＞　Ⅱ　1～6　各１点×６　①～⑨　各１点×９＜⑧は完答＞　⑩　３点　⑪～⑮　各１点×５　Ⅲ　1～5　各２点×５　問１～問５　各１点×５

２０２３年度　桜蔭中学校

理科解答用紙

番号		氏名		評点	／60

Ⅰ

問１	問２	問３	問４
	mL	g	g
問５	**問６**	**問７**	
%			

Ⅱ

問１	問２	問３	
問４	**問５**	**問６**	
		(1)	(2)

Ⅲ

問１	問２		問３
	(1)	(2)	
問４		**問５**	
(1)	(2)	(1) 光年	(2)
	問５		**問６**
(3)	(4)	(5)	
問７			

Ⅳ

問１																				
(a)																				
(b)																				

問２	問３	問４	問５	問６
cm		cm		cm

（注）この解答用紙は実物を縮小してあります。Ｂ５→Ａ４（115％）に拡大コピーすると、ほぼ実物大の解答欄になります。

〔理　科〕60点（推定配点）

Ⅰ，Ⅱ　各２点×14＜Ⅰの問１，Ⅱの問３は完答＞　Ⅲ　問１　１点　問２，問３　各２点×３＜問３は完答＞　問４，問５　各１点×７＜問５の(3)は完答＞　問６，問７　各２点×２　Ⅳ　各２点×７＜問５は完答＞

二〇二三年度　桜蔭中学校

国語解答用紙

番号　　氏名　　評点　／100

一

問一　A　B　C

問二

問三

問四　③　④

問五

二

問一　A　B　C　D　E

問二　ア　イ

問三

問四

問五

（注）この解答用紙は実物を縮小してあります。172％拡大コピーすると、ほぼ実物大の解答欄になります。

〔国　語〕100点(推定配点)

一　問1　各2点×3　問2，問3　各10点×2　問4　各6点×2　問5　12点　二　問1，問2　各2点×7　問3　10点　問4　12点　問5　14点

2022年度 桜蔭中学校

算数解答用紙

番号		氏名		評点	/100

Ⅰ

ア		イ		ウ	
エ		オ		カ	

Ⅱ

(1) 式

答　　時　　分

(2) 考え方

答　　回

Ⅲ

(1) 式

答　分速　　m

(2) 式

答　　m

(3) 式

答　　m

Ⅳ

(1) ① 底面

答　使う立方体の個数　　個

(1) ② 底面

(2) ① 考え方

答　使う円柱の個数　　個

使う円すいの個数　　個

体積　　cm³

(2) ② 考え方

答　一番大きい体積　　cm³

一番小さい体積　　cm³

（注）この解答用紙は実物を縮小してあります。179%拡大コピーをすると、ほぼ実物大の解答欄になります。

〔算　数〕100点(推定配点)

Ⅰ　各5点×6　Ⅱ, Ⅲ　各6点×5　Ⅳ　各5点×8

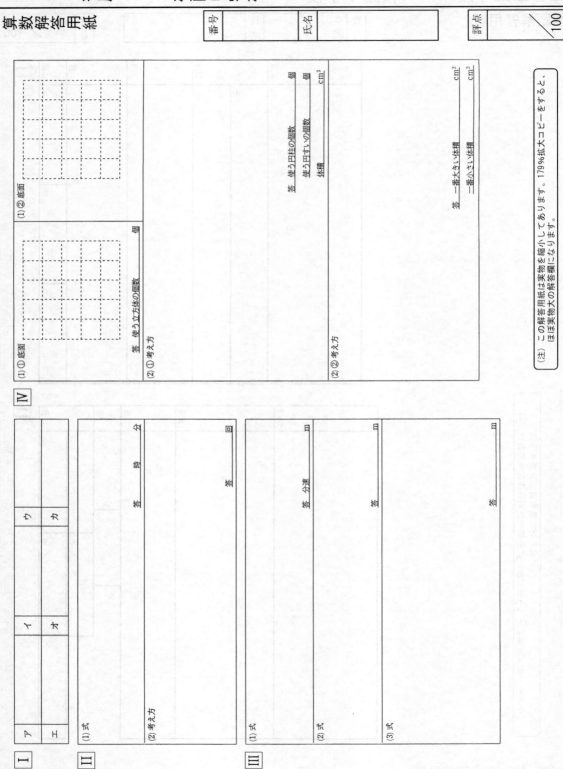

２０２２年度　桜蔭中学校

社会解答用紙

番号		氏名		評点	／60

I 問５と問６の解答場所に注意すること

問1　1　2　3　4　5　6　日 7　8　9　10　11　12

問2　問3　問4　問6

問5

問7

II

問1　1　2　寺 3　4　5　6　7

問2　問3　問4　問5

問6

問7　問8　問9　問10　問11　問12

問13　問14　問15

問16　問17　問18

III

1　2　3　権 4

5　問A　問B　問C　問D　問E

（注）この解答用紙は実物を縮小してあります。Ｂ５→Ｂ４(141%)に拡大コピーすると、ほぼ実物大の解答欄になります。

〔社　会〕60点(推定配点)

I　問1～問4　各1点×15　問5　3点　問6　2点　問7　3点　II　問1～問5　各1点×11　問6　3点　問7～問17　各1点×11　問18　2点　III　各1点×10

２０２２年度　　桜蔭中学校

理科解答用紙

番号		氏名		評点	／60

I

問1			
A	B	C	D

問2			問3	問4	問5
X	Y	Z			

問6		問7
生物 カエル ・ イモリ	理由	く
	理由	け

II

問1		問2
g	浮く　・　沈む	

問3				問4
①	②	③	④	mm

III

問1		問2
あ	い	

問3		問4	問5	問6
i　g	ii　g	g	g	%

IV

問1	問2

問3
厚い鉄板よりもスチールウールのほうが，

問4		問5	問6	問7	
			L		

（注）この解答用紙は実物を縮小してあります。Ｂ５→Ｂ４（141％）に拡大コピーすると、ほぼ実物大の解答欄になります。

〔理　科〕60点（推定配点）

I 問１　各２点×４　問２～問５　各１点×６　問６　生物…１点，理由…各２点×２　問７　各２点×２　II 各２点×５＜問３は完答＞　III 問１～問３　各１点×５　問４～問６　各２点×３　IV 問１，問２　各２点×２＜各々完答＞　問３　３点　問４　各１点×３　問５，問６　各２点×２＜問５は完答＞　問７　各１点×２

二〇二二年度　桜蔭中学校

国語解答用紙

番号		氏名		評点	／100

一

問一　a　b　c

問二　A

問三　B

問四

問五

問六

二

問一　a　b　c

問二　ア　イ

問三　A

問四　①　②

問五

問六

（注）この解答用紙は実物を縮小してあります。172％拡大コピーすると、ほぼ実物大の解答欄になります。

〔国　語〕100点(推定配点)

一　問1，問2　各2点×4　問3　3点　問4，問5　各10点×2　問6　12点　二　問1　各2点×3　問2，問3　各3点×3　問4　各10点×2　問5　12点　問6　10点

2021年度 桜蔭中学校

算数解答用紙

番号		氏名	

評点
/100

I

ア		イ		ウ	
エ		オ		カ	
キ					

II

ア		イ		ウ		エ	

III

(1)式

答　　　　cm^3

(2)式

答

(3)式

答 かかる時間　　　　分

(積み方)

1段目	2段目	3段目	4段目	5段目	6段目	7段目	8段目

(4) (積み方)

1段目	2段目	3段目	4段目	5段目	6段目	7段目	8段目

IV

(1)式

答 Aさん　　　　分　Bさん　　　　分

(2)式

答 1回目　　　　分後　2回目　　　　分後

(3)式

答　　　　分後

(注) この解答用紙は実物を縮小してあります。182%拡大コピーをすると、ほぼ実物大の解答欄になります。

〔算　数〕100点(推定配点)

I～IV　各5点×20＜IIIの(3)の積み方，(4)，IVの(1)は完答＞

２０２１年度　　桜蔭中学校

社会解答用紙

番号		氏名		評点	／60

Ⅰ

問1	1		2	半島	3		4							
問2		問3		問4	a		b		c		d		e	
問5	5		6		7		問6							
問7														
問8	a		b		c									
問9	a		b		c		d							

Ⅱ

A		B		C		D			
1	県	2		3	教	4			
5		6	藩	7		8			
①		②		③		④		⑤	
⑥	→	→	→	⑦					
⑧									
⑨		⑩		⑪					

Ⅲ

1	法	2	権	3	裁判	4					
5		問A		問B		問C		問D		問E	

（注）この解答用紙は実物を縮小してあります。Ｂ５→Ｂ４（141％）に拡大コピーすると，ほぼ実物大の解答欄になります。

〔社　会〕60点（推定配点）

Ⅰ　問１～問６　各１点×15　問７　３点　問８，問９　各１点×７　Ⅱ　Ａ～Ｄ　各１点×４　１～８　各１点×８　①～⑦　各１点×７<⑥は完答>　⑧　３点　⑨～⑪　各１点×３　Ⅲ　各１点×10

２０２１年度　　桜蔭中学校

理科解答用紙

番号		氏名		評点	／60

Ⅰ

問1	問2	問3	問4	問5
問6				
①	②	③	④	⑤
問6			問7	
⑥	⑦	⑧		

Ⅱ

問1	問2	問3	問4
問5			

Ⅲ

問1

問2				
(1)				(2)

問3		問4
体積　　　mL	位置	%

問5		問6	
(1)　　　g	(2)　　　%	(1)	(2)　　　%

Ⅳ

問1		問2
(1)　　　分	(2)　　　時　　　分	時間　　　分　　早い・おそい

問3	
(1)	(2)

（注）この解答用紙は実物を縮小してあります。Ｂ５→Ａ４（115％）に拡大コピーすると、ほぼ実物大の解答欄になります。

〔理　科〕60点（推定配点）

Ⅰ　問１～問５　各２点×５　問６，問７　各１点×９　Ⅱ　問１～問４　各２点×４＜問２，問４は完答＞　問５　各１点×３　Ⅲ，Ⅳ　各２点×15＜Ⅲの問１は完答＞

二〇二一年度　桜蔭中学校

国語解答用紙

番号		氏名	

評点	／100

一

問一　a　b　c　d　e

問二

問三

問四　X　Y

二

問一　①　②　③

問二

問三

問四

問五

問六

問七

（注）この解答用紙は実物を縮小してあります。172％拡大コピーすると、ほぼ実物大の解答欄になります。

〔国　語〕100点(推定配点)

一　問１　各２点×５　問２　12点　問３，問４　各８点×３　二　問１，問２　各２点×４　問３　６点　問４～問７　各10点×４

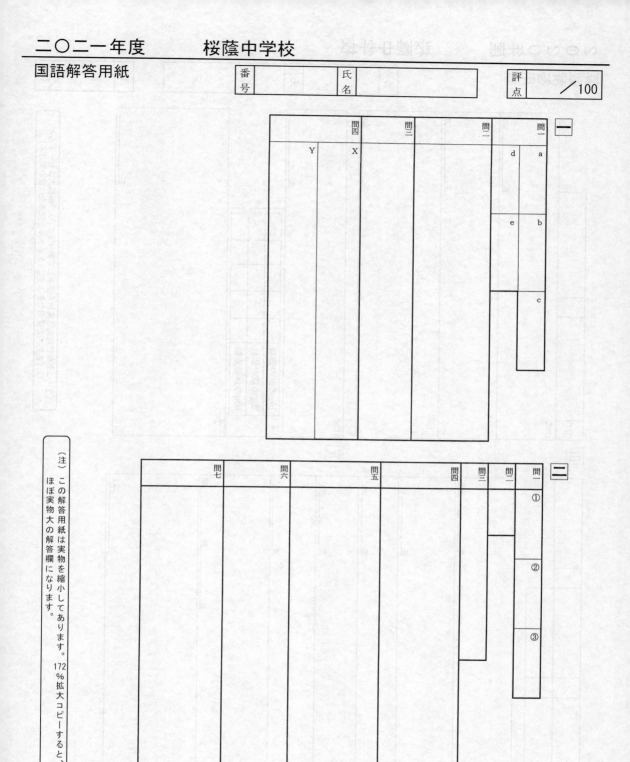

2020年度 桜蔭中学校

算数解答用紙

番号		氏名		評点	/100

I

ア		イ		ウ	
エ		オ			

II

(1)①式

答　　　回転

②式

答　　　周

(2)(a)①式

答　　　cm^3

②式

答　　　cm^2

③式

答　　　cm^2

(b)①式

答　　　段　　　個

②式

答　　　cm^2

III

(1)ア		イ	

(2)式

答　　　cm^3

(3)①式

答　　　cm^2

②式

答　　　cm^2

IV

(1)式

答

(2)①

10gの球の個数					
20gの球の個数					
60gの球の個数					

②式

答

（注）この解答用紙は実物を縮小してあります。179％拡大コピーすると、ほぼ実物大で使用できます。（タイトルと配点表は含みません）

〔算　数〕100点（推定配点）

I～IV　各５点×20＜IIの(2)の(b)の①，IVの(2)の①は完答＞

２０２０年度　桜蔭中学校

社会解答用紙

番号		氏名	

評点	／60

Ⅰ

問1	1		問2	2		3		4	
	5		6		7		8		

問3	

問4		問5	

問6	ア		イ		ウ		エ		オ		問7	

問8	

Ⅱ

1		2		3		4	

問1		問2	

問3		問4		問5	
問6		問7		問8	

Ⅲ

1		2		問1	年

問2	(ア)	
	(イ)	

問3		問4		問5	

Ⅳ

1		2		3		4			
5		A		B		C		D		E	

(注)　この解答用紙は実物を縮小してあります。Ｂ４用紙に122%拡大コピーすると、ほぼ実物大で使用できます。(タイトルと配点表は含みません)

〔社　会〕60点(推定配点)

Ⅰ　問1，問2　各１点×8　問3　２点　問4～問7　各１点×8　問8　各２点×2　Ⅱ　1～4　各１点×4　問1　１点　問2　２点　問3，問4　各１点×2　問5　２点　問6，問7　各１点×2　問8　２点　Ⅲ　1，2　各１点×2　問1　２点　問2　各３点×2　問3～問5　各１点×3　Ⅳ　各１点×10

2020年度　桜蔭中学校

理科解答用紙

番号		氏名		評点	／60

Ⅰ

問１				
ア	イ	ウ	エ	オ

問２				問３	問４	問５
(1)	(2)	(3)	(4)			

問６	
カ	キ

Ⅱ

問１	問２	問３

問４	問５	問６
台	cm^3	g

Ⅲ

問１	問２		問３　(1)	
	(1)	(2)	あ	う

問３　(2)

問３　(3)

Ⅳ

問１	問２	問３	問４
cm	cm	cm	g

問５	問６
g	

Ⅴ

問１	
順序	理由

問２					
氷のようす			水の高さ		
A	B	C	A	B	C

(注) この解答用紙は実物を縮小してあります。Ａ４用紙に118%拡大コピーすると、ほぼ実物大で使用できます。(タイトルと配点表は含みません)

〔理　科〕60点(推定配点)

Ⅰ 各１点×13　Ⅱ 各２点×6　Ⅲ 問１，問２　各１点×5　問３　(1)　各１点×2　(2)，(3)　各３点×2＜(3)は完答＞　Ⅳ 問１～問５　各２点×5　問６　各１点×2　Ⅴ 問１　各２点×2＜各々完答＞　問２　各１点×6

二〇二〇年度　　桜蔭中学校

国語解答用紙

番号		氏名		評点	／100

一

問一　ア　イ

問二　①　②　③　④　⑤

問三

問四

問五

二

問一　1　2

問二

問三

問四

問五

（注）この解答用紙は実物を縮小してあります。Ａ３用紙に167％拡大コピーすると、ほぼ実物大で使用できます。（タイトルと配点表は含みません）

〔国　語〕100点（推定配点）

一　問１　５点　問２　各２点×５　問３～問５　各12点×３　二　問１，問２　各５点×３　問３　12点　問４　10点　問５　12点

2019年度　桜蔭中学校

算数解答用紙

番号		氏名	

評点 　／100

I

(1)	(2)ア	(2)イ
(3)ア	(3)イ	(3)ウ

II

(1)①式

答＿＿＿＿ cm^2

(1)②式

答＿＿＿＿ cm

(2)①式

答　図形＿＿＿＿，面積＿＿＿＿ cm^2

(2)② ア	(2)② イ	(2)② ウ	(2)② エ

III

(1)式

答＿＿＿＿ g

(2)式

答＿＿＿＿ g

IV

(1)ア	(1)イ

(2)式

答　時　分／時　分／時　分／時　分／時　分

(3)考え方

答　時　分／時　分／時　分／時　分／時　分／時　分／時　分

(注)　この解答用紙は実物を縮小してあります。192%拡大コピーするとほぼ実物大で使用できます。(タイトルと配点表は含みません)

〔算　数〕100点(推定配点)

I　各5点×5＜(2)は完答＞　II　(1)　式…各5点×2，答…各5点×2　(2)　①　式…5点，答…5点＜完答＞　②　ア・イ　5点　ウ・エ　5点　III　式…各5点×2，答…各5点×2　IV　各5点×3＜各々完答＞

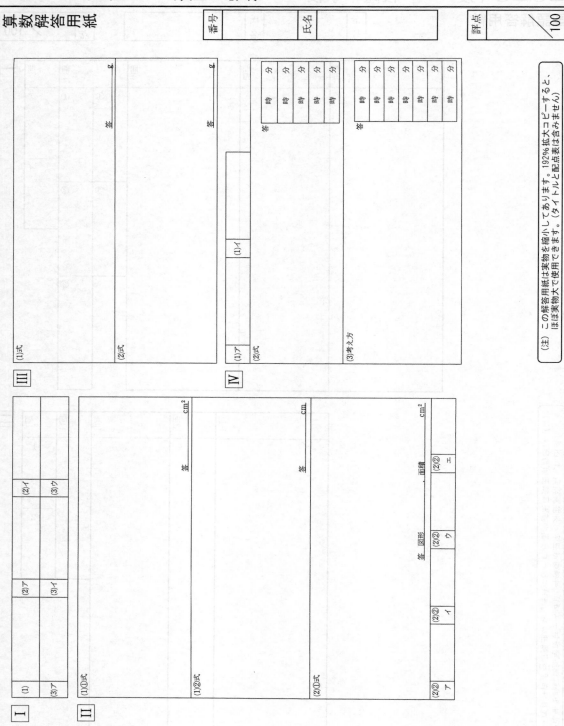

２０１９年度　桜蔭中学校

社会解答用紙

番号		氏名		評点	／60

I

問1		問2		問3		問4	
問5		問6		問7			
問8		問9					
問10							
問11		問12					
問13							
問14							
問15		問16		問17		問18	
問19		問20		問21	X	Y	問22

問23	A	B	C	D	E	
	F	G	H	I	J	問24
問25	あ	い	う	え		

II

1		2		3		4	制
5	条約						

A		B		C		D		E	

（注）この解答用紙は実物を縮小してあります。Ａ４用紙に118%拡大コピーすると、ほぼ実物大で使用できます。（タイトルと配点表は含みません）

〔社　会〕60点（推定配点）

I　問１～問９　各１点×10　問10　４点　問11，問12　各１点×２　問13，問14　各５点×２　問15～問25　各１点×24　II　各１点×10

２０１９年度　　桜蔭中学校

理科解答用紙

番号		氏名		評点	／60

Ⅰ

問１	問２	問３	
		①	②

問４		問５	問６
砂糖　g	水　g		

問７	問８	
	①	②

問９

20　30

Ⅱ

問１					
①	②	③	④	⑤	⑥

問２	問３	問４	問５	問６

問７	問８
秒	

Ⅲ

問１	問２	問３		問４
		①	②	秒後

問５	問６	問７			
L	%	①	②	③	④

Ⅳ

問１	問２	問３	問４	問５

問６	問７	
	座	座

（注）この解答用紙は実物を縮小してあります。Ａ４用紙に115％拡大コピーすると、ほぼ実物大で使用できます。（タイトルと配点表は含みません）

〔理　科〕60点（推定配点）

Ⅰ　問１～問３　各１点×５　問４　２点＜完答＞　問５　１点　問６，問７　各２点×２＜問６は完答＞　問８　各１点×２　問９　２点　Ⅱ　問１～問４　各１点×９　問５　２点＜完答＞　問６　１点　問７，問８　各２点×２＜問８は完答＞　Ⅲ　問１，問２　各２点×２＜問１は完答＞　問３　各１点×２　問４～問６　各２点×３　問７　各１点×４　Ⅳ　問１，問２　各１点×２　問３～問６　各２点×４　問７　各１点×２

二〇一九年度　桜蔭中学校

国語解答用紙

番号　　氏名　　評点　／100

一

問一　a　b　c　d　す　e

問二　A　B

問三

問四

問五

二

問一　a　b　c

問二

問三

問四

問五

問六

（注）この解答用紙は実物を縮小してあります。172%拡大コピーすると、ほぼ実物大で使用できます。（タイトルと配点表は含みません）

〔国　語〕100点(推定配点)

一　問1　各2点×5　問2　3点　問3，問4　各9点×2　問5　12点　二　問1　各3点×3　問2　11点　問3　8点　問4　12点　問5　5点　問6　12点

２０１８年度　桜蔭中学校

算数解答用紙

番号		氏名	

評点	/100

I

(1)	(2)①	(2)②

(3)(ア)	(3)(イ)	(3)(ウ)

II

(1)①式

答　A＋A　　　cm^2，A＋B　　　cm^2，B＋B　　　cm^2

(1)②式

答　Bを　　個使う，作った図形の面積　　　cm^2

(2)①考え方

答　　　通り

(2)②式

答　　　通り

III

(1)	円
(2)	冊

(3)　それぞれの店で手に入れる冊数

A店														
B店														
C店														

IV

(1)式

答　　　秒後

(2)①式

答　　　cm

(2)②式

答　残っている水の体積　　　cm^3，水面の高さ　　　cm

（注）この解答用紙は実物を縮小してあります。185％拡大コピーすると，ほぼ実物大で使用できます。（タイトルと配点表は含みません）

〔算　数〕100点（推定配点）

I　(1)，(2)　各４点×３　(3)　５点　II　(1)　式…各５点×２，答…各５点×２<各々完答>　(2)　①考え方…５点，答…５点　②　式…５点，答…５点　III　(1)，(2)　各４点×２　(3)　５点<完答>　IV　式…各５点×３，答…各５点×３<(2)の②は完答>

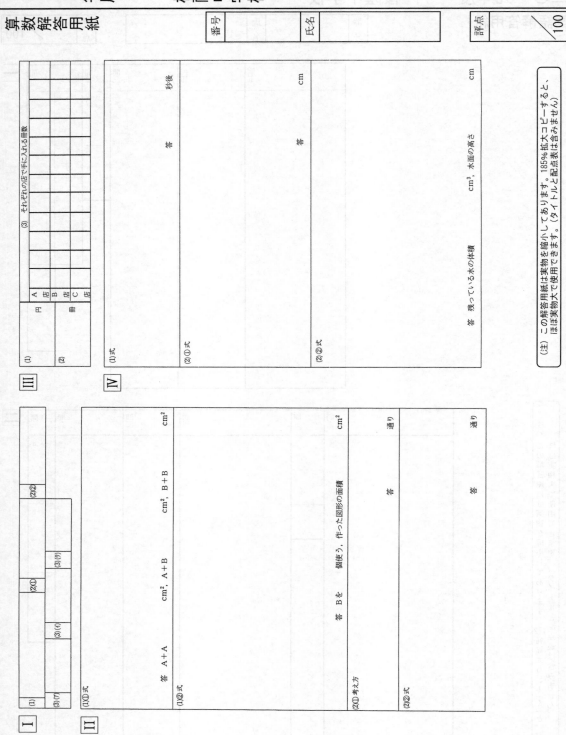

２０１８年度　　桜蔭中学校

社会解答用紙

番号		氏名		評点	／60

I

1		2	省	3		4	
問1		問2					
問3	a		b	Q	R	c	
	d						
問4							
問5	A	B	C	D	E	F	

II

A		B		C		D		E	
F		G		H		I			
1		2		3		4			
①		②		③					
④									
⑤		⑥							
⑦		⑧		⑨					

III

1	法	2		3		4	権				
5		6		A		B		C		D	

（注）この解答用紙は実物を縮小してあります。Ａ４用紙に115%拡大コピーすると、ほぼ実物大で使用できます。（タイトルと配点表は含みません）

〔社　会〕60点（推定配点）

I　1～4　各１点×4　問１，問２　各１点×2　問３　a～c　各１点×4　d　5点　問４，問５　各１点×7　II　A～I　各１点×9　1～4　各１点×4　①～③　各１点×3　④　5点　⑤　1点　⑥　3点　⑦～⑨　各１点×3　III　各１点×10

２０１８年度　　桜蔭中学校

理科解答用紙

番号		氏名		評点	／60

Ⅰ

問１		問２		問３		
金属	記号	面積	位置	①	②	③

問４	問５

Ⅱ

問１			問２		
水	氷	水蒸気	(1)	(2)	(3)

問２		問３	
(1)の状態変化	(2)の現象	(1)気体の名前	性質

問３		問４	
(2)白い粉	白いけむり	(1)	(2)

Ⅲ

問１			問２			問３
(1)	(2)あ	い	(1)	(2)A	C	

問４

問５	
(1)　L	(2)　kg

Ⅳ

問１	問２		問３	問４	問５	
	気温	必要なもの		%	呼吸　%	光合成　%

問６	問７	問８	問９

問１０	問１１

(注)　この解答用紙は実物を縮小してあります。Ａ４用紙に116%拡大コピーすると、ほぼ実物大で使用できます。(タイトルと配点表は含みません)

〔理　科〕60点(推定配点)

Ⅰ　問１～問３　各１点×７　問４，問５　各２点×２<問４は完答>　Ⅱ　各１点×14<問１は各々完答，問３の(1)の性質は完答>　Ⅲ　問１，問２　各１点×６　問３　２点　問４　３点　問５　各２点×２　Ⅳ　問１　２点　問２　各１点×２<必要なものは完答>　問３，問４　各２点×２<問３は完答>　問５，問６　各１点×３　問７～問10　各２点×４<問７は完答>　問11　１点

二〇一八年度　桜蔭中学校

国語解答用紙

番号　　氏名　　評点 ／100

一

問一　a 交　b 中　c 中　d 談

問二　1　2　3　4　5

問三　A　B

問四

問五

問三

問四

問五

問六

二

問一　a　b　c　d

問二

（注）この解答用紙は実物を縮小してあります。Ａ３用紙に152％拡大コピーすると、ほぼ実物大で使用できます。（タイトルと配点表は含みません）

〔国　語〕100点（推定配点）

一　問１，問２　各２点×９　問３　各４点×２　問４　７点　問５　９点　二　問１　各２点×４　問２　７点　問３，問４　各10点×２　問５　８点　問６　15点

平成29年度　桜蔭中学校

算数解答用紙

番号		氏名	

評点　／100

(注) この解答用紙は実物を縮小してあります。189%拡大コピーすると、ほぼ実物大で使用できます。(タイトルと配点表は含みません)

I

(1) ①　②

(2) ①　②　③

II

(1) 式　答　秒後

(2) 式　答　分　秒後

III

(1)①式　答　毎秒　cm^3

②式　答　cm

(2) 式　答　毎秒　cm^3

IV

(1) 式

立体1	白	cm^2	赤	cm^2
立体2	白	cm^2	青	cm^2
立体3	白	cm^2	黄色	cm^2

(2) 式　答　cm^2

(3) 考え方

完成した立体の個数						
立体1						
立体2						
立体3						

V

(1) 式　答　cm^3

(2) 式　答　cm^3

(3) 式　答　cm^3

〔算　数〕100点(推定配点)

I　各2点×5　II　式…各4点×2，答…各4点×2　III　式…各4点×3，答…各4点×3　IV　(1) 式…4点，答…各2点×3＜各々完答＞　(2) 式…4点，答…4点　(3) 考え方…4点，答…4点＜完答＞

V　式…各4点×3，答…各4点×3

平成29年度　桜蔭中学校

社会解答用紙

番号		氏名		評点	／60

I

問1		問2		問3		問4				
問5		問6		問7	1		2		3	4
問8										
問9		問10		問11		問13				
問12										

II

1		2		3		4	
問1		問2		問3		問4	
問5				問6			

III

1		2		3							
問1		問2		問3		問4		問5		問6	
問7											
問8		問9		問10	→	→	→				

IV

①	A	1	制度	②	B	2	
③	C	3		④	D	4	
⑤	E	5					

(注)　この解答用紙は実物を縮小してあります。A４用紙に112%拡大コピーすると、ほぼ実物大で使用できます。(タイトルと配点表は含みません)

〔社　会〕60点(推定配点)

I　問１～問７　各１点×10　問８　５点　問９～問11　各１点×３　問12　３点　問13　１点　II　各１点×10　III　１～３　各２点×３　問１～問９　各１点×９　問10　３点＜完答＞　IV　各１点×10

平成29年度　　桜蔭中学校

理科解答用紙

番号		氏名		評点	／60

Ⅰ

問1		問2	問3	
時間	実験の組み合わせ		角度	道のり
(a)	と			
(b)	と	問4		
(c)	と	秒		

Ⅱ

問1	問2		問3	問4	問5

Ⅲ

問1	問2	問3	問4	問5	問6				
					①	②	③	④	⑤

Ⅳ

問1	問2			問3	問4			
	A	B	C					

問5		
A	B	C

Ⅴ

問1

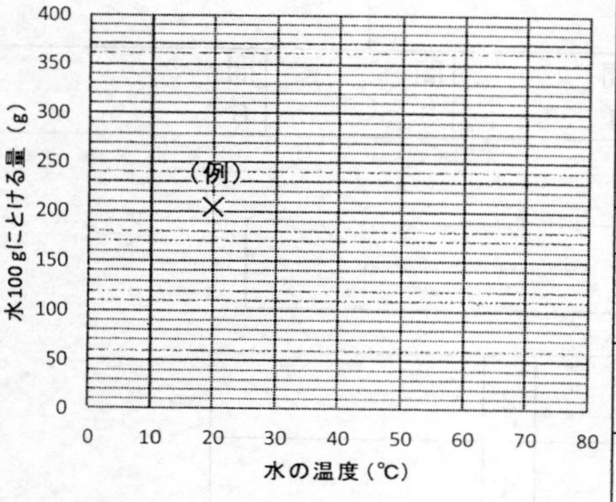

問2	問3
℃	g

問4

問5	
(a)記号	残った量　g
(b)記号	残った量　g
(c)	

（注）この解答用紙は実物を縮小してあります。Ｂ４用紙に120%拡大コピーすると、ほぼ実物大で使用できます。（タイトルと配点表は含みません）

〔理　科〕60点（推定配点）

Ⅰ 各１点×10　Ⅱ 問１　２点　問２　各１点×２　問３～問５　各２点×３<問４は完答>　Ⅲ 問１～問５　各２点×５　問６　各１点×５　Ⅳ 問１～問４　各２点×４<問２，問３，問４は完答>　問５　各１点×３　Ⅴ 問１　各１点×２　問２～問４　各２点×３<問４は完答>　問５　（ａ），（ｂ）　各１点×４　（ｃ）２点<完答>

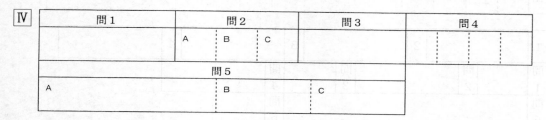

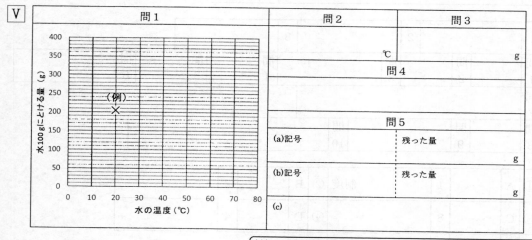

平成二十九年度　　桜蔭中学校

国語解答用紙

番号		氏名	

評点	／100

一

問一　①　②　③　④　⑤

問二　a　b　c

問三

問四

問五

二

問一

問二

問三

問四

問五

200

（注）この解答用紙は実物を縮小してあります。Ａ３用紙に156％拡大コピーすると、ほぼ実物大で使用できます。（タイトルと配点表は含みません）

〔国　語〕100点（推定配点）

一　問１　各２点×５　問２　各４点×３　問３　８点　問４，問５　各５点×３<問５は各５点×２>　二　問１　８点　問２　12点　問３，問４　各10点×２　問５　15点

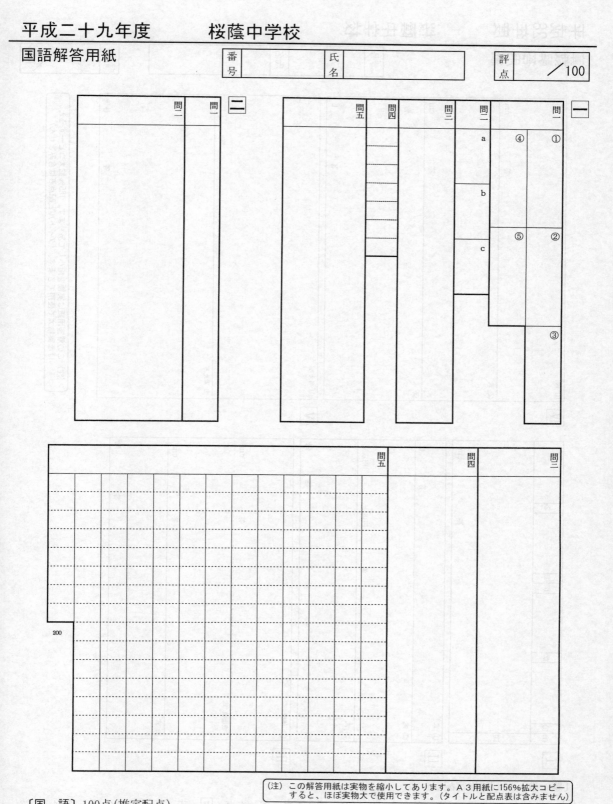

平成28年度　桜蔭中学校

算数解答用紙

番号		氏名		評点	/100

I

(1) ①　②　(2) ①　②

(3) 式　　答　cm^2

II

(1) 式　　答　枚

(2) 式　　答　円以上　円以下

(3) 式　　答　個

III

(1) 体積　式　　答　cm^3

表面積　式　　答　cm^2

(2) 式　　答　個

IV

(1) 式　　答　cm

(2) 式　　答　cm

(3) 式　　答　L

V

(1) 考え方　　答

(2) 考え方　　答　秒後

(注) この解答用紙は実物を縮小してあります。185%拡大コピーすると、ほぼ実物大で使用できます。(タイトルと配点表は含みません)

〔算　数〕100点(推定配点)

I　(1)　各4点×2　(2)　各2点×2　(3)　式…4点，答…4点　II　式…各4点×3，答…各4点×3　III　(1)　式…各2点×2，答…各2点×2　(2)　式…4点，答…4点　IV　式…各4点×3，答…各4点×3　V　考え方…各4点×2，答…各4点×2

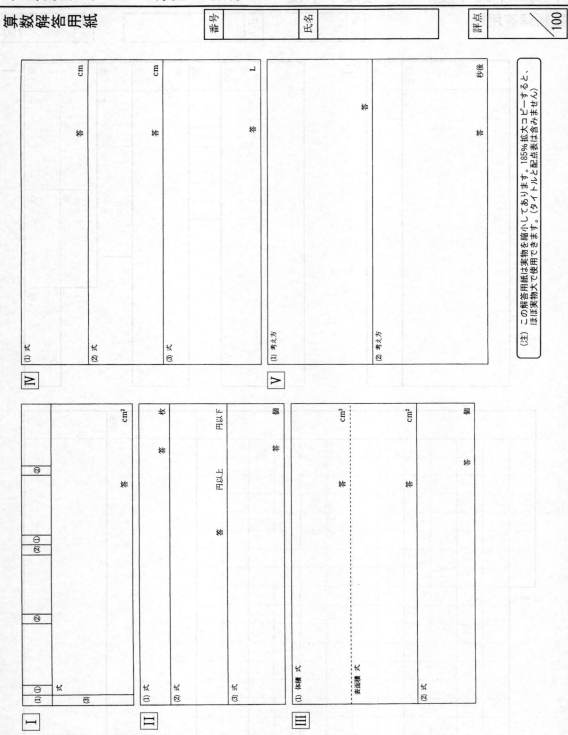

平成28年度　桜蔭中学校

社会解答用紙

番号		氏名		評点	／60

Ⅰ

問1	1		2		3		4
	5		6		問2		
問3					問4		
問5	a		b		c		d
問6	A		B		C		D

Ⅱ

1		2		3		4	
5		6		7		8	
9		10		11		12	
問							

Ⅲ

1		2		3	
問1					
		問2			
問3					
問4		問5		問6		問7

Ⅳ

①	A		B				
②	C		1		③	D	2
④	E		3		⑤	F	4

(注)この解答用紙は実物を縮小してあります。Ａ４用紙に111%拡大コピーすると、ほぼ実物大で使用できます。(タイトルと配点表は含みません)

〔社　会〕60点(推定配点)

Ⅰ　各１点×17　Ⅱ　1～12　各１点×12　問　３点　Ⅲ　1～3　各１点×3　問１　５点　問２，問３　各３点×２　問４～問７　各１点×４　Ⅳ　各１点×10

平成28年度　　桜蔭中学校

理科解答用紙

番号		氏名		評点	／60

Ⅰ

問1	問2			問3			
	A	B	C	a	b	c	d

問4			
(a)	(b)	(c)	(d)

Ⅱ

問1	問2		問3
	食塩	砂糖	
g	g	g	%

問4	問5	問6
g		

Ⅲ

問1	問2				
	①	②	③	④	⑤

問3

問4				
(a)	(b)	(c)	(d)	(e)

Ⅳ

問1	問2	問3	問4

問5	問6	問7

問8

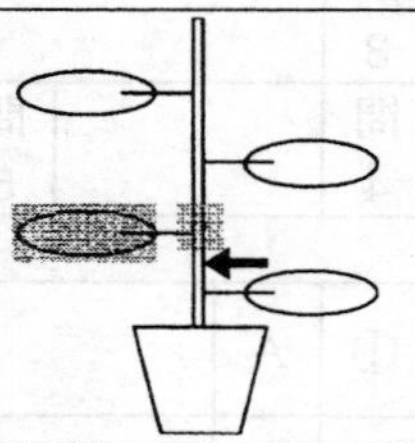

Ⅴ

(注)この解答用紙は実物を縮小してあります。A４用紙に115%拡大コピーすると、ほぼ実物大で使用できます。(タイトルと配点表は含みません)

〔理　科〕60点(推定配点)

Ⅰ　問１　２点　問２〜問４　各１点×11　Ⅱ　各２点×７<問５は完答>　Ⅲ　問１　２点　問２　各１点×５　問３　２点　問４　各１点×５　Ⅳ　各２点×８　Ⅴ　３点<完答>

平成二十八年度　　桜蔭中学校

国語解答用紙

番号　　氏名　　評点　／100

一

問一

問二

問三

問四

200

問五

問六　①　き　②　③

二

問一

問二

問三

問四

問五　①　②

問六

(注) この解答用紙は実物を縮小してあります。A３用紙に159%拡大コピーすると、ほぼ実物大で使用できます。(タイトルと配点表は含みません)

〔国　語〕100点(推定配点)

一　問1　11点　問2　4点　問3　15点　問4　8点　問5　4点　問6　各2点×3　二　問1～問4　各11点×4　問5　各2点×2　問6　4点

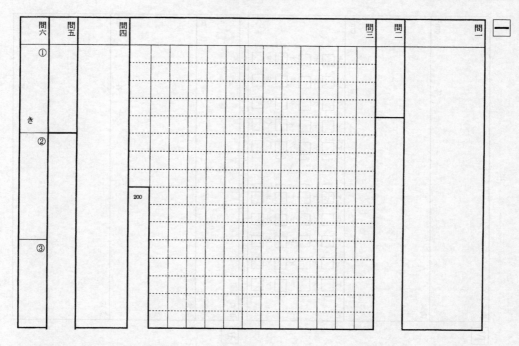

平成27年度 桜蔭中学校

算数解答用紙

番号		氏名		評点	/100

Ⅰ (1) ① ② (2) ① ②

Ⅱ (1) 式　答 cm

(2) 式　答 倍

Ⅲ (1) 考え方

答

チーズケーキ(個)			
プリン(個)			

(2) 考え方

答

チーズケーキ(個)			
プリン(個)			

Ⅳ (1) 式　答 cm²

(2) 式　答 cm²

(3) 答 cm²

［ア□ イ□ ウ□ エ□ オ□］ ［ア□ イ□ ウ□ エ□ オ□］
［ア□ イ□ ウ□ エ□ オ□］ ［ア□ イ□ ウ□ エ□ オ□］
［ア□ イ□ ウ□ エ□ オ□］ ［ア□ イ□ ウ□ エ□ オ□］
［ア□ イ□ ウ□ エ□ オ□］ ［ア□ イ□ ウ□ エ□ オ□］

Ⅴ (1) 式　答 m

(2) 式　答 m

(3) 式　答 m

(注) この解答用紙は実物を縮小してあります。185%拡大コピーすると、ほぼ実物大で使用できます。(タイトルと配点表は含みません)

〔算　数〕100点(推定配点)

Ⅰ 各4点×4　Ⅱ 式…各4点×2，答…各4点×2　Ⅲ 考え方…各4点×2，答…各6点×2<各々完答>　Ⅳ (1)，(2) 式…各4点×2，答…各4点×2　(3) 8点<完答>　Ⅴ 式…各4点×3，答…各4点×3

平成27年度　桜蔭中学校

社会解答用紙

番号		氏名		評点	／60

I

問1	問2	問3	問4(1)A	B	C	(2)

(3) A	B	C	D	E	F

問5
・
・

問6	問7	問8	問9

問10	問11	問12

問13

問14	問15	問16	問17

問18(1)	(2)	問19(1)	(2)	問20	問21

II

	1	2	3	4	5
記号					
番号					

〔社　会〕60点(推定配点)

I　問1〜問3　各1点×3　問4　(1)　各1点×3　(2)　2点　(3)　各1点×6　問5　各3点×2　問6〜問8　各1点×3　問9　2点　問10，問11　各1点×2　問12　2点　問13　5点　問14〜問17　各2点×4　問18　(1)　1点　(2)　2点　問19〜問21　各1点×5　II　各2点×5＜各々完答＞

平成27年度　桜蔭中学校

理科解答用紙

番号		氏名		評点	／60

I

問1	問2	問3	問4	問5

問6	問7	問8	問9
	→　→　→		

II

問1 ①	②	③	④	⑤	⑥

問2	問3

問4
→　→

III

問1	問2 A	B
点	g	g　g

IV

問1 ①	②	③	④	⑤	問2	問3	問4

V

問1 (a)	(b)	(c)

問2 キ	ク	問3
g	g	

〔理　科〕60点(推定配点)

I　各2点×9＜問7は完答＞　II　問1　①〜③　各1点×3　④，⑤　各2点×2　⑥　1点　問2　2点＜完答＞　問3　4点　問4　2点＜完答＞　III〜V　各2点×13＜III，Vの問1は各々完答，IVの問1の②〜⑤は組んで完答＞

平成二十七年度　桜蔭中学校

国語解答用紙

番号		氏名		評点	／100

一

問一

問二

問三

問四

問五

問六　ア　イ

二

問一　①　②　③　④　⑤

問二

問三

200

問四

問五

（注）この解答用紙は実物を縮小してあります。A３用紙に167％拡大コピーすると、ほぼ実物大で使用できます。（タイトルと配点表は含みません）

〔国　語〕100点（推定配点）

一　問１，問２　各10点×２　問３　11点　問４　10点　問５，問６　各２点×３　二　問１　各２点×５　問２　12点　問３　15点　問４　４点　問５　12点

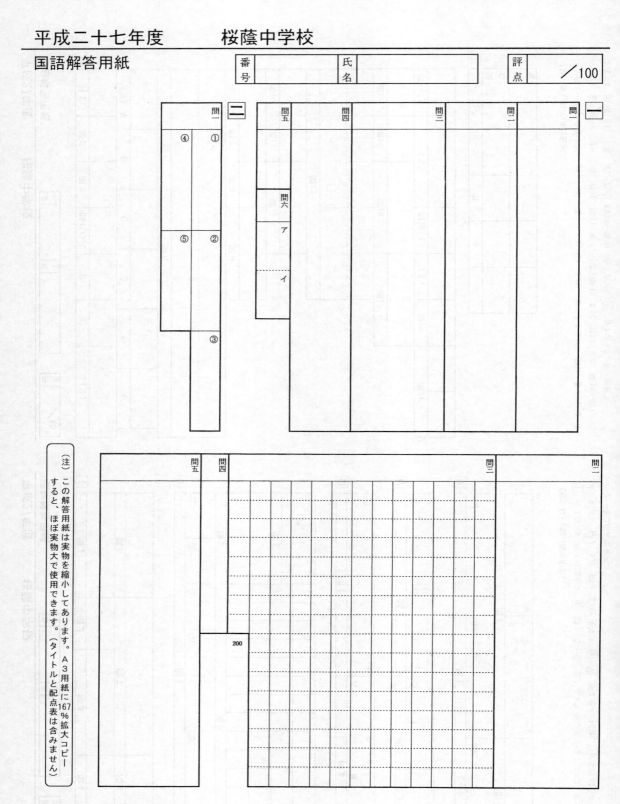

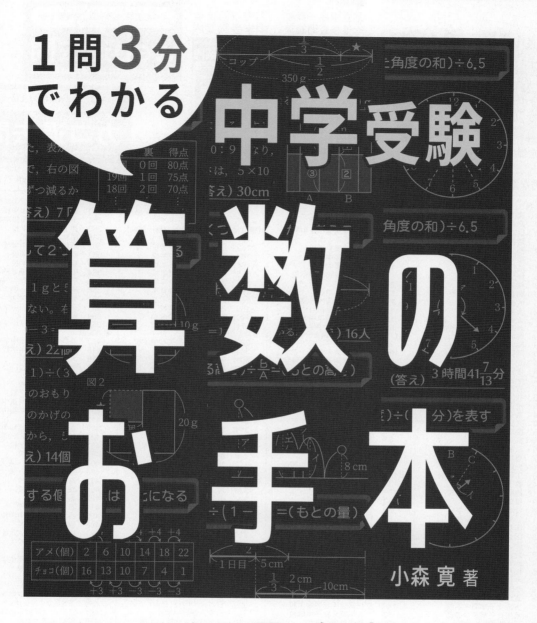

声の教育社　〒162-0814 東京都新宿区新小川町8-15
https://www.koenokyoikusha.co.jp
TEL 03（5261）5061㈹　FAX 03（5261）5062